최신판

대형로펌 공정거래 변호사가 직접 정리한

전면개정된
공정거래법
조문별 판례와 내용

백광현 · 소재현 · 김지수 공저

SAMIL | 삼일인포마인

www.samil*i*.com 사이트 **제품몰** 코너에서 본 도서 **수정사항**을 클릭하시면
정오표 및 중요한 수정 사항이 있을 경우 그 내용을 확인하실 수 있습니다.

서 문

'독과점의 폐단은 적절히 규제'한다는 헌법 정신에 따라 1980년 제정되어 1981년부터 시행된 독점규제 및 공정거래에 관한 법률(이하 '공정거래법')은 그동안 약 70차례에 걸쳐 부분적으로 제정·개정되어 왔습니다. 하지만 공정거래법의 제정 당시에 비하여 최근의 경제환경 및 시장상황은 크게 변화하였고, 공정경제와 혁신성장에 대한 사회적 요구 등을 반영하기에는 한계가 있었습니다. 이에 변화된 경제여건과 시대적 요구를 반영하기 위해 2020년 공정거래법이 전면 개정되어 2021. 12. 30.부터 전면 시행되었습니다. '전면 개정'이라는 말에 어울릴 만큼 제정·개정된 공정거래법은 내용은 물론 조문의 수도 제71조에서 제130조로 크게 늘어나고 조문의 위치도 상당 부분 변경이 되어 실무를 하는 입장에서도 다소 생소한 느낌을 가지게 되었습니다. 예를 들어, '부당한 공동행위(담합)'하면 당연히 제19조를 떠올렸는데 이제는 제40조로 위치가 변경되었고, '불공정거래행위'하면 제23조를 떠올렸지만 지금은 제45조에 위치하게 되었습니다. 이에 전면 개정된 공정거래법의 조문을 제1조부터 제130조까지 하나하나 정리(각 조문의 시행령도 함께)하여 살펴봄으로써 변화된 공정거래법 조문에 적응하고 익숙해지는 것이 필요하다고 생각됩니다.

또한, 공정거래위원회가 처분한 사건에 대해 공정거래위원회 홈페이지에서 의결서를 공개하고는 있지만 만약 해당 의결에 대한 불복소송이 제기된 경우 판결내용을 확인하고 싶어도 해당 사건번호를 알지 못하면 확인하기가 쉽지 않은 것이 현실입니다. 하지만 공개된 의결서 못지않게 후속 절차인 서울고등법원과 대법원에서 판결된 내용을 확인하는 작업은 실무상 매우 의미 있고 필요합니다. 이에 그 동안 공개된 판결문을 여러 루트를 통해 수집·정리하고, 특히 2020년부터는 공정거래사건 전담재판부인 서울고등법원 행정 제3부, 제6부 및 제7부에서 선고되는 판결목록을 매주 재판정에서 확인한 후, 이 중 의미 있다고 생각되는 판결문에 대해서는 법원에 판결문 열람청구를 하여 이를 입수·정리하였습니다.

이와 함께, 그 동안 공정거래 관련 사건을 처리하면서 실무로 직접 경험한 진행절차와 각 절차에 따른 주요 체크포인트 등을 소개·정리함으로써 실제로 공정거래 사건이 공정거래위원회 조사단계부터 심의 및 불복절차(행정, 민사, 형사 등)에 이르기까지 어떻게 진행되고 각 단계에서는 어떠한 점을 확인하고 주의하면 좋을지에 대한 정보를 공유하고자 했습니다. 단언컨대, 참고자료로 있는 '실무로 본 공정거래 사건 주요 진행절차' 부분은 실제로 공정거래 사건을 직접 부딪히며 겪어야 하는 공정거래 관련 담당자나 실무자에게 작지만 꼭 필요한 도움이 될 수 있을 것이라 믿습니다.

마지막으로, 공정거래법 관련 공정거래위원회 고시와 지침이 많이 있지만 그 중 실무상 가장 많이 찾아보게 되는 공정거래위원회 고시와 지침 중 5개를 엄선하여 소개함으로써 향후 실무를 함에 있어 늘 곁에 두고 쉽게 찾아볼 수 있도록 하였습니다.

이번 공정거래법 판례 작업을 하면서 의도하였던 것은 바로 지금도 공정거래 관련 업무로 공정거래 관련 판례를 직접 찾아보고 공정거래 관련 절차에 대한 실무 경험 부족으로 고생하는 실무자들을 위해 도움이 되는 '필요한' 책이 되었으면 하는 것이었습니다. 이처럼 이번 작업은 다년간 로펌이나 대학, 그리고 여러 기업에서 공정거래 관련 실무나 강의 등의 경험을 살리고 전면 개정된 공정거래법 조문에 조금이나마 익숙해지고자 하는 바람에서 시작했습니다.

다시 말해 이 책은 공정거래법의 어려운 법률이론에 치우치기보다는 전면 개정된 공정거래법의 내용과 조문에 익숙해지고, 각 조문의 의미와 함께 관련 판례를 되도록 많이 소개함으로써 공정거래 업무를 담당하는 실무자들에게 실질적인 도움을 줄 수 있는 책이 되고자 하는 것이었습니다. 이런 의도에서 야심하게 시작한 작업이었지만 막상 작업을 하다 보니 부족함을 많이 느꼈고, 향후 부족한 면을 계속적으로 보완하여 나갈 것을 약속드립니다.

끝으로 이 책이 나올 때까지 많은 응원을 해 주신 삼일인포마인 이희태 대표이사님과 조원오 전무님, 김동원 부장님, 임연혁 차장님, 그리고 편집부 여러분들께 거듭 감사의 말씀을 드립니다. 또한 공정거래법 조문과 판례를 정리하는 데 물심양면으로 도움을 준 신동민 변호사에게도 감사의 마음을 전합니다.

아무쪼록 이 책이 공정거래 업무를 담당하는 실무자들에게 작지만 꼭 필요한 도움이 되기를 바랍니다.

2022년 6월 바른빌딩에서
백광현, 소재현, 김지수 변호사

차 례

차 례

CONTENTS

차 례

CONTENTS

Part 1

전면 개정된 공정거래법 주요 내용

I 공정거래법 전면 개정 배경과 경과

① 배경

공정거래법은 1980년에 제정·시행된 이후 부분적으로 개정되어 왔으나 최근의 경제환경 및 시장상황이 크게 변화하여 시대적 요구를 반영하기에는 한계가 있었습니다. 이에 변화된 경제 여건과 시대적 요구를 반영하여 과징금 부과상한을 상향하고, 불공정거래행위에 대해서는 사인의 금지청구제도를 도입하는 등 민사, 행정, 형사적 규율수단을 종합적으로 개선하며, 경제력 집중 억제시책을 합리적으로 보완·정비하여 대기업집단의 일감몰아주기와 같은 잘못된 행태를 시정하고 기업집단의 지배구조가 선진화될 수 있도록 하는 한편, 벤처기업에 대한 투자 활성화를 위해 일반 지주회사가 기업형벤처캐피털(CVC: Corporate Venture Capital)을 소유할 수 있도록 허용하되, 안전장치를 마련함으로써 기업형벤처캐피털이 경제력 집중 및 편법승계의 수단으로 악용되는 것을 방지하려는 목적으로 공정거래법이 전면 개정되었습니다.

② 경과

국회에 제출된 공정거래법 전부 개정안은 2020. 11. 24. 정무위원회 전체회의에 상정된 후 법안심사제2소위로 회부되었고, 2020. 12. 3. 법안심사제2소위에 상정되었습니다. 그 이후 2020. 12. 7. 정무위원회 전체회의에 상정된 후 안건조정위원회에 회부되었고, 안건조정위원회는 2020. 12. 8. 전부 개정안을 상정하여 원안대로 의결하였으나, 같은 날 개최된 정무위원회 전체회의에서 △ 경성담합에 대한 공정거래위원회의 전속고발권 유지 및 △ 일반지주회사의 기업형벤처캐피털(Corporate Venture Capital, "CVC") 소유를 허용하는 내용의 수정안이 제출되었으며, 이 내용을 반영한 전부 개정안 대안으로 정무위원회 전체회의에서 의결되었습니다. 이에 따라 전부 개정안 대안은 2020. 12. 9. 법제사법위원회 전체회의에서 의결된 후 같은 날 본회의에서도 의결되었고, 2021. 12. 30.부터 전면 시행되었습니다.

Ⅱ 전면 개정된 공정거래법 주요 내용

① 기업집단 규율 법제 개선

가. 사익 편취 규율대상 확대(제47조)

구 공정거래법 (시행 2021. 5. 20. 법률 제17290호 2020. 5. 19. 일부개정)	전면 개정된 공정거래법 (시행 2021. 12. 30. 법률 제17799호, 2020. 12. 29. 전부개정)
제23조의2(특수관계인에 대한 부당한 이익제공 등 금지) ① 공시대상기업집단(동일인이 자연인인 기업집단으로 한정한다)에 속하는 회사는 특수관계인(동일인 및 그 친족에 한정한다. 이하 이 조에서 같다)이나 특수관계인이 대통령령으로 정하는 비율 이상의 주식을 보유한 계열회사와 다음 각 호의 어느 하나에 해당하는 행위를 통하여 특수관계인에게 부당한 이익을 귀속시키는 행위를 하여서는 아니 된다. 이 경우 각 호에 해당하는 행위의 유형 또는 기준은 대통령령으로 정한다.	제47조(특수관계인에 대한 부당한 이익제공 등 금지) ① 공시대상기업집단(동일인이 자연인인 기업집단으로 한정한다)에 속하는 국내 회사는 특수관계인(동일인 및 그 친족으로 한정한다. 이하 이 조에서 같다), 동일인이 단독으로 또는 다른 특수관계인과 합하여 발행주식총수의 100분의 20 이상의 주식을 소유한 국내 계열회사 또는 그 계열회사가 단독으로 발행주식총수의 100분의 50을 초과하는 주식을 소유한 국내 계열회사와 다음 각 호의 어느 하나에 해당하는 행위를 통하여 특수관계인에게 부당한 이익을 귀속시키는 행위를 하여서는 아니 된다. 이 경우 다음 각 호에 해당하는 행위의 유형 및 기준은 대통령령으로 정한다.

- 구 공정거래법에서 대기업집단의 경제력 집중을 심화시키고 중소기업의 공정한 경쟁기반을 훼손하는 부당내부거래를 근절하기 위하여 공시대상기업집단 소속 회사가 특수관계인(동일인 및 그 친족으로 한정한다)이나 특수관계인이 대통령령으로 정하는 비율(상장회사의 경우 30퍼센트, 비상장회사의 경우 20퍼센트) 이상 지분을 보유한 계열회사와의 거래를 통하여 특수관계인에게 부당한 이익제공을 하지 못하도록 하고 있었으나, 규제기준에 못 미치는 회사의 내부거래 비중이 더 높은 것으로 나타나는 등 규제의 실효성이 미흡한 측면이 있었습니다.

- 이에 전면 개정된 공정거래법에서는 상장회사와 비상장회사 간 상이한 규제기준을

상장·비상장사 구분 없이 총수일가 등 특수관계인이 발행주식총수의 20퍼센트 이상 지분을 보유한 회사로 일원화하여 법률에 규정하고, 동시에 이들 회사가 발행주식총수의 50퍼센트를 초과하는 지분을 보유한 자회사까지 규제대상에 포함시켜 사익편취 규제 적용대상을 확대하였습니다.

나. 지주회사 자·손자회사 의무 지분율 요건 강화(제18조 제2항 및 제3항)

구 공정거래법 (시행 2021. 5. 20. 법률 제17290호, 2020. 5. 19. 일부개정)	전면 개정된 공정거래법 (시행 2021. 12. 30. 법률 제17799호, 2020. 12. 29. 전부개정)
제8조의2(지주회사 등의 행위제한 등) ② 지주회사는 다음 각 호의 어느 하나에 해당하는 행위를 하여서는 아니된다. 2. 자회사의 주식을 그 자회사 발행주식총수의 100분의 40[자회사가 「자본시장과 금융투자업에 관한 법률」에 따른 주권상장법인(이하 "상장법인"이라 한다)인 경우, 주식 소유의 분산요건 등 상장요건이 같은 법에 따른 증권시장으로서 대통령령으로 정하는 국내 증권시장의 상장요건에 상당하는 것으로 공정거래위원회가 고시하는 국외 증권거래소에 상장된 법인(이하 "국외상장법인"이라 한다)인 경우, 공동출자법인인 경우 또는 벤처지주회사의 자회사인 경우에는 100분의 20으로 한다. ③ 일반지주회사의 자회사는 다음 각 호의 어느 하나에 해당하는 행위를 하여서는 아니된다. 1. 손자회사의 주식을 그 손자회사 발행주식총수의 100분의 40(그 손자회사가 상장법인 또는 국외상장법인이거나 공동출자법인인 경우에는 100분의 20으로 한다.	제18조(지주회사 등의 행위제한 등) ② 지주회사는 다음 각 호의 어느 하나에 해당하는 행위를 하여서는 아니 된다. 2. 자회사의 주식을 그 자회사 발행주식총수의 100분의 50[자회사가 상장법인인 경우, 주식 소유의 분산요건 등 상장요건이 「자본시장과 금융투자업에 관한 법률」에 따른 증권시장으로서 대통령령으로 정하는 국내 증권시장의 상장요건에 상당하는 것으로 공정거래위원회가 고시하는 국외 증권거래소에 상장된 법인(이하 "국외상장법인"이라 한다)인 경우 또는 공동출자법인인 경우에는 100분의 30으로 하고, 벤처지주회사의 자회사인 경우에는 100분의 20으로 한다. ③ 일반지주회사의 자회사는 다음 각 호의 어느 하나에 해당하는 행위를 하여서는 아니 된다. 1. 손자회사의 주식을 그 손자회사 발행주식총수의 100분의 50[그 손자회사가 상장법인 또는 국외상장법인이거나 공동출자법인인 경우에는 100분의 30으로 하고, 벤처지주회사(일반지주회사의 자회사인 벤처지주회사로 한정한다)의 자회사인 경우에는 100분의 20으로 한다.

- 구 공정거래법에서는 지주회사의 자회사·손자회사 지분율 요건이 높지 아니하여 대기업이 적은 자본으로 과도하게 지배력을 확대할 수 있고, 이렇게 형성된 자회사·손자회사 등과의 거래를 통하여 배당 외의 편법적 방식으로 수익을 수취할 수 있는 문제가 있었습니다.
- 이에 전면 개정된 공정거래법에서는 지주회사를 통한 과도한 지배력 확대를 억지하기 위하여 새로이 설립되거나 전환되는 지주회사(기존 지주회사가 자회사·손자회사를 신규 편입하는 경우에는 기존 지주회사도 해당)에 한정하여 자회사·손자회사 지분율 요건을 기존(상장 20%, 비상장 40%)보다 상향(상장 30%, 비상장 50%)하였습니다.

다. 공익법인 의결권 제한(제25조 제2항 및 제29조)

구 공정거래법 (시행 2021. 5. 20. 법률 제17290호, 2020. 5. 19. 일부개정)	전면 개정된 공정거래법 (시행 2021. 12. 30. 법률 제17799호, 2020. 12. 29. 전부개정)
제11조(금융회사 또는 보험회사의 의결권 제한) 상호출자제한기업집단에 속하는 회사로서 금융업 또는 보험업을 영위하는 회사는 취득 또는 소유하고 있는 국내계열회사주식에 대하여 의결권을 행사할 수 없다. 다만, 다음 각 호의 어느 하나에 해당하는 경우에는 그러하지 아니하다. 1. 금융업 또는 보험업을 영위하기 위하여 주식을 취득 또는 소유하는 경우 2. 보험자산의 효율적인 운용·관리를 위하여 「보험업법」 등에 의한 승인 등을 얻어 주식을 취득 또는 소유하는 경우 3. 당해 국내 계열회사(상장법인에 한한다)의 주주총회에서 다음 각 목의 어느 하나에 해당하는 사항을 결의하는 경우. 이 경우 그 계열회사의 주식 중 의결권을 행사할 수 있는 주식의 수는 그 계열회사에 대하여 특수관계인 중 대통령령이 정하는 자를 제외한 자가 행사할 수 있는 주식수를 합하여 그 계열회사 발행주식총수(「상법」 제344조의3 제	제25조(금융회사·보험회사 및 공익법인의 의결권 제한) ① 상호출자제한기업집단에 속하는 국내 회사로서 금융업 또는 보험업을 영위하는 회사는 취득 또는 소유하고 있는 국내 계열회사 주식에 대하여 의결권을 행사할 수 없다. 다만, 다음 각 호의 어느 하나에 해당하는 경우에는 그러하지 아니하다. 1. 금융업 또는 보험업을 영위하기 위하여 주식을 취득 또는 소유하는 경우 2. 보험자산의 효율적인 운용·관리를 위하여 「보험업법」 등에 따른 승인 등을 받아 주식을 취득 또는 소유하는 경우 3. 해당 국내 계열회사(상장법인으로 한정한다)의 주주총회에서 다음 각 목의 어느 하나에 해당하는 사항을 결의하는 경우. 이 경우 그 계열회사의 주식 중 의결권을 행사할 수 있는 주식의 수는 그 계열회사에 대하여 특수관계인 중 대통령령으로 정하는 자를 제외한 자가 행사할 수 있는 주식수를 합하여 그 계열회사 발행주식총수(「상법」 제344조의3 제1항 및

구 공정거래법 (시행 2021. 5. 20. 법률 제17290호, 2020. 5. 19. 일부개정)	전면 개정된 공정거래법 (시행 2021. 12. 30. 법률 제17799호, 2020. 12. 29. 전부개정)
1항 및 제369조 제2항ㆍ제3항의 의결권 없는 주식의 수는 제외한다)의 100분의 15를 초과할 수 없다. 가. 임원의 선임 또는 해임 나. 정관 변경 다. 그 계열회사의 다른 회사로의 합병, 영업의 전부 또는 주요 부분의 다른 회사로의 양도	제369조 제2항ㆍ제3항의 의결권 없는 주식의 수는 제외한다. 이하 이 조에서 같다)의 100분의 15를 초과할 수 없다. 가. 임원의 선임 또는 해임 나. 정관 변경 다. 그 계열회사의 다른 회사로의 합병, 영업의 전부 또는 주요 부분의 다른 회사로의 양도. 다만, 그 다른 회사가 계열회사인 경우는 제외한다.
〈신설〉	② 상호출자제한기업집단에 속하는 회사를 지배하는 동일인의 특수관계인에 해당하는 공익법인(「상속세 및 증여세법」 제16조에 따른 공익법인등을 말한다. 이하 같다)은 취득 또는 소유하고 있는 주식 중 그 동일인이 지배하는 국내 계열회사 주식에 대하여 의결권을 행사할 수 없다. 다만, 다음 각 호의 어느 하나에 해당하는 경우에는 그러하지 아니하다. 1. 공익법인이 해당 국내 계열회사 발행주식총수를 소유하고 있는 경우 2. 해당 국내 계열회사(상장법인으로 한정한다)의 주주총회에서 다음 각 목의 어느 하나에 해당하는 사항을 결의하는 경우. 이 경우 그 계열회사의 주식 중 의결권을 행사할 수 있는 주식의 수는 그 계열회사에 대하여 특수관계인 중 대통령령으로 정하는 자를 제외한 자가 행사할 수 있는 주식수를 합하여 그 계열회사 발행주식총수의 100분의 15를 초과할 수 없다. 가. 임원의 선임 또는 해임 나. 정관 변경 다. 그 계열회사의 다른 회사로의 합병, 영업의 전부 또는 주요 부분의 다른 회사로의 양도. 다만, 그 다른 회사가 계열회사인 경우는 제외한다.

구 공정거래법 (시행 2021. 5. 20. 법률 제17290호, 2020. 5. 19. 일부개정)	전면 개정된 공정거래법 (시행 2021. 12. 30. 법률 제17799호, 2020. 12. 29. 전부개정)
〈신설〉	제29조(특수관계인인 공익법인의 이사회 의결 및 공시) ① 공시대상기업집단에 속하는 회사를 지배하는 동일인의 특수관계인에 해당하는 공익법인은 다음 각 호의 어느 하나에 해당하는 거래행위를 하거나 주요 내용을 변경하려는 경우에는 미리 이사회 의결을 거친 후 이를 공시하여야 한다. 1. 해당 공시대상기업집단에 속하는 국내 회사 주식의 취득 또는 처분 2. 해당 공시대상기업집단의 특수관계인(국외 계열회사는 제외한다. 이하 이 조에서 같다)을 상대방으로 하거나 특수관계인을 위하여 하는 대통령령으로 정하는 규모 이상의 다음 각 목의 어느 하나에 해당하는 거래 가. 가지급금 또는 대여금 등의 자금을 제공 또는 거래하는 행위 나. 주식 또는 회사채 등의 유가증권을 제공 또는 거래하는 행위 다. 부동산 또는 무체재산권 등의 자산을 제공 또는 거래하는 행위 라. 주주의 구성 등을 고려하여 대통령령으로 정하는 계열회사를 상대방으로 하거나 그 계열회사를 위하여 상품 또는 용역을 제공 또는 거래하는 행위 ② 제1항의 공시에 관하여는 제26조 제2항 및 제3항을 준용한다.

- 구 공정거래법에서는 공시대상기업집단 소속 공익법인은 별도 규제를 받지 아니하여 공익법인으로서 세금혜택을 받으면서 동일인 등의 기업집단에 대한 지배력 확대 및 사익편취 수단으로 이용될 우려가 있었습니다.
- 이에 전면 개정된 공정거래법에서는 상호출자제한기업집단 소속 공익법인의 국내 계열회사 주식에 대한 의결권 행사는 원칙적으로 제한하되, 계열회사가 상장회사인 경우에는

임원 임면, 합병 등의 사유에 한정하여 특수관계인이 행사할 수 있는 주식의 수와 합산하여 그 계열회사 발행주식총수의 15% 한도 내에서 의결권 행사를 허용하였고, 공시대상기업집단 소속 공익법인은 계열사 주식에 대한 거래 및 일정 규모 이상의 내부거래에 대하여 이사회 의결을 거친 후 이를 공시하도록 하였습니다.

라. 기존 순환출자에 대한 의결권 제한(제23조)

구 공정거래법 (시행 2021. 5. 20. 법률 제17290호, 2020. 5. 19. 일부개정)	전면 개정된 공정거래법 (시행 2021. 12. 30. 법률 제17799호, 2020. 12. 29. 전부개정)
〈신설〉	제23조(순환출자에 대한 의결권 제한) ① 상호출자제한기업집단에 속하는 국내 회사로서 순환출자를 형성하는 계열출자를 한 회사는 상호출자제한기업집단 지정일 당시 취득 또는 소유하고 있는 순환출자회사집단 내의 계열출자대상회사 주식에 대하여 의결권을 행사할 수 없다. ⑱ 순환출자회사집단에 속한 다른 국내 회사 중 하나가 취득 또는 소유하고 있는 계열출자대상회사의 주식을 처분함으로써 기존에 형성된 순환출자를 해소한 경우에는 제1항을 적용하지 아니한다.

- 구 공정거래법에서는 상호출자제한기업집단에 속하는 회사에 대하여 신규 순환출자를 형성하거나 강화하는 행위를 금지하고 있었으나, 상호출자제한기업집단 지정 전에 이미 다수의 순환출자를 보유하고 있었던 기업집단의 경우에는 지정 이후 기존에 보유하던 순환출자로 인한 문제를 해소하기 어려운 측면이 있었습니다.

- 이에 전면 개정된 공정거래법에서는 상호출자제한기업집단으로 지정이 예상되는 기업집단이 그 지정 전까지 순환출자를 해소하지 아니하여 순환출자 금지 규정을 회피하는 일이 발생하지 아니하도록 새로이 상호출자제한기업집단으로 지정되는 기업집단의 경우에는 지정 당시 보유한 기존 순환출자 주식에 대해서도 의결권을 제한하였습니다.

② 공정거래법 집행체계 개편

가. 사인의 금지청구제도 신설(제108조)

구 공정거래법 (시행 2021. 5. 20. 법률 제17290호, 2020. 5. 19. 일부개정)	전면 개정된 공정거래법 (시행 2021. 12. 30. 법률 제17799호, 2020. 12. 29. 전부개정)
〈신설〉	제108조(금지청구 등) ① 제45조 제1항(제9호는 제외한다) 및 제51조 제1항 제4호[제45조 제1항(제9호는 제외한다)에 따른 불공정거래행위에 관한 부분으로 한정한다]를 위반한 행위로 피해를 입거나 피해를 입을 우려가 있는 자는 그 위반행위를 하거나 할 우려가 있는 사업자 또는 사업자단체에 자신에 대한 침해행위의 금지 또는 예방을 청구할 수 있다. ② 제1항에 따른 금지청구의 소를 제기하는 경우에는 「민사소송법」에 따라 관할권을 갖는 지방법원 외에 해당 지방법원 소재지를 관할하는 고등법원이 있는 곳의 지방법원에도 제기할 수 있다. ③ 법원은 제1항에 따른 금지청구의 소가 제기된 경우에 그로 인한 피고의 이익을 보호하기 위하여 필요하다고 인정하면 피고의 신청이나 직권으로 원고에게 상당한 담보의 제공을 명할 수 있다.

- 구 공정거래법에서는 피해자가 법원에 공정거래법 위반행위에 대하여 금지청구를 하는 것은 원칙적으로 허용되지 아니하여 사건처리기간이 장기화되거나, 공정거래위원회가 무혐의 결정을 하는 경우에 피해자 입장에서는 신속한 피해구제를 위한 별다른 대안이 없는 상황이었습니다.

- 이에 전면 개정된 공정거래법에서는 피해자의 신속한 권리구제를 위하여 피해자가 법원에 부당지원행위를 제외한 불공정거래행위에 대한 금지 및 예방의 청구를 직접 할 수 있도록 하였습니다.

나. 형벌규정 정비(제124조 및 제125조)

구 공정거래법 (시행 2021. 5. 20. 법률 제17290호, 2020. 5. 19. 일부개정)	전면 개정된 공정거래법 (시행 2021. 12. 30. 법률 제17799호, 2020. 12. 29. 전부개정)
제66조(벌칙) ① 다음 각 호의 어느 하나에 해당하는 자는 3년 이하의 징역 또는 2억원 이하의 벌금에 처한다. 1. 제3조의2(市場支配的地位의 濫用禁止)의 규정에 위반하여 남용행위를 한 자 2. 제7조(기업결합의 제한) 제1항 본문을 위반하여 기업결합을 한 자 3. 제8조의2(지주회사 등의 행위제한 등) 제2항 내지 제5항을 위반한 자 4. 제8조의3을 위반하여 지주회사를 설립하거나 지주회사로 전환한 자 5. 제9조(상호출자의 금지 등), 제9조의2(순환출자의 금지)를 위반하여 주식을 취득하거나 소유하고 있는 자 6. 제10조의2를 위반하여 채무보증을 하고 있는 자 7. 제11조(金融會社 또는 保險會社의 議決權 제한) 또는 제18조(是正措置의 이행확보)의 규정에 위반하여 의결권을 행사한 자 8. 제15조(脫法行爲의 금지)의 규정에 위반하여 탈법행위를 한 자 9. 제19조(부당한 공동행위의 금지) 제1항의 규정을 위반하여 부당한 공동행위를 한 자 또는 이를 행하도록 한 자 9의2. 제23조(불공정거래행위의 금지) 제1항 제7호, 제23조의2(특수관계인에 대한 부당한 이익제공 등 금지) 제1항 또는 제4항을 위반한 자 9의3. 제23조의3(보복조치의 금지)을 위반한 자 10. 제26조(事業者團體의 금지행위) 제1항	제124조(벌칙) ① 다음 각 호의 어느 하나에 해당하는 자는 3년 이하의 징역 또는 2억원 이하의 벌금에 처한다. 1. 제5조를 위반하여 남용행위를 한 자 2. 제13조 또는 제36조를 위반하여 탈법행위를 한 자 3. 제15조, 제23조, 제25조 또는 제39조를 위반하여 의결권을 행사한 자 4. 제18조 제2항부터 제5항까지의 규정을 위반한 자 5. 제19조를 위반하여 지주회사를 설립하거나 지주회사로 전환한 자 6. 제20조 제2항 또는 제3항을 위반한 자 7. 제21조 또는 제22조를 위반하여 주식을 취득하거나 소유하고 있는 자 8. 제24조를 위반하여 채무보증을 하고 있는 자 9. 제40조 제1항을 위반하여 부당한 공동행위를 한 자 또는 이를 하도록 한 자 10. 제45조 제1항 제9호, 제47조 제1항 또는 제4항을 위반한 자 11. 제48조를 위반한 자 12. 제51조 제1항 제1호를 위반하여 사업자단체의 금지행위를 한 자 13. 제81조 제2항에 따른 조사 시 폭언·폭행, 고의적인 현장진입 저지·지연 등을 통하여 조사를 거부·방해 또는 기피한 자 ② 제1항의 징역형과 벌금형은 병과(併科)할 수 있다.

구 공정거래법 (시행 2021. 5. 20. 법률 제17290호, 2020. 5. 19. 일부개정)	전면 개정된 공정거래법 (시행 2021. 12. 30. 법률 제17799호, 2020. 12. 29. 전부개정)
제1호의 규정에 위반하여 사업자단체의 금지행위를 한 자 11. 제50조 제2항에 따른 조사 시 폭언·폭행, 고의적인 현장진입 저지·지연 등을 통하여 조사를 거부·방해 또는 기피한 자 ② 제1항의 징역형과 벌금형은 이를 병과할 수 있다.	
제67조(벌칙) 다음 각 호의 어느 하나에 해당하는 자는 2년 이하의 징역 또는 1억 5천만원 이하의 벌금에 처한다. 2. 제23조(불공정거래행위의 금지) 제1항(제7호는 제외한다)의 규정에 위반하여 불공정거래행위를 한 자 3. 제26조(事業者團體의 금지행위) 제1항 제2호 내지 제5호의 규정에 위반한 자 4. 제29조(再販賣價格維持行爲의 제한) 제1항의 규정에 위반하여 재판매가격유지행위를 한 자 5. 삭제 6. 제5조(是正措置), 제16조(시정조치 등) 제1항, 제21조(是正措置), 제24조(是正措置), 제27조(是正措置), 제30조(재판매가격유지계약의 수정) 또는 제31조(시정조치)에 따른 시정조치 또는 금지명령에 응하지 아니한 자 7. 제14조 제4항에 따른 자료요청에 대하여 정당한 이유 없이 자료 제출을 거부하거나 거짓의 자료를 제출한 자 8. 제14조 제5항을 위반하여 공인회계사의 회계감사를 받지 아니한 자 9. 제50조 제1항 제3호 또는 같은 조 제3항에 따른 보고 또는 필요한 자료나 물건을 제출하지 아니하거나 거짓의 보고 또는	제125조(벌칙) 다음 각 호의 어느 하나에 해당하는 자는 2년 이하의 징역 또는 1억 5천만원 이하의 벌금에 처한다. 1. 제7조 제1항, 제14조 제1항, 제37조 제1항, 제42조 제1항, 제49조 제1항 및 제52조 제1항에 따른 시정조치에 따르지 아니한 자 2. 제31조 제4항에 따른 자료제출 요청에 대하여 정당한 이유 없이 자료 제출을 거부하거나 거짓의 자료를 제출한 자 3. 제31조 제5항을 위반하여 공인회계사의 회계감사를 받지 아니한 자 4. 제45조 제1항(제1호·제2호·제3호·제7호 및 제9호는 제외한다)을 위반하여 불공정거래행위를 한 자 5. 제51조 제1항 제3호를 위반하여 사업자단체의 금지행위를 한 자 6. 제81조 제1항 제3호 또는 같은 조 제6항에 따른 보고 또는 필요한 자료나 물건을 제출하지 아니하거나 거짓의 보고 또는 자료나 물건을 제출한 자 7. 제81조 제2항에 따른 조사 시 자료의 은닉·폐기, 접근 거부 또는 위조·변조 등을 통하여 조사를 거부·방해 또는 기피한 자

구 공정거래법 (시행 2021. 5. 20. 법률 제17290호, 2020. 5. 19. 일부개정)	전면 개정된 공정거래법 (시행 2021. 12. 30. 법률 제17799호, 2020. 12. 29. 전부개정)
자료나 물건을 제출한 자 10. 제50조 제2항에 따른 조사 시 자료의 은닉·폐기, 접근거부 또는 위조·변조 등을 통하여 조사를 거부·방해 또는 기피한 자	

- 구 공정거래법에서는 대부분의 위반행위에 형벌이 규정되어 있으나, 경쟁제한성 등에 대한 경제분석을 통해 그 위반여부가 결정되는 행위유형의 경우에는 명확성이 요구되는 형벌의 부과 대상으로는 적합하지 아니한 측면이 있고, 경쟁제한 효과가 상대적으로 작은 행위유형의 경우에는 시정조치·과징금 등으로도 규제효과를 거둘 수 있어 형벌의 보충성 원칙에도 반할 우려가 있었습니다.
- 이에 전면 개정된 공정거래법에서는 그 동안 형벌을 부과한 사례가 거의 없고, 앞으로도 부과할 가능성이 크지 아니한 기업결합행위, 일부 불공정거래행위, 일부 사업자단체 금지행위, 재판매가격유지행위에 대해서는 형벌 규정을 삭제하였습니다.

다. 손해배상청구소송에서 기업의 자료제출의무 부과(제111조)

구 공정거래법 (시행 2021. 5. 20. 법률 제17290호, 2020. 5. 19. 일부개정)	전면 개정된 공정거래법 (시행 2021. 12. 30. 법률 제17799호, 2020. 12. 29. 전부개정)
〈신설〉	제111조(자료의 제출) ① 법원은 제40조 제1항, 제45조 제1항(제9호는 제외한다) 또는 제51조 제1항 제1호를 위반한 행위로 인한 손해배상청구소송에서 당사자의 신청에 따라 상대방 당사자에게 해당 손해의 증명 또는 손해액의 산정에 필요한 자료(제44조 제4항에 따른 자진신고 등과 관련된 자료는 제외한다)의 제출을 명할 수 있다. 다만, 그 자료의 소지자가 자료의 제출을 거절할 정당한 이유가 있으면 그러하지 아니하다. ② 법원은 자료의 소지자가 제1항에 따른 제

구 공정거래법 (시행 2021. 5. 20. 법률 제17290호, 2020. 5. 19. 일부개정)	전면 개정된 공정거래법 (시행 2021. 12. 30. 법률 제17799호, 2020. 12. 29. 전부개정)
	출을 거부할 정당한 이유가 있다고 주장하는 경우에는 그 주장의 당부(當否)를 판단하기 위하여 자료의 제시를 명할 수 있다. 이 경우 법원은 그 자료를 다른 사람이 보게 하여서는 아니 된다. ③ 제1항에 따라 제출되어야 할 자료가 영업비밀에 해당하나 손해의 증명 또는 손해액의 산정에 반드시 필요한 경우에는 제1항 단서에 따른 정당한 이유로 보지 아니한다. 이 경우 법원은 제출명령의 목적 내에서 열람할 수 있는 범위 또는 열람할 수 있는 사람을 지정하여야 한다. ④ 법원은 당사자가 정당한 이유 없이 자료제출명령에 따르지 아니한 경우에는 자료의 기재에 대한 상대방의 주장을 진실한 것으로 인정할 수 있다. ⑤ 법원은 제4항에 해당하는 경우 자료의 제출을 신청한 당사자가 자료의 기재에 관하여 구체적으로 주장하기에 현저히 곤란한 사정이 있고 자료로 증명할 사실을 다른 증거로 증명하는 것을 기대하기도 어려운 경우에는 그 당사자가 자료의 기재로 증명하려는 사실에 관한 주장을 진실한 것으로 인정할 수 있다.

- 현행 「민사소송법」에 따른 문서제출명령은 해당 기업이 영업비밀을 이유로 거부할 수 있고, 전자문서·동영상 등 서류 외의 자료는 제출대상에서 제외되며, 제출명령에 불응해도 이에 대한 제재가 미약하여 피해자가 손해 및 손해액 입증에 필요한 증거를 확보하는데 어려움이 존재합니다.

- 이에 전면 개정된 공정거래법에서는 이러한 문제를 해소하고 손해배상청구소송이 활성화될 수 있도록 부당한 공동행위 및 부당지원행위를 제외한 불공정거래행위에 대하여 법원이 해당 기업에 자료제출명령을 할 수 있도록 하고, 영업비밀이라 하더라도 손해의 증명 또는 손해액 산정에 반드시 필요한 경우에는 자료제출을 거부할 수 없도록 하며,

제출명령 불응 시 자료의 기재로 증명하고자 하는 사실을 진실한 것으로 인정할 수 있게 하였습니다.

라. 분쟁조정 신청 대상 확대(제77조)

구 공정거래법 (시행 2021. 5. 20. 법률 제17290호, 2020. 5. 19. 일부개정)	전면 개정된 공정거래법 (시행 2021. 12. 30. 법률 제17799호, 2020. 12. 29. 전부개정)
제48조의7(조정 등) ③ 협의회는 다음 각 호의 어느 하나에 해당하는 행위 또는 사건에 대하여는 조정신청을 각하하여야 한다. 이 경우 협의회는 분쟁조정이 신청된 행위 또는 사건이 제4호에 해당하는지 여부에 대하여 공정거래위원회의 확인을 받아야 한다. 1. 조정신청의 내용과 직접적인 이해관계가 없는 자가 조정신청을 한 경우 2. 이 법의 적용대상이 아닌 사안에 관하여 조정신청을 한 경우 3. 위반혐의가 있는 행위의 내용·성격 및 정도 등을 고려하여 공정거래위원회가 직접 처리하는 것이 적합한 경우로서 대통령령으로 정하는 기준에 해당하는 행위 4. 조정신청이 있기 전에 공정거래위원회가 제49조에 따라 조사를 개시한 사건에 대하여 조정신청을 한 경우. 〈신설〉	제77조(조정 등) ③ 협의회는 다음 각 호의 어느 하나에 해당하는 행위 또는 사건에 대해서는 조정신청을 각하하여야 한다. 이 경우 협의회는 분쟁조정이 신청된 행위 또는 사건이 제4호에 해당하는지에 대하여 공정거래위원회의 확인을 받아야 한다. 1. 조정신청의 내용과 직접적인 이해관계가 없는 자가 조정신청을 한 경우 2. 이 법의 적용대상이 아닌 사안에 관하여 조정신청을 한 경우 3. 위반혐의가 있는 행위의 내용·성격 및 정도 등을 고려하여 공정거래위원회가 직접 처리하는 것이 적합한 경우로서 대통령령으로 정하는 기준에 해당하는 행위 4. 조정신청이 있기 전에 공정거래위원회가 제80조에 따라 조사를 개시한 사건에 대하여 조정신청을 한 경우. 다만, 공정거래위원회로부터 시정조치 등의 처분을 받은 후 분쟁조정을 신청한 경우에는 그러하지 아니하다.

- 구 공정거래법에서는 공정거래위원회가 제재 조치를 완료한 사건에 대해서는 분쟁조정 신청이 어려웠습니다.

- 이에 전면 개정된 공정거래법에서는 공정거래위원회가 제재 조치를 완료한 사건에 대해서도 분쟁조정 신청이 가능하도록 하여, 소액 사건 피해구제를 위해 비용과 시간이 많이 소요되는 소송 절차를 거치지 않고, 분쟁조정을 통해 신속하게 피해가 구제되도록 개선하였습니다.

3 혁신 성장 촉진

가. 기업형 벤처캐피털 제한적 보유 허용

구 공정거래법 (시행 2021. 5. 20. 법률 제17290호, 2020. 5. 19. 일부개정)	전면 개정된 공정거래법 (시행 2021. 12. 30. 법률 제17799호, 2020. 12. 29. 전부개정)
〈신설〉	제20조(일반지주회사의 금융회사 주식 소유 제한에 관한 특례) ① 일반지주회사는 제18조 제2항 제5호에도 불구하고 「벤처투자 촉진에 관한 법률」에 따른 중소기업창업투자회사(이하 이 조에서 "중소기업창업투자회사"라 한다) 및 「여신전문금융업법」에 따른 신기술사업금융전문회사(이하 이 조에서 "신기술사업금융전문회사"라 한다)의 주식을 소유할 수 있다. ② 제1항에 따라 일반지주회사가 중소기업창업투자회사 및 신기술사업금융전문회사의 주식을 소유하는 경우에는 중소기업창업투자회사 및 신기술사업금융전문회사의 발행주식총수를 소유하여야 한다. 다만, 다음 각 호의 어느 하나에 해당하는 경우에는 그러하지 아니하다. 1. 계열회사가 아닌 중소기업창업투자회사 및 신기술사업금융전문회사를 자회사에 해당하게 하는 과정에서 해당 중소기업창업투자회사 및 신기술사업금융전문회사 주식을 발행주식총수 미만으로 소유하고 있는 경우로서 해당 회사의 주식을 보유하게 된 날부터 1년 이내인 경우(1년 이내에 발행주식총수를 보유하게 되는 경우에 한정한다) 2. 자회사인 중소기업창업투자회사 및 신기술사업금융전문회사를 자회사에 해당하지 아니하게 하는 과정에서 해당 중소기업창업투자회사 및 신기술사업금융전문회사 주

구 공정거래법 (시행 2021. 5. 20. 법률 제17290호, 2020. 5. 19. 일부개정)	전면 개정된 공정거래법 (시행 2021. 12. 30. 법률 제17799호, 2020. 12. 29. 전부개정)
	식을 발행주식총수 미만으로 소유하게 된 날부터 1년 이내인 경우(발행주식총수 미만으로 소유하게 된 날부터 1년 이내에 모든 주식을 처분한 경우에 한정한다) ③ 제1항에 따라 일반지주회사가 주식을 소유한 중소기업창업투자회사 및 신기술사업금융전문회사는 다음 각 호의 어느 하나에 해당하는 행위를 하여서는 아니 된다. 다만, 제2항 각 호의 어느 하나에 해당하는 경우에는 제1호부터 제5호까지의 규정을 적용하지 아니한다. 1. 자본총액의 2배를 초과하는 부채액을 보유하는 행위 2. 중소기업창업투자회사인 경우 「벤처투자 촉진에 관한 법률」 제37조 제1항 각 호 이외의 금융업 또는 보험업을 영위하는 행위 3. 신기술사업금융전문회사인 경우 「여신전문금융업법」 제41조 제1항 제1호, 제3호부터 제5호까지의 규정 이외의 금융업 또는 보험업을 영위하는 행위 4. 다음 각 목의 어느 하나에 해당하는 투자조합(「벤처투자 촉진에 관한 법률」 제2조 제11호에 따른 벤처투자조합 및 「여신전문금융업법」 제2조 제14호의5에 따른 신기술사업투자조합을 말한다. 이하 이 조에서 같다)을 설립하는 행위 가. 자신이 소속된 기업집단 소속 회사가 아닌 자가 출자금 총액의 100분의 40 이내에서 대통령령으로 정하는 비율을 초과하여 출자한 투자조합 나. 자신이 소속된 기업집단 소속 회사 중 금융업 또는 보험업을 영위하는 회사가 출자한 투자조합

구 공정거래법 (시행 2021. 5. 20. 법률 제17290호, 2020. 5. 19. 일부개정)	전면 개정된 공정거래법 (시행 2021. 12. 30. 법률 제17799호, 2020. 12. 29. 전부개정)
	다. 자신의 특수관계인(동일인 및 그 친족에 한정한다)이 출자한 투자조합(동일인이 자연인인 기업집단에 한정한다) 5. 다음 각 목의 어느 하나에 해당하는 투자(「벤처투자 촉진에 관한 법률」 제2조 제1호 각 목의 어느 하나에 해당하는 것을 말한다)를 하는 행위(투자조합의 업무집행을 통한 투자를 포함한다) 가. 자신이 소속된 기업집단 소속 회사에 투자하는 행위 나. 자신의 특수관계인(동일인 및 그 친족에 한정한다)이 출자한 회사에 투자하는 행위 다. 공시대상기업집단 소속 회사에 투자하는 행위 라. 총자산(운용 중인 모든 투자조합의 출자금액을 포함한다)의 100분의 20을 초과하는 금액을 해외 기업에 투자하는 행위 6. 자신(자신이 업무를 집행하는 투자조합을 포함한다)이 투자한 회사의 주식, 채권 등을 자신의 특수관계인(동일인 및 그 친족에 한정한다) 및 특수관계인이 투자한 회사로서 지주회사 등이 아닌 계열회사가 취득 또는 소유하도록 하는 행위 ④ 일반지주회사는 제1항에 따라 중소기업창업투자회사 및 신기술사업금융전문회사의 주식을 소유하는 경우에 해당 주식을 취득 또는 소유한 날부터 4개월 이내에 그 사실을 공정거래위원회가 정하여 고시하는 바에 따라 공정거래위원회에 보고하여야 한다. ⑤ 일반지주회사의 자회사인 중소기업창업

구 공정거래법 (시행 2021. 5. 20. 법률 제17290호, 2020. 5. 19. 일부개정)	전면 개정된 공정거래법 (시행 2021. 12. 30. 법률 제17799호, 2020. 12. 29. 전부개정)
	투자회사 및 신기술사업금융전문회사는 자신 및 자신이 운용중인 모든 투자조합의 투자 현황, 출자자 내역 등을 공정거래위원회가 정하여 고시하는 바에 따라 공정거래위원회에 보고하여야 한다.

- 일반지주회사가 「벤처투자 촉진에 관한 법률」에 따른 중소기업창업투자회사 및 「여신전문금융업법」에 따른 신기술사업금융전문회사 주식을 소유할 수 있도록 하되, 일반지주회사가 지분을 100% 소유하도록 하고, 중소기업창업투자회사 및 신기술사업금융전문회사의 부채비율 200% 초과 금지, 투자업무 이외의 금융업 또는 보험업 겸영 금지, 투자대상 제한 등 안전장치를 마련하였습니다.
- 일반지주회사가 중소기업창업투자회사 및 신기술사업금융전문회사 주식을 소유하는 경우 그 사실을 공정거래위원회에 보고하도록 하고, 일반지주회사의 자회사인 중소기업창업투자회사 및 신기술사업금융전문회사는 자신 및 자신이 운용중인 모든 투자조합의 투자 현황, 출자자 내역 등을 공정거래위원회에 보고하도록 하였습니다.

나. 벤처 지주회사 규제 완화(제18조 제2항 내지 제4항)

구 공정거래법 (시행 2021. 5. 20. 법률 제17290호, 2020. 5. 19. 일부개정)	전면 개정된 공정거래법 (시행 2021. 12. 30. 법률 제17799호, 2020. 12. 29. 전부개정)
제8조의2(지주회사 등의 행위제한 등) ② 지주회사는 다음 각 호의 어느 하나에 해당하는 행위를 하여서는 아니된다. 2. 자회사의 주식을 그 자회사 발행주식총수의 100분의 40[자회사가 「자본시장과 금융투자업에 관한 법률」에 따른 주권상장법인(이하 "상장법인"이라 한다)인 경우, 주식 소유의 분산요건 등 상장요건이 같은 법에 따른 증권시장으로서 대통령령으로 정하는 국내 증권시장의 상장요건에	제18조(지주회사 등의 행위제한 등) ② 지주회사는 다음 각 호의 어느 하나에 해당하는 행위를 하여서는 아니 된다. 2. 자회사의 주식을 그 자회사 발행주식총수의 100분의 50[자회사가 상장법인인 경우, 주식 소유의 분산요건 등 상장요건이 「자본시장과 금융투자업에 관한 법률」에 따른 증권시장으로서 대통령령으로 정하는 국내 증권시장의 상장요건에 상당하는 것으로 공정거래위원회가 고시하는 국

구 공정거래법 (시행 2021. 5. 20. 법률 제17290호, 2020. 5. 19. 일부개정)	전면 개정된 공정거래법 (시행 2021. 12. 30. 법률 제17799호, 2020. 12. 29. 전부개정)
상당하는 것으로 공정거래위원회가 고시하는 국외 증권거래소에 상장된 법인(이하 "국외상장법인"이라 한다)인 경우, 공동출자법인인 경우 또는 벤처지주회사의 자회사인 경우에는 100분의 20으로 한다. 이하 이 조에서 "자회사주식보유기준"이라 한다] 미만으로 소유하는 행위. 다만, 다음 각 목의 어느 하나에 해당하는 사유로 인하여 자회사주식보유기준에 미달하게 된 경우에는 그러하지 아니하다. 3. 계열회사가 아닌 국내회사(「사회기반시설에 대한 민간투자법」 제4조(민간투자사업의 추진방식) 제1호부터 제4호까지의 규정에 정한 방식으로 민간투자사업을 영위하는 회사를 제외한다. 이하 이 호에서 같다)의 주식을 당해 회사 발행주식총수의 100분의 5를 초과하여 소유하는 행위(소유하고 있는 계열회사가 아닌 국내회사의 주식가액의 합계액이 자회사의 주식가액의 합계액의 100분의 15 미만인 지주회사에 대하여는 적용하지 아니한다) 또는 자회사 외의 국내계열회사의 주식을 소유하는 행위. 다만, 다음 각 목의 1에 해당하는 사유로 인하여 주식을 소유하고 있는 계열회사가 아닌 국내회사나 국내계열회사의 경우에는 그러하지 아니하다. 4. 금융업 또는 보험업을 영위하는 자회사의 주식을 소유하는 지주회사(이하 "金融持株會社"라 한다)인 경우 금융업 또는 보험업을 영위하는 회사(金融業 또는 保險業과 밀접한 관련이 있는 등 大統領令이 정하는 기준에 해당하는 會社를 포	외 증권거래소에 상장된 법인(이하 "국외상장법인"이라 한다)인 경우 또는 공동출자법인인 경우에는 100분의 30으로 하고, 벤처지주회사의 자회사인 경우에는 100분의 20으로 한다. 이하 이 조에서 "자회사주식보유기준"이라 한다] 미만으로 소유하는 행위. 다만, 다음 각 목의 어느 하나에 해당하는 사유로 자회사주식보유기준에 미달하게 된 경우는 제외한다. 3. 계열회사가 아닌 국내 회사(「사회기반시설에 대한 민간투자법」 제4조 제1호부터 제4호까지의 규정에서 정한 방식으로 민간투자사업을 영위하는 회사는 제외한다. 이하 이 호에서 같다)의 주식을 그 회사 발행주식총수의 100분의 5를 초과하여 소유하는 행위(벤처지주회사 또는 소유하고 있는 계열회사가 아닌 국내 회사의 주식가액의 합계액이 자회사의 주식가액의 합계액의 100분의 15 미만인 지주회사에는 적용하지 아니한다) 또는 자회사 외의 국내 계열회사의 주식을 소유하는 행위. 다만, 다음 각 목의 어느 하나에 해당하는 사유로 주식을 소유하고 있는 계열회사가 아닌 국내 회사나 국내 계열회사의 경우는 예외로 한다. 4. 금융업 또는 보험업을 영위하는 자회사의 주식을 소유하는 지주회사(이하 "금융지주회사"라 한다)인 경우 금융업 또는 보험업을 영위하는 회사(금융업 또는 보험업과 밀접한 관련이 있는 등 대통령령으로 정하는 기준에 해당하는 회사를 포함한다) 외의 국내 회사의 주식을 소

구 공정거래법 (시행 2021. 5. 20. 법률 제17290호, 2020. 5. 19. 일부개정)	전면 개정된 공정거래법 (시행 2021. 12. 30. 법률 제17799호, 2020. 12. 29. 전부개정)
함한다)외의 국내회사의 주식을 소유하는 행위. 다만, 금융지주회사로 전환하거나 설립될 당시에 금융업 또는 보험업을 영위하는 회사 외의 국내회사 주식을 소유하고 있는 때에는 금융지주회사로 전환하거나 설립된 날부터 2년간은 그 국내회사의 주식을 소유할 수 있다. 5. 금융지주회사외의 지주회사(이하 "一般持株會社"라 한다)인 경우 금융업 또는 보험업을 영위하는 국내회사의 주식을 소유하는 행위. 다만, 일반지주회사로 전환하거나 설립될 당시에 금융업 또는 보험업을 영위하는 국내회사의 주식을 소유하고 있는 때에는 일반지주회사로 전환하거나 설립된 날부터 2년간은 그 국내회사의 주식을 소유할 수 있다. ③ 일반지주회사의 자회사는 다음 각 호의 어느 하나에 해당하는 행위를 하여서는 아니된다. 1. 손자회사의 주식을 그 손자회사 발행주식총수의 100분의 40(그 손자회사가 상장법인 또는 국외상장법인이거나 공동출자법인인 경우에는 100분의 20으로 한다. 이하 이 조에서 "손자회사주식보유기준"이라 한다) 미만으로 소유하는 행위. 다만, 다음 각 목의 어느 하나에 해당하는 사유로 인하여 손자회사주식보유기준에 미달하게 된 경우에는 그러하지 아니하다. 〈신설〉	유하는 행위. 다만, 금융지주회사로 전환하거나 설립될 당시에 금융업 또는 보험업을 영위하는 회사 외의 국내 회사 주식을 소유하고 있을 때에는 금융지주회사로 전환하거나 설립된 날부터 2년간은 그 국내 회사의 주식을 소유할 수 있다. 5. 금융지주회사 외의 지주회사(이하 "일반지주회사"라 한다)인 경우 금융업 또는 보험업을 영위하는 국내 회사의 주식을 소유하는 행위. 다만, 일반지주회사로 전환하거나 설립될 당시에 금융업 또는 보험업을 영위하는 국내 회사의 주식을 소유하고 있을 때에는 일반지주회사로 전환하거나 설립된 날부터 2년간은 그 국내 회사의 주식을 소유할 수 있다. ③ 일반지주회사의 자회사는 다음 각 호의 어느 하나에 해당하는 행위를 하여서는 아니 된다. 1. 손자회사의 주식을 그 손자회사 발행주식총수의 100분의 50[그 손자회사가 상장법인 또는 국외상장법인이거나 공동출자법인인 경우에는 100분의 30으로 하고, 벤처지주회사(일반지주회사의 자회사인 벤처지주회사로 한정한다)의 자회사인 경우에는 100분의 20으로 한다. 이하 이 조에서 "손자회사주식보유기준"이라 한다] 미만으로 소유하는 행위. 다만, 다음 각 목의 어느 하나에 해당하는 사유로 손자회사주식보유기준에 미달하게 된 경우는 예외로 한다. 다. 일반지주회사의 자회사인 벤처지주회사였던 회사가 벤처지주회사에 해당하지 아니한 자회사가 됨에 따라 손자

구 공정거래법 (시행 2021. 5. 20. 법률 제17290호, 2020. 5. 19. 일부개정)	전면 개정된 공정거래법 (시행 2021. 12. 30. 법률 제17799호, 2020. 12. 29. 전부개정)
	회사주식보유기준에 미달하게 된 경우로서 그 해당하지 아니한 자회사가 된 날부터 1년 이내인 경우
2. 손자회사가 아닌 국내계열회사의 주식을 소유하는 행위. 다만, 다음 각 목의 어느 하나에 해당하는 사유로 인하여 주식을 소유하고 있는 국내계열회사의 경우에는 그러하지 아니하다.	2. 손자회사가 아닌 국내 계열회사의 주식을 소유하는 행위. 다만, 다음 각 목의 어느 하나에 해당하는 사유로 주식을 소유하고 있는 국내 계열회사의 경우는 예외로 한다.
④ 일반지주회사의 손자회사는 국내계열회사의 주식을 소유하여서는 아니된다. 다만, 다음 각 호의 어느 하나에 해당하는 경우에는 그러하지 아니하다.	④ 일반지주회사의 손자회사는 국내 계열회사의 주식을 소유해서는 아니 된다. 다만, 다음 각 호의 어느 하나에 해당하는 경우에는 그러하지 아니하다.
〈신설〉	⑤ 손자회사가 벤처지주회사인 경우 그 손자회사가 국내 계열회사(금융업 또는 보험업을 영위하는 회사는 제외한다) 발행주식총수의 100분의 50 이상을 소유하는 경우

- 구 공정거래법에서는 벤처기업 활성화를 위하여 벤처지주회사 제도가 도입되었으나 벤처지주회사에도 일반지주회사와 동일하게 비계열사 주식취득 제한이 적용되고, 일반지주회사가 자회사 또는 손자회사 단계에서 벤처지주회사를 설립하는 경우에 통상적인 자회사, 손자회사 지분요건이 그대로 적용되는 등 벤처지주회사의 특성에 맞지 아니하게 요건이 과도하여 제도 도입 이후 활용도가 낮았습니다.

- 이에 전면 개정된 공정거래법에서는 벤처기업에 대한 투자와 인수가 실질적으로 활성화되도록 벤처지주회사의 자회사 지분보유 요건은 현행 20%를 유지하되, 기존 지주회사가 벤처지주회사를 자회사 또는 손자회사 단계에서 설립하는 경우에는 벤처지주회사의 자회사 지분보유특례를 적용하도록 하고, 벤처지주회사의 경우 일반 지주회사와는 달리 비계열사 주식 취득 제한을 폐지하였습니다.

다. 거래금액 기반 기업결합 신고기준 도입(제11조 제2항)

구 공정거래법 (시행 2021. 5. 20. 법률 제17290호, 2020. 5. 19. 일부개정)	전면 개정된 공정거래법 (시행 2021. 12. 30. 법률 제17799호, 2020. 12. 29. 전부개정)
제12조(기업결합의 신고) ② 제1항에 규정된 기업결합신고대상회사 및 상대회사의 자산총액 또는 매출액의 규모는 각각 기업결합일 전부터 기업결합일 후까지 계속하여 계열회사의 지위를 유지하고 있는 회사의 자산총액 또는 매출액을 합산한 규모를 말한다. 다만, 제7조(기업결합의 제한) 제1항 제4호의 규정에 의한 영업양수의 경우에 영업을 양도(영업의 임대, 경영의 위임 및 영업용고정자산의 양도를 포함한다)하는 회사의 자산총액 또는 매출액의 규모는 계열회사의 자산총액 또는 매출액을 합산하지 아니한 규모를 말한다.	제11조(기업결합의 신고) ② 기업결합신고대상회사 또는 그 특수관계인이 상대회사의 자산총액 또는 매출액 규모에 해당하지 아니하는 회사(이하 이 조에서 "소규모피취득회사"라 한다)에 대하여 제1항 제1호, 제2호 또는 제4호에 해당하는 기업결합을 하거나 기업결합신고대상회사 또는 그 특수관계인이 소규모피취득회사 또는 그 특수관계인과 공동으로 제1항 제5호의 기업결합을 할 때에는 다음 각 호의 요건에 모두 해당하는 경우에만 대통령령으로 정하는 바에 따라 공정거래위원회에 신고하여야 한다. 1. 기업결합의 대가로 지급 또는 출자하는 가치의 총액(당사회사가 자신의 특수관계인을 통하여 지급 또는 출자하는 것을 포함한다)이 대통령령으로 정하는 금액 이상일 것 2. 소규모피취득회사 또는 그 특수관계인이 국내 시장에서 상품 또는 용역을 판매·제공하거나, 국내 연구시설 또는 연구인력을 보유·활용하는 등 대통령령으로 정하는 상당한 수준으로 활동할 것

- 구 공정거래법에서는 대기업이 규모는 작지만 성장잠재력이 큰 벤처기업이나 스타트업 등을 거액에 인수하는 경우 피인수기업의 자산총액이나 매출액이 현행 기업결합신고대상 기준에 이르지 못하여 신고의무가 발생하지 아니하게 되는 바, 장래에 시장 독과점을 형성하거나 진입장벽을 구축하더라도 기업결합 심사조차 못할 우려가 있었습니다.

- 이에 전면 개정된 공정거래법에서는 피인수기업의 국내 매출액 등이 현행 신고기준에 미달하더라도 해당 인수금액이 일정 기준 이상이고, 피인수기업이 국내 시장에서 상품 또는 용역을 판매·제공하거나, 국내 연구시설 또는 연구인력을 보유·활용하는 등

국내 시장에서 상당한 수준으로 활동하고 있는 경우에는 공정거래위원회에 신고하도록 하였습니다.

라. 정보교환 담합 행위 규율(제40조)

구 공정거래법 (시행 2021. 5. 20. 법률 제17290호, 2020. 5. 19. 일부개정)	전면 개정된 공정거래법 (시행 2021. 12. 30. 법률 제17799호, 2020. 12. 29. 전부개정)
제19조(부당한 공동행위의 금지) ① 사업자는 계약·협정·결의 기타 어떠한 방법으로도 다른 사업자와 공동으로 부당하게 경쟁을 제한하는 다음 각 호의 어느 하나에 해당하는 행위를 할 것을 합의(이하 "부당한 공동행위"라 한다)하거나 다른 사업자로 하여금 이를 행하도록 하여서는 아니된다. 9. 제1호부터 제8호까지 외의 행위로서 다른 사업자(그 행위를 한 사업자를 포함한다)의 사업활동 또는 사업내용을 방해하거나 제한함으로써 일정한 거래분야에서 경쟁을 실질적으로 제한하는 행위 ⑤ 2 이상의 사업자가 제1항 각 호의 어느 하나에 해당하는 행위를 하는 경우로서 해당 거래분야 또는 상품·용역의 특성, 해당 행위의 경제적 이유 및 파급효과, 사업자간 접촉의 횟수·양태 등 제반사정에 비추어 그 행위를 그 사업자들이 공동으로 한 것으로 볼 수 있는 상당한 개연성이 있는 때에는 그 사업자들 사이에 공동으로 제1항 각 호의 어느 하나에 해당하는 행위를 할 것을 합의한 것으로 추정한다.	제40조(부당한 공동행위의 금지) ① 사업자는 계약·협정·결의 또는 그 밖의 어떠한 방법으로도 다른 사업자와 공동으로 부당하게 경쟁을 제한하는 다음 각 호의 어느 하나에 해당하는 행위를 할 것을 합의(이하 "부당한 공동행위"라 한다)하거나 다른 사업자로 하여금 이를 하도록 하여서는 아니 된다. 9. 그 밖의 행위로서 다른 사업자(그 행위를 한 사업자를 포함한다)의 사업활동 또는 사업내용을 방해·제한하거나 가격, 생산량, 그 밖에 대통령령으로 정하는 정보를 주고받음으로써 일정한 거래분야에서 경쟁을 실질적으로 제한하는 행위 ⑤ 제1항 각 호의 어느 하나에 해당하는 행위를 하는 둘 이상의 사업자가 다음 각 호의 어느 하나에 해당하는 경우에는 그 사업자들 사이에 공동으로 제1항 각 호의 어느 하나에 해당하는 행위를 할 것을 합의한 것으로 추정한다. 1. 해당 거래분야, 상품·용역의 특성, 해당 행위의 경제적 이유 및 파급효과, 사업자 간 접촉의 횟수·양태 등 제반 사정에 비추어 그 행위를 그 사업자들이 공동으로 한 것으로 볼 수 있는 상당한 개연성이 있을 때 2. 제1항 각 호의 행위(제9호의 행위 중 정보를 주고받음으로써 일정한 거래분야에서 경쟁을 실질적으로 제한하는 행위를 제외한다)에 필요한 정보를 주고받은 때

- 경쟁사업자 사이에 미래가격 등 민감한 정보를 교환하는 행위는 경쟁제한적 폐해가 커서 EU, 미국 등에서는 이를 동조적(同調的) 행위로 금지하거나 정보교환 합의 자체를 규율하고 있는 반면, 구 공정거래법에서는 이에 대한 명시적 규정이 없어 이를 부당한 공동행위로 규율하기 어려운 문제가 있었습니다.

- 이에 전면 개정된 공정거래법에서는 경쟁제한적 정보교환 행위를 보다 효과적으로 규율할 수 있도록 사업자 간 담합으로 볼 수 있는 외형상 일치가 존재하고 이에 필요한 정보를 교환한 경우에는 사업자 간 합의가 있는 것으로 법률상 추정하고, 사업자 간 가격·생산량 등의 정보를 주고받음으로써 실질적으로 경쟁을 제한하는 행위에 대한 합의를 부당한 공동행위의 하나의 유형으로 포함시켰습니다.

④ 기타

가. 변호인 조력권 명문화(제83조)

구 공정거래법 (시행 2021. 5. 20. 법률 제17290호, 2020. 5. 19. 일부개정)	전면 개정된 공정거래법 (시행 2021. 12. 30. 법률 제17799호, 2020. 12, 29. 전부개정)
〈신설〉	제83조(위반행위 조사 및 심의 시 조력을 받을 권리) 공정거래위원회로부터 조사 및 심의를 받는 사업자, 사업자단체 또는 이들의 임직원은 변호사 등 변호인으로 하여금 조사 및 심의에 참여하게 하거나 의견을 진술하게 할 수 있다.

- 전면 개정된 공정거래법에서는 공정거래위원회 조사·심의를 받는 사업자, 사업자단체 등에 대한 변호인 조력권을 명문화하였습니다.

나. 피조사업체 방어권 강화(제81조 제5항)

구 공정거래법 (시행 2021. 5. 20. 법률 제17290호, 2020. 5. 19. 일부개정)	전면 개정된 공정거래법 (시행 2021. 12. 30. 법률 제17799호, 2020. 12. 29. 전부개정)
〈신설〉	제81조(위반행위의 조사 등) ⑤ 제1항 제1호 및 제3항에 따라 당사자의 진술을 들었을 때에는 대통령령으로 정하는 바에 따라 진술조서를 작성하여야 한다.

- 전면 개정된 공정거래법에서는 피조사업체에 대해 진술 조사를 실시하는 경우 진술조서를 작성토록 의무화하는 등 피조사업체의 방어권을 강화해주는 내용도 포함하였습니다.

Part 2

공정거래법 조문별 판례와 내용

제 1 장

총 칙

제1조 목 적

가. 법조문

법률	시행령
제1조(목적) 이 법은 사업자의 시장지배적지위의 남용과 과도한 경제력의 집중을 방지하고, 부당한 공동행위 및 불공정거래행위를 규제하여 공정하고 자유로운 경쟁을 촉진함으로써 창의적인 기업활동을 조성하고 소비자를 보호함과 아울러 국민경제의 균형 있는 발전을 도모함을 목적으로 한다.	제1조(목적) 이 영은 「독점규제 및 공정거래에 관한 법률」에서 위임된 사항과 그 시행에 필요한 사항을 규정함을 목적으로 한다.

나. 판례

【금융기관의 거래상지위 남용행위 건】

대법원 2009. 10. 29. 선고 2007두20812 판결

판결요지

공정거래법은 사업자의 시장지배적 지위 남용과 과도한 경제력 집중을 방지하고, 부당한 공동행위 및 불공정거래행위를 규제하여 공정하고 자유로운 경쟁을 촉진함으로써 창의적인 기업활동을 조장하고 소비자를 보호함과 아울러 국민경제의 균형있는 발전을 도모함을 목적으로 하는 것으로서(공정거래법 제1조), 계약의 해석에 관하여 다툼이 있는 민사 사안이라는 이유만으로 공정거래법의 적용이 배제되어야 한다고 볼 수 없다.

제2조 정 의

가. 법조문

법률	시행령
제2조(정의) 이 법에서 사용하는 용어의 뜻은 다음과 같다. 1. "사업자"란 제조업, 서비스업 또는 그 밖의 사업을 하는 자를 말한다. 이 경우 사업자의 이익을 위한 행위를 하는 임원, 종업원(계속하여 회사의 업무에 종사하는 사람으로서 임원 외의 사람을 말한다. 이하 같다), 대리인 및 그 밖의 자는 사업자단체에 관한 규정을 적용할 때에는 사업자로 본다. 2. "사업자단체"란 그 형태가 무엇이든 상관없이 둘 이상의 사업자가 공동의 이익을 증진할 목적으로 조직한 결합체 또는 그 연합체를 말한다.	
3. "시장지배적사업자"란 일정한 거래분야의 공급자나 수요자로서 단독으로 또는 다른 사업자와 함께 상품이나 용역의 가격, 수량, 품질, 그 밖의 거래조건을 결정·유지 또는 변경할 수 있는 시장지위를 가진 사업자를 말한다. 이 경우 시장지배적사업자를 판단할 때에는 시장점유율, 진입장벽의 존재 및 정도, 경쟁사업자의 상대적 규모 등을 종합적으로 고려한다. 4. "일정한 거래분야"란 거래의 객체별·단계별 또는 지역별로 경쟁관계에 있거나 경쟁관계가 성립될 수 있는 분야를 말한다. 5. "경쟁을 실질적으로 제한하는 행위"란 일정한 거래분야의 경쟁이 감소하여 특정 사업자 또는 사업자단체의 의사에 따	제2조(시장지배적사업자의 기준) ①「독점규제 및 공정거래에 관한 법률」(이하 "법"이라 한다) 제2조 제3호 후단에 따른 시장점유율은 법 제5조를 위반한 혐의가 있는 행위의 종료일이 속하는 사업연도의 직전 1년 동안에 국내에서 공급되거나 구매된 상품이나 용역의 금액 중 해당 사업자가 같은 기간 동안 국내에서 공급하거나 구매한 상품이나 용역의 금액의 비율로 한다. 다만, 시장점유율을 금액기준으로 산정하기 어려운 경우에는 물량기준 또는 생산능력기준으로 산정할 수 있다. ② 법 제2조 제3호에 따라 시장지배적사업자를 판단하는 경우에는 해당 사업자와 그 계열회사를 하나의 사업자로 본다. ③ 제1항 및 제2항에서 규정한 사항 외에

법률	시행령
라 어느 정도 자유로이 가격, 수량, 품질, 그 밖의 거래조건 등의 결정에 영향을 미치거나 미칠 우려가 있는 상태를 초래하는 행위를 말한다. 6. "임원"이란 다음 각 목의 어느 하나에 해당하는 사람을 말한다. 가. 이사 나. 대표이사 다. 업무집행을 하는 무한책임사원 라. 감사 마. 가목부터 라목까지의 규정 중 어느 하나에 준하는 사람 바. 지배인 등 본점이나 지점의 영업 전반을 총괄적으로 처리할 수 있는 상업사용인	시장지배적사업자의 판단에 필요한 세부기준은 공정거래위원회가 정하여 고시한다.
7. "지주회사"란 주식(지분을 포함한다. 이하 같다)의 소유를 통하여 국내 회사의 사업내용을 지배하는 것을 주된 사업으로 하는 회사로서 자산총액이 대통령령으로 정하는 금액 이상인 회사를 말한다. 이 경우 주된 사업의 기준은 대통령령으로 정한다.	**제3조(지주회사의 기준)** ① 법 제2조 제7호 전단에서 "자산총액이 대통령령으로 정하는 금액 이상인 회사"란 다음 각 호의 구분에 따른 회사를 말한다. 1. 해당 사업연도에 설립되었거나 합병 또는 분할·분할합병·물적분할(이하 "분할"이라 한다)을 한 경우: 설립등기일·합병등기일 또는 분할등기일 현재의 대차대조표상 자산총액이 5천억원(법 제18조 제1항 제2호에 따른 벤처지주회사의 경우에는 300억원) 이상인 회사 2. 제1호 외의 경우: 직전 사업연도 종료일(사업연도 종료일 전의 자산총액을 기준으로 지주회사 전환신고를 하는 경우에는 해당 전환신고 사유의 발생일) 현재의 대차대조표상 자산총액이 5천억원(법 제18조 제1항 제2호에 따른 벤처지주회사의 경우에는 300억원) 이상인 회사 ② 법 제2조 제7호 후단에 따른 주된 사업의 기준은 회사가 소유하고 있는 자회사의

법률	시행령
	주식(지분을 포함한다. 이하 같다)가액의 합계액(제1항 각 호에 따른 자산총액 산정 기준일 현재의 대차대조표에 표시된 가액을 합계한 금액을 말한다)이 해당 회사 자산총액의 100분의 50 이상인 것으로 한다.
8. "자회사"란 지주회사로부터 대통령령으로 정하는 기준에 따라 그 사업내용을 지배받는 국내 회사를 말한다.	③ 법 제2조 제8호에서 "대통령령으로 정하는 기준"이란 다음 각 호의 기준을 말한다. 1. 지주회사의 계열회사일 것. 다만, 「벤처투자 촉진에 관한 법률」에 따른 중소기업창업투자회사 또는 「여신전문금융업법」에 따른 신기술사업금융업자가 창업투자 목적 또는 신기술사업자 지원 목적으로 다른 국내 회사의 주식을 취득하여 계열회사가 된 경우 그 계열회사는 제외한다. 2. 지주회사가 소유하는 주식수가 제14조 제1항 제1호 또는 제2호의 자 중 최다출자자가 소유하는 주식수와 같거나 그 보다 많을 것
9. "손자회사"란 자회사로부터 대통령령으로 정하는 기준에 따라 그 사업내용을 지배받는 국내 회사를 말한다. 10. "금융업 또는 보험업"이란 「통계법」 제22조 제1항에 따라 통계청장이 고시하는 한국표준산업분류상 금융 및 보험업을 말한다. 다만, 제18조 제2항 제5호에 따른 일반지주회사는 금융업 또는 보험업을 영위하는 회사로 보지 아니한다.	④ 법 제2조 제9호에서 "대통령령으로 정하는 기준"이란 다음 각 호의 기준을 말한다. 1. 자회사의 계열회사일 것 2. 자회사가 소유하는 주식수가 제14조 제1항 제1호 또는 제2호의 자 중 최다출자자가 소유하는 주식수와 같거나 그 보다 많을 것. 다만, 자회사가 소유하는 주식수가 다음 각 목의 자가 소유하는 주식수와 같은 경우는 제외한다. 가. 자회사의 지주회사 나. 지주회사의 다른 자회사
11. "기업집단"이란 동일인이 다음 각 목의 구분에 따라 대통령령으로 정하는 기준에 따라 사실상 그 사업내용을 지배하는 회사의 집단을 말한다.	**제4조(기업집단의 범위)** 법 제2조 제11호 각 목 외의 부분에서 "대통령령으로 정하는 기준에 따라 사실상 그 사업내용을 지배하는 회사"란 다음 각 호의 회사를 말한다.

법률	시행령
가. 동일인이 회사인 경우: 그 동일인과 그 동일인이 지배하는 하나 이상의 회사의 집단 나. 동일인이 회사가 아닌 경우: 그 동일인이 지배하는 둘 이상의 회사의 집단 12. "계열회사"란 둘 이상의 회사가 동일한 기업집단에 속하는 경우에 이들 각각의 회사를 서로 상대방의 계열회사라 한다. 13. "계열출자"란 기업집단 소속 회사가 계열회사의 주식을 취득 또는 소유하는 행위를 말한다. 14. "계열출자회사"란 계열출자를 통하여 다른 계열회사의 주식을 취득 또는 소유하는 계열회사를 말한다. 15. "계열출자대상회사"란 계열출자를 통하여 계열출자회사가 취득 또는 소유하는 계열회사 주식을 발행한 계열회사를 말한다. 16. "순환출자"란 세 개 이상의 계열출자로 연결된 계열회사 모두가 계열출자회사 및 계열출자대상회사가 되는 계열출자 관계를 말한다. 17. "순환출자회사집단"이란 기업집단 소속 회사 중 순환출자 관계에 있는 계열회사의 집단을 말한다. 18. "채무보증"이란 기업집단에 속하는 회사가 다음 각 목의 어느 하나에 해당하는 국내 금융기관의 여신과 관련하여 국내 계열회사에 대하여 하는 보증을 말한다. 가. 「은행법」에 따른 은행 나. 「한국산업은행법」에 따른 한국산업은행 다. 「한국수출입은행법」에 따른 한국수출입은행 라. 「중소기업은행법」에 따른 중소기업	1. 동일인이 단독으로 또는 다음 각 목의 자(이하 "동일인관련자"라 한다)와 합하여 해당 회사의 발행주식(「상법」 제344조의3 제1항에 따른 의결권 없는 주식은 제외한다. 이하 이 조, 제5조, 제33조 제2항 및 제34조 제2항에서 같다)총수의 100분의 30 이상을 소유하는 경우로서 최다출자자인 회사 가. 배우자, 6촌 이내의 혈족, 4촌 이내의 인척(이하 "친족"이라 한다) 나. 동일인이 단독으로 또는 동일인관련자와 합하여 총출연금액의 100분의 30 이상을 출연한 경우로서 최다출연자이거나 동일인 및 동일인관련자 중 1인이 설립자인 비영리법인 또는 단체(법인격이 없는 사단 또는 재단으로 한정한다. 이하 같다) 다. 동일인이 직접 또는 동일인관련자를 통해 임원의 구성이나 사업운용 등에 지배적인 영향력을 행사하고 있는 비영리법인 또는 단체 라. 동일인이 이 호 또는 제2호에 따라 사실상 사업내용을 지배하는 회사 마. 동일인 및 동일인과 나목부터 라목까지의 관계에 있는 자의 사용인(법인인 경우에는 임원, 개인인 경우에는 상업사용인 및 고용계약에 따른 피고용인을 말한다) 2. 다음 각 목의 회사로서 동일인이 해당 회사의 경영에 대해 지배적인 영향력을 행사하고 있다고 인정되는 회사 가. 동일인이 다른 주요 주주와의 계약 또는 합의에 따라 대표이사를 임면한 회사 또는 임원의 100분의 50 이상을 선임하거나 선임할 수 있는 회사

법률	시행령
은행 마. 「보험업법」에 따른 보험회사 바. 「자본시장과 금융투자업에 관한 법률」에 따른 투자매매업자·투자중개업자 및 종합금융회사	나. 동일인이 직접 또는 동일인관련자를 통해 해당 회사의 조직변경 또는 신규사업에 대한 투자 등 주요 의사결정이나 업무집행에 지배적인 영향력을 행사하고 있는 회사 다. 동일인이 지배하는 회사(동일인이 회사인 경우에는 동일인을 포함한다. 이하 이 목에서 같다)와 해당 회사 간에 다음의 경우에 해당하는 인사교류가 있는 회사 1) 동일인이 지배하는 회사와 해당 회사 간에 임원의 겸임이 있는 경우 2) 동일인이 지배하는 회사의 임직원이 해당 회사의 임원으로 임명되었다가 동일인이 지배하는 회사로 복직하는 경우(동일인이 지배하는 회사 중 당초의 회사가 아닌 다른 회사로 복직하는 경우를 포함한다) 3) 해당 회사의 임원이 동일인이 지배하는 회사의 임직원으로 임명되었다가 해당 회사 또는 해당 회사의 계열회사로 복직하는 경우 라. 동일인 또는 동일인관련자와 해당 회사 간에 통상적인 범위를 초과하여 자금·자산·상품·용역 등의 거래 또는 채무보증이 있는 회사 마. 그 밖에 해당 회사가 동일인의 기업집단의 계열회사로 인정될 수 있는 영업상의 표시행위를 하는 등 사회통념상 경제적 동일체로 인정되는 회사
사. 그 밖에 대통령령으로 정하는 금융	**제7조(국내 금융기관의 범위)** 법 제2조 제18호

법률	시행령
기관 19. "여신"이란 국내 금융기관이 하는 대출 및 회사채무의 보증 또는 인수를 말한다. 20. "재판매가격유지행위"란 사업자가 상품 또는 용역을 거래할 때 거래상대방인 사업자 또는 그 다음 거래단계별 사업자에 대하여 거래가격을 정하여 그 가격대로 판매 또는 제공할 것을 강제하거나 그 가격대로 판매 또는 제공하도록 그 밖의 구속조건을 붙여 거래하는 행위를 말한다.	사목에서 "대통령령으로 정하는 금융기관"이란 직전 사업연도 종료일 현재 대차대조표상의 자산총액(새로 설립된 회사로서 직전 사업연도의 대차대조표가 없는 경우에는 설립일 현재 납입자본금을 말한다)이 3천억원 이상인 금융기관으로서 다음 각 호의 금융기관을 말한다. 1. 「여신전문금융업법」에 따른 여신전문금융회사 2. 「상호저축은행법」에 따른 상호저축은행

나. 판례

【현대정공의 불공정거래행위 건】

대법원 1990. 11. 23. 선고 90다카3659 판결

판결요지

국가나 지방자치단체도 사경제의 주체로서 타인과 거래행위를 하는 경우에는 그 범위 내에서 공정거래법 소정의 사업자에 포함된다.

원심은 계약당시의 피고와 같은 지방자치단체는 구 공정거래법 제2조 제1항의 사업자에 포함되지 않는 것으로 보았는지 모르나 국가나 지방자치단체도 사경제의 주체로서 타인과 거래행위를 하는 경우에는 그 범위 내에서 위 법률 소정의 사업자에 포함된다고 보아야 하는 것이다. 그리고 이 사건 감액특약을 구 공정거래법 제58조의 "법률 또는 그 법률에 의한 명령에 따라 행하는 정당한 행위"라고도 볼 수 없다.

【더클래스효성의 재판매가격유지행위 건】

대법원 2019. 3. 14. 선고 2018두60984 판결

판결요지

사업자가 거래상대방인 재판매업자와 상품을 거래함에 있어 재판매가격을 정하여 그 가격대로 판매할 것을 지시하는 등의 행위는, 그것이 단지 참고가격 내지 희망가격으로 제시되어 있는 것에 그치는 정도인 경우에는 이를 위법하다 할 수 없으나, 거기에서 그치지 아니하고 재판매업자로 하여금 그 지시 등에 따르도록 하는 것에 대하여 현실로 그 실효성을 확보할 수 있는 수단이

부수되어 있다면, 이는 구 공정거래법 제2조 제6호에서 규정하는 '그 가격대로 판매할 것을 강제하거나 이를 위하여 규약 기타 구속조건을 붙여 거래하는 행위'로서 구 공정거래법 제29조 제1항에 의하여 금지되는 재판매가격 유지행위에 해당하므로 위법하다.

제3조 국외에서의 행위에 대한 적용

가. 법조문

법률	시행령
제3조(국외에서의 행위에 대한 적용) 국외에서 이루어진 행위라도 그 행위가 국내 시장에 영향을 미치는 경우에는 이 법을 적용한다.	

나. 판례

【6개 흑연전극봉 사업자의 부당한 공동행위 건】

대법원 2006. 3. 24. 선고 2004두11275 판결

판결요지

외국사업자가 외국에서 다른 사업자와 공동으로 경쟁을 제한하는 합의를 하였더라도, 그 합의의 대상에 국내시장이 포함되어 있어서 그로 인한 영향이 국내시장에 미쳤다면 그 합의가 국내시장에 영향을 미친 한도 내에서 공정거래법이 적용된다고 할 것이다.

구 공정거래법은 사업자의 부당한 공동행위 등을 규제하여 공정하고 자유로운 경쟁을 촉진함으로써 창의적인 기업 활동을 조장하고 소비자를 보호함과 아울러 국민경제의 균형 있는 발전을 도모함을 그 목적으로 하고 있고(제1조), 부당한 공동행위의 주체인 사업자를 '제조업, 서비스업, 기타 사업을 행하는 자'로 규정하고 있을 뿐 내국사업자로 한정하고 있지 않는 점(제2조), 외국사업자가 외국에서 부당한 공동행위를 함으로 인한 영향이 국내시장에 미치는 경우에도 공정거래법의 목적을 달성하기 위하여 이를 공정거래법의 적용대상으로 삼을 필요성이 있는 점 등을 고려해 보면, 외국사업자가 외국에서 다른 사업자와 공동으로 경쟁을 제한하는 합의를 하였더라도, 그 합의의 대상에 국내시장이 포함되어 있어서 그로 인한 영향이 국내시장에 미쳤다면 그 합의가 국내시장에 영향을 미친 한도 내에서 공정거래법이 적용된다고 할 것이다.

판결요지

일본발 국내행 항공화물운송 중 운임의 지급방식이 도착지불 거래인 경우는 물론 출발지불 거래인 경우에도 이에 대한 국내시장이 존재한다고 볼 것이므로 일본발 국내행 항공화물운송에 유류할증료를 도입·변경하기로 하는 이 사건 합의의 대상에 국내시장이 포함되어 있다고 할 것인바 국내시장에 영향을 미치는 경우에 해당하므로, 이에 대하여는 구 공정거래법 제19조 제1항 등을 적용할 수 있다고 본 사례

구 공정거래법 제2조의2에서 말하는 '국내시장에 영향을 미치는 경우'는 문제된 국외행위로 인하여 국내시장에 직접적이고 상당하며 합리적으로 예측 가능한 영향을 미치는 경우로 제한 해석해야 하고, 그 해당 여부는 문제된 행위의 내용·의도, 행위의 대상인 재화 또는 용역의 특성, 거래 구조 및 그로 인하여 국내시장에 미치는 영향의 내용과 정도 등을 종합적으로 고려하여 구체적·개별적으로 판단하여야 할 것이다. 다만 국외에서 사업자들이 공동으로 한 경쟁을 제한하는 합의의 대상에 국내시장이 포함되어 있다면, 특별한 사정이 없는 한 그 합의가 국내시장에 영향을 미친다고 할 것이어서 이러한 국외행위에 대하여는 구 공정거래법 제19조 제1항 등을 적용할 수 있다.

【3개 자동차 점화코일 제조·판매사업자의 부당한 공동행위 건】

서울고등법원 2020. 10. 29. 선고 2019누60006 판결(확정)

판결요지

공동행위 합의내용에 포함되어 있지 않았던 시장영역(한국시장) 및 공동행위 당시 합리적으로 예측할 수 없었던 거래를 처분 대상으로 한 시정명령 및 과징금 납부명령은 공정거래법의 역외적용에 관한 '국내시장에 영향을 미치는 경우'에 해당되지 않아 위법하다.

제 2 장

시장지배적지위의 남용금지

제4조 독과점적 시장구조의 개선 등

가. 법조문

법률	시행령
제4조(독과점적 시장구조의 개선 등) ① 공정거래위원회는 독과점적 시장구조가 장기간 유지되고 있는 상품이나 용역의 공급시장 또는 수요시장에 대하여 경쟁을 촉진하기 위한 시책을 수립·시행하여야 한다. ② 공정거래위원회는 제1항에 따른 시책을 추진하기 위하여 필요한 경우에는 관계 행정기관의 장에게 경쟁의 도입 또는 그 밖에 시장구조의 개선 등에 관하여 필요한 의견을 제시할 수 있다. 이 경우 관계 행정기관의 장은 공정거래위원회의 의견을 검토한 후 검토결과를 공정거래위원회에 송부하여야 한다. ③ 공정거래위원회는 제1항에 따른 시책을 추진하기 위하여 다음 각 호의 업무를 수행할 수 있다. 1. 시장구조의 조사 및 공표 2. 특정 산업의 경쟁상황 분석, 규제현황 분석 및 경쟁촉진 방안 마련 ④ 공정거래위원회는 사업자 및 사업자단체에 제3항 각 호의 업무를 수행하기 위하여 필요한 자료의 제출을 요청할 수 있다.	
⑤ 공정거래위원회는 제3항 및 제4항의 사	제8조(시장구조 조사 또는 공표사무의 위탁) ①

법률	시행령
무를 대통령령으로 정하는 바에 따라 다른 기관에 위탁할 수 있다.	공정거래위원회는 법 제4조 제5항에 따라 다음 각 호의 사무를 관계 행정기관의 장이나 「정부출연연구기관 등의 설립·운영 및 육성에 관한 법률」에 따른 정부출연연구기관의 장에게 위탁할 수 있다. 1. 법 제4조 제3항 제1호에 따른 시장구조의 조사 및 공표에 관한 사항 2. 법 제4조 제4항에 따른 자료의 제출 요청 ② 법 제4조 제5항에 따라 시장구조의 조사 또는 공표사무를 위탁받은 기관의 장은 위탁사무의 처리내용을 공정거래위원회에 통보해야 한다.

나. 판례

【현대자동차의 시장지배적지위 남용행위 건】

서울고등법원 2008. 4. 16. 선고 2007누16051 판결(확정)

판결요지

구 공정거래법 제3조에서 공정거래위원회로 하여금 독과점적 시장에서 경쟁을 촉진하기 위한 시책을 수립·시행하여야 할 의무를 부과하고 또한 구 공정거래법 제3조의2에서 시장지배적 사업자를 수범자로 하여 그 지위남용행위를 규제하면서 그 지위남용행위의 하나로 사업활동 방해행위로 규정하고 있는 이유는, 불공정거래행위로서의 사업활동 방해행위와는 달리 시장지배적 사업자가 존재하는 독과점적 시장에서 시장지배적 사업자의 경쟁을 제한하는 사업활동 방해행위를 규제하여야 할 필요성이 있기 때문이다.

제5조 시장지배적지위의 남용금지

가. 법조문

법률	시행령
제5조(시장지배적지위의 남용금지) ① 시장지배적사업자는 다음 각 호의 어느 하나에 해당하는 행위(이하 "남용행위"라 한다)를 해서는 아니 된다.	
1. 상품의 가격이나 용역의 대가(이하 "가격"이라 한다)를 부당하게 결정·유지 또는 변경하는 행위	제9조(남용행위의 유형 또는 기준) ① 법 제5조 제1항 제1호에 따른 상품의 가격이나 용역의 대가(이하 "가격"이라 한다)를 부당하게 결정·유지 또는 변경하는 행위는 정당한 이유 없이 가격을 수급의 변동이나 공급에 필요한 비용(같은 종류 또는 유사한 업종의 통상적인 수준의 것으로 한정한다)의 변동에 비하여 현저하게 상승시키거나 근소하게 하락시키는 행위로 한다.
2. 상품의 판매 또는 용역의 제공을 부당하게 조절하는 행위	② 법 제5조 제1항 제2호에 따른 상품의 판매 또는 용역의 제공을 부당하게 조절하는 행위는 다음 각 호의 행위로 한다. 1. 정당한 이유 없이 최근의 추세에 비추어 상품 또는 용역의 공급량을 현저히 감소시키는 행위 2. 정당한 이유 없이 유통단계에서 공급부족이 있음에도 불구하고 상품 또는 용역의 공급량을 감소시키는 행위
3. 다른 사업자의 사업활동을 부당하게 방해하는 행위	③ 법 제5조 제1항 제3호에 따른 다른 사업자의 사업활동을 부당하게 방해하는 행위는 직접 또는 간접으로 다음 각 호의 행위를 하여 다른 사업자의 사업활동을 어렵게 하는 행위로 한다. 1. 정당한 이유 없이 다른 사업자의 생산활동에 필요한 원재료 구매를 방해하는 행위

법률	시행령
	2. 정상적인 관행에 비추어 과도한 경제상의 이익을 제공하거나 제공할 것을 약속하면서 다른 사업자의 사업활동에 필수적인 인력을 채용하는 행위 3. 정당한 이유 없이 다른 사업자의 상품 또는 용역의 생산·공급·판매에 필수적인 요소의 사용 또는 접근을 거절·중단하거나 제한하는 행위 4. 그 밖에 제1호부터 제3호까지의 방법 외의 다른 부당한 방법에 따른 행위를 하여 다른 사업자의 사업활동을 어렵게 하는 행위 중 공정거래위원회가 정하여 고시하는 행위
4. 새로운 경쟁사업자의 참가를 부당하게 방해하는 행위	④ 법 제5조 제1항 제4호에 따른 새로운 경쟁사업자의 참가를 부당하게 방해하는 행위는 직접 또는 간접으로 다음 각 호의 행위를 하여 새로운 경쟁사업자의 신규진입을 어렵게 하는 행위로 한다. 1. 정당한 이유 없이 거래하는 유통사업자와 배타적 거래계약을 체결하는 행위 2. 정당한 이유 없이 기존 사업자의 계속적인 사업활동에 필요한 권리 등을 매입하는 행위 3. 정당한 이유 없이 새로운 경쟁사업자의 상품 또는 용역의 생산·공급·판매에 필수적인 요소의 사용 또는 접근을 거절하거나 제한하는 행위 4. 그 밖에 제1호부터 제3호까지의 방법 외의 다른 부당한 방법에 따른 행위를 하여 새로운 경쟁사업자의 신규진입을 어렵게 하는 행위 중 공정거래위원회가 정하여 고시하는 행위
5. 부당하게 경쟁사업자를 배제하기 위하여 거래하거나 소비자의 이익을 현저히 해칠 우려가 있는 행위	⑤ 법 제5조 제1항 제5호에 따른 부당하게 경쟁사업자를 배제하기 위하여 거래하는 행위는 다음 각 호의 행위로 한다.

법률	시행령
	1. 부당하게 통상거래가격에 비하여 낮은 가격으로 공급하거나 높은 가격으로 구입하여 경쟁사업자를 배제시킬 우려가 있는 행위 2. 부당하게 거래상대방이 경쟁사업자와 거래하지 않을 것을 조건으로 그 거래상대방과 거래하는 행위 ⑥ 제1항부터 제5항까지의 규정에 따른 행위의 세부적인 유형 및 기준에 관하여 필요한 사항은 공정거래위원회가 정하여 고시한다. 제10조(가격조사의뢰) 공정거래위원회는 법 제5조 제1항 제1호에 따라 시장지배적사업자가 가격을 부당하게 결정·유지 또는 변경하였다고 볼만한 상당한 이유가 있을 경우 관계 행정기관의 장이나 물가조사업무를 수행하는 공공기관에 가격에 관한 조사를 의뢰할 수 있다.
② 남용행위의 유형 및 기준은 대통령령으로 정한다.	

나. 판례

1) 불공정거래행위(제45조)와의 관계

【포스코의 시장지배적지위 남용행위 건】

대법원 2007. 11. 22. 선고 2002두8626 판결

판결요지

시장지배적지위 남용행위인 거래거절행위와 일반 불공정거래행위로서의 거래거절행위의 부당성은 독자적으로 평가·해석하여야 한다.

구 공정거래법은 제3조의2 제1항 제3호에서 시장지배적 사업자의 지위남용행위로서의 거래거절행위를 규제하면서 이와 별도로, 구 공정거래법 제23조 제1항 제1호에서 개별

사업자가 부당하게 거래를 거절하여 공정한 거래를 저해할 우려가 있는 행위를 한 경우, 그 거래거절을 한 사업자의 시장지배적 지위 유무와 상관없이 이를 불공정거래 행위로 보아 규제하고 있는바, 구 공정거래법 제3조의2 제1항 제3호의 시장지배적 사업자의 거래거절행위와 구 공정거래법 제23조 제1항 제1호의 불공정거래행위로서의 거래거절행위는 그 규제목적 및 범위를 달리하고 있으므로 구 공정거래법 제3조의2 제1항 제3호가 규제하는 시장지배적 사업자의 거래거절행위의 부당성의 의미는 구 공정거래법 제23조 제1항 제1호의 불공정거래행위로서의 거래거절행위의 부당성과는 별도로 독자적으로 평가·해석하여야 한다.

【현대모비스의 시장지배적지위 남용행위 건】

대법원 2014. 4. 10. 선고 2012두6308 판결

판결요지

시장지배적지위 남용행위인 경쟁사업자 배제행위와 일반 불공정거래행위인 배타조건부 거래행위는 그 입법목적이나 보호법익이 각기 다르고 불공정거래행위 태양이 시장지배적지위 남용행위의 행위태양에 모두 포섭될 수 있는 것은 아니므로 양 규정은 원칙적으로 경합적으로 적용할 수 있다.

2) 부당한 출고조절

【남양유업의 시장지배적지위 남용행위 건】

서울고등법원 1999. 10. 7. 선고 99누13 판결(확정)

판결요지

출고조절여부를 판단하기 위해서는 일정기간 동안의 출고량과 재고량만으로 판단하는 것은 부당하며 관련 회사 창고 전부의 출고량과 재고량을 기준으로 판단해야 한다.

공급업체로부터 조제분유가 출고되더라도 바로 소비자에세 판매되는 것이 아니고 각 거래처에서의 재고기간 또는 진열기간을 거쳐 소비자에게 판매되는 것이므로 일정기간 동안의 출고량과 재고량만으로 원고회사의 의도적 출고조절여부를 판단하는 것은 부당하고 직영대리점이나 판매회사의 재고량까지 모두 시장지배적사업자의 재고량으로 보도록 규정하고 있는 점에 비추어 관련 회사 창고 전부의 출고량과 재고량을 기준으로 하여 판단해야 한다.

【신동방의 시장지배적지위 남용행위 건】

서울고등법원 1999. 3. 29. 선고 99누3524 판결(확정)

판결요지

판매조절여부는 일일 판매량이 평상시에 비해 급격히 감소하였던 기간을 선정, 다른 날과의 대비를 통하여 그 기간 동안 판매량을 조절하는 행위가 있었는지 여부를 보고 나아가 그와 같은 판매량의 감소가 있은 기간을 전후한 무렵에 존재하였던 사정을 종합하여 판단해야 한다.

【제일제당의 시장지배적지위 남용행위 건】

대법원 2002. 5. 24. 선고 2000두9991 판결

판결요지

출고조절행위의 부당성은 사업자의 경영사정에 비추어 조절행위가 통상적인 수준을 현저히 벗어나 가격의 인상 등에 중대한 영향을 미치거나 수급차질을 초래할 우려가 있는지에 따라 판단한다.

상품의 판매 등을 조절하는 행위가 부당한지 여부는 당해 상품의 수급 등 유통시장의 상황, 생산능력, 원자재조달사정 등 사업자의 경영사정에 비추어 그 조절행위가 통상적인 수준을 현저하게 벗어나서 가격의 인상이나 하락의 방지에 중대한 영향을 미치거나 수급차질을 초래할 우려가 있는지 여부에 따라 판단한다.

【제일제당의 시장지배적지위 남용행위 건】

대법원 2002. 5. 24. 선고 2000두9991 판결

판결요지

합리적 기업경영행위에 해당하는 경우 출고조절행위가 시장지배적사업자의 지위남용에 해당되지 않는다고 본 사례

당시 국가부도위기로 원료의 수급전망이 불투명한 상황에서 원고의 대두유 보유량이 고작 1달치 분에 불과하여 대두유에 대한 폭발적인 가수요에 부응하고 나면 재고가 소진될 형편이어서 원고가 통상의 수요예측에 기초한 연초 계획물량의 한도 내로 출고량을 다소 조절하고, 재고를 약간 증대시킨 것으로 이는 사업자로서 최악의 상황에 대비한 합리적인 기업경영행위라고 할 수 있으므로 시장지배적사업자의 지위남용행위에 해당되지 않는다.

【신동방의 시장지배적지위 남용행위 건】

서울고등법원 1999. 3. 29. 선고 99누3524 판결(확정)

판결요지

제조회사와 판매회사가 모자회사 관계에 있으며 제조회사가 판매회사를 실질적으로 지배하고 있는바, 판매조절행위에 이르게 된 경위에 비추어 제조회사가 책임을 부담하여야 한다고 본 사례

대두유 제조회사인 신동방과 판매회사인 해표 사이에 시장지배적지위 남용에 대한 책임부담과 관련하여 제조회사와 판매회사가 모자회사의 관계에 있고 제조회사가 판매회사를 실질적으로 지배하고 있는 바, 판매조절행위에 이르게 된 경위를 보면 판매회사는 제조회사의 수족으로서 그 일체관계에 의하여 판매조절행위를 한 것으로 보이고, 설사 그렇지 않다고 하여도 사실관계에 의하면 적어도 제조회사와 공모하여 위와 같은 판매조절행위를 한 것으로 충분히 볼 수 있으므로 제조회사가 책임을 부담하여야 한다.

3) 다른 사업자의 사업활동방해

【현대자동차의 시장지배적지위 남용행위 건】

대법원 2010. 3. 25. 선고 2008두7465 판결

판결요지

다른 사업자에는 시장지배적 사업자의 거래상대방인 사업자도 포함된다.

구 공정거래법 제3조의2 제1항은 시장지배적 사업자의 지위 남용행위를 금지하고 있고, 같은 항 제3호는 그 지위남용 행위의 하나로 다른 사업자의 사업활동을 부당하게 방해하는 행위를 규정하고 있는바, 여기에서 '다른 사업자'라 함은 시장지배적 사업자의 거래상대방인 사업자도 포함한다고 봄이 상당하다. 원심이 같은 취지에서, 원고의 판매대리점은 자신의 비용과 노력으로 점포 개설, 직원 채용, 판촉 활동 등을 통하여 기본급 없이 판매실적에 따른 수수료를 지급받는 방식으로 독자적인 사업을 하는 독립된 개별사업자로서 자동차 판매시장에서 원고와 판매대리점계약이라는 거래관계에 있는 거래상대방이므로, 구 공정거래법 제3조의2 제1항 제3호에 정한 '다른 사업자'에 해당한다고 판단한 것은 정당하다.

【한국여신전문금융업협회 등의 시장지배적지위 남용행위 건】

서울고등법원 2003. 4. 17. 선고 2001누5851 판결(확정)

판결요지

필수설비는 시장지배적 기업이 전유하고, 동등한 시설 신설이 사실상 불가능하거나 경제적 타당성이 없어 이에 접근을 거절하는 경우 경쟁상대의 사업수행의 현저한 장애 등을 초래하는 설비를 말한다.

일반적으로 필수설비는 그 시설을 이용할 수 없으면 경쟁상대가 고객에게 서비스를 제공할 수 없는 시설을 말하는 것으로서, 경쟁상대의 활동에 불가결한 시설을 시장지배적 기업이 전유하고 있고, 그것과 동등한 시설을 신설하는 것이 사실상 불가능하거나 경제적 타당성이 없어 그러한 시설에의 접근을 거절하는 경우 경쟁상대의 사업수행이 사실상 불가능하거나 현저한 장애를 초래하게 되는 설비를 말한다고 할 것이다.

【한국여신전문금융업협회 등의 시장지배적지위 남용행위 건】

서울고등법원 2003. 4. 17. 선고 2001누5851 판결(확정)

판결요지

신용카드사업에 있어 '신용카드 공동이용망'은 필수설비적 성격을 가지고 있다고 본 사례

재정경제원의 '가맹점공동이용방안'에 따른 이행명령으로 인하여 부득이 이 사건 공동이용망을 이용하여 신용카드사업을 수행하여야 하는 신한은행으로서는 독자적인 가맹점망 구축 및 확대 등을 통하여 그와 동등한 시설을 신설하는 것은 사실상 불가능하게 되었다고 할 것이고, 비록 기존 회원사와의 제휴관계를 통하여 위 공동이용망을 이용하는 것이 가능하였다고 하더라도, 그와 같은 간접적이고 제한적인 방법으로 위 공동이용망을 이용하여 카드사업을 영위함에 있어 따르는 여러 가지 불편과 현실적 제약에 비추어 볼 때, 신한은행이 회원사의 자격으로 참가하여 위 공동이용망을 직접 이용하지 못하는 경우 다른 회원사들과 비교하여 경쟁력을 가지는 독자적인 카드사업의 수행이 사실상 불가능하거나 그 수행에 현저한 장애를 초래하게 되어 영구히 경쟁열위에 처할 위험을 감수할 수 밖에 없다고 할 것이므로, 결국 위 공동이용망은 당시의 신한은행에게 있어서는 회원사로서 참여하여 이를 이용하지 않으면 고객에게 경쟁력 있는 서비스를 제공하지 못하게 되는 필수설비적 성격을 가지고 있었다고 할 것이다.

【포스코의 시장지배적지위 남용행위 건】

대법원 2007. 11. 22. 선고 2002두8626 판결

판결요지

시장지배적 사업자의 거래거절행위는 특정 사업자가 불이익을 입게 되었다는 사정만으로는 그 부당성을 인정하기 부족하고, 시장에서의 독점을 유지·강화할 의도를 갖고, 객관적으로도 경쟁제한 효과가 생길만한 우려 있는 행위로 평가될 수 있어야 한다.

시장지배적 사업자가 개별 거래의 상대방인 특정 사업자에 대한 부당한 의도나 목적을 가지고 거래거절을 한 모든 경우 또는 그 거래거절로 인하여 특정 사업자가 사업 활동에 곤란을 겪게 되었다거나 곤란을 겪게 될 우려가 발생하였다는 것과 같이 특정 사업자가 불이익을 입게 되었다는 사정만으로는 그 부당성을 인정하기에 부족하고, 그 중에서도 특히 시장에서의 독점을 유지·강화할 의도나 목적, 즉 시장에서의 자유로운 경쟁을 제한함으로써 인위적으로 시장질서에 영향을 가하려는 의도나 목적을 갖고, 객관적으로도 그러한 경쟁제한의 효과가 생길만한 우려가 있는 행위로 평가될 수 있는 행위로서의 성질을 갖는 거래거절행위를 하였을 때에 그 부당성이 인정될 수 있다 할 것이다.

【포스코의 시장지배적지위 남용행위 건】

대법원 2007. 11. 22. 선고 2002두8626 판결

판결요지

시장지배적 사업자의 거래거절행위가 지위남용행위에 해당하기 위해서는 거래거절의 경위 및 동기, 행위 태양 등을 종합하여 그 행위가 상품의 가격상승, 산출량 감소, 혁신 저해 등 경쟁제한 효과가 생길만한 우려 있는 행위로 그에 대한 의도나 목적이 있었는지를 판단하여야 한다.

시장지배적 사업자의 거래거절행위가 그 지위남용행위에 해당한다고 주장하는 위원회로서는 그 거래거절이 상품의 가격상승, 산출량 감소, 혁신 저해, 유력한 경쟁사업자의 수의 감소, 다양성 감소 등과 같은 경쟁제한의 효과가 생길만한 우려가 있는 행위로서 그에 대한 의도와 목적이 있었다는 점을 입증하여야 할 것이고, 거래거절행위로 인하여 현실적으로 위와 같은 효과가 나타났음이 입증된 경우에는 그 행위 당시에 경쟁제한을 초래할 우려가 있었고 또한 그에 대한 의도나 목적이 있었음을 사실상 추정할 수 있다 할 것이지만, 그렇지 않은 경우에는 거래거절의 경위 및 동기, 거래거절행위의 태양, 관련시장의 특성, 거래거절로 인하여 그 거래상대방이 입은 불이익의 정도, 관련시장에서의 가격 및 산출량의 변화 여부, 혁신 저해 및 다양성 감소 여부 등 여러 사정을 종합적으로 고려하여 거래거절행위가 위에서 본 경쟁제한의 효과가 생길만한 우려가 있는 행위로서 그에 대한 의도나 목적이 있었는지를 판단하여야 할 것이다.

【현대자동차의 시장지배적지위 남용행위 건】

대법원 2010. 3. 25. 선고 2008두7465 판결

판결요지

원고의 사업활동 방해행위는 직영판매점의 경쟁력 약화 우려 때문이며, 판매대리점의 판매를 결정하는 주된 요소는 전시장 거점, 판매인원 수 등인 사실 등에 비추어 인위적으로 시장질서에 영향을 가하려는 의도나 목적을 갖고, 객관적으로도 경쟁제한 효과가 생길 만한 우려 있는 행위로 부당성이 인정된다고 본 사례

국내 승용차 판매시장 및 5톤 이하 화물차(트럭) 판매시장에서 시장지배적 사업자인 원고는 별다른 합리적인 사유 없이 노동조합과의 협의 지연 또는 노동조합의 반대 등을 이유로 9건의 판매대리점 거점 이전 승인을 지연하거나 거부하고 약 170건의 판매대리점 판매인원 채용등록을 지연하거나 거부하는 등의 이 사건 사업활동 방해행위를 하였는데, 이는 원고가 판매대리점의 거점 이전 및 판매인원 채용으로 인하여 직영판매점의 경쟁력이 약화될 것을 우려하였기 때문인 사실, 판매대리점의 판매를 결정하는 주된 요소는 전시장 거점, 판매인원 수, 판매인원의 판매력으로서, 상권에 대한 고려와 함께 고객의 방문을 유도하기 위한 장소의 선택, 방문 고객을 위한 차량 전시장의 확보는 판매대리점 영업활동에 있어 중요한 환경요소이고, 판매인원의 증감에 따라 판매실적이 정비례하며, 또한 판매경로 중 방문 고객에 대한 판매가 12.3% 내지 40%를 차지하고, 판매인원을 통한 판매가 60% 내지 87.7%를 차지하는 사실, 이에 따라 판매대리점으로서는 거점을 이전해야만 하는 상황에서 이전이 지연되거나 유능한 판매인원을 확보하지 못하게 되면 같은 지역 내에서 경쟁하고 있는 직영판매점에 비하여 경쟁력이 약화될 수밖에 없는 사실, 원고의 시장점유율은 높은데 경쟁사업자의 수는 적고 경쟁사업자의 시장점유율은 낮아 원고의 판매대리점들이 다른 자동차 판매회사의 판매대리점으로 전환할 가능성도 제한되어 있는 사실, 이 사건 사업활동 방해행위의 대상이 된 판매대리점은 400여 개 판매대리점 중 100여 개로서 20%가 넘는 사실, 이 사건 사업활동 방해행위로 인하여 소비자로서는 판매대리점보다 직영판매점을 더 선택할 수밖에 없게 되고 이로 인해 서비스 질 제고 및 가격인하 유인이 축소될 수 있는 사실 등을 종합적으로 고려하면, 원고의 이 사건 사업활동 방해행위는 국내 승용차 판매시장 및 5톤 이하 화물차(트럭) 판매시장에서 직영판매점과 판매대리점의 자유로운 경쟁을 제한함으로써 인위적으로 시장질서에 영향을 가하려는 의도나 목적을 갖고, 객관적으로도 그러한 경쟁제한의 효과가 생길 만한 우려가 있는 행위로 평가될 수 있으므로, 그 부당성이 인정된다.

【포스코의 시장지배적지위 남용행위 건】

대법원 2007. 11. 22. 선고 2002두8626 판결

판결요지

원고의 행위는 원고와 기존 제조업체들에 의해 형성된 기존 내연강판시장의 틀을 유지하겠다는 것이어서 그 거래거절에 의하여 기존 내연강판시장의 가격이나 공급량 등에 직접적으로 영향을 미치지는 아니하므로 거래거절 자체만을 가지고 경쟁제한 우려가 있는 부당한 거래거절이라고 하기에는 부족하다고 본 사례

원심이 들고 있는 사정들은 모두 원고의 이 사건 거래거절행위에 의하여 현대하이스코가 입게 된 구체적인 불이익에 불과한 것들로서 현실적으로 경쟁제한의 결과가 나타났다고 인정할 만한 사정에 이르지 못할 뿐만 아니라…(중략)…이는 원재료 공급업체가 새로이 냉연강판시장에 진입하면서 기존의 냉연강판 제조업체에 대한 원재료의 공급을 중단하여 경쟁사업자의 수를 줄이거나 그의 사업능력을 축소시킴으로써 경쟁을 제한하는 결과를 낳는 경우와는 달리, 원고와 기존 냉연강판 제조업체들에 의하여 형성된 기존의 냉연강판시장의 틀을 유지하겠다는 것이어서 그 거래거절에 의하여 기존 냉연강판 시장의 가격이나 공급량 등에 직접적으로 영향을 미치지는 아니하므로, 현대하이스코의 신규 참여에 의하여 냉연강판시장에서 현재보다 소비자에게 유리한 여건이 형성될 수 있음에도 현대하이스코가 원고 외의 다른 공급사업자로부터 열연코일을 구할 수 없어, 거래거절에 의하여 신규 참여가 실질적으로 방해되는 것으로 평가될 수 있는 경우 등에 이르지 않는 한, 그 거래거절 자체만을 가지고 경쟁제한의 우려가 있는 부당한 거래거절이라고 하기에는 부족하다.

【현대자동차의 시장지배적지위 남용행위 건】

대법원 2010. 3. 25. 선고 2008두7465 판결

판결요지

판매대리점들에 대한 일방적인 판매목표 설정으로 인해 직영판매점에 비하여 불리한 위치에서 영업을 하였다고 볼 뚜렷한 자료가 없으며, 그 목표가 판매대리점의 퇴출이나 경쟁력 약화는 아니었던바, 시장질서에 영향을 가하려는 의도나 객관적으로 경쟁제한 효과가 생길 우려 있는 행위로 볼 수 없다고 한 사례

원고가 판매대리점들에 대하여 일방적으로 판매목표를 설정한 후에 판매목표 달성을 위하여 선출고를 요구하기도 하고, 자동차 판매실적과 판매목표 달성률 등을 주된 평가요소로 해서 부진대리점을 선정하여 경고장 발송, 자구계획서 징구, 재계약 불가 통보를 하는 등의 방법으로 부진대리점을 관리함으로써 판매목표 달성을 사실상

강제하였다 하더라도, 그 판매목표가 직영판매점에 비하여 지나치게 높게 설정되어 판매대리점들이 직영판매점에 비하여 불리한 위치에서 영업을 하였다고 볼 만한 뚜렷한 자료가 없는 점, 원고가 판매목표의 설정을 통하여 달성하고자 했던 것은 매출신장으로 인한 이윤의 극대화일 뿐 판매대리점에 대한 압박을 통한 판매대리점의 퇴출이나 경쟁력 약화는 아니었던 것으로 보이는 점 등에 비추어 보면, 원고가 직영판매점과 판매대리점의 자유로운 경쟁을 제한함으로써 인위적으로 시장질서에 영향을 가하려는 의도나 목적 아래 판매대리점에 판매목표를 설정하여 이를 강요하였다고 보기 어렵고, 또 원고의 위와 같은 행위를 객관적으로 경쟁제한의 효과가 생길 만한 우려가 있는 행위로 볼 수도 없다고 판단한 원심의 판단은 정당하다.

【티브로드강서방송의 시장지배적지위 남용행위 건】

대법원 2008. 12. 11. 선고 2007두25183 판결

판결요지

시장지배적 사업자의 불이익 강제행위로 인하여 현실적으로 경쟁제한의 효과가 나타난 경우에는 그에 대한 우려가 있는 행위로서 시장지배적 사업자에게 경쟁제한의 의도나 목적이 있었음을 사실상 추정할 수 있다고 할 것이다.

시장지배적 사업자의 불이익 강제행위로 인하여 현실적으로 경쟁제한의 효과가 나타난 경우에는 그에 대한 우려가 있는 행위로서 시장지배적 사업자에게 경쟁제한의 의도나 목적이 있었음을 사실상 추정할 수 있다고 할 것인데 원심이 들고 있는 사정들은 모두 원고의 이 사건 채널변경행위에 의하여 우리홈쇼핑이 입게 된 구체적인 불이익에 불과한 것들로서 현실적으로 경쟁제한의 결과가 나타났다고 인정할 만한 사정에 이르지 못하다. 원고가 시장에서의 독점을 유지 강화할 의도나 목적, 즉 시장에서의 자유로운 경쟁을 제한함으로써 인위적으로 시장질서에 영향을 가하려는 의도나 목적을 갖고, 객관적으로도 그러한 경쟁제한의 효과가 생길 만한 우려가 있는 행위로 평가될 수 있는 불이익 강제행위를 했다고 보기도 어렵다.

【티브로드강서방송의 시장지배적지위 남용행위 건】

대법원 2008. 12. 11. 선고 2007두25183 판결

판결요지

시장지배적 사업자의 불이익강제행위가 지위남용행위에 해당하기 위해서는 거래거절의 경위 및 동기, 행위 태양 등을 종합하여 그 행위가 상품의 가격상승, 산출량 감소, 혁신 저해 등 경쟁제한 효과가 생길만한 우려 있는 행위로 그에 대한 의도나 목적이 있었는지를 판단하여야 한다.

시장지배적 사업자의 불이익강제행위가 그 지위남용행위에 해당한다고 주장하는 위원회로서는 그 불이익강제행위가 경쟁제한의 효과가 생길만한 우려가 있는 행위로서 그에 대한 의도와 목적이 있었다는 점을 입증하여야 할 것이고, 불이익강제행위로 인하여 현실적으로 위와 같은 효과가 나타났음이 입증된 경우에는 그 행위 당시에 경쟁제한을 초래할 우려가 있었고 또한 그에 대한 의도나 목적이 있었음을 사실상 추정할 수 있다 할 것이지만, 그렇지 않은 경우에는 불이익강제행위의 경위 및 동기, 불이익강제행위의 태양, 관련시장의 특성, 불이익강제행위로 인하여 그 거래상대방이 입은 불이익의 정도, 관련시장에서의 가격 및 산출량의 변화 여부, 혁신 저해 및 다양성 감소 여부 등 여러 사정을 종합적으로 고려하여 불이익강제행위가 위에서 본 경쟁제한의 효과가 생길만한 우려가 있는 행위로서 그에 대한 의도나 목적이 있었는지를 판단하여야 할 것이다.

【엔에치엔의 시장지배적지위 남용행위 건】

대법원 2014. 11. 13. 선고 2009두20366 판결

판결요지

광고제한행위로 인하여 동영상 콘텐츠 공급업체의 광고수익이 줄어들 가능성이 있더라도 경쟁제한의 결과에 이르지 못하고 경쟁제한의 의도나 목적이 없었다면, 불이익 강제행위를 했다고 보기 어렵다고 본 사례

이 사건 관련시장에서 원고에게 시장지배적 사업자의 지위가 인정된다고 하더라도, 원고의 이 사건 광고제한행위로 인하여 동영상 콘텐츠 공급업체의 광고수익이 줄어들 가능성이 있다는 사정은 원고의 이 사건 광고제한행위로 인하여 동영상 콘텐츠 공급업체가 입게 되는 구체적인 불이익에 불과하여 현실적으로 경쟁제한의 결과가 나타났다고 인정할 만한 사정에 이르지 못하고 경쟁제한의 의도나 목적이 있었던 것으로 보기도 어려움. 또한 원심은, 오히려 원고와 동영상 콘텐츠 공급업체 사이의 색인 데이터베이스 제공계약과 관련하여 아무런 대가가 수수된 바 없고, 이 사건 광고제한행위에도 불구하고 동영상 콘텐츠 공급업체인 판도라티비는 위 제공계약 후 얼마 지나지 않아 선광고를 게재하였으며 원고 역시 2007년 5월부터 동영상 콘텐츠 공급업체의 선광고를 허용한 점, 당시 원고가 자체 제공하던 동영상 콘텐츠에도 선광고를 게재하지 않아 동영상 콘텐츠 공급업체를 특별히 차별한 것도 아니었고, 동영상 콘텐츠의 선광고를 무조건 금지한 것이 아니라 사전 협의하도록 약정한 점, 동영상 콘텐츠 공급업체로서도 선광고가 자신에게 불이익하다면 다른 인터넷 포털 사업자를 선택할 수 있고, 이러한 불이익을 감수하더라도 이용자의 편익을 고려한 동영상 콘텐츠를

제공함으로써 이용자 유입을 늘려 광고수익을 증대시키는 방안도 선택 가능한 정책으로 보이는 점 등을 종합하여 보면, 원고가 시장에서의 독점을 유지・강화할 의도나 목적, 즉 시장에서의 자유로운 경쟁을 제한함으로써 인위적으로 시장질서에 영향을 가하려는 의도나 목적을 갖고, 객관적으로도 그러한 경쟁제한의 효과가 생길만한 우려가 있는 행위로 평가될 수 있는 불이익 강제행위를 했다고 보기 어렵다고 판단한 것은 정당하다.

4) 부당한 경쟁사업자 배제

【엘지유플러스의 시정명령 등 취소청구 건】

대법원 2021. 6. 30. 선고 2018두37700 판결

판결요지

수직 통합된 상류시장의 시장지배적 사업자가 하류시장에서 완제품의 소매가격을 낮추는 형태로 이루어지는 이윤압착행위를 함으로써 부당하게 상품 또는 용역을 통상거래가격에 비하여 낮은 대가로 공급하여 경쟁자를 배제할 우려가 있는 경우, 공정거래법령이 금지하는 시장지배적 지위 남용행위로 볼 수 있다.

시장지배적 사업자의 이윤압착(margin squeeze)을 독자적인 시장지배적 지위 남용행위의 한 유형으로 보아 규제하는 경우 상류시장(upstream market) 원재료 등에 관한 투자 유인이나 혁신 동기를 위축시킬 우려가 있다. 그러나 수직 통합된(vertically integrated) 상류시장의 시장지배적 사업자가 그 지위를 남용하여 이윤압착행위를 함으로써 하류시장(downstream market)의 경쟁사업자가 부당하게 경쟁에서 배제될 우려가 있어 공정한 경쟁의 기반이 유지될 수 없다면, 이윤압착행위는 공정한 경쟁을 통한 시장성과에 기초를 둔 이른바 '성과경쟁'이라는 정당한 경쟁방법에 해당한다고 보기 어렵다. 따라서 하류시장에서 완제품의 소매가격을 낮추는 형태로 이루어지는 시장지배적 사업자의 이윤압착행위가 '부당하게 상품 또는 용역을 통상거래가격에 비하여 낮은 대가로 공급하여 경쟁자를 배제할 우려가 있는 거래'로 평가될 수 있다면 공정거래법령이 금지하는 시장지배적 지위 남용행위로 보아 규제할 필요가 있다.

【농협중앙회의 시장지배적지위 남용행위 건】

대법원 2009. 7. 9. 선고 2007두22078 판결

판결요지

배타조건부 거래행위가 부당하려면 시장에서의 독점 유지·강화 목적, 객관적인 경쟁제한 효과 발생 우려 등이 요구되나, 배타조건부 거래행위는 거래상대방이 경쟁사업자와 거래하지 아니할 것을 조건으로 거래하는 경우이므로, 통상 그 행위 자체에 경쟁제한 목적이 포함되어 있다고 볼 경우가 많을 것이다.

배타조건부 거래행위의 '부당성'은 '독과점적 시장에서의 경쟁촉진'이라는 입법 목적에 맞추어 해석하여야 할 것이므로, 시장에서의 독점을 유지·강화할 목적, 즉 시장에서의 자유로운 경쟁을 제한함으로써 인위적으로 시장질서에 영향을 가하려는 목적을 가지고, 객관적으로도 그러한 경쟁제한의 효과가 생길 만한 우려가 있는 행위로 평가될 수 있는 배타조건부 거래행위를 하였을 때에 그 부당성이 인정될 수 있음. 그러므로 시장지배적 지위남용행위로서의 배타조건부 거래의 부당성은 그 거래행위의 목적 및 태양, 시장지배적 사업자의 시장점유율, 경쟁사업자의 시장 진입 내지 확대 기회의 봉쇄 정도 및 비용 증가 여부, 거래의 기간, 관련시장에서의 가격 및 산출량 변화 여부, 유사품 및 인접시장의 존재 여부, 혁신 저해 및 다양성 감소 여부 등 여러 사정을 종합적으로 고려하여 판단하여야 한다. 다만, 시장지배적 지위남용행위로서의 배타조건부 거래행위는 거래상대방이 경쟁사업자와 거래하지 아니할 것을 조건으로 그 거래상대방과 거래하는 경우이므로, 통상 그러한 행위 자체에 경쟁을 제한하려는 목적이 포함되어 있다고 볼 수 있는 경우가 많을 것이다.

【인텔의 시장지배적지위 남용행위 건】

서울고등법원 2013. 6. 19. 선고 2008누35462 판결(확정)

판결요지

"경쟁사업자와 거래하지 아니할 것"이란 거래상대방이 경쟁사업자와는 자신의 총 거래 중 일정 비율 이하로만 거래하도록 거래상대방의 자유로운 거래를 제한하는 경우도 포함한다고 봄이 타당하다.

【Q사의 시장지배적지위 남용행위 건】

대법원 2019. 1. 31. 선고 2013두14726 판결

판결요지

'경쟁사업자와 거래하지 아니할 조건'은, 시장지배적 사업자에 의하여 일방적 · 강제적으로 부과된 경우에 한하지 않고 거래상대방과의 합의에 의하여 설정된 경우도 포함된다.

당연히 배타조건부 거래행위의 형식적 요건에 해당된다고 널리 인정되는 이른바 '전속적 거래계약'처럼 경쟁사업자와 거래하지 않기로 하는 구속적 약정이 체결된 경우와, 단순히 경쟁사업자와 거래하지 아니하면 일정한 이익이 제공되고 반대로 거래하면 일정한 불이익이 주어지는 경우 사이에는 경쟁사업자와 거래하지 않도록 강제되는 이익의 제공이 어느 시점에, 어느 정도로 이루어지는지에 따라 차이가 있을 뿐이고, 그와 같은 강제력이 실현되도록 하는 데에 이미 제공되었거나 제공될 이익이나 불이익이 결정적으로 기여하게 된다는 점에서는 실질적인 차이가 없다.

【인터파크지마켓의 시장지배적지위 남용행위 건】

대법원 2011. 6. 10. 선고 2008두16322 판결

판결요지

입점업체에게 경쟁사업자가 운영하는 오픈마켓에서의 판매가격인상, 거래중단을 요청하고, 그렇게 하지 않는 경우 메인화면에 노출된 상품을 빼버리겠다고 위협한 행위는 배타조건부 거래행위에 해당한다고 본 사례

원고가 2006. 10. 중순경, 원고가 운영하는 오픈마켓인 'G마켓'에 입점하여 상품을 판매하는 사업자들 중 주식회사 엠플온라인이 운영하는 쇼핑몰에도 입점하여 있던 누리원 등 7개 사업자들에게 'G마켓'에서의 판매가격을 인하하거나 엠플온라인에서의 판매가격을 인상할 것, 주로 원고와 거래하면서 매출을 올려 줄 것, 엠플온라인과의 거래를 중단할 것 등을 요구하고, 엠플온라인에 올려놓은 상품을 내리지 아니하면 원고의 메인 화면에 노출된 상품을 모두 빼버리겠다고 위협한 사실을 인정하고, 원고의 이러한 행위가 구 공정거래법 제3조의2 제1항 제5호 전단, 제2항, 구 공정거래법 시행령 제5조 제5항 제2호 소정의 배타조건부 거래행위, 즉 '거래상대방이 경쟁사업자와 거래하지 아니할 것을 조건으로 그 거래상대방과 거래하는 경우'에 해당한다고 한 원심의 판단은 정당하다.

5) 소비자이익 저해

【씨제이헬로비전의 시장지배적지위 남용행위 건】

대법원 2010. 2. 11. 선고 2008두16407 판결

판결요지

소비자의 이익 저해행위의 요건은 소비자이익 저해 우려 행위의 존재, 저해 정도의 현저성 및 행위의 부당성이 증명되어야 한다.

구 공정거래법 제3조의2 제1항 제5호 후단은 '부당하게 소비자의 이익을 현저히 저해할 우려가 있는 행위'를 시장지배적 사업자의 지위남용행위의 한 유형으로 규정하고 있는바, 그 요건으로서는 시장지배적 사업자의 소비자이익을 저해할 우려가 있는 행위의 존재, 소비자이익 저해 정도의 현저성 및 그 행위의 부당성이 증명되어야 하고, 그러한 요건에 대한 증명책임은 시정명령 등 처분의 적법성을 주장하는 공정거래위원회에게 있다.

판결요지

소비자이익 저해의 '현저성' 여부는 당해 행위로 변경된 거래조건을 유사 시장의 다른 사업자의 조건과 비교하는 등의 방법으로 구체적·개별적으로 판단한다.

소비자 이익을 '현저히' 저해할 우려가 있는지 여부는 당해 상품이나 용역의 특성, 당해 행위가 이루어진 기간·횟수·시기, 이익이 저해되는 소비자의 범위 등을 살펴, 당해 행위로 인하여 변경된 거래조건을 유사 시장에 있는 다른 사업자의 거래조건과 비교하거나 당해 행위로 인한 가격상승의 효과를 당해 행위를 전후한 시장지배적 사업자의 비용 변동의 정도와 비교하는 등의 방법으로 구체적·개별적으로 판단하여야 한다.

【티브로드강서방송의 시장지배적지위 남용행위 건】

대법원 2008. 12. 11. 선고 2007두25183 판결

판결요지

소비자이익 저해행위가 부당하려면 시장에서의 독점 유지·강화 목적, 객관적인 경쟁제한 효과 발생 우려 등이 요구되나, 소비자이익 저해행위가 존재하고, 그 저해 정도가 현저하다면 통상 과도한 독점적 이익을 취하고자 하는 행위로서 부당하다고 볼 경우가 많을 것이다.

소비자의 이익을 현저히 저해할 우려가 있는 행위의 부당성은 시장지배적 사업자의 지위 남용행위의 규제 목적이 단순히 그 행위의 상대방인 개별 소비자의 이익을 직접 보호하고자 하는 데 있는 것이 아니라, 독과점 시장에서 경쟁촉진과 아울러 시장지배적

사업자의 과도한 독점적 이익 실현행위로부터 경쟁시장에서 누릴 수 있는 소비자의 이익을 보호하고자 하는 데 있음을 고려할 때, 시장지배적 사업자의 행위의 의도나 목적이 독점적 이익의 과도한 실현에 있다고 볼 만한 사정이 있는지, 상품의 특성·행위의 성격·행위기간·시장의 구조와 특성 등을 고려하여 그 행위가 이루어진 당해 시장에서 소비자 이익의 저해의 효과가 발생하였거나 발생할 우려가 있는지 등을 구체적으로 살펴 판단하여야 한다. 다만 시장지배적 사업자의 소비자 이익을 저해할 우려가 있는 행위가 존재하고, 그로 인한 소비자 이익의 저해 정도가 현저하다면, 통상 시장지배적 사업자가 과도한 독점적 이익을 취하고자 하는 행위로서 부당하다고 볼 경우가 많을 것이다.

【티브로드강서방송의 시장지배적지위 남용행위 건】

대법원 2008. 12. 11. 선고 2007두25183 판결

판결요지

'소비자의 이익을 현저히 저해할 우려가 있는 행위'는 명확성의 원칙에 반하지 않는다.

이 사건 규정의 규율 대상은 '시장지배적 사업자의 소비자 이익을 저해하는 남용행위'로서 그 내용이 지극히 다양하고 수시로 변하는 성질이 있어 이를 일일이 열거하는 것은 입법기술적으로 불가능한 점, 이 사건 규정은 앞서 본 바와 같이 '시장지배적 사업자의 소비자 이익을 저해할 우려가 있는 행위의 존재', '소비자 이익 저해 정도의 현저성' 및 '그 행위의 부당성'이 인정될 경우 적용되는바, 위 요건에 관한 판단은 공정거래법의 입법목적을 고려하고, 구 공정거래법 제3조의2 제1항이 규정한 여러 유형의 시장지배적지위 남용행위 등과 비교하는 등 체계적·종합적 해석을 통하여 구체화될 수 있는 점, 이 사건 규정의 수범자는 시장지배적 사업자로서 일반인에 비하여 상대적으로 규제대상 행위에 관한 예측가능성이 크다 할 것인 점 등을 고려하면, 이 사건 규정이 헌법상 법치주의원리에서 파생되는 명확성 원칙을 위반한다고 볼 수 없다. 그리고 구 공정거래법 제3조의2 제2항은 남용행위의 유형 또는 기준을 대통령령으로 정할 수 있다고 규정하였을 뿐, 관련 대통령령의 기준이 있어야만 같은 조 제1항의 남용 금지 규정이 효력이 있다는 취지는 아니다. 따라서 원심이, 이 사건 규정이 헌법에 위배되지 아니할 뿐만 아니라, 하위 법령에 구체적인 행위유형 및 기준이 마련되어 있지 않더라도 유효하게 적용될 수 있다는 전제에서, 이 사건 행위가 이 사건 규정의 시장지배적지위 남용행위에 해당하는지 여부의 판단에 나아간 것은 정당하다.

【에스케이텔레콤의 시장지배적지위 남용행위 건】

서울고등법원 2007. 12. 27. 선고 2007누8623 판결(확정)

판결요지

일반적으로 음악사이트에 새로 가입하거나 가입사이트를 변경하는 소비자의 경우는 그 침해의 현저성이 문제가 되지 아니하고, 또한 컨버팅과정을 거치는 경우에도 이는 단지 불편할 뿐이지 현저한 침해가 된다고 보기는 어렵다고 본 사례

소비자가 다른 음악사이트에서 이미 유료로 음악파일을 구입한 경우에 원고의 MP3폰에서 작동이 안 되거나 매우 어렵기 때문에 동일한 음악파일을 보유한 소비자라도 원고의 MP3폰으로 음악을 듣기 위해서는 추가로 원고의 멜론사이트에서 음악파일을 다운로드받고 비용을 지출하게 되는 이중부담을 진다고 볼 여지는 있으나, 일반적으로 음악사이트에 새로 가입하거나 가입사이트를 변경하는 소비자의 경우는 그 침해의 현저성이 문제가 되지 아니하고, 또한 컨버팅과정을 거치는 경우에도 이는 단지 불편할 뿐이지 현저한 침해가 된다고 보기는 어렵다.

제6조 시장지배적사업자의 추정

가. 법조문

법률	시행령
제6조(시장지배적사업자의 추정) 일정한 거래분야에서 시장점유율이 다음 각 호의 어느 하나에 해당하는 사업자(일정한 거래분야에서 연간 매출액 또는 구매액이 40억원 미만인 사업자는 제외한다)는 시장지배적사업자로 추정한다. 1. 하나의 사업자의 시장점유율이 100분의 50 이상 2. 셋 이하의 사업자의 시장점유율의 합계가 100분의 75 이상. 이 경우 시장점유율이 100분의 10 미만인 사업자는 제외한다.	제11조(시장지배적사업자의 추정) ① 법 제6조에 따른 시장점유율은 제2조에 따른 시장점유율로 한다. ② 법 제6조 각 호 외의 부분에 따른 연간 매출액 또는 구매액은 해당 사업자가 법 제5조를 위반한 혐의가 있는 행위의 종료일(해당 행위가 인지일이나 신고일까지 계속되는 경우에는 그 인지일이나 신고일을 말한다)이 속하는 사업연도의 직전 1년 동안 공급하거나 구매한 상품 또는 용역의 금액(상품 또는 용역에 대한 간접세를 제외한 금액을 말한다. 이하 같다)으로 한다. ③ 법 제6조에 따라 시장지배적사업자를

법률	시행령
	추정하는 경우에는 해당 사업자와 그 계열 회사를 하나의 사업자로 본다.

나. 판례

1) 시장지배적 사업자

【포스코의 시장지배적지위 남용행위 건】

대법원 2007. 11. 22. 선고 2002두8626 판결

판결요지

특정사업자가 시장지배적 지위에 있는지 여부를 판단하기 위해서는 일정한 거래 분야에 관하여 관련상품과 관련 지역에 따른 시장 등을 구체적으로 정하고 그 시장에서 지배가능성이 인정되어야 한다.

시장지배적 사업자인지 여부를 판단함에 있어서는 시장점유율, 진입장벽의 존재 및 정도, 경쟁사업자의 상대적 규모 등을 종합적으로 고려하여 판단하여야 한다. 특정사업자가 시장지배적 지위에 있는지 여부를 판단하기 위해서는 경쟁관계가 문제될 수 있는 일정한 거래 분야에 관하여 거래의 객체인 관련 상품에 따른 시장과 거래의 지리적 범위인 관련 지역에 따른 시장 등을 구체적으로 정하고 그 시장에서 지배가능성이 인정되어야 한다.

【비씨카드 외 14개사의 시장지배적지위 남용행위 건】

서울고등법원 2003. 5. 27. 선고 2001누15193 판결(확정)

판결요지

개별적으로는 시장을 독점 또는 과점의 형태로 지배하고 있지 아니한 여러 사업자들이 집단적으로 통모하여 독과점적 지위를 형성한 경우 이들 사업자들도 '시장지배적 사업자'에 포함된다고 볼 수 없다.

"단독으로 또는 다른 사업자와 함께… 거래조건을 결정, 유지 또는 변경할 수 있는 시장지위를 가진 사업자"라 함은, 그 문언이나 앞서 본 공정법의 체계(시장지배적지위의 남용금지에 관한 규정을 두고 있는 이외에도 사업자들의 부당한 공동행위를 제한하는 규정과 사업자단체의 일정한 행위를 금지하는 규정을 두고 있는 점) 및 제반규정(구

공정거래법은 제4조에서 1 사업자의 시장점유율이 50% 이상인 경우와 3 이하의 사업자의 시장점유율이 75% 이상인 경우 시장지배적 사업자로 추정하는 규정을 두고 있는 이외에 복수의 사업자들이 통모한 경우 시장지배적 사업자로 인정할 수 있다는 규정을 두고 있지는 아니한 점) 등에 비추어 볼 때 시장을 독점의 형태로 지배하고 있거나 과점의 형태로 지배하고 있는 개별 사업자를 의미하는 것이지, 이와 달리 개별적으로는 시장을 독점 또는 과점의 형태로 지배하고 있지 아니한 여러 사업자들이 집단적으로 통모하여 독과점적 지위를 형성한 경우 이들 사업자들도 시장지배적 사업자에 포함된다는 취지로 볼 수는 없다.

【인터파크지마켓의 시장지배적지위 남용행위 건】

대법원 2011. 6. 10. 선고 2008두16322 판결

판결요지

시장점유율이라 함은 시장지배적지위의 남용금지 규정에 위반한 혐의가 있는 행위의 종료일이 속하는 사업연도의 직전 사업연도 1년 동안에 국내에서 공급 또는 구매된 상품 또는 용역의 금액 중에서 당해 사업자가 국내에서 공급 또는 구매한 상품 또는 용역의 금액이 점하는 비율을 말한다.

【포스코의 시장지배적지위 남용행위 건】

대법원 2007. 11. 22. 선고 2002두8626 판결

판결요지

시장지배 가능성을 판단함에 있어 관련상품의 수입이 그다지 큰 어려움 없이 이루어질 수 있는 경우에는 수입가능성도 고려하여야 한다.

무역자유화 및 세계화 추세 등에 따라 자유로운 수출입이 이루어지고 있어 국내 시장에서 유통되는 관련상품에는 국내 생산품 외에 외국 수입품도 포함되어 있을 뿐 아니라 또한 외국으로부터의 관련상품 수입이 그다지 큰 어려움 없이 이루어질 수 있는 경우에는 관련상품의 수입 가능성도 고려하여 사업자의 시장지배 가능성을 판단하여야 한다. 따라서 이와 같이 현재 및 장래의 수입 가능성이 미치는 범위 내에서는 국외에 소재하는 사업자들도 경쟁관계에 있는 것으로 보아 그들을 포함시켜 시장지배 여부를 정함이 상당한바, 이러한 경우에는 위에서 본 관련지역시장 판단에 관한 여러 고려 요소들을 비롯하여 특히 관련상품시장의 국내외 사업자 구성, 국외 사업자가 자신의 생산량 중 국내로 공급하거나 국내 사업자가 국외로 공급하는 물량의 비율, 수출입의 용이성·안정성·지속성 여부, 유·무형의 수출입장벽, 국내외 가격의 차이 및 연동성 여부 등을

감안하여야 할 것이다.

【비씨카드 외 14개사의 시장지배적지위 남용행위 건】

대법원 2005. 12. 9. 선고 2003두6283 판결

판결요지

독립된 사업자들이 각기 자기 책임과 계산 하에 독립적으로 사업을 하고 있을 뿐 손익분배 등을 함께하지 않는 경우, 그 사업자들을 통틀어 '하나의 사업자'로 볼 수 없다.

별도의 독립된 사업자들이 각기 자기의 책임과 계산하에 독립적으로 사업을 하고 있을 뿐 손익분배 등을 함께 하고 있지 않다면 그 사업자들이 다른 사업자들과 함께 시장지배적 사업자에 해당하는 것은 별론으로 하고, 그 사업자들을 통틀어 시장지배적지위의 남용을 금지한 구 공정거래법 제3조의2, 제2조 제7호에서 규정하고 있는 하나의 사업자에 해당한다고 볼 수는 없다고 할 것이다.

2) 일정한 거래분야

【포스코의 시장지배적지위 남용행위 건】

대법원 2007. 11. 22. 선고 2002두8626 판결

판결요지

관련 상품시장은 시장지배적 사업자가 시장지배력을 행사하는 것을 억제하여 줄 경쟁관계에 있는 상품들의 범위를 말한다.

관련 상품에 따른 시장은 일반적으로 시장지배적 사업자가 시장지배력을 행사하는 것을 억제하여 줄 경쟁관계에 있는 상품들의 범위를 말하는 것으로서, 구체적으로는 거래되는 상품의 가격이 상당기간 어느 정도 의미 있는 수준으로 인상 또는 인하될 경우 그 상품의 대표적 구매자 또는 판매자가 이에 대응하여 구매 또는 판매를 전환할 수 있는 상품의 집합을 의미하고, 그 시장의 범위는 거래에 관련된 상품의 가격, 기능 및 효용의 유사성, 구매자들의 대체가능성에 대한 인식 및 그와 관련한 구매행태는 물론 판매자들의 대체가능성에 대한 인식 및 그와 관련한 경영의사결정 형태, 사회적·경제적으로 인정되는 업종의 동질성 및 유사성 등을 종합적으로 고려하여 판단하여야 할 것이며, 그 외에도 기술발전의 속도, 그 상품의 생산을 위하여 필요한 다른 상품 및 그 상품을 기초로 생산되는 다른 상품에 관한 시장의 상황, 시간적·경제적·법적 측면에서의 대체의 용이성 등도 함께 고려하여야 할 것이다.

【포스코의 시장지배적지위 남용행위 건】

대법원 2007. 11. 22. 선고 2002두8626 판결

판결요지

관련 지역시장은 일반적으로 서로 경쟁관계에 있는 사업자들이 위치한 지리적 범위를 말한다.

관련 지역에 따른 시장은 일반적으로 서로 경쟁관계에 있는 사업자들이 위치한 지리적 범위를 말하는 것으로서, 구체적으로는 다른 모든 지역에서의 가격은 일정하나 특정 지역에서만 상당기간 어느 정도 의미 있는 가격인상 또는 가격인하가 이루어질 경우 당해 지역의 대표적 구매자 또는 판매자가 이에 대응하여 구매 또는 판매를 전환할 수 있는 지역 전체를 의미하고, 그 시장의 범위는 거래에 관련된 상품의 가격과 특성 및 판매자의 생산량, 사업능력, 운송비용, 구매자의 구매지역 전환가능성에 대한 인식 및 그와 관련한 구매자들의 구매지역 전환행태, 판매자의 구매지역 전환가능성에 대한 인식 및 그와 관련한 경영의사결정 행태, 시간적・경제적・법적 측면에서의 구매지역 전환의 용이성 등을 종합적으로 고려하여 판단하여야 할 것이며, 그 외에 기술발전의 속도, 관련상품의 생산을 위하여 필요한 다른 상품 및 관련상품을 기초로 생산되는 다른 상품에 관한 시장의 상황 등도 함께 고려하여야 할 것이다.

【Q사등의 시장지배적지위 남용행위 건】

대법원 2019. 1. 31. 선고 2013두14726 판결

판결요지

시장지배적지위 남용행위를 통해 봉쇄하려는 표적인 시장을 기준으로 시장을 획정하고 경쟁제한성 유무를 평가하는 것으로 족하다.

Q사의 조건부 리베이트 제공행위의 관련지역시장을 CDMA2000방식 모뎀칩의 국내 공급시장 및 RF칩의 국내 공급시장으로 획정한 피고의 조치에 위법이 없다고 보면서, 설령 관련지역시장을 세계시장으로 획정하더라도 그 시장에서 원고 Q사의 시장지배적 지위를 인정하는 데에 아무런 문제가 없고, 그 지위 남용행위를 통해 봉쇄하려는 표적인 시장이 모뎀칩 및 RF칩에 관한 국내 공급시장인 이상 그 시장을 기준으로 경쟁제한성 유무를 평가하면 족하다.

【인터파크지마켓의 시장지배적지위 남용행위 건】

서울고등법원 2008. 8. 20. 선고 2008누2851 판결(확정)

판결요지

거래형태, 입점조건, 구매자의 인식과 시장유형의 선택 등에서 차별성이 크므로 오픈마켓 운영시장과 종합쇼핑몰 운영시장을 하나의 관련시장으로 볼 수 없다고 본 사례

오픈마켓의 운영자는 자신의 인터넷사이트 내에 가상의 장터를 판매자에게 제공하고 판매에 따른 부가적인 서비스를 제공하는 통신판매중개 역할에 그치며, 거래당사자는 오픈마켓에 입점한 판매자와 구매자인 반면, 종합쇼핑몰의 운영자는 자신의 인터넷 사이트에서 자신의 책임하에 소비자에게 직접 상품을 판매하는 형태로 운영되어 거래형태가 전혀 다른 점, 종합쇼핑몰의 운영자는 자신이 직접 판매자의 지위에서 구매자에게 책임을 지게 되므로, 상품 구매시 까다로운 품질검사나 표시광고에 관련된 입증서류를 요구하고, 해당상품이 종합쇼핑몰의 브랜드 정책이나 기업이미지에 부합하는지 여부 등의 엄격한 심사를 거쳐 업체와 상품을 선정하는 반면, 오픈마켓의 경우는 이러한 까다로운 입점 조건이 없이 누구나 간단한 입점등록만으로 중개장터와 대금결제서비스를 제공받아 판매활동을 할 수 있게 해주는 점, 구매자들의 입장에서도 오픈마켓 운영시장과 종합쇼핑몰 시장에서 거래되는 상품의 종류, 품질 및 가격, 판매자들의 규모 및 신뢰도, 대금결제 방식이나 법적 책임 등에 차이가 있다는 점을 인식하고, 각자의 기호나 구매하고자 하는 상품의 종류에 따라 시장유형을 선택하고 있다고 보여지는 점 등 제반사정을 종합하여 보면, 오픈마켓 운영시장과 종합쇼핑몰 운영시장을 하나의 관련시장으로 볼 수 없다.

【인터파크지마켓의 시장지배적지위 남용행위 건】

서울고등법원 2008. 8. 20. 선고 2008누2851 판결(확정)

판결요지

제공하는 용역이 전혀 다를 뿐만 아니라, 수요 및 공급의 대체 가능성도 낮아 오픈마켓 운영시장과 포털사이트 등 광고시장을 하나의 관련시장으로 볼 수 없다고 본 사례

오픈마켓은 그 인터넷 사이트 내의 가상의 장터에서 판매자들과 구매자들 사이의 거래가 이루어지는 반면, '포털사이트 등 광고시장'은 자신의 사이트에서 오픈마켓 · 종합쇼핑몰 또는 상품광고를 통해 소비자를 해당 오픈마켓 · 종합쇼핑몰의 사이트로 안내하는 서비스만 제공할 뿐 자신의 포털사이트 내에서 판매가 이루어지지 아니하여 제공하는 용역의 내용이 전혀 다른 점, 오픈마켓 운영시장의 수요자는 자체쇼핑몰이 없이

오픈마켓을 통해 판매를 하려는 소규모 입점업체들인 반면, 포털사이트나 가격비교 사이트와 같은 광고시장의 수요자는 자체 쇼핑몰을 가지고 있는 오픈마켓이나 종합 쇼핑몰의 운영자로서 그 수요자가 다르고, 따라서 오픈마켓 운영시장에서 용역수수료가 상승한다고 하더라도 여기에 입점한 영세 판매자들이 거래처를 포털사이트 등으로 변경할 수 없는 점, 에누리닷컴와 같이 광고시장과 오픈마켓이 병존하는 사례가 있기는 하나, 위 회사의 주된 사업내용은 '가격비교'를 통한 광고알선이며, 오픈마켓 영업은 중고물품 판매중개를 부수적으로 영위하는 것으로서, 오픈마켓 운영시장에서의 시장 점유율도 0.1%에 불과한 점 등 제반사정을 종합하여 보면 오픈마켓 운영시장과 포털 사이트 등 광고시장을 하나의 관련시장으로 볼 수 없다.

【포스코의 시장지배적지위 남용행위 건】

대법원 2007. 11. 22. 선고 2002두8626 판결

판결요지

열연코일의 기능 및 효용·수요대체성·공급대체성의 측면, 동북아시아 지역으로의 구매 전환 가능성에 비추어 관련시장은 국내 열연코일 시장이라고 본 사례

원심이 관련 상품시장에 관하여 '원고가 생산하고 있는 열연코일 중 자동차냉연강판용 열연코일을 구분하여 이를 거래대상이 아닌 공정 중에 있는 물품이라고 할 수 없다'고 보는 한편, 나아가 '열연코일의 기능 및 효용의 측면, 수요대체성의 측면, 공급대체성의 측면 및 한국산업표준산업분류 등을 참작하여 열연코일 전체를 거래대상으로 삼는 이외에 이를 세분하여 그 중 자동차냉연강판용 열연코일만을 거래대상으로 삼는 별도의 시장을 상정할 수는 없다'고 인정한 것은 정당하며, 또한 관련 지역시장에 관하여 열연코일의 국내가격과 수출가격 사이의 관계를 판단하는 전제로서 열연코일의 국내가격은 원화가격으로, 수출가격은 미국 달러화가격으로 비교함으로써 환율을 고려하지 아니하였을 뿐만 아니라 열연코일의 국내판매가격은 표준가격으로, 수출가격은 실거래가격의 평균가격으로 비교함으로써 등가성을 확보하지 아니한 채 비교한 잘못은 있으나, 그 밖에 원심 판시와 같은 사유로 국내에서 열연코일의 가격이 상당기간 어느 정도 인상되더라도 이에 대응하여 국내 구매자들이 동북아시아 지역으로 열연코일의 구매를 전환할 가능성은 없다는 이유에서 열연코일에 관한 동북아시아시장을 관련지역시장에 포함시킬 수 없다고 인정한 결론은 옳다.

판결요지

경쟁제한의 효과가 문제되는 관련시장은 시장지배적 사업자 또는 경쟁사업자가 속한 시장뿐만 아니라 그 시장의 상품 생산을 위하여 필요한 원재료나 부품 및 반제품 등을 공급하는 시장 또는 그 시장에서 생산된 상품을 공급받아 새로운 상품을 생산하는 시장도 포함될 수 있다.

【에스케이텔레콤의 시장지배적지위 남용행위 건】

서울고등법원 2007. 11. 27. 선고8623 판결(확정)

판결요지

'MP3폰을 디바이스로 하는 이동통신서비스 시장'(주된 시장)과 'MP3파일 다운로드서비스 시장'(종된 시장)은 시장지배적지위의 전이가 가능한 인접시장이라고 본 사례

시장지배적 사업자가 자신이 지배하는 시장뿐만 아니라 그 이전 또는 다음 단계의 인접시장에서 자신의 지배력을 전이(轉移: leveraging)하여 그 시장에서 다른 사업자의 활동을 부당하게 방해하는 경우도 시장지배적지위의 남용에 해당된다는 것이 현행법의 해석인바, 휴대폰이 기본적인 통신기능 이외에 음악감상기능, TV시청기능, 전자상거래기능 등 복합적인 기능을 장치하고 있어 통신과 음악감상이 상호 밀접한 관련이 있고, 원고의 이동통신서비스 가입자 중 MP3폰 소지자는 원고가 운영하는 멜론사이트에서만 음악파일을 구매・재생할 수 있다는 점에서 MP3폰을 디바이스로 하는 이동통신서비스시장과 MP3다운로드서비스 시장은 상호 밀접한 관련성이 있는 인접시장(일종의 후방수직통합에 근접한 형태)이라고 할 수 있는 점, 자신이 지배하는 시장과 그에 인접한 관련시장 사이에는 사업자의 시장지배적지위를 다른 시장으로 전이할 수 있을 정도이면 충분한 관련성이 있다고 보아야 하며 원고는 MP3폰을 디바이스로 하는 이동통신서비스시장(주된 시장)에서 시장지배적지위를 가지고 원고의 MP3폰으로 MP3 음악파일을 재생하기 위하여는 멜론사이트에서 그 파일을 구매할 수밖에 없도록 기술적 장치인 DRM을 설치함으로써 그 지배적지위를 전이하여 관련시장에서의 용역의 구매를 사실상 강제하는 효과를 거두었고 그 결과 MP3파일 다운로드 시장(종된 시장)에서 일정 정도 원고로의 쏠림현상이 발생하기도 한 점, 원고 가입자가 MP3폰을 통해 음악을 듣기 위해서는 반드시 멜론서비스를 이용하여야 한다는 면에서 양 시장은 상호 관련성이 있다고 볼 것이고 원고의 이동통신서비스 가입자 중 멜론서비스의 이용자 비율이 적다는 사정만으로는 위 양 시장간 관련성 부정의 근거가 될 수 없으므로 'MP3폰을 디바이스로 하는 이동통신서비스 시장'(주된 시장)과 'MP3파일 다운로드서비스 시장'(종된 시장)은 시장지배적지위의 전이가 가능한 인접시장이다.

3) 시장지배적 사업자의 추정

【포스코의 시장지배적지위 남용행위 건】

대법원 2007. 11. 22. 선고 2002두8626 판결

판결요지

일정한 거래분야에서 1 사업자의 시장점유율이 50% 이상이거나, 3 이하의 사업자의 시장점유율의 합계가 75% 이상인 경우, 그 사업자는 시장지배적 사업자로 추정된다.

【비씨카드 외 14개사의 시장지배적지위 남용행위 건】

대법원 2005. 12. 9. 선고 2003두6283 판결

판결요지

비씨카드와 그 회원은행들, 엘지카드, 삼성카드가 시장지배적 사업자의 추정요건에 해당되는 시장지배적 사업자로 볼 수 없다고 본 사례

비씨카드와 회원은행들이 각기 별개의 사업자임을 전제로 한 2000년도 신용카드시장에서의 각 카드사업자별 시장점유율은 엘지카드가 19%, 삼성카드가 18.1%, 소외 국민카드가 16.7%, 외환카드가 5.9% 정도이고, 비씨카드와 12개 회원은행은 최고 7.9%(조흥은행)에서 최저 0.1%(하나은행과 비씨카드) 정도에 불과한 사실, 신용카드시장에서 비씨카드와 12개 회원은행들은 상위 3개사에도 포함되지 아니할 뿐 아니라 그 시장점유율 또한 10% 미만이고 엘지카드와 삼성카드 및 소외 국민카드 등 상위 3개사 또한 시장점유율이 불과 53.8%에 불과하여 구 공정거래법 제4조 제2호에서 정한 시장점유율의 합계 100분의 75에 미달하는 사실, 상위 3개사를 제외한 나머지 사업자들(조흥은행, 우리은행, 외환카드 등)의 숫자나 상대적 규모 또한 적지 아니한 사실을 인정할 수 있는 바, 위와 같은 사정에 비추어 보면 원고들을 이 사건 카드시장의 이자율과 수수료율 등 거래조건을 결정, 유지 또는 변경할 수 있는 시장지위를 가진 시장지배적 사업자로 볼 수 없다고 할 것이다.

제7조 시정조치

가. 법조문

법률	시행령
제7조(시정조치) ① 공정거래위원회는 남용행위가 있을 때에는 그 시장지배적사업자에게 가격의 인하, 해당 행위의 중지, 시정명령을 받은 사실의 공표 또는 그 밖에 필요한 시정조치를 명할 수 있다. ② 공정거래위원회는 남용행위를 한 회사인 시장지배적사업자가 합병으로 소멸한 경우에는 해당 회사가 한 남용행위를 합병 후 존속하거나 합병에 따라 설립된 회사가 한 행위로 보아 제1항의 시정조치를 명할 수 있다. ③ 공정거래위원회는 남용행위를 한 회사인 시장지배적사업자가 분할되거나 분할합병된 경우에는 분할되는 시장지배적사업자의 분할일 또는 분할합병일 이전의 남용행위를 다음 각 호의 어느 하나에 해당하는 회사의 행위로 보고 제1항의 시정조치를 명할 수 있다. 1. 분할되는 회사 2. 분할 또는 분할합병으로 설립되는 새로운 회사 3. 분할되는 회사의 일부가 다른 회사에 합병된 후 그 다른 회사가 존속하는 경우 그 다른 회사 ④ 공정거래위원회는 남용행위를 한 회사인 시장지배적사업자가 「채무자 회생 및 파산에 관한 법률」 제215조에 따라 새로운 회사를 설립하는 경우에는 기존 회사 또는 새로운 회사 중 어느 하나의 행위로 보고 제1항의 시정조치를 명할 수 있다.	제12조(시정명령을 받은 사실의 공표 방법) 공정거래위원회는 법 제7조에 따라 해당 사업자에게 공표를 명하려는 경우 다음 각 호의 사항을 고려하여 공표의 내용, 매체의 종류·수 및 지면크기 등을 정해야 한다. 1. 위반행위의 내용 및 정도 2. 위반행위의 기간 및 횟수

나. 판례

【Q사등의 시장지배적지위 남용행위 건】

대법원 2019. 1. 31. 선고 2013두14726 판결

판결요지

로열티 할인 병행 행위는 배타조건부 거래행위를 위한 일련의 수단에 불과하므로 배타조건부 거래행위의 부당성과 관련되는 의미로 해석되는 한 적법하다고 본 사례

시정명령은 표준기술을 보유한 시장지배적 사업자가 모뎀칩 구매와 관련하여 배타조건부 거래행위를 하면서 그와 함께 기술료 할인도 함께 제공할 때에 조건 성취 여부에 따라 그 할인 혜택이 달리 부여될 수 있음을 나타낸 것에 불과하다. 결국 위 시정명령은 'CDMA2000 방식 모뎀칩의 국내공급시장'을 전제로 그 모뎀칩 구매와 관련한 배타조건부 리베이트 제공행위와 조건부 로열티 할인 병행행위 등 일련의 행위가 금지됨을 명시하는 취지이다. 비록 피고가 시정명령과 관련하여 구 공정거래법 제3조의2 제1항 제3호, 시행령 제5조 제3항 제4호, 「시장지배적지위남용행위 심사기준」 Ⅳ.3.라.(2) 등을 적용 법조로 들고 있기는 하나, 이는 로열티 병행 할인행위가 추가적으로 위 조항에도 해당될 수 있음을 주장하는 취지에 불과하다. 이처럼 위 시정명령과 관련한 피고 처분서의 이유기재에 적절치 않은 부분이 있기는 하나, 이러한 사정만으로 위 시정명령이 위법하게 되는 것은 아니다. 따라서 모뎀칩 구매와 관련하여 이루어진 배타조건부 로열티 할인 및 모뎀칩 가격 할인 등 일련의 행위와 그 부당성이 인정되는 이상 위 시정명령은 적법하다.

【현대모비스의 시장지배적지위 남용행위 건】

대법원 2014. 4. 10. 선고 2012두6308 판결

판결요지

공표명령과 통지명령은 목적 · 대상 · 효과 면에서 차이가 있고 이 사건 위반행위를 시정하기 위한 필요성 또한 인정되므로 과잉금지원칙이나 비례원칙에 반하지 아니한다.

원고가 대리점에서는 비순정품을 판매하지 못하는 조건으로, 품목지원센터에는 거래지역 및 거래상대방을 제한하는 조건으로 각 차량 정비용 부품을 거래함으로써 부품의 다양성과 가격경쟁을 감소시켜 순정품 가격이 인상되도록 하여 소비자 후생이 감소하는 결과를 가져온 점, 피고는 이를 시정하기 위한 조치로 시정명령과 과징금 납부명령 외에도 공표명령과 통지명령 등을 하였던 점 등을 알 수 있는바, 이들 공표명령과 통지

명령은 목적·대상·효과 면에서 차이가 있고 이 사건 위반행위를 시정하기 위한 필요성 또한 인정되므로 과잉금지원칙이나 비례원칙에 반하지 아니한다고 할 것이다.

제8조 과징금

가. 법조문

법률	시행령
제8조(과징금) 공정거래위원회는 시장지배적 사업자가 남용행위를 한 경우에는 그 사업자에게 대통령령으로 정하는 매출액(대통령령으로 정하는 사업자의 경우에는 영업수익을 말한다. 이하 같다)에 100분의 6을 곱한 금액을 초과하지 아니하는 범위에서 과징금을 부과할 수 있다. 다만, 매출액이 없거나 매출액의 산정이 곤란한 경우로서 대통령령으로 정하는 경우(이하 "매출액이 없는 경우등"이라 한다)에는 20억원을 초과하지 아니하는 범위에서 과징금을 부과할 수 있다.	제13조(과징금) ① 법 제8조 본문에서 "대통령령으로 정하는 매출액"이란 각각의 위반사업자가 위반기간동안 일정한 거래분야에서 판매한 관련 상품이나 용역의 매출액 또는 이에 준하는 금액으로서 공정거래위원회가 정하여 고시하는 바에 따라 산정한 금액(이하 "관련매출액"이라 한다)을 말한다. 이 경우 위반행위가 상품이나 용역의 구매와 관련하여 이루어진 경우에는 관련 상품이나 용역의 매입액을 관련매출액으로 본다. ② 법 제8조 본문에서 "대통령령으로 정하는 사업자"란 상품 또는 용역의 대가의 합계액을 재무제표 등에서 영업수익 등으로 기재하는 사업자를 말한다. ③ 법 제8조 단서에서 "대통령령으로 정하는 경우"란 다음 각 호의 어느 하나에 해당하는 경우를 말한다. 1. 영업을 개시하지 않거나 영업중단 등으로 영업실적이 없는 경우 2. 재해 등으로 매출액 산정자료가 소멸 또는 훼손되는 등의 사유로 객관적인 매출액의 산정이 곤란한 경우 3. 위반기간 또는 관련 상품이나 용역의 범위를 확정할 수 없어 관련매출액의 산정이 곤란한 경우

나. 판례

【현대자동차의 시장지배적지위 남용행위 건】

대법원 2010. 3. 25. 선고 2008두7465 판결

판결요지

관련매출액은 사업활동 방해를 받은 개별 판매대리점과 경쟁관계에 있어 직·간접적인 영향을 받았다고 볼 수 있는 인근 직영판매점의 매출액이라고 본 사례

시장지배적 사업자가 남용행위를 한 경우 관련매출액 산정과 관련한 관련상품의 범위는 위반행위로 인하여 직접 또는 간접적으로 영향을 받는 상품의 종류와 성질, 거래지역, 거래상대방, 거래단계 등을 고려하여 행위유형별로 개별적·구체적으로 판단하여야 한다. 원고의 이 사건 사업활동 방해행위로 인하여 판매대리점을 통한 매출액은 감소 영향을 받는 반면, 직영판매점의 매출액은 증가 영향을 받는 관계에 있다는 점, 이 사건 사업활동 방해행위와 관련한 원고의 공정거래법 위반사실은 원고가 전체 판매대리점들과 사이에 거점 이전과 인원 채용에 관하여 사전에 원고와 합의 또는 협의하거나 등록하도록 판매대리점계약을 체결한 사실 그 자체가 아니라, 원고가 그와 같은 계약조항을 근거로 하여 합리성이 없는 사유를 내세워 구체적으로 일부 개별 판매대리점들에 대하여 거점 이전 승인이나 인원 등록을 지연하거나 거부한 행위라는 점 및 개별 판매대리점에 대한 사업활동 방해행위로 인하여 전체 직영판매점의 매출액이 직접 또는 간접적으로 영향을 받았다고 보기 어려운 점 등을 종합하여 보면, 이 사건에서 관련매출액은 원고의 직영판매점 매출액을 기준으로 하되, 그 중에서도 특히 사업활동 방해를 받은 개별 판매대리점과 경쟁관계에 있어 그 직접 또는 간접적인 영향을 받았다고 볼 수 있는 인근 직영판매점의 매출액을 관련매출액으로 봄이 상당하고, 그 위반기간도 구체적인 사업활동 방해행위에 따라 개별로 따져야 할 것이다.

【Q사등의 시장지배적지위 남용행위 건】

대법원 2019. 1. 31. 선고 2013두14726 판결

판결요지

실제 리베이트를 받은 휴대폰 제조사별로 개별적으로 관련매출액을 산정하지 않고 리베이트 지급 전체 기간 동안 Q사가 국내시장에서 판매한 CDMA2000방식 모뎀칩 매출액 전체를 관련매출액으로 산정한 조치는 적법하다고 본 사례

2000년경부터 2003년경까지의 기간에도 국내 CDMA2000 방식 모뎀칩 시장에서 경쟁이

제한되거나 제한될 우려가 인정되므로, 이 기간에 Q사가 엘지전자 외의 다른 거래상대방에게 판매한 CDMA2000 방식 모뎀칩 매출액도 관련매출액에 포함되고, Q사의 모뎀칩 리베이트는 저가형 제품군과 고가형(high-end) 제품군을 구분하지 아니하고 모두 제공되었으므로 모든 CDMA2000 모뎀칩의 매출이 직접 또는 간접적 영향을 받았다고 볼 수 있으며, 국내 휴대폰 제조사가 국내시장에서 구매한 CDMA2000 방식 모뎀칩 매출액은 모두 관련 상품의 매출액에 해당한다고 보아, 2000. 7. 1.부터 2009. 7. 15.까지 Q사가 국내시장에서 판매한 CDMA2000 방식 모뎀칩 매출액 전체를 관련매출액으로 산정한 조치는 적법하다.

제 3 장

기업결합의 제한

제9조 기업결합의 제한

가. 법조문

법률	시행령
제9조(기업결합의 제한) ① 누구든지 직접 또는 대통령령으로 정하는 특수한 관계에 있는 자(이하 "특수관계인"이라 한다)를 통하여 다음 각 호의 어느 하나에 해당하는 행위(이하 "기업결합"이라 한다)로서 일정한 거래분야에서 경쟁을 실질적으로 제한하는 행위를 하여서는 아니 된다. 다만, 자산총액 또는 매출액의 규모가 대통령령으로 정하는 규모에 해당하는 회사(이하 "대규모회사"라 한다) 외의 자가 제2호에 해당하는 행위를 하는 경우에는 그러하지 아니하다. 1. 다른 회사 주식의 취득 또는 소유 2. 임원 또는 종업원에 의한 다른 회사의 임원 지위의 겸임(이하 "임원겸임"이라 한다) 3. 다른 회사와의 합병 4. 다른 회사의 영업의 전부 또는 주요 부분의 양수·임차 또는 경영의 수임이나 다른 회사의 영업용 고정자산의 전부 또는 주요 부분의 양수(이하 "영업양수"라 한다) 5. 새로운 회사설립에의 참여. 다만, 다음 각 목의 어느 하나에 해당하는 경우는 제외한다.	제14조(특수관계인의 범위) ① 법 제9조 제1항 각 호 외의 부분 본문에서 "대통령령으로 정하는 특수한 관계에 있는 자"란 회사 또는 회사 외의 자와 다음 각 호의 관계에 있는 자(이하 "특수관계인"이라 한다)를 말한다. 1. 해당 회사를 사실상 지배하고 있는 자 2. 동일인관련자(제6조 제1항 또는 제2항에 따라 동일인관련자에서 제외된 자는 제외한다) 3. 경영을 지배하려는 공동의 목적을 가지고 법 제9조 제1항 각 호 외의 부분 본문에 따른 기업결합(이하 "기업결합"이라 한다)에 참여하는 자

법률	시행령
가. 특수관계인(대통령령으로 정하는 자는 제외한다) 외의 자는 참여하지 아니하는 경우 나. 「상법」 제530조의2 제1항에 따른 분할에 따른 회사설립에 참여하는 경우	② 법 제9조 제1항 제5호 가목에서 "대통령령으로 정하는 자"란 제1항 제3호의 자를 말한다. **제15조(자산총액 또는 매출액의 기준)** ① 법 제9조 제1항 각 호 외의 부분 단서에 따른 자산총액은 다음 각 호의 구분에 따른 금액으로 한다. 다만, 금융업 또는 보험업을 영위하는 회사의 경우에는 직전 사업연도 종료일 현재의 대차대조표에 표시된 자본총액(대차대조표에 표시된 자산총액에서 부채액을 뺀 금액을 말한다. 이하 같다)과 자본금 중 큰 금액으로 한다. 1. 기업결합일이 속하는 사업연도 중에 신주 및 사채의 발행이 없는 경우: 기업결합일이 속하는 사업연도의 직전 사업연도 종료일 현재의 대차대조표에 표시된 자산총액 2. 기업결합일이 속하는 사업연도 중에 신주 및 사채의 발행이 있는 경우: 직전 사업연도 종료일 현재의 대차대조표에 표시된 자산총액에 신주 및 사채의 발행으로 증가된 금액을 합한 금액 ② 법 제9조 제1항 각 호 외의 부분 단서에 따른 매출액은 기업결합일이 속하는 사업연도의 직전 사업연도의 손익계산서에 표시된 매출액으로 한다. 다만, 금융업 또는 보험업을 영위하는 회사의 경우에는 직전 사업연도의 손익계산서에 표시된 영업수익으로 한다. ③ 제9조 제1항 각 호 외의 부분 단서에서 "대통령령으로 정하는 규모에 해당하는 회사"란 제1항에 따른 자산총액 또는 제2항에 따른 매출액의 규모가 2조원 이상인 회

법률	시행령
② 다음 각 호의 어느 하나에 해당한다고 공정거래위원회가 인정하는 기업결합에 대해서는 제1항을 적용하지 아니한다. 이 경우 해당 요건을 충족하는지에 대한 입증은 해당 사업자가 하여야 한다. 1. 해당 기업결합 외의 방법으로는 달성하기 어려운 효율성증대 효과가 경쟁제한으로 인한 폐해보다 큰 경우	사를 말한다.
2. 상당한 기간 동안 대차대조표상의 자본총계가 납입자본금보다 작은 상태에 있는 등 회생이 불가능한 회사와의 기업결합으로서 대통령령으로 정하는 요건에 해당하는 경우 ③ 기업결합이 다음 각 호의 어느 하나에 해당하는 경우에는 일정한 거래분야에서 경쟁을 실질적으로 제한하는 것으로 추정한다. 1. 기업결합의 당사회사(제1항 제5호의 경우에는 회사설립에 참여하는 모든 회사를 말한다. 이하 같다)의 시장점유율(계열회사의 시장점유율을 합산한 점유율을 말한다. 이하 이 조에서 같다)의 합계가 다음 각 목의 요건을 갖춘 경우 가. 시장점유율의 합계가 시장지배적사업자의 추정요건에 해당할 것 나. 시장점유율의 합계가 해당 거래분야에서 제1위일 것 다. 시장점유율의 합계와 시장점유율이 제2위인 회사(당사회사를 제외한 회사 중 제1위인 회사를 말한다)의 시장점유율과의 차이가 그 시장점유율의 합계의 100분의 25 이상일 것 2. 대규모회사가 직접 또는 특수관계인을 통하여 한 기업결합이 다음 각 목의 요건을 갖춘 경우	**제16조(기업결합의 적용제외 기준)** 법 제9조 제2항 제2호에서 "대통령령으로 정하는 요건에 해당하는 경우"란 다음 각 호의 요건을 모두 갖춘 경우를 말한다. 1. 기업결합을 하지 않으면 회사의 생산설비 등이 해당 시장에서 계속 활용되기 어려운 경우 2. 해당 기업결합보다 경쟁제한성이 적은 다른 기업결합이 이루어지기 어려운 경우

법률	시행령
가. 「중소기업기본법」에 따른 중소기업의 시장점유율이 3분의 2 이상인 거래분야에서의 기업결합일 것 나. 해당 기업결합으로 100분의 5 이상의 시장점유율을 가지게 될 것 ④ 제1항에 따른 일정한 거래분야에서 경쟁을 실질적으로 제한하는 기업결합과 제2항에 따라 제1항을 적용하지 아니하는 기업결합에 관한 기준은 공정거래위원회가 정하여 고시한다.	
⑤ 제1항 각 호 외의 부분 단서에 따른 자산총액 또는 매출액의 규모는 기업결합일 전부터 기업결합일 이후까지 계속하여 계열회사의 지위를 유지하고 있는 회사의 자산총액 또는 매출액을 합산한 규모를 말한다. 다만, 영업양수의 경우 영업을 양도(영업의 임대, 경영의 위임 및 영업용 고정자산의 양도를 포함한다)하는 회사의 자산총액 또는 매출액의 규모는 계열회사의 자산총액 또는 매출액을 합산하지 아니한 규모를 말한다.	제17조(기업결합일의 기준) 법 제9조 제5항 본문에 따른 기업결합일은 다음 각 호의 구분에 따른 날로 한다. 1. 다른 회사의 주식을 소유하게 되거나 주식소유비율이 증가하는 경우: 다음 각 목의 날 가. 주식회사의 주식을 양수하는 경우에는 주권을 교부받은 날. 다만, 주권이 발행되어 있지 않은 경우에는 주식대금을 지급한 날로 하며, 주권을 교부받기 전 또는 주식대금의 전부를 지급하기 전에 합의·계약 등에 따라 의결권이나 그 밖의 주식에 관한 권리가 실질적으로 이전되는 경우에는 해당 권리가 이전되는 날로 한다. 나. 주식회사의 신주를 유상취득하는 경우에는 주식대금 납입기일의 다음 날 다. 주식회사 외의 회사의 지분을 양수하는 경우에는 지분양수의 효력이 발생하는 날 라. 가목부터 다목까지의 규정에 해당하지 않는 경우로서 감자(減資), 주식의 소각 또는 그 밖의 사유로 주식소유비율이 증가하는 경우에는 주식소

법률	시행령
	유비율의 증가가 확정되는 날 2. 법 제9조 제1항 제2호에 따른 임원겸임의 경우: 임원이 겸임되는 회사의 주주총회 또는 사원총회에서 임원의 선임이 의결된 날 3. 다른 회사와의 합병의 경우: 합병등기일 4. 법 제9조 제1항 제4호에 따른 영업양수(이하 "영업양수"라 한다)의 경우: 영업양수대금의 지급을 완료한 날. 다만, 계약체결일부터 90일을 지나 영업양수대금의 지급을 완료한 경우에는 그 계약체결일부터 90일이 지난 날로 한다. 5. 새로운 회사설립에 참여하는 경우: 배정된 주식의 주식대금 납입기일의 다음 날

나. 판례

1) 경쟁제한적 기업결합 규제의 의의

【무학의 대선주조에 대한 경쟁제한적 기업결합행위 건】

서울고등법원 2004. 10. 27. 선고 2003누2252 판결(확정)

판결요지

결합회사의 가격 인상 등을 통한 초과이윤 추구로 소비자 피해와 경제적 효율성 저하 초래를 방지하는데 경쟁제한적 기업결합 금지의 의의가 있다.

경쟁제한적 기업결합을 금지하는 것은 기업결합 당사 회사들이 더 이상 서로 경쟁하지 않게 됨에 따라 결합된 회사가 시장지배력을 획득 또는 강화하여 결합회사가 단독으로 또는 다른 회사와 공조하여 가격 인상 등을 통한 초과이윤을 추구하게 되고 그 결과 소비자 피해와 경제적 효율성의 저하가 초래되는 것을 방지하고자 함에 있다.

2) 지배관계 형성여부 판단기준

【무학의 대선주조에 대한 경쟁제한적 기업결합행위 건】

서울고등법원 2004. 10. 27. 선고 2003누2252 판결(확정)

판결요지

행정처분 이후 사정은 처분 이후의 사정변경에 불과하여 이 사건 처분 당시에 지배가능성이 없었다고 볼 수 없다.

이 사건 행정처분 이후 대선주조의 주식 50.59%가 특정인에게 매각되어 제1대 주주가 되었다거나 2004. 3. 11. 정기 주총에서 대선주조측의 임원이 선임된 사정은 이 사건 처분 이후의 사정변경에 불과하여 이 사건 처분 당시에 지배가능성이 없었다고 볼 수는 없다.

판결요지

주식분산도, 2대 주주와의 지분보유비율 정도, 경영권획득을 위한 주식취득이라는 점 등을 종합하면 지배관계가 형성될 가능성이 있다.

무학이 대선주조의 주식 중 50/100 미만을 소유하고 있으나 주식분산도로 보아 제1위에 해당되고, 제1대 주주(무학)와 제2대 주주(대선)간에 지분보유비율에 상당한 차이가 있으며 경영권획득을 위한 주식취득이라는 점을 무학 스스로 인정하고 있는 점 등을 종합하면 무학의 대선주조에 대한 지배관계는 형성될 가능성이 있다.

3) 일정한 거래분야의 판단기준

(가) 관련시장의 획정 기준

【신세계의 월마트에 대한 경쟁제한적 기업결합행위 건】

서울고등법원 2008. 9. 3. 선고 2006누30036 판결(확정)

판결요지

관련시장 획정에 있어 구매전환 가능성이 경제분석결과에 의해 입증되는 것이 바람직하나, 이 뿐만 아니라 여러 가지 요소를 종합적으로 고려하여 관련시장을 획정한다.

경쟁제한적 관련시장을 획정함에 있어 적지만 의미 있고 일시적이지 않은 가격인상에 대한 구매전환 가능성이 구체적이고 실증적인 경제분석결과에 의하여 입증되는 것이 바람직하지만, 그러한 경제분석이 어렵거나 불가능한 경우가 있을 수 있고 또 경제분석결과가 현실을 제대로 반영하지 못할 수도 있으므로, 경제분석결과뿐만 아니라 여러 가지 요소를 종합적으로 고려하여 관련시장을 획정하라는 취지로 보아야 할 것이다. 유통시장의 경우 가격을 통계적으로 유의미하게 지수화하기 어려우므로 다수의 상품을 생산 또는 판매하는 기업의 경우에는 처음부터 분석의 대상을 상품군으로 정의하여 관련시장 획정의 출발점으로 삼는 방식이 외국에서도 인정되며, 공정위가 심사하면서 할인점의 특성, 소비자들의 이용현황 및 인식, 법제도적 측면에서 할인점이 위치하는 위치, 할인점의 분포현황 및 경쟁상황, 이용고객의 분포현황, 관련사업자의 인식 등을 종합적으로 고려하여 시장을 획정한 것은 적법하다.

(나) 관련 상품시장

【동양제철화학의 콜롬비안 캐미컬즈 컴퍼니에 대한 경쟁제한적 기업결합 건】

대법원 2009. 9. 10. 선고 2008두9744 판결

판결요지

타이어용 카본블랙과 산업고무용 카본블랙 사이에 용도, 수요자, 운송 및 포장방법에 다소 차이가 있다고 하더라도, 어느 한 제품의 가격이 상당한 기간 의미 있는 수준으로 인상될 경우에 다른 제품으로 구매를 전환할 수 있다면 함께 하나의 관련시장으로 획정하는 것이 타당하다.

타이어용 카본블랙과 산업고무용 카본블랙은 제품의 상당 부분이 중복되고 산업고무용 카본블랙의 70% 이상이 타이어용으로도 사용 가능한 점, 두 제품 사이의 가격 차이가 크지 아니한 점, 공급 측면에서도 생산설비 및 제품 공정의 상당 부분을 공유하고 있는 점 등에 비추어 볼 때, 산업고무용 카본블랙의 가격이 상당한 기간 의미 있는 수준으로 인상될 경우에 구매자는 이에 대응하여 타이어용 카본블랙으로 구매를 전환할 수 있고, 반대로 타이어용 카본블랙의 가격이 인상될 경우에도 구매자는 동일하게 산업고무용 카본블랙으로 구매를 전환할 수 있으므로, 비록 타이어용 카본블랙과 산업고무용 카본블랙 사이에 용도, 수요자, 운송 및 포장방법에 다소 차이가 있다고 하더라도, 타이어용 카본블랙과 산업고무용 카본블랙을 함께 하나의 관련시장으로 획정하는 것이 타당하다.

【삼익악기의 영창악기에 대한 경쟁제한적 기업결합행위 건】

대법원 2008. 5. 29. 선고 2006두6659 판결

판결요지

중고 피아노는 신품 피아노와 상품용도, 가격, 판매자와 구매자층, 거래행태, 영업전략 등에서 차이가 있고 상호간 대체가능성을 인정하기 어려운바, 이 사건 기업결합의 관련시장을 국내의 업라이트 피아노, 그랜드 피아노, 디지털 피아노의 각 신품 피아노 시장으로 획정한 것은 정당하다고 본 사례

원심은 공급측면의 경우 중고 피아노는 신품 피아노와 달리 가격이 상승하더라도 공급량이 크게 증가될 수 없다고 보이는 점, 수요측면의 경우에도 가격과 구매수량에 더 민감한 수요층(중고 피아노)과 제품 이미지, 품질, 사용기간 등에 더 민감한 수요층(신품 피아노)으로 그 대표적 수요층이 구분되어 신품 피아노의 가격이 상승하더라도 신품 피아노를 구입하려는 소비자들이 그 의사결정을 바꿔 중고 피아노로 수요를 전환할 가능성은 크지 않다고 보이는 점, 원고들이 그 동안 신품 피아노의 가격결정, 마케팅 등과 같은 영업전략을 수립함에 있어 중고 피아노의 시장규모 등을 고려했다는 자료가 없는 점 등에 비추어 중고 피아노는 신품 피아노와 상품용도, 가격, 판매자와 구매자층, 거래행태, 영업전략 등에서 차이가 있고 상호간 대체가능성을 인정하기 어렵다는 이유로, 피고가 이 사건 기업결합의 관련시장을 국내의 업라이트 피아노, 그랜드 피아노, 디지털 피아노의 각 신품 피아노 시장으로 획정한 것은 정당하다고 판단하였으며, 아울러 거래의 지리적 범위인 관련 지역시장의 획정 문제와 실질적 경쟁제한 효과성 판단의 한 요소인 해외 경쟁의 도입수준 등의 문제를 별도로 판단한 바, 원심의 이러한 조치는 정당하고, 거기에 상고이유와 같은 관련 상품시장의 획정에 관한 법리오해, 관련 지역시장의 획정과 실질적 경쟁제한성 판단의 한 요소인 해외 경쟁의 도입수준 등의 오인·혼동으로 인한 법리오해 등의 위법이 없다.

(다) 관련 지역시장

【신세계의 월마트에 대한 경쟁제한적 기업결합행위 건】

서울고등법원 2008. 9. 3. 선고 2006누30036 판결(확정)

판결요지

상품시장을 "대형할인점 시장"으로 획정하고, 지역시장을 잠정적으로 "대도시권의 경우에는 피취득회사인 월마트의 지점을 중심으로 반경 5㎞, 대도시권이 아닌 지역의 경우는 반경 10㎞의 원에 포함된 모든 할인점을 기준으로 다시 동일한 거리의 원을 중첩시켜 이 중첩원에 포함된 지역"으로 획정한 것은 정당하다고 본 사례

공정위가 이 사건 기업결합을 심사하면서 할인점의 특성, 소비자들의 이용현황 및 인식, 법·제도적 측면에서 할인점이 위치하는 위치, 할인점의 분포현황 및 경쟁상황, 이용고객의 분포현황, 관련 사업자의 인식 등을 종합적으로 고려하여 상품시장을 3,000㎡ 이상의 매장면적을 갖추고 식품·의류·생활용품 등 One-stop Shopping이 가능한 다양한 구색의 일상 소비용품을 통상의 소매가격보다 저렴하게 판매하는 유통업태인 "대형할인점 시장"으로 획정하고, 지역시장을 잠정적으로 "대도시권의 경우에는 피취득회사인 월마트의 지점을 중심으로 반경 5㎞, 대도시권이 아닌 지역의 경우는 반경

10㎞의 원에 포함된 모든 할인점을 기준으로 다시 동일한 거리의 원을 중첩시켜 이 중첩원에 포함된 지역"으로 획정한 것이 잘못되었다고 할 수 없다.

4) 경쟁제한성 판단기준

【삼익악기의 영창악기에 대한 경쟁제한적 기업결합행위 건】

대법원 2008. 5. 29. 선고 2006두6659 판결

판결요지

상품수평적 기업결합에서 기업결합 전후의 시장 집중상황, 해외경쟁의 도입수준, 경쟁사업자 간의 공동행위의 가능성, 유사품 및 인접시장의 존재 여부 등을 종합적으로 고려하여 개별적으로 판단한다.

공정위가 수평적 기업결합에서 이러한 실질적 경쟁제한성을 판단함에 있어서는 기업결합 전후의 시장 집중상황, 해외경쟁의 도입수준 및 국제적 경쟁상황, 신규 진입의 가능성, 경쟁사업자 간의 공동행위의 가능성, 유사품 및 인접시장의 존재 여부 등을 종합적으로 고려하여 개별적으로 판단하여야 한다.

판결요지

이 사건 기업결합으로 인해 국내 양대 피아노 생산, 판매업체는 사실상 독점화되고 직접 대체재 관계에 있던 두 제품이 하나의 회사 내에서 생산 판매되므로 관련시장에서의 경쟁을 실질적으로 제한하는 행위라고 본 사례

이 사건 기업결합으로 인한 삼익악기 및 영창악기 제조의 시장점유율 합계는 이 사건 관련시장에서의 실질적 경쟁제한성 추정요건에 해당할 뿐만 아니라 신규 진입의 가능성이 거의 없으며, 해외경쟁의 도입 가능성이나 인접시장 경쟁압력의 정도 역시 매우 적고, 특히 이 사건 기업결합으로 인하여 국내의 양대 피아노 생산, 판매업체는 사실상 독점화되고 직접적인 대체재 관계에 있던 두 제품이 하나의 회사 내에서 생산 판매되므로 소비자의 입장에서는 제품선택의 폭이 줄어들고 생산자의 입장에서는 이를 이용하여 가격인상을 통한 이윤증대의 가능성이 커지게 되므로 이 사건 기업결합은 관련시장에서의 경쟁을 실질적으로 제한하는 행위에 해당한다.

【신세계의 월마트에 대한 경쟁제한적 기업결합행위 건】

서울고등법원 2008. 9. 3. 선고 2006누30036 판결(확정)

판결요지

원고가 독점사업자의 지위에 있는 지역에 위치한 지점 11개의 평균 가격지수와 가장 경쟁적인 지역에 위치한 원고 지점의 가격지수의 차이는 평균 2% 정도인 것으로 나타났는바 독점지역에서 시장지배력을 남용해 왔다고 단정하기는 어렵다고 본 사례

원고의 경우 가장 가격지수가 높은 지점과 가장 가격지수가 낮은 지점의 차이가 2,972개 품목 가격지수에서 3.83%, 즉 ± 1.9% 정도로 나타나고, 원고가 독점사업자의 지위에 있는 지역에 위치한 지점 11개의 평균 가격지수와 가장 경쟁적인 지역에 위치한 원고 지점의 가격지수의 차이는 평균 2% 정도인 것으로 나타났는바, 이에 비추어 보면 그동안 원고가 독점지역에서 시장지배력을 남용해 왔다고 단정하기는 어렵다.

5) 효율성증대 효과 및 회생이 불가능한 회사의 판단기준

(가) 효율성증대 효과

【삼익악기의 영창악기에 대한 경쟁제한적 기업결합행위 건】

대법원 2008. 5. 29. 선고 2006두6659 판결

판결요지

효율성증대 효과를 판단함에 있어서는 기업의 생산 · 판매 · 연구개발 등의 측면 및 국민경제의 균형발전 측면 등을 종합적으로 고려하여 개별적으로 판단하되, 이러한 효율성증대 효과는 가까운 시일 내에 발생할 것이 명백하여야 한다.

구 공정거래법 제7조 제2항은 당해 기업결합 외의 방법으로는 달성하기 어려운 효율성증대 효과가 경쟁제한으로 인한 폐해보다 큰 경우(제1호)에 해당한다고 공정위가 인정하는 기업결합에 대하여는 같은 법 제7조 제1항의 규정을 적용하지 아니하고, 이 경우 해당요건을 충족하는지에 대한 입증은 당해 사업자가 하여야 한다고 규정하고 있는바, 이러한 당해 기업결합으로 인한 특유의 효율성증대 효과를 판단함에 있어서는 기업의 생산 · 판매 · 연구개발 등의 측면 및 국민경제의 균형발전 측면 등을 종합적으로 고려하여 개별적으로 판단하되, 이러한 효율성증대 효과는 가까운 시일 내에 발생할 것이 명백하여야 한다.

【무학의 대선주조에 대한 경쟁제한적 기업결합행위 건】

서울고등법원 2004. 10. 27. 선고 2003누2252 판결(확정)

판결요지

이 사건 기업결합을 통하여 판매, 원재료비 등 절감효과를 누릴 수 있다 해도 반드시 이 사건 기업결합이 아니면 달성이 어려운 것으로 보기 어려울 뿐 아니라 가까운 시일 내 발생할 것이 명백하다고 볼 자료가 없다.

무학이 이 사건 기업결합을 통하여 판매, 물류, 원재료비 절감효과를 누릴 수 있다 하더라도 그러한 효율성이 반드시 이 사건 기업결합이 아니면 달성하기 어려운 것으로 보기 어려울 뿐만 아니라 가까운 시일 내에 발생할 것이 명백하다는 점을 인정할 만한 아무런 자료가 없고, 또한, 불필요한 마케팅 비용의 절감 역시 경쟁제거에 따른 반사적 이익에 불과하여 본 건 기업결합으로 인한 효율성증대 효과가 경쟁제한으로 인한 폐해보다 크다고 할 수 없으므로, 결국 본 건 기업결합은 구 공정거래법 제7조 제2항 제1호의 기업결합의 예외적 허용사유에 해당되는 것으로 볼 수 없다.

(나) 회생이 불가능한 회사

【삼익악기의 영창악기에 대한 경쟁제한적 기업결합행위 건】

대법원 2008. 5. 29. 선고 2006두6659 판결

판결요지

영창악기가 회생이 불가한 회사라고 단정하기 어렵고, 국내외 높은 인지도를 보유하고, 상당한 판매실적을 기록하기 있으며, 원고들 이외 다른 회사들이 증자참여 등을 제안했던 사정에 비추어 이 사건 기업결합은 회생 불가한 회사와의 기업결합에 해당되지 않는다고 본 사례

이 사건 기업결합 당시 영창악기의 자금사정이 열악하였다고 보이기는 하나 영창악기가 지급불능 상태에 이르러 회생이 불가한 회사라고 단정하기 어려운 점, 영창악기가 국내외에서 높은 브랜드 인지도를 보유하고 상당한 판매실적을 기록하고 있는 사정 등에 비추어 영창악기가 관련시장에서 퇴출될 것이라고 보기는 어려워 "생산설비 등이 당해시장에서 계속 활용되기 어려운 경우"라고 단정하기 어려운 점, 실제로 원고들 이외의 다른 회사들이 영창악기에 대하여 증자참여 내지 인수를 제안했던 사정 등에 비추어 제3자의 인수가능성이 없어 이 사건 기업결합보다 경쟁제한성이 적은 다른 기업결합이 이루어지기 어려운 경우이었다고 단정하기 어려운 점 등을 종합하여 이 사건 기업결합이 회생이 불가한 회사와의 기업결합에 해당되지 않는다.

제10조 주식의 취득 또는 소유의 기준

가. 법조문

법률	시행령
제10조(주식의 취득 또는 소유의 기준) 이 법에 따른 주식의 취득 또는 소유는 취득 또는 소유의 명의와 관계없이 실질적인 소유관계를 기준으로 한다.	

나. 내용

- 기업결합 관련 조항뿐만 아니라 공정거래법 전반적으로 주식의 취득 또는 소유는 대외적·형식적인 명의가 아닌 실질적인 소유관계를 기준으로 판단합니다.

제11조 기업결합의 신고

가. 법조문

법률	시행령
제11조(기업결합의 신고) ① 자산총액 또는 매출액의 규모가 대통령령으로 정하는 기준에 해당하는 회사(제3호에 해당하는 기업결합을 하는 경우에는 대규모회사만을 말하며, 이하 이 조에서 "기업결합신고대상회사"라 한다) 또는 그 특수관계인이 자산총액 또는 매출액의 규모가 대통령령으로 정하는 기준에 해당하는 다른 회사(이하 이 조에서 "상대회사"라 한다)에 대하여 제1호부터 제4호까지의 규정 중 어느 하나에 해당하는 기업결합을 하거나 기업결합신고	제18조(기업결합의 신고 기준 및 절차) ① 법 제11조 제1항 각 호 외의 부분에서 "자산총액 또는 매출액의 규모가 대통령령으로 정하는 기준에 해당하는 회사"란 제15조 제1항에 따른 자산총액 또는 같은 조 제2항에 따른 매출액의 규모가 3천억원 이상인 회사를 말한다. ② 법 제11조 제1항 각 호 외의 부분에서 "자산총액 또는 매출액의 규모가 대통령령으로 정하는 기준에 해당하는 다른 회사"란 제15조 제1항에 따른 자산총액 또는 같

법률	시행령
대상회사 또는 그 특수관계인이 상대회사 또는 그 특수관계인과 공동으로 제5호의 기업결합을 하는 경우와 기업결합신고대상회사 외의 회사로서 상대회사의 규모에 해당하는 회사 또는 그 특수관계인이 기업결합신고대상회사에 대하여 제1호부터 제4호까지의 규정 중 어느 하나에 해당하는 기업결합을 하거나 기업결합신고대상회사 외의 회사로서 상대회사의 규모에 해당하는 회사 또는 그 특수관계인이 기업결합신고대상회사 또는 그 특수관계인과 공동으로 제5호의 기업결합을 하는 경우에는 대통령령으로 정하는 바에 따라 공정거래위원회에 신고하여야 한다. 1. 다른 회사의 발행주식총수(「상법」 제344조의3 제1항 및 제369조 제2항·제3항의 의결권 없는 주식의 수는 제외한다. 이하 이 장에서 같다)의 100분의 20[「자본시장과 금융투자업에 관한 법률」에 따른 주권상장법인(이하 "상장법인"이라 한다)의 경우에는 100분의 15를 말한다] 이상을 소유하게 되는 경우 2. 다른 회사의 발행주식을 제1호에 따른 비율 이상으로 소유한 자가 그 회사의 주식을 추가로 취득하여 최다출자자가 되는 경우 3. 임원겸임의 경우(계열회사의 임원을 겸임하는 경우는 제외한다) 4. 제9조 제1항 제3호 또는 제4호에 해당하는 행위를 하는 경우 5. 새로운 회사설립에 참여하여 그 회사의 최다출자자가 되는 경우	은 조 제2항에 따른 매출액의 규모가 300억원 이상인 회사를 말한다. ③ 제1항 및 제2항에도 불구하고 법 제11조 제1항에 따른 기업결합신고대상회사(이하 "기업결합신고대상회사"라 한다)와 같은 항에 따른 상대회사(이하 "상대회사"라 한다)가 모두 외국회사(외국에 주된 사무소를 두고 있거나 외국 법률에 따라 설립된 회사를 말한다)이거나 기업결합신고대상회사가 국내 회사이고 상대회사가 외국회사인 경우에는 공정거래위원회가 정하여 고시하는 바에 따라 산정한 그 외국회사 각각의 국내 매출액의 규모가 300억원 이상인 경우에만 법 제11조 제1항에 따른 신고의 대상으로 한다. ④ 법 제11조 제1항 제1호에 따른 다른 회사의 발행주식총수(「상법」 제344조의3 제1항 및 제369조 제2항·제3항의 의결권 없는 주식의 수는 제외한다)의 100분의 20(상장법인의 경우에는 100분의 15를 말한다. 이하 이 항에서 같다) 이상을 소유하게 되는 경우는 발행주식총수의 100분의 20 미만의 소유상태에서 100분의 20 이상의 소유상태로 되는 경우로 한다. ⑤ 법 제11조 제1항 제2호에 따른 다른 회사의 주식을 추가로 취득하여 최다출자자가 되는 경우는 최다출자자가 아닌 상태에서 최다출자자가 되는 경우로 한다. ⑥ 법 제11조 제1항 또는 제2항에 따라 기업결합의 신고를 하려는 자는 공정거래위원회가 정하여 고시하는 바에 따라 다음 각 호의 사항이 포함된 신고서에 그 신고내용을 입증하는 서류를 첨부하여 공정거래위원회에 제출해야 한다. 1. 신고의무자 및 상대방 회사의 명칭

법률	시행령
② 기업결합신고대상회사 또는 그 특수관계인이 상대회사의 자산총액 또는 매출액 규모에 해당하지 아니하는 회사(이하 이 조에서 "소규모피취득회사"라 한다)에 대하여 제1항 제1호, 제2호 또는 제4호에 해당하는 기업결합을 하거나 기업결합신고대상회사 또는 그 특수관계인이 소규모피취득회사 또는 그 특수관계인과 공동으로 제1항 제5호의 기업결합을 할 때에는 다음 각 호의 요건에 모두 해당하는 경우에만 대통령령으로 정하는 바에 따라 공정거래위원회에 신고하여야 한다. 1. 기업결합의 대가로 지급 또는 출자하는 가치의 총액(당사회사가 자신의 특수관계인을 통하여 지급 또는 출자하는 것을 포함한다)이 대통령령으로 정하는 금액 이상일 것 2. 소규모피취득회사 또는 그 특수관계인이 국내 시장에서 상품 또는 용역을 판매·제공하거나, 국내 연구시설 또는 연구인력을 보유·활용하는 등 대통령령으로 정하는 상당한 수준으로 활동할 것 ③ 제1항 및 제2항에도 불구하고 다음 각 호의 어느 하나에 해당하는 경우에는 신고대상에서 제외한다. 1. 「벤처투자 촉진에 관한 법률」 제2조 제10호 또는 제11호에 따른 중소기업창업투자회사 또는 벤처투자조합이 「중소기업창업 지원법」 제2조 제2호에 따른 창업	2. 신고의무자 및 상대방 회사의 매출액 및 자산총액 3. 신고의무자 및 상대방 회사의 사업내용과 해당 기업결합의 내용 4. 관련시장 현황 5. 그 밖에 제1호부터 제4호까지의 규정에 준하는 것으로서 기업결합 신고에 필요하다고 공정거래위원회가 정하여 고시하는 사항 ⑦ 공정거래위원회는 제6항에 따라 제출된 신고서 또는 첨부서류가 미비한 경우 기간을 정하여 해당 서류의 보완을 명할 수 있다. 이 경우 그 보완에 소요되는 기간(보완명령서를 발송하는 날과 보완된 서류가 공정거래위원회에 도달하는 날을 포함한다)은 법 제11조 제7항 및 제10항의 기간에 산입하지 않는다. **제19조(소규모피취득회사의 기업결합 신고 기준)** ① 법 제11조 제2항 제1호에서 "대통령령으로 정하는 금액"이란 6천억원을 말한다. ② 법 제11조 제2항 제2호에서 "대통령령으로 정하는 상당한 수준"이란 다음 각 호의 어느 하나에 해당하는 경우를 말한다. 1. 제20조 제3항 각 호에 따른 날이 속하는 월을 기준으로 직전 3년간 국내 시장에서 월 100만 명 이상을 대상으로 상품 또는 용역을 판매·제공한 적이 있는 경우 2. 제20조 제3항 각 호에 따른 날이 속하는 사업연도를 기준으로 직전 3년간 다음 각 목의 요건을 모두 충족하는 경우 가. 국내 연구시설 또는 연구인력을 계속 보유·활용해 왔을 것 나. 국내 연구시설, 연구인력 또는 국내 연구활동 등에 대한 연간 지출액이

법률	시행령
자(이하 "창업자"라 한다) 또는 「벤처기업육성에 관한 특별조치법」 제2조 제1항에 따른 벤처기업(이하 "벤처기업"이라 한다)의 주식을 제1항 제1호에 따른 비율 이상으로 소유하게 되거나 창업자 또는 벤처기업의 설립에 다른 회사와 공동으로 참여하여 최다출자자가 되는 경우 2. 「여신전문금융업법」 제2조 제14호의3 또는 제14호의5에 따른 신기술사업금융업자 또는 신기술사업투자조합이 「기술보증기금법」 제2조 제1호에 따른 신기술사업자(이하 "신기술사업자"라 한다)의 주식을 제1항 제1호에 따른 비율 이상으로 소유하게 되거나 신기술사업자의 설립에 다른 회사와 공동으로 참여하여 최다출자자가 되는 경우 3. 기업결합신고대상회사가 다음 각 목의 어느 하나에 해당하는 회사의 주식을 제1항 제1호에 따른 비율 이상으로 소유하게 되거나 다음 각 목의 어느 하나에 해당하는 회사의 설립에 다른 회사와 공동으로 참여하여 최다출자자가 되는 경우 가. 「자본시장과 금융투자업에 관한 법률」 제9조 제18항 제2호에 따른 투자회사 나. 「사회기반시설에 대한 민간투자법」에 따라 사회기반시설 민간투자사업시행자로 지정된 회사 다. 나목에 따른 회사에 대한 투자목적으로 설립된 투자회사(「법인세법」 제51조의2 제1항 제6호에 해당하는 회사로 한정한다) 라. 「부동산투자회사법」 제2조 제1호에 따른 부동산투자회사 ④ 제1항 및 제2항은 관계 중앙행정기관의	300억원 이상인 적이 있을 것 3. 그 밖에 제1호 또는 제2호에 준하는 경우로서 기업결합의 신고에 필요하다고 공정거래위원회가 정하여 고시하는 경우

법률	시행령
장이 다른 법률에 따라 미리 해당 기업결합에 관하여 공정거래위원회와 협의한 경우에는 적용하지 아니한다. ⑤ 제1항 제1호, 제2호 또는 제5호에 따른 주식의 소유 또는 인수의 비율을 산정하거나 최다출자자가 되는지를 판단할 때에는 해당 회사의 특수관계인이 소유하고 있는 주식을 합산한다.	
⑥ 제1항에 따른 기업결합의 신고는 해당 기업결합일부터 30일 이내에 하여야 한다. 다만, 다음 각 호의 어느 하나에 해당하는 기업결합은 합병계약을 체결한 날 등 대통령령으로 정하는 날부터 기업결합일 전까지의 기간 내에 신고하여야 한다.	제20조(기업결합의 신고 기한 등) ① 법 제11조 제6항 각 호 외의 부분 본문 및 단서에 따른 기업결합일은 제17조에 따른 기업결합일로 한다.
1. 제1항 제1호, 제2호, 제4호 또는 제5호에 따른 기업결합(대통령령으로 정하는 경우는 제외한다) 중 기업결합의 당사회사 중 하나 이상의 회사가 대규모회사인 기업결합 2. 제2항에 따른 기업결합 ⑦ 공정거래위원회는 제6항에 따라 신고를 받으면 신고일부터 30일 이내에 제9조에 해당하는지를 심사하고, 그 결과를 해당 신고자에게 통지하여야 한다. 다만, 공정거래위원회가 필요하다고 인정할 경우에는 90일의 범위에서 그 기간을 연장할 수 있다. ⑧ 제6항 각 호 외의 부분 단서에 따라 신고를 하여야 하는 자는 제7항에 따른 공정거래위원회의 심사결과를 통지받기 전까지 각각 주식소유, 합병등기, 영업양수계약의 이행행위 또는 주식인수행위를 하여서는 아니 된다. ⑨ 기업결합을 하려는 자는 제6항에 따른 신고기간 전이라도 그 행위가 경쟁을 실질적으로 제한하는 행위에 해당하는지에 대	② 법 제11조 제6항 제1호에서 "대통령령으로 정하는 경우"란 같은 조 제1항 제1호 및 제2호에 해당하는 기업결합으로서 다음 각 호의 어느 하나에 해당하는 경우를 말한다. 1. 「자본시장과 금융투자업에 관한 법률」 제9조 제13항에 따른 증권시장에서 경쟁매매를 통해 주식을 취득하는 경우. 다만, 매매 당사자 간의 계약이나 합의에 따라 수량, 가격 등을 결정하고, 증권시장을 통해 그 매매의 결제를 하는 방법으로 주식을 취득하는 경우는 제외한다. 2. 유상증자 결과 실권주(失權株)의 발생으로 주식소유비율이 증가하는 경우 3. 자기의 의사와 무관하게 다른 회사의 이사회나 주주총회의 결정을 통해 이루어지는 주식의 소각이나 감자에 따라 주식소유비율이 증가하는 경우 4. 그 밖에 제1호부터 제3호까지에 준하는 경우로서 기업결합일 이후에 신고할 필요가 있다고 공정거래위원회가 정하여 고시하는 경우

법률	시행령
하여 공정거래위원회에 심사를 요청할 수 있다. ⑩ 공정거래위원회는 제9항에 따라 심사를 요청받은 경우에는 30일 이내에 그 심사결과를 요청한 자에게 통지하여야 한다. 다만, 공정거래위원회가 필요하다고 인정할 경우에는 90일의 범위에서 그 기간을 연장할 수 있다.	③ 법 제11조 제6항 각 호 외의 부분 단서에서 "합병계약을 체결한 날 등 대통령령으로 정하는 날"이란 다음 각 호의 구분에 따른 날을 말한다. 1. 법 제11조 제1항 제1호 또는 제2호의 유형에 해당하는 기업결합: 주식을 취득·소유하기로 계약·합의 등을 하거나 이사회 등을 통해 결정된 날 2. 법 제11조 제1항 제4호의 유형에 해당하는 기업결합: 합병 계약 또는 영업양수 계약을 체결한 날 3. 법 제11조 제1항 제5호의 유형에 해당하는 기업결합: 회사설립의 참여에 대한 주주총회, 사원총회나 이에 갈음하는 이사회의 의결이 있었던 날 ④ 법 제11조 제6항 각 호 외의 부분 단서에 따른 신고를 한 기업결합신고대상회사는 신고사항에 중요한 변경이 있는 경우 그 변경사항을 주식의 소유일, 합병의 등기일, 영업의 양수일 또는 회사의 설립일까지 공정거래위원회에 신고해야 한다.
⑪ 제1항 및 제2항에 따른 신고의무자가 둘 이상인 경우에는 공동으로 신고하여야 한다. 다만, 공정거래위원회가 신고의무자가 소속된 기업집단에 속하는 회사 중 하나의 회사의 신청을 받아 대통령령으로 정하는 바에 따라 해당 회사를 기업결합신고 대리인으로 지정하는 경우에는 그 대리인이 신고할 수 있다. ⑫ 제1항에 따른 기업결합신고대상회사 및 상대회사의 자산총액 또는 매출액의 규모에 관하여는 제9조 제5항을 준용한다.	제21조(기업결합신고대리인의 지정 등) ① 법 제11조 제11항 단서에 따라 대리인으로 지정받으려는 자는 회사의 명칭, 자산총액 및 매출액 등이 포함된 신청서를 공정거래위원회에 제출해야 한다. ② 공정거래위원회는 제1항에 따른 신청을 받아 대리인을 지정한 경우 그 사실을 신청인에게 알려야 한다.

나. 내용

- 일정한 기준을 충족하는 기업결합의 경우에는 기업결합을 한 후 30일 이내에 공정거래위원회에 신고하도록 하는 기업결합 신고 제도를 규정하고 있으며, 일정 규모 이상의 기업결합의 경우는 사전신고를 하도록 되어 있습니다. 또한 기업결합신고의 신고의무자, 신고대상 회사규모, 기업결합 유형별 신고의 기준, 신고의무가 없는 기업결합, 신고의 시기 및 기한 등에 대해서 규정하고 있습니다.

제12조 기업결합 신고절차 등의 특례

가. 법조문

법률	시행령
제12조(기업결합 신고절차 등의 특례) ① 다음 각 호의 어느 하나에 해당하는 법인의 설립이나 합병 또는 최다액출자자 변경 등(이하 이 조에서 "법인설립등"이라 한다)에 관한 승인·변경승인 등(이하 이 조에서 "승인등"이라 한다)을 신청하는 자는 법인설립등이 제11조 제1항 및 제2항에 따른 신고대상에 해당하는 경우에는 승인등의 주무관청(방송통신위원회를 포함한다. 이하 이 조에서 같다)에 승인등을 신청할 때 기업결합 신고서류를 함께 제출할 수 있다. 1. 「방송법」 제15조 제1항 제1호에 따른 법인(같은 법 제2조 제3호 나목에 따른 종합유선방송사업자인 법인으로 한정한다. 이하 이 조에서 "종합유선방송사업자"라 한다)의 합병 2. 「방송법」 제15조의2 제1항에 따라 종합유선방송사업자의 최다액출자자가 되려고 하거나 종합유선방송사업자의 경영권을 실질적으로 지배하려는 경우	

법률	시행령
② 승인등의 신청인이 제1항에 따라 주무관청에 기업결합 신고서류를 제출하였을 때에는 그 서류가 주무관청에 접수된 날을 제11조 제1항 및 제2항에 따른 신고를 한 날로 본다. ③ 주무관청은 제1항에 따라 기업결합 신고서류를 제출받았을 때에는 지체 없이 공정거래위원회에 기업결합 신고서류를 송부하여야 한다. ④ 제11조 제6항 각 호 외의 부분 단서에 따라 기업결합 신고를 하여야 하는 자는 공정거래위원회에 기업결합 신고를 할 때에 법인설립등의 승인등에 관한 서류를 함께 제출할 수 있다. ⑤ 공정거래위원회는 제4항에 따라 법인설립등의 승인등에 관한 서류를 제출받았을 때에는 지체 없이 법인설립등의 승인등에 관한 서류를 주무관청에 송부하여야 한다.	

나. 내용

- 방송법상 종합유선방송사업자에 대하여 법인 설립 등의 절차에서 주무관청에 승인 등을 신청할 때 기업결합 신고서류를 함께 제출할 수 있도록 하는 특례를 규정하고 있습니다.

제13조 탈법행위의 금지

가. 법조문

법률	시행령
제13조(탈법행위의 금지) ① 누구든지 제9조 제1항의 적용을 회피하려는 행위를 하여서는 아니 된다. ② 제1항에 따른 탈법행위의 유형 및 기준은 대통령령으로 정한다.	

나. 내용

- 제9조(기업결합의 제한) 제1항의 적용을 면탈하려는 행위를 탈법행위로서 금지하고 있습니다. 다만 탈법행위의 유형 및 기준에 대해서는 대통령령으로 정하도록 규정하고 있으나, 공정거래법 시행령은 아직 기업결합과 관련된 탈법행위 유형을 규정하고 있지는 않습니다.

제14조 시정조치 등

가. 법조문

법률	시행령
제14조(시정조치 등) ① 공정거래위원회는 제9조 제1항 또는 제13조를 위반하거나 위반할 우려가 있는 행위가 있을 때에는 해당 사업자[제9조 제1항을 위반한 경우에는 기업결합 당사회사(기업결합 당사회사에 대한 시정조치만으로는 경쟁제한으로 인한 폐해를 시정하기 어렵거나 기업결합 당사회사의 특	제22조(시정조치) ① 공정거래위원회는 법 제14조 제1항에 따라 시정조치를 명하는 경우 해당 시정조치를 이행하지 않을 때에는 법 제16조에 따라 이행강제금이 부과·징수될 수 있다는 사실을 서면으로 알려야 한다.

법률	시행령
수관계인이 사업을 영위하는 거래분야의 경쟁제한으로 인한 폐해를 시정할 필요가 있는 경우에는 그 특수관계인을 포함한다)를 말한다] 또는 위반행위자에게 다음 각 호의 시정조치를 명할 수 있다. 이 경우 제11조 제6항 각 호 외의 부분 단서에 따른 신고를 받았을 때에는 같은 조 제7항에 따른 기간 내에 시정조치를 명하여야 한다. 1. 해당 행위의 중지 2. 주식의 전부 또는 일부의 처분 3. 임원의 사임 4. 영업의 양도	
5. 시정명령을 받은 사실의 공표 6. 기업결합에 따른 경쟁제한의 폐해를 방지할 수 있는 영업방식 또는 영업범위의 제한 7. 그 밖에 법 위반상태를 시정하기 위하여 필요한 조치 ② 공정거래위원회는 제9조 제1항 또는 제11조 제8항을 위반한 회사의 합병 또는 설립이 있는 경우에는 해당 회사의 합병 또는 설립 무효의 소(訴)를 제기할 수 있다. ③ 제9조 제1항을 위반하는 행위에 대하여 제1항 각 호의 시정조치를 부과하기 위한 기준은 공정거래위원회가 정하여 고시한다. ④ 합병, 분할, 분할합병 또는 새로운 회사의 설립 등에 따른 제1항 각 호의 시정조치에 관하여는 제7조 제2항부터 제4항까지의 규정을 준용한다. 이 경우 "시장지배적사업자"는 "사업자"로 본다.	② 법 제14조 제1항 제5호에 따른 공표 명령에 관하여는 제12조를 준용한다.

나. 판례

【동양제철화학의 콜롬비안 캐미컬즈 컴퍼니에 대한 경쟁제한적 기업결합행위 건】

대법원 2009. 9. 10. 선고 2008두9744 판결

판결요지

이미 실현된 기업결합에 대하여는 그 이전 상태로의 회복조치를 취하는 것이 원칙이며, 피고가 원고에게 선택권을 부여하고 있고, 다른 행태적 시정조치로는 경쟁제한성 해소에 현저히 부족할 것으로 보이는 점 등에 비추어 피고의 구조적 시정조치는 정당하다고 본 사례

구 공정거래법 제16조 제1항은 피고가 일정한 거래분야에서의 경쟁을 실질적으로 제한하는 기업결합에 대하여는 주식의 전부 또는 일부의 처분(제2호), 영업양도(제3호), 기타 법위반 상태를 시정하기 위한 조치(제8호) 등 시정조치를 할 수 있다고 규정하고 있는바, 위 규정에 따라 어떠한 시정조치를 명할 것인지에 관하여는 피고에게 비교적 넓은 재량이 부여되어 있다고 할 것인 점, 이 사건 기업결합으로 인하여 국내 고무용 카본블랙 시장의 경쟁사업자 수가 3개에서 2개로 감소함으로써 결합회사의 시장점유율 합계가 63%를 초과하게 되어 경쟁제한의 정도가 매우 크고 이로 인한 폐해도 매우 심각할 것으로 보이는 점, 이미 실현된 기업결합으로 인한 경쟁제한의 폐해를 시정하기 위하여는 결합 전의 상태로 원상회복을 명하거나 일부 생산설비를 매각하는 등으로 새로운 경쟁사업자를 출현시키는 것이 가장 효율적인 수단이라고 할 것인 점, 다른 행태적 시정조치도 기술발전 등 장래의 시장여건 변화에 따른 경제상황에 탄력적으로 대응할 수 없어 이 사건 기업결합으로 인한 경쟁제한성을 해소하기에 현저히 부족할 것으로 보이는 점 등에 비추어 볼 때, 피고가 이 사건 기업결합으로 인한 경쟁제한성을 시정하기 위하여 이 사건 처분과 같은 구조적 시정조치를 한 것은 적절하고, 거기에 재량권의 범위를 일탈하였거나 남용한 위법이 있다고 할 수 없다.

【신세계의 월마트에 대한 경쟁제한적 기업결합행위 건】

서울고등법원 2008. 9. 3. 선고 2006누30036 판결(확정)

판결요지

대구 시지·경산지역의 경우 당초부터 경쟁사업자가 원고와 월마트밖에 없었으므로 월마트 지점을 누가 양수하든 간 그로 인한 경쟁제한 배제효과는 동일하고, 이미 4~5개 업체가 과점체제를 형성하고 있는 우리나라의 할인점 업계 상황에서 매각기간 및 양도대상자까지 제한하는 것은 비례원칙에 위반된다고 본 사례

피고는 이 사건 양도명령을 하면서 양도대상자를 백화점을 제외한 대형종합소매업에서

2005년도 매출액 기준 상위 3사에 속하지 않은 업체로 제한하고 있으므로, 이것이 비례의 원칙에 위반되는지 여부에 관하여 살펴보면, 이 사건 양도명령은 이 사건 기업결합으로 인한 실질적인 경쟁제한 효과를 배제하기 위한 것인데 대구 시지・경산지역의 경우에는 당초부터 경쟁사업자가 원고와 월마트밖에 없었으므로(매출액 기준 상위 3사에 속하는 업체가 존재하지 않았으므로), 월마트의 지점을 누가 양수하든 간에 그로 인한 경쟁제한 배제효과는 동일하여 굳이 양도대상에서 매출액 기준 상위 3사를 제외하여야 할 합리적인 이유를 찾기 어렵다. 반면, 이미 4~5개 업체가 과점체제를 형성하고 있는 우리나라의 할인점 업계 상황에서 매출액 기준 상위 3사를 제외하고 양도대상자를 물색하는 것은 그리 쉽지 않을 것으로 보이고, 또 매각기간이 정해져 있는 상황에서 그와 같이 양도대상자까지 제한하면 원고는 불리한 매각조건을 감수할 수밖에 없어 상당한 경제적 손실을 입을 가능성이 크다. 이러한 점에 비추어 보면, 피고가 대구 시지・경산지역에 대하여 이 사건 양도명령을 하면서 양도대상자에서 매출액 기준 상위 3사를 제외한 것은 그로 인하여 원고가 입는 손해가 피고가 의도하는 공익보다 크다고 인정되므로, 비례의 원칙에 위반되어 위법하다고 할 수밖에 없다.

제15조 시정조치의 이행확보

가. 법조문

법률	시행령
제15조(시정조치의 이행확보) 제14조 제1항에 따른 주식처분명령을 받은 자는 그 명령을 받은 날부터 해당 주식에 대하여 의결권을 행사할 수 없다.	

나. 내용

- 제14조 제1항에 규정된 시정조치 중 주식처분명령을 받은 자에 대해 해당 주식의 의결권 행사를 제한함으로써 시정조치의 이행을 확보하기 위한 조항입니다.

제16조 이행강제금

가. 법조문

법률	시행령
제16조(이행강제금) ① 공정거래위원회는 제9조 제1항을 위반하여 제14조에 따라 시정조치를 부과받은 후 그 정한 기한 내에 이행을 하지 아니하는 자에게 이행기한이 지난 날부터 1일당 다음 각 호의 구분에 따른 금액에 1만분의 3을 곱한 금액을 초과하지 아니하는 범위에서 이행강제금을 부과할 수 있다. 다만, 제9조 제1항 제2호의 기업결합을 한 자에게는 이행기한이 지난 날부터 1일당 200만원의 범위에서 이행강제금을 부과할 수 있다. 1. 제9조 제1항 제1호 또는 제5호의 기업결합의 경우: 취득 또는 소유한 주식의 장부가격과 인수하는 채무의 합계액 2. 제9조 제1항 제3호의 기업결합의 경우: 합병의 대가로 지급하는 주식의 장부가격과 인수하는 채무의 합계액 3. 제9조 제1항 제4호의 기업결합의 경우: 영업양수금액	제23조(이행강제금의 부과) ① 법 제16조 제1항에 따른 이행강제금은 법 제14조 제1항에 따른 시정조치에서 정한 기간의 종료일 다음 날부터 다음 각 호의 구분에 따라 시정조치를 이행하는 날까지의 기간에 대해 부과한다. 1. 주식처분인 경우: 주권교부일 2. 임원의 사임인 경우: 해당 사실의 등기일 3. 영업의 양도인 경우: 관련부동산 등에 대한 소유권 이전등기일 또는 이전등록일 ② 제1항에도 불구하고 법 제14조 제1항 제6호 및 제7호에 따른 시정조치(매 분기 또는 매 사업연도 등 기간별로 일정한 의무를 명하는 내용인 경우로 한정한다)를 이행하지 않는 자에 대한 이행강제금은 해당 불이행기간에 대해 부과한다. ③ 제1항에 따른 이행강제금은 특별한 사유가 없으면 시정조치에서 정한 기간의 종료일부터 30일 이내, 제2항에 따른 이행강제금은 특별한 사유가 없으면 이행 여부를 확인할 수 있는 날부터 30일 이내에 부과해야 한다. ④ 법 제16조 제1항에 따른 이행강제금의 부과기준은 별표 1과 같다. ⑤ 공정거래위원회는 법 제16조 제1항에 따라 이행강제금을 부과하는 경우 1일당 이행강제금의 금액(제2항에 따른 이행강제금의 경우에는 해당 불이행기간에 대해 확정된 금액을 말한다), 부과사유, 납부기한, 수납기관, 이의제기방법 및 이의제기기관

법률	시행령
	등이 포함된 서면으로 알려야 한다. ⑥ 제5항에 따라 통지를 받은 자는 다음 각 호의 구분에 따른 기한 이내에 이행강제금을 납부해야 한다. 다만, 천재지변이나 그 밖의 부득이한 사유로 기한 내에 이행강제금을 납부할 수 없는 경우에는 그 사유가 없어진 날부터 30일 이내에 납부해야 한다. 1. 제1항에 따른 이행강제금의 경우: 공정거래위원회가 이행행위를 완료한 날을 확인한 후 이행강제금의 금액을 확정하여 납부 통지를 한 날부터 30일 2. 제2항에 따른 이행강제금의 경우: 공정거래위원회가 납부 통지를 한 날부터 30일 ⑦ 공정거래위원회는 법 제16조 제1항에 따라 이행강제금을 부과한 경우 법 제14조 제1항에 따른 시정조치에서 정한 기간의 종료일부터 90일이 경과한 후에도 시정조치가 이행되지 않는 때에는 그 종료일부터 기산하여 매 90일이 경과하는 날을 기준으로 하여 이행강제금을 징수할 수 있다. ⑧ 제1항부터 제7항까지에서 규정한 사항 외에 이행강제금 부과에 필요한 세부사항은 공정거래위원회가 정하여 고시한다.
② 이행강제금의 부과·납부·징수·환급 등에 필요한 사항은 대통령령으로 정한다. 다만, 체납된 이행강제금은 국세체납처분의 예에 따라 징수한다.	**제24조(이행강제금의 독촉)** ① 공정거래위원회는 법 제16조 제2항에 따라 이행강제금의 징수를 위해 독촉하는 경우 이행강제금의 납부기한 경과 후 15일 이내에 서면으로 해야 한다. ② 공정거래위원회는 제1항에 따라 독촉장을 발부하는 경우 체납된 이행강제금의 납부기간을 그 발부일부터 10일 이내의 기간으로 설정해야 한다.
③ 공정거래위원회는 제1항 및 제2항에 따	**제25조(체납처분의 위탁)** ① 공정거래위원회

법률	시행령
른 이행강제금의 징수 또는 체납처분에 관한 업무를 대통령령으로 정하는 바에 따라 국세청장에게 위탁할 수 있다.	는 법 제16조 제3항에 따라 이행강제금의 체납처분에 관한 업무를 국세청장에게 위탁하는 경우 다음 각 호의 서류를 첨부한 서면으로 해야 한다. 1. 공정거래위원회의 의결서 2. 세입징수결의서 및 고지서 3. 납부 독촉장 ② 국세청장은 제1항에 따라 체납처분에 관한 업무를 위탁받은 경우 다음 각 호의 사유가 발생한 날부터 30일 이내에 해당 호의 구분에 따른 사항을 서면으로 공정거래위원회에 통보해야 한다. 1. 체납처분에 관한 업무가 종료된 경우: 그 업무종료의 일시나 그 밖에 필요한 사항 2. 공정거래위원회로부터 체납처분의 진행상황에 관한 통보요청이 있는 경우: 그 진행상황

나. 판례

【시정조치 불이행에 대한 건 관련 현대에이치씨엔에 대한 이행강제금 부과 건】

대법원 2019. 12. 12. 선고 2018두63563 판결

판결요지

이행강제금이 부과되기 전에 시정조치를 이행하거나 부작위 의무를 명하는 시정조치 불이행을 중단한 경우 과거의 시정조치 불이행기간에 대하여 이행강제금을 부과할 수 있다고 봄이 타당하다.

제 4 장

경제력 집중의 억제

제17조 지주회사 설립 · 전환의 신고

가. 법조문

법률	시행령
제17조(지주회사 설립 · 전환의 신고) 지주회사를 설립하거나 지주회사로 전환한 자는 대통령령으로 정하는 바에 따라 공정거래위원회에 신고하여야 한다.	제26조(지주회사의 설립 · 전환 신고) ① 법 제17조에 따라 지주회사의 설립 · 전환을 신고하려는 자는 다음 각 호의 사항이 포함된 신고서에 그 신고내용을 입증하는 서류와 법 제19조 각 호의 채무보증의 해소실적에 관한 서류(법 제31조 제1항 전단에 따라 지정된 상호출자제한기업집단에 속하는 회사를 지배하는 동일인 또는 그 동일인의 특수관계인이 신고하는 경우로 한정한다)를 첨부하여 공정거래위원회에 제출해야 한다. 1. 명칭 및 대표자의 성명 2. 지주회사, 자회사, 손자회사 및 법 제18조 제5항에 따른 증손회사(이하 "지주회사등"이라 한다)에 대한 다음 각 목의 사항 가. 해당 회사의 명칭 및 대표자의 성명 나. 자산총액 및 부채총액 다. 주주 현황 및 주식소유 현황 라. 사업내용 3. 그 밖에 제1호 및 제2호에 준하는 사항으로서 지주회사의 설립 · 전환의 신고에 필요하다고 공정거래위원회가 정하여 고시하는 사항 ② 법 제17조에 따른 지주회사의 설립 · 전환의 신고는 다음 각 호의 구분에 따른 기

법률	시행령
	간 이내에 해야 한다. 1. 지주회사를 설립하는 경우: 설립등기일부터 30일 2. 다른 회사와의 합병 또는 회사의 분할을 통해 지주회사로 전환하는 경우: 합병등기일 또는 분할등기일부터 30일 3. 「자본시장과 금융투자업에 관한 법률」 제249조의19 등 다른 법률에 따라 법 제17조의 적용이 제외되는 회사의 경우: 그 다른 법률에서 정하고 있는 제외기간이 지난 날부터 30일 4. 다른 회사의 주식취득, 자산의 증감 또는 그 밖의 사유로 지주회사로 전환하는 경우: 제3조 제1항 제2호에 따른 자산총액 산정 기준일부터 4개월 이내 ③ 법 제17조에 따른 지주회사의 설립신고를 하는 경우 그 설립하는 자가 둘 이상인 경우에는 공동으로 신고해야 한다. 다만, 신고의무자 중 1명을 대리인으로 정하여 그 대리인이 신고하는 경우에는 단독으로 신고할 수 있다. ④ 법 제17조에 따라 설립 · 전환 신고를 한 자가 사업연도 중 소유 주식의 감소 또는 자산의 증감 등의 사유로 제3조 제1항 또는 제2항의 지주회사 기준에 해당하지 않게 된 사실을 공정거래위원회에 알린 경우에는 해당 사유가 발생한 날부터 지주회사로 보지 않는다. ⑤ 법 제17조에 따라 설립 · 전환 신고를 한 자가 제4항에 따라 공정거래위원회에 지주회사의 기준에 해당되지 않게 된 사실을 알리는 경우에는 지주회사가 되지 않는 사유가 발생한 날을 기준으로 공인회계사의 회계감사를 받은 대차대조표 및 주식소유 현황에 관한 서류를 공정거래위원회에 제출

법률	시행령
	해야 한다. ⑥ 공정거래위원회는 제5항에 따른 서류를 제출받은 경우 제출받은 날부터 30일 이내에 그 처리결과를 해당 지주회사에 서면으로 알려야 한다. ⑦ 제1항부터 제6항까지에서 규정한 사항 외에 지주회사의 설립·전환 신고 등의 절차 및 방법 등에 관하여 필요한 세부사항은 공정거래위원회가 정하여 고시한다.

나. 내용

- 공정거래법상 지주회사(다음 4가지 요건 모두 충족하는 경우, ① 주식 또는 지분의 소유를 통하여 지배력을 행사할 것, ② 지배대상은 국내회사일 것, ③ 사업내용을 지배하려는 것이 주된 사업일 것, ④ 직전 사업연도 종료일 현재 대차대조표상의 자산총액이 5,000억 원 이상일 것)를 설립하거나 지주회사로 전환한 자는 일정한 기한 내에 공정거래위원회에 신고하여야 합니다.

제18조 지주회사 등의 행위제한 등

가. 법조문

법률	시행령
제18조(지주회사 등의 행위제한 등) ① 이 조에서 사용하는 용어의 뜻은 다음과 같다. 1. "공동출자법인"이란 경영에 영향을 미칠 수 있는 상당한 지분을 소유하고 있는 2인 이상의 출자자(특수관계인의 관계에 있는 출자자 중 대통령령으로 정하는 자 외의 자는 1인으로 본다)가 계약 또는 이	제27조(벤처지주회사의 기준) ① 법 제18조 제1항 제1호에서 "대통령령으로 정하는 자"란 제14조 제1항 제3호의 자를 말한다.

법률	시행령
에 준하는 방법으로 출자지분의 양도를 현저히 제한하고 있어 출자자 간 지분변동이 어려운 법인을 말한다.	
2. "벤처지주회사"란 벤처기업 또는 대통령령으로 정하는 중소기업을 자회사로 하는 지주회사로서 대통령령으로 정하는 기준에 해당하는 지주회사를 말한다.	② 법 제18조 제1항 제2호에서 "대통령령으로 정하는 중소기업"이란 제5조 제2항 제5호 각 목 외의 부분에 따른 중소기업을 말한다. ③ 법 제18조 제1항 제2호에서 "대통령령으로 정하는 기준에 해당하는 지주회사"란 다음 각 호의 요건을 모두 충족하는 지주회사를 말한다. 1. 해당 회사가 소유하고 있는 전체 자회사 주식가액 합계액 중 중소벤처기업의 주식가액 합계액이 차지하는 비율이 100분의 50 이상일 것. 다만, 제3호에 따라 벤처지주회사의 설립·전환을 최초로 의결한 날부터 2년까지는 그 비율을 100분의 30 이상으로 한다. 2. 해당 회사(법 제31조 제1항 전단에 따라 지정된 공시대상기업집단으로서 동일인이 자연인인 기업집단에 소속된 회사로 한정한다)의 동일인 및 그 친족이 자회사, 손자회사 또는 법 제18조 제5항에 따른 증손회사(이하 "증손회사"라 한다)의 주식을 소유하지 않을 것 3. 이사회 또는 주주총회를 통해 벤처지주회사로 설립 또는 전환하기로 의결했을 것
② 지주회사는 다음 각 호의 어느 하나에 해당하는 행위를 하여서는 아니 된다. 1. 자본총액(대차대조표상의 자산총액에서 부채액을 뺀 금액을 말한다. 이하 같다)의 2배를 초과하는 부채액을 보유하는 행위. 다만, 지주회사로 전환하거나 설립될 당시에 자본총액의 2배를 초과하는 부채액을 보유하고 있을 때에는 지주회사로 전환하거나 설립된 날부터 2년간은 자본총액의 2배를 초과하는 부채액을 보유할 수 있다. 2. 자회사의 주식을 그 자회사 발행주식총수의 100분의 50[자회사가 상장법인인 경우, 주식 소유의 분산요건 등 상장요건이 「자본시장과 금융투자업에 관한 법률」에 따른 증권시장으로서 대통령령으로 정하는 국내 증권시장의 상장요건에 상당하는 것으로 공정거래위원회가 고시하는 국외 증권거래소에 상장된 법인(이하	**제28조(지주회사등의 행위제한)** ① 법 제18조 제2항 제2호 각 목 외의 부분 본문에서 "대통령령으로 정하는 국내 증권시장"이란 「자본시장과 금융투자업에 관한 법률 시행령」 제176조의9 제1항에 따른 유가증권시장을 말한다.

법률	시행령
"국외상장법인"이라 한다)인 경우 또는 공동출자법인인 경우에는 100분의 30으로 하고, 벤처지주회사의 자회사인 경우에는 100분의 20으로 한다. 이하 이 조에서 "자회사주식보유기준"이라 한다] 미만으로 소유하는 행위. 다만, 다음 각 목의 어느 하나에 해당하는 사유로 자회사주식보유기준에 미달하게 된 경우는 제외한다. 가. 지주회사로 전환하거나 설립될 당시에 자회사의 주식을 자회사주식보유기준 미만으로 소유하고 있는 경우로서 지주회사로 전환하거나 설립된 날부터 2년 이내인 경우 나. 상장법인 또는 국외상장법인이거나 공동출자법인이었던 자회사가 그에 해당하지 아니하게 되어 자회사주식보유기준에 미달하게 된 경우로서 그 해당하지 아니하게 된 날부터 1년 이내인 경우 다. 벤처지주회사였던 회사가 그에 해당하지 아니하게 되어 자회사주식보유기준에 미달하게 된 경우로서 그 해당하지 아니하게 된 날부터 1년 이내인 경우 라. 자회사가 주식을 모집하거나 매출하면서 「자본시장과 금융투자업에 관한 법률」 제165조의7에 따라 우리사주조합원에세 배정하거나 해당 자회사가 「상법」 제513조 또는 제516조의2에 따라 발행한 전환사채 또는 신주인수권부사채의 전환이 청구되거나 신주인수권이 행사되어 자회사주식보유기준에 미달하게 된 경우로서 그 미달하게 된 날부터 1년 이내	

법률	시행령
인 경우 마. 자회사가 아닌 회사가 자회사에 해당하게 되고 자회사주식보유기준에는 미달하는 경우로서 그 회사가 자회사에 해당하게 된 날부터 1년 이내인 경우 바. 자회사를 자회사에 해당하지 아니하게 하는 과정에서 자회사주식보유기준에 미달하게 된 경우로서 그 미달하게 된 날부터 1년 이내인 경우(같은 기간 내에 자회사에 해당하지 아니하게 된 경우로 한정한다) 사. 자회사가 다른 회사와 합병하여 자회사주식보유기준에 미달하게 된 경우로서 그 미달하게 된 날부터 1년 이내인 경우 3. 계열회사가 아닌 국내 회사(「사회기반시설에 대한 민간투자법」 제4조 제1호부터 제4호까지의 규정에서 정한 방식으로 민간투자사업을 영위하는 회사는 제외한다. 이하 이 호에서 같다)의 주식을 그 회사 발행주식총수의 100분의 5를 초과하여 소유하는 행위(벤처지주회사 또는 소유하고 있는 계열회사가 아닌 국내 회사의 주식가액의 합계액이 자회사의 주식가액의 합계액의 100분의 15 미만인 지주회사에는 적용하지 아니한다) 또는 자회사 외의 국내 계열회사의 주식을 소유하는 행위. 다만, 다음 각 목의 어느 하나에 해당하는 사유로 주식을 소유하고 있는 계열회사가 아닌 국내 회사나 국내 계열회사의 경우는 예외로 한다. 가. 지주회사로 전환하거나 설립될 당시에 이 호 본문에서 규정하고 있는 행위에 해당하는 경우로서 지주회사로	

법률	시행령
전환하거나 설립된 날부터 2년 이내인 경우 나. 계열회사가 아닌 회사를 자회사에 해당하게 하는 과정에서 이 호 본문에서 규정하고 있는 행위에 해당하게 된 날부터 1년 이내인 경우(같은 기간 내에 자회사에 해당하게 된 경우로 한정한다) 다. 주식을 소유하고 있지 아니한 국내 계열회사를 자회사에 해당하게 하는 과정에서 그 국내 계열회사 주식을 소유하게 된 날부터 1년 이내인 경우(같은 기간 내에 자회사에 해당하게 된 경우로 한정한다) 라. 자회사를 자회사에 해당하지 아니하게 하는 과정에서 그 자회사가 자회사에 해당하지 아니하게 된 날부터 1년 이내인 경우	
4. 금융업 또는 보험업을 영위하는 자회사의 주식을 소유하는 지주회사(이하 "금융지주회사"라 한다)인 경우 금융업 또는 보험업을 영위하는 회사(금융업 또는 보험업과 밀접한 관련이 있는 등 대통령령으로 정하는 기준에 해당하는 회사를 포함한다) 외의 국내 회사의 주식을 소유하는 행위. 다만, 금융지주회사로 전환하거나 설립될 당시에 금융업 또는 보험업을 영위하는 회사 외의 국내 회사 주식을 소유하고 있을 때에는 금융지주회사로 전환하거나 설립된 날부터 2년간은 그 국내 회사의 주식을 소유할 수 있다. 5. 금융지주회사 외의 지주회사(이하 "일반지주회사"라 한다)인 경우 금융업 또는 보험업을 영위하는 국내 회사의 주식을 소유하는 행위. 다만, 일반지주회사로 전	② 법 제18조 제2항 제4호 본문에서 "금융업 또는 보험업과 밀접한 관련이 있는 등 대통령령으로 정하는 기준에 해당하는 회사"란 다음 각 호의 어느 하나에 해당하는 사업의 영위를 목적으로 하는 회사를 말한다. 1. 금융회사 또는 보험회사에 전산·정보처리 등의 역무를 제공하는 사업 2. 금융회사 또는 보험회사가 보유한 부동산이나 그 밖의 자산의 관리 사업 3. 금융업 또는 보험업과 관련된 조사·연구 사업 4. 그 밖에 금융회사 또는 보험회사의 고유업무와 직접 관련되는 사업

법률	시행령
환하거나 설립될 당시에 금융업 또는 보험업을 영위하는 국내 회사의 주식을 소유하고 있을 때에는 일반지주회사로 전환하거나 설립된 날부터 2년간은 그 국내 회사의 주식을 소유할 수 있다. ③ 일반지주회사의 자회사는 다음 각 호의 어느 하나에 해당하는 행위를 하여서는 아니 된다. 1. 손자회사의 주식을 그 손자회사 발행주식총수의 100분의 50[그 손자회사가 상장법인 또는 국외상장법인이거나 공동출자법인인 경우에는 100분의 30으로 하고, 벤처지주회사(일반지주회사의 자회사인 벤처지주회사로 한정한다)의 자회사인 경우에는 100분의 20으로 한다. 이하 이 조에서 "손자회사주식보유기준"이라 한다] 미만으로 소유하는 행위. 다만, 다음 각 목의 어느 하나에 해당하는 사유로 손자회사주식보유기준에 미달하게 된 경우는 예외로 한다. 가. 자회사가 될 당시에 손자회사의 주식을 손자회사주식보유기준 미만으로 소유하고 있는 경우로서 자회사에 해당하게 된 날부터 2년 이내인 경우 나. 상장법인 또는 국외상장법인이거나 공동출자법인이었던 손자회사가 그에 해당하지 아니하게 되어 손자회사주식보유기준에 미달하게 된 경우로서 그 해당하지 아니하게 된 날부터 1년 이내인 경우 다. 일반지주회사의 자회사인 벤처지주회사였던 회사가 벤처지주회사에 해당하지 아니한 자회사가 됨에 따라 손자회사주식보유기준에 미달하게 된	

법률	시행령
경우로서 그 해당하지 아니한 자회사가 된 날부터 1년 이내인 경우 라. 손자회사가 주식을 모집하거나 매출하면서 「자본시장과 금융투자업에 관한 법률」 제165조의7에 따라 우리사주조합에 우선 배정하거나 그 손자회사가 「상법」 제513조 또는 제516조의2에 따라 발행한 전환사채 또는 신주인수권부사채의 전환이 청구되거나 신주인수권이 행사되어 손자회사주식보유기준에 미달하게 된 경우로서 그 미달하게 된 날부터 1년 이내인 경우 마. 손자회사가 아닌 회사가 손자회사에 해당하게 되고 손자회사주식보유기준에는 미달하는 경우로서 그 회사가 손자회사에 해당하게 된 날부터 1년 이내인 경우 바. 손자회사를 손자회사에 해당하지 아니하게 하는 과정에서 손자회사주식보유기준에 미달하게 된 경우로서 그 미달하게 된 날부터 1년 이내인 경우(같은 기간 내에 손자회사에 해당하지 아니하게 된 경우로 한정한다) 사. 손자회사가 다른 회사와 합병하여 손자회사주식보유기준에 미달하게 된 경우로서 그 미달하게 된 날부터 1년 이내인 경우 2. 손자회사가 아닌 국내 계열회사의 주식을 소유하는 행위. 다만, 다음 각 목의 어느 하나에 해당하는 사유로 주식을 소유하고 있는 국내 계열회사의 경우는 예외로 한다. 가. 자회사가 될 당시에 주식을 소유하고 있는 국내 계열회사의 경우로서	

법률	시행령
자회사에 해당하게 된 날부터 2년 이내인 경우 나. 계열회사가 아닌 회사를 손자회사에 해당하게 하는 과정에서 그 회사가 계열회사에 해당하게 된 날부터 1년 이내인 경우(같은 기간 내에 손자회사에 해당하게 된 경우로 한정한다) 다. 주식을 소유하고 있지 아니한 국내 계열회사를 손자회사에 해당하게 하는 과정에서 그 국내 계열회사의 주식을 소유하게 된 날부터 1년 이내인 경우(같은 기간 내에 손자회사에 해당하게 된 경우로 한정한다) 라. 손자회사를 손자회사에 해당하지 아니하게 하는 과정에서 그 손자회사가 손자회사에 해당하지 아니하게 된 날부터 1년 이내인 경우(같은 기간 내에 계열회사에 해당하지 아니하게 된 경우로 한정한다) 마. 손자회사가 다른 자회사와 합병하여 그 다른 자회사의 주식을 소유하게 된 경우로서 주식을 소유한 날부터 1년 이내인 경우 바. 자기주식을 보유하고 있는 자회사가 회사분할로 다른 국내 계열회사의 주식을 소유하게 된 경우로서 주식을 소유한 날부터 1년 이내인 경우 3. 금융업이나 보험업을 영위하는 회사를 손자회사로 지배하는 행위. 다만, 일반지주회사의 자회사가 될 당시에 금융업이나 보험업을 영위하는 회사를 손자회사로 지배하고 있는 경우에는 자회사에 해당하게 된 날부터 2년간 그 손자회사를 지배할 수 있다. ④ 일반지주회사의 손자회사는 국내 계열	

법률	시행령
회사의 주식을 소유해서는 아니 된다. 다만, 다음 각 호의 어느 하나에 해당하는 경우에는 그러하지 아니하다. 1. 손자회사가 될 당시에 주식을 소유하고 있는 국내 계열회사의 경우로서 손자회사에 해당하게 된 날부터 2년 이내인 경우 2. 주식을 소유하고 있는 계열회사가 아닌 국내 회사가 계열회사에 해당하게 된 경우로서 그 회사가 계열회사에 해당하게 된 날부터 1년 이내인 경우 3. 자기주식을 소유하고 있는 손자회사가 회사분할로 다른 국내 계열회사의 주식을 소유하게 된 경우로서 주식을 소유한 날부터 1년 이내인 경우 4. 손자회사가 국내 계열회사(금융업 또는 보험업을 영위하는 회사는 제외한다) 발행주식총수를 소유하고 있는 경우 5. 손자회사가 벤처지주회사인 경우 그 손자회사가 국내 계열회사(금융업 또는 보험업을 영위하는 회사는 제외한다) 발행주식총수의 100분의 50 이상을 소유하는 경우 ⑤ 제4항 제4호 또는 제5호에 따라 손자회사가 주식을 소유하고 있는 회사(이하 "증손회사"라 한다)는 국내 계열회사의 주식을 소유해서는 아니 된다. 다만, 다음 각 호의 어느 하나에 해당하는 경우에는 그러하지 아니하다. 1. 증손회사가 될 당시에 주식을 소유하고 있는 국내 계열회사인 경우로서 증손회사에 해당하게 된 날부터 2년 이내인 경우 2. 주식을 소유하고 있는 계열회사가 아닌 국내 회사가 계열회사에 해당하게 된 경우로서 그 회사가 계열회사에 해당하게 된 날부터 1년 이내인 경우	

법률	시행령
3. 일반지주회사의 손자회사인 벤처지주회사였던 회사가 제1항 제2호에 따른 기준에 해당하지 아니하게 되어 제4항 제5호의 주식보유기준에 미달하게 된 경우로서 그 해당하지 아니하게 된 날부터 1년 이내인 경우 ⑥ 제2항 제1호 단서, 같은 항 제2호 가목, 같은 항 제3호 가목, 같은 항 제4호 단서, 같은 항 제5호 단서, 제3항 제1호 가목, 같은 항 제2호 가목, 같은 항 제3호 단서, 제4항 제1호 및 제5항 제1호를 적용할 때 각 해당 규정의 유예기간은 주식가격의 급격한 변동 등 경제여건의 변화, 주식처분금지계약, 사업의 현저한 손실 또는 그 밖의 사유로 부채액을 감소시키거나 주식의 취득·처분 등이 곤란한 경우 공정거래위원회의 승인을 받아 2년을 연장할 수 있다.	
⑦ 지주회사는 대통령령으로 정하는 바에 따라 해당 지주회사·자회사·손자회사 및 증손회사(이하 "지주회사등"이라 한다)의 주식소유 현황·재무상황 등 사업내용에 관한 보고서를 공정거래위원회에 제출하여야 한다.	**제29조(지주회사등의 사업내용에 관한 보고서의 제출)** ① 법 제18조 제7항에 따라 지주회사는 해당 사업연도 종료 후 4개월 이내에 지주회사등에 대한 다음 각 호의 사항이 포함된 사업내용에 관한 보고서를 공정거래위원회에 제출해야 한다. 1. 다음 각 목의 일반 현황 가. 명칭 및 대표자의 성명 나. 소재지 다. 설립일 라. 사업내용 2. 다음 각 목의 재무 현황 가. 납입자본금 나. 자본총액 다. 부채총액 라. 자산총액 3. 계열회사 현황 4. 주주 및 주식소유 현황

법률	시행령
	5. 특수관계인(국외 계열회사는 제외한다. 이하 이 호에서 같다)을 상대방으로 하거나 특수관계인을 위한 거래행위로서 법 제26조 제1항 각 호의 거래행위 현황(벤처지주회사가 제출하는 경우로 한정한다) 6. 그 밖에 제1호부터 제5호까지에 준하는 사항으로서 지주회사등의 사업내용 확인에 필요하다고 공정거래위원회가 정하여 고시하는 사항 ② 제1항에 따른 보고서에는 다음 각 호의 서류를 첨부해야 한다. 1. 지주회사등의 직전 사업연도의 대차대조표·손익계산서 등 재무제표(「주식회사 등의 외부감사에 관한 법률」에 따라 연결재무제표를 작성하는 기업의 경우에는 연결재무제표를 포함한다) 2. 제1호에 따른 재무제표에 대한 감사인의 감사보고서(법 제31조 제1항 전단에 따라 지정된 공시대상기업집단에 속하는 회사 및 「주식회사 등의 외부감사에 관한 법률」에 따라 외부감사의 대상이 되는 회사로 한정한다) 3. 자회사, 손자회사 및 증손회사의 주주명부 ③ 공정거래위원회는 제1항 및 제2항에 따라 제출된 보고서 또는 첨부서류가 미비한 경우 기간을 정하여 해당 서류의 보완을 명할 수 있다. ④ 제1항부터 제3항까지에서 규정한 사항 외에 지주회사등의 사업내용에 관한 보고서의 제출 방법 및 절차 등에 관하여 필요한 세부사항은 공정거래위원회가 정하여 고시한다.

나. 판례

1) 지주회사 행위 제한

【대명화학의 지주회사 행위제한규정 위반행위 건】

서울고등법원 2017. 8. 25. 선고 2017누31776 판결(확정)

판결요지

구 공정거래법 제8조의2 제2항 제3호는 '지주회사가 자회사 외의 국내계열회사의 주식을 소유하는 행위'를 금지하고 있는바, 이는 지주회사의 자회사 지분율 요건의 실효성을 확보하는 한편, 지주회사의 지배가능한 범위가 확대되어 경제력 집중을 심화시키는 것을 방지하기 위한 것이다.

판결요지

지주회사로 하여금 자회사 아닌 국내계열회사의 주식 취득을 예외적으로 허용할 경우 규정의 실효성에 영향을 미치게 되므로 지주회사의 행위제한규정은 엄격하게 적용할 필요가 있다.

【일진홀딩스의 지주회사 행위제한규정 위반행위 건】

대법원 2014. 5. 16. 선고 2012두17964 판결

판결요지

지주회사인 원고가 자회사의 발행주식총수의 '40% 미만 보유 금지'라는 주식보유기준 위반 상태를 해소하기 위하여는 주식의 추가 취득 방법만 있는 것이 아니라, 기존 보유 주식의 매각, 주권상장, 자사주의 이익소각 등 여러 방법이 있다고 한 사례

원고는 지상파방송사업자 및 종합편성 또는 보도에 관한 전문편성을 행하는 방송채널사용 사업자의 주식 총수의 30%를 초과하여 소유할 수 없도록 규정한 구 방송법 제8조 제2항에 따라 그 개정 법률의 시행 전날인 2009. 10. 31.까지는 주식회사 전주방송 주식 총수의 40%를 취득할 수 없었으므로, 구 공정거래법 제8조의2 제2항 제2호 가목 소정의 2년의 유예기간의 기산점은 개정 법률의 시행일인 2009. 11. 1.로 보아야 하고, 이에 따라 이 사건 처분의 심의일인 2011. 10. 28. 당시에는 위 유예기간이 만료되지 아니하였음에도, 피고가 위 유예기간이 이미 만료되었음을 전제로 이 사건 처분을 한 위법이 있다고 주장한다. 그러나 원심은 원고가 주장하는 2009. 11. 1.부터라도 2010. 7. 3.까지 약 8개월 정도 주식을 취득할 시간이 있었고, 또 구 공정거래법 소정의 지주회사인 원고가 구 공정거래법 제8조의2 제2항 제2호 가목 소정의 2년의 유예기간 내에 구 공정거래법 소정의 자회사인 전주방송의 발행주식총수의 '40% 미만 보유 금지'라는 주식보유기준 위반 상태를 해소하기 위하여는 주식의 추가 취득 방법만이 있는 것이

아니라, 기존 보유 주식의 매각, 주권상장, 자사주의 이익소각 등 여러 방법이 있었다는 등의 이유를 들어 이를 배척한바, 원심의 판단은 정당하다.

제19조 상호출자제한기업집단의 지주회사 설립제한

가. 법조문

법률	시행령
제19조(상호출자제한기업집단의 지주회사 설립제한) 제31조 제1항 전단에 따라 지정된 상호출자제한기업집단(이하 "상호출자제한기업집단"이라 한다)에 속하는 회사를 지배하는 동일인 또는 해당 동일인의 특수관계인이 지주회사를 설립하거나 지주회사로 전환하려는 경우에는 다음 각 호에 해당하는 채무보증을 해소하여야 한다. 1. 지주회사와 자회사 간의 채무보증 2. 지주회사와 다른 국내 계열회사(그 지주회사가 지배하는 자회사는 제외한다) 간의 채무보증 3. 자회사 상호 간의 채무보증 4. 자회사와 다른 국내 계열회사(그 자회사를 지배하는 지주회사 및 그 지주회사가 지배하는 다른 자회사는 제외한다) 간의 채무보증	

나. 내용

- 제31조 제1항 전단에 따라 지정된 상호출자제한기업집단에 속하는 회사를 지배하는 동일인 또는 당해 동일인의 특수관계인이 지주회사를 설립하고자 하거나 지주회사로 전환하고자 하는 경우에는 일정한 채무보증을 모두 해소하여야 합니다.

제20조 일반지주회사의 금융회사 주식 소유 제한에 관한 특례

가. 법조문

법률	시행령
제20조(일반지주회사의 금융회사 주식 소유 제한에 관한 특례) ① 일반지주회사는 제18조 제2항 제5호에도 불구하고 「벤처투자 촉진에 관한 법률」에 따른 중소기업창업투자회사(이하 이 조에서 "중소기업창업투자회사"라 한다) 및 「여신전문금융업법」에 따른 신기술사업금융전문회사(이하 이 조에서 "신기술사업금융전문회사"라 한다)의 주식을 소유할 수 있다. ② 제1항에 따라 일반지주회사가 중소기업창업투자회사 및 신기술사업금융전문회사의 주식을 소유하는 경우에는 중소기업창업투자회사 및 신기술사업금융전문회사의 발행주식총수를 소유하여야 한다. 다만, 다음 각 호의 어느 하나에 해당하는 경우에는 그러하지 아니하다. 1. 계열회사가 아닌 중소기업창업투자회사 및 신기술사업금융전문회사를 자회사에 해당하게 하는 과정에서 해당 중소기업창업투자회사 및 신기술사업금융전문회사 주식을 발행주식총수 미만으로 소유하고 있는 경우로서 해당 회사의 주식을 보유하게 된 날부터 1년 이내인 경우(1년 이내에 발행주식총수를 보유하게 되는 경우에 한정한다) 2. 자회사인 중소기업창업투자회사 및 신기술사업금융전문회사를 자회사에 해당하지 아니하게 하는 과정에서 해당 중소기업창업투자회사 및 신기술사업금융전문회사 주식을 발행주식총수 미만으로 소유하게 된 날부터 1년 이내인 경우(발행	

법률	시행령
주식총수 미만으로 소유하게 된 날부터 1년 이내에 모든 주식을 처분한 경우에 한정한다) ③ 제1항에 따라 일반지주회사가 주식을 소유한 중소기업창업투자회사 및 신기술사업금융전문회사는 다음 각 호의 어느 하나에 해당하는 행위를 하여서는 아니 된다. 다만, 제2항 각 호의 어느 하나에 해당하는 경우에는 제1호부터 제5호까지의 규정을 적용하지 아니한다. 1. 자본총액의 2배를 초과하는 부채액을 보유하는 행위 2. 중소기업창업투자회사인 경우 「벤처투자 촉진에 관한 법률」 제37조 제1항 각 호 이외의 금융업 또는 보험업을 영위하는 행위 3. 신기술사업금융전문회사인 경우 「여신전문금융업법」 제41조 제1항 제1호, 제3호부터 제5호까지의 규정 이외의 금융업 또는 보험업을 영위하는 행위 4. 다음 각 목의 어느 하나에 해당하는 투자조합(「벤처투자 촉진에 관한 법률」 제2조 제11호에 따른 벤처투자조합 및 「여신전문금융업법」 제2조 제14호의5에 따른 신기술사업투자조합을 말한다. 이하 이 조에서 같다)을 설립하는 행위 가. 자신이 소속된 기업집단 소속 회사가 아닌 자가 출자금 총액의 100분의 40 이내에서 대통령령으로 정하는 비율을 초과하여 출자한 투자조합 나. 자신이 소속된 기업집단 소속 회사 중 금융업 또는 보험업을 영위하는 회사가 출자한 투자조합 다. 자신의 특수관계인(동일인 및 그 친족에 한정한다)이 출자한 투자조합 (동일인이 자연인인 기업집단에 한	**제30조(일반지주회사의 금융회사 주식소유 제한에 관한 특례)** 법 제20조 제3항 제4호 가목에서 "대통령령으로 정하는 비율"이란 100분의 40을 말한다.

법률	시행령
정한다) 5. 다음 각 목의 어느 하나에 해당하는 투자(「벤처투자 촉진에 관한 법률」 제2조 제1호 각 목의 어느 하나에 해당하는 것을 말한다)를 하는 행위(투자조합의 업무집행을 통한 투자를 포함한다) 가. 자신이 소속된 기업집단 소속 회사에 투자하는 행위 나. 자신의 특수관계인(동일인 및 그 친족에 한정한다)이 출자한 회사에 투자하는 행위 다. 공시대상기업집단 소속 회사에 투자하는 행위 라. 총자산(운용 중인 모든 투자조합의 출자금액을 포함한다)의 100분의 20을 초과하는 금액을 해외 기업에 투자하는 행위 6. 자신(자신이 업무를 집행하는 투자조합을 포함한다)이 투자한 회사의 주식, 채권 등을 자신의 특수관계인(동일인 및 그 친족에 한정한다) 및 특수관계인이 투자한 회사로서 지주회사 등이 아닌 계열회사가 취득 또는 소유하도록 하는 행위 ④ 일반지주회사는 제1항에 따라 중소기업창업투자회사 및 신기술사업금융전문회사의 주식을 소유하는 경우에 해당 주식을 취득 또는 소유한 날부터 4개월 이내에 그 사실을 공정거래위원회가 정하여 고시하는 바에 따라 공정거래위원회에 보고하여야 한다. ⑤ 일반지주회사의 자회사인 중소기업창업투자회사 및 신기술사업금융전문회사는 자신 및 자신이 운용중인 모든 투자조합의 투자 현황, 출자자 내역 등을 공정거래위원회가 정하여 고시하는 바에 따라 공정거래위원회에 보고하여야 한다.	

나. 내용

- 일반지주회사는 제18조 제2항 제5호에 의해 금융업 또는 보험업을 영위하는 국내 회사의 주식을 소유할 수 없으나, 중소기업창업투자회사 및 신기술사업금융전문회사의 주식은 소유할 수 있다는 특례를 규정하고 있습니다.

제21조 상호출자의 금지 등

가. 법조문

법률	시행령
제21조(상호출자의 금지 등) ① 상호출자제한기업집단에 속하는 국내 회사는 자기의 주식을 취득 또는 소유하고 있는 국내 계열회사의 주식을 취득 또는 소유해서는 아니 된다. 다만, 다음 각 호의 어느 하나에 해당하는 경우에는 그러하지 아니하다. 1. 회사의 합병 또는 영업전부의 양수 2. 담보권의 실행 또는 대물변제의 수령 ② 제1항 각 호 외의 부분 단서에 따라 출자를 한 회사는 그 주식을 취득 또는 소유한 날부터 6개월 이내에 처분하여야 한다. 다만, 자기의 주식을 취득 또는 소유하고 있는 국내 계열회사가 그 주식을 처분한 경우에는 그러하지 아니하다. ③ 상호출자제한기업집단에 속하는 국내 회사로서 「벤처투자 촉진에 관한 법률」에 따른 중소기업창업투자회사는 국내 계열회사 주식을 취득 또는 소유해서는 아니 된다.	

나. 판례

【동양종합금융증권의 상호출자금지규정 위반행위 건】

대법원 2006. 5. 12. 선고 2004두312 판결

판결요지

구 공정거래법 제9조 제2항 "처분"이란 다른 사람에게 실질적으로 완전히 소유권 이전하여 주는 것을 의미하는바, 주식을 신탁계약에 따라 대외적 소유권을 이전하여 주었다고 하더라도 그것을 가지고 "처분"하였다고 볼 수는 없다고 한 사례

구 공정거래법 제9조 제2항에서 말하는 "처분"이란 회사의 합병 등으로 취득 또는 소유하게 된 계열회사의 주식에 대하여 그 의결권행사를 잠정적으로 중단시키는 조치를 취하거나 그 주식을 다른 금융기관 등에 신탁하는 것만으로는 부족하고, 상호출자의 상태를 완전히 해소할 수 있도록 그 주식을 다른 사람에게 실질적으로 완전히 소유권 이전하여 주는 것을 의미한다고 할 것이라고 하면서, 원고가 동양현대종합금융을 흡수합병하면서 취득하게 된 계열회사인 동양생명보험의 주식 8,681,060주를 2002. 5. 31. 국민은행에 신탁하고 그 신탁계약에 따라서 대외적 소유권을 이전하여 주었다고 하더라도, 그 신탁계약의 내용이나 성질 등을 고려하여 볼 때, 그것을 가지고 원고가 국민은행에 이 사건 주식을 공정거래법 제9조 제2항에 따라서 "처분"하였다고 볼 수는 없다.

제22조 순환출자의 금지

가. 법조문

법률	시행령
제22조(순환출자의 금지) ① 상호출자제한기업집단에 속하는 국내 회사는 순환출자를 형성하는 계열출자(국내 계열회사에 대한 계열출자로 한정한다. 이하 같다)를 하여서는 아니 되고, 상호출자제한기업집단 소속 회사 중 순환출자 관계에 있는 국내 계열회사는 계열출자대상회사에 대한 추가적인 계	

법률	시행령
열출자[계열출자회사가 「상법」 제418조 제1항에 따른 신주배정 또는 제462조의2 제1항에 따른 주식배당(이하 "신주배정등"이라 한다)에 따라 취득 또는 소유한 주식 중에서 신주배정등이 있기 전 자신의 지분율 범위의 주식, 순환출자회사집단에 속하는 국내 계열회사 간 합병에 따른 계열출자는 제외한다]를 하여서는 아니 된다. 다만, 다음 각 호의 어느 하나에 해당하는 경우에는 그러하지 아니하다. 1. 회사의 합병·분할, 주식의 포괄적 교환·이전 또는 영업전부의 양수 2. 담보권의 실행 또는 대물변제의 수령 3. 계열출자회사가 신주배정등에 따라 취득 또는 소유한 주식 중에서 다른 주주의 실권(失權) 등에 따라 신주배정등이 있기 전 자신의 지분율 범위를 초과하여 취득 또는 소유한 계열출자대상회사의 주식이 있는 경우 4. 「기업구조조정 촉진법」 제8조 제1항에 따라 부실징후기업의 관리절차를 개시한 회사에 대하여 같은 법 제24조 제2항에 따라 금융채권자협의회가 의결하여 동일인(친족을 포함한다)의 재산출연 또는 부실징후기업의 주주인 계열출자회사의 유상증자 참여(채권의 출자전환을 포함한다)를 결정한 경우 5. 「기업구조조정 촉진법」 제2조 제2호의 금융채권자가 같은 조 제7호에 따른 부실징후기업과 기업개선계획의 이행을 위한 약정을 체결하고 금융채권자협의회의 의결로 동일인(친족을 포함한다)의 재산출연 또는 부실징후기업의 주주인 계열출자회사의 유상증자 참여(채권의 출자전환을 포함한다)를 결정한 경우	

법률	시행령
② 제1항 각 호 외의 부분 단서에 따라 계열출자를 한 회사는 다음 각 호의 구분에 따른 기간 내에 취득 또는 소유한 해당 주식(제1항 제3호부터 제5호까지의 규정에 따른 경우는 신주배정등의 결정, 재산출연 또는 유상증자 결정이 있기 전 지분율 초과분을 말한다)을 처분하여야 한다. 다만, 순환출자회사집단에 속한 다른 회사 중 하나가 취득 또는 소유하고 있는 계열출자대상회사의 주식을 처분하여 제1항에 따른 계열출자로 형성되거나 강화된 순환출자가 해소된 경우에는 그러하지 아니하다. 1. 제1항 제1호 또는 제2호에 따라 계열출자를 한 회사: 해당 주식을 취득 또는 소유한 날부터 6개월 2. 제1항 제3호에 따라 계열출자를 한 회사: 해당 주식을 취득 또는 소유한 날부터 1년 3. 제1항 제4호 또는 제5호에 따라 계열출자를 한 회사: 해당 주식을 취득 또는 소유한 날부터 3년	

나. 내용

- 상호출자제한기업집단에 속하는 국내 회사는 순환출자를 형성하는 계열출자나 추가적인 계열출자를 할 수 없습니다.

제 23 조 순환출자에 대한 의결권 제한

가. 법조문

법률	시행령
제23조(순환출자에 대한 의결권 제한) ① 상호출자제한기업집단에 속하는 국내 회사로서 순환출자를 형성하는 계열출자를 한 회사는 상호출자제한기업집단 지정일 당시 취득 또는 소유하고 있는 순환출자회사집단 내의 계열출자대상회사 주식에 대하여 의결권을 행사할 수 없다. ② 순환출자회사집단에 속한 다른 국내 회사 중 하나가 취득 또는 소유하고 있는 계열출자대상회사의 주식을 처분함으로써 기존에 형성된 순환출자를 해소한 경우에는 제1항을 적용하지 아니한다.	

나. 내용

- 제22조(상호출자의 금지)를 위반한 회사는 상호출자제한기업집단 지정일 당시 취득 또는 소유하고 있는 순환출자회사집단 내의 계열출자대상회사 주식에 대하여 의결권을 행사할 수 없다고 하여 순환출자에 대한 의결권을 제한하고 있습니다.

제 24 조 계열회사에 대한 채무보증의 금지

가. 법조문

법률	시행령
제24조(계열회사에 대한 채무보증의 금지) 상호출자제한기업집단에 속하는 국내 회사(금융업 또는 보험업을 영위하는 회사는 제외	

법률	시행령
한다)는 채무보증을 하여서는 아니 된다. 다만, 다음 각 호의 어느 하나에 해당하는 채무보증의 경우에는 그러하지 아니하다.	
1. 「조세특례제한법」에 따른 합리화기준에 따라 인수되는 회사의 채무와 관련된 채무보증	**제31조(계열회사에 대한 채무보증 금지 제외)** ① 법 제24조 제1호에 따른 채무보증은 다음 각 호의 구분에 따른 채무에 대한 보증으로 한다. 1. 주식양도 또는 합병 등의 방법으로 인수되는 회사의 인수시점의 채무나 인수하기로 예정된 채무: 인수하는 회사 또는 그 계열회사가 하는 보증 2. 인수되는 회사의 채무를 분할인수함에 따라 인수하는 채무: 인수하는 회사의 계열회사가 하는 보증
2. 기업의 국제경쟁력 강화를 위하여 필요한 경우 등 대통령령으로 정하는 경우에 대한 채무보증	② 법 제24조 제2호에 따른 채무보증은 다음 각 호에 해당하는 보증으로 한다. 1. 「한국수출입은행법」 제18조 제1항 제1호 및 제2호에 따라 자본재(資本財)나 그 밖의 상품의 생산과 기술의 제공과정에서 필요한 자금 지원을 위해 한국수출입은행이 하는 대출 또는 이와 연계하여 다른 국내 금융기관이 하는 대출에 대한 보증 2. 다음 각 목의 사업과 관련하여 국내 금융기관이 하는 입찰보증·계약이행보증·선수금환급보증·유보금환급보증·하자보수보증 또는 납세보증에 대한 보증 가. 해외에서의 건설 및 산업설비공사의 수행 사업 나. 수출선박의 건조 사업 다. 용역수출 사업 라. 그 밖에 기업의 국제경쟁력 강화를 위해 공정거래위원회가 인정하는 물품수출 사업 3. 국내의 신기술 또는 도입된 기술의 기업화와 기술개발을 위한 시설 및 기자재의

법률	시행령
	구입 등 기술개발사업을 위해 국내 금융기관으로부터 지원받은 자금에 대한 보증 4. 인수인도조건수출 어음 또는 지급인도조건수출 어음의 국내 금융기관 매입 및 내국신용장 개설에 대한 보증 5. 다음 각 목의 사업과 관련하여 국내 금융기관의 해외지점이 하는 여신에 대한 보증 가. 「외국환거래법」에 따른 해외직접투자 나. 해외 건설 및 용역사업자가 하는 외국에서의 건설 및 용역사업 다. 그 밖에 가목 또는 나목과 유사한 사업으로서 기업의 국제경쟁력 강화를 위해 공정거래위원회가 인정하는 외국에서의 사업 6. 「채무자 회생 및 파산에 관한 법률」에 따른 회생절차개시를 법원에 신청한 회사의 제3자 인수와 직접 관련된 보증 7. 「사회기반시설에 대한 민간투자법」 제4조 제1호부터 제4호까지의 규정에 따른 방식으로 민간투자사업을 영위하는 계열회사에 출자를 한 경우에 국내 금융기관이 해당 계열회사에 하는 여신에 대한 보증 8. 「공기업의 경영구조 개선 및 민영화에 관한 법률」 제2조에 따른 회사가 구조개편을 위해 분할되는 경우에 그 회사가 계열회사가 아닌 회사에 한 보증을 분할로 신설되는 회사가 인수하는 것과 직접 관련하여 그 회사가 그 신설회사에 대해 하는 재보증

나. 내용

- 계열회사 간의 채무보증이 허용되면 우량한 독립기업보다 부실하지만 채무보증을 받을 수 있는 대기업집단 소속회사에게 여신이 편중되어 대기업집단으로 경제력이 집중되고 사회전체의 자원배분이 왜곡될 우려가 있기 때문에 상호출자제한 기업집단 소속회사는 국내 계열회사의 국내금융기관 여신과 관련한 채무보증이 금지됩니다.

제 25 조 금융회사 · 보험회사 및 공익법인의 의결권 제한

가. 법조문

법률	시행령
제25조(금융회사 · 보험회사 및 공익법인의 의결권 제한) ① 상호출자제한기업집단에 속하는 국내 회사로서 금융업 또는 보험업을 영위하는 회사는 취득 또는 소유하고 있는 국내 계열회사 주식에 대하여 의결권을 행사할 수 없다. 다만, 다음 각 호의 어느 하나에 해당하는 경우에는 그러하지 아니하다. 1. 금융업 또는 보험업을 영위하기 위하여 주식을 취득 또는 소유하는 경우 2. 보험자산의 효율적인 운용 · 관리를 위하여 「보험업법」 등에 따른 승인 등을 받아 주식을 취득 또는 소유하는 경우	
3. 해당 국내 계열회사(상장법인으로 한정한다)의 주주총회에서 다음 각 목의 어느 하나에 해당하는 사항을 결의하는 경우. 이 경우 그 계열회사의 주식 중 의결권을 행사할 수 있는 주식의 수는 그 계열회사에 대하여 특수관계인 중 대통령령으로 정하는 자를 제외한 자가 행사할 수 있는 주식수를 합하여 그 계열회사 발행주식총수(「상법」 제344조의3 제1항 및	제32조(금융회사 · 보험회사 및 공익법인의 의결권 제한 예외) 법 제25조 제1항 제3호 각 목 외의 부분 후단 및 같은 조 제2항 제2호 각 목 외의 부분 후단에서 "대통령령으로 정하는 자"란 각각 제14조 제1항 제3호에 규정된 자를 말한다.

법률	시행령
제369조 제2항 · 제3항의 의결권 없는 주식의 수는 제외한다. 이하 이 조에서 같다)의 100분의 15를 초과할 수 없다. 가. 임원의 선임 또는 해임 나. 정관 변경 다. 그 계열회사의 다른 회사로의 합병, 영업의 전부 또는 주요 부분의 다른 회사로의 양도. 다만, 그 다른 회사가 계열회사인 경우는 제외한다. ② 상호출자제한기업집단에 속하는 회사를 지배하는 동일인의 특수관계인에 해당하는 공익법인(「상속세 및 증여세법」 제16조에 따른 공익법인등을 말한다. 이하 같다)은 취득 또는 소유하고 있는 주식 중 그 동일인이 지배하는 국내 계열회사 주식에 대하여 의결권을 행사할 수 없다. 다만, 다음 각 호의 어느 하나에 해당하는 경우에는 그러하지 아니하다. 1. 공익법인이 해당 국내 계열회사 발행주식총수를 소유하고 있는 경우 2. 해당 국내 계열회사(상장법인으로 한정한다)의 주주총회에서 다음 각 목의 어느 하나에 해당하는 사항을 결의하는 경우. 이 경우 그 계열회사의 주식 중 의결권을 행사할 수 있는 주식의 수는 그 계열회사에 대하여 특수관계인 중 대통령령으로 정하는 자를 제외한 자가 행사할 수 있는 주식수를 합하여 그 계열회사 발행주식총수의 100분의 15를 초과할 수 없다. 가. 임원의 선임 또는 해임 나. 정관 변경 다. 그 계열회사의 다른 회사로의 합병, 영업의 전부 또는 주요 부분의 다른 회사로의 양도. 다만, 그 다른 회사가 계열회사인 경우는 제외한다.	

나. 판례

【삼성생명의 의결권 제한 규정 위반행위 건】

대법원 2005. 12. 9. 선고 2003두10015 판결

판결요지

삼성생명이 의결권을 행사한 주식 중 일부 주식은 모두 보험자산의 효율적인 운용·관리를 위하여 관계법령에 의한 승인을 얻은 다음 그 승인범위 내에서 그 승인조건에 따라 취득한 것이라고 봄이 상당하므로 의결권 행사금지의 예외사유에 해당하여 그 의결권의 행사가 허용된다고 본 사례

삼성생명이 재무부장관 등의 승인을 얻어 취득한 호텔신라, 삼성코닝, 삼성중공업, 삼성경제연구소의 주식은 모두 그 취득금액이 재무부장관 등이 승인한 투자금액의 범위 내인 사실, 위 각 주식 중 호텔신라, 삼성중공업의 주식을 '1년 만기 정기예금 금리수준 이상의 배당을 보장하는 참가적, 누적적, 의결권 있는 우선주식' 등으로 한정하는 재무부장관의 승인조건을 충족하는 사실, 재무부장관 등의 승인은 그 재산운용의 효율성 증진 등을 위하여 주식에 대한 투자를 승인해 달라는 삼성생명의 신청에 따라 구 보험업법 제19조 등에 기하여 행하여진 것이고, 위 각 법령에 기한 재무부장관 등의 승인은 보험사업자의 경영의 건전성과 그 재산운용의 효율성의 증진 기타 보험가입자의 이익보호를 위하여 필요한 경우에 하는 것인 점 등을 알 수 있는 바, 위와 같은 여러 사정에 비추어 보면 삼성생명이 의결권을 행사한 주식 중 일부 주식은 모두 보험자산의 효율적인 운용·관리를 위하여 관계법령에 의한 승인을 얻은 다음 그 승인범위 내에서 그 승인조건에 따라 취득한 것이라고 봄이 상당하므로 의결권 행사금지의 예외사유에 해당하여 그 의결권의 행사가 허용된다고 할 것이다.

판결요지

구 공정거래법 제11조 단서에 해당하여 의결권을 행사할 수 있는 주식에 대한 무상증자로 취득한 주식 또는 그러한 주식의 분할로 취득한 주식은 그 의결권을 행사할 수 있는 주식과 동일하게 보아야 한다.

상법 제461조에 의한 무상증자는 준비금이 자본에 전입되어 자본이 증가하는 경우 주주에 대하여 그가 가진 주식의 수에 따라 발행되는 것으로서 회사재산의 증가없이 주식의 수만 증가하게 되므로 주주가 보유하는 주식(무상증자로 발행된 주식 포함)의 경제적 가치에는 변화가 없는 점, 상법 제329조의2에 의한 주식분할은 자본의 증가없이 발행주식총수를 증가시키는 것으로서 이에 의하여 회사의 자본 또는 자산이나 주주의 지위에 실질적인 변화가 없는 점 등에 비추어 보면 구 공정거래법 제11조 단서에 해당하여 의결권을 행사할 수 있는 주식에 대한 무상증자로 취득한 주식 또는 그러한 주식의

분할로 취득한 주식은 그 의결권을 행사할 수 있는 주식과 동일하게 보아야 한다고 할 것이다.

제26조 대규모내부거래의 이사회 의결 및 공시

가. 법조문

법률	시행령
제26조(대규모내부거래의 이사회 의결 및 공시) ① 제31조 제1항 전단에 따라 지정된 공시대상기업집단(이하 "공시대상기업집단"이라 한다)에 속하는 국내 회사는 특수관계인(국외 계열회사는 제외한다. 이하 이 조에서 같다)을 상대방으로 하거나 특수관계인을 위하여 대통령령으로 정하는 규모 이상의 다음 각 호의 어느 하나에 해당하는 거래행위(이하 "대규모내부거래"라 한다)를 하려는 경우에는 미리 이사회의 의결을 거친 후 공시하여야 하며, 제2항에 따른 주요 내용을 변경하려는 경우에도 미리 이사회의 의결을 거친 후 공시하여야 한다. 1. 가지급금 또는 대여금 등의 자금을 제공 또는 거래하는 행위 2. 주식 또는 회사채 등의 유가증권을 제공 또는 거래하는 행위 3. 부동산 또는 무체재산권(無體財産權) 등의 자산을 제공 또는 거래하는 행위	제33조(대규모내부거래의 이사회 의결 및 공시) ① 법 제26조 제1항 각 호에 따른 거래행위(이하 "대규모내부거래"라 한다)의 규모는 그 거래금액(같은 항 제4호의 경우에는 분기에 이루어질 거래금액의 합계액을 말한다)이 50억원 이상이거나 그 회사의 자본총계 또는 자본금 중 큰 금액의 100분의 5 이상인 것으로 한다.
4. 주주의 구성 등을 고려하여 대통령령으로 정하는 계열회사를 상대방으로 하거나 그 계열회사를 위하여 상품 또는 용역을 제공 또는 거래하는 행위	② 법 제26조 제1항 제4호에서 "대통령령으로 정하는 계열회사"란 자연인인 동일인이 단독으로 또는 동일인의 친족(제6조 제1항에 따라 동일인관련자로부터 제외된 자는 제외한다)과 합하여 발행주식총수의 100분의 20 이상을 소유하고 있는 계열회사 또

법률	시행령
	는 그 계열회사의 「상법」 제342조의2에 따른 자회사인 계열회사를 말한다.
② 공시대상기업집단에 속하는 국내 회사는 제1항에 따라 공시를 할 때 거래의 목적·상대방·규모 및 조건 등 대통령령으로 정하는 주요 내용을 포함하여야 한다. ③ 제1항에 따른 공시는 「자본시장과 금융투자업에 관한 법률」 제161조에 따라 보고서를 제출받는 기관을 통하여 할 수 있다. 이 경우 공시의 방법, 절차 및 그 밖에 필요한 사항은 해당 기관과의 협의를 거쳐 공정거래위원회가 정한다.	③ 법 제26조 제2항에서 "거래의 목적·상대방·규모 및 조건 등 대통령령으로 정하는 주요 내용"이란 다음 각 호의 내용을 말한다. 1. 거래의 목적 및 대상 2. 거래의 상대방(특수관계인을 위한 거래인 경우에는 그 특수관계인을 포함한다) 3. 거래의 금액 및 조건 4. 제2호에 따른 거래의 상대방과의 동일 거래유형의 총거래잔액 5. 그 밖에 제1호부터 제4호까지에 준하는 것으로서 대규모내부거래의 이사회 의결 및 공시를 위해 필요하다고 공정거래위원회가 정하여 고시하는 사항
④ 공시대상기업집단에 속하는 국내 회사 중 금융업 또는 보험업을 영위하는 회사가 약관에 따라 정형화된 거래로서 대통령령으로 정하는 기준에 해당하는 거래행위를 하는 경우에는 제1항에도 불구하고 이사회의 의결을 거치지 아니할 수 있다. 이 경우 그 거래내용은 공시하여야 한다. ⑤ 제1항의 경우에 상장법인이 「상법」 제393조의2에 따라 설치한 위원회(같은 법 제382조 제3항에 따른 사외이사가 세 명 이상 포함되고, 사외이사의 수가 위원총수의 3분의 2 이상인 경우로 한정한다)에서 의결한 경우에는 이사회의 의결을 거친 것으로 본다.	④ 법 제26조 제4항 전단에서 "대통령령으로 정하는 기준에 해당하는 거래행위"란 다음 각 호의 요건을 모두 갖춘 거래행위를 말한다. 1. 「약관의 규제에 관한 법률」에 따른 약관상의 거래행위일 것 2. 금융업 또는 보험업을 영위하는 과정에서 발생하는 일상적인 거래행위일 것 ⑤ 제1항부터 제4항까지에서 규정한 사항 외에 대규모내부거래에 대한 이사회 의결 및 공시의 방법·절차·시기에 관하여 필요한 세부사항은 공정거래위원회가 정하여 고시한다.

나. 판례

【공정거래법 위반을 이유로 한 과태료 부과결정에 대한 재항고 건】

대법원 2020. 2. 27. 선고 2016도9287 판결

판결요지

위 조항에서 정한 '특수관계인을 위하여' 하는 거래에 자본시장과 금융투자업에 관한 법률에 따라 집합투자업자인 특수관계인이 운용하는 투자신탁재산을 보관·관리하는 신탁업자를 차주로 하여 그 투자신탁재산에 대한 대출계약을 체결하는 것이 포함된다.

구 공정거래법은 내부거래공시대상회사는 특수관계인을 상대방으로 하거나 특수관계인을 위하여 대통령령이 정하는 규모 이상의 자금, 유가증권, 자산의 거래행위를 하고자 하는 때에는 미리 이사회의 의결을 거친 후 이를 공시하여야 한다고 규정하고 있는바, 위 규정이 공시의 요건으로 특수관계인을 상대방으로 하거나 특수관계인을 위한 일정한 규모 이상의 자금 등 거래행위일 것을 정하고 있을 뿐 그 거래행위의 구체적 목적이나 태양을 정하고 있지 아니한 점, 특수관계인 상호간의 부당내부거래를 사전에 억제하고 대규모내부거래에 관한 정보를 시장에 제공한다는 위 규정의 입법 취지, 위 규정 본문이 '특수관계인을 위하여' 하는 거래행위를 공시대상으로 명시하고 있는 취지와 그 규정 내용 및 거래 현실 등에 비추어 보면, '특수관계인을 위하여' 하는 거래에는 자본시장과 금융투자업에 관한 법률에 따라 집합투자업자인 특수관계인이 운용하는 투자신탁재산을 보관·관리하는 신탁업자를 차주로 하여 그 투자신탁재산에 대한 대출계약을 체결하는 것도 포함된다고 봄이 상당하다.

제27조 비상장회사 등의 중요사항 공시

가. 법조문

법률	시행령
제27조(비상장회사 등의 중요사항 공시) ① 공시대상기업집단에 속하는 국내 회사 중 자산총액 등이 대통령령으로 정하는 기준에 해당하는 회사(금융업 또는 보험업을 영위하는 회사는 제외한다)로서 상장법인을 제	제34조(비상장회사 등의 중요사항 공시) ① 법 제27조 제1항 각 호 외의 부분 본문에서 "자산총액 등이 대통령령으로 정하는 기준에 해당하는 회사"란 다음 각 호의 회사를 말한다.

법률	시행령
외한 회사는 다음 각 호의 어느 하나에 해당하는 사항을 공시하여야 한다. 다만, 제26조에 따라 공시되는 사항은 제외한다.	1. 직전 사업연도말 현재 자산총액이 100억원 이상인 회사 2. 직전 사업연도말 현재 자산총액이 100억원 미만인 회사로서 특수관계인(자연인인 동일인 및 그 친족만을 말한다. 이하 이 호에서 같다)이 단독으로 또는 다른 특수관계인과 합하여 발행주식총수의 100분의 20 이상의 주식을 소유한 회사 또는 그 회사가 단독으로 발행주식총수의 100분의 50을 초과하는 주식을 소유한 회사. 다만, 청산 절차가 진행 중이거나 1년 이상 휴업 중인 회사는 제외한다.
1. 대통령령으로 정하는 최대주주와 주요주주의 주식소유 현황 및 그 변동사항, 임원의 변동 등 회사의 소유지배구조와 관련된 중요사항으로서 대통령령으로 정하는 사항	② 법 제27조 제1항 제1호에서 "대통령령으로 정하는 최대주주와 주요주주"란 다음 각 호의 구분에 따른 주주를 말한다. 1. 최대주주: 해당 회사의 주주로서 의결권 있는 발행주식총수를 기준으로 소유하고 있는 주식의 수가 가장 많은 주주(동일인이 단독으로 또는 동일인관련자와 합산하여 최다출자자가 되는 경우에는 그 동일인 및 동일인관련자를 포함한다) 2. 주요주주: 누구의 명의로 하든지 자기의 계산으로 회사의 의결권 있는 발행주식총수의 100분의 10 이상의 주식을 소유하고 있거나 임원의 임면 등 회사의 주요경영사항에 대해 사실상 지배력을 행사하고 있는 주주 ③ 법 제27조 제1항 제1호에서 "대통령령으로 정하는 사항"이란 다음 각 호의 사항을 말한다. 1. 제2항 제1호에 따른 최대주주와 같은 항 제2호에 따른 주요주주의 주식보유현황 및 그 변동사항(해당 최대주주나 주요주주의 주식보유비율이 발행주식총수의 100분의 1 이상 변동이 있는 경우로 한정한

법률	시행령
	다) 2. 임원의 구성현황 및 그 변동사항
2. 자산·주식의 취득, 증여, 담보제공, 채무인수·면제 등 회사의 재무구조에 중요한 변동을 초래하는 사항으로서 대통령령으로 정하는 사항	④ 법 제27조 제1항 제2호에서 "대통령령으로 정하는 사항"이란 다음 각 호의 사항을 말한다. 이 경우 최근 사업연도말 현재 자산총액 및 자기자본은 매 사업연도 종료 후 3개월이 지난 날부터 그 다음 사업연도 종료 후 3개월이 되는 날까지의 기간을 기준으로 하고, 새로 설립된 회사로서 최근 사업연도의 대차대조표가 없는 회사의 경우에는 최근 사업연도말 현재 자산총액 및 자기자본 대신 설립 당시의 납입자본금을 기준으로 한다. 1. 최근 사업연도말 현재 자산총액의 100분의 10에 해당하는 금액 이상의 고정자산의 취득 또는 처분[「자본시장과 금융투자업에 관한 법률」에 따른 신탁계약(그 법인이 운용지시권한을 가지는 경우로 한정한다) 또는 같은 법에 따른 사모집합투자기구(그 법인이 자산운용에 사실상의 영향력을 행사하는 경우로 한정한다)를 통한 취득·처분을 포함한다]에 관한 결정이 있는 경우에는 그 결정사항 2. 자기자본의 100분의 5에 해당하는 금액 이상의 다른 법인(계열회사는 제외한다)의 주식 및 출자증권의 취득 또는 처분에 관한 결정이 있는 경우에는 그 결정사항 3. 자기자본의 100분의 1에 해당하는 금액 이상의 증여를 하거나 받기로 결정한 경우에는 그 결정사항 4. 자기자본의 100분의 5에 해당하는 금액 이상의 타인을 위한 담보제공 또는 채무보증(계약 등의 이행보증 및 납세보증을 위한 채무보증은 제외한다)에 관한 결정이 있는 경우에는 그 결정사항

법률	시행령
	5. 자기자본의 100분의 5에 해당하는 금액 이상의 채무를 면제 또는 인수하기로 결정하거나 채무를 면제받기로 결정한 경우에는 그 결정사항 6. 증자 또는 감자에 관한 결정이 있는 경우에는 그 결정사항 7. 전환사채 또는 신주인수권부사채의 발행에 관한 결정이 있는 경우에는 그 결정사항
3. 영업양도 · 양수, 합병 · 분할, 주식의 교환 · 이전 등 회사의 경영활동과 관련된 중요한 사항으로서 대통령령으로 정하는 사항 ② 제1항의 공시에 관하여는 제26조 제2항 및 제3항을 준용한다.	⑤ 법 제27조 제1항 제3호에서 "대통령령으로 정하는 사항"이란 다음 각 호의 사항을 말한다. 1. 「상법」 제360조의2 · 제360조의15 · 제374조 · 제522조 · 제527조의2 · 제527조의3 · 제530조의2에 따른 결정이 있는 경우에는 그 결정사항 2. 「상법」 제517조 또는 다른 법률에 따른 해산사유가 발생한 경우에는 그 해산사유 3. 「채무자 회생 및 파산에 관한 법률」에 따른 회생절차의 개시 · 종결 또는 폐지의 결정이 있는 경우에는 그 결정사항 4. 「기업구조조정 촉진법」에 따른 관리절차의 개시 · 중단 또는 해제결정이 있는 경우에는 그 결정사항 ⑥ 제1항부터 제5항까지에서 규정한 사항 외에 상장법인을 제외한 회사의 공시의 방법 · 절차 · 시기에 관하여 필요한 세부사항은 공정거래위원회가 정하여 고시한다.

나. 내용

- 공시대상기업집단에 속하는 국내 회사 중 상장법인을 제외한 기타의 회사는 지배구조, 재무구조, 기업조직의 변화를 초래하는 사항에 대해 공시하여야 합니다. 상장법인의 경우에는 「자본시장과 금융투자에 관한 법률」에 따른 공시규제를 이미 받고 있으며, 대규모내부거래로서 이미 공시되는 사항 역시 다시 공시할 필요는 없습니다.

제28조 기업집단현황 등에 관한 공시

가. 법조문

법률	시행령
제28조(기업집단현황 등에 관한 공시) ① 공시대상기업집단에 속하는 국내 회사 중 자산총액 등이 대통령령으로 정하는 기준에 해당하는 회사는 그 기업집단의 다음 각 호의 어느 하나에 해당하는 사항으로서 대통령령으로 정하는 사항을 공시하여야 한다. 1. 일반 현황 2. 주식소유 현황 3. 지주회사등이 아닌 국내 계열회사 현황[지주회사등의 자산총액 합계액이 기업집단 소속 국내 회사의 자산총액(금융업 또는 보험업을 영위하는 회사의 경우에는 자본총액 또는 자본금 중 큰 금액으로 한다) 합계액의 100분의 50 이상인 경우로 한정한다] 4. 2개의 국내 계열회사가 서로의 주식을 취득 또는 소유하고 있는 상호출자 현황 5. 순환출자 현황 6. 채무보증 현황 7. 취득 또는 소유하고 있는 국내 계열회사 주식에 대한 의결권 행사(금융업 또는 보험업을 영위하는 회사의 주식에 대한 의결권 행사는 제외한다) 여부 8. 특수관계인과의 거래 현황	제35조(기업집단현황 등에 관한 공시) ① 법 제28조 제1항 각 호 외의 부분에서 "대통령령으로 정하는 기준에 해당하는 회사"란 직전 사업연도말 현재 자산총액이 100억원 미만인 회사로서 청산 절차가 진행 중이거나 1년 이상 휴업 중인 회사를 제외한 모든 회사를 말한다. ② 법 제28조 제1항 각 호 외의 부분에서 "대통령령으로 정하는 사항"이란 법 제31조 제1항 전단에 따라 지정된 공시대상기업집단에 대한 다음 각 호의 사항을 말한다. 1. 소속회사의 다음 각 목의 일반 현황 가. 회사의 명칭 나. 대표자의 성명 다. 사업내용 라. 재무 현황 마. 직전 1년간의 계열회사의 변동 현황 바. 임원 현황 사. 이사회 운영 현황 아. 그 밖에 가목부터 사목까지에 준하는 것으로서 공정거래위원회가 정하여 고시하는 사항 2. 소속회사의 주주 현황 3. 소속회사 간 출자 현황 4. 소속회사 중 지주회사등이 아닌 계열회사 현황[지주회사등의 자산총액 합계액이 기업집단 소속회사의 자산총액(금융업 또는 보험업을 영위하는 회사의 경우에는 자본총액 또는 자본금 중 큰 금액으로 한다) 합계액의 100분의 50 이상인 경

법률	시행령
	우로 한정한다] 5. 소속회사 간의 상호출자 현황 6. 소속회사 간의 순환출자 현황 7. 소속회사 간의 채무보증 현황 8. 소속회사 중 금융업 또는 보험업을 영위하는 회사의 법 제25조 제1항에 따른 의결권 행사 여부. 다만, 금융업 또는 보험업을 영위하는 회사의 주식에 대한 의결권 행사는 제외한다. 9. 소속회사와 그 특수관계인 간 자금·자산 및 상품·용역을 제공하거나 거래한 현황 10. 사업기간(상장회사는 사업분기를 말하고, 비상장회사는 사업연도를 말한다) 동안 계열회사와 이루어진 상품 또는 용역의 거래금액이 그 사업기간 매출액의 100분의 5 이상이거나 50억원 이상인 경우 그 계열회사와의 상품 또는 용역의 거래내역 현황
② 공시대상기업집단에 속하는 회사를 지배하는 동일인은 다음 각 호의 어느 하나에 해당하는 사항을 공시하여야 한다. 다만, 동일인이 의식불명 등 대통령령으로 정하는 사유로 공시할 수 없는 경우에는 그러하지 아니하다. 1. 특수관계인(자연인인 동일인 및 그 친족만을 말한다. 이하 이 호에서 같다)이 단독으로 또는 다른 특수관계인과 합하여 발행주식총수의 100분의 20 이상의 주식을 소유한 국외 계열회사의 주주 구성 등 대통령령으로 정하는 사항	③ 법 제28조 제2항 제1호에서 "주주 구성 등 대통령령으로 정하는 사항"이란 다음 각 호의 사항을 말한다. 다만, 친족이 단독으로 또는 다른 친족과 함께 출자한 경우로서 국내 계열회사의 주식을 직접 또는 제4항에 따른 방법으로 소유하지 않고, 국내 계열회사와 직접 또는 간접으로 직전 1년간 거래가 없는 국외 계열회사에 대해 다음 각 호의 사항에 대한 정보의 제공을 거부한 경우 해당 사항은 제외한다. 1. 회사의 명칭 2. 대표자의 성명 3. 소재국 4. 사업내용 5. 주주 현황. 다만, 소재국의 법령에서 주주에 관한 정보의 제공 또는 그 공시를

법률	시행령
2. 공시대상기업집단에 속하는 국내 회사의 주식을 직접 또는 대통령령으로 정하는 방법으로 소유하고 있는 국외 계열회사의 주식소유 현황 등에 관한 사항으로서 대통령령으로 정하는 사항 및 그 국외 계열회사가 하나 이상 포함된 순환출자 현황 ③ 제1항 및 제2항에 따른 공시에 관하여는 제26조 제2항 및 제3항을 준용한다. ④ 제1항 및 제2항에 따른 공시의 시기·방법 및 절차에 관하여 제3항에 규정된 것 외에 필요한 사항은 대통령령으로 정한다.	금지하는 경우는 제외한다. 6. 그 밖에 제1호부터 제5호까지에 준하는 것으로서 공정거래위원회가 공시에 필요하다고 정하여 고시하는 사항 ④ 법 제28조 제2항 제2호에서 "대통령령으로 정하는 방법"이란 법 제31조 제1항 전단에 따라 지정된 공시대상기업집단에 속하는 국내 회사의 주식을 직접 소유하고 있는 국외 계열회사의 주식을 하나 이상의 국외 계열회사 간 출자로 연결하여 소유하는 방법을 말한다. ⑤ 법 제28조 제2항 제2호에서 "대통령령으로 정하는 사항"이란 다음 각 호의 사항을 말한다. 1. 제3항 제1호부터 제5호까지의 사항 2. 국내 계열회사 또는 다른 국외 계열회사에 대한 출자 현황 3. 그 밖에 제1호 및 제2호에 준하는 것으로서 공정거래위원회가 공시에 필요하다고 정하여 고시하는 사항 ⑥ 법 제28조 제2항 각 호 외의 부분 단서에서 "의식불명 등 대통령령으로 정하는 사유"란 다음 각 호의 사유를 말한다. 1. 의식불명 2. 실종선고 3. 성년후견 개시 결정 4. 그 밖에 제1호부터 제3호까지에 준하는 것으로서 동일인이 공시하는 것이 사실상 불가능하다고 공정거래위원회가 인정하는 사유 ⑦ 법 제28조 제1항 및 제2항에 따른 공시는 공정거래위원회가 정하여 고시하는 바에 따라 분기별, 반기별 또는 연도별로 해야 한다. ⑧ 제1항부터 제7항까지에서 규정한 사항

법률	시행령
	외에 기업집단현황 등의 공시의 방법 및 절차 등에 관하여 필요한 세부사항은 공정거래위원회가 정하여 고시한다.

나. 내용

- 공시대상기업집단에 속하는 국내 회사 중 자산총액 등이 대통령령으로 정하는 기준에 해당하는 회사는 그 기업집단의 일반현황, 주식소유현황, 특수관계인과의 거래현황 등을 공시하여야 합니다.

제29조 특수관계인인 공익법인의 이사회 의결 및 공시

가. 법조문

법률	시행령
제29조(특수관계인인 공익법인의 이사회 의결 및 공시) ① 공시대상기업집단에 속하는 회사를 지배하는 동일인의 특수관계인에 해당하는 공익법인은 다음 각 호의 어느 하나에 해당하는 거래행위를 하거나 주요 내용을 변경하려는 경우에는 미리 이사회 의결을 거친 후 이를 공시하여야 한다. 1. 해당 공시대상기업집단에 속하는 국내 회사 주식의 취득 또는 처분	
2. 해당 공시대상기업집단의 특수관계인(국외 계열회사는 제외한다. 이하 이 조에서 같다)을 상대방으로 하거나 특수관계인을 위하여 하는 대통령령으로 정하는 규모 이상의 다음 각 목의 어느 하나에 해당하는 거래 가. 가지급금 또는 대여금 등의 자금을	제36조(특수관계인인 공익법인의 이사회 의결 및 공시) ① 법 제29조 제1항 제2호 각 목에 따른 거래행위의 규모는 그 거래금액(같은 호 라목의 경우에는 분기에 이루어질 거래금액의 합계액을 말한다)이 50억원 이상이거나 그 공익법인의 순자산총계 또는 기본순자산 중 큰 금액의 100분의 5 이상인 것

법률	시행령
제공 또는 거래하는 행위 나. 주식 또는 회사채 등의 유가증권을 제공 또는 거래하는 행위 다. 부동산 또는 무체재산권 등의 자산을 제공 또는 거래하는 행위 라. 주주의 구성 등을 고려하여 대통령령으로 정하는 계열회사를 상대방으로 하거나 그 계열회사를 위하여 상품 또는 용역을 제공 또는 거래하는 행위 ② 제1항의 공시에 관하여는 제26조 제2항 및 제3항을 준용한다.	으로 한다. ② 법 제29조 제1항 제2호 라목에서 "대통령령으로 정하는 계열회사"란 제33조 제2항에 따른 계열회사를 말한다. ③ 제1항 및 제2항에서 규정한 사항 외에 공익법인의 이사회 의결 및 공시의 방법·절차·시기에 관하여 필요한 세부사항은 공정거래위원회가 정하여 고시한다.

나. 내용

- 특수관계인인 공익법인은 해당 공시대상기업집단의 특수관계인을 상대방으로 하거나 특수관계인을 위하여 하는 일정 규모 이상의 거래행위를 하거나 주요 내용을 변경하려는 경우에는 미리 이사회 의결을 거친 후 이를 공시하여야 합니다.

제 30 조 주식소유 현황 등의 신고

가. 법조문

법률	시행령
제30조(주식소유 현황 등의 신고) ① 공시대상기업집단에 속하는 국내 회사는 대통령령으로 정하는 바에 따라 해당 회사의 주주의 주식소유 현황·재무상황 및 다른 국내 회사 주식의 소유현황을 공정거래위원회에 신고하여야 한다.	제37조(주식소유 현황 등의 신고) ① 법 제30조 제1항에 따른 신고를 하려는 회사는 매년 5월 31일까지 다음 각 호의 사항이 포함된 신고서를 공정거래위원회에 제출해야 한다. 다만, 법 제31조 제1항 전단에 따라 새로 공시대상기업집단으로 지정된 기업집단에 속하는 회사의 경우에는 제38조 제5항

법률	시행령
	에 따른 통지를 받은 날부터 30일 이내에 그 신고서를 제출(공시대상기업집단으로 새로 지정된 연도로 한정한다)해야 한다. 1. 해당 회사의 명칭·자본금 및 자산총액 등 회사의 개요 2. 계열회사 및 특수관계인이 소유하고 있는 해당 회사의 주식수 3. 해당 회사의 국내 회사 주식소유 현황 ② 제1항의 신고서에는 다음 각 호의 서류를 첨부해야 한다. 1. 해당 회사의 소유주식 명세서 2. 계열회사와의 상호출자 현황표 3. 해당 회사의 직전 사업연도의 감사보고서 ③ 법 제30조 제1항에 따라 신고한 회사는 주식취득 등으로 법 제31조 제1항 전단에 따라 지정된 공시대상기업집단에 속하는 국내 회사에 변동사유가 발생한 경우 다음 각 호의 구분에 따른 날부터 30일 이내에 그 변동내용이 포함된 신고서를 공정거래위원회에 제출해야 한다. 1. 주식을 소유하게 되거나 주식소유비율이 증가한 경우: 제17조 제1호 각 목에 따른 날 2. 임원 선임의 경우: 임원을 선임하는 회사의 주주총회 또는 사원총회에서 임원의 선임이 의결된 날 3. 새로운 회사설립에 참여한 경우: 회사의 설립등기일 4. 제1호부터 제3호까지에 해당하지 않는 경우로서 지배적인 영향력을 행사할 수 있게 된 경우: 주요 주주와의 계약·합의 등에 따라 해당 소속회사의 경영에 대해 지배적인 영향력을 행사할 수 있게 된 날 ④ 법 제30조 제2항에 따른 신고를 하려는 회사는 매년 5월 31일까지 해당 회사의 채

법률	시행령
	무보증 금액이 포함된 신고서에 다음 각 호의 서류를 첨부하여 공정거래위원회에 제출해야 한다. 다만, 법 제31조 제1항 전단에 따라 새로 상호출자제한기업집단으로 지정된 기업집단에 속하는 회사의 경우에는 제38조 제5항에 따른 통지를 받은 날부터 30일 이내에 그 신고서를 제출(공시대상기업집단으로 새로 지정된 연도로 한정한다)해야 한다. 1. 해당 회사의 계열회사에 대한 채무보증명세서 및 직전 1년간의 채무보증 변동내역 2. 해당 회사가 계열회사로부터 받은 채무보증명세서 및 직전 1년간의 채무보증 변동내역 3. 해당 회사의 채무보증 금액과 제1호 및 제2호의 내용을 확인하기 위해 법 제2조 제18호 각 목의 국내 금융기관이 공정거래위원회가 정하는 서식에 따라 작성한 확인서

나. 내용

- 공시대상기업집단에 속하는 국내 회사는 해당 회사의 주주의 주식소유 현황 · 재무상황 및 다른 국내 회사 주식의 소유현황을 공정거래위원회에 신고하여야 합니다.

제31조 상호출자제한기업집단 등의 지정 등

가. 법조문

법률	시행령
제31조(상호출자제한기업집단 등의 지정 등) ① 공정거래위원회는 대통령령으로 정하는 바에 따라 산정한 자산총액이 5조원 이상인 기업집단을 대통령령으로 정하는 바에 따라 공시대상기업집단으로 지정하고, 지정된 공시대상기업집단 중 자산총액이 국내총생산액의 1천분의 5에 해당하는 금액 이상인 기업집단을 대통령령으로 정하는 바에 따라 상호출자제한기업집단으로 지정한다. 이 경우 공정거래위원회는 지정된 기업집단에 속하는 국내 회사와 그 회사를 지배하는 동일인의 특수관계인인 공익법인에 지정 사실을 대통령령으로 정하는 바에 따라 통지하여야 한다.	제38조(공시대상기업집단 및 상호출자제한기업집단의 지정 등) ① 법 제31조 제1항 전단에 따른 공시대상기업집단(이하 "공시대상기업집단"이라 한다)은 해당 기업집단에 속하는 국내 회사들의 공시대상기업집단 지정 직전 사업연도의 대차대조표상 자산총액(금융업 또는 보험업을 영위하는 회사의 경우에는 자본총액 또는 자본금 중 큰 금액으로 하며, 새로 설립된 회사로서 직전 사업연도의 대차대조표가 없는 경우에는 지정일 현재의 납입자본금으로 한다. 이하 이 조에서 같다)의 합계액이 5조원 이상인 기업집단으로 한다. 다만, 다음 각 호의 기업집단은 공시대상기업집단 지정에서 제외한다. 1. 금융업 또는 보험업만을 영위하는 기업집단 2. 금융업 또는 보험업을 영위하는 회사가 동일인인 기업집단 3. 해당 기업집단에 속하는 회사 중 다음 각 목의 회사의 자산총액 합계액이 기업집단 전체 자산총액의 100분의 50 이상인 기업집단. 다만, 다음 각 목의 회사를 제외한 회사의 자산총액 합계액이 5조원 이상인 기업집단은 제외한다. 가. 「채무자 회생 및 파산에 관한 법률」에 따른 회생절차의 개시가 결정되어 그 절차가 진행 중인 회사 나. 「기업구조조정 촉진법」에 따른 관리절차의 개시가 결정되어 그 절차가 진행 중인 회사

법률	시행령
	4. 「공공기관의 운영에 관한 법률」 제4조에 따른 공공기관, 「지방공기업법」 제2조 제1항에 따른 지방직영기업, 지방공사 또는 지방공단이 동일인인 기업집단 5. 해당 기업집단에 속하는 회사 모두가 다음 각 목의 어느 하나에 해당하는 기업집단 가. 「자본시장과 금융투자업에 관한 법률」 제9조 제19항 제1호에 따른 기관전용 사모집합투자기구 나. 가목에 해당하는 자가 투자한 「자본시장과 금융투자업에 관한 법률」 제249조의13 제1항에 따른 투자목적회사(이하 이 호에서 "투자목적회사"라 한다) 다. 나목에 해당하는 자가 투자한 투자목적회사 라. 가목부터 다목까지에 해당하는 자가 투자한 「자본시장과 금융투자업에 관한 법률」 제249조의18 제2항 제4호에 따른 투자대상기업 마. 라목에 해당하는 자가 지배하는 회사 바. 「자본시장과 금융투자업에 관한 법률」 제249조의15 제1항에 따라 금융위원회에 등록된 기관전용 사모집합투자기구의 업무집행사원 6. 해당 기업집단에 속하는 회사 모두가 다음 각 목의 어느 하나에 해당하는 기업집단. 이 경우 가목 또는 나목의 회사가 각각 하나 이상 포함되어 있어야 한다. 가. 금융업 또는 보험업을 영위하는 회사 나. 제5호 각 목의 어느 하나에 해당하는 회사 ② 법 제31조 제1항 전단에 따른 상호출자제한기업집단(이하 "상호출자제한기업집단"이라 한다)의 지정 기준 및 지정제외 기준

법률	시행령
② 제21조부터 제30조까지 및 제47조는 제1항 후단에 따른 통지(제32조 제4항에 따른 편입 통지를 포함한다)를 받은 날부터 적용한다. ③ 제2항에도 불구하고 제1항에 따라 상호출자제한기업집단으로 지정되어 상호출자제한기업집단에 속하는 국내 회사로 통지를 받은 회사 또는 제32조 제1항에 따라 상호출자제한기업집단의 국내 계열회사로 편입되어 상호출자제한기업집단에 속하는 국내 회사로 통지를 받은 회사가 통지받은 당시 제21조 제1항·제3항 또는 제24조를 위반하고 있는 경우에는 다음 각 호의 구분에 따른다. 1. 제21조 제1항 또는 제3항을 위반하고 있는 경우(취득 또는 소유하고 있는 주식을 발행한 회사가 새로 국내 계열회사로 편입되어 제21조 제3항을 위반하게 되는 경우를 포함한다)에는 지정일 또는 편입일부터 1년간은 같은 항을 적용하지 아니한다. 2. 제24조를 위반하고 있는 경우(채무보증을 받고 있는 회사가 새로 계열회사로 편입되어 위반하게 되는 경우를 포함한다)에는 지정일 또는 편입일부터 2년간은	에 관하여는 제1항을 준용한다. 이 경우 제1항 각 호 외의 부분 본문 및 같은 항 제3호 중 "5조원"은 각각 "국내총생산액의 1천분의 5에 해당하는 금액"으로 본다. ③ 공정거래위원회는 법 제31조 제1항 전단에 따라 매년 5월 1일(부득이한 경우에는 5월 15일)까지 제1항 또는 제2항의 기준에 새로 해당하는 기업집단을 공시대상기업집단 또는 상호출자제한기업집단으로 지정해야 하고, 공시대상기업집단 또는 상호출자제한기업집단으로 지정된 기업집단이 제1항 또는 제2항의 기준에 해당하지 않게 되는 경우 공시대상기업집단 또는 상호출자제한기업집단에서 제외해야 한다. ④ 공정거래위원회는 제3항에 따라 공시대상기업집단 또는 상호출자제한기업집단으로 지정된 기업집단이 다음 각 호에 해당하는 경우 그 사유가 발생한 때에 공시대상기업집단 또는 상호출자제한기업집단에서 제외할 수 있다. 1. 지정일 이후 제1항 제3호 각 목 외의 부분 본문에 해당하게 된 경우. 다만, 제1항 제3호 가목 또는 나목에 해당되는 회사를 제외한 회사의 자산총액 합계액이 3조 5천억원 이상인 경우에는 공시대상기업집단에서 제외하지 않고, 그 합계액이 국내총생산액의 1만분의 35에 해당하는 금액 이상인 경우에는 상호출자제한기업집단에서 제외하지 않는다. 2. 소속회사의 변동으로 해당 기업집단에 소속된 국내 회사들의 자산총액 합계액이 3조 5천억원 미만으로 감소한 경우(공시대상기업집단만 해당한다) 3. 소속회사의 변동으로 해당 기업집단에 소속된 국내 회사들의 자산총액 합계액

법률	시행령
같은 조를 적용하지 아니한다. 다만, 이 항 각 호 외의 부분에 따른 회사에 「채무자 회생 및 파산에 관한 법률」에 따른 회생절차가 개시된 경우에는 회생절차의 종료일까지, 이 항 각 호 외의 부분에 따른 회사가 회생절차가 개시된 회사에 대하여 채무보증을 하고 있는 경우에는 그 채무보증에 한정하여 채무보증을 받고 있는 회사의 회생절차의 종료일까지는 제24조를 적용하지 아니한다.	이 국내총생산액의 1만분의 35에 해당하는 금액 미만으로 감소한 경우(상호출자제한기업집단만 해당한다) ⑤ 공정거래위원회는 제3항 또는 제4항에 따라 공시대상기업집단 또는 상호출자제한기업집단을 새로 지정하거나 지정 제외하는 경우 즉시 그 사실을 해당 기업집단에 속하는 회사와 그 회사를 지배하는 동일인의 특수관계인인 공익법인에 서면으로 알려야 한다. ⑥ 공정거래위원회는 제3항 및 제4항에 따른 지정 후 해당 기업집단에 속하는 회사에 변동이 있는 경우 해당 회사에 서면으로 그 사실을 알려야 한다.
④ 공정거래위원회는 회사 또는 해당 회사의 특수관계인에게 제1항에 따른 기업집단의 지정을 위하여 회사의 일반 현황, 회사의 주주 및 임원 구성, 특수관계인 현황, 주식소유 현황 등 대통령령으로 정하는 자료의 제출을 요청할 수 있다. ⑤ 공시대상기업집단에 속하는 국내 회사(청산 중에 있거나 1년 이상 휴업 중인 회사는 제외한다)는 공인회계사의 회계감사를 받아야 하며, 공정거래위원회는 공인회계사의 감사의견에 따라 수정한 대차대조표를 사용하여야 한다. ⑥ 제1항에 따른 국내총생산액의 1천분의 5에 해당하는 금액의 산정 기준 및 방법과 그 밖에 필요한 사항은 대통령령으로 정한다.	⑦ 법 제31조 제4항에서 "회사의 일반 현황, 회사의 주주 및 임원 구성, 특수관계인 현황, 주식소유 현황 등 대통령령으로 정하는 자료"란 다음 각 호의 자료를 말한다. 1. 회사의 일반 현황 2. 회사의 주주 및 임원 구성 3. 특수관계인 현황 4. 주식소유 현황 5. 「채무자 회생 및 파산에 관한 법률」에 따른 회생절차의 개시가 결정되어 그 절차가 진행 중인 소속회사와 「기업구조조정 촉진법」에 따른 관리절차의 개시가 결정되어 그 절차가 진행 중인 소속회사 현황 6. 감사보고서. 다만, 「주식회사 등의 외부감사에 관한 법률」에 따른 외부감사를 받지 않는 회사의 경우에는 세무조정계산서를 말하며, 세무조정계산서도 없는 경우에는 결산서를 말한다. 7. 그 밖에 제1호부터 제6호까지의 규정에 따른 자료 확인을 위해 필요하다고 공정거래위원회가 정하여 고시하는 자료

법률	시행령
	⑧ 제1항부터 제7항까지에서 규정한 사항 외에 공시대상기업집단 또는 상호출자제한기업집단의 지정 및 지정 제외에 필요한 세부사항은 공정거래위원회가 정하여 고시한다.

나. 판례

【금호석유화학의 상호출자제한기업집단지정 취소소송】

서울고등법원 2015. 7. 23. 선고 2014누3640 판결(확정)

판결요지

특정 기업이 특정 상호출자제한기업집단 등에 포함되는 것으로 지정되기 위하여는 그 특정 기업이 우선 구 공정거래법 제2조 제2호에서 규정하는 기업집단에 포함되어야 하는데, 구 공정거래법 시행령 제3조 제1호에서 정하는 지분율 요건을 충족하거나, 제2호에서 정하는 지배 요건을 충족하여야 한다.

원고 박삼구는 금호석유화학의 주식을 전혀 소유하고 있지 않고, 피고는 금호석유화학이 소유한 자기주식을 동일인 및 동일인관련자의 주식에 포함하여 지분율을 산정하면 30%를 초과한다고 주장하나, 주주와 회사는 별개의 독립한 법적 주체이고, 구 공정거래법 시행령 제3조 제1호는 '동일인이 단독 또는 동일인과 동일인관련자와 함께 소유하는 주식지분율'만을 기준으로 하고 있을 뿐 당해 회사가 소유하는 자기주식을 지분율 산정에 있어서 포함시키지 않고 있으므로 금호석유화학이 소유한 자기주식을 원고 박삼구 또는 동일인관련자 박찬구 등의 소유 주식으로 볼 법적 근거가 없다.

제 32 조 계열회사 등의 편입 및 제외 등

가. 법조문

법률	시행령
제32조(계열회사 등의 편입 및 제외 등) ① 공정거래위원회는 공시대상기업집단의 국내 계열회사로 편입하거나 국내 계열회사에서 제외하여야 할 사유가 발생한 경우에는 해당 회사(해당 회사의 특수관계인을 포함한다. 이하 이 조에서 같다)의 요청에 의하거나 직권으로 국내 계열회사에 해당하는지를 심사하여 국내 계열회사로 편입하거나 국내 계열회사에서 제외하고 그 내용을 해당 회사에 통지하여야 한다. ② 공정거래위원회는 공익법인을 공시대상기업집단에 속하는 회사를 지배하는 동일인의 특수관계인으로 편입하거나 제외하여야 할 사유가 발생한 경우에는 해당 공익법인(해당 공익법인의 특수관계인을 포함한다. 이하 이 조에서 같다)의 요청에 의하거나 직권으로 특수관계인에 해당하는지를 심사하여 특수관계인으로 편입하거나 특수관계인에서 제외하고 그 내용을 해당 공익법인에 통지하여야 한다. ③ 공정거래위원회는 제1항 또는 제2항에 따른 심사를 위하여 필요하다고 인정하는 경우에는 해당 회사 또는 공익법인에 주주 및 임원의 구성, 채무보증관계, 자금대차관계, 거래관계, 그 밖에 필요한 자료의 제출을 요청할 수 있다. ④ 공정거래위원회는 제1항 또는 제2항에 따라 심사를 요청받은 경우에는 30일 이내에 그 심사결과를 요청한 자에게 통지하여야 한다. 다만, 공정거래위원회가 필요하다	

법률	시행령
고 인정할 경우에는 60일의 범위에서 그 기간을 연장할 수 있다.	

나. 판례

【금호석유화학의 계열제외신청 거부처분 취소소송】

대법원 2015. 3. 20. 선고 2012두27176 판결

판결요지

구 공정거래법 제14조의2 제1항에서 정한 계열회사 제외 사유는 기업집단 지정 이후에 발생한 사유에 국한된다.

기업집단의 지정 및 구 공정거래법 제14조 제1항, 제14조의2 제1항, 같은 법 시행령 제21조 제1항 등의 문언과 공정거래위원회로 하여금 매년 일정한 시점에 기업집단의 지정을 하도록 한 취지 등에 비추어 보면, 구 공정거래법 제14조의2 제1항은 제14조 제1항에 의하여 기업집단이 지정된 후에 해당 계열회사를 기업집단에서 제외하여야 하는 사유가 새로이 발생된 경우에 관하여 정한 것으로 보인다. 구 공정거래법 제14조 제1항의 규정 등에 의하여 기업집단으로 지정되면 그에 따른 효과가 발생되며, 당해 회사 및 이해관계인은 이러한 기업집단 지정처분에 대하여 행정소송법이 정한 바에 따라 불복할 수 있으나 제소기간이 도과한 후에는 특별한 사정이 없는 한 더 이상 효력을 다툴 수 없다. 그럼에도 기업집단 지정 이전부터 존재하던 사유가 구 공정거래법 제14조의2에서 정한 계열제외 사유에 포함된다고 본다면, 당해 회사 및 특수관계인은 기업집단 지정처분에 대한 제소기간이 도과한 이후에도 언제나 지정처분의 흠을 다툴 수 있는 결과가 되어 행정행위의 불가쟁력에 어긋나므로, 이에 비추어 보아도 구 공정거래법 제14조의2 제1항에서 정한 계열회사 제외 사유는 기업집단 지정 이후에 발생한 사유에 국한된다고 해석하는 것이 타당하다.

제 33 조 계열회사의 편입 · 통지일의 의제

가. 법조문

법률	시행령
제33조(계열회사의 편입 · 통지일의 의제) 공정거래위원회는 제31조 제4항 또는 제32조 제3항에 따른 요청을 받은 자가 정당한 이유 없이 자료제출을 거부하거나 거짓의 자료를 제출함으로써 공시대상기업집단의 국내 계열회사 또는 공시대상기업집단의 국내 계열회사를 지배하는 동일인의 특수관계인으로 편입되어야 함에도 불구하고 편입되지 아니한 경우에는 공시대상기업집단에 속하여야 할 사유가 발생한 날 등을 고려하여 대통령령으로 정하는 날에 그 공시대상기업집단의 국내 계열회사 또는 특수관계인으로 편입 · 통지된 것으로 본다.	제39조(계열회사의 편입 · 통지일의 의제) 법 제33조에서 "대통령령으로 정하는 날"이란 다음 각 호의 구분에 따른 날을 말한다. 1. 공시대상기업집단의 지정 당시 그 소속회사로 편입되어야 함에도 불구하고 편입되지 않은 회사의 경우: 그 공시대상기업집단의 지정 · 통지를 받은 날 2. 공시대상기업집단의 지정 이후 그 소속회사로 편입되어야 함에도 불구하고 편입되지 않은 회사의 경우: 그 공시대상기업집단에 속해야 할 사유가 발생한 날이 속하는 달의 다음 달 1일

나. 내용

- 제31조(상호출자제한기업집단 등의 지정 등) 또는 제32조(계열회사 등의 편입 및 제외 등)에 따른 요청을 받은 자가 정당한 이유 없이 자료제출을 거부하는 등 공시대상기업집단의 국내 계열회사로 편입되지 아니한 경우에는 공시대상기업집단의 지정 · 통지를 받은 날 등에 그 공시대상기업집단의 국내 계열회사 또는 특수관계인으로 편입 · 통지된 것으로 봅니다.

제 34 조 관계 기관에 대한 자료의 확인요구 등

가. 법조문

법률	시행령
제34조(관계 기관에 대한 자료의 확인요구 등) 공정거래위원회는 제21조부터 제25조까지 또는 제30조부터 제32조까지의 규정을 시행하기 위하여 필요하다고 인정하는 경우에는 다음 각 호의 어느 하나에 해당하는 기관에 공시대상기업집단의 국내 계열회사 주주의 주식소유 현황, 채무보증 관련 자료, 가지급금·대여금 또는 담보의 제공에 관한 자료, 부동산의 거래 또는 제공에 관한 자료 등 필요한 자료의 확인 또는 조사를 대통령령으로 정하는 바에 따라 요청할 수 있다. 1. 국세청 2. 「금융위원회의 설치 등에 관한 법률」 제24조에 따른 금융감독원 3. 제2조 제18호 각 목에 따른 국내 금융기관 4. 그 밖에 금융 또는 주식의 거래에 관련되는 기관으로서 대통령령으로 정하는 기관	제40조(관계기관에 대한 자료의 확인요구 등) ① 공정거래위원회는 법 제34조에 따라 자료의 확인 또는 조사를 요청하는 경우 다음 각 호의 사항이 포함된 서면으로 해야 한다. 1. 요청의 목적 2. 자료 또는 조사의 범위 3. 자료의 확인 또는 조사의 방법 4. 그 밖에 제1호부터 제3호까지에 준하는 사항으로서 자료의 확인 또는 조사를 위해 공정거래위원회가 필요하다고 인정하는 사항 ② 법 제34조 제4호에서 "대통령령으로 정하는 기관"이란 다음 각 호의 기관을 말한다. 1. 「자본시장과 금융투자업에 관한 법률」에 따라 명의개서대행업무를 영위하는 기관 2. 「신용정보의 이용 및 보호에 관한 법률」 제25조 제2항 제1호에 따른 종합신용정보집중기관

나. 내용

- 공정거래위원회는 제21조(상호출자의 금지 등)부터 제25조(금융회사·보험회사 및 공익법인의 의결권 제한)까지 또는 제30조(주식소유 현황 등의 신고)부터 제32조(계열회사 등의 편입 및 제외 등)까지의 규정을 시행하기 위하여 필요하다고 인정하는 경우에는

국세청 또는 금융감독원 등의 기관에 공시대상기업집단의 국내 계열회사 주주의 주식소유 현황 등 필요한 자료의 확인 또는 조사를 요청할 수 있습니다.

제35조 공시대상기업집단의 현황 등에 관한 정보공개

가. 법조문

법률	시행령
제35조(공시대상기업집단의 현황 등에 관한 정보공개) ① 공정거래위원회는 과도한 경제력 집중을 방지하고 기업집단의 투명성 등을 제고하기 위하여 공시대상기업집단에 속하는 회사에 대한 다음 각 호의 정보를 공개할 수 있다.	
1. 공시대상기업집단에 속하는 회사의 일반현황, 지배구조현황 등에 관한 정보로서 대통령령으로 정하는 정보	제41조(공시대상기업집단의 현황 등에 관한 정보공개의 범위) ① 법 제35조 제1항 제1호에서 "대통령령으로 정하는 정보"란 다음 각 호의 정보를 말한다. 1. 공시대상기업집단에 속하는 회사의 명칭, 사업내용, 주요 주주, 임원, 재무상황, 그 밖의 일반 현황 2. 공시대상기업집단에 속하는 회사의 이사회 및 「상법」 제393조의2에 따라 이사회에 설치된 위원회의 구성·운영, 주주총회에서의 의결권 행사 방법, 그 밖의 지배구조 현황
2. 공시대상기업집단에 속하는 회사 간 또는 공시대상기업집단에 속하는 회사와 그 특수관계인 간의 출자, 채무보증, 거래관계 등에 관한 정보로서 대통령령으로 정하는 정보 ② 공정거래위원회는 제1항 각 호에 규정된 정보의 효율적 처리 및 공개를 위하여	② 법 제35조 제1항 제2호에서 "대통령령으로 정하는 정보"란 다음 각 호의 정보를 말한다. 1. 공시대상기업집단에 속하는 회사 간 또는 공시대상기업집단에 속하는 회사와 그 특수관계인 간의 주식소유 현황 등 출자와 관련된 현황

법률	시행령
정보시스템을 구축·운영할 수 있다. ③ 제1항 및 제2항에 규정된 사항 외의 정보공개에 관하여는 「공공기관의 정보공개에 관한 법률」에서 정하는 바에 따른다.	2. 상호출자제한기업집단에 속하는 회사 간의 채무보증 현황 3. 공시대상기업집단에 속하는 회사 간 또는 공시대상기업집단에 속하는 회사와 그 특수관계인 간의 자금, 유가증권, 자산, 상품, 용역, 그 밖의 거래와 관련된 현황

나. 내용

- 공정거래위원회는 과도한 경제력 집중을 방지하고 기업집단의 투명성 등을 제고하기 위하여 공시대상기업집단에 속하는 회사의 일반현황, 지배구조현황공시대상기업집단에 속하는 회사와 그 특수관계인 간의 출자, 채무보증, 거래관계 등에 관한 정보를 공개할 수 있습니다.

제 36 조 탈법행위의 금지

가. 법조문

법률	시행령
제36조(탈법행위의 금지) ① 누구든지 제18조 제2항부터 제5항까지 및 제19조부터 제25조까지의 규정을 회피하려는 행위를 하여서는 아니 된다. ② 제1항에 따른 탈법행위의 유형 및 기준은 대통령령으로 정한다.	제42조(탈법행위의 유형 및 기준) 법 제36조 제1항에 따라 금지되는 탈법행위는 상호출자제한기업집단에 속하는 회사가 하는 다음 각 호의 행위로 한다. 1. 법 제2조 제18호 각 목의 어느 하나에 해당하는 국내 금융기관에 대한 자기 계열회사의 기존 채무를 면하게 하지 않고 동일한 내용의 채무를 부담하는 행위 2. 다른 회사로 하여금 자기의 계열회사에 대해 채무보증을 하게 하는 대신 그 다른 회사 또는 그 다른 회사의 계열회사에 대해 채무보증을 하는 행위

법률	시행령
	3. 「자본시장과 금융투자업에 관한 법률 시행령」 제103조 제1호에 따른 특정금전신탁을 이용하여 신탁업자로 하여금 자기의 주식을 취득·소유하고 있는 계열회사의 주식을 취득·소유하도록 하고, 그 신탁업자와의 계약 등을 통해 해당 주식에 대한 의결권을 사실상 행사하는 행위 4. 자기의 주식을 취득·소유하고 있는 계열회사의 주식을 타인의 명의를 이용하여 자기의 계산으로 취득하거나 소유하는 행위 5. 자기가 취득·소유하면 다음 각 목에 해당하게 되는 주식을 「자본시장과 금융투자업에 관한 법률 시행령」 제103조 제1호에 따른 특정금전신탁을 이용하여 신탁업자로 하여금 취득·소유하도록 하고, 그 신탁업자와의 계약 등을 통해 해당 주식에 대한 의결권을 사실상 행사하는 행위 가. 법 제22조 제1항에 따라 금지되는 순환출자를 형성하는 계열출자에 해당하게 되는 주식 나. 법 제22조 제1항에 따라 금지되는 순환출자회사집단에 속하는 계열회사의 계열출자대상회사에 대한 추가적인 계열출자에 해당하게 되는 주식 6. 자기가 취득·소유하면 제5호 가목 또는 나목에 해딩하세 되는 주식을 타인의 명의를 이용하여 자기의 계산으로 취득하거나 소유하는 행위 7. 그 밖에 제1호부터 제6호까지의 행위에 준하는 것으로서 탈법행위 방지를 위해 필요하다고 공정거래위원회가 정하여 고시하는 행위

나. 내용

- 제18조(지주회사 등의 행위제한 등)부터 제25조(금융회사·보험회사 및 공익법인의 의결권 제한)까지의 규정을 회피하려는 탈법행위의 유형 및 기준을 규정하고 있습니다.

제37조 시정조치 등

가. 법조문

법률	시행령
제37조(시정조치 등) ① 공정거래위원회는 제18조 제2항부터 제5항까지, 제19조, 제20조 제2항부터 제5항까지, 제21조부터 제29조까지 또는 제36조를 위반하거나 위반할 우려가 있는 행위가 있을 때에는 해당 사업자 또는 위반행위자에게 다음 각 호에 해당하는 시정조치를 명할 수 있다. 1. 해당 행위의 중지 2. 주식의 전부 또는 일부의 처분 3. 임원의 사임 4. 영업의 양도 5. 채무보증의 취소 6. 시정명령을 받은 사실의 공표 7. 공시의무의 이행 또는 공시내용의 정정 8. 그 밖에 법 위반상태를 시정하기 위하여 필요한 조치 ② 공정거래위원회는 제19조를 위반한 회사의 합병 또는 설립이 있는 경우에는 해당 회사의 합병 또는 설립 무효의 소를 제기할 수 있다. ③ 합병, 분할, 분할합병 또는 새로운 회사의 설립 등에 따른 제1항 각 호의 시정조치에 관하여는 제7조 제2항부터 제4항까지의	제43조(시정명령을 받은 사실의 공표 등) ① 법 제37조 제1항 제6호에 따른 공표 명령에 관하여는 제12조를 준용한다.

법률	시행령
규정을 준용한다. 이 경우 "시장지배적사업자"는 "사업자"로 본다.	

나. 내용

- 공정거래위원회는 지주회사 등의 행위제한, 상호출자제한 기업의 지주회사 설립제한, 탈법행위 금지 등을 위반하거나 위반할 우려가 있는 행위가 있을 때에는 해당 사업자 또는 위반행위자에게 당해 행위의 중지, 주식의 처분, 시정명령을 받은 사실의 공표, 기타 법위반 상태를 시정하기 위하여 필요한 조치를 명할 수 있습니다.

제 38 조 과징금

가. 법조문

법률	시행령
제38조(과징금) ① 공정거래위원회는 제21조 또는 제22조를 위반하여 주식을 취득 또는 소유한 회사에 위반행위로 취득 또는 소유한 주식의 취득가액에 100분의 20을 곱한 금액을 초과하지 아니하는 범위에서 과징금을 부과할 수 있다. ② 공정거래위원회는 제24조를 위반하여 채무보증을 한 회사에 해당 법위반 채무보증액에 100분의 20을 곱한 금액을 초과하지 아니하는 범위에서 과징금을 부과할 수 있다. ③ 공정거래위원회는 제18조 제2항부터 제5항까지, 제20조 제2항 또는 제3항의 규정을 위반한 자에게 다음 각 호의 구분에 따른 금액에 100분의 20을 곱한 금액을 초과하지 아니하는 범위에서 과징금을 부과할 수 있다.	

법률	시행령
1. 제18조 제2항 제1호를 위반한 경우: 대통령령으로 정하는 대차대조표(이하 이 항에서 "기준대차대조표"라 한다)상 자본총액의 2배를 초과한 부채액 2. 제18조 제2항 제2호를 위반한 경우: 해당 자회사 주식의 기준대차대조표상 장부가액의 합계액에 다음 각 목의 비율에서 그 자회사 주식의 소유비율을 뺀 비율을 곱한 금액을 그 자회사 주식의 소유비율로 나누어 산출한 금액 가. 해당 자회사가 상장법인 또는 국외상장법인이거나 공동출자법인인 경우에는 100분의 30 나. 벤처지주회사의 자회사인 경우에는 100분의 20 다. 가목 및 나목에 해당하지 아니하는 경우에는 100분의 50 3. 제18조 제2항 제3호부터 제5호까지, 같은 조 제3항 제2호·제3호, 같은 조 제4항 제1호부터 제4호까지 또는 같은 조 제5항을 위반한 경우: 위반하여 소유하는 주식의 기준대차대조표상 장부가액의 합계액 4. 제18조 제3항 제1호를 위반한 경우: 해당 손자회사 주식의 기준대차대조표상 장부가액의 합계액에 다음 각 목의 비율에서 그 손자회사 주식의 소유비율을 뺀 비율을 곱한 금액을 그 손자회사 주식의 소유비율로 나누어 산출한 금액 가. 해당 손자회사가 상장법인 또는 국외상장법인이거나 공동출자법인인 경우에는 100분의 30 나. 해당 손자회사가 벤처지주회사의 자회사인 경우에는 100분의 20 다. 가목 및 나목에 해당하지 아니하는 손자회사의 경우에는 100분의 50	② 법 제38조 제3항 제1호에서 "대통령령으로 정하는 대차대조표"란 법 제18조 제2항부터 제5항까지 및 법 제20조 제2항·제3항을 위반한 사실이 최초로 나타난 대차대조표를 말한다. 다만, 대차대조표 작성 전에 법 위반행위(법 제18조 제2항 제1호에 따른 법 위반행위는 제외한다)가 시정되어 대차대조표에 법 위반사실이 나타나지 않는 경우에는 법 위반일을 기준으로 작성한 대차대조표에 따른다.

법률	시행령
5. 제18조 제4항 제5호를 위반한 경우: 해당 손자회사인 벤처지주회사가 발행주식총수의 100분의 50 미만을 소유하고 있는 국내 계열회사 주식의 기준대차대조표상 장부가액의 합계액에 100분의 50의 비율에서 그 국내 계열회사 주식의 소유비율을 뺀 비율을 곱한 금액을 그 국내 계열회사 주식의 소유비율로 나누어 산출한 금액 6. 제20조 제2항을 위반한 경우: 해당 자회사 주식의 기준대차대조표상 장부가액의 합계액을 그 자회사 주식의 소유비율로 나눈 금액에 해당 자회사 발행주식 중 자신이 보유하지 않은 주식의 비율을 곱하여 산출한 금액 7. 제20조 제3항 제1호를 위반한 경우: 기준대차대조표상 자본총액의 2배를 초과한 부채액 8. 제20조 제3항 제4호를 위반한 경우: 위반에 해당하는 만큼의 출자금액 9. 제20조 제3항 제5호를 위반한 경우: 위반하여 소유하는 주식, 채권 등의 기준대차대조표상 장부가액의 합계액 10. 제20조 제3항 제6호를 위반한 경우: 위반하여 소유하도록 한 주식, 채권 등의 기준대차대조표상 장부가액의 합계액	

나. 내용

- 상호출자금지, 순환출자금지 등의 규정을 위반한 자에 대해서는 취득 또는 소유한 주식의 취득가액에 100분의 20을 곱한 금액을 초과하지 아니하는 범위에서 과징금을 부과할 수 있습니다.

제 39 조 시정조치의 이행확보

가. 법조문

법률	시행령
제39조(시정조치의 이행확보) ① 제21조 또는 제22조를 위반하여 상호출자 또는 순환출자를 한 주식에 대해서는 그 시정조치를 부과받은 날부터 법 위반상태가 해소될 때까지 해당 주식 전부에 대하여 의결권을 행사할 수 없다. ② 제37조 제1항에 따른 주식처분명령을 받은 자는 그 명령을 받은 날부터 해당 주식에 대하여 의결권을 행사할 수 없다.	

나. 내용

- 상호출자 또는 순환출자를 한 주식에 대해서는 그 시정조치를 부과 받은 날부터 법 위반상태가 해소될 때까지 해당 주식 전부에 대하여 의결권을 행사할 수 없다는 내용과 제37조(시정조치 등)에 따른 주식처분명령의 이행을 확보하기 위한 의결권 제한을 규정하고 있습니다.

제 5 장

부당한 공동행위의 제한

제 40 조 부당한 공동행위의 금지

가. 법조문

법률	시행령
제40조(부당한 공동행위의 금지) ① 사업자는 계약·협정·결의 또는 그 밖의 어떠한 방법으로도 다른 사업자와 공동으로 부당하게 경쟁을 제한하는 다음 각 호의 어느 하나에 해당하는 행위를 할 것을 합의(이하 "부당한 공동행위"라 한다)하거나 다른 사업자로 하여금 이를 하도록 하여서는 아니 된다. 1. 가격을 결정·유지 또는 변경하는 행위 2. 상품 또는 용역의 거래조건이나, 그 대금 또는 대가의 지급조건을 정하는 행위 3. 상품의 생산·출고·수송 또는 거래의 제한이나 용역의 거래를 제한하는 행위 4. 거래지역 또는 거래상대방을 제한하는 행위 5. 생산 또는 용역의 거래를 위한 설비의 신설 또는 증설이나 장비의 도입을 방해하거나 제한하는 행위 6. 상품 또는 용역의 생산·거래 시에 그 상품 또는 용역의 종류·규격을 제한하는 행위 7. 영업의 주요 부문을 공동으로 수행·관리하거나 수행·관리하기 위한 회사 등을 설립하는 행위	

법률	시행령
8. 입찰 또는 경매를 할 때 낙찰자, 경락자, 입찰가격, 낙찰가격 또는 경락가격, 그 밖에 대통령령으로 정하는 사항을 결정하는 행위	**제44조(공동행위의 기준)** ① 법 제40조 제1항 제8호에서 "대통령령으로 정하는 사항"이란 다음 각 호의 사항을 말한다. 1. 낙찰 또는 경락의 비율 2. 설계 또는 시공의 방법 3. 그 밖에 입찰 또는 경매의 경쟁 요소가 되는 사항
9. 그 밖의 행위로서 다른 사업자(그 행위를 한 사업자를 포함한다)의 사업활동 또는 사업내용을 방해·제한하거나 가격, 생산량, 그 밖에 대통령령으로 정하는 정보를 주고받음으로써 일정한 거래분야에서 경쟁을 실질적으로 제한하는 행위	② 법 제40조 제1항 제9호에서 "대통령령으로 정하는 정보"란 상품 또는 용역에 대한 다음 각 호의 정보를 말한다. 1. 원가 2. 출고량, 재고량 또는 판매량 3. 거래조건 또는 대금·대가의 지급조건
② 제1항은 부당한 공동행위가 다음 각 호의 어느 하나에 해당하는 목적을 위하여 하는 경우로서 대통령령으로 정하는 요건에 해당하고 공정거래위원회의 인가를 받은 경우에는 적용하지 아니한다.	**제45조(공동행위의 적용 제외)** ① 법 제40조 제2항 각 호 외의 부분에서 "대통령령으로 정하는 요건"이란 다음 각 호의 구분에 따른 요건을 말한다.
1. 불황극복을 위한 산업구조조정	1. 법 제40조 제2항 제1호의 경우: 다음 각 목의 요건을 모두 갖출 것 가. 해당 산업 내 상당수 기업이 불황으로 인해 사업활동에 곤란을 겪을 우려가 있을 것 나. 해당 산업의 공급능력이 현저하게 과잉상태에 있거나 생산시설 또는 생산방법의 낙후로 생산능률이나 국제경쟁력이 현저하게 저하되어 있을 것 다. 기업의 합리화를 통해서는 가목 또는 나목의 상황을 극복할 수 없을 것 라. 경쟁을 제한하는 효과보다 산업구조조정의 효과가 더 클 것
2. 연구·기술개발	2. 법 제40조 제2항 제2호의 경우: 다음 각 목의 요건을 모두 갖출 것

법률	시행령
	가. 해당 연구 · 기술개발이 산업경쟁력 강화를 위해 매우 필요하며 그 경제적 파급효과가 클 것 나. 연구 · 기술개발에 소요되는 투자금액이 과다하여 한 사업자가 조달하기 어려울 것 다. 연구 · 기술개발성과의 불확실에 따른 위험분산을 위해 필요할 것 라. 경쟁을 제한하는 효과보다 연구 · 기술개발의 효과가 클 것
3. 거래조건의 합리화	3. 법 제40조 제2항 제3호의 경우: 다음 각 목의 요건을 모두 갖출 것 가. 거래조건의 합리화로 생산능률의 향상, 거래의 원활화 및 소비자의 편익증진에 명백하게 기여할 것 나. 거래조건의 합리화 내용이 해당 사업분야의 대부분의 사업자들에게 기술적 · 경제적으로 가능할 것 다. 경쟁을 제한하는 효과보다 거래조건의 합리화의 효과가 클 것
4. 중소기업의 경쟁력향상 ③ 제2항에 따른 인가의 기준 · 방법 · 절차 및 인가사항변경 등에 관하여 필요한 사항은 대통령령으로 정한다. ④ 부당한 공동행위를 할 것을 약정하는 계약 등은 해당 사업자 간에는 그 효력을 무효로 한다. ⑤ 제1항 각 호의 어느 하나에 해당하는 행위를 하는 둘 이상의 사업자가 다음 각 호의 어느 하나에 해당하는 경우에는 그 사업자들 사이에 공동으로 제1항 각 호의 어느 하나에 해당하는 행위를 할 것을 합의한 것으로 추정한다. 1. 해당 거래분야, 상품 · 용역의 특성, 해당 행위의 경제적 이유 및 파급효과, 사업자	4. 법 제40조 제2항 제4호의 경우: 다음 각 목의 요건을 모두 갖출 것 가. 공동행위에 따라 중소기업의 품질 · 기술향상 등 생산성 향상이나 거래조건에 관한 교섭력 강화가 명백할 것 나. 공동행위에 참가하는 사업자(이하 "참가사업자"라 한다) 모두가 중소기업자일 것 다. 공동행위 외의 방법으로는 대기업과 효율적으로 경쟁하거나 대기업에 대항하기 어려운 경우에 해당할 것 ② 공정거래위원회는 제1항에도 불구하고 다음 각 호의 어느 하나에 해당하는 공동행위에 대해서는 법 제40조 제2항에 따른 인가를 해서는 안된다.

법률	시행령
간 접촉의 횟수·양태 등 제반 사정에 비추어 그 행위를 그 사업자들이 공동으로 한 것으로 볼 수 있는 상당한 개연성이 있을 때 2. 제1항 각 호의 행위(제9호의 행위 중 정보를 주고받음으로써 일정한 거래분야에서 경쟁을 실질적으로 제한하는 행위를 제외한다)에 필요한 정보를 주고받은 때 ⑥ 부당한 공동행위에 관한 심사의 기준은 공정거래위원회가 정하여 고시한다.	1. 해당 공동행위의 목적을 달성하기 위해 필요한 정도를 초과하는 경우 2. 수요자 및 관련 사업자의 이익을 부당하게 침해할 우려가 있는 경우 3. 참가사업자 간에 공동행위의 내용과 관련하여 부당한 차별이 있는 경우 4. 해당 공동행위에 참가하거나 탈퇴하는 것을 부당하게 제한하는 경우 **제46조(공동행위의 인가 절차 및 방법)** ① 법 제40조 제2항에 따라 공동행위의 인가를 받으려는 자는 대표사업자(이하 "공동행위 대표사업자"라 한다)를 선정하여 다음 각 호의 사항이 포함된 신청서를 공정거래위원회에 제출해야 한다. 1. 신청인의 명칭 및 소재지(대표자의 성명 및 주소를 포함한다) 2. 공동행위의 내용 3. 공동행위의 사유 4. 공동행위의 기간 5. 참가사업자에 관한 다음 각 목의 사항 가. 참가사업자의 수 나. 참가사업자의 사업내용 다. 참가사업자의 명칭 및 소재지(대표자의 성명 및 주소를 포함한다) ② 제1항의 신청서에는 다음 각 호의 서류를 첨부해야 한다. 1. 제45조 제1항의 요건에 적합함을 증명하는 서류 2. 제45조 제2항 각 호의 어느 하나에 해당하지 않음을 증명하는 서류 3. 참가사업자의 최근 2년간의 영업보고서·대차대조표 및 손익계산서 4. 공동행위의 협정 또는 결의서 사본 5. 그 밖에 공동행위의 인가를 위해 공정거

법률	시행령
	래위원회가 필요하다고 정하여 고시하는 서류 ③ 공정거래위원회는 법 제40조 제2항에 따른 인가 신청을 받은 경우 그 신청일부터 30일(제4항에 따른 공시기간은 제외한다) 이내에 인가여부를 결정해야 한다. 다만, 공정거래위원회는 인가 신청의 내용 또는 인가의 효과 등에 비추어 그 연장이 필요하다고 인정할 경우에는 30일 이내의 범위에서 그 처리기간을 연장할 수 있다. ④ 공정거래위원회는 법 제40조 제2항에 따른 인가를 위해 필요하다고 인정하는 경우 30일 이내의 범위에서 그 인가 신청 내용을 공시하여 이해관계인의 의견을 들을 수 있다. ⑤ 공정거래위원회는 법 제40조 제2항에 따라 공동행위의 인가를 하는 경우 신청인에게 인가증을 발급해 주어야 한다. ⑥ 법 제40조 제2항에 따라 공동행위의 인가를 받은 사업자가 그 인가사항을 변경하려는 경우에는 변경사항 및 변경사유가 포함된 신청서에 다음 각 호의 서류를 첨부하여 공정거래위원회에 제출해야 한다. 이 경우 변경인가를 위한 이해관계인의 의견수렴에 관하여는 제4항을 준용한다. 1. 변경사항이 제45조 제1항의 요건에 적합함을 입증하는 서류 2. 변경사항이 제45조 제2항 각 호의 어느 하나에 해당하지 않음을 입증하는 서류 3. 제5항의 인가증 ⑦ 제1항부터 제6항까지에서 규정한 사항 외에 공동행위의 인가 절차 및 방법 등에 관하여 필요한 세부사항은 공정거래위원회가 정하여 고시한다. **제47조(인가된 공동행위의 폐지)** 공동행위대표

법률	시행령
	사업자는 법 제40조 제2항에 따라 인가된 공동행위가 폐지된 경우 지체 없이 그 사실을 공정거래위원회에 알려야 한다.

나. 판례

1) 공동행위의 성립

(가) 2 이상의 사업자

【주파수공용통신장치 구매입찰 관련 4개 사업자의 부당한 공동행위 건】

서울고등법원 2009. 9. 22. 선고 2008누15277 판결(확정)

판결요지

총판 3사가 모토로라코리아의 지휘 · 관리 · 통제 하에 서로 유기적으로 역할을 분담하면서 일체화된 영업판매 시스템을 형성하였다는 사정만으로는 모토로라코리아가 다른 총판들과 함께 '경제적 단일체'에 불과하여 총판 3사가 구 공정거래법 제19조 제1항에서 정한 '다른 사업자'에 해당한다고 본 사례

【옥수수기름 군납입찰 참가 2개 사업자의 부당한 공동행위 건】

서울고등법원 2007. 7. 25. 선고 2007누2946 판결(확정)

판결요지

공정거래법상 사업자단체라 하더라도 정부조달계약이나 단체수의계약과 같은 일정한 거래에 관하여 사업자단체가 직접 거래의 당사자로 거래에 참여한 경우에, 사업자단체는 사업자로서의 성격을 가지게 된다 할 것이고, 이러한 경우 그 사업자단체의 그 거래와 관련된 행위에 대하여는 규제대상으로 하는 법을 적용하여야 할 것이다.

원고는 세림현미 등을 조합원으로 둔 사업자단체인 사실은 앞에서 본 바와 같으나, 원고가 스스로 사업자등록을 하고, 이 사건 입찰에 직접 참여하여 자신의 명의로 낙찰을 받아 입찰계약을 체결한 점에 비추어 보면 원고는 이 사건 담합입찰에 있어서 사업자단체로서가 아니라 사업자로서 행위하였다고 할 것이고, 따라서 원고의 행위에 대하여는 구 공정거래법 제19조 제1항이 적용되어야 한다.

(나) 합의의 존재

① 합의의 의의

【LPG 구매입찰 관련 8개 사업자의 부당한 공동행위 건】

대법원 2020. 10. 29. 선고 2019두37233 판결

판결요지

공정거래법상 부당한 공동행위는 합의로써 성립하고 구체적인 실행행위를 요하는 것이 아니며, 입찰담합은 응찰하지 아니하는 방법으로도 가담할 수 있다.

사업자가 특정 개별입찰에 관한 입찰담합으로 나아갔는지 여부는 그 개별입찰에 관하여 낙찰자, 투찰가격, 낙찰가격, 그 밖에 입찰의 경쟁 요소가 되는 사항을 미리 정하는 합의에 참여하였는지 여부에 따라 판단하여야 한다. 이 경우 만일 사업자가 특정 개별입찰에서 경쟁입찰의 외형을 가장하고자 형식적인 응찰을 한 사실이 인정된다면 특별한 사정이 없는 한 그 자체로 담합에 참여한 것으로 볼 수 있다. 그러나 위와 같은 형식적인 응찰을 하지 않았다고 하여 그러한 사정만으로 담합에 참여하지 않은 것으로 볼 수는 없다. 공정거래법상 부당한 공동행위는 합의로써 성립하고 구체적인 실행행위를 요하는 것이 아니며, 입찰담합은 응찰하지 아니하는 방법으로도 가담할 수 있기 때문이다.

【제5378부대 발주 액화석유가스(LPG) 구매입찰 관련 부당한 공동행위 건】

서울고등법원 2021. 8. 12. 선고 2020누61531 판결(확정)

판결요지

형식적인 응찰을 하지 않았다고 하여 그러한 사정만으로 담합에 참여하지 않은 것으로 볼 수는 없다. 공정거래법상 부당한 공동행위는 합의로써 성립하고 구체적인 실행행위를 요하는 것이 아니며, 입찰담합은 응찰하지 아니하는 방법으로도 가담할 수 있다.

원고는 자신이 낙찰받은 강릉 지역 외 다른 지역 입찰에 응찰하지는 않은 것으로 보이나, 이 사건 제1공동행위에 관한 합의에는 기초예비가격이 낮을 경우 유찰을 시킨다는 내용이 포함되어 있고, 이러한 유찰의 합의에 대한 실행행위는 들러리 사가 응찰 자체를 하지 않거나 애초부터 낙찰이 불가능한 높은 가격으로 응찰하는 것인데, 원고가 강릉 외 지역의 입찰에 참여하지 않은 것은 지역분할 합의를 이행한 것일 뿐만 아니라 입찰담합의 합의를 실행한 것으로 평가할 수 있다.

【7개 온라인음악서비스사업자의 부당한 공동행위 건】

대법원 2013. 11. 28. 선고 2012두17773 판결

판결요지

'부당한 공동행위'는 '부당하게 경쟁을 제한하는 행위에 대한 합의'로서 이때 '합의'에는 명시적 합의뿐 아니라 묵시적인 합의도 포함되고, 이와 같은 합의 및 그에 따른 실행행위가 있었던 경우 '부당한 공동행위'는 그 합의를 실행하는 행위가 계속될 때까지 유지된다.

【12개 벽지 제조 · 판매사들의 부당한 공동행위 건】

대법원 2014. 6. 26. 선고 2012두21246 판결

판결요지

부당한 공동행위가 있음을 알면서 영업을 양수하거나 사업부문을 분할하였고 그 이후 종전 행위가 계속되었다면 묵시적 합의가 존재한다고 볼 수 있다.

'부당한 공동행위'가 이루어지고 있는 영업을 양수한 사업자가 기존의 합의 사실을 알면서도 이를 받아들여 양도인과 동일하게 기존 합의를 실행하는 행위를 하였으며, 기존의 합의 가담자들도 양수인의 영업을 기존 합의에서 배제하는 등의 특별한 사정이 없이 종전과 마찬가지로 양수인과 함께 합의를 실행하는 행위를 계속하였다면, 양수인도 기존 합의 가담자들 사이의 '부당한 공동행위'에 가담하여 그들 사이에서 종전과 같은 '부당한 공동행위'를 유지 · 계속한다는 묵시적 의사의 합치가 있다고 봄이 타당하고, 위와 같은 법리는 '부당한 공동행위'가 이루어지고 있는 사업부문을 분할하여 회사를 설립하는 경우 그 설립된 회사에도 동일하게 적용된다.

【제주지역 레미콘사업협동조합들의 관수레미콘 연간 단가계약 관련 부당한 공동행위 건】

서울고등법원 2019. 4. 25. 선고 2018누64803 판결(확정)

판결요지

합의는 둘 이상 사업자 사이의 의사 연락이 있을 것을 본질로 하므로, 사업자 사이에 의사연결의 상호성을 인정할 만한 사정이 증명되는 경우에는 합의가 있었다고 인정할 수 있다.

【한국전력공사 발주 기계식 전력량계 구매입찰 관련 부당한 공동행위 건】

서울고등법원 2015. 8. 28. 선고 2014누70626 판결(확정)

판결요지

조합을 매개로 물량배분을 받았다면 다른 합의 구성원과 직접적 의사연락이 없었더라도 사업자 간 합의가 있다고 본 사례

조합체의 이름으로 입찰에 참여하기로 하고 내부적으로 물량을 배분받기로 하면서 조합의 구성원으로 가입한 사실에 비추어 비록 원고의 주장과 같이 대한전선이나 엘에스산전이 함께 담합에 참여한다는 인식이 없었다고 하더라도 원고 등 사업자의 이러한 의사의 연락은 구 공정거래법 제19조 제1항 제8호에 정해진 부당한 공동행위에 해당하는 합의가 성립하였다고 보아야 한다.

【제주지역 7개 자동차대여사업자의 부당한 공동행위 건】

서울고등법원 2016. 10. 7. 선고 2014누70442 판결(확정)

판결요지

부당한 공동행위의 '합의'를 구성하는 사업자들 사이의 의사의 연락은 반드시 모든 참여 사업자들이 일회적으로 모여서 의사결정에 참여하는 회의와 같은 명시적인 형태일 것이 요구되지 아니하고, 수회에 걸친 부분적인 의사교환을 통해 사업자들 사이에 그들이 공동으로 의사결정을 한다는 암묵적인 요해가 형성된 정도로도 충분하다.

이 사건의 경우 원고 등 7개사가 공식적인 심의위원회에 한꺼번에 참석하여 논의한 증거가 없다고 하더라도, 원고 등 7개사 사이에는 순차적인 의사연락에 따라 그들이 제주도 지역의 차종별 자동차대여요금의 가격을 공동으로 결정한다는 암묵적인 요해가 있었다고 보아야 할 것이다.

【6개 LPG 판매사업자의 부당한 공동행위 건】

대법원 2014. 6. 26. 선고 2012두4104 판결

판결요지

과점 시장에서 후발 사업자의 가격추종행위가 있고 의사 연락이 추인되면 합의의 존재가 인정된다고 본 사례

과점시장에서 시장점유율이 높은 업체가 독자적인 판단에 따라 가격을 먼저 결정한 뒤에, 그 밖의 경쟁 사업자들이 그 가격을 추종하고 있고, 그와 같은 가격결정 관행이

상당한 기간 누적되어 사업자들이 이러한 사정을 모두 인식하고 있는 경우에, 가격 결정과 관련된 의사 연락이 증명되거나, 추가적인 여러 사정들에 비추어 그 의사 연락을 추인할 수 있다면, 부당하게 경쟁을 제한하는 행위에 대한 합의가 있다고 인정할 수 있다.

【정부종합청사 신관 신축공사 관련 17개 건설사의 부당한 공동행위 건】

대법원 1999. 2. 23. 선고 98두15849 판결

판결요지

부당한 공동행위의 합의는 어떠한 거래분야나 특정한 입찰에 참여하는 모든 사업자들 사이에서 이루어질 필요는 없고 일부의 사업자들 사이에만 이루어진 경우에도 그것이 경쟁을 제한하는 행위로 평가되는 한 일부 사업자들 사이에는 부당한 공동행위가 성립된다고 할 것이다.

판결요지

어느 한쪽의 사업자가 당초부터 합의에 따를 의사도 없이 진의 아닌 의사표시에 의하여 합의한 경우라고 하더라도 다른 쪽 사업자는 당해 사업자가 합의에 따를 것으로 신뢰하고 당해 사업자는 다른 사업자가 합의를 위와 같이 신뢰하고 행동할 것이라는 점을 이용함으로써 경쟁을 제한하는 행위가 되는 것은 부당한 공동행위에 해당한다.

【지진관측장비 구매 · 설치공사 및 유지보수용역 입찰 관련 부당한 공동행위 건】

서울고등법원 2018. 8. 16. 선고 2018누38071 판결(확정)

판결요지

낙찰자와 들러리 참여자 및 입찰에서의 경쟁요소가 되는 제안서의 내용 등에 대한 합의가 있는 경우에도 구 공정거래법 제19조 제1항 제8호의 위반행위 성립을 인정할 수 있다.

【4개 강판제조업체의 운송비 관련 부당한 공동행위 건】

대법원 2001. 5. 8. 선고 2000두10212 판결

판결요지

부당한 공동행위는 사업자가 다른 사업자와 공동으로 일정한 거래분야에서 경쟁을 실질적으로 제한하는 구 공정거래법 제19조 제1항 각 호의 1에 해당하는 행위를 할 것을 합의함으로써 성립하고, 합의에 따른 행위를 현실적으로 하였을 것을 요하는 것은 아니다.

【5개 은행의 수출환어음 매입수수료 관련 부당한 공동행위 건】

대법원 2011. 4. 14. 선고 2009두7912 판결 등

판결요지

합의 성립 후 합의의 실행까지 일정한 시간적 간격이 있다 하더라도 부당한 공동행위로 인정된다고 본 사례

원고 등 대부분 은행의 매입수수료 시행(실행행위) 시기가 2002. 7. 22.부터 2002. 11. 4.까지로 이 사건 합의일(2002. 4.) 후 단기간에 걸쳐 있는 점, 국민은행은 주택은행과 전산을 통합하는 문제로 그 시행이 지연되고 있었고, 중소기업은행은 국책은행이라는 사정과 중소기업의 부담경감 차원에서 시행을 미루고 있었던 점 등에 비추어, 그 실행시기가 합의시점으로부터 3개월 내지 1년 3개월 정도에 걸쳐 있었다고 하여 이 사건 공동행위의 인정에 방해가 되지 아니한다. 동일한 이유로 원고 중소기업은행의 경우 '한편 넣기'를 시행한 후 8개월이 지난 시점에서 매입수수료를 신설하였다는 사정만으로 원고가 독자적인 판단에 따라 매입수수료를 신설하였다고 볼 수 없다.

【인천도시철도 2호선 턴키공사 입찰 관련 부당한 공동행위 건】

서울고등법원 2016. 7. 20. 선고 2014누46227 판결(확정)

판결요지

사업자 소속 임직원에 의한 부당한 공동행위는 해당 사업자의 행위에 해당하며, 윤리 교육 실시 등으로 면책될 수 없다고 본 사례

원고의 임직원이 원고의 이익을 위하여 원고의 업무에 관하여 한 행위로서 원고의 행위에도 해당한다고 봄이 타당하다. 원고가 평소 임직원에 대한 윤리 교육을 실시하여 왔다는 등의 사정만으로 원고가 직원에 대한 관리 · 감독상 의무를 다하여 원고의 의무 해태를 탓할 수 없는 정당한 사유가 존재한다고 보기는 어렵다.

② 합의의 증명

【대구도시철도3호선 턴키대안공사 입찰 관련 부당한 공동행위 건】

대법원 2019. 11. 14. 선고 2016두43305 판결

판결요지

부당한 공동행위는 둘 이상 사업자 사이에 의사의 연락이 있을 것을 본질로 하므로, 단지 위 규정 각 호에 열거된 '부당한 공동행위'가 있었던 것과 일치하는 외형이 존재한다고 하여 당연히 합의가 있었다고 인정할 수는 없고 사업자 사이에 의사연결의 상호성을 인정할 만한 사정에 대한 증

명이 있어야 하고, 그에 대한 증명책임은 그러한 합의를 이유로 시정조치 등을 명하는 피고에게 있다는 이유로 피고의 처분을 위법하다고 본 사례

이 사건 공사가 대안입찰 방식의 대규모 공사이고 발주처의 정책적 판단에 따라 1개사 1공구 입찰이 권고되는 등 이 사건 공사의 입찰 배경과 성격, 원고가 전체 8개 공구 중 4공구 입찰참여를 결정한 경위 및 원고와 삼성물산 주식회사를 제외한 나머지 6개사가 4공구가 아닌 다른 공구에의 입찰참여를 결정한 경위, 원고가 이 사건 모임에도 불구하고 4공구 입찰방침을 그대로 유지하여 같은 공구를 입찰 희망공구로 선정한 삼성물산 주식회사와 입찰공구 조정을 하지 않았고, 삼성물산 주식회사와의 입찰경쟁으로 인한 수주실패의 위험을 감수하면서까지 다른 건설사들과 공구분할을 합의할 필요성을 찾기 어려운 사정 등 그 판시와 같은 사정들을 종합하여 보면, 피고가 제출한 증거들만으로는 원고가 이 사건 정보교환행위를 통하여 얻은 다른 건설사들의 입찰공구에 관한 정보를 토대로 다른 건설사들과 공구분할에 관한 합의를 하였다고 인정하기에는 부족하다는 이유로, 이 사건 정보교환행위가 공구분할의 합의에 해당함을 전제로 하는 피고의 이 사건 처분은 위법하다.

【조달청 발주 입축 · 수중펌프구매 입찰 관련 부당한 공동행위 건】

서울고등법원 2015. 9. 17. 선고 2014누2197 판결(확정)

판결요지

각 입찰별 해당 자격을 갖춘 사업자들만 참여한 합의가 성립되었다면, 해당 자격을 미보유한 사업자는 해당 입찰을 합의한 것으로 볼 수 없다고 본 사례

발주 대상 펌프 구경과 관련하여 제작 · 납품실적이 있는 업체들로 참가자격이 제한되는 제한종합낙찰제 방식에 따라 발주되는 입축펌프 입찰 가운데 이 사건 동대문구 입찰에서 원고가 실적 미보유로 배제되었을 뿐만 아니라, 이 사건 제1공동행위의 내용이 각 입찰 건마다 입찰조건에서 요구되는 특정 구경 납품실적이 있는 업체들을 합의에 참여하도록 하는 것인 이상, 이 사건 동대문구 입찰은 2007. 8. 22.자 합의의 대상에 포함되지 아니하거나 위 합의의 효력이 미치지 않는다고 봄이 상당하다.

【상동광산 광물찌꺼기 유실방지사업 입찰 관련 부당한 공동행위 건】

서울고등법원 2017. 6. 15. 선고 2016누78242 판결(확정)

판결요지

낙찰자 결정의 핵심 요소인 기술제안서를 경쟁 사업자가 대신 작성하였다면 이는 부당한 공동행위가 있는 것으로 판단된다고 본 사례

이 사건 입찰에서 제안서 기술평가는 80%의 배점을 차지하여 이 사건 입찰의 낙찰 여부를 결정짓는 핵심요소이고, 기술제안서에는 입찰참가자의 중요한 경쟁요소인 신기술과 공법 등에 대한 내용이 포함되어 입찰 전까지 외부에 공개하지 않는 것이 일반적이다. 그런데 원고는 경쟁업체인 산하이앤씨에 자신의 기술제안서 등을 대신 작성하여 달라고 부탁하고 산하이앤씨가 이를 수락하였다. 이는 다른 형태의 대가를 전제로 하지 않고는 경쟁 사업자 사이에서 통상적으로 발생하기 어렵다.

【9개 자동차 해상운송 사업자의 부당한 공동행위 건】

서울고등법원 2018. 9. 13. 선고 2017누74025 판결(확정)

판결요지

기존 계약선사의 명시적인 존중 요청에 대하여 원고가 해당 입찰에 참가하지 않는다고 답변하였다면 그 자체로 이 사건 공동행위에 가담한 것이라고 본 사례

【TFT-LCD 패널 사업자의 부당한 공동행위 건】

서울고등법원 2014. 2. 13. 선고 2011누46417 판결(확정)

판결요지

자진신고한 사실을 소속 직원에게 고지하지 못한 상황에서 단순히 계약 체결에 의한 합의 외관만 작출하였다면 경쟁제한성이 인정되는 합의로 볼 수 없다고 판단한 사례

비진의 의사표시의 사업자에게 부당한 공동행위를 인정한 것은 자신은 합의를 이행할 의사가 없으나, 적어도 관련된 상대방을 묶어두기 위한 방편으로 계약을 체결할 적극적인 의사가 있었고, 그 경우에는 경쟁제한성이 인정되므로 부당한 공동행위가 인정되나, 이 사건에 있어 원고들은 이 사건 공동행위 관여 직원을 비롯한 전체 직원들에게 자진신고 사실을 고지하지 못하는 관계로 담당자인 베라왕이 관성적으로 다자회의에 참석하는 것을 방치하는 수준으로서, 그와 같은 과정에서의 합의는 계약을 체결할 의사가 없이 단순히 외관만을 작출하겠다는 의사로 보인다 할 것이므로, 이를 경쟁제한성이 인정되는 부당한 공동행위로 볼 수 없다.

【13개 유제품사업자의 시유 및 발효유 가격 관련 부당한 공동행위 건】

서울고등법원 2012. 1. 12. 선고 2011누18467 판결 등(확정)

판결요지

의식적 병행행위와 달리 동조적 행위는 합의 존재가 인정된다.

상호의존성이 강한 과점시장에서 경쟁사업자의 영업정책을 예측하거나 경쟁사업자의 영업정책이 주어진 상황으로 보고 이에 대응하여 독자적으로 자신의 행위를 결정한 결과 우연히 외형상 일치가 일어나는 '의식적 병행행위(Conscious Parallelism)'의 경우 공동행위가 인정되지 아니한다. 이와 달리 사업자들이 여러 경로를 통하여 빈번하게 접촉·교류하고 이를 통하여 의도적으로 가격정보를 교환하며 서로 교환된 정보를 이용하여 각자 행위내용을 조정하고 그 결과 일정한 행위가 외형상 일치하는 경우에는 사업자 각자의 독자적인 판단이 아니라 일련의 공조를 통한 행위라는 측면에서 단순한 의식적 병행행위가 아닌 '동조적 행위'(Concerted Action)에 해당되어 공동행위의 합의가 존재한 것으로 봄이 상당하다.

【5개 백판지 제조판매사의 부당한 공동행위 건】

서울고등법원 2016. 10. 28. 선고 2014누65884 판결(확정)

판결요지

두 개 품목에 대해 같은 기간 공동행위가 지속되었다면, 그 중 하나의 품목은 의사 합치 없이 가격 정보만 수집하였다고 보기는 어렵다고 판단한 사례

이 사건 일반백판지 공동행위와 고급백판지 공동행위는 이에 가담한 사업자와 공동행위가 지속된 기간이 거의 비슷하고 원고 등 4개사는 통상적으로 일반백판지의 기준가격 등에 관하여 합의한 후 같은 자리에서 고급백판지의 기준가격 등을 합의하였다. 그럼에도 원고가 이 사건 일반백판지 공동행위에는 계속 가담하면서도 이 사건 고급백판지 공동행위에 관하여는 의사의 합치 없이 단순히 가격 정보만 수집하였다는 것은 경험칙상 쉽게 납득하기 어렵다. 따라서 원고가 고급백판지 공동행위를 하였음을 인정할 수 있다.

【11개 소주 제조·판매사업자의 부당한 공동행위 건】

대법원 2014. 2. 13. 선고 2011두16049 판결

판결요지

합의 외형이 있더라도 과점 시장의 특성에 따라 국세청의 방침에 대처한 정도라면 합의가 존재한다고 보기 어렵다고 판단한 사례

비록 합의가 있었던 것처럼 보이는 외형이 존재하지만, 이는 각 지역별로 원고 진로와 해당 지역업체가 시장을 과점하는 시장구조에서, 국세청이 원고 진로를 통하여 전체 소주업체의 출고가격을 실질적으로 통제·관리하고 있는 소주시장의 특성에 따라 나머지 원고들이 국세청의 방침과 시장상황에 대처한 정도에 불과한 것으로 볼 수 있으므로, 위와 같이 겉으로 드러난 정황만으로 원고들 사이에 공동행위에 관한 합의가 있었다고 단정하기는 어렵다.

【4개 아이스크림콘 제조사업자의 부당한 공동행위 건】

대법원 2008. 10. 23. 선고 2008두10621 판결

판결요지

이메일, 업무수첩, 회사 내부문건 등의 기재내용이 실제 가격인상 과정과 상당히 부합하는 점 등에 비춰볼 때 합의의 존재가 인정된다고 본 사례

원고들의 직원 등이 작성한 이메일이나 업무수첩, 회사 내부문건 등에서 빙과 4개사(롯데제과, 빙그레, 롯데삼강, 해태제과)가 이 사건 제1, 2차 가격인상에 대하여 합의를 하였다고 볼 수 있는 다수의 기재가 발견되고 있고, 이 사건 제1, 2차 가격인상이 실제 이루어진 과정도 그 기재내용과 상당 부분 부합하는 점, 2003~2005년 사이에 이 사건 콘의 주요 원자재 중 분유류와 탈지분유만의 가격이 상승하였을 뿐 다른 원자재 가격은 환율하락으로 인해 크게 달라지지 않았는데, 6년 이상 가격이 오르지 않고 있던 이 사건 콘의 가격이 불과 1년여의 짧은 기간 내에 2차례에 걸쳐 300원(약 43%)이나 인상되었고, 그것도 빙과 4개사가 순차적으로 가격을 인상하였던 사정에 비추어 이를 일반적인 가격인상의 과정이었다고 보기 어려운 점, 이 사건 제1, 2차 가격인상이 있을 무렵 빙과 4개사가 공통적으로 100원 또는 200원의 가격을 인상하였던 빙과제품은 이 사건 콘뿐이고, 이들 제품은 빙과 4개사의 핵심 주력상품이었던 점, 빙과 4개사가 이 사건 제1, 2차 가격인상을 한 직후에는 그달의 매출액이 전년도에 비하여 감소하거나 아주 소폭으로 증가하였고, 2005년의 제1차 가격인상 당시 다른 회사에 비하여 뒤늦게 가격을 인상한 롯데삼강의 경우에는 다른 회사들이 모두 가격을 인상한 2005년 5월의 매출액이 전년도에 비하여 증가하였던 사정에 비추어, 빙과시장의 경우 최초로 가격

인상을 시도하는 제품의 시장점유율이 상승하고 경쟁사가 그에 따라 가격을 즉시 동반하여 인상하지 않으면 오히려 시장점유율이 하락한다는 원고들의 주장을 그대로 받아들이기는 어려운 점 등을 종합하여 보면, 이 사건 제1, 2차 가격인상은 빙과 4개사의 합의에 따른 것이었다고 볼 수밖에 없다.

【새만금방수제 만경 5공구 건설공사 입찰 관련 부당한 공동행위 건】

서울고등법원 2016. 4. 15. 선고 2015누45504 판결(확정)

판결요지

조사협력 감경을 이유로 허위로 합의 사실을 인정했다고 보기는 어렵다고 판단한 사례

원고는 이들이 조사협력감경을 받기 위해 허위의 사실을 진술하였다고 주장하나, 이들이 부과받은 과징금이 합계 46억 원이 넘고, 이들이 조사협력을 통하여 감경받은 비율이 30% 내지 15%라는 점을 고려하면 이들이 그러한 금액의 감경을 받고자 있지도 않은 사실을 허위로 진술하였다고 보기는 어렵다.

【방위사업청 발주 군납입찰 관련 부당한 공동행위 건】

서울고등법원 2017. 12. 21. 선고 2017누44574 판결(확정)

판결요지

검찰의 무혐의결정에 대해 확정된 형사판결과 동일한 증거가치를 부여할 수는 없는바, 검찰의 위 불기소처분은 검찰에서 관련자들이 일부 진술을 번복한 결과로서 위 사정만으로 이 사건 공동행위가 존재한다는 사실인정을 뒤집기에 부족하다고 본 사례

원고와 ○○가 이 사건 공동행위와 관련한 피의사실에 관하여 서울중앙검찰청으로부터 혐의없음의 불기소처분을 받은 사실은 인정된다. 그러나 동일한 사실관계에 관한 확정된 형사판결은 유력한 증거자료가 되므로 특별한 사정이 없는 한 이와 반대되는 사실을 인정할 수 없지만 검찰의 무혐의결정에 대해 확정된 형사판결과 동일한 증거가치를 부여할 수는 없는바, 검찰의 위 불기소처분은 검찰에서 관련자들이 일부 진술을 번복한 결과로서 위 사정만으로 이 사건 공동행위가 존재한다는 사실인정을 뒤집기에 부족하다.

판결요지

단지 합의 일시나 장소 등을 정확하게 특정하지 못하였다는 사정만으로는 진술의 신빙성을 부정할 수 없다고 본 사례

여러 품목에 대한 입찰담합이 이루어진 사건으로서 담합행위자, 담합의 경위 및 내용 등이 장기간 여러 차례 유무선의 연락을 통하여 정해졌으므로 단지 합의 일시나 장소 등을 정확하게 특정하지 못하였다는 사정만으로는 진술의 신빙성을 부정할 수 없다. 따라서 원고의 공동행위 사실을 부인하는 증인 ○○의 증언만으로는 원고가 제2공동행위에 가담한 사실을 부정할 수 없다.

③ 합의의 추정

【카드사의 중고차 할부금리 관련 부당한 공동행위 건】

대법원 2004. 10. 28. 선고 2002두7456 판결

판결요지

합의의 추정은 형벌규정이 아니므로 죄형법정주의에 반한다고 볼 수 없다.

구 공정거래법 제19조 제5항은 2 이상의 사업자가 일정한 거래분야에서 경쟁을 실질적으로 제한하는 제1항 각 호의 1에 해당하는 행위를 하고 있는 경우 그 사업자간에 그러한 행위를 할 것을 약정한 명시적인 합의가 없는 경우에도 그러한 합의를 한 것으로 추정한다는 취지일 뿐이며, 동 조항 자체가 형벌규정이 아닐 뿐만 아니라 구 공정거래법 제19조 제5항을 위반하였다고 하여 형사처벌을 한다는 규정도 찾아볼 수 없으므로, 동 조항이 죄형법정주의나 무죄추정원칙에 반한다고 볼 수 없다.

【3개사의 강관공장도가격 관련 부당한 공동행위 건】

서울고등법원 2000. 12. 21. 선고 98누12651 판결(확정)

판결요지

합의의 추정은 경영판단에 의한 경우, 공통 요인이 영향을 미친 경우, 과점시장에서 선도업체를 단순 모방한 경우 등이 입증되면 복멸될 수 있다.

부당한 공동행위의 추정을 복멸시킬 수 있는 사정은 ① 외부적으로 드러난 동일 유사한 가격책정행위가 실제로는 아무런 명시적·묵시적 합의나 상호간의 요해 없이 각자의 경영판단에 따라 독자적으로 이루어졌음에도 마침 우연한 일치를 보게 된 경우, ② 상대방 사업자와 공통적으로 관련된 외부적 요인이 각자의 가격결정 판단에 같은 정도의 영향을 미침으로써 부득이 동일 유사한 시기에 동일 유사한 행동을 할 수 밖에 없었던 경우, ③ 과점시장의 경우 가격선도업체가 독자적인 판단에 따라 가격결정을 하고 후발업체가 이에 동조하여 일방적으로 선도업체의 가격을 단순히 모방한 경우이다.

【7개 철근사업자의 부당한 공동행위 건】

대법원 2008. 9. 25. 선고 2006두14247 판결

판결요지

단순 모방으로 볼 수 있는 경우 합의의 추정은 복멸된다고 본 사례

대한제강의 2002. 3. 1. 1차 가격인상에 있어서는 원고가 사전에 다른 회사들과 가격인상에 관한 회합 등 직접적인 의사교환을 하였다는 정황이 없거나 매우 부족한 점, 사전 담합이 의심되는 내용이 기재된 문건들에 있어서도 원고가 관련되었다는 흔적이 전혀 없거나 거의 무시해도 좋을 수준인 점, 원고가 신문 등을 통하여 다른 회사들의 가격인상을 미리 알 수 있었던 점, 다른 회사들과 철근 관련 정보를 교환하였으나 한국제강 및 제일제강공업은 원고와 마찬가지로 철근 관련 정보를 교환하였음에도 불구하고 가격담합에 참여하지 않은 것으로 처리된 점 등을 종합해 보면, 신문 등을 통하여 가격인상에 관한 정보를 수집한 원고(2002년 생산능력 기준 4.7%)가 합계 약 87%의 시장점유율을 차지하는 다른 6개 회사들의 가격인상을 목격하고 이를 일방적으로 모방한 것으로 볼 수 있으므로, 원고의 1차 가격인상행위는 선발업체들의 가격인상을 단순히 모방한 행위로서 과점적 시장구조 하에서의 상호의존성에서 비롯된 병행적 가격책정에 해당한다고 보이고, 따라서 이 부분 부당한 공동행위의 합의추정은 복멸되었다고 할 것이다.

④ 특수한 합의(수직적 합의, 교사에 의한 합의 등)

【주파수공용통신장치 구매입찰 관련 4개 사업자의 부당한 공동행위 건】

서울고등법원 2009. 9. 22. 선고 2008누15277 판결(확정)

판결요지

구 공정거래법 제19조 제1항 후단의 '다른 사업자로 하여금 부당한 공동행위를 행하도록' 하는 행위는 교사하는 행위 또는 이에 준하는 행위를 의미하고 방조는 포함되지 않는다.

구 공정거래법 제19조 제1항 후단으로 '다른 사업자로 하여금 부당한 공동행위를 행하도록 하여서는 아니된다' 라는 규정을 신설하였는바, 위 법률조항의 입법취지 및 개정경위, 관련 법률조항의 체계, 이 조항이 시정명령과 과징금 납부명령 등 침익적 행정행위의 근거가 되므로 가능한 한 이를 엄격하게 해석할 필요가 있는 점 등에 비추어 보면, 위 제19조 제1항 후단의 '다른 사업자로 하여금 부당한 공동행위를 행하도록 하는 행위'는 다른 사업자로 하여금 부당한 공동행위를 하도록 교사하는 행위 또는 이에 준하는 행위를 의미하고, 다른 사업자의 부당한 공동행위를 단순히 방조하는 행위는 여기에 포함되지 않는다고 할 것이다.

【8개 메르세데스벤츠 승용차 딜러사 및 메르세데스벤츠코리아의 부당한 공동행위 건】

대법원 2019. 3. 14. 선고 2018두59670 판결

판결요지

이해관계가 상충되어 부당한 공동행위를 교사할 경제적 유인이 없는 점 등에 비추어 '교사한 행위'로 볼 수 없다고 판단한 사례

이 사건 딜러사들은 원고에게 지속적으로 공임 인상을 요구하여 왔고, 2009년에도 공임 인상 요구를 한 후 공임 인상 방법, 시기, 인상 폭 등에 관하여 원고와 협상을 한 것으로 판단될 뿐 원고가 일방적으로 제시하는 권장 공임에 따라 공임을 인상하였다고 보기는 어려운 점, 공임 인상에 관해 원고와 이 사건 딜러사들의 이해가 상충되는 등 원고에게 이 사건 딜러사들로 하여금 공임을 인상하도록 교사하거나 이에 준하는 행위를 할 정도의 경제적인 유인이 있었다고 보기 어려우므로 원고의 이 사건 행위는 딜러사들로 하여금 부당한 공동행위를 하도록 '교사한 행위 또는 이에 준하는 행위'에 해당되지 않는다.

【HDPE 제조판매사업자의 부당한 공동행위 건】

대법원 2014. 9. 4. 선고 2012두22256 판결

판결요지

직접 판매한 것이 아니라 판매위탁을 한 경우에도, 판매위탁자로서 실질적 거래주체에 해당하고, 직접 공동행위에 참여하기도 하였다면 담합에 참여한 것으로 본 사례

대림코퍼레이션은 원고가 생산한 HDPE를 판매하고 적정 판매수수료를 공제한 나머지 판매대금을 원고에게 지급하는 관계였으므로, 원고는 대림코퍼레이션 또는 베스트폴리머가 판매를 담당한 기간에도 판매위탁자로서 국내 HDPE 판매 시장에서 실질적 거래주체인 지위에 있었다고 볼 수 있는 점, 원고는 대림코퍼레이션 또는 베스트폴리머의 판매기간 직전인 1994년 4월경부터 1996년 9월경까지, 직후인 2003년 3월경부터 2005년 3월경까지 이 사건 공동행위에 직접 참여하였을 뿐만 아니라, 원고의 대표이사가 대림코퍼레이션 또는 베스트폴리머의 판매기간을 포함하여 1994년 5월경부터 2005년 4월경까지 이 사건 공동행위의 일환으로 개최된 사장단 모임에도 지속적으로 참석하였으며, 대림코퍼레이션 등이 이 사건 공동행위에 가담한 일부 기간 중에도 HDPE의 연도별 또는 매분기별 전체적인 감산방안과 각 사별 판매량을 합의하는 등의 생산량 담합에 직접 참여하여 이 사건 공동행위를 유지·강화하는 데 직접적으로 기여해 온 점 등 제반 사정을 종합하여 보면, 원고는 대림코퍼레이션과 베스트폴리머를 통하여 이 사건 담합에 참여한 것으로 보인다.

【12개 벽지 제조 · 판매사들의 부당한 공동행위 건】

대법원 2014. 6. 26. 선고 2012두21246 판결

판결요지

대리점을 통해 사실상 가격을 결정하는 방법으로 합의한 것으로 본 사례

LG화학 특판대리점의 특판가는 LG화학과 특판대리점의 관계 등 때문에 사실상 LG화학에 의하여 결정된 사실, 특판가가 시판가와 연동되는 특성상 LG화학 내부 업무처리 과정에서 특판가의 인상에 시판업무 담당자의 협조가 필요하였던 사실 등에 비추어 LG화학이 2004년에는 물론 2008년에도 다른 벽지 사업자들과 특판가 인상합의를 한 것으로 보인다.

【부산지역 온나라시스템 입찰 관련 부당한 공동행위 건】

서울고등법원 2015. 1. 30. 선고 2014누3983 판결 등(확정)

판결요지

직접 입찰에 참가하지는 않았더라도 합의에 참여할 경제적 유인이 있고, 합의 장소 제공 등으로 합의 유지에 기여하였다면 합의 당사자로 본 사례

원고는 경쟁자를 배제하고 독점공급 내지 안정적 매출을 꾀하며 그 과정에서의 최대한의 이윤확보를 목적으로 낙찰자나 투찰가격을 정한 이 사건 합의에 참여할 경제적 유인이 충분히 존재하고, 원고는 이 사건 입찰에서 대기업의 입찰참여가 제한되자 원고의 경쟁자의 협력업체가 낙찰받게 되면 이 사건 입찰의 구성물품을 독점공급 할 수 없게 될 것을 우려하였으므로, 원고가 화인 등 3개사의 이 사건 합의가 성사되도록 합의의 장소를 제공하는 등 적극적으로 지원하여 이 사건 합의가 공고하게 유지될 수 있었다고 봄이 상당하다.

【글락소스미스클라인 및 동아제약의 부당한 공동행위 건】

서울고등법원 2012. 10. 11. 선고 2012누3028 판결(확정)

판결요지

수직적 경쟁관계에서도 합의가 성립할 수 있다.

구 공정거래법 제19조 제1항 본문 전단은 사업자가 '다른 사업자'와 공동으로 부당하게 경쟁을 제한하는 행위를 할 것을 합의하여서는 아니 된다고 규정할 뿐, 그들 사이에 수평적 경쟁관계가 있을 것을 요건으로 하지 않고 있으며, 또한 수평적 경쟁관계에

있지 않은 사업자들의 공동행위라 할지라도 그것이 시장에서 부당하게 경쟁을 제한하거나 제한할 우려가 있다면 규제의 필요성이 인정되는바, 공정거래법상 부당한 공동행위가 성립하기 위해 반드시 공동행위 참여자들 사이에 수평적 경쟁관계가 있어야 한다고 볼 수는 없다.

【7개 영화 배급 · 상영업자의 부당한 공동행위 건】

서울고등법원 2009. 10. 7. 선고 2009누2483 판결(확정)

판결요지

수직적 관계인 영화 배급업자와 상영업자 사이에도 합의가 성립할 수 있다고 본 사례

수평적 경쟁관계에 있지 아니한 사업자도 수평적 경쟁관계에 있는 다른 사업자들과 공동하여 구 공정거래법 제19조 제1항 소정의 부당한 공동행위를 할 수 있다 할 것이다. 이러한 법리에 따르면, 영화 배급업자인 원고도 수직적 관계에 있는 영화 상영업자와 공동하여 구 공정거래법 제19조 제1항 소정의 '부당한 공동행위'를 할 수 있다.

2) 부당한 공동행위의 수와 기간

(가) 부당한 공동행위의 수

① 의의

【인천지역 레미콘 제조 · 판매사업자의 부당한 공동행위 건】

서울고등법원 2019. 1. 10. 선고 2018누49514 판결(확정)

판결요지

합의의 진행 중 그 구체적 내용이나 구성원에 일부 변경이 있더라도 전체적으로 1개의 공동행위가 성립할 수 있다.

사업자들이 경쟁을 제한할 목적으로 공동하여 향후 계속적으로 가격결정, 유지 또는 변경행위 등을 하기로 하면서 결정주체, 결정방법 등에 관한 일정한 기준을 정하고 이를 실행하기 위하여 계속적인 회합을 가지기로 하는 등의 기본적 원칙에 합의한 다음 이에 따라 위 합의를 실행하는 과정에서 수회에 걸쳐 회합을 가지고 구체적인 가격결정 등을 위한 합의를 계속해 온 경우, 회합 또는 합의의 구체적 내용이나 구성원에 일부 변경이 있더라도 위와 같은 일련의 합의는 전체적으로 1개의 부당한 공동행위로 보는 것이 타당하다.

【3개 설탕 제조사업자의 부당한 공동행위 건】

대법원 2010. 3. 11. 선고 2008두15169 판결

판결요지

기본적 원칙에 관한 합의가 없더라도 단일한 의사로 동일한 목적을 수행하기 위하여 단절 없이 계속 실행되어 왔다면 전체적으로 1개의 공동행위가 성립한다.

기본적 원칙에 관한 합의 없이 장기간에 걸쳐 여러 차례의 합의를 해 온 경우에도 그 각 합의가 단일한 의사에 터잡아 동일한 목적을 수행하기 위한 것으로서 끊임없이 계속 실행되어 왔다면, 그 각 합의의 구체적인 내용이나 구성원 등에 일부 변경이 있었다고 할지라도, 특별한 사정이 없는 한 그와 같은 일련의 합의는 전체적으로 1개의 부당한 공동행위로 봄이 상당하다.

【민간건설사 발주 연도 및 건식에어덕트 공사 입찰 관련 부당한 공동행위 건】

서울고등법원 2017. 9. 14. 선고 2017누47917 판결(확정)

판결요지

공동행위 기간 중 일부 입찰이 합의 대상에서 제외되었더라도 전체적으로 1개의 공동행위가 성립하는 것으로 본 사례

이 사건 입찰 중 합의가 되지 않아 경쟁을 통해 정상적으로 입찰에 참여한 건들도 일부 있었지만, 이는 원고 등이 입찰에 참여할 사업자를 확인하지 못하거나 신규 참여업체가 있어 합의하지 못하는 등 특별한 사정이 있었기 때문인 것으로 보이고, 위와 같은 일부 정상적 입찰 이후에도 원고 등은 이 사건 공동행위를 계속하였으며, 원고 등은 이 사건 공동행위 조사단계부터 심의절차에 이르기까지 일관되게 1차 공동행위 기간 또는 2차 공동행위 기간 입찰담합이 파기되지 않고 지속되었음을 인정하였으므로 1차 공동행위는 전체적으로 1개의 부당한 공동행위로 봄이 상당하다.

【동보장치 구매설치 입찰 관련 부당한 공동행위 건】

서울고등법원 2019. 8. 29. 선고 2019누34403 판결(확정)

판결요지

장기간에 걸친 공동행위 기간 중 원고의 주장과 같이 일부 정상적인 경쟁입찰이 있었다 하더라도 그와 같은 경쟁입찰 이후로도 동일한 방식에 의하여 이 사건 공동행위가 지속된 이상 합의가 단절되었거나 파기되었다고 보기 어렵다고 본 사례

이 사건 공동행위의 개별 발주기관이 다르다고 하더라도 이는 모두 공공기관이 발주하는 동보장치 입찰시장에서 선 영업활동을 한 사업자가 가격경쟁을 피하고 낙찰 받기 위하여 다른 동보장치 업체들을 들러리 사업자로 정하여 투찰가격을 합의한 것으로, 단일한 의사와 동일한 목적에 기해 이루어졌고 이와 같은 목적과 의도는 달라지지 아니하며, 2009년부터 2014년까지 장기간에 걸친 공동행위 기간 중 원고의 주장과 같이 일부 정상적인 경쟁입찰이 있었다 하더라도 그와 같은 경쟁입찰 이후로도 동일한 방식에 의하여 이 사건 공동행위가 지속된 이상 합의가 단절되었거나 파기되었다고 보기 어렵다.

【13개 비료 제조 · 판매사의 부당한 공동행위 건】

서울고등법원 2013. 12. 19. 선고 2012누25936 판결(확정)

판결요지

부당한 공동행위가 서로 다른 관련시장에 속하는 수개의 상품을 대상으로 하였을 경우 반드시 논리필연적으로 관련시장 별로 수개의 부당한 공동행위가 성립된다고 볼 만한 합리적인 근거는 없다.

원고 등 사업자들의 각 비종별 합의는 모두 단일한 의사에 기하여 동일한 목적을 수행하기 위한 것이었다는 점, 이 사건 공동행위에 가담한 사업자들을 개별 비종별로 독립된 별개의 합의를 한 것이 아니라 입찰의 대상에 포함된 전체 품목을 대상으로 합의에 이르렀다고 평가할 수 있고, 다만 그 협의 결과에 따라 각각 다른 품목의 입찰에 참가하였을 뿐인 점, 이 사건 공동행위에 관한 합의는 그 합의 방식이나 형태, 내용의 기초가 큰 변화 없이 그대로 유지되었다는 점, 이 사건 각 합의에 따른 실행행위는 각 비종별 입찰방식의 차이나 비종별 입찰방식의 변경여부와 상관없이 단절됨이 없이 계속되었고, 최종적으로 구매예정가격과 거의 같은 가격으로 계통단가가 정해지도록 한 점 등을 종합하면, 비종별 관련시장이 별개인지 여부와 관계없이 이 사건 합의는 전체적으로 하나의 공동행위에 해당한다고 봄이 상당하다.

② 판단례

【한국전력공사 전력선 구매입찰 관련 부당한 공동행위 건】

대법원 2015. 2. 12. 선고 2013두6169 판결

판결요지

종전의 취약했던 합의 구조를 개선하여 새로운 담합을 시작하려는 취지의 경우 별개의 공동행위가 성립한다고 본 사례

2000년 합의는 1998년 합의와 비교하여 그 내용상 상당한 변화가 있었고, 이처럼 합의

내용이 변한 이유는 1999년처럼 합의가 불성립하여 경쟁 입찰로 나아가는 상황을 방지하기 위한 새로운 장치들을 만들어 두기 위한 것이었으므로, 종전의 취약했던 합의 구조를 개선하여 새로운 담합을 시작하려는 취지의 것으로 볼 수 있고, 또한 합의가 불성립하여 경쟁 입찰로 나아간 후 다음 해 입찰에서 다시 새로운 합의를 시도하기 위해서는 합의에 관한 새로운 결의가 필요한 바, 1998년 합의 당시에 향후 합의가 불성립하여 경쟁 입찰로 나아갈 경우까지 대비한 합의가 이미 있었다고 볼 자료도 없다. 이러한 점에 비추어, 1998년 합의와 2000년 이후의 합의가 단일한 의사에 기하여 동일한 목적을 수행하기 위한 것이었다고 보기 어려운바, 양 합의는 별개이고, 1998년 합의는 처분시효가 경과하였으므로, 원심이 위 양 합의가 단절됨이 없이 계속되어 1998년 합의의 처분시효가 경과하지 않았다고 판단한 것은 위법하다.

【오존주입설비 구매 설치 공사 입찰 관련 부당한 공동행위 건】

대법원 2016. 12. 27. 선고 2016두43282 판결

판결요지

각 입찰마다 새로운 의사로 합의를 하여 수 개의 공동행위가 성립한다고 본 사례

이 사건 공동행위 기간 중 실시된 29건의 오존주입설비 관련 입찰 가운데 14건의 입찰에 관해서만 담합이 이루어졌고 나머지 15건의 입찰 또는 수의계약에서는 각 회사의 영업력 등을 바탕으로 치열한 경쟁이 이루어졌던 것으로 보인다. 피고는 이 사건 공동행위의 대상인 14건의 입찰 외에는 오조니아와 원고가 담합할 실효성이 적거나 성격이 맞지 않는 입찰이었다는 취지로 주장하나, 피고가 2016. 4. 18.자 준비서면에서 "공동행위가 이루어지지 않은 15건의 경우 피고가 별도로 조사를 진행하지 않은 관계로 원고가 이 사건 소송 중에 제출한 갑 제11호증의 자료 외에는 자료를 갖고 있지 않다."라고 진술하고 있는 사정 등에 비추어 보면 피고가 내세우는 사정만으로 위 15건의 입찰 또는 계약 내역의 존재에도 불구하고 원고와 오조니아 사이에 공동행위가 단절 없이 지속되었다는 점이 증명되었다고 보기는 어렵다. 원고와 오조니아가 합의 시마다 발주 예정 상황과 각자 회사의 이해관계 등을 기초로 새로운 의사 합치를 거쳐 공동행위를 하였다고 보는 것이 타당하다.

【한국전력공사 발주 기계식 전력량계 구매입찰 관련 부당한 공동행위 건】

서울고등법원 2015. 7. 16. 선고 2014누70466 판결(확정)

판결요지

공동행위 기간 중 일부 경쟁이 있었으나 이후 바로 동일한 합의가 이뤄진 점에서 공동행위가 단절 없이 지속되었다고 본 사례

2009. 10. 6. 단상 40A, 단상 120A 품목의 입찰일에 경쟁입찰이 이루어지기는 하였으나, 이는 사전 합의된 물량에 이의를 제기하는 피에스텍의 돌출 행동에 의하여 발생한 것일 뿐으로서, 위 입찰에 관하여도 배분물량 등에 대한 합의는 이루어진 상태였고, 그로부터 불과 14일 후로 예정되어 있던 삼상 40A 품목의 입찰에서는 이전과 동일한 방식으로 합의가 이루어졌으며, 여기에 경쟁입찰의 원인을 제공한 피에스텍도 참여하였는바, 위와 같이 일시적인 경쟁입찰로 인하여 이 사건 공동행위가 단절되었다고 볼 수도 없다.

【황동봉 가격 관련 부당한 공동행위 건】

서울고등법원 2010. 6. 8. 선고 2009누2490 판결(확정)

판결요지

공동행위 기간 중 일부 명시적 합의가 없더라도 그 자체로 단절되었다고 볼 수는 없다고 판단한 사례

2002. 3.경부터 2003. 10.경까지 1년 8개월 정도의 기간 동안 명시적 합의가 없었다고 하더라도, 위 기간 중 합의가 단절되거나 파기되지 아니한 이상, 당해 기간을 공동행위가 이루어진 전체 기간에서 제외할 이유는 없는 점 등에 비추어 보면, 원고 등이 각각의 가격 담합을 하고 이를 실행한 일련의 행위는 전체적으로 하나의 부당한 공동행위에 해당한다고 봄이 상당하다.

【3개 굴삭기 및 휠로다 사업자의 부당한 공동행위 건】

대법원 2008. 9. 25. 선고 2007두3756 판결

판결요지

공동행위 기간 중 합의 내용에 일부 변경이 있더라도 합의의 목적이 동일하고 단절 없이 계속되었다면 1개의 공동행위가 성립한다고 본 사례

2001. 5. 15. 영업담당자 모임 등을 통해 가격인상에 관하여 합의한 이래 약 4년간 그

대상인 굴삭기 및 휠로다 판매조건에 관한 합의를 지속하여 왔는데, 그 사이 이 사건 회사들의 주요 기종별 판매가격과 전체 할인율 등의 판매조건에 일부 변동이 있었을 뿐 부당한 공동행위를 하려는 의사나 목적이 달라졌다고 보이지 아니하며 그 실행행위 또한 단절됨이 없이 계속되어 왔으므로, 이 사건 회사들이 약 4년간 공동으로 하였던 수 회의 합의는 전체적으로 굴삭기 및 휠로다에 대한 각 1개의 부당한 공동행위를 형성한다고 보아야 한다.

(나) 부당한 공동행위의 기간

① **종료일의 의미**

【5개 가성소다 사업자의 부당한 공동행위 건】

대법원 2008. 10. 23. 선고 2007두12774 판결

판결요지

합의 탈퇴 의사 전달과 함께 합의가 없었다면 형성되었을 수준까지 가격을 인상 등 합의에 반하는 행위를 하여야 합의의 파기가 인정된다.

합의에 참가한 일부 사업자가 부당한 공동행위를 종료하기 위해서는 다른 사업자에 대하여 합의에서 탈퇴하였음을 알리는 명시적 내지 묵시적인 의사표시를 하고 독자적인 판단에 따라 담합이 없었더라면 존재하였을 가격 수준으로 인하하는 등 합의에 반하는 행위를 하여야 하며, 합의에 참가한 사업자 전부에 대하여 부당한 공동행위가 종료되었다고 하기 위해서는 합의에 참가한 사업자들이 명시적으로 합의를 파기하고 각 사업자가 각자의 독자적인 판단에 따라 담합이 없었더라면 존재하였을 가격 수준으로 인하하는 등 합의에 반하는 행위를 하거나 또는 합의에 참가한 사업자들 사이에 반복적인 가격 경쟁 등을 통하여 담합이 사실상 파기되었다고 인정할 수 있을 만한 행위가 일정 기간 계속되는 등 합의가 사실상 파기되었다고 볼 수 있을 만한 사정이 있어야 한다.

【6개 흑연전극봉 사업자의 부당한 공동행위 건】

대법원 2006. 3. 24. 선고 2004두11275 판결

판결요지

부당한 공동행위가 종료한 날은 그 합의에 기한 실행행위가 종료한 날을 의미한다.

'법의 규정에 위반하는 행위가 종료한 날'을 판단함에 있어서도 각각의 회합 또는 합의를 개별적으로 분리하여 판단할 것이 아니라 그와 같은 일련의 합의를 전체적으로 하나의

행위로 보고 판단하여야 할 것이고, 또한, 가격 결정 등의 합의 및 그에 기한 실행행위가 있었던 경우 부당한 공동행위가 종료한 날은 그 합의가 있었던 날이 아니라 그 합의에 기한 실행행위가 종료한 날을 의미한다고 할 것이다.

【국토지리정보원 발주 항공촬영용역 입찰 관련 부당한 공동행위 건】

서울고등법원 2018. 9. 20. 선고 2018누48115 판결(확정)

판결요지

이 사건 제1공동행위 또는 이 사건 제2공동행위로 인하여 사라졌던 경쟁요소가 회복된 날에 하나의 공동행위가 중단된 것으로 볼 수 있다고 판단한 사례

이 사건 공동행위가 중단된 사정만으로 이 사건 제1공동행위인 2009년 1차 합의와 2차 합의 및 제3공동행위를 구성하는 각 합의를 별개의 개별적인 공동행위로 볼 것은 아니고, 세부사항을 정함에 있어 원고 등 사업자들 사이에 발생한 의견의 불일치로 인하여 이 사건 제1공동행위 또는 이 사건 제2공동행위로 인하여 사라졌던 경쟁요소가 회복된 날에 하나의 공동행위가 중단된 것으로 볼 수 있을 뿐이다.

【6개 칼라강판 제조 및 판매사업자의 부당한 공동행위 건】

대법원 2016. 10. 27. 선고 2015두35871 판결

판결요지

가격 인하 폭이 작거나 상호 감시를 유지하는 등 합의에 반하는 행위를 했다고 보기 어려운 점 등에 비추어 합의가 중단되었다고 보기 어렵다고 판단한 사례

원고 등 6개사가 일시적인 여건의 변화로 가격을 일부 인하한 사정만으로는 독자적인 판단에 따라 담합이 없었더라면 존재하였을 가격 수준으로 인하하는 등 합의에 반하는 행위를 하였다고 보기 어려운 점, 원고 등 6개사는 합의된 기준가격 준수 여부를 상호 감시하는 등 판매가격 할인을 견제하였던 점 등에 비추어 보면, 이 사건 공동행위가 2005년 6월부터 2006년 2월까지 또는 2008년 11월경부터 2009년 3월까지 각 중단되었다거나, 2010. 8. 31.경 종료되었다고 보기 어렵다.

【조달청 발주 수중펌프구매 입찰 관련 부당한 공동행위 건】

서울고등법원 2016. 6. 29. 선고 2014누43020 판결(확정)

판결요지

일부 입찰의 합의에만 참가했다면 해당 입찰에 대한 실행행위의 종료 시 해당 사업자의 공동행위는 종료된다고 본 사례

원고는 1,350㎜ 이하 구경에 관한 2005. 2. 합의에만 참여하였을 뿐 나머지 합의에는 원천적으로 가담 자체를 하지 않았다. 따라서 원고에 대해서는 전체 공동행위의 종료 시점이 아닌 원고가 가담한 2005. 2. 합의에 따른 실행행위가 최종적으로 종료된 때에 공동행위가 종료되었다고 봄이 타당하다. 이와 달리 이론적으로 수 개의 합의에 따른 일련의 행위가 1개의 부당한 공동행위로 인정될 수 있다는 이유만으로 기본 합의의 존재가 증명되지 않은 상태에서 원고가 가담하지도 않은 2007. 5. 합의에 따른 실행행위의 종료 시점까지 원고에게 행위 가담의 책임을 지운다면, 원고의 책임과 무관하게 공동행위의 종기가 장기간에 걸쳐 연장될 수 있는 불합리한 결과가 초래된다.

【설탕 사업자의 가격 관련 부당한 공동행위 건】

대법원 2010. 3. 11. 선고 2008두15176 판결

판결요지

담합에 참여한 3개 회사 중 2개 회사가 담합에서 탈퇴한 것으로 인정되는 경우에는 남아 있는 회사가 1개 뿐이고, 이러한 경우에는 담합의 성립요건 중 '2인 이상 사업자들 사이의 의사의 합치'라는 요건을 충족하지 못하게 되므로 그 담합은 종료된다.

② 판단례

【액화천연가스 저장탱크 비파괴검사용역 입찰 관련 부당한 공동행위 건】

서울고등법원 2017. 5. 31. 선고 2016누51599 판결(확정)

판결요지

탈퇴를 명시적으로 선언하거나, 이에 따라 독자적으로 투찰을 실행한 날 합의가 종료되었다고 본 사례

원고들은 2011. 7. 8. 입찰공고된 '삼척생산기지 1~4호기 LNG탱크 비파괴검사 용역 입찰' 건과 관련한 2011. 7. 18.자 사장단 모임에 참여하여, 기존에 합의된 원칙을 바탕으로 위 입찰에 관한 세부사항을 조율하였는바, 이 사건 공동행위에 관한 합의는 일부 업체들이 합의에서 탈퇴한다고 명시적으로 선언한 2011. 7. 18. 또는 그러한 선언에 따라 실제로

독자적인 판단에 따라 투찰을 실행한 2011. 8. 5.까지는 전혀 중단되거나 파기되지 않고 계속 유지되었다.

【조달청 발주 입축펌프구매 입찰 관련 11개 사업자의 부당한 공동행위 건】

대법원 2020. 11. 26. 선고 2016두47666 판결

판결요지

구체적인 합의 방식에 일부 변화가 있었다거나 각 합의의 실행 도중 일부 경쟁 입찰이 실시된 적이 있었다고 하더라도 공동행위의 연속성이 단절된다고 보기 어려우므로 하나의 공동행위로 보아야 한다고 판단한 사례

합의방식이 단순순번제로 시행되다가 2007. 8. 22. 이후부터 공동순번제와 이익금배분제가 도입되었다 하더라도 이는 참여자들의 요구와 시장 상황의 변화를 반영하여 합의 참여자들의 안정적 수익을 보장하면서도 이익배분의 형평성을 높이기 위하여 그 실행방식을 정교하게 발전시킨 것에 불과하고, 경쟁을 회피하여 참여자들의 이익을 증대시키고 안정적 수익을 창출하려는 이 사건 공동행위의 목적은 계속 유지되고 있었으므로, 합의 방식의 변화로 공동행위의 연속성이 단절되었다고 보기 어려우며, 전체적인 합의의 성립 과정과 실행 경위 등을 살펴볼 때 합의의 성격과 본질이 근본적으로 달라졌다고 보기 어려운 점 등을 고려하면 위와 같은 사정만으로 공동행위가 단절되었다고 보기 어렵다.

【지하철 SMRT몰 사업자 공모입찰 관련 부당한 공동행위 건】

대법원 2015. 5. 28. 선고 2015두37396 판결

판결요지

이 사건 공동수급체와 롯데정보통신이 이 사건 입찰에 참여함으로써 이 사건 합의는 최종적으로 실현되었고 예정된 경쟁제한 효과도 확정적으로 발생하여 입찰 참가일에 공동행위가 종료되었다고 본 사례

이 사건 합의는 이 사건 입찰이라는 특정 거래에 관하여 '이 사건 공동수급체와 롯데 사이에 이 사건 공동수급체를 우선협상대상자로 사전에 결정하고, 이에 따라 롯데가 이 사건 공동수급체보다 높은 투찰가격으로 이 사건 입찰에 참여하는 것'을 그 내용으로 할 뿐이며, 이를 넘어 추가적으로 경쟁을 제한할 우려가 있는 다른 행위를 예정하고 있지 않다. 따라서 이 사건 공동수급체와 롯데가 2008. 11. 11. 이 사건 입찰에 참여함으로써, 이 사건 합의는 그 내용이 최종적으로 실현되었고 예정된 경쟁제한 효과도 확정적으로

발생되었으므로, 이 사건 공동행위는 위 입찰 참여일인 2008. 11. 11. 종료되었다고 봄이 타당하다.

【한국가스공사 발주 천연가스 주배관 및 관리소 건설공사 입찰 관련 부당한 공동행위 건】

서울고등법원 2016. 10. 21. 선고 2016누31892 판결(확정)

판결요지

계약 체결일에 합의 실행이 종료되어 공동행위가 종료된다고 본 사례

한국가스공사의 입찰공고문과 입찰결과보고에 의하면 1차 주배관 공사는 입찰만으로 계약이 성립하지 않고, 최저가입찰자에 대한 입찰금액적정성심사를 거쳐 낙찰자가 결정된 후 최종적으로 계약을 체결하게 되는 것이므로 계약체결일에 비로소 입찰담합에 의한 부당한 경쟁제한 효과가 확정적으로 발생하였다고 보아야 한다.

【6개 칼라강판 사업자의 부당한 공동행위 건】

서울고등법원 2015. 9. 16. 선고 2013누14759 판결(확정)

판결요지

담합에 편승한 일종의 기만행위적 성격의 가격인하로는 합의가 파기되었다고 인정하기 어렵다고 판단한 사례

원고 등 6개사는 앞서 본 기간 동안에도 임원 모임 등을 통하여 저가 판촉이나 수요처 침범을 자제하는 등 전면적인 가격 경쟁이 발생하지 않도록 하자는 내용의 합의를 반복적으로 하였고, 나아가 이러한 합의가 지켜지는지 상호 감시하고 합의를 어긴 경쟁사업자에 대해서 항의하기도 하였다. 한편, 일부 사업자는 이 사건 공동행위에 가담한 다른 경쟁사업자와 복수로 공급하는 수요처에 대해서는 칼라강판 가격을 할인하여 주지 않는 등 은밀한 방법으로 저가 판촉을 하였는데, 이는 담합에 편승한 전형적인 기만행위(cheating)에 해당한다고 보인다. 이러한 사정들을 종합할 때, 제출된 증거만으로는 원고 등 6개사가 2008년 11월경~2009년 2월경 칼라강판의 가격을 인하한 조치가 이 사건 공동행위에 반하는 행위에 해당한다거나 이를 통하여 이 사건 공동행위가 파기되었다고 인정하기에 부족하다. 오히려 위와 같은 가격 인하는 이 사건 공동행위의 기본 틀을 유지하면서도 시장의 급격한 변화에 대응하여 각자의 이익을 최대한 추구한 결과에 불과하다고 판단된다.

【항공화물 운송사업자의 부당한 공동행위 건】

대법원 2014. 12. 24. 선고 2012두6216 판결 등

판결요지

특별한 사정이 없는 이상 영업 양도 시 양도인의 합의는 종료된다.

합의에 참가한 일부 사업자가 당해 영업을 제3자에게 양도하여 더 이상 그 영업을 영위하지 아니하였다면, 양수인이 영업을 양수한 이후 그 합의에 가담하여 이에 따른 실행행위를 하였다고 하더라도, 양도인이 양수인의 위반행위를 교사하였다거나 또는 양수인의 행위를 양도인의 행위와 동일시할 수 있는 등 특별한 사정이 없는 한 양도인의 실행행위는 영업양도 시점에 종료되었다고 할 것이고, 양도인에 대한 처분시효도 그 때로부터 진행된다고 보아야 한다.

【5개 보일러 제조 · 판매사업자의 부당한 공동행위 건】

서울고등법원 2015. 7. 24. 선고 2014누55412 판결(확정)

판결요지

기존 기본합의의 명시적 합의 후 이와 상당한 차이가 있는 다른 합의가 이루어졌다면 이는 별개의 합의에 해당하는바, 이때 기존 합의는 종료된 것으로 보아야 한다.

입찰담합에서 부당한 공동행위의 종기인 그 합의에 기초한 실행행위가 종료한 날이라 함은, 해당 행위의 실행으로서의 사업 활동이 없게 된 날을 말하므로 단지 위반행위자 내부에서 위반행위를 중지하기로 하는 결정을 한 것만으로는 충분하지 아니하고 원칙적으로 위반행위자 상호간에 구속 상태를 해소시키기 위한 외부적인 징표가 필요하므로 특별한 사정이 없다면 위반행위자 전원이 부당한 거래제한 행위의 파기를 명시적으로 합의하여 결정한 시점이나, 그렇지 아니하더라도 일부의 위반행위자가 부당한 거래제한의 합의에서 명시적으로 이탈하여 더는 기본합의를 그대로 유지할 수 없게 되어 입찰담합행위의 동일성이 유지되지 아니하게 되는 시점을 말한다. 따라서 기본원칙에 관한 합의에 기초하여 여러 차례의 개별 합의가 계속되던 중 일부 가담자가 기본합의를 명시적으로 파기하였고, 그 후 기본합의의 내용에 있어서 기존의 기본합의와 상당한 차이가 있는 다른 합의가 이루어졌다면, 그 새로운 합의는 기존에 계속되던 합의와 구별되는 별개의 새로운 합의로 보아야 하므로 이로써 기존의 기본합의에 기초하여 이루어진 위반행위는 종료하게 된다고 해석하여야 한다.

【3개 인터넷회선사업자의 부당한 공동행위 건】

대법원 2008. 12. 11. 선고 2007두2593 판결

판결요지

약관에 따른 할인 수준인 경우에는 합의 파기로 보기 어렵다고 판단한 사례

이 사건 합의에 따른 약관요금 적용 이후 원고 등이 별도로 이용약관상 요금을 변경하지 아니한 점, 특히 일시적인 요금면제 행위의 경우에는 면제기간이 종료되면 이용약관에 따라 이 사건 합의에 따른 요금이 그대로 적용되는 점, 원고 등이 약관과 달리 무료 이용기간을 제공하고 약관상 속도보다 높은 속도를 제공하는 등의 요금면제 · 할인 행위를 하는 것은 이 사건 합의에 따른 약관요금을 그대로 유지한 채 실제로 받아야 하는 약관요금보다 더 할인 면제해 준다는 유인책으로 활용한 것으로 볼 수 있어 이를 이 사건 합의의 파기로 보기 어렵다.

【5개사 가성소다 사업자의 부당한 공동행위 건】

대법원 2008. 10. 23. 선고 2007두12774 판결

판결요지

전체 사업자의 평균 가격의 인하가 시작된 시점에 합의가 파기된 것으로 판단한 사례

일부 사업자가 다른 사업자들에게 합의에서 탈퇴할 것을 명시하면서 가격을 원래대로 환원하는 경우가 아닌 한, 일부 사업자만의 평균가격이 아니라 원고 등의 전체적인 평균가격이 인하되어 이 사건 각 공동행위에 의하여 형성된 가격이 붕괴된 때에 합의가 존속하지 않게 되었다고 할 것이므로 이 사건 각 가격 결정의 합의는 합의에 참여한 사업자 전부가 가격을 인하하기 시작한 시점에 합의가 파기된 것으로 보아야 한다.

【5개 은행의 수출환어음 매입수수료 관련 부당한 공동행위 건】

대법원 2011. 4. 28. 선고 2009두4661 판결

판결요지

2005. 9.부터 신용등급별로 인수수수료율을 차등적용하고 이를 인터넷 홈페이지에 공개하였다고 하여 다른 사업자에게 명시적 또는 묵시적으로 인수수수료 신설합의에서 탈퇴한다는 내용의 의사표시를 하였다고 보기 어렵다고 본 사례

원고가 2005. 9.부터 신용등급별로 인수수수료율을 차등적용하고 이를 인터넷 홈페이지에 공개하였다고 하여 다른 사업자에게 명시적 또는 묵시적으로 인수수수료 신설

합의에서 탈퇴한다는 내용의 의사표시를 하였다고 보기 어렵고, 원고가 2005. 9.부터 적용한 신용등급별 인수수수료율은 이 사건 인수수수료 신설합의에서 정한 요율을 신용등급에 따라 약간 조정한 요율에 불과한 것으로 보이는 점 등에 비추어, 원고가 2005. 9. 인수수수료 신설합의에서 탈퇴한 것으로 볼 수 없다.

【2개 제지용 고무롤 제조 · 판매사업자의 부당한 공동행위 건】

서울고등법원 2016. 5. 27. 선고 2015누50797 판결(확정)

판결요지

비록 피고에 의하여 자진신고자 지위를 인정받지 못하였다고 하더라도, 원고가 이후에도 계속 부당한 공동행위를 하였다는 사실이 인정되지 않는 이상 자진신고를 한 때 부당행위를 중단하였다고 보아야 한다.

【TFT-LCD 패널 사업자의 부당한 공동행위 건】

서울고등법원 2014. 2. 13. 선고 2011누46417 판결(확정)

판결요지

자진신고 이후 조사 협조를 위하여 외견상 합의 자리에 참석하였다면 자진신고일에 합의가 종료된다고 본 사례

비록 이 사건 자신신고 사실을 알지 못하던 원고들의 직원이 자진신고일인 2006. 7. 27. 이후부터 2006. 12. 7.까지 실무자급 다자회의에 계속하여 참석한 사실은 인정되나, 위와 같이 원고들의 자진신고에는 진정성이 인정되고, 당시 이 사건 공동행위를 종료하려는 의사가 있었던 점, 이 사건 자진신고 그 자체를 이 사건 공동행위(합의)에 반하는 행위로 볼 여지가 있고, 또한 이 사건 자진신고 행위 및 미국 DOJ의 이 사건 협조 요청에 부응한 행위는 합의에 반하는 행위와 동등하고, 합의에 가담한 업체들에 대하여 합의 파기의사를 표시한 것으로 평가될 수 있거나 그에 대한 기대가능성이 없어 그와 같은 요건을 구비한 것으로 보아야 할 것인 점 등을 종합하여 보면, 원고는 이 사건 공동행위를 자진신고일인 2006. 7. 27.경 종료하였다고 봄이 상당하므로, 원고에 대한 이 사건 공동행위의 종기는 2006. 7. 27.이다.

3) 부당한 공동행위의 세부 유형

(가) 1호

【4개 강판제조사업자의 운송비 관련 부당한 공동행위 건】

대법원 2001. 5. 8. 선고 2000두10212 판결

판결요지

가격이란 명목상 가격뿐 아니라 거래상대방으로부터 반대급부로 받는 일체의 경제적 이익을 가리키는 것이다.

제1호에서 말하는 가격이라 함은 명목상의 가격뿐만 아니라 사업자가 제공하는 상품 또는 용역의 대가, 즉 사업자가 거래의 상대방으로부터 반대급부로 받는 일체의 경제적 이익을 가리키는 것으로, 당해 상품이나 용역의 특성, 거래내용 및 방식 등에 비추어 거래의 상대방이 상품 또는 용역의 대가로서 사업자에게 현실적으로 지불하여야 하는 것이라면 그 명칭에 구애됨이 없이 당해 상품의 가격에 포함된다고 할 것이다.

【지게차 사업자의 부당한 공동행위 건】

서울고등법원 2006. 12. 20. 선고 2006누4167 판결(확정)

판결요지

가격 자체뿐 아니라 인상·인하율 등 가격 구성요소에 관한 합의도 가격에 관한 합의에 해당한다.

가격의 공동행위는 매우 다양한 방법으로 이루어져, 가격인상 및 인하, 최저가격·최고가격, 표준가격, 목표가격의 설정 등 가격 자체를 대상으로 하기도 하고 인상 인하율, 이익률이나 리베이트율 설정 등 가격의 구성요소를 대상으로 하기도 하는데, 위와 같이 가격에 직접 영향을 미치는 요소에 대한 합의 역시 그 공정거래법 제19조 제1항 제1호에서 규정하는 가격을 결정 유지 또는 변경하는 행위에 해당한다.

【6개 온라인 음악서비스 사업자의 부당한 공동행위 건】

대법원 2013. 11. 28. 선고 2012두17773 판결

판결요지

상품에 제공하는 곡수의 제한도 가격에 관한 합의에 해당한다고 본 사례

합의의 주요 내용은 그 상품에 제공하는 곡수를 제한함으로써 결국에는 음악서비스

시장의 소비자가 거래하는 1곡당 가격을 결정하는 것이라고 할 것이다. 따라서 이 사건 합의는 단순히 새로운 상품인 논-디알엠 월정액 다운로드상품의 규격을 정한 것에 그치는 것이 아니라, 구 공정거래법 제19조 제1항 제1호가 금지하는 '가격에 관한 합의'라고 보아야 한다.

【복사용지 사업자의 부당한 공동행위 건】

서울고등법원 2010. 2. 11. 선고 2009누6539 판결(확정)

판결요지

저가 합의도 가격 합의에 해당한다고 본 사례

가격에 관한 공동행위를 금지하는 이유는 합의된 가격의 고저 및 이로 인한 소비자들의 일시적인 이익의 유무를 불문하고 사업자가 자의적으로 가격을 지배하는 힘을 발휘하는 것을 허용하지 아니한다는 것이다. 따라서 원고가 덤핑방지관세를 부과 받을 정도의 저가로 합의하였다고 하더라도, 이 사건 합의는 사업자가 자의적으로 가격을 지배하는 힘을 발휘하는 것으로서 위법하다.

【10개 손해보험사의 부당한 공동행위 건】

대법원 2011. 6. 9. 선고 2008두22068 판결

판결요지

순율은 보험개발원의 참조순율을 사용하기로 한 합의는 가격 합의에 해당한다고 본 사례

원심은 원고 등 10개 보험회사가 최종보험료를 공동으로 결정하지는 않았지만, 부가율은 일정 범위 내에서 차별하되 그 차이는 할인할증률에 의하여 상쇄하는 내용으로 합의하고 이를 실행하여 영업보험료와 실제 적용보험료를 일정 범위 내로 유지시켰다고 보고, 회사별로 또는 보험종목별로 자체적인 순율 산출의 가능 여부가 다른 상황에서 순율은 다른 보험회사들과 일률적으로 참조순율(보험개발원이 마련한 순율)을 사용하기로 합의한 것도 구 공정거래법 제19조 제1항 제1호에 규정된 '부당한 공동행위'에 해당한다고 판단한바 이러한 판단은 정당하다.

【인천도시철도 2호선 턴키공사 입찰관련 부당한 공동행위 건】

대법원 2017. 4. 26. 선고 2016두32688 판결

판결요지

하나의 합의에 대해 가격 담합과 입찰 담합이 중복하여 성립될 수 있다.

구 공정거래법 제19조 제1항의 규정은 부당공동행위의 유형을 구체화 하고 있을 뿐, 각 유형별로 개별적인 목적을 구성요건으로 규정하고 있지는 않은 바, 이러한 규정의 내용, 형식, 취지 등에 비추어 보면 하나의 합의 또는 행위가 구 공정거래법 제19조 제1항 각 호에서 규정하는 부당공동행위 요건을 중복하여 충족하는 경우에는 각 호의 부당공동행위들이 함께 성립한다고 할 것이고, 객관적인 행위 태양이 아닌 사업자의 내심의 목적에 따라 부당공동행위의 유형이 결정된다거나 각 부당공동행위 규정이 배타적으로 적용된다고 볼 수는 없다.

【에이스침대 및 시몬스침대의 부당한 공동행위 건】

대법원 2011. 9. 8. 선고 2010두344 판결

판결요지

경쟁관계에 있는 상품을 제조·판매하는 사업자들 사이에 '각자의 대리점 등 유통업자들에게 영향력을 행사하여 그들이 소비자로부터 받는 판매가격을 결정·유지 또는 변경하는 행위'를 할 것을 합의한 것도 포함된다고 봄이 타당하다고 판단한 사례

매트리스 및 내장침대 제조업을 영위하는 사업자들인 원고들이 자사 제품을 판매하는 대리점 등의 업주를 상대로 소비자에 대한 할인판매를 금지하는 내용의 가격표시제를 실시하기로 합의한 행위는 구 공정거래법 제19조 제1항 제1호 소정의 가격결정 등에 관한 공동행위에 해당한다.

【17개 금융기관의 지로수수료 관련 부당한 공동행위 건】

대법원 2011. 6. 30. 선고 2009두18677 판결

판결요지

적자 보전을 위한 지로수수료 인상은 은행 간 수수료 인상액만큼 지로수수료를 인상하기로 담합한 것이라고 보기 어렵다고 판단한 사례

지급은행은 이용기관으로부터 수취한 지로수수료를 그대로 수납은행에 지급함으로써 '지로수수료=은행간 수수료'로 인식되다시피 하여 지급은행이 은행간 수수료 외에

추가수수료를 더하여 지로수수료를 징수한다는 것은 사실상 기대할 수 없었던 점, 이러한 상황에서 은행간 수수료가 인상될 경우 지급은행은 은행간 수수료의 인상에 따른 손실의 누증을 막기 위하여 그 인상액만큼 지로수수료를 인상할 수밖에 없는 점, 은행간 수수료의 공동결정행위는 지로망 내의 비용정산의 효율성 등으로 인해 위법하다고 볼 수 없는 점 등을 알 수 있다. 이와 같은 지로수수료의 연혁, 결정체계, 지로업무의 비용발생 구조, 수납업무 원가의 보전 정도 등에 비추어 보면, 원고 등 17개 금융기관이 한 공동행위의 실질은 지로업무로 인한 적자를 보전 받아야 한다는 공동의 인식 아래 은행간 수수료의 인상을 금융결제원에 요청하여 은행간 수수료를 공동으로 인상한 것에 그칠 뿐, 더 나아가 은행간 수수료 인상액만큼 지로수수료를 인상하기로 담합한 것이라고 단정하기는 어렵다.

(나) 2호

【10개 보험 사업자의 부당한 공동행위 건】

대법원 2006. 11. 23. 선고 2004두8323 판결

판결요지

무료 긴급출동 서비스는 자동차손해보험 사업자가 자동차손해보험 계약자에게 제공하는 서비스로서 자동차손해보험에 있어서 구 공정거래법 제19조 제1항 제2호 소정의 '거래조건'에 해당된다고 본 사례

원고 손해보험회사들이 자동차보험 계약자들에게 무료로 제공하던 긴급출동 서비스는 대부분의 차종에 대하여 자동차종합보험 및 책임보험에 가입한 모든 계약자에 대하여 적용되는 점, 서비스 내용이 사고발생의 예방이라는 측면에서 자동차손해보험과 밀접한 관계를 가지고 있는 점, 소비자들이 긴급출동 서비스를 보험사업자의 보험계약자에 대한 거래조건으로 인식하고 있는 점, 위 서비스의 운영이 손해보험회사 재산운영의 안전성·수익성·유동성 및 공공성에 반하지 않는 점 등을 종합적으로 고려하면, 무료 긴급출동 서비스는 자동차손해보험 사업자가 자동차손해보험 계약자에게 제공하는 서비스로서 자동차손해보험에 있어서 구 공정거래법 제19조 제1항 제2호 소정의 '거래조건'에 해당된다고 할 것이다.

【17개 상토 제조 · 판매 회사의 부당한 공동행위 건】

서울고등법원 2012. 5. 2. 선고 2011누24349 판결(확정)

판결요지

추가장려금을 계통단가의 5% 이하로 하기로 한 합의는 거래조건의 합의에 해당한다고 본 사례

원고가 상토 제조 · 판매업을 영위하는 다른 16개 사업자와 함께 농업협동조합중앙회에 계통등록을 한 상토를 지역농협에 판매하는 과정에서 지급하는 추가장려금을 계통단가의 5% 이하로 하기로 하는 합의를 한 것은 법 제19조 제1항 제2호의 '사업자가 다른 사업자와 공동으로 부당하게 경쟁을 제한하는 상품 또는 용역의 거래조건을 정하는 행위를 합의한 것'에 해당한다.

(다) 3호

【철강 사업자의 부당한 공동행위 건】

대법원 2002. 7. 12. 선고 2000두10311 판결

판결요지

철 구매비율을 57%로 하기로 한 합의는 구 공정거래법 제19조 제1항 제3호에 해당한다고 본 사례

원고 한국철강협회의 주관 아래 원고 동국제강 주식회사, 한국철강 주식회사 등의 담당자들이 1997. 11. 7. 모임을 가지고, 고철수요업체들이 국내고철을 많이 사용하려는 문제점을 해결하려는 목적으로 국내고철의 구매비율을 57%로 하기로 합의한 사실, 이에 대하여 피고가 1998. 11. 25. 원고 회사들의 행위는 법 소정의 부당한 공동행위에, 한국철강협회의 행위는 법 소정의 사업자단체의 경쟁제한행위에 각 해당한다는 이유로, 원고 회사들과 원고 한국철강협회에 대하여 그 판시와 같이 시정명령, 과징금 납부명령 등의 처분을 한 사실을 인정하였다. 원심의 위와 같은 사실인정과 판단은 정당한 것으로 수긍이 된다.

【4개 시외전화 사업자의 부당한 공동행위 건】

서울고등법원 2006. 12. 7. 선고 2006누1977 판결(확정)

판결요지

사업자별 가입자 수 유지를 위한 합의는 거래제한 합의에 해당한다고 본 사례

2004. 6. 24. 기존 3사가 원고에게 기존 고객 리스트를 제공하고, 역마케팅을 금지하며, 시외전화 사전 선택시 신분증 첨부면제를 허용하는 방법 등을 통하여 2004년 말까지

원고가 시외전화 사전선택 가입자 수 40만 회선을 확보할 수 있도록 적극 협조하기로 합의하고, 아울러 원고의 위와 같은 가입자 확보에 따라 이탈될 가입자 부분을 데이콤, 온세통신이 만회하고, 2004년 말까지 당시 가입자 수 수준을 유지할 수 있도록 케이티가 유통망 수수료 인하 또는 폐지 등을 통해 적극 협력하기로 합의한 것은 경쟁을 통한 사업자별 가입자 수 또는 시장점유율의 결정을 임의로 억제함으로써 사업자들 간의 시외전화 서비스의 제공을 원천적으로 제한하는 행위로 제3호 소정의 공동의 거래제한 행위로 인정된다.

(라) 4호

【여수 · 광양항 11개 예선업체의 부당한 공동행위 건】

서울고등법원 2017. 8. 25. 선고 2016누62100 판결(확정)

판결요지

특정 선주의 선박에 대한 예선지원을 금지하는 합의는 거래상대방 제한 합의에 해당한다고 판단한 사례

예선사용이 자유계약제로 운영되고 있는 여수 · 광양항에서 예선업체들은 자율적인 경영판단에 따라 거래상대방을 결정할 수 있어야 할 것이다. 그런데 여수 · 광양항 예선공급시장 시장점유율이 82%에 이르는 원고들 포함 11개사는 포츠다이렉트와의 예선용역 공급조건에 대한 계약 체결과 포츠다이렉트의 중개를 받은 선주의 선박에 대한 예선지원을 금지하고, 이를 위반하는 경우 상당한 금액의 벌칙까지 부과함으로써 각자가 자율적으로 결정하여야 할 거래상대방을 제한하였다.

(마) 5호

【버스사업자의 부당한 공동행위 건】

서울고등법원 2010. 5. 18. 선고 2009누13186 판결(확정)

판결요지

차고지 이전 제한을 통해 노선 신설, 변경 등에 대한 합의를 하여 거래지역 또는 거래상대방 제한 합의 내지 설비 신설이나 장비 도입 제한 합의를 했다고 본 사례

사건 이행협약서 제2항은 "경기고속 등의 가평군 대성리 차고지는 대성리~청량리와 대성리~잠실 운행계통으로만 국한하여 운행하고, 차후 가평군 관내 여타지역으로의 노선연장 등 모든 사업계획 변경신청 및 운행대수 증차는 하지 않기로 한다."라는 내용으로 그 제한 대상이 차고지 이전을 통한 노선연장 외에 모든 사업계획의 변경신청

및 운행대수 증차임을 명확하게 규정하고 있고, 이 사건 이행협약서의 내용은 단지 차고지 이전이라는 편법을 통한 노선연장만을 제한하는 것이 아니라 경기고속 등이 가평군으로의 버스노선의 신설이나 변경, 운행차량 증가 등의 일체의 행위를 제한하는 합의라고 볼 것이고, 이러한 합의는 구 공정거래법 제19조 제1항 제4호의 '거래지역 또는 거래상대방을 제한하는 행위' 내지 제5호의 '생산 또는 용역의 거래를 위한 설비의 신설 또는 증설이나 장비의 도입을 방해하거나 제한하는 행위'에 해당한다고 할 것이다.

(바) 6호

【4개사 시외전화 사업자의 부당한 공동행위 건】

서울고등법원 2006. 12. 7. 선고 2006누1977 판결(확정)

판결요지

사업자들이 요금경쟁 자제 등의 목적에서 2004. 6. 24. 번들상품(소위 결합상품) 출시를 금지하기로 합의한 것은 다양한 요금상품의 개발에 따른 사업자간 요금경쟁과 소비자 후생을 저해하는 것으로 시외전화 시장에서의 사업자간 경쟁을 부당하게 제한하는 행위로, 제6호 소정의 공동의 상품 종류 및 규격제한 행위로 인정된다고 본 사례

시외전화 사전선택제 가입자의 신규유치 및 기존 가입자 유지는 개별 사업자의 요금수준, 서비스의 질, 유통망에 대한 영업전략 및 기존 고객에 대한 마케팅전략의 차이 등 사업자간 경쟁과정을 통해 결정되어져야 할 사항이라고 할 것임에도 불구하고, 당시 시외전화 시장점유율 100%를 차지하는 이 사건 회사들이 원고가 시외전화 시장에 신규 진입함에 따라 발생될 사업자간 가입자 유치경쟁을 지양하고 시외전화시장의 안정적 유지를 위하여 2004. 6. 24. 기존 3사가 원고에게 기존 고객 리스트를 제공하고, 역마케팅을 금지하며, 시외전화 사전 선택시 신분증 첨부면제를 허용하는 방법 등을 통하여 2004년 말까지 원고가 시외전화 사전선택 가입자 수 40만 회선을 확보할 수 있도록 적극 협조하기로 합의하고, 아울러 원고의 위와 같은 가입자 확보에 따라 이탈될 가입자 부분을 데이콤, 온세통신이 만회하고, 2004년 말까지 당시 가입자 수 수준을 유지할 수 있도록 케이티가 유통망 수수료 인하 또는 폐지 등을 통해 적극 협력하기로 합의한 것은 경쟁을 통한 사업자별 가입자 수 또는 시장점유율의 결정을 임의로 억제함으로써 사업자들 간의 시외전화 서비스의 제공을 원천적으로 제한하는 행위로 제3호 소정의 공동의 거래제한행위로 인정된다.

(사) 8호

【컨베이어벨트 구매 입찰 관련 부당한 공동행위 건】

서울고등법원 2018. 7. 25. 선고 2017누68457 판결(확정)

판결요지

입찰의 핵심요소는 발주처가 경쟁에 참여한 다수의 청약인을 대상으로, 청약의 내용을 표시하게 하여, 가장 유리한 청약자와 계약을 체결하는 것으로서, '비공개성'과 '비협상성'은 입찰의 본질적 특성으로 반드시 갖추어야 할 요소라고는 볼 수 없다.

포스코는 컨베이어벨트 제품에 대한 품질테스트를 통과한 업체에 한하여 입찰참가 자격을 주는 제한경쟁 입찰방식을 채택하고 있었고, 계약체결 또한 입찰공지, 입찰, 낙찰자 선정이라는 전형적인 입찰방식을 통해 이루어지고 있었으며, 낙찰자의 결정은 입찰참가자 중 최저가격으로 응찰한 사업자가 낙찰되는 방식이었다. 따라서 포스코가 입찰과정에 단가인상률에 대해 협의를 하였다고 하여 이를 입찰이 아닌 수의계약으로 볼 수 없다.

【영주 다목적댐 건설공사 입찰 관련 부당한 공동행위 건】

대법원 2016. 7. 22. 선고 2014두42643 판결

판결요지

'그 밖에 입찰의 경쟁 요소가 되는 사항'을 결정하는 행위 역시 입찰 담합 중 하나로 규정한 것으로 볼 수 있다.

입찰에서의 담합은 구 공정거래법 제19조 제1항 제8호에서 정한 낙찰자, 투찰가격 및 낙찰가격, 구 공정거래법 시행령 제33조 제1호, 제2호에서 입찰의 경쟁 요소로 예시한 낙찰의 비율, 설계 또는 시공의 방법 이외에도 경쟁 요소가 되는 다양한 사항에 대하여 이루어질 수 있고, 구 공정거래법 시행령 제33조 제3호도 이러한 점을 감안하여 포괄적으로 '그 밖에 입찰의 경쟁 요소가 되는 사항'을 결정하는 행위 역시 입찰 담합 중 하나로 규정한 것으로 볼 수 있다.

【영주 다목적댐 건설공사 입찰 관련 부당한 공동행위 건】

서울고등법원 2014. 5. 14. 선고 2013누11132 판결(확정)

판결요지

설계점수가 70%에 이르는 입찰에서 설계 내용에 관한 합의도 입찰 담합에 해당한다고 본 사례

이 사건 입찰은 설계·시공 일괄입찰이고 특히 설계점수가 70%에 이르는 방식으로서, 입찰참여자의 설계 경쟁을 통해 비용 대비 최적의 설계를 유도하고자 하는 데 그 취지가 있으며 이 사건 합의의 대상이 된 부분은 일괄입찰안내서 등에서 최소한의 기준만을 정하고 입찰참여자의 경쟁적 판단에 맡긴 부분인바, 따라서 원고와 대우건설이 이에 관하여 합의를 한 것은 그 부분에 관한 경쟁을 배제한 것으로, 이 사건 입찰의 취지를 몰각한 것이다.

【한국전력공사 발주 전력선 구매입찰 관련 부당한 공동행위 건】

서울고등법원 2013. 8. 28. 선고 2012누30952 판결(확정)

판결요지

물량배분의 결과 배정을 받지 않은 품목이 있다 해도 해당 품목도 공동행위의 대상에 해당한다고 본 사례

입찰물량 전체에 대한 기본배분비율 내에서 각 품목별 배분이 이루어지므로 각 품목별 배분비율은 다른 품목의 배분비율에 영향을 미치는바, 이에 의하면 원고가 저전압 전력선에 대한 배분을 받지 않더라도 그 대가로 중전압전력선 등 다른 품목에 대하여 보다 높은 배분비율을 배정받았음을 알 수 있다. 그렇다면 저전압전력선에 대한 원고의 기본배분비율 및 실행배분비율이 0%이고 실제로 그 품목을 생산하지 않았다 하더라도 이는 전체 공동행위의 대상에 포함이 되는 것이고, 원고에 대하여 저전압전력선이 이 사건 공동행위의 대상에서 제외된다고 볼 수 없다.

【구의 및 자양취수장 이전 건설공사 관련 부당한 공동행위 건】

서울고등법원 2013. 2. 7. 선고 2012누7556 판결(확정)

판결요지

입찰에 직접 참여하지 않는다 하더라도 입찰담합에 가담할 수 있다고 판단한 사례

구 공정거래법 제19조 제1항 본문 및 제8호는 '계약·협정·결의 기타 어떠한 방법으로도' 입찰 또는 경매에서 낙찰자, 경락자, 투찰가격, 낙찰가격 또는 경락가격 등을 결정하는 행위를 금지하고 있으므로, 원고가 스스로 입찰에 참여하지 않았다고 하여 입찰 또는 경매에 관한 부당공동행위를 규정한 구 공정거래법 제19조 제1항 제8호에 해당되지 않는다고 볼 수 없을 뿐만 아니라 원고는 이 사건 입찰 담합의 주도자로서 혜영건설 및 재현산업과 각각 공동수급체를 구성하여 위 각 회사로 하여금 입찰에 참여하게 하였으므로 원고 또한 공동수급자의 지위에서 입찰에 참여하였다고 봄이 타당하다.

【아파트 건설공사 입찰 관련 부당한 공동행위 건】

서울고등법원 2012. 2. 8. 선고 2011누17884 판결(확정)

판결요지

공종 금액에 대한 합의는 입찰담합에 해당한다고 본 사례

이 사건 합의에 따라 낙찰 예정자로 결정된 업체는 사전에 입찰금액을 담합한 공종의 평균입찰금액을 어느 정도 예상할 수 있기 때문에 해당 공종의 입찰금액을 기준금액 이하가 되지 않도록 조정하고 나머지 공종의 입찰금액을 적절히 조절함으로써 1단계 심사에서 탈락할 가능성을 제거할 수 있다. 그리하여 잠재적 경쟁기업들이 1단계 심사에서 부당하게 탈락할 가능성이 커지고, 그러한 이상 1단계 심사에서 공정한 경쟁이 이루어지는 것을 전제로 하는 2단계 심사에서도 더는 공정한 경쟁을 기대할 수 없게 되므로, 이 사건 합의는 입찰담합행위로서 공정거래법에서 금지하는 부당한 공동행위에 해당한다.

【방위사업청 발주 군납입찰 관련 부당한 공동행위 건】

서울고등법원 2017. 12. 21. 선고 2017누44574 판결(확정)

판결요지

적격심사제에서 고득점 업체들이 높게 투찰하는 것은 일반적 투찰행태로 보기 어려워 입찰담합으로 인정된다고 본 사례

적격심사제 방식의 입찰경쟁의 특성상 이행능력 평가점수 상위 업체들이 참여하는 경쟁상황에서 입찰자들이 낙찰 받기 위해 예정가격을 미리 예측하고 예측된 값에 근거하여 적격 최저 투찰률을 겨냥하여 입찰가격을 결정할 수밖에 없는데, 이 경우 이행능력 평가점수 상위 업체들은 각자 예측하는 예정가격도 기초예비가격보다 낮게 예상하여 투찰가격을 산정하거나, 예정가격을 기초예비가격보다 높게 예상하더라도 적어도 기초예비가격에 근접하게 보고 투찰가격을 정하는 양상을 나타내는데, 이는 이행능력 평가점수 상위 업체들은 적격 최저 투찰률에 있어 차이가 없어 이에 따른 투찰범위도 유사하기 때문에 예정가격을 기초예비가격보다 높게 예상하여 투찰하기는 어렵기 때문이다. 2010년 생선가스 입찰에서 원고와 동양 및 태림의 이행능력점수는 각 49.3점, 49.1점, 49.05점으로 거의 차이가 없었음에도 원고는 예정가격을 기초예정가격보다 높게 예상하여 투찰하였는데 이는 경쟁이 이루어지고 있는 적격심사제 입찰에서 나타나는 일반적인 투찰행태에서는 있을 수 없는 태양을 띠고 있고, 이는 원고가 제2공동행위에 가담하지 않았다면 나타날 수 없는 것이다.

【발전소용 건설기자재 등 국내 하역·운송 용역 입찰 관련 부당한 공동행위 건】

서울고등법원 2020. 9. 16. 선고 2019누60983 판결(확정)

판결요지

운에 의해 결정되는 측면이 있더라도 그러한 사정만으로 입찰 담합 행위가 정당화되지 않는다고 본 사례

낙찰을 받으려는 자는 낙찰 가능성이 높은 투찰가격을 정하여 담합하면 낙찰받을 가능성을 높이면서 보다 많은 이익을 볼 수 있으므로, 입찰참가자들이 적격심사 방식의 입찰에서 담합할 실익이 충분히 존재하고, 제2입찰이 전적으로 행운에 의하여 좌우되는 성격이라고 보기 어렵다. 설령 원고가 주장하는 바와 같이 복수예비가격 15개 중 임의로 선정된 4개를 산술평균한 가격을 예정가격으로 정하기 때문에 예정가격을 정확히 예측하기는 어려워 이 사건 공동행위를 하더라도 F이 확정적으로 낙찰받을 수 있다고 단정할 수 없더라도, 입찰참가자들은 입찰공고 내용을 숙지하고 자신의 사업수행능력, 경영상태, 영업전략 등을 고려하여 독자적으로 판단한 입찰가격으로 경쟁하였어야 할 것이므로, 원고가 주장하는 사정만으로 입찰담합을 통하여 경쟁을 배제하는 행위를 정당화할 수 없다.

판결요지

비경쟁대상인 항만하역 용역부분 자체에 대하여 낙찰예정자에 대한 담합이 있었다고 볼 수 있는 점 등을 고려하면, 항만구역 인가요금이 적용되는 하역작업 용역 부분은 이 사건 공동행위의 대상이 되는 용역 자체라고 할 수 있다고 본 사례

① 하역작업 용역에는 경쟁대상으로 입찰요율이 적용된 부분과 비경쟁대상으로 항만구역 인가요금이 적용된 부분이 밀접하게 결합되어 있는 점, ② 이 사건 입찰은 납품단가 입찰로서 하역작업 용역 중 항만구역 인가요금을 적용되는 부분이 있을 경우 입찰요율을 적용하지 않는 것에 불과하고, 항만구역 인가요금과 입찰요율이 적용된 하역작업 용역 전체가 이 사건 입찰의 대상이 된 점, ③ 입찰참가자들은 항만구역 인가요금이 적용된 부분을 감안하여 하역작업 용역 단가를 결정하고 이 사건 입찰에 참여할 것이 기대되었던 점, ④ 낙찰자는 이 사건 입찰에 따른 계약을 이행할 경우 항만구역 인가요금이 적용되는 하역작업 용역으로 인한 이익을 얻을 수 있으므로 이 부분에도 공동행위를 할 유인이 있는 점, ⑤ 원고를 비롯한 입찰참가자들은 경쟁대상인 용역과 비경쟁대상인 항만하역 용역을 포함한 이 사건 입찰 대상 용역 전체에 대하여 낙찰예정사를 사전에 합의하고 투찰가격을 결정하였던 점, ⑥ 이 사건 입찰에 따른 계약 역시 항만요금 인가요금이 적용되는 부분을 포함하여 체결된 점, ⑦ 이 사건 입찰에 따라 계약을 체결한 회사가

항만요금 인가요금이 적용된 용역을 이행하면 해당 용역대금을 수령하여 매출액을 발생시키게 되고, 성질상 혹은 계약조건상 일시적으로 보관만 하거나 추후 공제되는 것이 아닌 점, ⑧ 비경쟁대상인 항만하역 용역(항만요금 인가요금이 적용되는 부분)에 대하여는 가격 자체에 대한 담합이 없다고 하더라도 경쟁대상인 용역 부분과 결합하여 정해지는 투찰가격에 대한 담합이 있었다고 볼 수 있고, 비경쟁대상인 항만하역 용역부분 자체에 대하여 낙찰예정자에 대한 담합이 있었다고 볼 수 있는 점 등을 고려하면, 항만구역 인가요금이 적용되는 하역작업 용역 부분은 이 사건 공동행위의 대상이 되는 용역 자체라고 할 수 있다. 피고가 항만구역 인가요금이 적용되는 하역작업 용역을 관련매출액 산정에 필요한 관련 용역에 포함시켜 산정한 조치가 부당하다고 보기 어렵다.

【전기설비 공사 입찰 관련 부당한 공동행위 건】

대법원 2000. 6. 9. 선고 99두2314 판결

판결요지

단지 기업이윤을 고려한 적정선에서 무모한 출혈경쟁을 방지하기 위하여 일반거래 통념상 인정되는 범위 내에서 입찰자 상호간에 의사의 타진과 절충을 한 것에 불과한 경우에는 위의 담합에 포함되지 않는다.

【발전소용 건설기자재 등 국내 하역·운송 용역 입찰 관련 부당한 공동행위 건】

서울고등법원 2020. 9. 16. 선고 2019누60983 판결(확정)

판결요지

이 사건 공동행위는 그 성격상 효율성증대 효과를 기대하기 어려운 반면 경쟁을 제한하는 효과가 명백한 이른바 경성 공동행위에 해당한다고 본 사례

원고 등은 적격심사 방식으로 진행된 제2입찰에서 F가 낙찰을 받기로 이 사건 공동행위를 하고 F를 제외한 나머지 5개사가 들러리사로 참가하여 경쟁 의사가 없었고 제2입찰은 원고 등만이 참가하였다. 이 사건 공동행위에 따라 F를 제외한 나머지 5개사는 90%가 넘게 투찰하였고, F는 낙찰하한율 80.495%를 훨씬 상회한 89.66%에 낙찰을 받았다. 원고 등은 이 사건 공동행위로 가격경쟁을 감소시켜 가격의 결정에 영향을 미치거나 미칠 우려가 있는 상태를 초래시켰다. 이에 따라 원고 등은 제2입찰에서 실질적인 경쟁을 통하여 낙찰자가 결정될 가능성을 원천적으로 제한하여 입찰참가자들 간의 경쟁을 통하여 거래상대방, 거래조건 등을 결정하고자 한 경쟁 입찰제도 취지를 무력화시켰다고

볼 수 있다. 이 사건 공동행위는 그 성격상 효율성 증대 효과를 기대하기 어려운 반면 경쟁을 제한하는 효과가 명백한 이른바 경성 공동행위에 해당한다.

【2개 은행의 통화스왑 입찰 관련 부당한 공동행위 건】

서울고등법원 2021. 6. 30. 선고 2020누40626 판결(미확정, 대법원 계류 중)

판결요지

형식적으로 입찰의 외형을 갖추었다고 하더라도 실질적으로 수의계약에 해당한다면 이러한 입찰에 대해 입찰담합 행위가 존재한다고 볼 수 없다.

원고의 영업직원 K는 E은행의 직원 M과 5.27%의 원화금리 조건하에 이 사건 통화스왑 거래를 하기로 구두로 합의(소위 Deal done)하여 이때 실질적으로 수의계약을 체결하였다고 볼 수 있고, 그 후 입찰절차를 거쳤다는 증빙을 남기기 위하여 입찰을 시행하지 아니한 채 F와 원고로부터 입찰 제안서를 받는 방식으로 형식적인 입찰서류만을 작성하여 입찰이 있었던 것처럼 외형을 갖추었을 가능성을 배제할 수 없으므로, 이 사건 통화스왑 입찰이 경쟁 입찰의 실질을 갖추었다고 보기 어렵다. 또한 D은행이 이 사건 통화스왑 입찰에 참가할 자격이 있는 사업자였다고 보기 어려우므로, 원고의 영업직원 K와 D은행의 영업직원 L이 이 사건 대화를 통해 이 사건 통화스왑 입찰과 관련하여 입찰자들 사이에 낙찰자 등을 결정하는 합의를 하였다고 할 수 없다. 따라서 이 사건 통화스왑 입찰은 입찰의 실질을 갖추었다고 보기 어려울 뿐만 아니라, 구 공정거래법 제19조 제1항 제8호의 담합행위가 존재한다고 볼 수도 없다.

(아) 9호

【7개 대형 화물상용차 제조판매업자의 부당한 공동행위 건】

대법원 2016. 12. 29. 선고 2016두31098 판결

판결요지

사업자들이 교환한 정보 내용이 허위의 정보가 포함된 점 등에 비춰볼 때 합의 수단으로 정보를 교환한 것은 아니라고 본 사례

비록 원고 등 7개사가 2002년 12월경부터 2011년 4월경까지 대형 화물상용차의 판매가격, 판매실적 등에 관한 정보를 교환하기는 하였으나, 이를 통해 교환된 정보 중에는 판매가격 등에 관한 것보다 판매실적 등에 관한 것이 보다 많고, 가격 관련 정보 중에는 추상적이고 부정확한 것도 적지 않았으며, 원고 등 7개사의 직원들은 경쟁사에게 일부러 허위의 정보를 제공하기도 하였고, 취득한 경쟁사의 정보에 기초해 가격정책을 새로 수립하여

고객 유인경쟁을 하기도 하였던 점 등에 비추어 공동으로 판매가격을 결정하려는 목적으로 정보교환을 하였다거나, 가격담합의 수단으로 정보교환을 이용하였다고 단정하기 어렵다.

【교복 3사의 부당한 공동행위 건】

대법원 2006. 11. 9. 선고 2004두14564 판결

판결요지

학생복 3사가 정부와 학교 등의 공동구매에 관련된 정책결정을 적극적으로 방해하기 위하여 공동대응을 한 것은 사업활동방해 공동행위에 해당한다고 한 사례

원고 등 학생복 3사는 학부모들이 추진하는 입찰방식의 학생복 공동구매활동에 공동으로 대응하기로 하고 여러 차례 회의를 열어 위 공동구매활동의 전국적인 확산을 방지하고 다른 학생복 제조·유통업체들의 입찰 참여 등을 방해하기로 합의한 점, 나아가 입찰의 저지 및 공동구매의 확산방지를 위하여 지역별 협의회와 대리점들로 하여금 다른 일반업체들과 함께 시위 등으로 실력을 행사하도록 하거나, 입찰을 무산·지연시키기 위하여 사전 합의하에 입찰에 참여하기도 하고 이로 인하여 입찰을 무산시키기도 한 점, 에스케이글로벌의 주도로 교육부, 중소기업청에 대한 청원 및 서명운동 등을 추진하면서 업무연락 등을 통하여 위와 같은 행위를 지시하거나 지원하는 등 공동으로 대응한 점 등에 비추어, 원고 등 학생복 3사의 위와 같은 행위는 정부와 학교 등의 공동구매에 관련된 정책결정에 대하여 정당하게 반대의견이나 대안을 제시하는 수준을 넘어서 적극적으로 방해하기 위한 공동행위로서, 학생복 3사의 제품을 취급하지 않는 다른 학생복 제조·유통업체와 학생복 3사의 총판·대리점들의 독자적인 입찰 참여 여부의 결정 등을 방해하고 자유롭고 공정한 경쟁을 통한 영업방식으로 학생복을 판매하는 사업활동 또는 사업내용을 실질적으로 제한하거나 방해한 제19조 제1항 제8호의 사업활동방해 공동행위에 해당된다.

4) 경쟁제한성

(가) 관련시장의 획정

【9개 렉서스자동차 딜러의 부당한 공동행위 건】

대법원 2017. 1. 12. 선고 2015두2352 판결

판결요지

구 공정거래법 제19조 제1항 각 호에 규정된 부당한 공동행위에 해당하는지 여부를 판단하기 위해서는 경쟁관계가 문제될 수 있는 일정한 거래분야에 관하여 거래의 객체인 관련상품에 따른 시장을 구체적으로 정하여야 하고, 여기에서 관련시장은 경쟁관계에 있는 상품들의 범위를 말하는데, 이를 정할 때에는 거래에 관련된 상품의 가격, 기능 및 효용의 유사성, 구매자들의 대체가능성에 대한 인식 및 그와 관련한 구매행태는 물론 판매자들의 대체가능성에 대한 인식 및 그와 관련한 경영의사결정 형태, 사회적·경제적으로 인정되는 업종의 동질성 및 유사성 등을 종합적으로 고려하여야 한다.

【5개 음료 제조·판매 사업자의 부당한 공동행위 건】

대법원 2013. 2. 14. 선고 2010두28939 판결

판결요지

합의의 대상·목적·효과 등은 주로 관련상품시장 획정 그 자체를 위한 고려요소라기보다 관련상품시장 획정을 전제로 한 부당한 공동행위의 경쟁제한성을 평가하는 요소들에 해당하므로, 이러한 방식으로 관련상품시장을 획정하게 되면 관련상품시장을 획정한 다음 경쟁제한성을 평가하는 것이 아니라 반대로 경쟁제한의 효과가 미치는 범위를 관련상품시장으로 보게 되는 결과가 되어 부당하다.

특히 원심이 동일한 관련상품시장에 속한다고 본 음료상품들을 살펴보면, 그 중에는 먹는 샘물부터 두유류, 기능성음료, 스포츠음료, 차류를 비롯하여 탄산음료, 과실음료, 커피까지 포함되어 있으나 이들 음료상품들은 기능과 효용 및 구매자들의 대체가능성에 대한 인식의 면 등에서 동일한 관련상품시장에 포함된다고 쉽사리 인정하기 어려우며 거기에는 각 음료상품의 가격이 상당기간 어느 정도 의미 있는 수준으로 인상 또는 인하될 경우 그 음료상품의 대표적 구매자 또는 판매자가 이에 대응하여 구매 또는 판매를 전환할 수 있는 음료상품에 해당되는지 여부가 분명하지 아니한 여러 음료상품들이 포함되어 있음을 쉽게 알 수 있다. 따라서 원심으로서는 위에서 본 법리에 따라 이 사건 공동행위의 대상인 음료상품의 기능 및 효용의 유사성, 구매자들의 대체가능성에 대한 인식 및 그와 관련한 경영의사 결정형태 등을 종합적으로 고려하여 이 사건 공동행위 해당 여부 판단의 전제가 되는 관련상품시장이 제대로 획정되었는지 여부를 먼저

살펴보았어야 마땅함에도 원심은 그 판시와 같은 이유만을 들어 이와 달리 판단한바 이러한 원심판결에는 부당한 공동행위 해당 여부 판단의 전제가 되는 관련상품시장의 획정에 관한 법리를 오해하고 필요한 심리를 다하지 아니하여 판결 결과에 영향을 미친 위법이 있다.

【서울특별시 7개 자동차운전전문학원의 부당한 공동행위 건】

대법원 2015. 10. 29. 선고 2013두8233 판결

판결요지

부당한 공동행위의 다양성과 그 규제의 효율성 및 합리성 등을 고려하면 어느 공동행위의 관련시장을 획정할 때 반드시 실증적인 경제 분석을 거쳐야만 한다고 할 수는 없다.

경쟁사업자 사이에서 가격을 결정・유지 또는 변경하는 행위를 할 것을 합의하는 가격담합은 특별한 사정이 없는 한 그 합의의 내용 자체로 합의에 경쟁제한적 효과가 있다는 점이 비교적 쉽게 드러나게 되므로, 이러한 경우 관련지역시장을 획정하면서 공동행위 가담자들의 정확한 시장점유율을 계량적으로 산정하지 않았다고 하더라도 예상되는 시장점유율의 대략을 합리적으로 추론해 볼 때 경쟁을 제한하거나 제한할 우려가 있음이 인정되지 않을 정도로 그 시장점유율이 미미하다는 등의 특별한 사정이 없다면, 경쟁제한성 판단의 구체적 고려 요소를 종합하여 경쟁제한성을 인정할 수도 있다.

【13개 유제품사업자의 시유 및 발효유 가격인상 관련 부당한 공동행위 건】

서울고등법원 2012. 3. 21. 선고 2011누18719 판결(확정)

판결요지

제품 시장은 각종 판매방식과 상관없이 시유시장과 발효유시장만으로 구별될 뿐이어서 시판과 방문판매 사이에 경쟁관계가 성립하고, 방문판매와 시판 경쟁사업자 사이에 경쟁을 제한하고자 이 사건 담합을 할 수 있다.

소비자가 유제품을 선택하는 데 있어서 주요 결정인자는 제품의 종류와 가격, 기능과 효용, 신선도 등으로 보이고, 방문판매인지 시판인지의 구별은 공급자의 측면에서 유제품이 제조・판매사업자로부터 최종 소비자에게 전달되는 과정에 따른 것일 뿐이어서, 판매방식의 차이는 수요자의 측면에서 가격, 기능 등의 인자를 뛰어넘는 결정적인 요소로 작용하는 것으로 보이지 아니한다. 그렇다면, 유제품 시장은 각종 판매방식(직접방문판매방식, 정기배달, 시중판매방식)과 상관없이 시유시장과 발효유 시장만으로 구별될 뿐이어서 시판과 방문판매 사이에 경쟁관계가 성립한다.

【지진관측장비 구매 · 설치공사 및 유지보수용역 입찰 관련 부당한 공동행위 건】

서울고등법원 2018. 8. 16. 선고 2018누38071 판결(확정)

판결요지

입찰시장은 일반시장과 달리 입찰과정을 통해서 가격이 결정되고 낙찰자가 이를 전부 차지하는 승자독식의 구조이며, 이 사건 각 입찰에 참가하고자 하는 사업자들은 발주자가 제시한 입찰공고에 따라 제한된 거래조건 아래에서 경쟁을 하게 된다는 점에서 입찰의 형식을 띠지 않는 거래와는 본질적인 차이가 있다.

(나) 경쟁제한성 판단

【물자수송(부산—제주) 용역 입찰 관련 부당한 공동행위 건】

서울고등법원 2020. 9. 9. 선고 2019누60846 판결(확정)

판결요지

경쟁제한성은 경쟁제한의 효과가 실제 발생한 경우는 물론이고 그러한 우려가 있는 경우에도 인정된다.

경쟁제한성은 경쟁제한의 효과가 실제 발생한 경우는 물론이고 그러한 우려가 있는 경우에도 인정되는데, 공급의 대체가능성이 낮고, 신규 시장진입을 어렵게 하는 장벽이 존재하는 시장인 이 사건 입찰에서 사실상 참여자들 전부가 합의에 참여하였다는 사정은 해당 사업자들이 보유한 시장지배력이 그만큼 크다는 의미이므로, 원고 등의 이 사건 공동행위로 인한 경쟁제한의 우려도 크다고 보아야 하고, 이 사건 입찰에 참가할 수 있는 자격을 갖춘 사업자가 다소 제한적이었다는 사정만을 들어 처음부터 유효한 경쟁의 가능성이 없었다고 볼 것은 아니다.

【군납유 구매입찰 관련 부당한 공동행위 건】

대법원 2004. 11. 12. 선고 2002두5627 판결

판결요지

인가를 받지 않는 이상 단순 사업경영상 필요 등으로 인해 부당한 공동행위의 적용이 배제되지는 않는다고 본 사례

군용유류 납품시장의 특수성으로 인하여 첨가재 추가비용 및 별도 관리비용, 수송비 등이 추가로 소요되고 국방부가 일방적으로 예정가격을 정하고 거래조건을 설정 또는 변경함으로써 입게 되는 손실을 최소화할 필요성이 있다 하더라도 그러한 사유는 높은 가격에 자신의 상품을 판매하고자 하는 단순한 사업경영상의 필요 또는 거래상의 합리성

내지 필요성에 관한 사유에 불과하므로, 달리 공정거래법 제19조 제2항에 규정된 공동행위의 인가를 받는 등 특별한 사정이 없는 한 부당한 공동행위의 적용이 배제된다고 할 수 없다.

【16개 골판지상자 제조 · 판매사업자의 부당한 공동행위 건】

서울고등법원 2017. 7. 12. 선고 2016누57474 판결(확정)

판결요지

대항 카르텔이 반드시 경제적 효율성을 증진시킨다거나 소비자후생증대 효과를 발생시킨다고 보기 어렵다.

오히려 이는 장기적으로 원가절감을 위한 기술개발 유인을 약화시키고 산업경쟁력을 저하할 가능성이 있다(원고의 주장과 같이 수요독점시장에서 공급자들의 손실을 방지하기 위하여 담합을 허용하는 경우 수요독점시장에서는 담합이 공공연하게 이루어지고, 이는 필연적인 가격 상승효과를 발생시켜 궁극적으로 소비자 후생을 저해할 가능성이 있다).

【6개 학습지 출판사의 부당한 공동행위 건】

서울고등법원 1992. 4. 22. 선고 91구3248 판결(확정)

판결요지

공공의 이익은 부당한 공동행위를 판단하는데 별도의 요건 또는 경쟁의 실질적 제한여부를 판단하는 요소로 볼 수 없다.

【컨테이너 육상운송사업자의 부당한 공동행위 건】

대법원 2009. 7. 9. 선고 2007두26117 판결

판결요지

운임 인상에 행정지도가 개입되는 등 소비자후생증대 효과가 커서 부당한 공동행위가 부정된 사례

이 사건 합의 중 컨테이너 운임적용률에 관한 부분은 이 사건 기록에 의하여 알 수 있는 다음과 같은 사정들, 즉 2003. 5.경 화물연대가 전면 파업에 돌입하자 정부가 이를 수습할 목적으로 2003. 5. 15. 화물연대의 주요 요구안을 수용하여 '화물 운송노동자단체와 운수업 사업자단체간에 중앙교섭이 원만히 이루어질 수 있도록 적극 지원하고,

화주업체의 협조가 필요한 부분이 있는 경우에는 적극 참여하도록 지원한다'는 내용의 '노·정합의문'을 발표한 데 이어, 2003. 8. 22.에는 원고들 및 소외 회사 임원들로 하여금 '화물연대 관련 컨테이너운송업자 임원 대책회의'를 개최하게 하였고, 2003. 8. 25.에는 '하불료 13% 인상' 등의 후속조치를 취하도록 촉구하는 등 강력한 행정지도를 펼친 사실이 인정되는바, 그 과정에서 원고들 및 소외 회사들이 화주로부터 지급받는 컨테이너 운임의 적용률을 인상하는 내용의 이 사건 합의에 대하여도 위와 같은 정부의 행정지도가 있었다고 볼 여지가 있는 점, 화물연대의 요구사항 중의 하나인 하불료를 인상해 주기 위하여는 원고들이 화주들로부터 받는 운송료가 인상되어야 하는 등 어느 정도의 수익 증가가 원고들에게 필요하다고 보이는 점, 피고는 원고들이 화주들로부터 지급받는 운임적용률을 공동으로 결정한 행위만을 문제 삼고 있고, 화물차주들에게 지급한 하불료를 공동으로 결정한 행위에 대하여는 아무런 문제를 제기하고 있지 아니한 점, 원고들 및 소외 회사들이 이 사건 합의를 하게 된 경위는 위와 같이 하불료를 인상하는 데 필요한 재원 마련에 있었는데, 우리나라 육상화물 운송시장의 특성상 하불료는 지입차주들의 소득과 직결되어 있어 정부가 컨테이너 운임의 덤핑을 방치할 경우 출혈가격경쟁이 발생하여 이로 인한 전국적인 산업 분규, 물류의 차질 및 교통안전 위해 등의 문제가 발생할 수 있고, 이를 해결하기 위하여 추가되는 사회적 비용은 육상화물 운송시장에서의 가격경쟁으로 인한 소비자후생증대 효과에 비교하여 적다고 볼 수 없는 점 등에 비추어 볼 때, 친경쟁적 효과가 매우 커 공동행위의 부당성이 인정되지 않을 여지가 있다.

【6개 출판사의 학습부교재 생산규격·판매조건 관련 부당한 공동행위 건】

대법원 1992. 11. 13. 선고 92누8040 판결

판결요지

경쟁의 실질적 제한이라 함은 일정한 거래분야에서 유효한 경쟁을 기대하기 어려운 상태, 즉 경쟁자체가 감소하여 특정사업자 집단이 그들의 의사에 따라 자유롭게 가격, 수량, 품질 기타 거래조건을 결정함으로써 시장을 지배할 수 있는 상태가 되는 것을 의미한다.

【교복 3사의 부당한 공동행위 건】

대법원 2006. 11. 9. 선고 2004두14564 판결

판결요지

구체적으로 당해 공동행위가 '경쟁제한성'을 가지는지 여부는 당해 상품의 특성, 소비자의 제품선택 기준, 당해 행위가 시장 및 사업자들의 경쟁에 미치는 영향 등 여러 사정을 고려하여, 당해 공동행위로 인하여 일정한 거래분야에서의 경쟁이 감소하여 가격·수량·품질 기타 거래조건 등의 결정에 영향을 미치거나 미칠 우려가 있는지를 살펴, 개별적으로 판단한다.

【컨테이너 육상운송사업자의 부당한 공동행위 건】

대법원 2009. 7. 9. 선고 2007두26117 판결

판결요지

사업자들이 공동으로 가격을 결정하거나 변경하는 행위는 그 범위 내에서 가격경쟁을 감소시킴으로써 그들의 의사에 따라 어느 정도 자유로이 가격 결정에 영향을 미치거나 미칠 우려가 있는 상태를 초래하게 되므로 원칙적으로 부당하고, 다만 그 공동행위가 법령에 근거한 정부기관의 행정지도에 따라 적합하게 이루어진 경우라든지 또는 경제전반의 효율성 증대로 인하여 친경쟁적 효과가 매우 큰 경우와 같이 특별한 사정이 있는 경우에는 부당하다고 할 수 없다.

【한수원 발주 고리 2호기 승압변압기 입찰담합 관련 부당한 공동행위 건】

서울고등법원 2018. 8. 16. 선고 2018누39524 판결(확정)

판결요지

부당한 공동행위를 통해 경쟁 입찰의 외형을 작출함으로써 유찰을 방지하지 않았더라면 유찰 후 재입찰 내지 재공고입찰을 통해 입찰참가자격이 있는 다른 사업자들도 재입찰 절차에 참가하여 가격 경쟁을 할 수 있었을 가능성 또는 유찰 후 수의계약 과정에서 계약금액이 낮아졌을 가능성을 배제할 수 없다.

이 사건 공동행위 결과 효성은 합의내용대로 이 사건 입찰을 낙찰 받음으로써 경제적 이익을 취득하였고, 이로 인하여 발주기관인 한국수력원자력의 이익을 침해하거나 침해할 우려가 있는 상태를 초래하였으므로, 효성은 실질적인 경쟁 없이 투찰금액으로 낙찰을 받은 반면, 다른 사업자들은 유찰 후 재입찰 등의 절차에 참가하여 경쟁을 할 기회를 제한받은 것이므로, 결국 이 사건 입찰에서의 경쟁이 감소하여 가격·수량·품질 기타 거래조건 등의 결정에 영향을 미치거나 미칠 우려가 있었고, 나아가 입찰에 이르는 과정에서의 경쟁 자체도 제한되었다고 봄이 상당하다.

【원주 강릉 철도건설 노반신설 기타공사 4개 공구 입찰 관련 부당한 공동행위 건】

서울고등법원 2018. 10. 12. 선고 2017누62695 판결(확정)

판결요지

투찰가격 등 가격에 관한 공동행위를 금지하는 이유는 합의된 가격의 고저 및 이로 인한 소비자들의 일시적인 이익의 유무를 불문하고 사업자가 자의적으로 가격을 지배하는 힘을 발휘하는 것을 허용하지 아니한다는 것이다.

원고 등 사업자들이 들러리로 참여하기로 한 공구에서 54%대로 투찰하기로 합의한 것은 사실상 해당 공구에서 낙찰을 포기하는 것과 동일한 의미를 가지므로 이 사건 공동행위로 인하여 원고 등 사업자들 간의 가격경쟁이 완전히 소멸하였으며, 원고는 4개 공구에서 가격경쟁을 감소시킴으로써 어느 정도 자유로이 가격결정에 영향을 미치거나 미칠 우려가 있는 상태를 초래하였는바, 이 사건 공동행위는 사업자들이 자의적으로 낙찰가격을 지배하는 힘을 발휘하는 것으로서 위법하다.

【장보고-3 전투체계 및 소나체계 입찰 관련 부당한 공동행위 건】

대법원 2016. 2. 18. 선고 2013두19004 판결

판결요지

경쟁입찰에서는 특정한 사업자에게 입찰참가 의사가 있었다는 점만으로도 상대방에게 경쟁압력으로 작용할 수 있으므로, 단순히 특정 사업자의 수주 가능성이 낮다는 사정만을 근거로 하여 그의 경쟁의사를 부정하거나 그 입찰에서 경쟁관계가 성립하지 않는다고 쉽사리 단정할 수는 없다.

위 인정사실에 의하여 알 수 있는 다음의 사정, 즉 ① 엘아이지넥스원이 전투체계 입찰에 관한 해외협력이 금지될 가능성이 있음을 인지한 이후에도 별다른 입찰 전략의 변화 없이 원고와의 협상을 계속 진행해 왔고, 이 사건 협약이 있기 전까지 전투체계 입찰에서 경쟁이 있을 경우에 대비하는 등의 모습을 보여 왔을 뿐 아니라, 원고 역시 엘아이지넥스원을 전투체계 입찰에 관한 경쟁자로 인식해 온 것으로 볼 수 있으므로 해외협력이 금지된다는 사정에 따라 엘아이지넥스원이 이 사건 협약 이전에 전투체계 입찰 참가 의사를 포기한 것으로 보기 어려운 점, ② 원고가 소나체계 수주가능성을 매우 낮게 평가하고 있었다고 하더라도 그러한 점만으로 원고의 입찰참가 의지 자체가 없었다고 단정하기 어렵고, 원고는 제안요청서 공고 이후에도 엘아이지넥스원과 협의를 계속 진행하면서 에스테엑스엔진 및 해외업체와의 협력을 통한 소나체계 진입을 검토하기도 하였으므로 소나체계에 관한 해외협력이 일부 제한된다는 제한요청서의 내용으로 인하여 원고가 소나체계 입찰참가를 포기하게 된 것은 아니라고 볼 수 있는 점, ③

제안요청서 공고 이후에도 원고와 엘아이지넥스원에 위 각 입찰에 대한 참가의사가 있었던 것으로 볼 수 있는 이상 단순히 수주가능성이 낮다거나 기술력이 일부 부족하다는 사정만으로 서로 경쟁의사가 없다거나 경쟁관계가 존재하지 않는다고 볼 수는 없는 점, ④ 더욱이 엘아이지넥스원의 전투체계에서의 수주가능성과 원고의 소나체계에서의 수주가능성이 낮다고 하더라도 그 입찰참가는 향후 동종 입찰에 참가하는 데에 대한 대비로서의 의미를 가지거나 경쟁사에서 낙찰가격을 낮추도록 강제하는 효과가 있을 수 있어 이를 두고 경쟁 전략적 차원에서 무의미하다고 볼 수도 없는 점 등을 앞서 본 법리에 비추어 보면, 국과연이 제안요청서에서 부가한 해외협력 금지・제한 등의 조건으로 인하여 원고가 소나체계 중 체계종합 입찰참가를, 엘아이지넥스원이 전투체계 입찰참가를 각각 포기하였다고 볼 수는 없다고 할 것이다. 이러한 사정들을 모두 종합하여 보면 원고와 엘아이지넥스원은 이 사건 협약을 체결하는 등으로 각 입찰의 참가자를 사전에 결정함으로써 경쟁을 제한하는 합의를 하고 그에 따라 상호간에 입찰참가를 포기하게 된 것으로 봄이 타당하고, 이로 인하여 원고는 이 사건 입찰에 단독으로 참여하여 우선상대상자의 지위를 취득하게 되었으며, 만약 경쟁이 있었더라면 적어내었을 가격보다 더 높은 가격을 제안할 수 있었으므로, 양사의 이 사건 합의는 경쟁제한성이 있다고 보아야 한다.

【포항영일만항 외곽시설 축조공사 입찰 관련 부당한 공동행위 건】

서울고등법원 2016. 4. 15. 선고 2015누45504 판결(확정)

판결요지

> 낙찰자 결정에 필요한 두 가지 요소 중 하나의 요소에 관한 공동행위가 있었다면, 해당 입찰은 나머지 요소만으로 낙찰자가 결정되는 불완전한 경쟁으로 전락한다.

포항지방해양항만청은 이 사건 입찰을 추진하면서 응찰한 건설사들 사이의 자유롭고 공정한 경쟁을 통하여 적정한 가격과 설계 수준을 확보하고자 하였다. 그럼에도 이 사건 공사의 입찰에 응찰한 원고 등 5개 건설사는 사전에 투찰률 상한을 합의한 상태로 입찰에 참여하였고, 그로 말미암아 이 사건 입찰에 있어 가격 부문의 경쟁이 사라져 입찰의 취지가 근본적으로 훼손되었다. 특히, 낙찰자를 결정하는 종합점수에서 가격점수가 차지하는 비중이 40%로서 가격 부문의 경쟁이 갖는 의미가 상당하므로, 원고 등 5개 건설사 사이에 가격 경쟁이 제대로 이루어졌다면 낙찰가격이 보다 하락하였을 가능성을 배제할 수 없다. 따라서 원고가 주장하는 설계 부문의 경쟁은 자유롭고 공정한 입찰에 있어 당연히 전제된 것에 불과하다.

【인조잔디 다수공급자계약 2단계 경쟁 입찰 관련 부당한 공동행위 건】

서울고등법원 2016. 7. 8. 선고 2014누6748 판결(확정)

판결요지

공동행위로 인한 입찰담합이 2단계 경쟁입찰 방식하에서 이루어졌다고 하더라도 다른 입찰담합과 달리 경쟁을 제한하는 정도가 약하다거나 효율성 감소 효과가 작다고 단정할 수 없다.

원고의 이 사건 공동행위는 이른바 경성공동행위 중에서도 가장 위법성이 강하다고 평가되는 입찰담합이고, 그 성격상 경쟁제한 효과는 명백한 반면 효율성증대 효과는 매우 미미하며, 다수공급자계약제도에 따른 2단계 경쟁입찰 방식으로 이루어져 이미 경쟁이 제한된 상태의 공동 입찰에 관한 공동행위라고 하더라도 그 성격은 동일한 것이므로 이와 달리 볼 것은 아니다.

【경인운하사업 시설공사 입찰 관련 부당한 공동행위 건】

서울고등법원 2016. 7. 21. 선고 2021누57623 판결(확정)

판결요지

이 사건 입찰의 경우 시공능력, 기술능력 등이 엄격하게 요구되어 처음부터 참여 가능한 건설사의 수가 제한되어 있었던 사정은 인정되나, 그러한 사정만으로는 이 사건 공동행위의 경쟁제한성이 경미하다고 볼 수 없다고 한 사례

동아건설산업은 이 사건 공동행위에 따라 형식적으로 이 사건 입찰에 참여함으로써 실질적인 경쟁 없이 지에스건설이 단독으로 입찰에 참가하여 낙찰 받는 것과 같은 효과를 발생시켰고, 동아건설산업과 지에스건설 사이에 진정한 경쟁이 있었다면 낙찰 가격은 더 낮아졌을 것으로 보이는바, 이 사건 공동행위에 경쟁제한성이 없다고 볼 수 없다.

【호남고속철도 제2-1공구 등 최저가낙찰제 입찰 관련 부당한 공동행위 건】

서울고등법원 2016. 7. 22. 선고 2014누7543 판결(확정)

판결요지

사후적으로 입찰에 들러리로 참여하였다고 하더라도, 전체 부당한 공동행위에 가담한 책임을 면할 수 없다.

원고가 사후적으로 공구별 입찰에 들러리 참여를 한 것은 사실이나, 이 사건 입찰에서 각 공구별 낙찰예정자가 실제로 낙찰을 받기 위해서는 낙찰예정자와 이를 제외한 들러리 업체가 모두 계획에 따른 입찰 참여를 하여야 하는 것인바, 그 구체적인 개별 행위를

떼어 별개로 평가할 수는 없으므로, 원고는 이 사건 전체 부당한 공동행위에 가담한 책임을 면할 수 없다고 할 것이고, 원고의 행위에 공정거래법 제19조 제1항이 정하고 있는 경쟁제한성도 인정된다.

【인천도시철도 2호선 턴키공사 입찰 관련 부당한 공동행위 건】

서울고등법원 2016. 1. 14. 선고 2014누46333 판결(확정)

판결요지

입찰참여자가 없어 유찰될 것이 예상되더라도 스스로 낙찰자가 되기 위하여 들러리 업체를 내세웠다면 실질적 경쟁을 제한한 것이다.

원고의 주장처럼 이 사건 입찰에 원고 외에 참여할 건설사가 없었다면 그 입찰은 당연히 유찰되어야 하는 것인데도 원고는 스스로 낙찰자가 되기 위하여 흥화를 들러리 업체로 참가시켰고, 흥화가 이 사건 공동행위에 따라 이 사건 입찰에 형식적으로 참가하여 경쟁입찰의 외형을 작출함으로써 유찰을 방지하는 한편 실질적인 경쟁 없이 1개 업체만이 입찰에 참가하여 사전에 합의된 가격에 따라 낙찰되는 것과 같은 효과를 발생시켰으므로, 이 사건 공동행위로 인하여 이 사건 입찰의 낙찰가가 인하되지 못하였다고 봄이 상당하다.

【금강살리기 1공구(서천지구) 입찰 관련 부당한 공동행위 건】

서울고등법원 2016. 1. 20. 선고 2015누32201 판결(확정)

판결요지

경쟁제한성이 인정되는 경우에는 원칙적으로 부당하고, 그 공동행위가 법령에 근거한 정부기관의 행정지도에 따라 적합하게 이루어진 경우라든지 또는 경제전반의 효율성 증대로 인하여 친경쟁적 효과가 매우 큰 경우와 같이 특별한 사정이 있는 경우에는 예외적으로 부당하다고 할 수 없지만, 구 공정거래법 제19조 제2항에 부당한 공동행위의 사전 인가제가 규정되어 있으므로 이러한 사전 인가를 받지 않았음에도 예외적으로 부당성이 부정되는 사유는 엄격하게 인정함이 상당하다.

정부는 이 사건 공사를 비롯한 4대강 사업을 추진함에 있어서 그 사업 규모를 고려하여 단계별로 공구를 나눈 후 입찰을 실시하고 가중치 기준방식으로 평가함으로써 건설사들 사이의 자유로운 경쟁을 통하여 적정한 가격과 설계 수준을 확보하고자 하였다. 그럼에도 원고와 두산건설은 이 사건 공사 입찰에 원고가 낙찰자가 되도록 하고자 사전에 투찰률 또는 투찰가격을 합의한 후 이를 실행하였는바, 이로 말미암아 이 사건 공사에 관한 입찰에서는 참여 건설사 모두 이 사건 공동행위에 가담함으로써 경쟁 자체가 소멸되었고,

입찰의 취지 자체가 몰각되었다. 따라서 이 사건 공동행위는 경쟁제한성을 갖고 있음이 명백하고, 그 부당성 역시 인정된다.

【인조잔디 다수공급자계약 2단계 경쟁 입찰 관련 부당한 공동행위 건】

서울고등법원 2016. 1. 8. 선고 2014누61851 판결(확정)

판결요지

시장점유율이 낮은 소규모 사업자라고 하더라도 입찰담합에서의 역할이 작지 않고, 그로 인한 경쟁제한의 효과도 상당하다고 보아야 한다.

입찰의 경우 아무리 소규모·후발업체라 하여도 낙찰의 조건을 충족하면 대규모·선발업체보다 우선하여 그 스스로 낙찰자가 될 수 있으므로, 의사연락의 상호성 요건을 충족하는 한 들러리 참여라 하여 대규모 기업의 공동행위에 단순히 소극적으로 추종한 것이라고 평가하기는 어렵다.

【상수도 옥외자동검침시스템 구입 설치 입찰 관련 부당한 공동행위 건】

서울고등법원 2016. 9. 30. 선고 2016누41226 판결(확정)

판결요지

찰에서 유효한 경쟁이 없었다고 하더라도, 해당 진입할 가능성이 있는 사업자들이 있었다면, 그 사업자들과 잠재적 경쟁관계가 있었다고 볼 수 있다.

이 사건 입찰시장에서 유효한 경쟁관계를 형성하고 있지 아니하였더라도, 원고는 이 사건 각 입찰시장에서 온누리넷 등 7개사, 엠앤에스 등과 실제로 유효하게 경쟁하고 있었고, 이에 더하여 위 시장에 진입할 가능성이 있던 기타 상수도 검침시스템 제조·판매 사업자들과도 잠재적 경쟁관계에 있었다고 볼 수 있으므로, 특별한 사정이 없는 한 경쟁제한성이 있다.

【민방위 및 재난재해 경보시스템 구매·설치 입찰 관련 부당한 공동행위 건】

서울고등법원 2017. 8. 17. 선고 2017누32236 판결(확정)

판결요지

원고와 알림시스템이 하나의 회사에 해당한다고 보더라도 입찰담합의 형식으로 이루어진 이 사건 공동행위의 경우 다른 유형의 공동행위와 달리 '경쟁제한성'을 인정함에 있어 위와 같은 사정이 아무런 장애가 되지 아니한다고 한 사례 피고의 공동행위 심사기준(2015. 10. 23. 공정거래위원회 예규 제235호로 개정된 것) H. 1. 나. (1)의 규정에서도 입찰담합의 경우에는 다른 유형의 공동행위와 달리 사실상 하나의 회사에 대한 예외를 인정하지 않고 있으므로, 설령 원고와 알림시스템이 하나의 회사에 해당한다고 보더라도 입찰담합의 형식으로 이루어진 이 사건 공동행위의 경우 다른 유형의 공동행위와 달리 '경쟁제한성'을 인정함에 있어 위와 같은 사정이 아무런 장애가 되지 아니한다.

【보령환경 및 해양개발의 부당한 공동행위 건】

서울고등법원 2012. 10. 31. 선고 2012누4113 판결(확정)

판결요지

원고들은, 원고들만이 이 사건 입찰에 참여할 수 있어 유찰될 경우 원고들 중 1개 회사가 수의계약으로 수주할 가능성이 매우 컸기 때문에 다른 업체가 이 사건 사업에 참여할 가능성이 매우 희박하므로 경쟁이 제한되었다고 볼 수 없다고 주장하나 그러한 사정만으로 이 사건 입찰담합행위에 경쟁제한성이 부정된다고 할 수 없다고 한 사례

원고들만이 입찰 공고상의 입찰참여요건을 갖춘 이 사건 입찰에서 위에서 보는 바와 같이 원고들이 낙찰예정자와 투찰가격을 사전에 합의한 후 입찰에 참여함으로써 경쟁에 의해 낙찰가격이 하락하게 될 여지가 없어지는 등 경쟁이 실질적으로 소멸하였다고 할 수 있으므로 이 사건 입찰담합행위에는 경쟁제한성이 인정된다. 이에 대하여 원고들은, 원고들만이 이 사건 입찰에 참여할 수 있어 유찰될 경우 원고들 중 1개 회사가 수의계약으로 수주할 가능성이 매우 컸기 때문에 다른 업체가 이 사건 사업에 참여할 가능성이 매우 희박하므로 경쟁이 제한되었다고 볼 수 없다고 주장하나 그러한 사정만으로 이 사건 입찰담합행위에 경쟁제한성이 부정된다고 할 수 없다.

제41조 공공부문 입찰 관련 부당한 공동행위를 방지하기 위한 조치

가. 법조문

법률	시행령
제41조(공공부문 입찰 관련 부당한 공동행위를 방지하기 위한 조치) ① 공정거래위원회는 국가·지방자치단체 또는 「공공기관의 운영에 관한 법률」에 따른 공기업이 발주하는 입찰과 관련된 부당한 공동행위를 적발하거나 방지하기 위하여 중앙행정기관·지방자치단체 또는 「공공기관의 운영에 관한 법률」에 따른 공기업의 장(이하 "공공기관의 장"이라 한다)에게 입찰 관련 자료의 제출과 그 밖의 협조를 요청할 수 있다.	
② 대통령령으로 정하는 공공기관의 장은 입찰공고를 하거나 낙찰자가 결정되었을 때에는 입찰 관련 정보를 공정거래위원회에 제출하여야 한다. ③ 제2항에 따라 공정거래위원회에 제출하여야 하는 입찰 관련 정보의 범위 및 제출 절차에 관하여는 대통령령으로 정한다.	제48조(공공부문 입찰 관련 부당한 공동행위를 방지하기 위한 조치) ① 법 제41조 제2항에서 "대통령령으로 정하는 공공기관"이란 다음 각 호의 기관을 말한다. 1. 「정부조직법」 또는 그 밖의 법률에 따라 설치된 중앙행정기관 2. 「지방자치법」에 따른 지방자치단체 3. 「공공기관의 운영에 관한 법률」 제5조에 따른 공기업 ② 법 제41조 제2항에 따른 입찰(입찰에 참가한 사업자가 20개 이하인 경우로서 그 추정가격이 「건설산업기본법」 제2조 제4호의 건설공사 입찰의 경우는 50억원 이상, 그 외의 경우는 5억원 이상인 입찰로 한정한다) 관련 정보는 다음 각 호의 정보로 한다. 1. 발주기관과 수요기관 2. 입찰의 종류와 방식 3. 입찰공고의 일시와 내용 4. 추정가격, 예정가격과 낙찰하한율 5. 입찰참가자의 수

법률	시행령
	6. 입찰참가자별 투찰내역 7. 낙찰자에 관한 사항 8. 낙찰금액 9. 유찰횟수와 예정가격 인상횟수 10. 그 밖에 입찰과 관련된 부당한 공동행위의 적발 및 방지를 위해 필요하다고 공정거래위원회가 인정하는 정보 ③ 제1항 각 호의 공공기관의 장이 법 제41조 제2항에 따라 입찰 관련 정보를 공정거래위원회에 제출하는 경우에는 낙찰자 결정 후 30일 이내에 제2항 각 호의 사항을 「전자조달의 이용 및 촉진에 관한 법률」 제2조 제4호에 따른 국가종합전자조달시스템을 통해 해야 한다. 다만, 제1항 각 호의 공공기관의 장이 조달청장에게 계약체결을 의뢰하지 않은 경우에는 공정거래위원회가 운영하는 정보처리장치에 직접 입력하는 방식으로 제출할 수 있다.

나. 판례

【엘에스전선에 대한 부정당업자 제재처분 건】

대법원 2014. 11. 13. 선고 2009두20366 판결

서울행정법원 2010. 6. 24. 선고 2010구합7369 판결

판결요지

분할 전 회사의 입찰담합을 이유로 공정거래위원회의 제재처분이 부과된 신설회사에게 입찰참가자격 제한처분을 한 것은 위법하다고 본 사례

원심은 원고는 분할 전 엘에스전선 주식회사(이하 '구 엘에스전선'이라고 한다)로부터 2008. 7. 1. 전선사업 부문만을 포괄적으로 승계하여 신설되었으며, 피고가 구 엘에스전선이 회사 분할 이전인 1999. 3. 15.부터 2006. 10. 31.까지 입찰담합행위를 하였다는 사유로 신설회사인 원고에게 이 사건 입찰참가자격 제한처분을 한 것은 위법하다. 관련 법리 및 기록에 비추어 보면, 원심의 위와 같은 판단은 정당하고, 거기에 상고 이유의 주장과 같이 입찰참가자격 제한처분의 대상자 및 회사 분할시 제재적 행정처분의 승계에

관한 법리를 오해하는 등의 잘못이 없다. (이하 1심 판결내용) 회사 분할과 제재처분에 관한 법리 오해 주장에 대하여 살피건대, 앞서 본 바와 같이 이 사건 처분의 사유가 된 행위는 1999. 3. 15.부터 2006. 10. 31.까지 엘지전선(구 엘에스전선)에 의하여 이루어졌고 원고는 그 이후인 2008. 7. 1. 회사 분할로 신설되었음에도, 피고는 원고에 대하여 분할 전 회사인 엘지전선(구 엘에스전선)의 위반 행위를 이유로 이 사건 처분을 하였는데, 아래에서 보는 여러 사정을 고려할 때 신설회사인 원고에 대하여 분할 전 회사의 위반행위를 이유로 이 사건 처분을 할 수는 없다고 할 것이므로, 이 사건 처분은 위법하므로 취소되어야 한다. (1) 계약사무규칙 제15조 제1항은 '기관장은 경쟁의 공정한 집행이나 계약의 적정한 이행을 해칠 우려가 있거나 입찰에 참가시키는 것이 부적합하다고 인정되는 자로서 「국가를 당사자로 하는 계약에 관한 법률 시행령」 제76조 제1항 각 호의 어느 하나에 해당되는 계약상대자 또는 입찰참가자(계약상대자 또는 입찰참가인의 대리인, 지배인, 그 밖의 사용인을 포함한다)에 대하여는 1개월 이상 2년 이상의 범위에서 그 입찰참가 자격을 제한하여야 한다.'고 규정하고 있고, 위 규정에 의하면 입찰참가자격제한 처분의 대상자는 경쟁의 공정한 집행이나 계약의 적정한 이행을 해칠 우려가 있는 소정의 행위를 한 계약상대자 또는 입찰참가자라 할 것인데, 이 사건 처분의 사유가 된 위반 행위를 한 계약당사자 또는 입찰참가자는 원고가 아니라 분할 전 회사인 엘지전선(구 엘에스전선)이고 분할 이후의 존속 회사는 엘에스이다. (2) 상법은 회사분할에 있어서 분할되는 회사의 채권자를 보호하기 위하여, 분할로 인하여 설립되는 신설회사와 존속회사는 분할 전의 회사 채무에 관하여 연대책임을 지는 것을 원칙으로 하고 있으나(제530조의9 제1항), 한편으로는 회사분할에 있어서 당사자들의 회사분할 목적에 따른 자산 및 채무 배정의 자유를 보장하기 위하여 소정의 특별의결 정족수에 따른 결의를 거친 경우에는 신설회사가 분할되는 회사의 채무 중에서 출자한 재산에 관한 채무만을 부담할 것을 정할 수 있다고 규정하고 있고(제530조의9 제2항), 신설회사 또는 존속회사는 분할하는 회사의 권리와 의무를 분할계획서가 정하는 바에 따라서 승계하도록 규정하고 있으므로(제530조의10), 신설회사 또는 존속회사가 승계하는 것은 분할하는 회사의 권리와 의무라 할 것이고, 분할하는 회사의 분할 전 법 위반행위를 이유로 과징금 부과나 부정당업자 제재처분 등이 있기 전까지는 단순한 사실행위만 존재할 뿐 그 과징금 등과 관련하여 분할하는 회사에게 승계의 대상이 되는 어떠한 의무가 있다고 할 수 없고, 특별한 규정이 없는 한 신설회사에 대하여 분할하는 회사의 분할 전 법 위반행위를 이유로 과징금 등을 부과하는 것은 허용되지 않는다(과징금과 관련해서는 대법원 2007. 11. 29. 선고 2006두18928 판결 ; 대법원 2009. 6. 25. 선고 2008두17035 판결 등 참조). 그리고 신설회사가 법 위반행위와 관련된 사업을 승계하였다고 하여 위에서 본 법리에 관계없이 당연히 법 위반행위에 대한 제재처분까지 승계하는 것으로 볼 수도 없다. (3) 피고는, 과징금 부과처분은 과거 행위를 대상으로 한 금전 제재이고, 입찰참가자격제한은 과거 행위에 대한 제재의 의미와 함께 장래에 대한 예방의 의미가 있으며, 또한 입찰참가자격제한의 실효성을 확보하기 위해서도 분할되어 나온 신설회사에 대하여 입찰참가자격제한 처분을 하여야 한다고 주장하나, 과징금 부과처분과 입찰참가자격제한처분은 모두 과거의 법 위반행위에 대한 제재라는 점에서는 그 본질적 성격이 동일하다고 볼 것이고, 처분의 실효성 확보만을 위해서 개별적 사안마다 입찰참가자격제한처분의 상대방이 달라지는 것은 법치행정의 원리에도 위배된다.

【에스에이텍에 대한 부정당업자 제재처분 건】

대법원 2019. 4. 25 선고 2018다244389 판결

판결요지

분할 전 회사의 입찰담합행위에 대하여 입찰참가자격 제한처분이 부과되었다면, 그 이후 해당 사업부문을 분할하여 신설된 회사는 그 처분의 효과를 승계한다고 본 사례

원심판결 이유에 의하면 원심은, 주식회사 I(이하 'I'라 한다)가 J 입찰시장에서 담합행위를 함으로써 2017. 4. 4. 청주시장으로부터 6개월간 입찰참가자격을 제한하는 처분(이하 '이 사건 처분'이라 한다)을 받은 후 얼마 지나지 않은 2017. 4. 18. 임시주주총회에서 전기경보 및 신호장치 제조업 부문 등을 분할하여 원고를 신설하기로 하는 분할계획서를 승인하였고, 2017. 5. 24. 분할등기 및 원고에 대한 설립등기가 마쳐진 사실, 피고는 2017. 6. 23. 'F'과 'H' 입찰을 각 공고하여 원고를 낙찰자로 결정하였으나, 2017. 8. 30. 이미 이 사건 처분이 내려진 후에 원고가 I로부터 분할되었으므로 제재처분의 효과가 원고에 승계된다는 이유로 위 각 입찰을 무효처리 한 사실을 인정한 후, ① 상법 제530조의10은 "단순분할신설회사는 분할회사의 권리와 의무를 분할계획서에서 정하는 바에 따라 승계한다."라고 규정하고 있고, I의 분할계획서에는 "분할되는 회사의 일체의 적극, 소극재산과 공법상의 권리 의무를 포함한 기타의 권리 의무 및 재산적 가치가 있는 사실관계(인허가, 근로관계, 계약관계, 소송 등을 포함한다)는 분할대상 부문에 관한 것이면 분할신설회사에게 귀속되는 것을 원칙으로 한다.", "분할되는 회사의 사업과 관련하여 분할기일 이전의 행위 또는 사실로 인하여 분할기일 이후에 발생, 확정되는 채무 또는 분할기일 이전에 이미 발생, 확정되었으나 이를 인지하지 못하는 등의 여하한 사정에 의하여 분할계획서에 반영되지 못한 채무(공, 사법상의 우발채무, 기타 일체의 채무를 포함한다)에 대해서는 그 원인이 되는 행위 또는 사실이 분할대상 부문에 관한 것이면 분할신설회사에게 귀속한다."라고 한 점, ② 분할계획서에 의하면, I의 15개 사업 부문 중 '부동산 임대 및 전대업'을 제외한 나머지 전 사업 부문이

원고에게 승계되었는데, 이 사건 처분을 받은 것과 관련된 부문은 원고에게 승계된 사업 부문인 점, ③ 만약 분할 전 회사의 법 위반행위가 분할신설회사에 승계되지 않는다고 한다면 법 위반행위를 한 회사가 법인분할을 통하여 제재처분을 무력화할 여지가 있어 입찰참가자격 제한 제도의 실효성을 확보할 수 없는 점 등을 종합하여 이 사건 처분의 효과는 원고에게 승계된다고 판단하였다. 관련 법리와 기록에 비추어 살펴보면, 원심의 위와 같은 판단은 정당하고, 거기에 필요한 심리를 다하지 아니한 채 논리와 경험의 법칙에 반하여 자유심증주의의 한계를 벗어나거나 제재처분 효과의 승계에 관한 법리를 오해하는 등의 잘못이 없다.

【엘지유플러스에 대한 부정당업자 제재처분 건】

대법원 2016. 6. 28. 선고 2014두13072 판결
서울행정법원 2013. 9. 6. 선고 2012구합12303 판결

판결요지

합병 전 회사의 위반행위를 이유로 합병 후 존속회사에 대하여 입찰참가자격 제한처분이 가능하다고 본 사례

(**이하 1심 판결내용**) 회사합병이 있는 경우에는 피합병회사의 권리・의무는 사법상의 관계나 공법상의 관계를 불문하고, 그의 성질상 이전을 허용하지 않는 것을 제외하고는 모두 합병으로 인하여 존속한 회사에게 승계되는 것으로 보아야 한다. 국가정보통신사업자가 되기 위하여는 해당지역 회선구성 능력, 구간별 지중화 비율, 유지・보수능력을 갖추어야 하고, 관련 인허가를 취득해야 하는 등 인적・물적설비를 갖추어야 하는 점, 원고가 2010. 1. 1. 엘지데이콤을 흡수합병하면서 엘지데이콤의 인적・물적 설비 및 허가와 관련된 지위를 모두 승계한 점, 입찰참가자격 제한처분이 성질상 이전을 허용하지 않는 일신전속적인 것이라고 볼 수 없는 점, 만약 이 사건 처분이 승계되지 않는다고 본다면 흡수합병을 통해 제재 처분을 무력화하게 되는 점 등을 고려할 때, 합병 전 위반행위는 원고에게 승계되었다고 봄이 타당하고, 사실행위라 하여 승계대상에서 제외되지 아니한다.

제 42 조 시정조치

가. 법조문

법률	시행령
제42조(시정조치) ① 공정거래위원회는 부당한 공동행위가 있을 때에는 그 사업자에게 해당 행위의 중지, 시정명령을 받은 사실의 공표 또는 그 밖에 필요한 시정조치를 명할 수 있다. ② 합병, 분할, 분할합병 또는 새로운 회사의 설립 등에 따른 제1항의 시정조치에 관하여는 제7조 제2항부터 제4항까지의 규정을 준용한다. 이 경우 "시장지배적사업자"는 "사업자"로 본다.	제49조(시정명령을 받은 사실의 공표) 법 제42조 제1항에 따른 공표 명령에 관하여는 제12조를 준용한다.

나. 판례

【오피스 라이선스 구매 입찰 관련 부당한 공동행위 건】

서울고등법원 2021. 7. 21. 선고 2020누56454 판결(확정)

판결요지

공공기관으로부터 입찰참가자격이 제한될 가능성이 있더라도 영구적 제한이 아닌 점 등에 비춰 시정명령 부과에 재량권 일탈·남용이 없다고 본 사례

이 사건 시정명령의 내용과 효력으로 볼 때, 원고들이 이로 인해 공공기관의 입찰참여에 제한을 받을 가능성이 있기는 하나, 이는 원고들이 이 사건 공동행위를 하여 스스로 자초한 결과이고, 원고들이 공공기관 외의 입찰참여에 제한을 받지 않으며 공공기관의 입찰 제한이 영구적인 아닌 일정한 기간에 그치므로, 원고들이 받을 불이익을 고려하더라도 이 사건 시정명령에 재량권을 일탈하여 남용한 위법이 없다.

【호남고속철도 4-2공구 노반신설 기타공사 입찰 관련 부당한 공동행위 건】

서울고등법원 2016. 7. 8. 선고 2014누65907 판결(확정)

판결요지

시정조치의 내용은 과거의 위반행위에 대한 중지는 물론 가까운 장래에 반복될 우려가 있는 동일한 유형의 행위의 반복금지도 명할 수 있다.

시정조치제도를 둔 취지에 비추어 시정조치는 위반하는 행위를 시정하기 위해서 필요한 때에 명할 수 있는 것으로서 시정조치의 내용은 위반행위에 의하여 저해된 공정한 경쟁질서의 회복이나 유지를 꾀하기 위해서 필요하다고 할 수 있는 범위에 한정되므로, 위반행위자에 대한 행정처분이라고 하더라도 위반행위와 관련성이 합리적으로 인정되지 아니하는 조치나 위반행위의 시정을 넘어서 필요 이상으로 경쟁적인 구조조치를 강구하도록 명하는 것은 허용되지 않는다. 그러나 공정거래위원회가 가진 시정조치의 필요성에 관한 재량권의 범위를 일탈하거나 그 남용에 이르는 경우가 아니라면 시정조치의 내용은 과거의 위반행위에 대한 중지는 물론 가까운 장래에 반복될 우려가 있는 동일한 유형의 행위의 반복금지도 명할 수 있다. 이 사건 입찰담합의 동기 및 경위, 담합의 실행방법, 담합가담자들의 관계 등에 비추어 보면, 원고에게 가까운 장래에 "정부 또는 공공기관이 발주한 고속철도 건설공사"에 대하여도 동일한 유형의 담합행위를 반복할 우려가 있다고 인정되므로, 피고가 그 재량의 범위에서 한 이 사건 시정명령은 적법하다.

【8개 제분사의 부당한 공동행위 건】

대법원 2009. 5. 28. 선고 2007두24616 판결

판결요지

금지명령 내용 중 "시장을 통한 정보수집의 경우를 제외하고"라는 문구 및 시정명령 전체의 취지에 비추어 보면, 현재 또는 장래에 관한 공개되지 아니한 정보의 교환만을 금지하는 것이므로 명확성과 구체성의 원칙이나 비례의 원칙에 위반되지 않는다고 본 사례

구 공정거래법 제21조는 '공정거래위원회는 제19조 제1항의 규정을 위반하는 행위가 있을 때에는 당해 사업자에 대하여 당해 행위의 중지, 시정명령을 받은 사실의 공표 기타 시정을 위한 필요한 조치를 명할 수 있다'고 규정하고 있다. 이때 '기타 시정을 위한 필요한 조치'에는 행위의 중지뿐만 아니라 그 위법을 시정하기 위하여 필요하다고 인정되는 제반 조치가 포함된다고 할 것인바 사업자들이 상호 정보교환을 통하여 부당한 공동행위를 하기에 이른 경우에 공정거래위원회는 그것이 부당한 공동행위의 시정을 위하여 필요하다면 그 사업자들에 대하여 정보교환 금지명령을 할 수 있다. 다만 그와

같은 정보교환 금지명령이 구 공정거래법 제21조에서 정한 필요한 조치로서 허용되는지는 그 정보교환의 목적, 관련시장의 구조 및 특성, 정보교환의 방식, 교환된 정보의 내용, 성질 및 시간적 범위 등을 종합적으로 고려하여 판단해야 한다. 이 사건 금지명령 중 "시장을 통한 정보수집의 경우를 제외하고"라는 문구 및 시정명령 전체의 취지에 비추어 보면, 현재 또는 장래에 관한 공개되지 아니한 정보의 교환만을 금지하는 것임을 알 수 있으므로 명확성과 구체성의 원칙이나 비례의 원칙에 위반되지 아니한다.

제 43 조 과징금

가. 법조문

법률	시행령
제43조(과징금) 공정거래위원회는 부당한 공동행위가 있을 때에는 그 사업자에게 대통령령으로 정하는 매출액에 100분의 20을 곱한 금액을 초과하지 아니하는 범위에서 과징금을 부과할 수 있다. 다만, 매출액이 없는 경우 등에는 40억원을 초과하지 아니하는 범위에서 과징금을 부과할 수 있다.	제50조(과징금) 법 제43조 본문에 따른 매출액의 산정에 관하여는 제13조 제1항을 준용한다. 이 경우 위반행위가 입찰담합 및 이와 유사한 행위인 경우에는 계약금액을 매출액으로 본다.

나. 판례

1) 과징금의 의의 및 법적 성격

【4개 할부금융사들의 부당한 공동행위 건】

서울고등법원 2002. 6. 27. 선고 2001누2579 판결(확정)

판결요지

부당한 공동행위 위반행위에 대하여 부과하는 과징금은 사업자의 부당공동행위에 대한 행정적 제재금의 성격에 부당이득 환수적 성격이 가미되어 있다.

공정거래법상 과징금은 대체로 행정법상의 의무위반에 대하여 이로 인한 불법적인 이득을 박탈하거나, 혹은 당해 법규상의 일정한 행정명령의 이행을 강제하기 위하여 행정청이 부과·징수하는 금전이고, 형사처벌이나 행정벌과는 그 성격을 달리하는 것이기는 하나, 위반자에 대하여 금전지급채무를 부담시킨다는 측면에서 실질적으로는 제재로서의 성격도 가지고 있다. 특히 이 사건 법 위반행위에 대한 과징금은 기본적으로 법 위반행위에 의하여 얻은 불법적인 경제적 이익의 박탈이라는 부당이익 환수적 성격을 가지는 것이다.

【인천도시철도 2호선 턴키공사 입찰 관련 부당한 공동행위 건】

대법원 2017. 4. 26. 선고 2016두32688 판결

판결요지

과징금이 위반행위로 인하여 발생한 순이익보다 많다고 하더라도 그러한 사정만으로 그 과징금이 지나치게 과중하다고 할 수 없다.

과징금은 부당한 공동행위로 인한 부당이득의 환수의 성격과 함께 제재적인 성격도 가지는바, 원고의 위반행위의 내용과 정도, 위반행위의 기간 및 횟수, 이로 인해 원고가 얻은 이익의 규모 등을 종합하면, 비록 원고에 대한 과징금이 원고가 주장하는바 위반행위로 인하여 발생한 순이익보다 많다고 하더라도 그러한 사정만으로 그 과징금이 지나치게 과중하다고 할 수 없다.

【호남고속철도 노반신설 입찰 관련 부당한 공동행위 건】

서울고등법원 2016. 3. 23. 선고 2015누33181 판결(확정)

판결요지

회생절차개시결정은 이 사건 과징금 부과 이후 이루어진 것으로서, 처분 당시 피고가 이를 충분히 예상할 수 있었다는 등의 특별한 사정에 관하여 입증이 없는 이 사건에서 처분 이후에 이루어진 회생절차개시결정을 이유로 이 사건 처분이 재량권을 일탈·남용한 것이라고 볼 수는 없다.

행정소송에서 행정처분의 위법 여부는 행정처분이 행하여졌을 때의 법령과 사실상태를 기준으로 하여 판단해야 하므로 사업자가 과징금을 납부할 현실적 부담능력이 있는지 여부에 관한 판단의 기준시점은 다른 특별한 사정이 없는 한 과징금 납부명령 등이 행하여진 '의결일' 당시의 사실상태를 기준으로 판단하여야 한다. 피고는 심의종결일인 2014. 7. 23. 기준으로 동부건설의 직전 3개 연도 당기순이익을 각 3:2:1로 가중평균한 금액이 적자인 점을 감안하여 추가 조정 시 50%를 감경하고 건설시장이 위축되어 있는 점을 감안하여 10%를 추가로 감경하였으므로 이 사건 처분 당시 동부건설의 현실적 부담능력 등에 관한 사정은 이미 이 사건 과징금을 산정하는 데 반영되었다고 할 수 있다. 한편 동부건설에 대한 회생절차개시결정은 이 사건 처분 이후인 2015. 1.

7. 이루어진 것으로서, 처분 당시 피고가 이를 충분히 예상할 수 있었다는 등의 특별한 사정에 관하여 입증이 없는 이 사건에서 위와 같이 처분 이후에 이루어진 회생절차 개시결정을 이유로 이 사건 처분이 재량권을 일탈·남용한 것이라고 볼 수는 없다.

【한국가스공사 발주 천연가스 주배관 입찰 관련 부당한 공동행위 건】

서울고등법원 2018. 10. 11. 선고 2018누51609 판결(확정)

판결요지

사업자들이 거래제한 합의를 하고 이에 가담한 특정 사업자가 개별 입찰에 관한 담합을 한 후에 그 사업자에 대하여 회생절차가 개시되었다면, 그 사업자가 회생절차개시 이전에 가담한 개별 입찰담합 부분에 대한 과징금 청구권은 회생채권이 된다고 보아야 하고 설령 회생절차가 개시된 이후 그 사업자 이외의 다른 사업자들이 여전히 개별 입찰에 관한 입찰담합을 계속하고 있었다고 하더라도 달리 볼 것은 아니다.

원고는 회생절차개시결정일인 2012. 7. 23. 이전에 2차 공동행위에 따라 개별 입찰에 관한 담합에 가담하여 낙찰을 받거나 들러리로 참여하였으므로, 회생절차개시 전에 가담한 개별 입찰담합을 원인으로 생긴 과징금 청구권은 채무자회생법 제118조 제1호에 따른 회생채권에 해당한다. 그러나 피고는 이에 해당하는 과징금 청구권을 회생채권으로 적법하게 신고하지 않았으므로 채무자회생법 제251조 본문에 따라 과징금 청구권에 대하여 면책의 효력이 생겼다. 따라서 원고의 2차 공동행위를 원인으로 한 이 사건 과징금 납부명령은 위법하다.

【이천시 부필 등 공공하수도 사업 입찰 관련 부당한 공동행위 건】

서울고등법원 2015. 5. 21. 선고 2014누66849 판결(확정)

판결요지

과징금 청구권이 회생채권으로 신고되지 아니한 채 회생계획인가결정이 된 경우에는 면책의 효력이 생겨 과징금 부과권을 행사할 수 없다.

채무자에 대한 회생절차개시 전에 과징금 부과의 대상인 행정상의 의무위반행위 자체가 성립하고 있으면, 그 부과처분이 회생절차개시 후에 있는 경우라도 그 과징금 청구권은 회생채권이 되고, 장차 부과처분에 의하여 구체적으로 정하여질 과징금 청구권이 회생채권으로 신고되지 아니한 채 회생계획인가결정이 된 경우에는 채무자회생법 제251조 본문에 따라 그 과징금 청구권에 관하여 면책의 효력이 생겨 행정청이 더 이상 과징금 부과권을 행사할 수 없으므로 그 과징금 청구권에 관하여 회생계획인가결정 후에 한 부과처분은 부과권이 소멸된 뒤에 한 부과처분이어서 위법하다. 피고가 이 사건 공동행위에 대한 과징금 청구권을 채무자회생법 제118조 제1호에 따른 회생채권으로 적법하게 신고하지 아니한 사실을 위 법리에 비추어 보면, 이 사건 공동행위에 대한 피고의 과징금 청구권은 채무자회생법 제118조 제1호에 따른 회생채권으로서 채무자회생법 제251조 본문에 따라 면책의 효력이 생겨 피고는 더 이상 위 과징금 청구권에 관하여 부과권을 행사할 수 없게 되었다 할 것이다.

【호남고속철도 1-2공구 노반신설 입찰 관련 부당한 공동행위 건】

서울고등법원 2016. 11. 9. 선고 2015누33600 판결(확정)

판결요지

과징금채무 중 회생채권자표에 기재되지 않은 부분이 면책되었더라도 자연채무 상태로 존속하고 있으므로 처분 당시로 소급하여 위법하게 되거나 당연무효로 되는 것은 아니다.

피고의 이 사건 과징금 납부명령 이후 원고(경남기업)에 대한 회생절차가 개시되었고 이 사건 과징금 납부명령에 의한 2,245,000,000원 중 1,870,000,000원이 회생채권자표에 기재되어 이를 포함한 회생계획인가 결정이 있었으며 인가된 회생계획에 포함되지 않은 375,000,000원 부분이 면책되었다. 살피건대, 행정처분의 위법 여부는 처분 당시를 기준으로 판단하여야 하는데, 피고는 회생절차 개시 이전에 이미 과징금 2,245,000,000원을 부과하였고, 채무자회생법 제251조에서 말하는 면책이라 함은 채무 자체는 존속하지만 그 이행을 강제할 수 없다는 의미로 해석함이 상당하므로, 비록 원고가 이 사건 처분 후에 위 과징금 375,000,000원 부분에 대한 책임을 면하게 되었다 하더라도 위 과징금채무 자체는 원고에 대한 관계에서 자연채무 상태로 존속하고 있다 할 것이어서, 이 사건 처분 중 위 과징금 부분이 위와 같이 면책되었다는 사정만으로 인하여 이 사건 처분 당시로 소급하여 위법하게 되거나 당연무효로 되는 것은 아니라 할 것이다.

【조선부품 등 중량물 운송 용역 입찰 관련 부당한 공동행위 건】

서울고등법원 2020. 12. 17. 선고 2020누33703 판결(확정)

판결요지

부당한 공동행위 자진신고자 등에 대한 시정조치 등 감면제도 운영고시에 따르면, 선순위 신청인의 감면 지위가 인정되지 아니하는 경우에도 후순위 신청인이 무조건적으로 선순위 신청인의 접수 순위를 승계하는 것이 아니라, 후순위 신청인이 부당한 공동행위의 적발에 기여한 사정이 인정되는 경우에만 순위의 승계를 인정하는 것이다.

원고는 선순위 감면신청인인 H의 감면신청인 지위 상실 여부와 관계없이 독자적으로 구 공정거래법 시행령 제35조 제1항 각 호의 요건을 갖추었음이 인정되어야 감면신청인의 지위를 승계할 수 있다. 그러나 피고는 묘이나 난의 감면신청 및 자료제출 등을 통해 원고의 감면신청이 있었던 2018. 8. 8. 이전부터 이 사건 제2공동행위에 관한 조사를 진행하고 있었고, 원고의 추가 자료제출이 없었더라도 2016년 통합입찰 및 그 이후 공동행위가 지속되었다는 증거자료의 확보는 충분하였던 것으로 보인다. 원고는 피고가 증거로 제시하는 각 진술조서는 모두 원고의 감면신청일인 2018. 8. 8. 이후 작성된 것이므로 원고의 감면신청 전에는 피고가 부당한 공동행위를 입증하는 데 필요한 증거를 갖추지 못하였다는 취지로 주장한다. 그러나 부당한 공동행위를 입증하는 데 필요한 증거란 부당한 공동행위를 직접적 또는 간접적으로 입증할 수 있는 증거를 의미하는 것이며, 참여 사업자들 간 신뢰를 약화시켜 부당한 공동행위를 중지 또는 예방하고자 하는 조사협조자 감면 제도의 취지에 비추어 보면, 피고가 확보한 자료들에 의하여 부당한 공동행위 전부가 빠짐없이 증명되어야만 감면배제요건인 '필요한 증거를 충분히 확보한 경우'에 해당한다고 할 수 없다. 피고는 원고의 감면신청 전인 2018. 7.경 진술증거를 통하여 이 사건 제2공동행위와 관련한 합의 내용을 인지하고 있었던 것으로 보이고(을 제9호증), K의 표의 확인서에 따르면 2018. 7. 25.경 피고의 조사 당시 2015년 및 2018년 통합입찰 관련 질문을 받았다는 것으로서 피고는 이미 이 사건 제2공동행위의 입증에 필요한 증거를 충분히 확보한 상태였던 것으로 보인다.

【소주 제조 · 판매업자의 부당한 공동행위 건】

서울고등법원 2011. 6. 2. 선고 2010누21718 판결(확정)

판결요지

과징금 고시는 피고 내부의 사무처리준칙을 규정한 것에 불과하여 대외적으로 국민이나 법원을 기속하는 효력이 없고, 당해 처분의 적법 여부는 위 처분기준만이 아니라 관계 법령의 규정 내용과 취지에 따라 판단되어야 한다.

일반적으로 법규명령과 행정규칙을 구분하는 기준은 규범형식, 상위법률의 수권여부, 규범의 내용에 있어서의 법규성 존재 여부 등이다. 과징금 고시는 ① 고시의 형태로 제정되어 있고, ② 공정거래법, 공정거래법 시행령의 위임에 따라 과징금 부과에 관하여 필요한 세부기준을 정하면서, ③ 과징금을 기본과징금, 의무적 조정과징금, 임의적 조정과징금으로 세분하고, 공정거래법 시행령에서 정한 관련매출액의 개념을 보다 세분화하여 기준을 정하고 있음에 불과하다. 즉, 공정거래법 등에 의해 과징금 납부의무를 부담하는 사업자에 대하여 어느 정도의 과징금을 부과할 것인지를 정하는 것이지 새로운 권리제한이나 의무부과를 내용으로 하고 있다고 할 수 없다. 따라서 과징금 고시는 피고 내부의 사무처리준칙을 규정한 것에 불과하여 대외적으로 국민이나 법원을 기속하는 효력이 없고, 당해 처분의 적법 여부는 위 처분기준만이 아니라 관계 법령의 규정 내용과 취지에 따라 판단되어야 한다. 구 공정거래법은 위반행위로 인해 취득한 이익의 규모 등을 과징금을 부과함에 있어 참작하여야 한다고 하고 있는데(구 공정거래법 제55조의3 제1항 제3호), 과징금고시에서는 이익의 규모를 의무적 조정과징금 산정 단계에서 가중적 요소로만 고려할 수 있도록 규정하고 있을 뿐이고 최종 부과과징금 결정단계에서 이를 감경사유로 규정하고 있으나 최종단계에서 최대한인 50%까지 감액하였음에도 여전히 위반사업자들이 취득한 이익규모와 과징금이 균형을 이루지 못하는 상황이 생길 수 있다. 이와 같이 과징금 산정의 기준을 각 산업별 매출액 대비 평균수익률을 고려하지 않고서 관련매출액만을 기준으로 산정하는 현행법 아래에서는 구 공정거래법이 과징금 산정에서 의무적으로 요구하는 이익의 규모 등이 참작되지 않아 위법한 결과를 초래할 위험이 있다.

【호남고속철도 오송~광주송정 간(1,2공구) 궤도부설 기타공사 입찰 관련 부당한 공동행위 건】

서울고등법원 2018. 10. 5. 선고 2017누90621 판결(확정)

판결요지

원고와 대륙철도가 실질적 지배관계에 있다고 하더라도 별개의 법인격 주체로서 이 사건 공동행위에 직접 참여하여 지분율까지 할당한 이상, 둘 중 어느 한 사업자에게만 과징금을 부과하는 것은 타당하지 않다고 본 사례

원고와 F가 실질적 지배관계에 있다고 하더라도 별개의 법인격 주체로서 이 사건 공동행위에 직접 참여하여 지분율까지 할당한 이상, 둘 중 어느 한 사업자에게만 과징금을 부과하는 것은 타당하지 않다. 또한 갑 제1호증의 기재에 변론 전체의 취지를 더하여 보면, 피고가 원고 및 F의 관련매출액을 산정하면서 과징금고시 규정에 따라 원고 및 F의 들러리 참가 여부 및 컨소시엄 지분율을 고려하여 1공구 입찰은 원고에 대하여 30%, F에 대하여 50%의 각 낙찰자 지분 감경률을, 2공구 입찰은 원고 및 F에 대하여 50%의 탈락자 감경률을 각 적용한 사실을 인정할 수 있다. 따라서 피고는 원고와 F의 들러리 참가 여부 및 컨소시엄 지분율을 개별적으로 고려하여 과징금을 산정하였다고 봄이 상당하므로, 이 사건 과징금 납부명령이 F에 대한 과징금과 중복되어 부과된 것이라 보기 어렵고, 이에 반하는 원고의 이 부분 주장은 이유 없다.

【LNG 저장탱크 건설공사 입찰 관련 부당한 공동행위 건】

대법원 2019. 7. 25. 선고 2017두55077 판결

판결요지

공정위가 과징금 산정 시 위반 횟수 가중의 근거로 삼은 위반행위에 대한 시정조치가 그 후 '위반행위 자체가 존재하지 않는다는 이유로 취소판결이 확정된 경우'에는 과징금 부과처분이 비례·평등원칙 및 책임주의 원칙에 위배될 수 있으나, 공정위는 과징금 산정에 재량을 가지고 있으므로 위 시정조치를 위반 횟수 가중을 위한 횟수 산정에서 제외하더라도 그 사유가 과징금 부과처분에 영향을 미치지 아니하여 처분의 정당성이 인정되는 경우 그 처분은 위법하다고 볼 수는 없다.

2) 과징금 부과대상

【칼라강판 제조 및 판매사업자의 부당한 공동행위 건】

서울고등법원 2015. 7. 22. 선고 2013누24695 판결(확정)

판결요지

위반사업자의 현실적 부담능력을 판단함에 있어서는 위반사업자가 영위하는 사업 전체를 기준으로 하여야 하고, 위반행위가 이루어진 특정 사업 부문만을 기준으로 하거나 당해 사업과 무관하게 발생한 영업 외 수익을 제외하여야 하는 것은 아니다.

하나의 회사 내부에 여러 개의 사업 부문이 존재하는 경우 구 공정거래법 제19조 제1항에 규정된 부당한 공동행위를 한 사업자 및 그로 말미암은 과징금 부과대상을 판단함에 있어, 다른 사업자와 부당한 공동행위를 한 사업자는 회사 내부 조직인 관련 특정 사업 부문이 아니라 회사 자체라고 보아야 하고, 과징금 역시 그 회사에 대하여 부과된다고 봄이 옳다. 따라서 위반사업자의 현실적 부담능력을 판단함에 있어서는 당연히 위반사업자가 영위하는 사업 전체를 기준으로 하여야 하고, 위반행위가 이루어진 특정 사업 부문만을 기준으로 하거나 당해 사업과 무관하게 발생한 영업 외 수익을 제외하여야 하는 것은 아니다.

【아파트 건설공사 입찰 등 관련 부당한 공동행위 건】

대법원 2013. 7. 25. 선고 2012두4302 판결

판결요지

다른 사업자와 부당한 공동행위를 한 사업자는 회사 내부 조직인 관련 특정 사업 부문이 아니라 회사 자체라고 보아야 하는바 이 사건 각 입찰담합을 한 사업자는 원고의 내부 조직에 불과한 건설 사업 부문이 아닌 원고 자체이므로 과징금 산정단계에서 원고가 최근 3년 이내에 시정명령 등을 받은 전력이 있음을 이유로 가중한 것은 적법하다고 본 사례

하나의 회사 내부에 여러 개의 사업 부문이 존재하는 경우 구 공정거래법 제19조 제1항에 규정된 부당한 공동행위를 한 사업자 및 그로 인한 과징금 부과대상을 판단함에 있어, 다른 사업자와 부당한 공동행위를 한 사업자는 회사 내부 조직인 관련 특정 사업 부문이 아니라 회사 자체라고 보아야 하고, 과징금 역시 그 회사에 대하여 부과된다고 봄이 타당하다. 원심은 이와 같은 취지에서 이 사건 각 입찰담합을 한 사업자는 원고의 내부 조직에 불과한 건설 사업 부문이 아닌 원고 자체이고, 이 사건 이전에 부당한 공동행위를 하였음을 이유로 시정명령 등을 받은 사업자도 원고라고 보아, 피고가 과징금 산정 단계에서 원고가 최근 3년 이내에 시정명령 등을 받은 전력이 있음을 이유로 가중한 것은 적법하다고 판단하였는바 이러한 원심 판단은 정당하다.

【군납유 관련 부당한 공동행위 건】

대법원 2004. 10. 27. 선고 2002두6842 판결

판결요지

입찰담합에 의한 부당한 공동행위에 대하여 부과되는 과징금의 액수는 입찰담합으로 인한 이득액의 규모와도 상호 균형을 이루어야 한다.

구 공정거래법 제22조에 의한 과징금 부과는 원칙적으로 법 위반행위에 의하여 얻은 불법적인 경제적 이익을 박탈하기 위하여 부과하는 것이고, 구 공정거래법 제55조의3 제1항에서도 과징금을 부과함에 있어서 위반행위의 내용과 정도, 기간과 횟수 외에 위반행위로 인하여 취득한 이익의 규모 등도 아울러 참작하도록 규정하고 있으므로, 입찰담합에 의한 부당한 공동행위에 대하여 부과되는 과징금의 액수는 당해 입찰담합의 구체적 태양 등에 기하여 판단되는 그 위법성의 정도나 기타 사정으로서 조사에의 협조 여부, 종전의 법 위반횟수뿐만 아니라 입찰담합으로 인한 이득액의 규모와도 상호 균형을 이루어야 한다.

【철근구매 입찰 관련 부당한 공동행위 건】

대법원 2008. 8. 21. 선고 2006두12104 판결

판결요지

입찰의 기초가격이 인상되지 아니하였더라도 입찰물량의 일부를 낙찰 받아 안정적으로 매출을 증가시키는 등의 경제적 이익을 취득한 사실을 알 수 있으므로 부당이득이 존재한다.

원고들은 2001년 입찰에서는 입찰의 기초가격이 인상되지 아니하여 담합행위로 취득한 부당이득이 존재하지 않는다고 주장하나, 기록에 비추어 보면 이 사건 각 입찰담합으로

인하여 입찰물량의 일부를 낙찰 받아 안정적으로 매출을 증가시키는 등의 경제적 이익을 취득한 사실을 알 수 있으므로, 위 상고이유는 받아들일 수 없다.

【케이티 발주 케이블 구매입찰 관련 부당한 공동행위 건】

서울고등법원 2017. 4. 27. 선고 2016누79825 판결(확정)

판결요지

과징금의 부과는 여러 가지 사항을 종합적으로 고려하여 이루어지는 것이므로, 실제로 부과되는 과징금이 입찰담합 참가자들의 부당이득 규모에 반드시 비례하여 부과되어야만 하는 것은 아니다.

구 과징금 고시 Ⅳ. 4. 가.는 '2차 조정된 산정기준이 위반사업자의 특수한 재정적 사정 또는 시장·경제 여건을 반영한 현실적 부담능력, 당해 위반행위가 시장에 미치는 효과 및 위반행위로 인해 취득한 이익의 규모에 비하여 과중한 경우 공정거래위원회는 그 이유를 의결서에 명시하고 2차 조정된 산정기준을 다음과 같이 조정하여 부과과징금을 결정할 수 있다'고 규정하고 있는바, 이와 같이 과징금의 부과는 여러 가지 사항을 종합적으로 고려하여 이루어지는 것이므로, 실제로 부과되는 과징금이 입찰담합 참가자들의 부당이득 규모에 반드시 비례하여 부과되어야만 하는 것은 아니다. 결과적으로 원고의 과징금 액수가 관련매출액이 원고보다 큰 엘에스전선 및 대한전선의 과징금 액수보다 많다고 하더라도, 이는 피고가 엘에스전선 및 대한전선의 심의종결일 기준 직전 3개년도 당기순이익을 가중평균한 금액이 적자이고 대한전선이 부분 자본잠식 상태에 있다는 것을 감안하여 2차 조정 산정기준에서 각 50%, 60%를 추가 감경한 데 기인한 결과인 점 등을 종합하면 이 사건 처분은 원고의 위반행위의 내용과 정도, 현실적 부담능력 등을 고려한 결과라 할 것이고, 제출된 증거만으로는 피고가 합리적인 이유 없이 자의적으로 원고를 엘에스전선이나 대한전선과 다르게 취급하였다고 인정하기에 부족하며, 달리 이 사건 처분이 평등원칙에 위배된다고 볼 증거도 없다.

【하수관거 입찰 관련 부당한 공동행위 건】

서울고등법원 2008. 7. 10. 선고 2007누24434 판결(확정)

판결요지

이 사건 과징금 액수는 컨소시엄 내 원고 지분이 25%에 불과하여 취득한 이익 규모도 단독으로 공사계약 체결시보다 현저히 작다는 점이 전혀 고려되지 않아 재량권 일탈·남용의 처분에 해당한다고 본 사례

이 사건 과징금의 액수는 전체 계약금액을 기준으로 하여 산정된 것으로서, 컨소시엄

내 원고의 지분이 25%에 불과하고 따라서 이 사건 입찰담합 행위로 인하여 원고가 취득한 이익의 규모도 원고가 단독으로 공사계약을 체결하였을 경우보다 현저히 작다는 점이 전혀 고려되지 아니하였음. 따라서 이 사건 처분 중 과징금 납부명령 부분은 이 사건 입찰담합 행위로 인하여 원고가 취득한 이득액의 규모와의 균형을 상실하여 과다하게 산정되었다 할 것이므로 비례의 원칙에 위배된 재량권 일탈·남용의 처분에 해당한다.

【군납유 입찰 관련 부당한 공동행위 건】

대법원 2008. 11. 13. 선고 2006두675 판결

판결요지

정유사별로 조사에의 협조 여부 등을 고려하여 과징금부과율을 적용하면서 단지 법 위반사실이 많고 조사에 협조하지 않았다는 사유만으로 원고들에 대해 상대적으로 높은 과징금 부과율을 적용한 점 등을 종합하면 이 사건 과징금 부과처분은 재량권을 일탈 남용한 경우에 해당하여 위법하다고 본 사례

정유사별로 조사에의 협조 여부나 종전의 법 위반횟수를 고려하여 에쓰대시오일, 엘지칼텍스정유에 대하여는 일반적으로 2.5%의 과징금부과율을 적용하면서 단지 법 위반사실이 더 많고(처분일 기준 3년 내에 법위반행위 3, 4회) 조사에 협조하지 않았다는 사유만으로 원고들에 대하여는 계약부분 4%, 참여부분 3%의 상대적으로 높은 과징금 부과율을 적용한 점, 그 외 사업자의 자금사정 등 현실적인 부담능력(인천정유 회사정리절차개시)이나 여러 과징금 산정의 참작요소(원고 직원들은 벌금, 부정당업자 제재처분, 손해배상, 국방부 무상공급 등을 함)는 조사에의 협조 여부 등에 비하여 상대적으로 크게 고려되지 아니하여 과징금의 부당이득 환수적인 면보다는 제재적 성격이 지나치게 강조되고 그 액수 또한 과다하게 되었을 뿐만 아니라, 입찰계약의 체결규모가 다른 정유사들과의 사이에 균형을 상실한 점(입찰담합에 의한 전체 계약금액 7,128억 원 상당 중 원고 현대오일뱅크의 계약금액은 1,167억 6,500만 원, 원고 인천정유는 844억 800만 원, 에스케이는 2,055억 1,100만 원, 엘지칼텍스는 1,684억 8,700만 원, 에쓰오일은 1,376억 7,300만 원으로서 각 낙찰금액에 대한 과징금 비율은 원고들의 경우 19.3% 및 21.1%에 달한 반면 다른 정유사들은 10.2% 내지 16.2%에 그친 사실) 등을 종합하면, 이 사건 과징금부과처분은 재량권을 일탈 남용한 경우에 해당하여 위법하다.

【12개 카드사업자의 부당한 공동행위 건】

대법원 2008. 8. 21. 선고 2007두4919 판결

판결요지

원고들에게 부과된 이 사건 각 과징금은 이 사건 합의의 경쟁제한성 정도나 원고들이 취득한 이득 규모 등을 제대로 고려하지 않고, 지나치게 과중하게 산정되었다 할 것이므로, 이 사건 과징금 납부명령에는 재량권을 일탈·남용한 위법이 있다고 본 사례

원고들이 비씨카드라는 단일 상표와 가맹점을 공동으로 이용하고 정산처리시스템 등을 공동수행함으로써 일정한 업무 영역에서는 상당한 경제적 효율성과 동일성을 기하는 효과를 달성하고 있고, 이 사건 합의는 그와 같은 제휴관계의 합동적 구조하에서 행하여진 것이라는 특수성이 있는데, 이 사건 합의에 대한 피고의 중대성 정도 평가(매우 중대한 위반행위로 보아 3.775%)에서는 그러한 점이 제대로 반영되었다고 보기 어려운 점, 원고들은 이 사건 합의의 대상이었던 42개 업종 중에서 3개 업종에 관한 가맹점 수수료는 오히려 인하하였고 36개 업종에 관하여는 그 시행을 보류함으로써 이 사건 합의로 인해 실제 취득한 부당이득액은 크지 않을 것으로 보이는 점에 비추어 볼 때 피고가 임의적 조정과징금 산정 단계에서 36개 미실행 업종에 대해서만 30%를 감경한 것에 그친 것은 부당하다고 볼 수 있는 점, 피고는 원고들이 이 사건 합의의 위법성이나 피고의 조사사실을 알면서도 스스로 위반행위를 종료하거나 시정하지 않았음을 이유로 과징금을 가중하고 있으나 원고들의 법적 지위 보호(무죄 추정에 준하는 무혐의 추정)나 방어권 보장 등의 측면에서 볼 때 그와 같은 사정은 과징금의 가중사유가 되기 어려운 점 등을 종합적으로 고려하여 보면, 원고들에게 부과된 이 사건 각 과징금은 이 사건 합의의 경쟁제한성 정도나 원고들이 취득한 이득 규모 등을 제대로 고려하지 않고, 과징금의 제재적 성격만을 지나치게 강조한 나머지 비례의 원칙 등에 위배되어 지나치게 과중하게 산정되었다 할 것이므로, 이 사건 과징금 납부명령에는 재량권을 일탈·남용한 위법이 있다.

【호남고속철도 제2-1공구 등 최저가낙찰제 입찰 관련 부당한 공동행위 건】

대법원 2017. 4. 27. 선고 2016두33360 판결

판결요지

원고의 형식적 입찰 참여 횟수가 많다 하더라도, 이 사건 공동행위 초기부터 가담한 삼성중공업보다 8배나 많은 과징금의 차이를 정당화할 정도로 제재의 필요성이 현저히 높다고 보기 어려우므로 이 사건 과징금액은 지나치게 과중하다고 본 사례

① 피고가 원고에게 부과한 과징금 약 199억 원은 원고가 이 사건 공동행위 가담을 통하여 취득한 배분물량 약 173억 원 상당을 상회하므로, 과징금 부과로써 기록상 나타난 원고의 유형적 이득액의 합계를 넘어서 배분된 공사금액 전액을 박탈하게 되는 점, ② 비록 원고가 7개 공구에 형식적으로 입찰에 참가하였으나, 다른 한편 이 사건 21개 건설사와는 달리 이 사건 공동행위를 주도하거나 낙찰예정사 결정 합의에는 참여하지 않았으므로, 그 위법성의 정도가 상대적으로 중하다고 보기 어려운 점, ③ 이 사건 공동행위 초기 단계에서부터 합의에 가담하여 상당한 공사물량을 배분받게 된 삼성중공업과 비교하면, 원고의 형식적 입찰 참여 횟수가 많다 하더라도, 그러한 사정만으로 약 8배에 이르는 과징금의 차이를 정당화할 정도로 원고의 부당이득 취득의 정도와 위반행위의 가벌성 등 원고에 대한 제재의 필요성이 삼성중공업에 비하여 현저히 높다고 보기 어려운 점 등을 종합하면, 이 사건 과징금액은 과징금의 부당이득환수적인 면보다는 제재적 성격이 지나치게 강조되어 위반행위의 위법성의 정도 및 공동행위로 취득한 이득액의 규모 사이에서 지나치게 균형을 잃은 과중한 액수에 해당한다고 볼 수 있다.

3) 과징금 산정기준

(가) 관련매출액

【카드사의 중고차 할부금리 관련 부당한 공동행위 건】

대법원 2004. 10. 28. 선고 2002두7456 판결

판결요지

과징금 산정의 기준이 되는 매출액을 산정함에 있어 관련 상품 또는 용역의 범위는 합의 내용에 포함된 상품 또는 용역의 종류와 성질·거래지역·거래상대방 등을 고려하여 개별적·구체적으로 판단하여야 한다.

【세탁주방세제 제조업체의 부당한 공동행위 건】

대법원 2009. 6. 25. 선고 2008두17035 판결

판결요지

관련 상품 또는 용역의 범위는 개별적·구체적으로 판단하여야 하므로 담합의 대상에 직접적으로 포함되지 아니한 제품도 담합의 영향을 받은 경우에는 관련매출액의 범위에 포함되어야 할 것이다.

사업자가 다른 사업자와 공동으로 부당한 공동행위를 한 경우 공정거래위원회는 그 사업자에 대하여 해당 위반행위기간 동안의 관련 상품 또는 용역의 매출액을 기준으로

산정한 과징금을 부과할 수 있는바, 매출액 산정의 전제가 되는 관련 상품 또는 용역의 범위는 부당한 공동행위를 한 사업자 간의 합의의 내용에 포함된 상품 또는 용역의 종류와 성질, 용도 및 대체가능성과 거래지역 · 거래상대방 · 거래단계 등을 고려하여 개별적 · 구체적으로 판단하여야 한다. 원고가 생산하였거나 생산하고 있는 세제제품은 세탁세제 11개 브랜드 제품 및 주방세제 7개 브랜드 제품이고, 그 중 세탁세제 3개 브랜드 제품 및 주방세제 3개 브랜드 제품이 이 사건 담합의 대상이 되었는데, 나머지 12개의 브랜드 제품들도 그 주요 성분 등이 담합의 대상으로 된 제품들과 같은 것으로 보이는 점, 세탁 · 주방세제라는 동질성으로 인하여 위와 같이 대표성 있는 브랜드 제품에 대하여 기준가격을 결정하고 나면 나머지 제품들도 그 가격의 영향을 받지 않을 수 없는 점, 실제로도 소외 애경산업 주식회사의 2001. 11. 19.자 이사회 자료에는 2001. 8.경 가격담합에 따른 가격인상의 대상이 "주방/분말 등 전 품목에 대한 매가 인상 진행", "3사 공동대응으로 가격 인상 완료"라고 기재되어 있는 점 등을 종합하여 보면 이 사건 담합의 대상에 직접적으로 포함되지 아니한 나머지 12개 브랜드 제품들의 매출액도 관련매출액의 범위에 포함되어야 할 것이다.

【5개 음료 제조 · 판매업자의 부당한 공동행위 건】

서울고등법원 2017. 2. 15. 선고 2013누11910 판결(확정)

판결요지

공동행위의 대상이 아니어서 가격 인상이 이루어지지는 않았더라도 간접적이나마 공동행위의 영향을 받았을 것으로 예상된다면, 이 사건 담합행위에도 불구하고 가격을 인상하지 않은 대리점가격(기준가)과 도매점가격(도매가) 등에 의한 매출액도 관련매출액에 포함된다고 본 사례

공동행위의 대상이 아니어서 가격 인상이 이루어지지는 않았더라도 공동행위의 대상이 되었던 제품과 대체성이 있어서 그 제품의 가격 인상 때문에 수요가 증가할 수 있었다거나 가격 하락의 요인이 있었음에도 종전 가격을 그대로 유지할 수 있는 등으로 간접적이나마 공동행위의 영향을 받았을 것으로 예상된다면 그러한 상품의 매출액은 관련매출액에 포함되는 것이 옳다. 가격을 인상하기로 합의하였더라도 합의일부터 바로 인상된 가격으로 판매하는 것은 오히려 예외적이며, 실제로는 합의일부터 일정한 기간이 경과한 후 비로소 인상된 가격으로 판매되는 경우가 많다는 점은 충분히 예상할 수 있는 일이다. 따라서 실제 인상된 가격으로 판매된 매출액만이 관련매출액이 된다면 합의일을 관련매출액 산정의 기준시기로 정한 취지에 반하게 된다. 위와 같은 사정에 비추어 보면, 이 사건 담합행위에도 불구하고 가격을 인상하지 않은 대리점가격(기준가)과 도매점가격(도매가) 등에 의한 매출액은 이 사건 관련매출액에 포함된다고 보아야 한다.

【4개 아이스크림 제조 · 판매업자의 부당한 공동행위 건】

서울고등법원 2008. 5. 29. 선고 2007누22858 판결(확정)

판결요지

가격합의일 이전 장기공급계약을 체결하였던 경우, 기간 중간에 가격을 인상하는 수정계약을 체결하거나 인상된 가격의 콘으로 판매품목을 변경하기도 한 바 장기계약제품으로 인한 매출액도 관련매출액에 포함된다고 한 사례

빙과 4개사가 콘의 소비자가격을 순차적으로 700원에서 800원, 1000원으로 인상한 사안에서 롯데, 빙그레 등은 위 가격합의일 이전에 군납 등 장기공급계약을 체결하였던 경우 계약기간 중간에 가격을 인상하는 수정계약을 체결하거나 인상된 가격의 콘으로 판매품목을 변경하기도 하였으므로, 위와 같은 장기계약제품으로 인한 매출액도 위 관련매출액에 포함시킴이 마땅하다.

【금융자동화기기 제조사업자의 부당한 공동행위 건】

대법원 2016. 5. 27. 선고 2013두1126 판결

판결요지

합의의 대상이 된 상품 또는 용역의 매출액이 위반기간 중에 발생하였다고 하더라도, 그 매출액 발생의 원인이 된 상품 또는 용역 공급계약 등이 합의일 전에 체결되고, 실제 공급만 위반기간 중에 이루어졌다는 등의 사정이 드러난다면, 관련매출액에서 제외된다고 봄이 타당하다고 본 사례

합의의 대상이 된 상품 또는 용역의 매출액이 위반기간 중에 발생하였다고 하더라도, 그 매출액 발생의 원인이 된 상품 또는 용역 공급계약 등이 합의일 전에 체결되고, 그 계약에서 정해진 가격, 물량, 기한 등에 따라 상품 또는 용역의 실제 공급만 위반기간 중에 이루어졌다는 등의 특별한 사정이 드러난다면, 그 부분에 해당하는 매출액은 합의로 인하여 직접 또는 간접적으로 영향을 받는 상품 또는 용역이라고 보기 어려우므로, 관련매출액에서 제외된다고 봄이 타당하다. 원심이 공동행위 전에 계약이 체결되고 공동행위 기간에 그 계약에서 정한 가격대로 납품이 이루어졌다는 등의 원고 주장과 같은 사정이 있었던 경우에도 그 매출이 공동행위로부터 간접적으로나마 이 사건 합의의 영향을 받지 않았다고 단정하기는 어렵다고 판단한 부분은 적절하지 아니하나, 나아가 원심까지 제출된 모든 증거들을 살펴보아도 피고가 산정한 관련매출액 중에 원고 주장처럼 2003. 7. 23. 전에 체결된 계약내용에 따라 2003. 7. 23. 이후에 납품되어 발생한 매출액이 일부 포함되어 있다는 사정을 인정하기 어려우므로, 위와 같이 피고의 관련매출액 산정에 위법이 없다고 판단한 원심의 결론은 정당하다.

【에어컨 제조업자의 부당한 공동행위 건】

대법원 2003. 1. 10. 선고 2001두10387 판결

판결요지

과징금산정 관련매출액이란 부당한 공동행위와 관련된 상품 또는 용역의 대가의 합계액에서 품질불량·파손 등으로 대가의 일부가 공제될 경우의 공제액 등 소정의 금액을 공제한 금액을 말한다.

【폴리프로필렌 제조업자의 부당한 공동행위 건】

대법원 2011. 5. 25. 선고 2009두12082 판결

판결요지

관련매출액은 위반사업자가 위반기간 동안 '판매 또는 매입한' 관련 상품의 매출액 또는 이에 준하는 매출액을 의미하므로 위탁판매의 경우 관련매출액은 위탁판매수수료가 아니라 위반사업자의 위탁판매대금으로 보는 것이 타당하다.

【보험사들의 부당한 공동행위 건】

대법원 2012. 5. 24. 선고 2010두399 판결

판결요지

관련매출액이란 위반행위로 인하여 직접 또는 간접적으로 영향을 받는 상품의 매출액을 말하는데 합의 이후에 출시한 보험상품도 합의가 종료되지 않고 실행 중인 때에 신설되어 그 영향을 받았다고 봄이 상당하므로 관련매출액에 포함된다.

【4대강 살리기 사업 1차 턴키공사 입찰 관련 부당한 공동행위 건】

서울고등법원 2014. 7. 9. 선고 2012누28508 판결(확정)

판결요지

원고는 낙찰된 공동수급체 중 1인이기는 하나, 이 사건 공구배분을 하였고 이에 원고가 대표로 된 공동수급체가 입찰에 참여하여 낙찰을 받은 바 계약금액을 관련매출액으로 한 조치는 적법하다고 본 사례

원고는 원고가 컨소시엄을 구성하여 낙찰받은 것이므로 관련매출액도 컨소시엄 중 원고의 지분비율에 따른 금액으로 한정되어야 한다고 주장한다. 구 공정거래법 시행령 제9조 제1항에서는 입찰담합 및 이와 유사한 행위인 경우 관련매출액은 계약금액을 말한다고 규정하고 있다. 원고는 낙동강 30공구에 응찰하여 낙찰된 공동수급체 중 1인이기는 하나, 원고가 이 사건 공구배분 합의를 하였고 그에 따라 원고가 대표로

된 공동수급체가 입찰에 참여하여 낙찰받은 것으로 인정된다. 이러한 사정을 고려하면 원고에 대한 과징금을 산정하면서 계약금액을 관련매출액으로 한 피고의 조치에 위법이 있다고 할 수 없다.

【4대강 살리기 사업 1차 턴키공사 입찰 관련 부당한 공동행위 건】

서울고등법원 2014. 7. 9. 선고 2012누28508 판결(확정)

판결요지

원고가 낙찰받은 금액 중 의무적으로 지역업체에 할당한 부분도 이 사건 공동행위의 대상이 된 이상 그 직접적인 영향을 받은 것으로 볼 수 있으므로, 특별한 사정이 없는 한 관련매출액 산정의 기준이 되는 계약금액에 포함될 수 있으며, 과징금부과에 있어 관련매출액이 반드시 입찰담합에 의하여 발생된 부당이득에 국한된다고 보기 어렵다고 본 사례

원고는 원고가 컨소시엄을 구성하여 낙찰받은 것이므로 관련매출액도 컨소시엄 중 원고의 지분비율에 따른 금액으로 한정되어야 한다고 주장한다. 구 공정거래법 시행령 제9조 제1항에서는 입찰담합 및 이와 유사한 행위인 경우 관련매출액은 계약금액을 말한다고 규정하고 있다. 원고는 낙동강 30공구에 응찰하여 낙찰된 공동수급체 중 1인이기는 하나, 원고가 이 사건 공구배분 합의를 하였고 그에 따라 원고가 대표로 된 공동수급체가 입찰에 참여하여 낙찰받은 것으로 인정된다. 이러한 사정을 고려하면 원고에 대한 과징금을 산정하면서 계약금액을 관련매출액으로 한 피고의 조치에 위법이 있다고 할 수 없다.

【4대강 살리기 사업 1차 턴키공사 입찰 관련 부당한 공동행위 건】

서울고등법원 2014. 6. 13. 선고 2012누28997 판결(확정)

판결요지

공동행위의 의사가 공사완공일까지 지속된 경우 등에는 변경된 계약금액을 포함하여 과징금을 산정하더라도 위법하다고 볼 수 없다고 본 사례

이 사건 공동행위가 실행된 이후에도 이에 기하여 변경된 계약을 통하여 지속적으로 이익을 취득한 이상 변경된 계약금액 부분도 이 사건 공동행위의 직접적인 영향을 받은 것으로 볼 수 있다.

【한국가스공사 발주 천연가스 주배관 입찰 관련 부당한 공동행위 건】

대법원 2019. 1. 31. 선고 2016두51658 판결

판결요지

발주처가 전체 입찰금액을 기준으로 낙찰 여부를 결정하고, 공동수급체를 대상으로 하나의 계약이 체결된 점 등을 고려할 때, 부계약자 계약금액 부분이 포함된 공동수급체의 계약금액 전체를 과징금 기본산정기준으로 삼은 것은 정당하다고 본 사례

한국가스공사는 전체 입찰금액을 기준으로 낙찰 여부를 결정하고, 주계약자와 부계약자가 공동수급체를 이루어 입찰절차에 참여하여 그 공동수급체를 대상으로 하나의 계약이 체결된 점에 비추어 이 사건 공동행위로 인한 전체 입찰금액에 포함된 부계약자의 계약금액 부분에도 이 사건 공동행위가 영향을 미쳤다고 봄이 타당하다. '주계약자 관리방식'의 주계약자 역시 전체 계약의 이행에 대하여 연대책임을 지는 등 공사계약금액 전부에 대하여 이해관계가 있으며, 주계약자관리방식은, 하도급과 관련된 폐해를 방지하기 위한 목적에서 종합건설업체와 전문건설업체가 공동수급체를 구성하여 수주하도록 함으로써 부계약자인 전문건설업체 역시 계약당사자의 지위를 가지도록 한 것일 뿐이므로 입찰담합에 따른 법적 책임을 규율할 때 주계약자 관리방식의 공동수급체를 공동이행방식의 공동수급체와 달리 볼 이유가 없고, 이는 과징금 산정의 기초인 '계약금액'의 산정에 있어서도 마찬가지이다. 이 사건 과징금에는 부당한 공동행위로 인한 부당이득의 박탈뿐 아니라 위법행위에 대한 제재의 목적도 있으므로, 부계약자의 계약금액 부분이 원고 자신의 매출에 해당하지 않는다는 이유만으로 이를 과징금 산정의 기초인 '계약금액'에 포함시킬 수 없는 것은 아니다. 그런데도 원심은 이와 달리, 부계약자의 계약금액이 포함된 계약금액 전체를 원고에 대한 과징금 기본산정기준으로 삼은 피고의 조치가 위법하다고 판단하여 입찰담합에서의 과징금 기본산정기준에 관한 법리를 오해하여 판결에 영향을 미친 잘못이 있다.

【한국수자원공사 발주 수도 및 댐보시설 용역 입찰 관련 부당한 공동행위 건】

서울고등법원 2019. 10. 17. 선고 2018누66052 판결(확정)

판결요지

용역의 계약금액 중 직접경비 부분이 이 사건 용역의 매출액에 해당한다고 볼 수 없는 특별한 사정이 있다고 인정할 수 없으므로, 직접경비를 원고에 대한 과징금의 기본 산정기준인 '계약금액'에서 공제할 수 없다고 본 사례

입찰담합의 경우 그에 따라 체결된 계약상의 금액 중 일부가 매출액에 해당한다고 볼

수 없는 특별한 사정이 있는 경우에는 이를 과징금의 기본 산정기준인 '계약금액'에서 공제하여야 한다. 이 사건 용역의 입찰공고 및 용역계약 체결 당시 이 사건 용역비 중 직접경비에 해당하는 부분에 관하여 추후 별도로 계약을 체결한다거나 계약금액에서 감액한다고 정한 바는 없었고, 실제 그와 같은 변경계약이 체결된 사실도 없으며, 이 사건 용역을 수행한 후 실제 지출한 직접경비 등을 포함하여 산정된 용역대금을 모두 수령하였으므로 이 사건 용역비 중 직접경비 부분이 입찰 당시부터 추후 정산에 따라 계약금액에서 공제될 것이 전제된 잠정적인 성격의 것이라고 볼 수는 없다. 매출액은 사업자의 회계자료 등을 참고하여 정하는 것이 원칙인데 원고가 이 사건 용역비 중 직접경비에 해당하는 부분과 그에 대한 부가가치세를 포함한 금액을 발주처로부터 지급받은 점 등에 비추어 보면, 위 직접경비 금액이 회계상 원고 등 7개사의 '매출액'으로 인식되었다고 볼 수 있으며, 원고 등 7개사는 전체 입찰금액을 대상으로 이 사건 공동행위를 하였고, 한국수자원공사 역시 위 전체 입찰금액을 기준으로 낙찰 여부를 결정하였으므로 이 사건 공동행위로 경쟁이 제한된 상태에서 형성된 전체 입찰금액에 포함된 계약금액 전부(위 직접경비도 포함)에 이 사건 공동행위로 인한 경쟁제한 효과가 미쳤다고 보아야 한다.

【항공화물 운송사업자의 부당한 공동행위 건】

대법원 2014. 5. 16. 선고 2012두16046 판결

판결요지

외국 사업자라 하더라도 위반행위로 인한 매출액이 원화로 발생한 경우에는 관련매출액은 당해 매출의 기준이 된 통화인 원화를 기준으로 산정하여야 한다고 봄이 타당하다.

구 공정거래법령에 의하면, 사업자가 다른 사업자와 부당한 공동행위를 한 경우에 공정거래위원회는 그 사업자에 대하여 해당 위반행위기간 동안의 관련 상품 또는 용역의 매출액을 기준으로 산정한 과징금을 부과할 수 있는데, 여기서 '매출액'이란 상품 등의 대가로 지급된 금액을 의미하므로 당해 상품 등에 대한 거래가 특정한 통화를 기준으로 이루어졌다면 그 통화로 표시된 금액을 매출액으로 보아야 한다. 당해 거래가 원화로 이루어졌음에도 외국 사업자라는 이유로 매출 발생 당시의 환율을 적용하여 매출액을 외국 사업자의 자국 통화로 산정하게 되면, 부과처분일을 기준으로 외국 통화로 표시된 과징금을 다시 원화로 환산하여야 하므로 당초 원화로 발생한 매출액에 대하여 이중으로 환율을 적용하게 되어 그 사이의 환율변동이 과징금 액수에 반영됨으로써 동일한 원화 매출액을 올린 외국 사업자와 국내 사업자에 대한 과징금 액수가 달라지는 결과를 초래하는바, 이는 관련매출액을 기준으로 과징금을 산정하되 재정적 상황 및 시장여건 등의 사정은 과징금의 감경 등 조정사유로 고려하도록 한 구 공정거래법령의 취지에도

반하므로, 외국 사업자라 하더라도 위반행위로 인한 매출액이 원화로 발생한 경우에는 관련매출액은 당해 매출의 기준이 된 통화인 원화를 기준으로 산정하여야 한다고 봄이 타당하다. 따라서 원화로 이루어진 거래에 대하여 외국 사업자의 자국 통화로 관련 매출액을 산정하고 이를 기초로 과징금을 산정한 다음 과징금 부과기준시의 환율을 적용한 결과, 당해 거래시점과 과징금 부과기준시점 사이에 환율상승으로 과징금 액수가 과다계상되어 외국 사업자의 매출액과 과징금 사이의 균형이 상실되고 다른 국내 사업자와 사이에 과징금 액수의 형평성도 상실하게 된 경우에는 비례·평등원칙을 위반한 것으로서 재량권의 일탈·남용에 해당할 수 있다.

【광케이블 입찰 관련 부당한 공동행위 건】

서울고등법원 2012. 12. 27. 선고 2011누17235 판결(확정)

판결요지

피고가 조사과정에서 원고에게 입찰 관련매출액을 작성하도록 하여 제출받은 자료를 그대로 인정한 것은 타당하다고 본 사례

2008년 입찰 합의에 따라 원고가 다른 공동행위자들로부터 OEM 물량을 받아 이를 KT에 공급한 사실이 인정된다. 피고는 조사과정에서 원고에게 이 사건 공동행위에 관한 관련매출액 자료의 제출을 요청하면서 KT 광케이블 입찰과 관련한 매출액을 전부 포함하고 경쟁업체들간 OEM으로 발생하는 매출액을 포함하며, 특정연도에 낙찰이 되지 않았더라도 경쟁사로부터 OEM을 받아 'KT 광케이블 매출'이 발생하는 경우에는 그 매출액을 표시하도록 하였다. 피고는 원고가 위 요청에 따라 제출한 자료에 기재된 금액을 그대로 2008년 입찰 합의에 의하여 발생한 원고의 관련매출액으로 인정하였다. 원고는 이에 대하여 다시 위 매출액 표는 담합과 관계없이 그 기간 동안 발생한 KT 광케이블 입찰과 관련하여 발생한 매출액 전부를 기재한 것이라고 주장하나, 담합 조사시 관련매출액 자료의 제출을 요청받으면서 담합과 아무런 관련이 없는 부분까지 포함하여 매출액 자료를 작성하였다고 보기는 어려워 위 주장을 그대로 받아들일 수 없다.

【고밀도폴리에틸렌 제조·판매업자의 부당한 공동행위 건】

서울고등법원 2008. 12. 4. 선고 2008누1513 판결(확정)

판결요지

원고들의 계열회사가 다른 회사들로부터 합성수지제품을 공급받을 가능성이 존재하는 이상, 계열회사에 대한 거래를 관련매출액에 포함한 것은 정당하다고 본 사례

원고들은 원고들의 계열회사와의 거래는 이 사건 공동행위의 합의 대상에서 아예 제외되었고, 실제로도 담합 가격과 무관한 가격으로 거래가 이루어졌으므로 관련매출액에서 제외되어야 한다고 주장하나, 원고들의 계열회사가 원고들이 아닌 다른 회사들로부터 합성수지제품을 공급받을 가능성이 존재하는 이상, 이들에 대한 공급가격은 시장에서 형성되는 가격에 영향을 받을 것으로 봄이 상당하므로 계열회사에 대한 거래를 관련매출액에 포함한 것은 정당하다.

【선형저밀도폴리에틸렌 제조·판매업자의 부당한 공동행위 건】

대법원 2011. 9. 8. 선고 2009두15005 판결

판결요지

등급외 제품은 제한적이라 하더라도 시장의 수요·공급의 법칙에 따라 거래가격이 결정되는 것이 일반적이므로, 이 사건 가격담합은 등급외 제품의 가격경쟁에도 영향을 미친다고 본 사례

등급외 제품은 동일한 원료를 가지고 다양한 용도의 제품을 생산하는 석유화학제품의 제조과정상 언제라도 산출될 수 있는 것으로서 전혀 상품화할 수 없는 폐기물이 아니라 정상제품보다 품질이 떨어지는 것에 불과하여 제한적이라 하더라도 시장의 수요·공급의 법칙에 따라 거래가격이 결정되는 것이 일반적이므로, 이 사건 가격담합은 등급외 제품의 가격경쟁에도 영향을 미친다.

【단무지 등 절임류 제조·판매사업자의 부당한 공동행위 건】

서울고등법원 2011. 11. 17. 선고 2011누18702 판결(확정)

판결요지

OEM 매출과 관련하여 당해 계약기간 중 가격인상의 가능성을 완전히 배제할 수 없을 뿐 아니라 갱신 후 가격을 정함에 있어 이미 시중에 유통되는 일반제품의 가격에 직·간접적으로 영향을 받을 수밖에 없다는 점 등에 비추어 관련매출액에서 OEM 매출액 및 무첨가·친환경제품을 제외할 수 없다고 본 사례

이 사건 공동행위는 원재료인 무의 가격인상에 영향을 받는 모든 제품들에 관하여 이루어졌고 그 중 OEM 매출이나 무첨가, 친환경제품을 제외하지 않았던 점, 무를 원재료로 한다는 점에서 단무지 제품들 상호간, 쌈무 제품들 상호간에 뚜렷한 성질 차이를 발견하기 어려운 점, OEM 매출과 관련하여 당해 계약기간 중 가격인상의 가능성을 완전히 배제할 수 없을 뿐 아니라 갱신 후의 가격을 정함에 있어 이미 시중에 유통되는 일반제품의 가격에 직·간접적으로 영향을 받을 수밖에 없고 그러한 시장

상황을 감안하여 원고를 비롯한 사업자들이 이 사건 부당공동행위를 한 것으로 보이는 점 등에 비추어 보면, 원고의 관련매출액에서 OEM 매출액 및 무첨가·친환경제품을 제외할 수 없으므로 피고의 관련매출액 산정에 있어서 위법을 찾을 수 없다.

【9개 폴리프로필렌 제조·판매사업자들의 부당한 공동행위 건】

대법원 2011. 6. 24. 선고 2008두18533 판결

판결요지

폐기물 부담금은 원인자부담금의 성격을 갖는 것으로서 부당한 공동행위를 한 사업자에 대한 과징금 산정의 전제가 되는 매출액에서 제외할 것은 아니라고 본 사례

폐기물부담금은 폐기물의 발생을 억제하고 자원의 낭비를 방지하기 위하여 폐기물을 발생시키는 합성수지 등의 제조업자 및 수입업자에게 부과하는 것이어서 원인자부담금의 성격을 갖는 것으로서{구 자원의 절약과 재활용촉진에 관한 법률(2002. 2. 4. 법률 제6653호로 전부 개정되기 전의 것) 제19조 제1항, 제2항, 같은 법 시행령(2002. 12. 18. 대통령령 제17808호로 전문 개정되기 전의 것) 제17조, 제18조, [별표 2]}, 이 사건 담합의 대상인 고밀도 폴리에틸렌 제품의 제조업자에게 그 판매가에 대하여 일정한 비율로 부과되는 비용에 불과할 뿐이므로, 이를 부당한 공동행위를 한 사업자에 대한 과징금 산정의 전제가 되는 매출액에서 제외할 것은 아니다.

【9개 렉서스자동차 딜러의 부당한 공동행위 건】

서울고등법원 2015. 5. 7. 선고 2012누11241 판결(확정)

판결요지

부가가치세와 달리 관세는 세관을 통관할 때 비엠더블유 코리아만 이를 납부할 뿐 비엠더블유 코리아가 원고들에게 판매를 하거나 원고들이 최종소비자에게 판매할 때 다시 관세를 별도로 부과하는 것도 아닌 등 사정을 고려해 보면, 관세는 이 사건 관련매출액에서 공제되지 않는다고 봄이 상당하다고 본 사례

다음과 같은 사정을 고려해 보면, 관세는 이 사건 관련매출액에서 공제되지 않는다고 봄이 상당하다. 부가가치세와 관세 등은 납세의무자와 담세자가 서로 다른 간접세에 해당한다는 점에서는 공통점이 있으나, 기업회계 상 부가가치세는 매출액에 포함되지 않고 예수금의 일종으로서 유동부채 계정으로 분류되어 기재되는 것이 일반적인 반면, 관세는 원고들이 비엠더블유 코리아로부터 비엠더블유 자동차를 구입할 때 그 공급가격(매출원가) 속에 포함되어 있을 뿐만 아니라 원고들이 이를 최종소비자에게 판매할

때에도 마찬가지로 포함되어 있다. 부가가치세의 경우 원고들이 최종소비자에 대한 비엠더블유 자동차의 판매가격에 10%라는 금액이 뚜렷하게 구별되어 존재하지만, 관세는 원고들의 최종소비자에 대한 판매가격 속에 포함되어 있을 뿐 뚜렷하게 구별되어 존재하는 것은 아니고, 부가가치세와 달리 관세는 세관을 통관할 때 비엠더블유 코리아만 이를 납부할 뿐 비엠더블유 코리아가 원고들에게 판매를 하거나 원고들이 최종소비자에게 판매할 때 다시 관세를 별도로 부과하는 것도 아니다. 소비세는 궁극적으로 판매를 통해 회수한다는 것을 전제로 하고 있고, 이미 납부한 세액도 물품의 멸실 또는 훼손 등으로 판매가 불가능한 경우에는 세무당국으로부터 환급받을 수 있으나, 관세는 수입물품에 부과되는 것으로 최종적인 소비를 전제로 하는 것이 아니고 물품의 멸실 또는 훼손 등의 경우에도 환급의 문제가 발생하지 않는다.

【6개 냉연강판 및 아연도강판 제조 · 판매사업자의 부당한 공동행위 건】

대법원 2016. 10. 27. 선고 2015두35864 판결

판결요지

운송비 부분은 회계자료상으로 판매에 관한 비용에 해당하므로 '관련 상품'인 아연도강판 판매에 관한 '매출액'에서 제외할 이유가 없으므로 아연도강판 운송비 부분은 이 사건 관련매출액에 포함되는 것으로 봄이 타당하다고 본 사례

원심판결 이유에 의하면, 원고가 아연도강판의 판매대금에 관한 세금계산서를 발행하면서 매출액에 운송비를 포함하고 운송비를 아연도강판 매출액으로 회계처리 한 사실을 알 수 있다. 이에 더하여, ① 통상적으로 상품의 판매에는 상품을 소비자에게 인도하는 과정에서 운송이 필요하므로, 이러한 운송비가 특정 상품판매와 별개의 관련 상품 또는 매출액을 구성한다고 보기 위해서는 그 상품 판매대금의 구체적 구성, 거래 당사자들의 인식이나 거래관행에 비추어 그 상품의 운송서비스가 상품판매와는 전혀 별개의 것으로 볼 수 있어야 하는 점, ② 그런데 이 사건 아연도강판 판매시장에서는 구매자 스스로가 아연도강판을 운반하는 것이 원칙적인 거래관행이라고 볼 자료가 없고, 오히려 원고 등 철강업체가 운송비의 일부 또는 전부를 지원해 주어 운송비 지원을 실질적인 판매가격 할인의 방편으로 사용한 것으로 보이는 점, ③ 구매자 스스로 아연도강판을 운반하거나 별개의 운송업체를 이용하는 사례가 있다고 하여, 아연도강판 운송비 일반이 관련매출액에서 당연히 제외되어야 한다고 볼 수 없고, 아연도강판 판매대금과 별개로 회계처리되어야 하는 것도 아닌 점, ④ 오히려 원고가 운송비의 전부 또는 일부를 부담하거나 구매자가 원고에게 운송비를 포함한 아연도강판 판매대금 일체를 지급한 경우에, 운송비 부분은 회계자료상으로 판매에 관한 비용에 해당하므로

'관련 상품'인 아연도강판 판매에 관한 '매출액'에서 제외할 이유가 없는 점 등 기록을 통하여 알 수 있는 여러 사정을 앞서 본 법리에 따라 살펴보면, 아연도강판 운송비 부분은 이 사건 관련매출액에 포함되는 것으로 봄이 타당하다.

【한국가스공사 발주 천연가스 주배관 입찰 관련 부당한 공동행위 건】

서울고등법원 2017. 9. 20. 선고 2016누31854 판결(확정)

판결요지

물량배분 담합과 입찰담합의 성질을 동시에 지니고 있는 경우에, 관련매출액을 산정하면서 원고가 들러리로 참여한 공구의 계약금을 포함시킨 것에 어떠한 위법이 있다고 볼 수 없다고 본 사례

원고 등은 단순히 물량배분의 합의만 한 것이 아니라, 입찰에 있어서의 낙찰자, 투찰가격 등의 사항을 결정하여 부당하게 경쟁을 제한하는 전형적인 입찰 담합 행위인 이 사건 공동행위의 전체에 가담하였다. 이 사건 공동행위에 물량배분의 성질이 있다고 하여 입찰담합의 성질이 부정되는 것은 아니다. 원고는 피고의 선례를 들어 실질이 물량배분 담합인 경우에는 입찰담합의 형식이더라도 각자 낙찰 받은 금액만을 관련매출액으로 해야 한다고 주장하나, 원고가 들고 있는 개별의결들의 존재만으로 자기구속력 있는 행정관행이 성립하였다고 인정하기 어려울 뿐 아니라, 입찰담합에 대한 피고의 의결 중에는 들러리 입찰의 경우에도 계약금액을 모두 관련매출액으로 합산한 사안이 다수 존재한다. 그러므로 이 사건 과징금감경처분이 비례의 원칙 내지 평등의 원칙에 반한다고 보이지 아니한다.

【호남고속철도 오송~광주송정 간 궤도부설 입찰 관련 부당한 공동행위 건】

서울고등법원 2018. 10. 5. 선고 2017누90621 판결(확정)

판결요지

피고가 원고에 대한 과징금 산정의 기초인 관련매출액에 사급자재 구매비용을 포함한 것은 정당하고, 이 사건 사급지재 구매비용이 매출액에 해당한다고 볼 수 없는 특별한 사정이 있다고 할 수 없다고 본 사례

발주처인 한국철도시설공단은 전체 투찰가격을 기준으로 낙찰 여부를 결정하였고, 이 사건 사급자재 구매비용 부분만을 공제한 가격을 기준으로 낙찰 여부를 결정한 것이 아니다. 또한 사급자재의 구매비용이 입찰 당시부터 추후 공제될 것이 당연히 전제된 잠정적 성격의 것으로서 계약금액에 임시적으로 포함된 것에 불과하다고 볼 만한 사정도 없고, 오히려 입찰당시부터 확정적으로 계약금액에 포함되어 있다고 봄이 상당하다.

독점적으로 공급하고 있는 특정사업자들이 일방적으로 구매비용을 책정하였고 그로 인해 원고가 손해를 입었다고 하더라도, 공정거래법에 의한 과징금에는 부당한 공동행위로 인한 부당이득의 박탈뿐 아니라 위법행위에 대한 제재의 목적도 있는 점을 고려하면 이 사건 사급자재 구매비용 부분에 의해 원고 자신이 직접적인 이익을 얻지 아니하였다는 이유만으로 이를 관련매출액에 포함시킬 수 없는 것은 아니다.

【7개 카드사의 수수료 관련 부당한 공동행위 건】

대법원 2009. 3. 26. 선고 2008두21058 판결

판결요지

부가가치세는 그 성질상 재화 등을 공급한 자가 그 부당공동행위로 인하여 얻는 경제적 이득이라고 보기 어려우므로, 평균매출액 산정에 있어 부가가치세는 제외하는 것이 타당하다.

① 구 공정거래법 시행령 제61조 제1항[별표2] 제2호 가목이 매출액에 관하여 사업자의 회계자료 등을 참고하여 정하는 것을 원칙으로 규정하고 있는데, 기업회계상 부가가치세는 매출액에 포함되지 않고 예수금의 일종으로서 유동부채 계정으로 분류되어 기재되는 것이 일반적인 점, ② 부가가치세는 재화 등을 공급한 자가 이를 공급받는 자로부터 일시적으로 수취하여 보관하였다가 세무관서에 납부하는 것으로서 그 성질상 재화 등을 공급한 자가 그 부당공동행위로 인하여 얻는 경제적 이득이라고 보기 어려운 점, ③ 구 공정거래법 시행령 제4조 제1항은 상품 또는 용역에 대한 간접세를 위 "연간 매출액 또는 구매액"에서 제외하고 있는 점 등을 종합하여 볼 때, 위 구 공정거래법 시행령 제9조 제1항의 평균매출액의 산정에 있어서도 부가가치세는 제외하는 것이 타당하다.

【설탕 사업자의 부당한 공동행위 건】

대법원 2010. 2. 25. 선고 2008두21362 판결

판결요지

사업자의 회계처리 기준이 되는 기업회계기준상 매출액은 기업의 주된 영업활동에서 발생한 제품, 상품, 용역 등의 총매출액에서 매출할인, 매출환입, 매출에누리 등을 차감한 금액을 기재하게 되는바, 특별한 사정이 없는 한 매출에누리에 해당하는 금액은 매출액에서 제외된다고 봄이 상당하다.

【폐수종말처리장 설치공사 입찰 관련 부당한 공동행위 건】

대법원 2017. 9. 12. 선고 2016두55551 판결

판결요지

입찰담합의 특수성을 감안한다고 하더라도 관급자재 금액 부분은 본질적으로 매출액에 해당한다고 볼 수 없으므로, 원고에 대한 과징금의 기본 산정기준인 '계약금액' 산정에서 이를 공제하여야 한다.

【한국철도시설공단 발주 서해선복선전철 건설공사 입찰 관련 부당한 공동행위 건】

서울고등법원 2018. 8. 24. 선고 2015누65560 판결(확정)

판결요지

폐기물처리비까지 원고가 이 사건 공사에 관하여 제공한 역무에 대한 반대급부로서의 성격을 가지는 '계약금액'으로 보기는 어렵고, 규범적 관점에서 이 부분까지 이 사건 합의의 대상이었다고 평가하기는 어렵다.

이 사건 입찰공고 시부터 향후 폐기물처리 용역은 한국철도시설공단이 분리발주 할 것이므로 그에 해당하는 비용은 계약금액에서 공제될 것이라는 점이 공사입찰유의서, 입찰안내서 등을 통해 공시되었는바, 원고 등도 이러한 사정을 충분히 알고 있었다고 보인다. 한국철도시설공단이 건설폐기물 처리용역을 별도의 독립적인 입찰로 발주하여 계약을 체결한 이상, 이에 관하여 원고가 관여할 수 있는 여지는 없다. 따라서 건설폐기물 처리용역 업체의 선정이나 폐기물처리비용의 산정에 이 사건 공동행위가 어떠한 영향을 미쳤다고 할 수 없고, 이 사건 합의가 없었을 경우와 비교하여 이 사건 합의가 있는 경우에 폐기물처리비에 대한 경쟁제한적 효과가 발생하거나 그럴 우려가 있었다고 보이지도 않는다.

【한국철도시설공단 발주 서해선복선전철 건설공사 입찰 관련 부당한 공동행위 건】

서울고등법원 2018. 8. 24. 선고 2015누65560 판결(확정)

판결요지

문화재조사비 부분까지 원고가 이 사건 공사에 관하여 제공한 역무에 대한 반대급부로서의 성격을 가지는 '계약금액'으로 보기는 어렵고, 규범적 관점에서 이 부분까지 이 사건 합의의 대상이었다고 평가하기 어렵다.

한국철도시설공단이 문화재조사 용역을 수행할 업체를 별도로 선정하여 계약을 체결하는 이상 이에 관하여 원고가 관여할 여지가 없음. 따라서 문화재조사 용역 업체의

선정이나 문화재조사비용의 산정에 이 사건 공동행위가 어떠한 영향을 미쳤다고 할 수 없고, 이 사건 합의가 없었을 경우와 비교하여 이 사건 합의가 있는 경우에 문화재조사비에 대한 경쟁제한적 효과가 발생하거나 그럴 우려가 있었다고 보이지도 않는다.

【7개 선형저밀도폴리에틸렌 제조 · 판매업자의 부당한 공동행위 건】

대법원 2011. 9. 8. 선고 2009두14880 판결

판결요지

차별화제품을 관련 상품의 범위에 포함하기 위해서는 이들 제품시장에서 경쟁제한 효과의 발생 또는 그 우려에 대하여 피고가 입증하여야 한다.

이 사건 차별화제품을 관련 상품의 범위에 포함하기 위해서는 이 사건 가격담합으로 인하여 다른 경쟁사업자들이 이들 제품시장에 새로이 진입하는 데에 장애를 겪었거나 이 사건 차별화제품의 대체제를 생산 · 판매하는 데 지장을 받았다는 등 이들 제품시장에서 경쟁이 제한되는 효과가 발생하였거나 발생할 우려가 있었다는 점을 피고가 입증하여야 한다.

【전력선 구매입찰 참가 전선제조사들의 부당한 공동행위 건】

대법원 2015. 2. 12. 선고 2013두6169 판결

판결요지

공정위가 구 공정거래법 제19조 제1항 제1호, 제3호만을 근거로 과징금을 부과하였다고 하여도 실질이 입찰담합 등에 해당하는 경우 계약금액을 기준으로 과징금을 부과할 수 있다.

피고가 이 사건 공동행위에 대하여 구 공정거래법 제19조 제1항 제1호 및 제3호만을 근거로 과징금을 부과하였다고 하여도 그 실질이 입찰담합 등에 해당하는 경우에는 위 시행령 제9조 제1항 단서를 적용할 수 있으며, 위 시행령 규정의 취지는 일정한 거래분야에서 판매한 관련 상품이나 용역의 매출액이 없는 입찰담합 등 가담자에 대하여도 계약금액을 기준으로 과징금을 부과할 수 있음을 전제로 한 것으로 볼 수 있는 점, 피고가 위 규정에 따라 전선조합이 낙찰받은 전체 계약금액을 토대로 위 원고의 관련매출액을 산정한 것이 아니라 위 원고가 실제로 배분받은 물량을 기준으로 관련매출액을 산정하였으므로 위 원고가 위 물량을 일단 배정받은 이상 그것을 반납한 사정이 반영되어 있지 않다고 하더라도 과징금 처분과 관련한 재량권 일탈 · 남용이 있다고 보기는 어렵다.

【조달청 발주 수중펌프 입찰 관련 부당한 공동행위 건】

서울고등법원 2015. 9. 17. 선고 2014누4100 판결(확정)

판결요지

이익금배분제 방식에 따라 이익배분을 받기로 한 경우 실질적으로는 낙찰자와 공동으로 수주한 것과 같은 효과를 가지므로 당해 건의 입찰 규모를 반영하는 것으로 볼 수 있는 전체 계약금액을 관련매출액으로 봄이 상당하다고 본 사례

김천시 입찰 건에서 원고가 입찰에 참여하지 않기는 하였으나 이는 이 사건 합의에 따른 것으로 보이고, 이에 따라 원고는 이익을 배분받기로 되어 있었던 점, 피고가 이 사건 과징금 납부명령의 근거 법령으로 구 공정거래법 제19조 제1항 제8호가 아닌 제1, 3, 4호를 적시하였으나 이 사건 공동행위의 내용이 조달청이 발주한 이 사건 수중펌프 구매입찰 시장에서 입찰가격·물량배분이나 거래상대방에 관한 합의를 하였다는 것인 이상 그 실질은 입찰담합에 해당하는바, 구 공정거래법 시행령 제9조 제1항 단서를 적용하여 '계약금액'을 관련매출액으로 산정할 수 있고, 입찰담합에 의한 계약이 체결된 경우에는 계약을 체결한 당해 사업자뿐만 아니라 담합에 가담한 다른 사업자에 대해서도 그 '계약금액'이 부과기준이 되며, 특히 이익금배분제 방식에 따라 이익배분을 받기로 한 경우 실질적으로는 낙찰자와 공동으로 수주한 것과 같은 효과를 가지므로 당해 건의 입찰 규모를 반영하는 것으로 볼 수 있는 전체 계약금액을 관련매출액으로 봄이 상당한 점(이는 원고가 실제로 이익배분금을 지급받지 못한 경우에도 동일하다) 등에 의하면, 원고에 대한 관련매출액 산정 시 피고가 김천시 입찰 건의 계약금액을 포함시킨 것은 정당하다고 인정할 수 있다.

【한국수력원자력 발주 비파괴검사용역 입찰 관련 부당한 공동행위 건】

서울고등법원 2018. 1. 19. 선고 2017누45157 판결(확정)

판결요지

관련매출액은 사후 정산을 통하여 원고들이 실제로 수령한 공사금액이 아니라 각 입찰의 계약금액으로 함이 타당하다.

구 공정거래법 시행령 제9조 제1항, 제61조 제1항 [별표 2] 제2호 (가)목 3. 가. 본문의 내용 및 문언에 의하면, '입찰담합 및 이와 유사한 행위'에서는 '계약금액'에 100분의 10을 곱한 금액이 과징금의 상한이 될 뿐만 아니라, 위 '계약금액'은 과징금의 기본 산정기준이 된다고 보아야 하고, 이는 입찰담합에 의하여 낙찰을 받고 계약을 체결한 사업자뿐만 아니라 낙찰자 또는 낙찰예정자를 미리 정하는 내용의 담합에 참여하였으나 낙찰을 받지 못한 사업자에 대하여도 마찬가지로 적용된다. 따라서, 사후 정산을 통하여

원고들이 실제로 수행한 공사금액이 아니라 각 입찰의 계약금액을 관련매출액으로 본 피고의 과징금 산정에 어떠한 위법이 있다고 볼 수 없다. 과징금이 부당한 공동행위의 억지라는 행정목적을 실현하기 위하여 그 위반행위에 제재를 가하는 행정상 제재금으로서의 성격과 부당이득 환수의 성격을 모두 가지고 있는 점을 고려하면 과징금 부과의 기준이 되는 관련매출액이 반드시 부당한 공동행위로 실제로 얻은 수입의 범위로 한정된다고 볼 수 없다. 따라서, 원고들이 실제로 수행한 공사금액이 입찰결과와 다르다고 하더라도 위반행위의 대상이 된 당해 입찰의 규모를 반영하는 수치인 '계약금액'을 관련매출액으로 산정하는 것이 불합리하거나 부당하다고 볼 수 없다.

【신보령화력 연료하역부두 유연탄 하역 용역 입찰 관련 부당한 공동행위 건】

서울고등법원 2021. 7. 22. 선고 2019누60990 판결(확정)

판결요지

피고가 원고의 자진신고일 이후에 발생한 매출액을 관련매출액에 포함한 것이 위법하다고 할 수 없다.

입찰담합의 경우 합의에 기한 실행행위가 종료된 때 부당한 공동행위가 종료되므로, 이 사건 공동행위는 원고의 자진신고가 있기 전인 2015. 6. 19. 원고 등의 입찰 참가로 이미 종료되었고, 그 이후 낙찰자가 발주자와 계약을 체결하고, 이행하는 과정에서 매출액이 발생하게 되었다. 과징금고시 규정에서 예상물량만 규정된 납품단가 입찰에서의 입찰담합의 경우 심의일 현재 실제 발생한 매출액을 관련매출액으로 정하도록 한 것은 매출액이 공동행위가 종료된 이후에 발생하고 물량이 확정되지 않은 사정을 고려한 것으로 보인다. 원고가 2018. 8. 8. 이 사건 공동행위에 관하여 자진신고를 하였더라도 낙찰자는 이미 이 사건 입찰에 따라 체결된 이 사건 계약에 기해 용역을 제공하였다.

판결요지

피고가 이 사건 부속합의에 따라 연장된 계약기간 동안 발생한 매출액을 관련매출액에서 공제하지 아니하고 이 사건 계약 및 이 사건 부속합의에 따른 매출액 전부를 관련매출액으로 삼아 과징금을 산정하여 부과한 이 사건 과징금 납부명령은 과징금 부과의 기초가 되는 관련매출액에 관한 사실을 오인하여 위법하다.

【8개 철근 사업자의 부당한 공동행위 건】

대법원 2003. 5. 27. 선고 2002두4648 판결

판결요지

과징금 산정에 있어 위반행위기간이 아닌 기간을 포함시켜 매출액을 산정하고 그것을 과징금 부과기준 매출액으로 삼은 경우 재량권을 일탈·남용한 것으로서 위법하다.

과징금을 산정함에 있어 위반행위기간이 아닌 기간을 포함시켜 매출액을 산정하고 그것을 과징금 부과기준 매출액으로 삼은 경우, 과징금 부과재량행사의 기초가 되는 사실인정에 오류가 있으므로 과징금 납부명령이 재량권을 일탈·남용한 것으로서 위법하다고 할 것이다.

【6개 비타민사의 부당한 공동행위 건】

서울고등법원 2004. 11. 24. 선고 2003누9000 판결(확정)

판결요지

오류나 중복을 감안하더라도 위반행위기간 동안 전체 매출액은 위와 같이 추산한 관련 상품의 매출액보다 적다고는 단정하기는 어려운 점 등 여러 사정을 종합하면 재량권의 범위를 일탈하거나 남용한 것이라고 하기 어렵다고 본 사례

에프 호프만 라 로슈에 대한 과징금을 산정함에 있어서 위 회사의 매출액을 산정할 자료가 없어 이를 산정하기 곤란한 경우에 해당함을 전제로 합계 50억 원의 범위 내에서 관세청의 자료를 기초로 추산한 관련 상품의 매출액에 과징금 부과기준율을 적용하였으나, 위와 같이 관세청 자료의 오류나 중복 등의 개연성이 높아서 이를 기초한 추산 관련 상품 매출액 중 이러한 부분에 대한 조사나 확인 등이 이루어지지 아니하였다면 이 사건 비타민에 관한 위 회사의 관련 상품 매출액을 제대로 반영하였다거나 합리적인 범위 내에서 적절하게 산출하였다고 하기 어렵다고 할 것이므로, 특별한 사정이 없는 한 이러한 자료를 근거로 관련사의 매출액을 산정한 다음 이를 기초로 과징금을 산정한 것은 위법하다고 할 것이나, 이러한 오류나 중복을 감안하더라도 위반행위기간 동안 전체 매출액은 위와 같이 추산한 관련 상품의 매출액보다 적다고는 단정하기는 어려운 점 등 여러 사정을 종합하면 재량권의 범위를 일탈하거나 남용한 것이라고 하기 어렵고 비록 과징금 산정상의 위법이 있다고 하더라도 본 과징금은 합리적으로 적절하게 산정되어 재량권의 범위에 속한다고 할 것이다.

판결요지

이 사건 입찰담합행위는 낙찰예정자 및 투찰가격을 담합한 것으로 매우 중대한 위반행위로 볼 수 있고, 피고가 개정 과징금 고시에 따르는 경우 20%를 넘는 비율로 과징금을 감경하였을 것이라거나 혹은 20%만 감경한 것이 비례, 평등의 원칙에 위반된다는 점 등을 인정할 자료가 없는바 재량권 일탈, 남용의 위법이 없다고 본 사례

① 이 사건 입찰담합행위는 낙찰예정자 및 투찰가격을 담합한 것으로서 그 성격상 경쟁제한 효과만 발생시킬 뿐 달리 효율성증대 효과는 가져오지 않는 점에서 피고가 이를 매우 중대한 위반행위로 본 것에 재량권 일탈, 남용의 위법이 있다고 할 수 없고, ② 피고가 조사협력에 따른 감경을 하면서 최고 30%까지 감경할 수 있도록 한 개정된 과징금 부과 세부기준 등에 관한 고시를 적용하지 않고 최고 20%까지만 감경할 수 있는 개정 전 과징금 부과 세부기준 등에 관한 고시를 적용하였다고 하더라도, 피고가 개정 과징금 고시에 따르는 경우 20%를 넘는 비율로 과징금을 감경하였을 것이라거나 혹은 20%만 감경한 것이 비례, 평등의 원칙에 위반된다는 점 등을 인정할 자료가 없는 이상 원고의 조사협력에 따른 감경을 하면서 그 감경 비율을 20%로 정한 피고의 조치에 재량권 일탈, 남용의 위법이 있다고 할 수 없으며, ③ 그 판시와 같은 이유로 원고가 낙찰자이었던 보령동대 아파트건설공사 입찰담합에 대해서는 공동수급체인 사정을 들어 20% 감경한 반면, 낙찰자가 아니었던 인천향촌 아파트 건설공사 입찰담합에 대해서는 이를 이유로 감경하지 않은 것에 비례, 평등의 원칙을 위반한 위법이 있다고 할 수 없다는 이유로 피고의 과징금 산정에 재량권 일탈, 남용의 위법이 있다고 볼 수 없다.

(나) 과징금 산정기준

【인천도시철도 2호선 턴키공사 입찰 관련 부당한 공동행위 건】

대법원 2015. 5. 28. 선고 2015두36256 판결

판결요지

과징금 납부명령 등이 재량권 일탈·남용에 대한 판단은 다른 특별한 사정이 없는 한 과징금 납부명령 등이 행하여진 의결일 당시의 사실상태를 기준으로 판단하여야 한다.

행정소송에서 행정처분의 위법 여부는 행정처분이 행하여졌을 때의 법령과 사실상태를 기준으로 판단해야 하고, 이는 공정거래법에 기한 공정거래위원회의 시정명령 및 과징금 납부명령에서도 마찬가지이므로, 공정거래위원회의 과징금 납부명령 등이 재량권 일탈·남용으로 위법한지 여부는 다른 특별한 사정이 없는 한 과징금 납부명령 등이 행하여진 '의결일' 당시의 사실상태를 기준으로 판단하여야 한다. 부과과징금이 위반사업자의 현실적 부담능력 등을 충분히 반영하지 못하여 과중하다고 인정되는지 여부는

자산, 이익잉여금의 규모 등 위반사업자의 전체적인 재정상태를 종합적으로 고려하여 판단하여야 한다.

【대한적십자사 혈액백 공동구매 입찰 관련 부당한 공동행위 건】

서울고등법원 2020. 12. 10. 선고 2019누61368 판결(확정)

판결요지

공동행위 대상이나 내용에 포함되지 않는 연장계약과 관련된 매출액은 관련매출액에서 제외되어야 한다고 판단한 사례

사업자가 이 사건 공동행위는 이 사건 각 입찰의 낙찰 수량과 투찰 가격을 사전에 합의한 것이므로, 그 합의의 대상은 이 사건 각 입찰공고에 정한 계약내용에 한하는 것이며, 이 사건 연장계약의 체결 경위를 보면 이 사건 연장계약은 이 사건 공동행위를 통해 체결된 단가계약이 자동연장된 것이 아니라 그와 별도의 합의에 따라 성립된 별개의 계약이며, 이 사건 연장계약을 체결할 당시 대한적십자사가 먼저 원고와 태창산업에 기존 단가계약과 동일한 조건으로 계약 연장을 요청하였고, 원고와 태창산업은 반대하였으나 대한적십자사의 거듭된 요청에 따라 이 사건 연장계약이 이루어졌다는 점, 대한적십자사는 종전에는 단가계약이 종료된 직후 곧바로 신규입찰을 실시하였으므로 단가계약의 자동연장 관행이 성립되어 있었다고 보기 어려운 점 등을 고려할 때 원고 등이 이 사건 연장계약을 예상할 수 있었다고 보기 어려우므로, 이 사건 합의의 대상에 연장계약이 포함되어 있었다고 보기는 어렵다. 과징금고시는 입찰담합의 경우 낙찰이 되어 계약이 체결된 경우에는 계약금액을 관련매출액으로 보되, 예상물량만 규정된 납품단가 입찰의 경우에는 심의일 현재 실제 발생한 매출액을 당해 입찰담합에 참여한 각 사업자의 관련매출액으로 본다고 규정하고 있으나, 이것이 공정거래법령이 정한 '관련매출액'의 본질적 성격과 무관한 전혀 별개의 개념으로 규정하는 취지라고 볼 수는 없고, 따라서 예상물량만 규정된 납품단가 입찰의 경우에도 입찰담합에 기초하여 체결된 계약에서 발생한 매출액에 해당되어야 한다는 의미의 '관련성'이 있을 것이 요구되며, 이 사건 연장계약에 따라 연장된 계약기간 동안 발생한 매출액은 이 사건 공동행위와 관련성을 인정하기 어려우므로 관련매출액에서 제외하여야 한다.

【관수 원심력 콘크리트파일 구매입찰 관련 부당한 공동행위 건】

서울고등법원 2020. 12. 2. 선고 2020누44765 판결(확정)

판결요지

조합 구성원으로 담합에 참가한 경우에도 공동수급체로 참가한 경우와 실질에 차이가 없으므로 그 구성원에게 과징금 부과가 가능하다고 본 사례

적격조합의 구성원으로 참여하는 경우 원고에게 수수료 0.6%를 지불하는 것 외에는 공동수급체의 구성원으로 참여하는 경우와 그 실질에 큰 차이가 없고, 공동수급체 구성원이 담합을 하는 경우나 적격조합의 구성원사가 담합을 하는 경우 담합에 참가하여 이익을 보는 자에 대한 과징금 부과의 필요성에 차이가 있다고 보기 어려우며, 적격조합의 구성원에 대하여 과징금 부과가 불가능하다고 보기도 어렵다.

【관수 원심력 콘크리트파일 구매입찰 관련 부당한 공동행위 건】

서울고등법원 2021. 8. 18. 선고 2020누45010 판결(확정)

판결요지

납품이 취소되거나 입찰이 무효가 된 경우에도, 이미 입찰계약이 체결되어 당해 입찰에서 경쟁을 제한하는 효과가 발생한 이상, 이후 우연한 사정이 발생하였다 하더라도, 과징금의 행정상 제재금으로서의 성격 등을 고려할 때 위반행위의 대상이 된 당해 입찰의 규모를 반영하는 수치인 당초의 '계약금액'을 관련매출액으로 산정하는 것이 불합리하거나 부당하다고 볼 수 없다.

【선박용 케이블 구매입찰 관련 부당한 공동행위 건】

대법원 2021. 8. 12. 선고 2019두59196 판결

판결요지

척당 계약금액을 정하고 옵션호수가 포함된 총 공급물량 전체를 각 입찰의 대상으로 하여 이 사건 공동행위를 하여 전체 입찰금액을 기준으로 각각의 낙찰 여부가 결정되었으므로 각 입찰을 과징금고시 상 '예상물량만 규정된 납품단가 입찰'에 해당한다고 할 수 없고, 이 사건 공동행위로 경쟁이 제한된 상태에서 형성된 입찰금액이 포함된 계약 전부에 경쟁제한 효과가 미친 것으로 볼 수 있다.

【한국수자원공사 발주 수도 및 댐 · 보시설 점검정비 용역 입찰 관련 부당한 공동행위 건】

서울고등법원 2019. 10. 17. 선고 2018누6052, 66113 판결(확정)

판결요지

입찰담합의 경우 그에 따라 체결된 계약상의 금액 중 일부가 매출액에 해당한다고 볼 수 없는 특별한 사정이 있는 경우에는 이를 과징금의 기본 산정기준인 '계약금액'에서 공제하여야 한다.

이 사건 용역의 입찰공고 및 용역계약 체결 당시 이 사건 용역비 중 직접경비에 해당하는 부분에 관하여 추후 별도로 계약을 체결한다거나 계약금액에서 감액한다고 정한 바는 없었고, 실제 그와 같은 변경계약이 체결된 사실도 없으며, 이 사건 용역을 수행한 후 실제 지출한 직접경비 등을 포함하여 산정된 용역대금을 모두 수령하였으므로 이 사건 용역비 중 직접경비 부분이 입찰 당시부터 추후 정산에 따라 계약 금액에서 공제될 것이 전제된 잠정적 성격의 것이라고 볼 수는 없다.

【천안 · 아산지역 레미콘제조사업자의 부당한 공동행위 건】

서울고등법원 2019. 9. 19. 선고 2019누32117 판결(확정)

판결요지

특수규격 제품도 합의에 의해 영향을 받은 관련 상품에 포함된다고 판단한 사례

이 사건 특수규격 제품은 다른 여타 규격의 레미콘과 동일한 성분으로 구성되고, 이 사건 공동행위는 할인율을 합의한 것인데 합의된 할인율에 이미 정해져 있는 레미콘의 지역단가를 곱한 금액이 레미콘의 협정가격 즉, 판매가격으로 산출되는바 이와 같은 가격결정 방식에 비추어 보면 특수규격제품도 이 사건 공동행위로 인하여 직 · 간접적으로 영향을 받는 관련 상품에 포함된다고 봄이 상당하다.

【포항영일만항 남방파제(1단계 1공구) 축조공사 입찰담합 건】

대법원 2018. 11. 15. 선고 2016두49044 판결

판결요지

화해권고결정이 있더라도 공동행위와 계약금액 사이에 관련성이 있으므로 과징금 산정의 기준인 계약금액에 해당한다고 본 사례

화해권고결정이 있었음에도 그 공사계약금액은 공동행위에 따른 원고의 낙찰금액이 그대로 유지되었다. 만일 화해권고결정 당시 법원과 조달청이 이 사건 공동행위가 있었음을 알았더라면 그 낙찰금액을 그대로 유지하지는 않았을 것이다. 이처럼 이 사건

공동행위에 따른 경쟁제한적 효과, 즉 가격 경쟁의 제한은 위 화해권고결정에도 불구하고 그대로 유지되었으므로, 위 화해권고결정이 있었다는 사정만으로 이 사건 계약금액을 이 사건 공동행위에 기초한 것으로 평가하는 데에 장애가 된다고 보기 어렵다.

【제5378부대 발주 액화석유가스 구매입찰 관련 부당한 공동행위 건】

대법원 2020. 11. 5. 선고. 2018두67503 판결

판결요지

피고(공정위)가 실제 계약금액의 확인이 어려운 입찰에 관하여 입찰공고문상의 예산금액을 계약금액으로 보아 과징금을 산정한 것이 원고에게 지나치게 불리하다거나, 최종적으로 부과한 과징금의 액수가 지나치게 과중하여 재량권을 일탈·남용한 위법이 있다고 볼 수 없다.

【F/S케이블 구매입찰 관련 부당한 공동행위 건】

대법원 2020. 7. 29. 선고 2019두43924 판결

판결요지

실질적으로 공동수급체의 성질이 있다면 공동수급체 감경규정의 취지를 고려하여야 한다고 본 사례

이 사건 입찰은 1회의 입찰을 통하여 전체 예정물량을 3개의 낙찰자에게 차등 할당하는 방식으로서, 비록 낙찰 후 발주자 케이티와 1, 2, 3순위 낙찰자 사이에 개별적인 계약이 체결되는 것이기는 하나, 그 실질은 1, 2, 3순위 낙찰자들이 공동수급체로서 낙찰을 받아 1개의 계약을 체결한 경우와 별다른 차이가 없다. 특별한 사정이 없는 한 피고는 공동수급체의 실질을 가지고 있는 이 사건 낙찰자들에 대한 기본 과징금을 산정할 때에도 위와 같은 공동수급체 감격규정의 취지를 고려하였어야 함에도, 이를 간과하고 원고가 본 건 입찰담합으로 실제 취득한 이익의 규모와 균형을 상실하여 지나치게 과중한 과징금을 부과하였다.

【관수 원심력 콘크리트파일 구매입찰 관련 부당한 공동행위 건】

서울고등법원 2021.4. 22. 선고 2020누44468 판결(확정)

판결요지

과징금 고시 상 들러리 감경과 공동수급체 감경을 동시에 적용하지 않는다 하더라도 자의적인 기준은 아니라고 본 사례

공동수급체 감경 규정의 취지는 공동수급체를 구성하여 응찰하였을 경우 개별 구성원이

담합에 따라 취득하였거나 취득할 예정이었던 실제 이익의 규모를 과징금 산정 과정에서 고려하고자 하는 데 있다. 그런데 공동수급체를 구성하여 들러리로 참여하기로 하고 이에 따라 응찰한 경우, 공동수급체는 당초부터 낙찰 받을 의사 없이 해당 입찰에 형식적으로만 참여하기 때문에 담합의 내용에 따른 직접적인 유형의 이익이 발생할 여지는 없다. 설령 공동수급체가 예정가격의 추정에 실패하는 등의 변수로 인하여 해당 입찰에서 낙찰 받게 되더라도 이는 담합이 예정하였던 범위를 벗어난 것이다. 따라서 공동수급체를 구성하여 들러리로 참여한 경우 들러리 감경 규정 외에 공동수급체 감경을 하는 것은 공동수급체 감경 규정의 본래 취지와 부합하지 않는 측면이 있다. 그리고 들러리인 공동수급체 내 지분비율은 해당 공동수급체가 애초부터 낙찰 받을 의사가 없었다는 점에서 아무런 의미를 가지지 못하는 수치에 불과하므로 지분비율을 기준으로 감경비율을 다르게 정하는 공동수급체 감경 규정은 이에 적용하기에 적합하지도 않다.

【16개 골판지 제조 · 판매사업자의 부당한 공동행위 건】

서울고등법원 2017. 7. 12. 선고 2016누57788 판결(확정)

판결요지

과징금에 대한 원고의 현실적 부담능력은, 과징금이 부과되기 이전의 상태를 기준으로 판단함이 타당하므로, 원고의 재무제표에 이 사건 위반행위로 인하여 예상되는 과징금이 충당부채로 인식되어 있다면 이를 제외하고 판단하여야 한다고 한 사례

구 과징금고시 Ⅳ. 4. 가. (1)의 ㈎항에서 3개년 당기순이익 가중평균 금액이 적자인 경우 부과과징금을 감액할 수 있도록 규정한 것은 위반사업자의 '현실적 부담 능력'을 고려하여 부과과징금을 조정하기 위함이다. 이 사건 공동행위로 인하여 과징금이 부과될 경우 그 과징금에 대한 원고의 현실적 부담능력은, 과징금이 부과되기 이전의 상태를 기준으로 판단함이 타당하다. 따라서 원고의 재무제표에 이 사건 위반행위로 인하여 예상되는 과징금이 충당부채로 인식되어 있다면 이를 제외하고 3개년 당기 순이익 가중평균 금액의 적자 여부를 판단하여야 한다.

【굴삭기 미치 휠로다 제조 3개 사업자의 부당한 공동행위 건】

대법원 2008. 9. 25. 선고 2007두3756 판결

판결요지

특별한 사정이 없는 한 부당한 공동행위로 인한 과징금 산정에 있어 위반행위의 개시일은 합의일을 기준으로 함이 상당하다.

구 공정거래법 제19조 제1항의 부당한 공동행위는 사업자가 다른 사업자와 공동으로 부당하게 경쟁을 제한하는 같은 항 각 호의 1에 해당하는 행위를 할 것을 합의함으로써 성립하는 것이어서 합의에 따른 행위를 현실적으로 하였을 것을 요하는 것이 아니며, 법상 과징금은 그 취지와 기능, 부과의 주체와 절차 등을 종합할 때 부당한 공동행위의 억지라는 행정목적을 실현하기 위하여 그 위반행위에 대하여 제재를 가하는 행정상의 제재적 성격에 부당이득 환수적 성격이 겸유되어 있으므로, 특별한 사정이 없는 한 부당한 공동행위로 인한 과징금 산정에 있어 위반행위의 개시일은 합의일을 기준으로 함이 상당하다.

【폐석면 처리사업자의 부당한 공동행위 건】

서울고등법원 2015. 5. 14. 선고 2013누51352 판결(확정)

판결요지

명시적으로 장래의 특정일을 공동행위 개시일로 정한 경우 그 합의된 공동행위 개시일을 위반행위의 개시일로 하여 과징금의 산정이 이루어져야 할 것이다.

특별한 사정이 없는 한 부당한 공동행위로 인한 과징금 산정에 있어 위반행위의 개시일은 합의일을 기준으로 함이 상당하다고 할 것이지만, 사업자들이 부당한 공동행위를 합의함에 있어서 명시적으로 장래의 특정일을 공동행위 개시일로 정한 경우에는 그 특정일이 도래하기 전에는 사업자들의 부당한 공동행위가 이루어지지 않으므로 합의된 공동행위 개시일을 위반행위의 개시일로 보아 과징금의 산정이 이루어져야 할 것인바, 이 사건에서 원고 등 7개사는 2008. 3. 6.부터 같은 해 6. 24.까지 이루어진 모임을 통하여 공동행위 개시일을 2008. 7. 1.부터 하기로 합의하였으므로 과징금 산정의 기초가 되는 관련매출액의 계산에 있어서 부당한 공동행위 개시일은 2008. 7. 1.이 되어야 한다.

【23개 단무지 등 절임류 제조·판매업자의 부당한 공동행위 건】

서울고등법원 2011. 11. 17. 선고 2011누18702 판결(확정)

판결요지

실행행위에 나아가기 전에 합의가 파기되었거나 합의일과 실행일 사이에 시간적 간격이 있는 경우에도 실행행위의 개시와 무관하게 합의일을 위반행위의 개시일로 보아야 한다고 한 사례

원고는 실행행위에 나아가지 않은 기간에 해당하는 단무지 매출액은 관련매출액에서 제외되어야 한다는 취지로 주장한다. 가정용 단무지에 관하여는 합의의 실행행위에

나아가기 전에 합의가 파기되었고, 업소용 단무지에 관해서도 합의일부터 15일 가량 지난 후의 시점부터 가격이 인상되어 합의일과 실행일 사이에 시간적 간격이 있는 사실, 그러함에도 피고는 합의일을 위반행위 개시일로 보고서 이를 기준으로 관련 매출액을 산정했던 사실 등을 인정할 수 있다. 부당한 공동행위는 사업자가 다른 사업자와 공동으로 부당하게 경쟁을 제한하는 행위를 할 것을 합의함으로써 성립하는 것이어서 합의에 따른 행위를 현실적으로 하였을 것을 요하는 것이 아니며, 공정거래법상 과징금은 그 취지와 기능, 부과의 주체와 절차 등을 종합할 때 부당한 공동행위의 억지라는 행정목적을 실현하기 위하여 그 위반행위에 대하여 제재를 가하는 행정상의 제재적 성격에 부당이득 환수적 성격이 겸유되어 있으므로, 특별한 사정이 없는 한 부당한 공동행위로 인한 과징금 산정에 있어 위반행위의 개시일은 합의일을 기준으로 함이 상당하다. 이러한 점을 고려하여 과징금고시는 합의한 날을 위반행위의 개시일로 규정하고 있는바, 실행행위의 개시와 무관하게 합의일을 위반행위의 개시일로 보고 이 사건 과징금 납부명령을 한 것은 적법하다.

【군납유 관련 부당한 공동행위 건】

대법원 2004. 11. 12. 선고 2002두5627 판결

판결요지

입찰담합에 가담하였을 뿐 낙찰을 받지 못한 사업자에 대한 과징금 부과기준을 위반행위의 대상이 된 당해 입찰의 규모를 반영하는 것으로 볼 수 있는 "계약금액"으로 한다고 하여 타당성이 없는 부당한 것이라고 할 수도 없다.

입찰담합에 가담하였을 뿐 낙찰을 받지 못한 사업자의 경우 그 담합으로 직접적인 이익을 얻는 것은 아니지만 그로 인한 경제적 이익이 없다고 할 수 없을 뿐 아니라 입찰담합의 억지라는 행정목적을 실현하기 위해서는 이러한 참여자에 대하여도 과징금을 부과할 필요가 있는 것이며, 참여자에 대한 과징금 부과기준을 위반행위의 대상이 된 당해 입찰의 규모를 반영하는 것으로 볼 수 있는 "계약금액"으로 한다고 하여 타당성이 없는 부당한 것이라고 할 수도 없으므로, 구 공정거래법 시행령 [별표 2] 제6호 단서 중 "입찰담합에 있어서 입찰계약이 체결된 경우에는 계약금액의 5/100 이내"라는 부분은 입찰담합의 특수성을 고려하여 당해 입찰에서 낙찰 받아 계약을 체결한 사업자의 "계약금액"을 과징금 부과기준으로 한 것으로서, 참여자에 대해서도 이러한 기준이 적용됨이 타당하다.

【호남고속철도 2-1공구 입찰 관련 부당한 공동행위 건】

대법원 2017. 4. 27. 선고 2016두33360 판결

판결요지

사업자들이 각자 참가할 입찰부문을 나누는 등 합의가 있다는 사정만으로 곧바로 '계약금액'을 기준으로 산정할 수 있는 것은 아니고, 위와 같은 합의를 실행하기 위하여 개별입찰에 관한 입찰담합에까지 나아간 경우에 각 사업자가 가담한 각 개별입찰에서의 계약금액을 기초로 하여 과징금을 산정할 수 있는 것이므로 가담하지 아니한 공구의 계약금액은 합산할 수 없다.

한편 사업자들이 수 개의 입찰방식 거래와 관련하여 각자가 참가할 입찰부문을 크게 나누는 등으로 상품이나 용역의 거래를 제한하는 합의를 한 경우, 그러한 거래제한 합의가 있다는 사정만으로 곧바로 관련된 모든 입찰방식 거래의 '계약금액' 합계액을 기준으로 기본 과징금을 산정할 수 있는 것은 아니고, 다만 위와 같은 거래제한 합의를 실행하기 위하여 개별입찰에 관한 입찰담합에까지 나아간 경우에, 구 공정거래법 시행령 제9조 제1항 단서, 제61조 제1항 [별표2]에 따라 각 사업자가 입찰담합의 당사자로 가담한 각 개별입찰에서의 계약금액을 기초로 하여 과징금을 산정할 수 있을 뿐이다. 앞서 본 법리에 비추어 보면, 원심이 원고가 형식적으로라도 입찰에 참가한 7개 공구뿐 아니라 원고가 개별입찰에 관한 입찰담합에 가담하지 않은 나머지 6개 공구의 계약금액까지 합산하는 방식으로 과징금을 산정할 수 있다고 전제한 것은 적절하지 아니하나, 원고가 입찰에 참가한 7개 공구의 계약금액을 합한 금액에 기초하여 기본 과징금을 산정한 조치가 위법하지 않다고 판단한 것은 정당하다.

판결요지

피고가 합리적인 이유 없이 자의적으로 부과기준율을 다르게 정하지 않았으므로 재량권을 일탈·남용하여 과도한 과징금을 부과하였다고 보기 어렵다.

원고가 들고 있는 입찰담합 사건의 부과기준율에 관한 피고의 일부 의결 사례들의 경우 입찰 자체에 내재된 경쟁제한적 요소의 유무, 공동행위에 이른 구체적 경위, 공동행위의 사회·경제적 파급 효과 등에서 차이가 있다고 판단되고, 제출된 증거만으로는 피고가 합리적인 이유 없이 자의적으로 이 사건 공동행위와 동일하거나 유사한 위반행위를 한 사업자들과 원고를 다르게 취급하였다고 인정하기에 부족하다. 피고는 원고가 이 사건 공사를 낙찰 받지 못한 사정을 감안하여 기본 과징금의 50%를 감경하였을 뿐 아니라 원고의 조사 협력 정도 및 과징금 납부 능력, 시장 여건 등을 두루 고려하여 최종적인 부과과징금을 정하면서 그 액수를 대폭 감경하였고, 그 결과 원고에게 부과된 과징금(1,240,000,000원)은 관련매출액(91,880,000,000원)의 1.35%에 불과하다. 원고

주장과 같은 사정만으로 피고가 원고의 위반행위 내용 및 정도, 부당이득 규모 등에 비례하지 않는 과도한 과징금을 부과하였다고 보기 어렵다.

【가스절연개폐장치 제조 · 구매 입찰 관련 부당한 공동행위 건】

서울고등법원 2008. 5. 29. 선고 2007누28580 판결(확정)

판결요지

과징금 부과준칙의 부과기준율에 의한 과징금부과만으로는 공정거래법이 의도하는 과징금부과의 목적을 달성할 수 없는 특별한 사정이 있는 경우에는 공정거래법상 과징금부과 최고한도액의 범위 내에서 위 부과기준율을 초과하여서도 과징금을 부과할 수 있다.

원고가 공정위의 과징금 부과준칙에서 정하고 있는 부과기준율이 과징금부과의 최고한도를 정한 것으로 보기는 어려우며, 공정위로서는 구 공정거래법 제55조의3 제1항이 규정하고 있는 참작사유인, 위반행위의 내용 및 정도, 위반행위의 기간 및 회수, 위반행위로 인해 취득한 이익의 규모 등에 비추어 과징금 부과준칙의 부과기준율에 의한 과징금부과만으로는 공정거래법이 의도하는 과징금부과의 목적을 달성할 수 없는 특별한 사정이 있는 경우에는 공정거래법상 과징금부과 최고한도액의 범위 내에서 위 부과기준율을 초과하여서도 과징금을 부과할 수 있다고 보이는 점, 이 사건 입찰담합은 그 자체로서 위법성의 정도가 큰 행위에 해당할 뿐만 아니라, 실제로도 낙찰자인 광명전기가 낙찰금액인 2,499,200,000원의 약 30%에 달하는 750,000,000원을 나머지 담합 참여 회사들에게 순환 하도급을 통하여 배분하여 줄 정도로 경쟁제한적인 폐해가 크고, 만약 공정위가 과징금 부과준칙상의 부과기준율에 근거하여 과징금을 산정할 경우에는 그 액수가 엘에스산전의 부당이득액인 140,000,000원보다 현저하게 적은 74,900,000원 정도에 불과하여 공정거래법에서 의도하는 과징금부과의 목적을 달성할 수 없다고 보이는 점, 비록 엘에스산전이 들러리입찰자에 불과하기는 하지만, 낙찰자인 광명전기가 이 사건 입찰담합으로 인한 부당이득금의 상당액을 엘에스산전을 비롯한 나머지 담합 참여 회사들에게 분배하였고, 앞서 본 이 사건 입찰담합의 경위 및 내용에 비추어 보면, 엘에스산전의 법 위반행위의 내용 및 정도가 광명전기와 크게 차이가 난다고 보이지 않는 점 등을 종합하여 보면, 공정위가 과징금의 액수를 산정함에 있어 형평의 원칙이나 비례의 원칙에 위배되는 등 재량권을 일탈하였거나 남용하였다고 보기 어렵다.

【아파트 유지 · 보수공사 입찰 관련 부당한 공동행위 건】

서울고등법원 2019. 6. 19. 선고 2018누67673(확정)

판결요지

부당한 공동행위를 한 사업자들이 입찰에서 모두 탈락하여 공동행위로 인한 원고의 부당이득이나 발주자의 피해가 발생되지 않았다고 보이더라도 이 사건 공동행위를 중대한 위반행위로 보고 5%의 부과기준율을 적용한 것에 재량권을 일탈하거나 남용한 위법이 있다고 할 수 없다.

과징금고시 [별표] 세부평가 기준표의 2. 다.항은 부당한 공동행위의 위법성을 계량화하는 항목으로 '관련시장 점유율'을 두고 있고, '참가사업자의 공동행위 관련시장 점유율'을 기준으로 상(75% 이상), 중(50% 이상~75% 미만), 하(50% 미만)로 나누어 3점에서 1점까지 가중치를 두고 있는바 입찰 시장은 일반 시장과 달리 입찰 과정을 통해 가격이 결정되고 낙찰자가 이를 전부 차지하는 승자독식의 구조인 점, 해당 입찰 시장에 참여하는 자가 제한적인 점 등을 고려할 때, 담합에 있어 참가사업자의 '공동행위 관련시장 점유율'은 입찰담합을 한 해당 공사 입찰 건을 기준으로 함이 타당하다. 원고 등 사업자들이 이 사건 제2공사 입찰에서 모두 탈락하여 제2공동행위로 인한 원고의 부당이득이나 발주자의 피해가 발생되지 않았다고 보이나 공정거래법령 상 과징금의 부과한도가 관련매출액의 10%인 점, 과징금고시 Ⅳ. 1.항이 "위반행위로 인하여 발생한 경쟁질서의 저해정도, 관련시장 현황, 시장에 미치는 영향 및 그 파급효과, 관련 소비자 및 사업자의 피해정도, 부당이득의 취득 여부, 위반행위 전후의 사정, 기타 위반사업자와 다른 사업자 또는 소비자와의 관계 등을 종합적으로 고려하여 위반행위 중대성의 정도를 달리 정할 수 있다"고 규정하고 있는 점에 비추어 보면 과징금고시가 정하고 있는 부과기준율이 과징금 부과의 최고한도를 정한 것으로 보기는 어렵고, 이 사건 제2공동행위는 그 자체로서 경쟁을 침해하는 위법성의 정도가 큰 행위로 입찰담합을 할 수밖에 없는 부득이한 사정도 없었으므로 공정거래법상 과징금부과 최고한도액의 범위 내에서 과징금고시에서 정한 부과기준율을 초과하여서도 과징금을 부과할 수 있다고 보인다.

【민간건설사 발주 연도 및 건식에어덕트 공사 입찰 관련 부당한 공동행위 건】

서울고등법원 2017. 9. 14. 선고 2017누47177, 47917, 48101 판결, 각(확정)

판결요지

부당한 공동행위를 한 위반사업자에 대한 기본과징금을 산정하는 과정에서 적용하는 부과기준율은 위반사업자가 가담한 공동행위 자체의 내용 및 정도에 따라서 결정되는 것으로, 위반사업자별로 공동행위의 가담 정도, 역할 분담 내역 등을 감안하여 이에 따라 위반사업자마다 다르게 결정하여야 하는 것은 아니라고 할 것이다.

위반행위의 중대성의 정도는 위반행위로 인하여 발생한 경쟁질서의 저해 정도, 관련시장 현황, 시장에 미치는 영향 및 그 파급효과, 관련 소비자 및 사업자의 피해 정도, 부당이득의 취득 여부, 기타 위반행위 전후의 사정 및 위반사업자와 다른 사업자 또는 소비자와의 관계 등을 종합적으로 고려하여 정하여야 하는데(과징금 고시 Ⅳ의 1항), 과징금 고시 [별표] 세부평가 기준표에 의하면 부당한 공동행위에 대한 참작사항으로는 위반행위 내용(경쟁제한성, 이행정도)과 위반행위 정도(관련시장 점유율, 관련매출액, 피해규모/부당이득, 지역적 범위 내지 입찰특성)가 있음. 위 규정들을 종합할 때, 피고가 부당한 공동행위를 한 위반사업자에 대한 기본과징금을 산정하는 과정에서 적용하는 부과기준율은 위반사업자가 가담한 공동행위 자체의 내용 및 정도에 따라서 결정되는 것으로, 위반사업자별로 공동행위의 가담 정도, 역할 분담 내역 등을 감안하여 이에 따라 위반사업자마다 다르게 결정하여야 하는 것은 아니라고 할 것이다. 그렇다면 부과기준율 산정의 기초가 되는 '피해규모/부당이득' 항목과 '관련매출액' 항목은 공동행위 전체를 기준으로 판단하여야 한다.

4) 1차 조정

【서울지하철 9호선 919공구 건설공사 입찰 관련 부당한 공동행위 건】

서울고등법원 2016. 4. 8. 선고 2014누8416 판결(확정)

판결요지

과거 위반행위 전력을 고려하는 기준시점을 '위반행위시점'으로 하든 아니면 '조사개시시점'으로 하든 이는 피고의 재량에 속한다.

과징금 부과처분은 피고의 재량행위라 할 것이므로, 위반행위자의 과거 위반행위 전력을 과징금 액수에 반영할지 여부, 어느 범위에서 어느 정도 반영할지 여부는 모두 피고의 재량에 속한다고 할 것이다. 따라서 피고가 과거 위반행위 전력을 고려하는 기준시점을 '위반행위시점'으로 하든 아니면 '조사개시시점'으로 하든 이는 피고가 합목적적으로 판단하여 결정할 성격의 것이고, 다만 피고는 위 기준을 적용함에 있어 법의 목적과 비례 · 평등의 원칙에 반하지 않게 행사할 의무를 부담할 뿐이다.

【화양~적금 도로공사 입찰 관련 부당한 공동행위 건】

서울고등법원 2017. 1. 11. 선고 2015누60794 판결(확정)

판결요지

과거 위반행위 전력을 과징금 액수에 반영할지 여부, 반영할 경우 어느 범위에서 어느 정도 반영할지 여부는 피고의 재량에 속하며, 피고가 과거 위반행위 전력을 고려하는 기준시점을 "조사개시시점"으로 하는 것은 정당하다.

구 과징금 고시 Ⅲ. 1. 마.항은 '과거 3년간'을 직권조사 사건의 경우에는 직권조사계획 발표일 또는 조사공문 발송일을 기준으로 한다고 정하고 있을 뿐이고 원고(포스코건설)의 주장과 같이 당해 행위 시점을 기준으로 판단하여야 한다고 해석할 근거가 없다. 과징금 고시에서 위와 같이 피고의 직권조사 시점을 기준으로 판단할 것을 정하고 있음을 고려하면 원고의 주장과 같이 해석하는 것이 오히려 법적 안정성 및 예측가능성을 침해할 우려가 있다. 위반행위시까지 발생한 과거 위반횟수만 고려할 수 있다면 장기간에 걸쳐 여러 건의 위반행위를 하였는데, 최근의 것부터 위법사항이 드러나 피고가 최근의 것부터 순차적으로 시정조치 또는 과징금을 부과할 경우 결국 위 과징금 고시에 따른 가중을 할 수 없는 결과가 초래될 뿐 아니라 시간 순으로 적발된 경우와 형평에 반하는 불합리가 발생한다.

【6개 온라인음악서비스사업자의 부당한 공동행위 건】

대법원 2013. 11. 28. 선고 2012두18523 판결

판결요지

회사합병이 있는 경우 과징금 가중사유인 공정거래법 위반 전력도 승계된다고 봄이 타당하다.

회사합병이 있는 경우에는 피합병회사의 권리・의무는 사법상의 관계나 공법상의 관계를 불문하고 그의 성질상 이전이 허용되지 않는 것을 제외하고는 모두 합병으로 인하여 존속한 회사에게 승계되는 것으로 보아야 한다. 구 공정거래법 제55조의3 제2항에 의하면 합병된 KTF의 공정거래법 위반행위를 합병 후 존속하는 원고의 행위로 보아 과징금을 부과할 수 있으므로 과징금을 산정함에 있어 가중사유로 삼는 위반 전력도 합산하는 것이 타당하다.

【호남고속철도 노반신설공사 입찰 관련 부당한 공동행위 건】

서울고등법원 2016. 7. 15 선고 2014누7499 판결(확정)

판결요지

분할약정으로 금호고속에 일체의 권리의무 및 향후 발생 채무 등을 귀속시켰다고 해도 원고의 부당한 공동행위가 분할이 있기 전에 있었던 이상 피고가 이 사건 과징금을 산정함에 있어 이를 원고에 대한 과거 법 위반횟수로 참작할 수 있다고 본 사례

원고는, 피고가 원고에게 부과한 위 시정명령은 원고가 객관적으로 이행할 수 없는 내용을 전제로 한 것이어서 당연무효라고 주장하나, 위 시정명령 당시 원고가 여객자동차 운송사업을 하지 않는다고 하여 그러한 사유만으로 시정명령 자체의 이행이 객관적으로 불가능하여 무효라고 할 수 없고, 피고로서는 이 사건과 같이 향후 과징금 가중요건의 충족을 위하여 시정명령을 발할 필요도 있으므로, 원고의 위 주장 역시 이유 없다. 설령 원고의 주장처럼 분할약정에 따라 피고가 금호고속에게 시정명령을 하는 것이 가능하고, 이에 따라 피고가 금호고속에게 시정명령을 하였다고 하더라도, 위 부당한 공동행위가 위와 같은 분할이 있기 전에 있었던 이상 구 과징금 고시 Ⅳ.2.나.(1)(가)의 규정을 적용함에 있어서 피고가 이를 원고의 법위반행위에 포함시켰다고 하여 그것이 모법의 위임을 벗어난 것이거나 피고가 재량권을 행사함에 있어 이를 일탈・남용하였다고 볼 수 없다(오히려 이를 법위반횟수에서 공제하는 것이 분할이라는 우연한 사정에 기하여 원고에게 부당하게 이익을 주는 것이 되어 부당하다).

【LNG 저장탱크 건설공사 입찰 관련 부당한 공동행위 건】

대법원 2019. 7. 24. 선고 2017두56964 판결

판결요지

2015. 10. 7. 개정된 과징금 고시의 감액할 수 있는 산정기준에서, N을 공동수급체의 수로 판단한 것에 합리적인 근거가 없다거나 재량권의 일탈남용이 있다고 볼 수 없다.

2015. 10. 7. 개정된 과징금 고시에는 '들러리 사업자에 대하여는 그 수가 5 이상인 경우에는 N분의 (N-2) 범위 내에서 산정기준을 감액할 수 있고, N은 들러리 사업자의 수를 말한다' 고 규정하고 있는데, 하나의 공동수급체 내에서는 상호 경쟁이 발생할 소지가 없고 입찰 실무에서 공동수급체는 하나의 경쟁주체인 사업자로 산정되는 점, 들러리 참여자들에 대한 과징금 산정기준을 합리적으로 조정하려는 과징금 고시의 개정취지 등에 비추어 보면, 피고가 과징금 고시의 N을 공동수급체의 수로 판단한 것에 합리적인 근거가 없다거나 재량권의 일탈남용이 있다고 볼 수 없다.

【원자력발전소용 전동기 구매 입찰 관련 부당한 공동행위 건】

서울고등법원 2016. 1. 22. 선고 2015누37923 판결(확정)

판결요지

행위요소에 의한 1차 조정에서 아무런 감경을 하지 아니하였다는 사정만으로는 피고의 과징금 산정에 재량권의 일탈이나 남용이 있다고 볼 수 없으며, 두 법인이 실질적인 소유주체가 동일하다거나 계열회사의 관계에 있다는 사정만으로는 각각 다른 감경률을 적용한 것이 형평에 어긋난다고 볼 수 없다.

【시내전화요금 관련 부당한 공동행위 건】

대법원 2013. 4. 26. 선고 2012두29028 판결

판결요지

이 사건 공동행위는 100%의 시장점유율을 가지는 사업자들인 원고와 하나로텔레콤 주식회사 사이의 가격 담합으로서 '매우 중대한 위반행위'로 평가되고, 정보통신부의 행정업무가 사실상 영향을 끼친 것으로 보아 10%를 감경한 점 등에 비추어 과징금 산정에 재량권의 일탈·남용이 없다.

원고가 이 사건 공동행위는 100%의 시장점유율을 가지는 사업자들인 원고와 하나로텔레콤 주식회사 사이의 가격 담합으로서 하나로텔레콤의 낮은 시내통화료를 원고 요금 수준으로 인상하거나 조정하는 것인 점 등 여러 사정을 고려하면, (1) 피고가 이 사건 공동행위를 '매우 중대한 위반행위'로 평가하여 기본과징금 산정 단계에서 기본과징금 부과기준율 3.5%를 적용한 것이 부당하다고 할 수 없고, (2) 이 사건에서 정보통신부의 행정지도의 성격과 그 후 이 사건 공동행위에 이르기까지의 경과 등을 고려하여 위 행정지도와 이 사건 공동행위 사이의 인과관계를 인정하지 아니하면서도 정보통신부의 행정업무가 이 사건 공동행위에 사실상 영향을 끼친 것으로 보아 임의적 조정과징금 단계에서 10%를 감경한 것은 정당하며 또한 하나로텔레콤은 당기순이익, 시장점유율 등의 시장 상황과 이 사건 공동행위에서의 역할 등의 측면에서 원고와 다르므로, 하나로텔레콤에 대하여만 30%의 추가감경을 하였다는 점 등을 들어 형평의 원칙에 위배되었다고 할 수 없으며, (3) 이 사건 공동행위로 인한 부당이득액을 정확히 산정하기 어려운 상황에서 원고 스스로 산정한 부당이득액 등을 참작하여 부과과징금 결정단계에서 20%를 감경한 것을 들어 감경률이 과소하여 부당하다고 할 수 없는바, 과징금 산정과 관련하여 재량권의 일탈·남용이 없다.

【인조잔디 다수공급자계약 2단계 경쟁 입찰 관련 부당한 공동행위 건】

서울고등법원 2015. 5. 21. 선고 2014누61721 판결(확정)

판결요지

원고가 이 사건 공동행위에 참여한 것은 입찰시장에서의 가격경쟁을 회피하기 위한 적극적인 목적을 위한 것으로 이 사건 공동행위의 의도 내지 목적에 정당한 사유를 찾기 어려우므로, 10%의 과징금 부과기준율은 재량권의 일탈·남용이 아니라고 본 사례

원고가 낙찰받은 총 9건의 평균 낙찰률은 약 94%에 이르는데 이는 입찰담합이 없었던 경쟁기간 동안의 평균 낙찰률에 비하여 매우 높은 수치이며, 또한 이 사건과 같은 입찰담합의 경우, 낙찰을 받지 않은 '참여자' 역시 그 담합으로 인한 직·간접적인 경제적 이익을 가지게 되는데, 그 이익이 추후 자신이 낙찰 받은 다른 입찰계약에 따른 매출액과 이득액에 그대로 반영되었다고 보기 어렵고, 더욱이 원고는 들러리로 입찰에 참여한 경우 낙찰자로부터 낙찰금액의 1% 내지 4% 상당의 금액을 들러리 참여의 대가로 지급받았는바, 원고가 이 사건 공동행위로 얻은 부당이익이 극히 미미하다고 볼 수 없을뿐더러 게다가 법상 과징금은 그 취지와 기능, 부과의 주체와 절차 등에 비추어 부당한 공동행위의 억제라는 행정목적을 실현하기 위하여 그 위반행위에 대하여 제재를 가하는 행정상의 제재금으로서의 기본적 성격을 가지고 있다는 점까지 더하여 보면 (대법원 2008. 12. 11. 선고 2007두2593 판결), 피고가 이 사건 공동행위를 '매우 중대한 위반행위'로 평가하고 그에 대한 부과기준율을 10%로 정한 것을 두고 재량권을 일탈·남용하였다고 볼 수 없다.

【6개 휴대용 부탄가스 제조·판매사업자의 부당한 공동행위 건】

서울고등법원 2017. 2. 3. 선고 2015누1412 판결(확정)

판결요지

이 사건 공동행위는 원고들의 안정적인 수익창출을 위한 것으로 시장의 폐쇄성을 고려하면 합의의 실행을 관철하기 위한 제재수단을 마련하지 않았더라도 위반행위의 중대성의 정도가 감소한다고 볼 수는 없으므로 피고가 이 사건 공동행위의 중대성의 정도를 '매우 중대한 위반행위'로 본 것은 적법하다고 본 사례

① 이 사건 공동행위는 원고들 등 6개사의 시장점유율 합계가 거의 100%에 이르는 휴대용 부탄가스 시장에서 그 가격을 사전에 공동으로 결정한 것으로서 경쟁제한적 효과가 명백하고 당해 시장에 미치는 영향이 크고, ② 이 사건 공동행위는 원고들 등 6개사 사이에 출혈적 경쟁을 회피하여 안정적인 수익을 창출하기 위한 목적으로 이루어진 것인바, 설령 이 사건 합의가 원자재 가격 변동에 대응하기 위하여 이루어진 측면이

있다고 하더라도 원고들이 얻은 부당이득이 크지 않다고 단정할 수 없으며, ③ 전형적인 독과점 시장인 휴대용 부탄가스 시장의 폐쇄성을 고려하면 설령 판매가격의 범위를 대략적으로 합의하였다거나 실행을 관철하기 위한 제재수단을 마련하지 않았다고 하더라도 위반행위의 중대성의 정도가 감소한다고 볼 수 없으므로, 피고가 이 사건 공동행위의 중대성의 정도를 '매우 중대한 위반행위'로 보고 7%의 부과기준율을 적용한 것은 적법하다.

5) 2차 조정

【16개 생명보험사업자의 부당한 공동행위 건】

대법원 2014. 9. 4.선고 2012두15012 판결

판결요지

사업자가 자진시정과 자진신고를 모두 한 경우, 자진신고에 따른 감경을 하면서 자진시정에 따른 감경도 해주는 것이 구속력 있는 행정관행으로까지 정착되었다고 단정하기는 어려우나, 이를 제외하더라도 이 사건 납부명령은 평등의 원칙을 위반한 것으로서 재량권을 일탈·남용하여 위법하다.

피고가 부당한 공동행위에 대하여 과징금을 부과할 때 해당 사업자가 자진시정과 자진신고를 모두 한 경우 자진신고에 따른 감경을 하면서 자진시정에 따른 감경도 해주는 것이 구속력 있는 행정관행으로까지 정착되었다고 단정하기는 어려우나, 이를 제외하더라도 이 사건 납부명령은 원심이 판시한 여러 사정에 비추어 평등의 원칙을 위반한 것으로서 재량권의 일탈·남용에 해당한다고 판단되므로, 평등의 원칙 위반에 따른 재량권의 일탈·남용을 이유로 이 사건 납부명령이 위법하다고 본 원심의 결론은 정당하다.

【폴리에틸렌 피복강관 구매 입찰 관련 부당한 공동행위 건】

서울고등법원 2021. 4. 15. 선고 2020누44451 판결(확정)

판결요지

공정거래위원회가 추가적인 자체 조사 또는 검찰의 협조를 통해 자료 취득 가능성이 충분하고, 공동행위를 한 자들이 제공한 자료의 대부분은 검찰의 수사기록을 그대로 복사한 것이 불과한 경우, 공동행위의 적발가능성에 기여한 정도가 높다고 볼 수 없다고 판단한 사례

원고들은 피고가 입수한 증거는 기초자료에 불과하여 원고들이 이 사건 공동행위의 적발에 큰 기여를 했다는 취지로 주장하나, 위와 같이 피고가 추가적인 자체 조사 또는 검찰의 협조를 통한 자료 취득 가능성이 충분하였던 점, 원고들이 피고에게 제공한

자료의 대부분은 검찰의 수사기록을 그대로 복사한 것들에 불과한 것으로 보이는 점 등을 고려할 때 원고들이 이 사건 공동행위의 적발가능성에 기여한 정도가 높다고 할 수 없다. 따라서 원고들은 '피고가 부당한 공동행위임을 입증하는 데 필요한 증거를 충분히 확보하지 못한 상태에서 필요한 증거를 제공한 첫 번째 자'에 해당한다고 볼 수 없다.

6) 부과과징금 결정

【관수아스콘 구매 입찰 관련 대전 · 세종 · 충남지역 3개 아스콘 협동조합의 부당한 공동행위 건】

서울고등법원 2018. 8. 23. 선고 2017누90188 판결(확정)

판결요지

과징금 부과기준에서 정한 방식에 따라 그 상한을 초과하지 않는 범위 내에서 산정되었고, 원고들이 모두 낙찰받아 계약을 체결하였다는 사정 등을 감안하더라도, 수수료 수취액을 2배 이상 상회하는 수준의 과징금 납부명령은 위반행위의 위법성의 정도 및 공동행위로 취득한 이득액의 규모 사이에서 지나치게 균형을 잃은 과중한 액수에 해당한다.

피고가 이 사건 과징금액이 구 공정거래법 제22조, 구 공정거래법 시행령 제9조 제1항, 제61조 제1항 및 [별표 2]에서 정한 방식에 의하여 그 상한을 초과하지 않는 범위 내에서 산정되었고, 이 사건 입찰에서 원고들이 모두 낙찰 받아 계약을 체결하였다는 사정 등을 감안하더라도, 피고가 재량권 행사로서 원고들에 대하여 한 이 사건 과징금 납부명령은 부당이득환수적인 면보다는 제재적 성격이 지나치게 강조되어 위반행위의 위법성의 정도 및 이 사건 공동행위로 취득한 이득액의 규모 사이에서 지나치게 균형을 잃은 과중한 액수에 해당한다고 볼 수 있다.

【방위사업청 발주 군 증식용 건빵 구매 입찰 관련 부당한 공동행위 건】

서울고등법원 2016. 11. 4. 선고 2016누45808 판결(확정)

판결요지

원고는 공동수급체 구성 및 지역분할을 합의하면서 지역분할 합의 내용을 설명받고 이에 동의하면서 적극적으로 공동수급체를 구성하여 입찰에 참여하였으므로 단순한 가담자에 불과함을 이유로 추가로 과징금을 감경하였어야 한다는 원고의 주장은 이유 없다고 본 사례

이 사건 공동행위는 4개 지역을 분할하여 각 지역별 낙찰자를 정하는 것이 그 본질에 해당하므로 지역별 입찰에서 각 입찰참여자가 투찰할 구체적인 가격은 합의대로 낙찰되도록 하기 위한 실행수단에 불과하고, 원고를 포함한 사업자들은 지역별 낙찰자

합의가 이루어진 뒤 구체적인 투찰가격은 중요하게 여기지 않았다. 원고는 공동수급체 구성 및 지역분할을 합의하면서 지역분할 합의 내용을 설명받고 이에 동의하면서 적극적으로 공동수급체를 구성하여 입찰에 참여하였다. 또한 상일제과가 대명공동 수급체와 최종적으로 투찰가격을 협의하고 투찰에 참여한 것은 원고로부터 투찰가격 결정권한 및 투찰권한을 위임받아 이를 행사한 것이므로 원고도 구체적인 투찰가격 결정 및 행사에 대하여 마찬가지의 책임이 있고, 피고가 원고에 대하여 단순한 가담자에 불과함을 이유로 추가로 과징금을 감경하였어야 한다는 원고의 주장은 이유 없다.

【만금방수제 동진 3공구 건설공사 관련 부당한 공동행위 건】

서울고등법원 2015. 12. 10. 선고 2015누1023 판결(확정)

판결요지

'임의적 조정과징금의 금액이 위반사업자의 현실적 부담능력 등을 충분히 반영하지 못하여 과중하다고 인정되는 경우'에 해당하는지 여부는 자산 · 자본 · 부채 상황, 당기순이익 등 손익내용 및 이익잉여금의 규모 등 위반사업자의 전체적인 재정상태를 종합적으로 고려하여 판단하여야 한다.

이 피고의 과징금 납부명령 등이 재량권 일탈 · 남용으로 위법한지 여부는 과징금납부 명령이 행하여진 '의결일' 당시의 사실상태를 기준으로 판단하는 것이 원칙이고, '임의적 조정과징금의 금액이 위반사업자의 현실적 부담능력 등을 충분히 반영하지 못하여 과중하다고 인정되는 경우'에 해당하는지 여부는 특별한 사정이 없는 한 자산 · 자본 · 부채 상황, 당기순이익 등 손익내용 및 이익잉여금의 규모 등 위반사업자의 전체적인 재정상태를 종합적으로 고려하여 판단하여야 한다. 의결일인 '2015. 3. 17.' 당시의 원고의 재정상태를 살펴보면 비록 2013, 2014 사업연도에 당기순손실이 발생하였으나 2014 사업연도의 당기순손실은 주로 '기타의 영업외 비용'에 기인한 것으로서 원고의 사업성과를 그대로 반영한다고 보기 어려울 뿐만 아니라 위와 같은 당기순손실에도 불구하고 2014 사업연도의 이익잉여금이 2,670억 원에 이르는 점, 피고는 2013, 2012, 2011 사업연도의 원고의 당기순이익을 3:2:1로 가중 평균한 금액이 적자이고, 원고가 컨소시엄을 구성하여 이 사건 입찰에 참여하였으며, 최근 경기 악화로 건설시장이 크게 위축되어 있다는 점 등을 감안하여 2차 조정과징금의 70%를 감경하였는바 원고의 현실적인 과징금 납부능력은 이 사건 과징금 납부명령에 충분히 고려되었다고 할 것인 점 등을 종합하여 보면, 이 사건 과징금 납부명령이 비례의 원칙이나 형평의 원칙에 위배되어 재량권을 일탈 · 남용하였다고 볼 수 없다.

【교복 3사의 부당한 공동행위 건】

대법원 2006. 11. 9. 선고 2004두14564 판결

판결요지

비록 원고에 대한 과징금이 위반행위 기간 동안의 경상이익보다 많다고 하더라도 그러한 사정만으로 그 과징금이 과중하다고 할 수 없다고 본 사례

원고의 학생복 판매로 인한 매출액, 매출이익, 원고 등 학생복 3사의 시장점유율, 피고의 과징금 부과비율, 과징금의 제재적 성격, 원고의 위반행위의 내용과 정도, 위반행위의 기간 및 횟수, 이로 인해 원고가 얻은 이익의 규모 등을 종합하면 비록 원고에 대한 과징금이 위반행위 기간 동안의 경상이익보다 많다고 하더라도 그러한 사정만으로 그 과징금이 과중하다고 할 수 없다.

【16개 골판지상자 제조 · 판매사업자의 부당한 공동행위 건】

서울고등법원 2017. 7. 12. 선고 2016누57788 판결(확정)

판결요지

원고 주장대로 이 사건 공동행위 기간의 이익률이 낮다고 하더라도 이 사건 공동행위가 없었다면 이 사건 공동행위 기간 동안의 영업이익률은 더 낮을 수도 있었다는 점에서 원고가 이 사건 공동행위로 얻은 이득액이 피고의 부과과징금 결정을 부당하다고 볼 수 있을 정도로 없거나 매우 제한적이었다고 단정할 수 없다고 본 사례

원고가 주장하는 이 사건 공동행위 기간의 제조원가 대비 상자 판매단가의 이익률(이하 'Mark-up률'이라 한다) 및 영업이익률은 원고 주장에 의하더라도 1년간의 자료에 불과하여 이 사건 공동행위 기간의 정확한 Mark-up률 및 영업이익률이라고 보기 어렵고, 이와 비교한 비담합 기간의 Mark-up률 및 영업이익률 역시 그 산정기간을 약 3년의 기간으로 정하였는바, 양자는 총 산정기간, 당시의 업계 상황 등이 달라 정당한 비교 대상이라 보기 어렵다. 설령 원고 주장의 Mark-up률 및 영업이익률이 인정된다 하더라도, 이 사건 공동행위는 원재료 인상의 국면에서 이루어진 것이므로 그렇지 아니한 경우에 비해 영업이익률이 낮을 수도 있어 이를 단순 비교할 수 없고, 이 사건 공동행위가 없었다면 이 사건 공동행위 기간 동안의 영업이익률은 더 낮을 수도 있었다는 점에서 원고가 이 사건 공동행위로 얻은 이득액이 피고의 부과과징금 결정을 부당하다고 볼 수 있을 정도로 없거나 매우 제한적이었다고 단정할 수 없다.

【광주 · 전남지역 레미콘 연간 단가계약 입찰 관련 부당한 공동행위 건】

서울고등법원 2019. 9. 18. 선고 2018누79119 판결(확정)

판결요지

조합의 설립 목적, 조합원의 유한책임, 관수 레미콘 시장의 구조와 원고들의 고유한 기능, 원고들과 조합원 사이의 관계와 그 의사결정 과정, 원고들의 재정상태 등을 충분히 고려 · 평가하지 않고 이 사건 과징금을 산정함으로써, 원고들은 이 사건 과징금 납부로써 더는 존립할 수 없게 되리라는 불이익을 입게 되어 위법하다고 본 사례

원고들이 취득한 이득액은 최대 수수료율 1.0%를 적용하더라도, 관련매출액 기준으로 원고 광주조합이 약 9억 7,000만 원, 원고 남부조합이 약 8억 3,000만 원, 원고 동부조합이 약 19억 4,000만 원이다. 이와 같은 이득액은 이 사건 과징금의 절반 정도로 이 사건 과징금으로써 원고들은 그 이득을 전부 환수당할 뿐 아니라, 그 이득액 상당의 제재를 받는 셈이다. 원고 광주조합은 2018년도에 약 8,000만 원의 당기순손실을 기록 중이어서, 제1회분 과징금의 납부만으로도 조합원 출자금까지 잠식될 우려가 있다. 나아가 2019년도 전반기의 당기순이익도 5,600만 원에 불과하여 제2회분 과징금 납부만으로도 위와 같은 결과가 심화될 것으로 예상된다. 원고 남부조합, 동부조합은 2018년도, 2019년도 전반기에 당기순손실을 기록 중이어서 제 1회분 과징금의 납부 후에는 더는 과징금을 납부할 수 없어 보인다. 원고들은 이 사건 과징금을 전부 납부하기 전에 더는 존립할 수 없게 될 개연성이 있다. 피고는 이 사건 공동행위에 과징금 고시를 적용하면서, 여지가 대단히 크다. 이런 불이익은 이 사건 공동행위의 위법성 정도, 원고들의 실질적 이득액, 조합원의 귀책사유나 보호 필요성 등과 비교하여 그 균형을 현저히 잃은 것으로 판단된다.

7) 과징금 납부명령의 효력과 불복절차

【13개 생명보험사의 부당한 공동행위 건】

대법원 2009. 10. 29. 선고 2009두11218 판결

판결요지

공정거래위원회가 공정거래법 위반행위에 대한 과징금을 부과함에 있어 여러 개의 위반행위에 대하여 하나의 과징금 납부명령을 하였으나 여러 개의 위반행위 중 일부의 위반행위에 대한 과징금 부과만이 위법하고 소송상 그 일부의 위반행위를 기초로 한 과징금액을 산정할 수 있는 자료가 있는 경우에는, 하나의 과징금 납부명령일지라도 그 일부의 위반행위에 대한 과징금액에 해당하는 부분만을 취소하여야 할 것이다.

제44조 자진신고자 등에 대한 감면 등

가. 법조문

법률	시행령
제44조(자진신고자 등에 대한 감면 등) ① 다음 각 호의 어느 하나에 해당하는 자(소속 전·현직 임직원을 포함한다)에 대해서는 제42조에 따른 시정조치나 제43조에 따른 과징금을 감경 또는 면제할 수 있고, 제129조에 따른 고발을 면제할 수 있다. 1. 부당한 공동행위의 사실을 자진신고한 자	제51조(자진신고자등에 대한 감면 기준 등) ① 법 제44조 제1항에 따른 시정조치 또는 과징금이 감경·면제되는 자의 범위와 그 기준은 다음 각 호와 같다. 1. 공정거래위원회가 조사를 시작하기 전에 법 제44조 제1항 제1호에 따라 자진신고한 자가 다음 각 목의 요건에 모두 해당하는 경우에는 과징금 및 시정조치를 모두 면제한다. 가. 부당한 공동행위임을 입증하는 증거를 단독으로 제공한(그 부당한 공동행위에 참여한 둘 이상의 사업자가 공동으로 증거를 제공하는 경우에도 이들이 실질적 지배관계에 있는 계열회사이거나 회사의 분할 또는 영업양도의 당사회사로서 공정거래위원회가 정하여 고시하는 요건에 해당하면 단독으로 제공한 것으로 본다. 이하 이 조에서 같다) 최초의 자일 것 나. 공정거래위원회가 부당한 공동행위에 대한 정보를 입수하지 못했거나 부당한 공동행위임을 입증하는 증거를 충분히 확보하지 못한 상태에서 자진신고했을 것 다. 부당한 공동행위와 관련된 사실을 모두 진술하고, 관련 자료를 제출하는 등 조사 및 심의·의결(이하 "조사등"이라 한다. 이하 이 조에서 같다)이 끝날 때까지 성실하게 협조했을 것

법률	시행령
	라. 그 부당한 공동행위를 중단했을 것
2. 증거제공 등의 방법으로 공정거래위원회의 조사 및 심의·의결에 협조한 자	2. 공정거래위원회가 조사를 시작한 후에 법 제44조 제1항 제2호에 따라 조사등에 협조한 자가 다음 각 목의 요건에 모두 해당하는 경우에는 과징금을 면제하고, 시정조치를 감경하거나 면제한다. 가. 공정거래위원회가 부당한 공동행위에 대한 정보를 입수하지 못했거나 부당한 공동행위임을 입증하는 증거를 충분히 확보하지 못한 상태에서 조사등에 협조했을 것 나. 제1호 가목, 다목 및 라목의 요건에 모두 해당할 것 3. 공정거래위원회가 조사를 시작하기 전에 법 제44조 제1항 제1호에 따라 자진신고하거나 공정거래위원회가 조사를 시작한 후에 같은 항 제2호에 따라 조사등에 협조한 자(이하 이 조에서 "자진신고자등"이라 한다)가 다음 각 목의 요건 모두에 해당하는 경우에는 과징금의 100분의 50을 감경하고, 시정조치를 감경할 수 있다. 가. 부당한 공동행위임을 입증하는 증거를 단독으로 제공한 두 번째의 자(부당한 공동행위에 참여한 사업자가 2개이고, 그 중 한 사업자인 경우는 제외)일 것 나. 제1호 다목 및 라목의 요건에 모두 해당할 것 다. 제1호 또는 제2호에 해당하는 자진신고자등이 자진신고하거나 조사등에 협조한 날부터 2년 이내에 자진신고하거나 조사등에 협조했을 것 4. 부당한 공동행위로 과징금 부과 또는 시정조치의 대상이 된 자가 그 부당한 공동행위 외에 그 자가 관련되어 있는 다른

법률	시행령
	부당한 공동행위에 대해 제1호 각 목 또는 제2호 각 목의 요건을 모두 충족하는 경우에는 그 부당한 공동행위에 대해 다시 과징금을 감경하거나 면제하고, 시정조치를 감경할 수 있다.
② 제1항에 따라 시정조치 또는 과징금을 감경 또는 면제받은 자가 그 감경 또는 면제받은 날부터 5년 이내에 새롭게 제40조 제1항을 위반하는 경우에는 제1항에 따른 감경 또는 면제를 하지 아니한다.	② 제1항 제1호부터 제4호까지의 어느 하나에 해당하는 자가 다음 각 호의 어느 하나에 해당하는 경우에는 시정조치 및 과징금을 감경하거나 면제하지 않는다. 1. 다른 사업자에게 그 의사에 반하여 해당 부당한 공동행위에 참여하도록 강요하거나 이를 중단하지 못하도록 강요한 사실이 있는 경우 2. 일정 기간 동안 반복적으로 법 제40조 제1항을 위반하여 부당한 공동행위를 한 경우
③ 제1항에 따라 시정조치나 과징금을 감경 또는 면제받은 자가 그 부당한 공동행위와 관련된 재판에서 조사과정에서 진술한 내용과 달리 진술하는 등 대통령령으로 정하는 경우에 해당하는 경우에는 제1항에 따른 시정조치나 과징금의 감경 또는 면제를 취소할 수 있다.	③ 공정거래위원회는 법 제44조 제3항에 따라 다음 각 호의 어느 하나에 해당하는 경우 같은 조 제1항에 따른 시정조치나 과징금의 감경 또는 면제를 취소할 수 있다. 1. 공정거래위원회의 조사등의 과정에서 한 진술이나 제출했던 자료의 중요한 내용을 재판에서 전부 또는 일부 부정하는 경우 2. 공정거래위원회의 조사등의 과정에서 진술한 내용이나 제출했던 자료가 재판에서 거짓인 것으로 밝혀진 경우 3. 정당한 이유 없이 재판에서 공동행위 사실에 대한 진술을 하지 않는 경우 4. 정당한 이유 없이 재판에 출석하지 않는 경우 5. 자진신고한 부당한 공동행위 사실을 부인하는 취지의 소를 제기하는 경우
④ 공정거래위원회 및 그 소속 공무원은 사건처리를 위하여 필요한 경우 등 대통령령으로 정하는 경우를 제외하고는 자진신고	④ 법 제44조 제4항에서 "사건처리를 위하여 필요한 경우 등 대통령령으로 정하는 경우"란 다음 각 호의 경우를 말한다.

법률	시행령
자 또는 공정거래위원회의 조사 및 심의·의결에 협조한 자의 신원·제보 내용 등 자진신고나 제보와 관련된 정보 및 자료를 사건 처리와 관계없는 자에게 제공하거나 누설해서는 아니 된다. ⑤ 제1항에 따라 시정조치 또는 과징금이 감경 또는 면제되는 자의 범위와 감경 또는 면제의 기준·정도 등과 제4항에 따른 정보 및 자료의 제공·누설 금지에 관한 세부사항은 대통령령으로 정한다.	1. 사건처리를 위해 필요한 경우 2. 자진신고자등이 법 제44조 제4항에 따른 정보 및 자료의 제공에 동의한 경우 3. 해당 사건과 관련된 소의 제기 또는 그 수행에 필요한 경우 ⑤ 공정거래위원회는 자진신고자등의 요청이 있으면 법 제44조 제4항에 따라 그 자의 정보가 공개되지 않도록 해당 사건을 분리 심리하거나 분리 의결할 수 있다. ⑥ 제1항부터 제5항까지에서 규정한 사항 외에 과징금 또는 시정조치의 감면 기준·정도와 그 방법 및 절차 등에 관하여 필요한 세부사항은 공정거래위원회가 정하여 고시한다.

나. 판례

1) 의의 및 요건

【대한주택공사 발주 엘리베이터 구매 계약 관련 부당한 공동행위 건】

대법원 2010. 1. 14. 선고 2009두15043 판결

판결요지

자진신고자 또는 조사협조자 감면제도는 부당한 공동행위를 규제하는 집행기관의 조사에 대한 협조의 대가로 혜택을 부여하는 것일 뿐 아니라, 그와 같이 혜택을 부여함으로써 공동행위에 참여한 사업자들 간의 신뢰를 약화시켜 부당한 공동행위를 중지 또는 예방하고자 하는 데에 그 제도적 취지가 있다.

【관수 원심력콘크리트파일 구매 입찰 관련 부당한 공동행위 건】

서울고등법원 2021. 4. 15. 선고 2020누44451 판결(확정)

판결요지

추가적인 자체 조사 또는 검찰의 협조를 통한 자료 취득 가능성이 충분하였던 점, 원고들이 피고에게 제공한 자료의 대부분은 검찰의 수사기록을 그대로 복사한 것들에 불과한 것으로 보이는 점 등을 고려할 때 원고들이 이 사건 공동행위의 적발가능성에 기여한 정도가 높다고 할 수 없다고 본 사례

피고는 이 사건 공동행위를 직권인지하고 현장조사를 통하여 자료들을 입수하였는데, 그 자료들에는 이 사건 공동행위에 가담자, 개별 입찰 건의 낙찰예정자 등을 알 수 있을 정도로 비교적 구체적이고 상세하게 기재되어 있었음. 그 이후 검찰은 이 사건 공동행위에 관한 수사를 진행하여 관련자들을 구속기소하였고 피고는 검찰로부터 위 공소장을 제공받았으며, 공소장에는 이 사건 공동행위의 가담자, 공동행위의 방식, 내용 등이 상세히 특정되어 있었다. 피고는 공정거래법 제64조 제2항에 따라 검찰에 이 사건 공동행위의 조사에 필요한 자료를 요청할 수 있었다고 보이고, 검찰도 위와 같이 기소 직후 피고에게 기소사실을 통지하고 공소장을 송부한 점에 비추어 피고의 조사에 협조적이었다고 보이는바, 피고가 검찰로부터 해당 수사기록을 취득할 가능성이 충분하였다고 판단된다. 이러한 사정들을 종합할 때 피고는 원고들의 감면신청 및 자료제출이 없었더라도 위와 같이 입수한 자료를 토대로 조달청 국가종합전자조달시스템을 통해 구체적인 입찰건을 확인하거나 검찰에 협조를 요청하여 수사기록을 취득하는 방법을 통해 이 사건 공동행위를 입증할 수 있었다고 판단된다. 이처럼 피고가 추가적인 자체 조사 또는 검찰의 협조를 통한 자료 취득 가능성이 충분하였던 점, 원고들이 피고에게 제공한 자료의 대부분은 검찰의 수사기록을 그대로 복사한 것들에 불과한 것으로 보이는 점 등을 고려할 때 원고들이 이 사건 공동행위의 적발가능성에 기여한 정도가 높다고 할 수 없다.

【조선부품 등 중량물 운송용역 입찰 관련 부당한 공동행위 건】

서울고등법원 2020. 12. 17. 고법 2020누33703 판결(확정)

판결요지

이 사건 제1공동행위와 제2공동행위를 하나의 공동행위로 볼 수 없는 이상, 설령 A사(제1공동행위 1순위 감면신청자)가 이 사건 제1공동행위에 관하여 감면신청을 한 뒤 이 사건 제2공동행위에 참여했다고 하더라도 이 사건 제1공동행위에 관한 제1순위 감면신청자의 지위를 상실하였다고 볼 수는 없다.

【민간건설사 발주 연도 및 건식에어덕트 공사 입찰 관련 부당한 공동행위 건】

대법원 2020. 10. 29. 선고 2017두54746 판결

판결요지

공정위가 공동행위 외부자의 제보에 따라 필요한 증거를 충분히 확보한 이후 증거를 제공한 공동행위 참여자는 과징금 등 감면 대상자인 1순위 또는 2순위 조사협조자가 될 수 없다.

이유는 다음과 같다. ① 공정거래법령이 조사협조자 감면제도를 둔 취지와 목적은, 부당한 공동행위에 참여한 사업자가 자발적으로 부당한 공동행위 조사에 협조하여 증거자료를 제공한 것에 대한 혜택을 부여함으로써 참여사업자들 사이에 신뢰를 약화시켜 부당한 공동행위를 중지·예방함과 동시에, 실제 집행단계에서는 공정위로 하여금 부당공동행위를 보다 쉽게 적발하고 증거를 수집할 수 있도록 하여 은밀하게 이루어지는 부당공동행위에 대한 제재의 실효성을 확보하려는 데에 있다. 이와 같은 감면제도의 취지와 목적에 비추어 보면, 공정위가 이미 부당한 공동행위에 대한 정보를 입수하고 이를 증명하는 데 필요한 증거를 충분히 확보한 이후에는 '조사협조자'가 성립할 수 없고, 이는 1순위는 물론 2순위의 경우에도 마찬가지이다. 공정거래법령이 1순위와 2순위 조사협조자를 구분하여 규정하고 있으나, 이는 조사협조자들 중 '최초로 증거를 제공한 자'뿐만 아니라 '두 번째로 증거를 제공한 자'까지 감면을 허용하고자 하는 취지일 뿐, 이로써 1순위와 관계없는 별개의 독립적인 2순위라는 지위가 만들어져 1순위 조사협조자가 없는데도 2순위 조사협조자가 성립할 수 있게 되는 것은 아니다. ② 구 공정거래법 시행령 제35조 제1항 제3호에서 2순위 조사협조자의 요건으로 '부당한 공동행위임을 증명하는 데 필요한 증거를 단독으로 제공한 두 번째의 자일 것'이라고 규정함으로써 전제하고 있는 '최초의 증거제공자'는 공동행위 참여자로서 '1순위 조사협조자'를 의미한다. 이와 같이 조사협조자 감면제도에서 증거제공의 순서에 따라 순위를 정하는 것은 다수의 조사협조자가 있음을 전제로 그들 사이에 감면 여부와 정도의 차이를 두기 위한 것이므로, 그 순위를 산정할 때 애당초 조사협조자가 될 수 없는 공동행위 외부자나 조사협조자로 인정되지 않은 공동행위 참여자의 존재를 고려할 것은 아니다. ③ 한편 구 공정거래법 시행령 제35조 제1항 제3호는 2순위 조사협조자에 관하여, 1순위 조사협조자와는 달리 '공정위가 부당한 공동행위에 대한 정보를 입수하지 못하였거나 부당한 공동행위임을 증명하는 데 필요한 증거를 충분히 확보하지 못한 상태에서 조사에 협조하였을 것'이라는 요건을 규정하고 있지 않다. 그러나 이는 공정위가 '1순위 조사협조자의 증거제공'으로 필요한 증거를 충분히 확보한 경우에는 예외를 인정하여 1순위 조사협조자가 성립하는 외에 2순위 조사협조자도 성립할 수 있도록 함으로써 보다 신속한 담합의 와해를 유도하고 추가적인 증거의 확보를 용이하게 하기

위한 것이다. ④ 요컨대, 공정위가 이미 부당한 공동행위를 증명하는 데 필요한 증거를 충분히 확보하고 있는 경우에는 그 순위와 무관하게 조사협조자가 성립할 수 없다. 다만 공정위가 필요한 증거를 충분히 확보한 것이 1순위 조사협조자의 증거제공에 의한 것일 때에는 1순위 조사협조자가 성립하는 외에 2순위 조사협조자도 성립할 수 있다. 그러나 공동행위 외부자의 제보에 의하여 필요한 증거를 충분히 확보한 이후에는 공동행위 참여자가 증거를 제공하였더라도 법령상 '조사협조자' 감면제도에 따른 감면을 받을 수 없고, 시행령 제61조 제3항의 위임에 의한 공정거래위원회의 과징금부과 세부기준 등에 관한 고시에 규정된 '조사협력'에 따른 재량 감경을 받을 수 있을 뿐이다.

【고양 바이오매스 에너지시설 설치사업 공사 입찰 관련 부당한 공동행위 건】

서울고등법원 2016. 12. 14. 선고 2015누46118 판결(확정)

판결요지

감면 조항은 특별한 경우 과징금납부의무를 감면받을 수 있음을 시혜적으로 정하고 있는 수익적 성격의 법률조항으로, 헌법이 보호하는 재산권의 영역에 포함된다고 볼 수 없다.

감면 조항은 특별한 경우 과징금납부의무를 감면받을 수 있음을 시혜적으로 정하고 있는 것이므로 이 사건 법 조항 및 시행령 조항은 침익적이라기 보다는 오히려 수익적 성격의 법률조항이라고 봄이 상당하다. 또한 납부의무자가 수익적 입법의 시혜대상에서 제외되었다는 이유만으로 재산권 등 기본권 침해가 발생하는 것은 아닐 뿐 아니라 수익적 입법의 대상이 될 경우 얻을 수 있는 재산상 이익에 대한 기대가 성취되지 아니하였다고 하더라도 이와 같은 단순한 재산상 이익의 기대는 헌법이 보호하는 재산권의 영역에 포함된다고 볼 수 없다. 피고의 조사가 시작되고 상당 기간 경과 후에 한 신고에 대하여는 감면을 하지 않을 수 있다는 내용을 두는 것에 대하여 충분히 예측할 수 있다고 보이는 점 등을 종합하여 보면, 이 사건 법 조항은 헌법상 포괄위임금지의 원칙 또는 법률유보원칙에 위반되지 않는다고 봄이 상당하다.

【구의 및 자양취수장 이전 건설공사 관련 부당한 공동행위 건】

서울고등법원 2012. 10. 26. 선고 2012누7563(확정)

판결요지

자진신고자나 조사협조자의 협력이 반드시 집행기관의 조사를 용이하게 하는 데에 적극적으로 기여한 경우로 제한된다고 볼 수 없다.

판결요지

구 공정거래법 제22조의2 제1항 제2호, 같은 법 시행령 제35조 제1항 제2호 가목, 나목, 제4항 및 감면고시 제4호 제1항 단서, 제2호에서 말하는 '부당한 공동행위를 입증하는 데 필요한 증거'에는 확인서나 진술서 등 당해 공동행위 관련자들의 진술을 담은 서류 등도 포함된다고 보아야 하며, 이미 제출된 증거들의 증명력을 높이거나 조사단계에서 밝혀진 사실관계의 진실성을 담보하는 데 이바지하는 증거들도 모두 포함된다.

【고양삼송 수질복원센터 시설공사 입찰 관련 부당한 공동행위 건】

대법원 2017. 1. 12. 선고 2016두35199 판결

판결요지

감면 혜택을 받을 수 있는 자진신고자 등의 범위에 관한 세부 내용을 어떻게 정할지는 경제규제에 전문성이 있는 행정부가 이를 탄력적이고 신속하게 규정할 필요가 있다. 또한 그 제도의 수범자가 포괄적인 공정거래법 준수의무가 있는 경제주체인 사업자이므로 법률에서 요구되는 예측가능성의 정도도 완화할 필요가 있다.

판결요지

구 공정거래법 제22조의2 제3항에서 규정한 '감경 또는 면제되는 자의 범위와 감경 또는 면제의 기준 · 정도 등에 관한 세부사항'에는 과징금 등의 감면 혜택을 받을 수 있는 적극적 자격뿐만 아니라 그 혜택을 받을 수 없는 소극적 자격도 포함된다.

【죽곡2지구 공동주택 건립공사 입찰 관련 부당한 공동행위 건】

대법원 2013. 5. 23. 선고 2012두8724 판결

서울고등법원 2012. 3. 21. 선고 2011누26239 판결(확정)

판결요지

'필요한 증거'로 기술자료와 추가자료를 제출한 경우 그 추가자료가 부당한 공동행위를 증명하는 협약서 등 물증이 아니라 관련자의 진술을 내용으로 하는 진술증거일 뿐이어서 결국 기술자료에서 육하원칙에 따라 이미 제시된 내용을 확인하거나 보강하는 데 지나지 않는다고 하더라도 그 이유만으로 당연히 위 추가자료의 적격성이 배제되는 것은 아니다.

판결요지

제출된 증거들은 모두 비록 새로운 사실을 입증하는 것은 아니라 할지라도, 적어도 이미 제출된 증거들의 증명력을 높이거나 조사 단계에서 밝혀진 사실관계의 진실성을 담보하는 데 이바지하는 증거들은 될 수 있어서 공동행위를 입증할 수 있는 추가자료에 해당한다고 보아야 한다.

원고의 조사협조자 신고서와 보정자료에는 이 사건 공동행위를 직접 행한 원고 소속 임직원들의 확인서와 원고가 벽산건설에 전달한 원고의 공사원가계산서, 벽산건설과 남산건축 사이의 설계용역계약서 및 설계비 관련 세금계산서 등이 첨부되어 있음. 원고가 제출한 증거들은 모두 비록 새로운 사실을 입증하는 것은 아니라 할지라도, 적어도 이미 제출된 증거들의 증명력을 높이거나 조사 단계에서 밝혀진 사실관계의 진실성을 담보하는 데 이바지하는 증거들은 될 수 있어서 공동행위를 입증할 수 있는 추가자료에 해당한다고 보아야 한다.

판결요지

> 원고의 임직원이 내부적으로 피고의 조사에 대비한 문건을 작성하였다든가 그 외 외부기관의 감독활동에 대한 각종 대응방안을 마련해 두었다고 하더라도, 그러한 사정만으로 원고가 이 사건 공동행위와 관련하여 조사가 끝날 때까지 성실하게 협조하지 않은 것이라고 단정할 수는 없다고 판단한 사례

피고는, ㉠ 원고의 ○○상무가 피고의 소환조사에 대비하여 자료를 만들고 그밖에 피고의 조사 등 외부기관의 감독활동을 방해하기 위하여 각종 대응방안을 마련해둔 점과 ㉡ ○○이 이 사건 입찰에 들러리를 서 주는 대가로 원고가 '2008 첫마을 b-1, b-2 블럭 공동주택 건설공사 1공구 공사'를 ○○에 주기로 약속하였다는 내용 및 투찰금액 협의 단계에서 ○○ 담당자가 원고 담당자에게 발주예정금액의 95% 이하로 하자고 논의하였던 내용이 빠져 있으므로 원고가 관련 사실을 모두 진술하고 관련 자료를 제출하는 등 조사가 끝날 때까지 성실하게 협조한 것으로 볼 수 없다고 주장한다. 그러나 피고의 주장처럼 원고의 임직원이 내부적으로 피고의 조사에 대비한 문건을 작성한 바 있다거나 그 외 외부기관의 감독활동에 대한 각종 대응방안을 마련해 둔 바 있다 하더라도, 그러한 사정만으로 원고가 이 사건 공동행위와 관련하여 조사가 끝날 때까지 성실하게 협조하지 않은 것이라고 단정할 수는 없다.

【저밀도폴리에틸렌 제조·판매사업자의 부당한 공동행위 건】

대법원 2011. 6. 30. 선고 2010두28915 판결

판결요지

> 전체적으로 하나의 부당한 공동행위로 볼 수 있는 경우에는 부당한 공동행위의 참여사업자들 가운데 부당한 공동행위임을 입증하는 데 필요한 증거를 최초로 제공한 참여사업자만이 그 참여시기와 관계없이 부당한 공동행위 전체에 대하여 감면요건을 충족한다.

원심이 장기간 동안 수회에 걸쳐 이루어진 저밀도폴리에틸렌에 관한 가격담합을 하나의

부당한 공동행위로 본 다음, 호남석유화학 주식회사에 이어서 두 번째로 위 부당한 공동행위에 대한 증거를 제공한 원고는 최초 제공자인 호남석유주식회사의 참여 시기와 관계없이 위 부당한 공동행위 중 일부에 대하여도 구 공정거래법 시행령 제35조 제2항 제1호 및 제2호 소정의 감면요건에 해당하지 아니한다는 취지로 판시한 것은 정당하다.

【도로유지 보수공사 입찰 관련 부당한 공동행위 건】

서울고등법원 2019. 8. 29. 선고 2018누39173 판결(확정)

판결요지

보정자료가 최초 신고한 공동행위와 동일성이 인정되는 경우에만 최초 감면신청일에 그 자료가 제출된 것으로 볼 수 있다.

조사협조자의 최종 순위는 피고의 심의절차를 거쳐 공동행위를 기준으로 정해지는 것으로, 이 사건 감면신청과 관련하여 원고가 보정기간 내 최초에 신고한 공동행위와 동일성이 인정되는 범위에서 보정 자료를 제출하였다면 최초 감면신청일에 자료가 제출된 것으로 볼 여지가 있으나 보정하여 제출한 자료가 최초에 신고한 공동행위와 동일성이 인정되지 않는 경우에도 최초 감면신청일에 보정 자료가 제출된 것으로 보아 그 공동행위의 단위를 넘어 조사협조자 순위 판단을 위한 기준일시를 소급할 수는 없다.

【BCTC 및 단기체류독신자숙소 건설공사 입찰 관련 부당한 공동행위 건】

대법원 2018. 7. 26. 선고 2016두45783 판결

판결요지

감면신청 사실의 누설은 공정거래위원회의 실효적 조사를 방해하여 자진신고 제도의 도입 취지를 몰각시킬 수 있다.

심사보고서가 송부되기 전에 자진신고자가 공정거래위원회의 동의 없이 다른 사람에게 감면신청 사실을 누설하면, 이를 알게 된 담합 가담자들은 공정거래위원회의 조사에 대한 대응방안을 보다 쉽게 수립할 수 있게 되고, 경우에 따라 관련 증거를 은닉·변조하거나 자진신고 자체를 담합할 여지가 생기게 된다. 결국 감면신청 사실의 누설이 공정거래위원회의 실효적 조사에 대한 방해요인으로 작용할 수 있게 되고, 그에 따라 담합 가담자 사이에 불신구조를 형성함으로써 담합의 형성·유지를 어렵게 하려는 자진신고 제도의 도입 취지를 몰각시키는 결과를 가져올 수 있다.

【2개 산업용 화약 제조 · 판매사업자의 부당한 공동행위 건】

대법원 2018. 7. 11. 선고 2016두46458 판결

판결요지

증거인멸이 감면신청일 이전이라 해도 이로 인해 불충분한 증거를 제출한 것으로 평가된다면 그 자진신고 또는 조사협조는 불성실한 것으로 판단될 수 있다.

자진신고자 또는 조사협조자의 위반행위와 관련한 증거인멸 행위 등이 자진신고나 조사협조 개시 이전에 이루어졌다고 하더라도 그 증거인멸 행위 등은 공정거래위원회에 제출될 자료나 진술할 내용에 영향을 미치게 되고, 특별한 사정이 없는 한 자진신고 또는 조사협조 행위의 성실성 여하에도 영향을 미칠 수밖에 없으므로 자진신고 또는 조사협조 개시 시점에 불충분한 증거를 제출한 것으로 평가할 수 있다면, 자진신고 또는 조사협조 그 자체가 불성실한 것으로 판단될 수 있다.

【엘리베이터 입찰 관련 부당한 공동행위 건】

대법원 2010. 9. 9. 선고 2010두2548 판결

판결요지

부당한 공동행위의 자진신고는 원칙적으로 단독으로 하여야 하나, 실질적 지배관계에 있는 사업자들의 공동 감면신청은 예외적으로 허용될 수 있다.

부당공동행위의 자진신고는 원칙적으로 단독으로 하여야 한다. 이는 2 이상의 사업자의 공동자진신고를 인정하게 되면 부당공동행위에 참여한 사업자들이 담합하여 자진신고하는 방법으로 감면을 받을 수 있게 되어 자진신고자에게 일정한 혜택을 부여함으로써 참여 사업자들 간의 신뢰를 약화시켜 부당한 공동행위를 중지내지 예방하고자 하는 자진신고 감면제도의 취지에 반할 우려가 있기 때문이다. 다만 2 이상의 사업자가 실질적 지배관계에 있는 계열회사이거나 회사의 분할 또는 영업양도의 당사 회사로서 그들이 함께 당해 공동행위에 참여한 사실이 없는 경우 등과 같이 공동자진신고를 허용하더라도 감면제도의 취지에 어긋나지 않는다고 볼 만한 사정이 있는 경우에는 예외라고 할 것이다.

【고밀도폴리에틸렌 제조 · 판매사업자의 부당한 공동행위 건】

대법원 2016. 10. 27. 선고 2014두6333 판결

판결요지

공동 감면신청 시 '실질적 지배관계'란 여러 사정을 종합적으로 고려할 때 한 사업자가 나머지 사업자를 실질적으로 지배하여 나머지 사업자에게 의사결정의 자율성 및 독자성이 없고 각 사업자들이 독립적으로 운영된다고 볼 수 없는 경우를 뜻한다.

'실질적 지배관계'에 있다고 함은 사업자들 간 주식 지분 소유의 정도, 의사결정에서 영향력의 행사 정도 및 방식, 경영상 일상적인 지시가 이루어지고 있는지 여부, 임원 겸임 여부 및 정도, 당해 사업자들의 상호 관계에 대한 인식, 회계의 통합 여부, 사업 영역 · 방식 등에 대한 독자적 결정 가능성, 각 사업자들의 시장에서의 행태, 공동감면신청에 이르게 된 경위 등 여러 사정을 종합적으로 고려하여, 둘 이상의 사업자 간에 한 사업자가 나머지 사업자를 실질적으로 지배하여 나머지 사업자에게 의사결정의 자율성 및 독자성이 없고 각 사업자들이 독립적으로 운영된다고 볼 수 없는 경우를 뜻한다.

【합성수지 사업자의 부당한 공동행위 건】

대법원 2010. 9. 9. 선고 2009두8939 판결

판결요지

분할 후 자진신고를 하면서 분할 전 사업자의 행위에 대해서도 신고한 경우, 이는 자신의 부당한 공동행위에 대한 자진신고인 동시에 분할 전 사업자를 대리하여 자진신고한 경우에 해당한다고 본 사례

호남석유화학은 엘지화학과 함께 원고의 전신인 현대석유화학을 분할, 흡수 합병하였고, 현재도 잔존법인인 원고의 지분 50%를 소유하고 있는 주주회사로서 자신의 부당공동행위에 대한 부분인 분할 후의 부당공동행위에 관하여 자진신고를 하면서 분할 전 현대석유화학의 부당공동행위에 대하여도 이를 신고하고 그 관련 서류를 제출한 사실 등이 인정되고, 호남석유화학의 그와 같은 행위는 분할 후 자신의 부당공동행위에 관한 자진신고인 동시에 분할 전 현대석유화학을 대리하여 그의 부당공동행위 내용을 자진신고한 경우에 해당한다.

【폴리프로필렌 제조 · 판매사업자들의 부당한 공동행위 건】

대법원 2016. 8. 24. 선고 2014두6340 판결

판결요지

호남석유화학이 원고를 실질적으로 지배하여 원고에게는 의사결정의 자율성 · 독자성이 없었다거나 호남석유화학과 원고가 상호 독립적으로 운영되지 아니하였다고 볼 수는 없으므로, 원고가 호남석유화학과 동일한 자진신고 감면율을 적용받을 수는 없다고 하더라도, 호남석유화학의 자진신고에는 원고를 대리한 자진신고의 효력은 인정된다고 본 사례

당시 호남석유화학이 원고를 실질적으로 지배하여 원고에게는 의사결정의 자율성 · 독자성이 없었다거나 호남석유화학과 원고가 상호 독립적으로 운영되지 아니하였다고 볼 수는 없으므로, 원고가 호남석유화학과 동일한 자진신고 감면율을 적용받을 수는 없다고 하더라도, 호남석유화학의 자진신고에는 원고를 대리한 자진신고의 효력은 있다고 인정된다. 그러므로 대리에 의한 자진신고를 전제로 하여, 원고에게 후순위의 독자적 조사협조자로서의 감경사유가 있는지에 관하여 보건데, 원고가 독자적인 증거자료를 제출함으로써 이 사건 공동행위에 관한 다른 증거자료를 뒷받침하고 그 증거력을 높이는 데 기여하였으므로, 이 사건 공동행위의 증명에 필요한 증거를 제출하고 그 조사가 완료될 때까지 협조한 것으로 볼 수 있음.

【4개 종계 판매 사업자의 부당한 공동행위 건】

서울고등법원 2020. 9. 9. 선고 2020누33772 판결(확정)

판결요지

조사협조자로서 감면대상에 해당하는지 여부 및 감면순위에 대한 판단을 함에 있어서는 해당 사업자가 부당한 공동행위의 적발가능성에 기여한 정도를 기준으로 삼아야 한다.

G의 2013. 1. 28.자 업무추진보고서에는 "1) PS 단가 인상제안 받음, 2) 3/18주간부터 3,500원으로 인상키로 함"이라고 기재되어 있어, G와 C, H 사이에 종계의 가격을 인상하기로 하는 내용의 실질적인 의사의 합치가 있었음을 분명하게 확인할 수 있다. 위 업무추진보고서는 원고 대표이사의 지위에 있는 G가 각종 업무를 처리하는 과정에서 작성, 보유한 것으로, 원고가 영위하는 사업과 관련된 민감한 내용을 포함하고 있어 그 신빙성이 높을 뿐만 아니라, 다도 피고의 조사를 받는 과정에서 자신이 작성한 업무추진보고서의 신빙성에 관하여 다툰 사실이 없다. 원고가 감면신청 이후 추가로 제출한 자료들을 보더라도 대부분 피고의 조사로 이미 드러난 내용과 별 차이가 없어 보이고, 피고가 이미 확보한 증거를 반복한 내용에 불과하거나 일부 세부적인 사실관계를

보완하는 정도의 가치만 있을 뿐이어서, 부당한 공동행위의 중지 내지 예방이나 이 사건 공동행위의 적발에 기여하였다고 보기 어렵다.

【한국수력원자력 발주 원자력발전소용 전동기 구매 입찰 관련 부당한 공동행위 건】

서울고등법원 2016. 5. 13. 선고 2015누38148 판결(확정)

판결요지

1순위 자진신고 이전 검찰 제공자료를 통해 충분한 증거를 확보하였다면 1순위 자진신고자 요건을 불충족하였다고 판단한 사례

피고는 2008. 10. 이후의 공동행위에 관하여는 원고의 자진신고가 있기 전에 이미 이를 입증할 '충분한 증거'인 검찰제공자료를 확보한 상태였고, 2008. 9. 이전의 공동행위에 관하여도 원고의 자진신고가 없었더라도 검찰제공자료와(원고의 자진신고 전 이미 제공요청이 완료된) 한수원 제공자료를 비교하여 공동행위를 충분히 입증할 수 있었다고 인정되므로, 원고는 '피고가 부당한 공동행위임을 입증하는 데 필요한 증거를 충분히 확보하지 못한 상태에서 필요한 증거를 제공한 첫 번째 자'에 해당한다고 보기 어렵다.

【7개 선형저밀도폴리에틸렌 제조 · 판매사업자의 부당한 공동행위 건】

대법원 2011. 9. 8. 선고 2009두15005 판결

판결요지

일부 기간에만 담합을 가담한 사업자가 본인이 가담하지 않은 전체 기간에 대해 감면신청을 하며 조사에 협조하였을 경우 전체 행위에 대한 최초 조사협조자의 지위가 인정된다.

수회에 걸친 일련의 합의가 전체적으로 1개의 부당한 공동행위로 성립하여 실행되고 있는 도중에 어느 한 사업자가 담합대상 제품의 생산을 시작하면서 비로소 가격합의 등에 참여함으로써 전체 공동행위 기간 중 일부에 관해서만 담합에 가담하였는데, 그 사업자가 자신이 가담한 기간뿐만 아니라 1개의 부당한 공동행위 전체기간에 대한 증거자료를 최초로 제출하여 조사에 협조하였을 경우에는 1개의 부당한 공동행위 전체에 대한 최초 조사협조자로서의 지위가 인정되는 것이고, 그 후 다른 참여사업자가 최초 조사협조자인 사업자가 가담하지 아니한 기간에 해당하는 부당한 공동행위에 대하여 증거자료를 제출하고 조사에 협조하였다고 하더라도 그 일부 기간에 대해서만 별도의 최초 조사협조자로서의 지위를 획득한다고 볼 수는 없다.

【오존주입설비 구매 설치 공사 입찰 관련 부당한 공동행위 건】

대법원 2016. 12. 27. 선고 2016두43282 판결

판결요지

구 공정거래법 시행령 제35조 제1항을 공동행위의 중단에 관하여는 '그 부당한 공동행위를 중단하였을 것'이라고만 규정하고 있을 뿐, 공동행위를 먼저 적극적으로 중단하였을 것을 요건으로 정한 것은 아니다.

【발전소용 건설기자재 등 국내 하역·운송 용역 입찰 관련 부당한 공동행위 건】

서울고등법원 2020. 9. 16. 선고 2019누60983 판결(확정)

판결요지

공정거래위원회가 추가감면신청 심의를 감면신청에 대한 심의보다 먼저 혹은 함께 진행할 의무가 있는 것은 아니다.

다른 공동행위에 대한 위원회 심의가 끝나지 아니하여 자진신고 또는 조사협조의 요건을 충족하였는지 여부를 확정하기 어렵다면 이 사건 공동행위에 대한 과징금 산정 시 자진신고자 또는 조사협조자임을 전제로 한 추가감면조치를 취하지 않더라도 이를 부당하다고 보기 어렵다. 이러한 경우 피고가 이 사건 공동행위와 감면신청대상 다른 공동행위에 대한 심의를 함께 진행하거나, 이 사건 처분을 감면신청 대상 다른 공동행위에 대한 심의 내지 처분 이후로 보류하여야 할 의무가 있다고 보기도 어렵다.

2) 적법한 감면의 범위

【낙동강하구둑 배수문 증설공사 입찰 관련 부당한 공동행위 건】

서울고등법원 2016. 6. 17. 선고 2014누68807 판결(확정)

판결요지

과징금고시에서 정한 감경비율 30%는 조사협조에 의한 감경비율의 최대한도를 의미하는 것이므로 단순히 최대치인 30%를 적용하지 않았다는 사정만으로 곧바로 재량권 일탈·남용의 위법이 있다고 할 수 없다고 본 사례

의결서에 의하면 피고는 이 사건 시정명령 및 과징금 납부명령을 함에 있어서 이미 처리한 다른 사건들과의 형평을 고려하여 개정 과징금고시(2013. 6. 5. 피고 고시 제2013-2호로 개정되기 전의 것) 중 원고에게 불리하지 않은 것을 적용하였음을 명시적으로 밝히고 있다. 한편 개정 과징금고시에서 정한 감경비율 30%는 조사협조에 의한 감경비율의 최대한도를 의미하는 것이므로 단순히 최대치인 30%를 적용하지

않았다는 사정만으로 곧바로 재량권 일탈·남용의 위법이 있다고 할 수 없다.

【엘리베이터 입찰 관련 부당한 공동행위 건】

대법원 2010. 1. 14. 선고 2009두15043 판결

판결요지

부당한 공동행위를 행한 사업자로서 부당한 공동행위 사실을 신고하거나 조사에 협조한 자에 대하여 과징금을 감경 또는 면제할 때에는, 먼저 구 공정거래법 제22조에 정해진 한도액을 초과하지 아니하는 범위 안에서 과징금을 산정한 다음, 그와 같이 산정된 과징금을 감경 또는 면제하여야 한다고 봄이 상당하다.

【3개 굴삭기 및 휠로다 사업자의 부당한 공동행위 건】

대법원 2008. 9. 25. 선고 2007두12699 판결
서울고등법원 2009. 8. 28. 선고 2008누31200 판결(확정)

판결요지

감면신청 이전 공정거래위원회가 이미 확보한 자료는 전체 공동행위를 입증하기에 부족한 점 등에 비춰볼 때 요건을 충족함에도, 구 공정거래법 상 규정된 50% 이상 감경을 하지 않고 45%만 감경한 처분은 위법하다고 본 사례

피고가 원고의 조사협조 전에 이미 확보하고 있던 서류들은 단지 이 사건 부당한 공동행위의 단서에 관한 기초 자료에 불과하여 그것만으로는 원고를 포함한 이 사건 회사들이 2001년부터 2004년까지 수회에 걸쳐 이 사건 부당한 공동행위를 하였다는 사실을 충분히 입증하기에 부족한 점, 그런데 원고가 제출한 자료와 진술 등이 위 기초자료에 더하여 이 사건 부당한 공동행위를 입증하는데 필요한 최초의 증거가 될 수 있으며, 원고는 조사완료시까지 협조하였고 그 밖에 이 사건 부당한 공동행위에 주도적 역할을 하였거나 다른 사업자들에 대하여 부당한 공동행위를 강요하였음을 인정할 증거도 없는 점 등의 이유를 들어, 원고의 조사협조 행위는 구 공정거래법 시행령 제35조 제2항 제2호에 규정된 50% 이상의 감경요건을 충족한 것으로 볼 수 있어, 45%를 감경하는데 그친 이 사건 처분은 위법하다.

판결요지

조사협조자 사이에 감경비율의 차등이 있다 해도 형평의 원칙에 위배되는 것은 아니라고 본 사례

A는 이 사건 합의의 시기와 참석자 내역, 가격인상 시기, 합의와 이행감시 방법 등에

관한 구체적인 증거를 최초로 제공하여 조사에 협조한 자인 반면 원고는 이 사건 합의의 조사과정에서 이 사건 합의에 관한 증거를 두 번째로 제공한 사정 등 이 사건 회사들이 제공한 증거의 내용, 증거 제공의 경위 및 순서 등 여러 사정을 참작하여 원고와 위 회사들에 대하여 과징금 부과기준 범위 내에서 조사에의 협조 정도에 따라 앞서 본 바와 같이 대법원 판결 이후에 직권으로 이 사건 과징금처분에 대한 감액 처분을 함에 있어 감경비율에 차등을 두었다고 하더라도 그 차등이 현격하게 차별적이어서 그와 같은 과징금 산정이 형평의 원칙에 위배되어 위법하다고 할 수는 없다.

【13개 유제품사업자의 시유 및 발효유 가격 부당한 공동행위 건】

서울고등법원 2012. 4. 12. 선고 2011누27584 판결(확정)

판결요지

조사협조에 있어 관련 자료의 제출시점은 다른 특별한 사정이 없는 한 협조의 정도를 판단하는 데 있어 주요 고려사항으로 봄이 타당하다.

원고가 이 사건 조사과정에서 부당공동행위 사실을 부인하였고, 한편 관련 자료 제출이 상대적으로 지연되었으므로 피고가 조사협조를 이유로 한 과징금 감경비율을 5%로 정한 것에 재량권 일탈·남용의 위법이 있다 할 수 없다.

【4개 신용평가사의 부당한 공동행위 건】

서울고등법원 2011. 5. 25. 선고 2010누13083 판결(확정)

판결요지

'자진시정'과 '자진신고'는 각각 서로 상이한 개념이므로, 각각에 따른 감경을 하더라도 이중감경에 해당하지 않는다.

'자진시정'이 법 위반행위를 한 기업 스스로 피고와 상관없이 법의 테두리 내로 복귀하는 것을 의미한다면, '자진신고'는 피고에게 자신의 법 위반행위를 알리면서 피고가 법 위반행위를 적발할 수 있도록 적극 협조하는 것을 의미한다는 점에서 '자진시정'과 '자진신고'가 서로 상이한 개념으로서 논리상 필연적으로 중복되는 관계에 있지 않으므로, '자진시정'과 '자진신고'에 따른 각 감경을 하더라도 이중감경에 해당한다고 보기 어렵다.

【아파트 건설공사 입찰 관련 부당한 공동행위 건】

대법원 2013. 11. 14. 선고 2011두28783 판결

판결요지

추가감면 시 당해 공동행위와 다른 공동행위의 각 관련매출액을 합하여 비교하여 감경률을 결정하는 기준은 합리적이다.

피고가 7건의 입찰담합행위의 관련매출액을 합산한 금액과 2건의 다른 공동행위의 관련매출액을 합산한 금액으로 양자의 규모를 비교하여 감경률을 정하여야 한다는 기준을 세운 후, 그 기준에 따라 정한 각각의 감경률을 각 7건의 입찰담합행위에 적용한 조치는 과징금제도와 추가감면제도를 둔 입법취지에 반하지 아니하고, 또한 불합리하거나 자의적이라고 보이지 않는다.

3) 적용법령

【황동봉 사업자의 부당한 공동행위 건】

서울고등법원 2009. 12. 2. 선고 2009누9668 판결(확정)

판결요지

공정거래위원회가 공동행위 신고자 등에 대한 감면제도 운영지침을 내부적으로 제정 · 운영하였고 이에 따르면 1순위 조사협조자는 과징금을 면제한다고 규정되어 있는 사실은 인정되나, 이는 대외적인 구속력을 갖지 아니하는 내부적 준칙에 불과하다.

【연질폴리우레탄폼 사업자의 부당한 공동행위 건】

대법원 2012. 1. 27. 선고 2010두24388 판결

판결요지

감면의 기준은 감면신청 당시의 시행중인 공정거래법령이 적용된다.

이 사건 부당한 공동행위는 1999. 9. 1.경 시작되어 2007. 10. 1.경 종료하였고 원고는 2009. 4월경에야 피고의 조사에 협조한 사실이 인정된다. 따라서, 2005. 4. 1. 전에 시작되어 2007. 11. 4. 전에 종료된 부당한 공동행위에 가담한 자라고 하더라도 2007. 11. 4. 후 자진신고 또는 조사협조를 한 경우 그에 대한 감경 또는 면제의 기준 등에 관하여는 구 공정거래법 시행령 부칙(2007. 11. 2.) 제2조에 따라 구 공정거래법 시행령(2007. 11. 2. 대통령령 제20360호로 개정된 것) 제35조가 적용되어야 한다.

제 6 장

불공정거래행위, 재판매가격유지행위총칙 및 특수관계인에 대한 부당한 이익제공의 금지

제 45 조 불공정거래행위의 금지

가. 법조문

법률	시행령
제45조(불공정거래행위의 금지) ① 사업자는 다음 각 호의 어느 하나에 해당하는 행위로서 공정한 거래를 해칠 우려가 있는 행위(이하 "불공정거래행위"라 한다)를 하거나, 계열회사 또는 다른 사업자로 하여금 이를 하도록 하여서는 아니 된다. 1. 부당하게 거래를 거절하는 행위 2. 부당하게 거래의 상대방을 차별하여 취급하는 행위 3. 부당하게 경쟁자를 배제하는 행위 4. 부당하게 경쟁자의 고객을 자기와 거래하도록 유인하는 행위 5. 부당하게 경쟁자의 고객을 자기와 거래하도록 강제하는 행위 6. 자기의 거래상의 지위를 부당하게 이용하여 상대방과 거래하는 행위 7. 거래의 상대방의 사업활동을 부당하게 구속하는 조건으로 거래하는 행위 8. 부당하게 다른 사업자의 사업활동을 방해하는 행위 9. 부당하게 다음 각 목의 어느 하나에 해당	제52조(불공정거래행위의 유형 또는 기준) 법 제45조 제1항에 따른 불공정거래행위의 유형 또는 기준은 별표 2와 같다.

법률	시행령
하는 행위를 통하여 특수관계인 또는 다른 회사를 지원하는 행위 가. 특수관계인 또는 다른 회사에 가지급금·대여금·인력·부동산·유가증권·상품·용역·무체재산권 등을 제공하거나 상당히 유리한 조건으로 거래하는 행위 나. 다른 사업자와 직접 상품·용역을 거래하면 상당히 유리함에도 불구하고 거래상 실질적인 역할이 없는 특수관계인이나 다른 회사를 매개로 거래하는 행위 10. 그 밖의 행위로서 공정한 거래를 해칠 우려가 있는 행위 ② 특수관계인 또는 회사는 다른 사업자로부터 제1항 제9호에 해당할 우려가 있음에도 불구하고 해당 지원을 받는 행위를 하여서는 아니 된다. ③ 불공정거래행위의 유형 또는 기준은 대통령령으로 정한다. ④ 공정거래위원회는 제1항을 위반하는 행위를 예방하기 위하여 필요한 경우 사업자가 준수하여야 할 지침을 제정·고시할 수 있다. ⑤ 사업자 또는 사업자단체는 부당한 고객유인을 방지하기 위하여 자율적으로 규약(이하 "공정경쟁규약"이라 한다)을 정할 수 있다.	
⑥ 사업자 또는 사업자단체는 공정거래위원회에 공정경쟁규약이 제1항 제4호를 위반하는지에 대한 심사를 요청할 수 있다.	**제53조(공정경쟁규약)** 공정거래위원회는 법 제45조 제6항에 따라 공정경쟁규약의 심사를 요청받은 경우 요청을 받은 날부터 60일 이내에 그 심사결과를 서면으로 요청인에게 통보해야 한다.

나. 판례

1) 거래거절

【국민은행 등 6개사의 부당한 거래거절 건】

서울고등법원 2003. 10. 23. 선고 2002두1641 판결(확정)

판결요지

공동의 거래거절은 시장에서의 경쟁을 직접적으로 제한하는 행위로서 원칙적으로 공정한 경쟁을 저해할 우려가 있는 점에서 위법성이 인정되고, 예외적으로 정당한 이유가 있는 경우에만 면책된다.

공동의 거래거절행위가 구 공정거래법 제23조 제1항 제1호 및 구 공정거래법 시행령 제36조 제1항 [별표 1] 소정의 불공정거래행위에 해당하기 위하여는 그것이 '부당한' 거래거절로서 '공정한 거래를 저해할 우려'가 있어야 하는바, 거래거절의 상대방이 자기 또는 자기와 밀접한 관계가 있는 사업자의 경쟁자인 경우에 거래거절이 경쟁자를 제압, 배제하는 목적으로 이루어진 것이어서 그로 인하여 상대방이 용이하게 다른 거래처를 찾을 수 없게 되는 등으로 거래기회가 박탈되거나 다른 거래처를 찾을 수 있다 하더라도 거래조건이 불리하여 통상의 사업 활동이 곤란해질 우려가 있는 경우 등에는 부당한 거래거절로서 공정한 거래를 저해할 우려가 있다고 할 것인데, 거래거절을 공동으로 하는 경우에는 거절당한 특정사업자가 거래기회의 박탈로 시장에서 축출될 우려가 크고 공동거래거절에 참여한 사업자도 거래상대방 선택의 자유에 제한을 받게 되므로 공동의 거래거절은 시장에서의 경쟁을 직접적으로 제한하는 행위로서 원칙적으로 공정한 경쟁을 저해할 우려가 있는 점에서 위법성이 인정되고, 예외적으로 정당한 이유가 있는 경우에만 면책된다.

【하이트맥주의 부당한 거래거절 건】

대법원 2004. 7. 9. 선고 2002두11059 판결

판결요지

'기타의 거래거절'은 '공동의 거래거절'과는 달리 거래거절이라는 행위 자체로 바로 불공정거래행위에 해당하는 것은 아니고, 그 거래거절이 특정사업자의 거래기회를 배제하여 그 사업활동을 곤란하게 할 우려가 있거나, 오로지 특정사업자의 사업활동을 곤란하게 할 의도 등이 인정되어야 한다.

구 공정거래법 시행령 제36조 제1항 [별표1] 제1호 (나)목에서 규정하고 있는 '기타의 거래거절'은 개별 사업자가 그 거래상대방에 대하여 하는 이른바 개별적 거래거절을 가리키는 것으로 거래처 선택의 자유라는 원칙에서 볼 때, 또 다른 거래거절의 유형인

'공동의 거래거절'과는 달리 거래거절이라는 행위 자체로 바로 불공정거래행위에 해당하는 것은 아니고, 그 거래거절이 (1) 특정사업자의 거래기회를 배제하여 그 사업활동을 곤란하게 할 우려가 있거나, (2) 오로지 특정사업자의 사업활동을 곤란하게 할 의도를 가진 유력 사업자에 의하여 그 지위남용행위로서 행하여지거나, (3) 혹은 법이 금지하고 있는 거래강제 등의 목적 달성을 위하여 그 실효성을 확보하기 위한 수단으로 부당하게 행하여진 경우라야 공정한 거래를 저해할 우려가 있는 거래거절 행위로서 법이 금지하는 불공정거래행위에 해당한다고 할 수 있다.

【SKC의 부당한 거래거절 건】

서울고등법원 2001. 1. 30. 선고 2000누1494 판결(확정)

판결요지

거래거절 행위에 불구하고 거래상대방이 더 유리한 조건으로 다른 거래처와 거래할 수 있다면 그와 같은 경우 거래거절이 있었다고 하여도 이를 법에서 규제하는 거래거절에 해당한다고 할 수 없다.

부당성의 유무를 판단함에 있어서는 당해 행위의 의도와 목적, 효과와 영향 등과 같은 구체적 태양은 물론 법에서 거래거절을 규제하는 목적에 비추어 거래거절의 결과 거래상대방이 입게 되는 영업상의 이익의 침해 또는 자유로운 영업활동의 제약의 내용과 정도, 상대방의 선택가능성 등과 같은 제반사정을 두루 고려하여 그 행위가 정상적인 거래관행을 벗어난 것으로서 공정하고 자유로운 거래를 저해할 우려가 있는지 여부를 판단하여 결정하여야 할 것이며, 만일 거래거절 행위에 불구하고 거래상대방이 더 유리한 조건으로 다른 거래처와 거래할 수 있다면 그와 같은 경우 거래거절이 있었다고 하여도 이를 법에서 규제하는 거래거절에 해당한다고 할 수 없다.

【하이트맥주의 부당한 거래거절 건】

서울고등법원 2006. 4. 27. 선고 2005누2744 판결(확정)

판결요지

신규 도매상의 시장진입이 배제되어 가격경쟁이 발생하지 않을 경우 기존 도매상들은 경쟁 없이 기존 수익을 향유하게 되면서 부산지역에서 항구적으로 80% 이상의 독점적 시장점유율을 보장받게 되어 반경쟁적인 행위에 해당한다고 본 사례

원고는 경남협회와 부산협회의 거래거절 강요행위가 법에 위반되는 행위임을 충분히 알 수 있었음에도 이를 거부하지 아니하고 오히려 이에 동조하여 청해에 대하여

전단광고지 회수와 가격인하 판매를 중지할 것을 적극적으로 요구하는 등 부산 및 경남지역 주류 도매업 시장에서의 가격경쟁을 봉쇄하기 위한 수단으로 거래거절을 하였고, 태성에 대한 거래개시거절은 면허획득을 통해 시장진입의 충분한 자격을 갖춘 상대방에 대하여 또 다른 장벽을 설치하여 기존 도매상들의 매출 및 이윤을 보장해 주는 대신 태성의 시장진입으로 촉발될 수 있는 가격경쟁을 봉쇄하겠다는 경쟁제한적 의도로 이루어졌다고 보이고, 이와 같이 신규 도매상의 시장진입이 배제되어 가격경쟁이 발생하지 않을 경우 기존 도매상들은 경쟁 없이 기존 수익을 향유하게 되고 이에 대한 대가로 원고가 부산지역에서 항구적으로 80% 이상의 독점적 시장점유율을 보장받게 되므로, 반경쟁적인 행위에 해당한다.

【타이코헬스케어코리아의 부당한 거래거절 건】

대법원 2012. 5. 9. 선고 2010두24098 판결

판결요지

경쟁사 제품의 구매 등을 이유로 한 거래거절은 부당하다고 본 사례

원고와 세화메디칼 간에 체결된 이 사건 계약은 세화메디칼이 고주파간암치료기를 오로지 원고로부터만 독점적으로 공급받겠다는 취지의 전속적 공급계약에 해당한다고 보기 어렵고, 그 결과 세화메디칼이 다른 제조사로부터 고주파간암치료기를 공급받는 것이 이 사건 계약에 위반된다거나 그 특수관계사가 제조한 제품이 원고의 고주파간암치료기와 유사제품이라고 볼 수 없어 원고의 이 사건 거래거절에 이 사건 치료기의 영업권 등을 보호하기 위한 불가피한 사유가 있거나 거래거절 이외에 다른 대응방법으로 대처함이 곤란한 경우에 해당한다고 볼 수 없으며, 독점적인 공급자로서의 지위를 갖고 있는 원고의 거래거절 이후 세화메디칼은 고주파간암치료기의 대체거래선을 확보하는 것이 사실상 불가능하였고, 2004년 기준 총 매출액의 40%를 차지하고 있던 고주파간암치료기 판매영업을 중단하였으므로 원고의 이 사건 거래거절행위는 세화메디칼이 거래기회를 배제하여 그 사업활동을 곤란하게 한 행위에 해당하고 공정하고 자유로운 경쟁을 저해할 우려가 있다고 봄이 상당하다.

【하이트맥주의 부당한 거래거절 건】

대법원 2004. 7. 9. 선고 2002두11059 판결

판결요지

합의내용을 상당부분 이행하지 않아 거래를 거절한 것은 부당하지 않다고 본 사례

원고의 이 사건 거래중단은 노석만이 당초 맥주공급재개의 조건인 이 사건 합의내용의 상당부분을 이행하지 아니하였을 뿐 아니라 맥주대금 지급을 위하여 발행해 주기로 한 어음을 발행해 주지 않고, 합계 8억 원 상당의 어음금도 지급하지 아니하므로 거래를 중단하고 채권을 회수함으로써 손해가 확대되는 것을 방지하기 위한 조치로 보일 뿐, 그것이 호남합동체인의 거래기회를 배제하여 그 사업활동을 곤란하게 할 우려가 있다거나 오로지 호남합동체인의 사업활동을 곤란하게 할 의도 하에 원고의 지위남용행위로서 행하여졌다거나 혹은 법이 금지하고 있는 거래강제 등의 목적 달성을 위하여 그 실효성을 확보하기 위한 수단으로 부당하게 행하여진 경우로 볼 수 없으므로 공정한 거래를 저해할 우려가 있는 거래거절행위에 해당하지 않는다.

【한국휴렛팩커드의 부당한 거래거절행위 건】

대법원 2006. 1. 13. 선고 2004두2264 판결

판결요지

원칙적으로 협력업체 이외의 판매업자에게는 제품을 공급하지 않는 사업자가, 가격할인율을 적용받지 아니하는 비협력업체인 스캐너프라자가 제시한 가격이 협력업체인 주식회사 정원시스템에 공급하기로 했던 가격보다 더 낮았기 때문에 전산장비 공급요청을 거절한 행위는 부당하지 않다고 본 사례

원심은 채택 증거를 종합하여 판시와 같은 사실을 인정한 다음, 원고는 원칙적으로 협력업체 이외의 판매업자에게는 제품을 공급하지 않는 데다가 가격할인율을 적용받지 아니하는 비협력업체인 주식회사 스캐너프라자가 제시한 가격이 협력업체인 주식회사 정○시스템에 공급하기로 했던 가격보다 더 낮았기 때문에 원고가 스캐너프라자 또는 스캐너프라자의 요청을 받은 원고의 총판인 코오롱정보통신 주식회사의 전산장비 공급요청을 거절한 것이므로, 원고가 스캐너프라자 또는 코오롱의 위 전산장비 공급요청을 거절한 것이 공정한 거래를 저해할 우려가 있는 부당한 거래거절로서 불공정한 거래행위에 해당한다고 볼 수 없다고 판단하였다. 관계 증거에 비추어 보면, 원심의 위와 같은 사실인정과 판단은 정당한 것으로 수긍이 가고, 거기에 채증법칙 위배로 인한 사실오인의 위법이 있다고 할 수 없다.

【한국항공우주산업의 부당한 거래거절 건】

서울고등법원 2017. 8. 18. 선고 2015누778 판결(확정)

판결요지

거래개시거절은 계속적인 거래관계에 있는 사업자에 대한 거래중단에 의한 거래거절보다 거래처 선택의 자유가 더 보장되어야 한다고 볼 여지가 있고, 따라서 거래개시거절의 부당성 인정에서도 거래중단에 의한 거래거절과 달리 볼 여지가 있다.

원고가 이 사건 사업에 참여하지 않더라도 씨트렉아이는 자체적으로 부분체를 개발하여 이 사건 사업을 계속할 수 있었으며, 원고의 거래개시거절로 씨트랙아이가 통상의 사업활동에 곤란을 겪게 되었다거나, 참가인이 종래 유지해오던 사업에 타격이 있었다고 볼 수 없다.

【벨벳의 부당한 거래거절 건】

서울고등법원 2018. 1. 19. 선고 2017누39862판결(확정)

판결요지

기타의 거래거절행위는 특정사업자를 대상으로 하여야 하나, 원고의 공급 거절 대상은 특정 동물약국이나 도매상에 한정되지 않고, 모든 동물약국과 도매상 일반을 대상으로 하여 원고의 거래거절 대상을 '특정사업자'로 보기 어렵다.

2) 차별적 취급

【외환은행의 차별적 취급행위 건】

대법원 2006. 12. 7. 선고 2004두4703 판결

판결요지

가격차별이 부당성을 갖는지 유무를 판단함에 있어서는 가격차별의 정도, 가격차별이 경쟁사업자나 거래상대방의 사업활동 및 시장에 미치는 경쟁제한의 정도, 가격차별에 이른 경영정책상의 필요성, 가격차별의 경위 등 여러 사정을 종합적으로 고려하여 그와 같은 가격차별로 인하여 공정한 거래가 저해될 우려가 있는지 여부에 따라 판단하여야 한다.

【한국공항공사의 거래상지위 남용행위 건】

대법원 2005. 12. 8. 선고 2003두5327 판결

판결요지

가격차별을 불공정거래행위로 규정하고 있는 것은 가격차별로 인하여 차별취급을 받는 자들의 경쟁력에 영향을 미치고, 경쟁자의 고객에게 유리한 조건을 제시하여 경쟁자의 고객을 빼앗는 등 경쟁자의 사업활동을 곤란하게 하거나 거래상대방을 현저하게 불리 또는 유리하게 하는 등 경쟁질서를 저해하는 것을 방지하고자 함에 그 취지가 있다.

구 공정거래법 제23조 제1항 제4호, 제2항, 구 공정거래법 시행령 제36조 제1항 [별표 1] 제6호 (라)목, 제2항은 자기의 거래상 지위를 부당하게 이용하여 구입강제, 이익제공강요, 판매목표강제에 해당하는 행위 외의 방법으로 거래상대방에게 불이익이 되도록 거래조건을 설정 또는 변경하거나 그 이행과정에서 불이익을 주는 행위를 불공정거래행위 중 하나인 불이익 제공으로 규정하고 있고, 법 제23조 제1항 제1호, 제2항, 법 시행령 제36조 제1항 [별표 1] 제2호 (가)목, 제2항은 부당하게 거래지역 또는 거래상대방에 따라 현저하게 유리하거나 불리한 가격으로 거래하는 행위를 불공정거래행위 중의 하나인 가격차별로 규정하고 있어 각 불공정거래행위의 요건이 되는 사실이 다르고, 불이익제공을 불공정거래행위로 규정하고 있는 것은 거래과정에서 거래상의 지위를 이용하여 일방당사자가 그보다 열등한 지위에 있는 타방당사자의 자유의사를 구속하여 일방적으로 상대방에게만 불이익이 되도록 거래조건을 설정하거나 변경하는 등 상대방에게 일방적으로 불이익을 주게 되는 경우에는 공정한 경쟁의 기반을 침해할 우려가 있기 때문에 이를 규제하고자 함에 그 취지가 있는 반면, 가격차별을 불공정거래행위로 규정하고 있는 것은 가격차별로 인하여 차별취급을 받는 자들의 경쟁력에 영향을 미치고, 경쟁자의 고객에게 유리한 조건을 제시하여 경쟁자의 고객을 빼앗는 등 경쟁자의 사업활동을 곤란하게 하거나 거래상대방을 현저하게 불리 또는 유리하게 하는 등 경쟁질서를 저해하는 것을 방지하고자 함에 그 취지가 있어 불이익제공과 가격차별을 불공정거래행위로 규정한 근거와 입법 취지, 요건 및 처분의 내용이 다른 점 등 여러 사정을 합목적적으로 고려하여 보면, 가격차별을 사유로 하는 시정조치와 불이익 제공을 사유로 하는 이 사건 시정조치는 별개의 처분이라 할 것이므로, 가격차별의 사유를 이 사건 처분의 적법성의 근거 사유로 삼을 수 없다.

【롯데쇼핑의 차별적 취급행위 건】

서울고등법원 2017. 2. 15. 선고 2015누39165 판결(확정)

판결요지

거래조건 차별에 해당하기 위해서는 특정사업자에 대한 거래조건이나 거래내용이 다른 사업자에 대한 것보다 유리 또는 불리하여야 할 뿐만 아니라 그 유리 또는 불리한 정도가 현저하여야 하고, 또 그렇게 차별취급하는 것이 부당한 것이어야 한다. 거래조건이란 가격이나 가격에 직접 영향을 미치는 조건을 제외한 거래내용을 말한다.

롯데시네마와 롯데엔터테인먼트가 각각 영화 상영업과 영화 배급업을 영위하는 것으로 부가가치세법상 사업자등록이 되어 있는 것은 사실이나, 근본적으로 원고에 소속된 하나의 사업부 또는 그 내부 조직에 불과하므로 롯데엔터테인먼트가 원고에 대한 독자적인 거래상대방이 된다고 보기는 어렵다. 따라서 구 공정거래법 제23조 제1항 제1호에 정해진 거래조건 차별의 요건을 충족한다고 보기는 어렵다.

【씨제이씨지브이와 씨제이이엔엠의 차별적 취급행위 건】

서울고등법원 2017. 2. 15. 선고 2015누44280 판결(확정)

판결요지

구 공정거래법 제23조 제1항 제1호에 해당하는 계열회사를 위한 차별행위가 성립하기 위해서는 거래조건 또는 거래내용에 관한 현저한 차별행위가 존재하여야 하고, 이러한 행위가 계열회사를 유리하게 할 목적에서 비롯되어야 하며, 해당 행위가 정당한 이유 없이 시장에서의 공정한 거래를 저해할 우려가 있어야 한다.

원고가 상영기간에 있어 씨제이이엔엠이 배급한 영화들을 유리하게 취급하였다고 인정하려면, 씨제이이엔엠이 배급한 영화들과 상영회차, 객석점유율, 영화의 특성 및 부율 등에 있어 유사한 조건으로 평가될 수 있는 비계열회사가 배급한 영화는 상영기간이 연장되지 않았음에도 씨제이이엔엠이 배급한 영화만을 특별한 이유 없이 연장 상영하기로 결정한 경우와 같은 특별한 사정이 인정되어야 할 것인데, 기록상 위와 같은 특별한 사정의 존재를 찾아보기 어렵다. 또 씨제이이엔엠의 배급시장에서의 점유율은 27.2%이므로, 전체 예고편 중 평균 30% 수준을 씨제이이엔엠의 작품으로 편성하라고 지시하였다고 하여 그러한 사정만으로 원고의 현저한 차별행위가 존재한다고 보기는 어렵다.

【현대자동차의 계열회사를 위한 차별적 취급행위 건】

대법원 2007. 2. 23. 선고 2004두14052 판결

판결요지

직접적인 거래관계는 존재하지 않는다고 하더라도 자동차 할부금융상품을 취급하는 할부금융사들은 원고들이 제조·판매하는 자동차를 할부로 구매하려고 하는 고객들을 상대로 할부금융상품을 판매하는 것이므로 실질적 거래관계가 존재하여 차별적 취급행위에 해당한다고 본 사례

원고들과 비계열 할부금융사 사이에 오토할부약정이 체결되지 아니함으로써 원고들과 비계열 할부금융사 사이에 직접적인 거래관계는 존재하지 않는다고 하더라도 자동차 할부금융상품을 취급하는 할부금융사들은 원고들과 관련하여서는 원고들이 제조·판매하는 자동차를 할부로 구매하려고 하는 고객들을 상대로 자신들의 할부금융상품을 판매하는 것이므로 원고들과 자동차 할부금융상품을 취급하는 현대캐피탈 및 비계열 할부금융사 사이에는 위 고객들을 매개로 하는 실질적 거래관계가 존재한다고 할 것이므로 이와 같은 상황에서 원고들이 현대캐피탈과의 오토할부약정에 기하여 오토할부의 할부금리를 인하하는 것은 원고들이 제조·판매하는 자동차를 할부로 구매하려고 하는 고객들 중 현대캐피탈을 이용 또는 이용하려고 하는 고객들과 현대캐피탈이 아닌 비계열 할부금융사를 이용 또는 이용하려고 하는 고객들을 차별하는 행위라고 할 것이며, 이러한 차별로 인하여 현대캐피탈에게는 고객의 증가라는 차별효과가 귀속되게 되므로 원고들의 위 할부금리 인하행위는 일응 계열회사인 현대캐피탈을 유리하게 하는 차별적 취급행위에 해당한다.

【SKT의 계열회사를 위한 차별적 취급행위 건】

대법원 2004. 12. 9. 선고 2002두12076 판결

판결요지

계열회사를 유리하게 하기 위한 의도는, 특정 사업자가 자기의 이익을 위하여 영업활동을 한 결과가 계열회사에 유리하게 귀속되었다는 사실만으로는 인정하기에 부족하다.

차별행위의 동기, 그 효과의 귀속주체, 거래의 관행, 당시 계열회사의 상황 등을 종합적으로 고려하여 사업자의 주된 의도가 계열회사가 속한 일정한 거래분야에서 경쟁을 제한하고 기업집단의 경제력 집중을 강화하기 위한 것이라고 판단되는 경우에 인정된다.

【대한주택공사의 계열회사를 한 차별적 취급행위 건】

대법원 2001. 12. 11. 선고 2000두833 판결

판결요지

'계열회사를 위한 차별'의 경우에는 정당한 이유가 없는 한 불공정거래행위가 인정된다.

문언을 달리하여 규정하고 있는 취지는 이러한 형태의 차별은 경쟁력이 없는 기업집단 소속 계열회사들을 유지시켜 경제의 효율을 떨어뜨리고 경제력 집중을 심화시킬 소지가 커서 다른 차별적 취급보다는 공정한 거래를 저해할 우려가 많으므로 외형상 그러한 행위유형에 해당하면 일단 공정한 거래를 저해할 우려가 있는 것으로 보되 공정한 거래를 저해할 우려가 없다는 점에 대한 입증책임을 행위자에게 부담하도록 하겠다는 데에 있다.

3) 경쟁사업자 배제

【현대정보기술의 부당염매행위 건】

대법원 2001. 6. 12. 선고 99두4686 판결

판결요지

부당염매행위란, 정당한 이유 없이 그 공급에 소요되는 비용보다 현저히 낮은 대가로 계속하여 공급하는 등으로 경쟁사업자를 배제시킬 우려가 있는 행위를 말하고, 경쟁사업자에는 시장진입이 예상되는 잠재적 사업자도 포함된다.

'불공정거래행위'의 하나로 그 제2호에서 '부당하게 경쟁자를 배제하기 위하여 거래하는 행위'를 열거하고, 같은법 시행령 제36조 제1항 [별표] 제3호 (가)목은 부당염매를 '자기의 상품 또는 용역을 공급함에 있어서 정당한 이유 없이 그 공급에 소요되는 비용보다 현저히 낮은 대가로 계속하여 공급하거나 기타 부당하게 상품 또는 용역을 낮은 대가로 공급함으로써 자기 또는 계열회사의 경쟁사업자를 배제시킬 우려가 있는 행위'라고 규정하고 있는데, 경쟁사업자는 통상 현실적으로 경쟁관계에 있는 사업자를 가리킨다고 할 것이지만, 부당염매를 규제하는 취지가 법이 금지하는 시장지배적 지위의 남용을 사전에 예방하는데 있다고 볼 때, 시장진입이 예상되는 잠재적 사업자도 경쟁사업자의 범위에 포함된다고 보아야 한다.

【현대정보기술의 부당염매행위 건】

대법원 2001. 6. 12. 선고 99두4686 판결

판결요지

'경쟁사업자를 배제시킬 우려'는 추상적 위험성으로 족하며, 당해 염매행위의 의도, 목적, 염가의 정도, 행위자의 사업규모 및 시장에서의 지위 등을 종합적으로 살펴 개별적으로 판단하여야 한다.

나아가 경쟁사업자를 배제시킬 우려는 실제로 경쟁사업자를 배제할 필요는 없고 여러 사정으로부터 그러한 결과가 초래될 추상적 위험성이 인정되는 정도로 족하다고 할 것인바, 경쟁사업자를 배제시킬 우려는 당해 염매행위의 의도, 목적, 염가의 정도, 행위자의 사업규모 및 시장에서의 지위, 염매의 영향을 받는 사업자의 상황 등을 종합적으로 살펴 개별적으로 판단하여야 한다.

【현대정보기술의 부당염매행위 건】

대법원 2001. 6. 12. 선고 99두4686 판결

판결요지

계속거래상의 부당염매는 '정당한 이유가 없는 한' 공정한 거래를 저해할 우려가 있다고 보아야 할 것이나, 기타 거래상의 부당염매는 '부당하게' 행하여진 경우라야 하며, 기타 거래상의 부당염매는 개별사안에서 드러난 여러 사정을 종합적으로 살펴 판단하여야 한다.

시행령 제36조 제1항 [별표] 제3호 (가)목 전단에서 규정하는 이른바 계속거래상의 부당염매는 사업자가 채산성이 없는 낮은 가격으로 상품 또는 용역을 계속하여 공급하는 것을 가리키므로 그 행위의 외형상 그에 해당하는 행위가 있으면 '정당한 이유가 없는 한' 공정한 거래를 저해할 우려가 있다고 보아야 할 것이나, 그 후단에서 규정하는 이른바 기타 거래상의 부당염매는 그 행위태양이 단순히 상품 또는 용역을 낮은 가격으로 공급하는 것이어서 그 자체로 이를 공정한 거래를 저해할 우려가 있다고 보기 어려운 만큼 그것이 '부당하게' 행하여진 경우라야 공정한 거래를 저해할 우려가 있다고 보아야 한다.

4) 부당한 고객유인

(가) 부당한 이익에 의한 고객유인

【케이엔라이프의 부당한 고객유인행위 건】

서울고등법원 2018. 11. 22. 선고 2018누54899판결(확정)

판결요지

사업자의 행위가 불공정거래행위로서 부당한 이익에 의한 고객유인행위에 해당하는지를 판단할 때에는, 그 행위로 인하여 경쟁사업자들 사이의 상품가격 등 비교를 통한 소비자의 합리적인 선택이 저해되거나 공정한 경쟁질서 내지 거래질서가 제한되는지에 관한 구체적인 사정을 고려하여야 한다.

부당한 이익에 의한 고객유인행위를 금지하는 취지는 부당한 이익제공으로 인하여 가격, 품질, 서비스 비교를 통한 소비자의 합리적인 상품 선택을 침해하는 것을 방지하는 한편, 해당 업계 사업자 간의 가격 등에 관한 경쟁을 통하여 공정한 경쟁질서 내지 거래질서를 유지하기 위한 것이므로, 사업자의 행위가 불공정거래행위로서 부당한 이익에 의한 고객유인행위에 해당하는지를 판단할 때에는, 그 행위로 인하여 경쟁사업자들 사이의 상품가격 등 비교를 통한 소비자의 합리적인 선택이 저해되거나 다수 소비자들이 궁극적으로 피해를 볼 우려가 있게 되는 등 널리 거래질서에 대해 미칠 파급효과의 유무 및 정도, 문제된 행위를 영업전략으로 채택한 사업자들의 수나 규모, 경쟁사업자들이 모방할 우려가 있는지, 관련되는 거래의 규모 등에 비추어 해당 행위가 널리 업계 전체의 공정한 경쟁질서나 거래질서에 미치게 될 영향 등과 함께 사업자가 제공하는 경제적 이익의 내용과 정도, 그 제공의 방법, 제공기간, 이익제공이 계속적·반복적인지 여부, 업계의 거래 관행 및 관련 규제의 유무 및 정도 등을 종합적으로 고려하여야 한다.

【한미약품의 부당한 고객유인행위 건】

대법원 2010. 11. 25. 선고 2009두9543 판결

판결요지

제약사가 의약품의 판매를 촉진하기 위하여 병·의원, 약국 등에 정상적인 상관행을 초과하여 과다한 이익을 제공한 것은 부당한 고객유인행위에 해당한다고 한 사례

의사가 의약품을 선택하는 데에 그 품질과 가격의 우위에 근거하지 않고 제약업체가 제공하는 부적절한 이익의 대소에 영향을 받게 된다면 소비자의 이익을 현저하게 침해될

수밖에 없고 의약품시장에서의 건전한 경쟁도 기대할 수 없게 되므로, 제약회사의 판매 촉진 활동은 위와 같은 측면들을 종합적으로 고려하며 투명성, 비대가성, 비과다성 등의 판단기준 하에 정상적인 거래관행에 비추어 보아 부당하거나 과다한 이익의 제공에 해당되는지 여부를 가려야 한다.

【조선일보사의 부당한 고객유인행위 건】

대법원 2010. 6. 24. 선고 2008두18588 판결

판결요지

'무가지'는 '신문판매업자가 구독자에게 공급하는 유료신문 부수를 초과하여 신문발행업자가 신문판매업자에게 제공한 신문'이고, 신문발행업자인 원고가 신문판매업자인 지국으로부터 대가를 받는지 여부와는 관계없다고 본 사례

'구 신문업에 있어서의 불공정거래행위 및 시장지배적 지위남용행위의 유형 및 기준' (2001. 7. 1. 공정거래위원회 고시 2001-7호) 제3조 제1항 제1호는 "신문발행업자가 신문판매업자에게 1개월 동안 제공하는 무가지와 경품류를 합한 가액이 같은 기간에 당해 신문판매업자로부터 받는 유료신문대금의 20%를 초과하는 경우"에서의 '무가지'를 "신문판매업자가 구독자에게 공급하는 유료신문 부수를 초과하여 신문발행업자가 신문판매업자에게 제공한 신문"이고, 신문발행업자인 원고가 신문판매업자인 지국으로부터 대가를 받는지 여부와는 관계없다.

(나) 위계에 의한 고객유인

【한국오라클의 부당한 고객유인행위 건】

대법원 2002. 12. 26. 선고 2001두4306 판결

판결요지

위계에 의한 고객유인행위의 객체는, 경쟁사업자의 고객이 될 가능성이 있는 상대방까지도 포함한다.

위계에 의한 고객유인행위의 객체가 되는 상대방, 즉 경쟁사업자의 고객은 경쟁사업자와 기존의 거래관계가 유지되고 있는 상대방에 한정되지 아니하고, 새로운 거래관계를 형성하는 과정에서 경쟁사업자의 고객이 될 가능성이 있는 상대방까지도 포함되므로, 원고와 한국사이베이스 주식회사가 서울대학교병원으로부터 통합의료정보시스템 재구축사업에 소요되는 데이터베이스관리시스템(DataBase Management System, 이하 'DBMS'라 한다)의 공급업자로 선정되기 위하여 서로 경쟁을 하고 있었던 이상 위 병원은 DBMS의 도급에 관하여 원고의 경쟁사업자인 사이베이스사의 고객이 될

가능성이 있는 상대방으로서 위계에 의한 고객유인행위에 있어서의 경쟁사업자의 고객에 해당한다.

【한국오라클의 부당한 고객유인행위 건】

대법원 2002. 12. 26. 선고 2001두4306 판결

판결요지

위계로 인하여 오인될 우려라 함은 상품 또는 용역 선택에 영향을 미칠가능성 또는 위험성을 의미한다.

위계에 의한 고객유인행위가 성립하기 위해서는 위계 또는 기만적인 유인행위로 인하여 고객이 오인될 우려가 있음으로 충분하고, 반드시 고객에게 오인의 결과가 발생하여야 하는 것은 아니며, 여기에서 오인이라 함은 고객의 상품 또는 용역에 대한 선택 및 결정에 영향을 미치는 것을 말하고, 오인의 우려라 함은 고객의 상품 또는 용역의 선택에 영향을 미칠 가능성 또는 위험성을 말한다. 서울대학교병원은 원고가 제출한 이 사건 비교자료 등을 의사결정자료로 삼아 DBMS 공급업체를 선정하였으므로 이 사건 비교자료가 위 병원의 구매의사결정에 영향을 미쳤을 가능성이 있다고 인정할 수 있다.

【에스케이텔레콤, 엘지전자, 엘지유플러스의 부당한 고객유인행위 건】

대법원 2019. 9. 26. 선고 2014두15047, 2014두15740, 2015두59 판결

판결요지

위계에 의한 고객유인행위에 해당하는지를 판단할 때에는 그 행위로 인하여 보통의 거래 경험과 주의력을 가진 일반 소비자의 거래 여부에 관한 합리적인 선택이 저해되거나 다수 소비자들이 궁극적으로 피해를 볼 우려가 있게 되는 등 널리 업계 전체의 공정한 경쟁질서나 거래질서에 미치게 될 영향, 파급효과의 유무 및 정도, 문제 된 행위를 영업전략으로 채택한 사업자의 수나 규모, 경쟁사업자들이 모방할 우려가 있는지 여부, 관련되는 거래의 규모, 통상적 거래의 형태, 사업자가 사용한 경쟁수단의 구체적 태양, 사업자가 해당 경쟁수단을 사용한 의도, 그와 같은 경쟁수단이 일반 상거래의 관행과 신의칙에 비추어 허용되는 정도를 넘는지, 계속적·반복적인지 여부 등을 종합적으로 살펴보아야 한다.

출시 단계에서부터 장려금을 반영하여 출고가를 높게 책정한 후 장려금을 재원으로 한 보조금을 지급하여 단말기를 할인해 주는 방식으로 마케팅 효과를 누리기로 한 이 사건 위반행위는, 실질적인 할인 혜택이 없음에도 불구하고 소비자는 할인의 재원이 자신이 이동통신 서비스에 가입함에 따라 원고가 얻게 되는 수익 중 일부였다고 오인시켜 소비자의 합리적 선택을 방해하고 정상적인 단말기 출고가 및 이동통신 요금에 대한

경쟁이 촉진되는 것을 저해하는 행위에 해당한다. 이 사건 위반행위의 대상이 된 단말기의 경우 출고가의 규모가 작지 않고, 단말기의 출고가 대비 장려금 비율이 상당히 높은 수준이었던 점, 출고가 대비 장려금 비율이 낮을수록 그 장려금에서 사후 장려금이 차지하는 부분은 낮고 대부분이 부풀리기를 통하여 조성된 것으로 보이는 점 등을 고려하여, 이 사건 위반행위가 원고의 단말기 등에 대한 거래조건에 관하여 실제보다 '현저히' 유리한 것으로 소비자를 오인시키거나 오인시킬 우려가 있는 행위에 해당한다.

5) 거래강제행위

(가) 끼워팔기

【한국토지공사의 거래강제행위 건】

대법원 2006. 5. 26. 선고 2004두3014 판결

판결요지

끼워팔기가 정상적인 거래관행에 비추어 부당한지 여부는 종된 상품을 구입하도록 한 결과가 상대방의 자유로운 선택의 자유를 제한하는 등 공정한 거래질서를 저해할 우려 여부에 따라 판단하여야 하며 주된 상품을 공급하는 사업자가 반드시 시장지배적 사업자일 필요는 없다.

'거래강제' 중 '끼워팔기'는, 자기가 공급하는 상품 또는 용역 중 거래상대방이 구입하고자 하는 상품 또는 용역('주된 상품')을 상대방에게 공급하는 것과 연계하여 상대방이 구입하고자 하지 않거나 상대적으로 덜 필요로 하는 상품 또는 용역('종된 상품')을 정상적인 거래관행에 비추어 부당하게 자기 또는 자기가 지정하는 다른 사업자로부터 상대방이 구입하도록 하는 행위를 말한다. 끼워팔기가 정상적인 거래관행에 비추어 부당한지 여부는 종된 상품을 구입하도록 한 결과가 상대방의 자유로운 선택의 자유를 제한하는 등 가격과 품질을 중심으로 한 공정한 거래질서를 저해할 우려가 있는지 여부에 따라 판단하여야 한다. 끼워팔기에 해당하기 위하여는 주된 상품을 공급하는 사업자가 주된 상품을 공급하는 것과 연계하여 거래상대방이 그의 의사에 불구하고 종된 상품을 구입하도록 하는 상황을 만들어낼 정도의 지위를 갖는 것으로 족하고 반드시 시장지배적 사업자일 필요는 없다.

【한국토지공사의 거래강제행위 건】

대법원 2006. 5. 26. 선고 2004두3014 판결

판결요지

비인기토지의 매입시 인기토지에 대한 매입우선권을 부여한 것은 부당한 끼워팔기에 해당한다.

원고가 인천마전·남양주호평·평내·마석지구 등 공동주택지(이하 '비인기토지'라 한다)의 판매가 저조하자 상대적으로 분양이 양호한 부천상동·용인신봉·동천·죽전·동백지구 등 공동주택지(이하 '인기토지'라 한다)를 판매하면서 비인기토지의 매입시 인기토지에 대한 매입우선권을 부여함으로써 비인기토지를 매입하지 않고서는 사실상 인기토지를 매입할 수 없게 만들어, 주된 상품인 인기토지를 매입하여 주택건설사업을 하고자 하는 주택사업자로서는 사실상 종된 상품인 비인기토지를 매입할 수밖에 없는 상황에 처하게 한 사실이 인정된다. 이러한 연계판매행위는 거래상대방에 대하여 자기의 주된 상품을 공급하면서 자기의 종된 상품을 구입하도록 하는 행위로서 끼워팔기에 해당하고, 나아가 공공부문 택지개발사업의 40% 이상을 점하고 있는 원고가 위와 같은 끼워팔기에 해당하는 연계판매행위를 할 경우 거래상대방인 주택사업자들의 상품 선택의 자유를 제한하는 등 공정한 거래질서를 침해할 우려가 있으므로, 원고의 위와 같은 행위는 결국, 구 공정거래법 제23조 제1항 제3호 후단 및 법 시행령 제36조 제1항 [별표 1] 불공정거래행위기준 제5호 (가)목의 '끼워팔기'에 해당한다.

(나) 사원판매

【대우자판의 거래강제행위 건】

대법원 2001. 2. 9. 선고 2000두6206 판결

판결요지

사원판매를 불공정거래행위로 규정하여 금지하는 것은 회사의 우월적 지위를 바탕으로 임직원의 선택의 자유를 제한하는 것을 방지하고자 하는 것이며, 불공정거래행위는 공정한 경쟁을 저해할 추상적인 위험성만으로 인정된다.

사원판매를 불공정거래행위로 규정하고 있는 것은, 회사가 그 임직원에 대하여 가지는 고용관계상의 지위를 이용하여 상품과 용역의 구입 또는 판매를 강제함으로써 공정한 거래질서를 침해하는 것을 방지하고자 하는 것이다. 사원판매에 해당하기 위하여는 문제된 행위의 태양과 범위, 대상 상품의 특성, 행위자의 시장에서의 지위, 경쟁사의 수효와 규모 등과 같은 구체적 상황을 종합적으로 고려할 때 당해 행위가 거래상대방인 임직원의 선택의 자유를 제한함으로써 가격과 품질을 중심으로 한 공정한 거래질서를

침해할 우려가 있다고 인정되어야 한다. 거래행위로 인정되기 위해서는 실제로 공정한 경쟁을 저해한 사실이 있어야 할 필요는 없고, 그 우려가 있는 것만으로 충분하며, 그 우려의 정도는 추상적인 위험성(가능성)만으로 충분하고 구체적인 위험성을 필요로 하지 않을 뿐만 아니라 기업이익의 극대화 등의 영리적인 목적이 반드시 필요한 것은 아니다.

【한국일보사의 거래강제행위 건】

대법원 1998. 3. 27. 선고 96누18489 판결

판결요지

사원판매 강제행위에 해당하려면 사업자가 그 임직원에 대하여 직접 자기회사 상품 등을 구입하도록 강제하거나 적어도 이와 동일시 할 수 있을 정도의 강제성을 가지고 자기회사 상품의 판매량을 할당하고 이를 판매하지 못한 경우에는 그 목표미달 임직원에게 그 상품의 구입부담을 지우는 등 행위가 있어야만 할 것이고, 단지 임직원들을 상대로 자기회사 상품의 구매자 확대를 위하여 노력할 것을 촉구하고 독려하는 것은 위 행위유형에 해당되지 아니한다.

(다) 기타의 거래강제

【대우건설의 거래강제행위 건】

서울고등법원 2007. 9. 13. 선고 2006누27900 판결(확정)

판결요지

건설사가 특정 법무사를 지정하여 등기업무를 위임할 것을 사실상 강제하였으나 이로 인하여 등기비용이 절감되었으며 다른 법무사의 등기신청도 가능하였던 점 등에 비추어 부당성이 인정되기 어렵다고 한 사례

지정법무사 이외의 다른 법무사에게 등기업무를 위임하는 경우에는 등기업무 처리로 인한 일체의 책임을 묻지 아니하기로 하는 각서 등의 제출을 요구한 바, 대출세대로 하여금 지정법무사에게만 등기 업무를 위임할 것을 사실상 강제하는 효과를 거두고 있으나, 원고 등 농협은 위 각 등기의 일방 당사자로서 자신의 이익이 침해되지 않도록 자신이 신뢰하는 법무사를 선임하여 등기신청을 할 권리가 없다고 할 수 없는 점, 원고의 위 행위로 인하여 대부분의 대출세대가 지정법무사를 선임하여 일괄하여 그 업무를 처리하게 한 결과 40%의 비율에 상당한 등기비용이 절감하게 되었으므로 이는 결국 그 업무처리의 편의성, 효율성의 제고와 소비자의 후생 증대에 기여하였으며, 나아가 원고 및 농협의 이익도 보호되는 효과가 발생하게 되었다고 할 것인 점, 원고 등의 연대보증채무의 해소를 위하여 농협으로부터 원고 등에 대한 연대보증 채권을 포기하는

동의서 등을 받아 원고 등에게 제출하는 경우에는 다른 법무사의 등기신청이 가능하도록 한 점(지정법무사를 이용하지 않은 세대수는 9세대) 등에 비추어 부당성이 인정되기 어렵다.

【한국교육방송공사의 거래강제행위 건】

서울고등법원 2016. 11. 30. 선고 2016누44744 판결(확정)

판결요지

총판 평가지표를 설정하면서 수능 비연계 교재의 배점을 높게 설정하고, 평가 결과가 좋지 않은 총판에 대하여는 계약을 종료하거나 경고조치를 한 행위는 수능 비연계 교재의 판매를 사실상 강제한 불공정거래행위라고 한 사례

원고(한국교육방송공사)는 2013년 및 2014년 총판과의 계약갱신 여부를 결정하기 위하여 총판 평가지표를 설정하면서 전체 매출액의 약 60%를 차지하는 수능 연계 교재의 매출실적에 대한 평가지표 배점은 100점 만점 중 15점으로 지나치게 낮게 설정하고, 전체 매출액의 약 40%를 차지하는 수능 비연계 교재의 매출실적에 대한 평가지표 배점을 70점 또는 85점으로 높게 설정하였으며, 위와 같은 평가지표에 따라 총판을 평가하여 평가 결과가 좋지 않은 총판에 대하여는 계약을 종료하거나 경고조치를 하였는바, 위와 같은 평가지표가 설정되어 그에 따라 계약갱신 여부를 결정하겠다고 고지된 이상 총판으로서는 원고의 수능 연계 교재의 총판권을 유지하기 위하여 평가지표상 배점이 높은 수능 비연계 교재의 판매를 사실상 강제 받는 상황에 놓이게 되었을 것으로 보이고, 이는 별다른 부적격사유가 없으면 계약을 갱신하거나 매출규모를 반영한 평가지표를 설정하여 계약갱신 여부를 평가해온 학습참고서 시장에서의 통상적인 거래관행에 반하는 행위로서 원고가 자신의 거래상 지위를 이용하여 불합리한 평가기준을 설정하고 그에 따르지 않을 경우 불이익을 제공하는 불공정한 거래행위에 해당한다고 봄이 타당하다.

6) 거래상 지위의 남용

(가) 입법취지 및 적용대상

【전북개발공사의 거래상지위 남용행위 건】

서울고등법원 2003. 6. 3. 선고 2002누10768 판결(확정)

판결요지

사업자의 거래상 지위의 남용행위를 규제하고 있는 취지는 현실의 거래관계에서 경제력에 차이가 있는 거래주체 간에도 상호 대등한 지위에서 법이 보장하고자 하는 공정한 거래를 할 수 있게 하기 위하여 상대적으로 우월적 지위에 있는 사업자에 대하여 그 지위를 남용하여 상대방에게 거래상 불이익을 주는 행위를 금지시키고자 하는데 그 입법취지가 있다.

【한국전력공사의 거래상지위 남용행위 건】

서울고등법원 2007. 9. 5. 선고 2007누9046 판결(확정)

판결요지

정상적인 거래관행 등에 비추어 정당하여 순수한 민사상의 분쟁에 불과하다고 인정되는 경우가 아닌 한 그러한 다툼은 결국 공정한 거래질서를 저해하는 것이라 할 것이므로 공정거래법의 적용대상이 된다.

불공정거래행위의 한 유형으로 사업자가 "자기의 거래상의 지위를 부당하게 이용하여 상대방과 거래하는 행위"를 규정하고 있는 것은, 결과적으로 공정한 경쟁기반을 만들고자 하는 데 그 입법취지가 있는 것이므로, 당해 행위가 시장의 경쟁질서에 직접적인 영향을 주지는 않더라도 거래 당사자 사이의 거래방법, 거래조건 등이 정상적인 거래관행에 비추어 공정하지 못하다고 인정될 경우 적용될 수 있다. 거래상 불리한 지위에 있는 자로서는 계약서 및 관련 법령내용 등의 해석과 관련하여 다툼이 있는 경우에는 나중에 민사소송 등을 통하여 승소하여 권리구제를 받을 수 있다 할지라도 그러한 다툼이 있다는 자체가 불이익으로 작용할 수 있다는 점을 고려할 때, 우월적 지위 등에 있는 자가 계약서 및 관련 법령내용 등의 해석에 관하여 다투는 것 자체가 정상적인 거래관행 등에 비추어 정당하여 순수한 민사상의 분쟁에 불과하다고 인정되는 경우가 아닌 한 그러한 다툼은 결국 공정한 거래질서를 저해하는 것이라 할 것이므로 공정거래법의 적용대상이 된다.

(나) '사업자' 및 '거래'의 의미

【팬택여신투자금융 외 18의 거래상지위 남용행위 건】

대법원 2006. 11. 9. 선고 2003두15225 판결

판결요지

거래상 지위의 남용행위의 대상이 되는 '거래'는 사업자간의 거래에 한정되는 것은 아니다.

구 공정거래법 제23조 제1항 제4호가 불공정거래행위의 한 유형으로 사업자가 "자기의 거래상의 지위를 부당하게 이용하여 상대방과 거래하는 행위"를 규정하면서, 거래 상대방을 사업자로 한정하고 있지 않는 점, 거래상 지위의 남용행위를 불공정거래행위로 규제하는 취지는 현실의 거래관계에서 경제력에 차이가 있는 거래주체 간에도 상호 대등한 지위에서 법이 보장하고자 하는 공정한 거래를 할 수 있도록 하기 위한 것인 점 등을 감안하면, 거래상 지위의 남용행위의 대상이 되는 거래가 사업자간의 거래에 한정되는 것은 아니라고 할 것이다.

(다) 거래상 지위의 존재 및 남용 여부

【한국미니스톱의 거래상지위 남용행위 건】

서울고등법원 2016. 9. 2. 선고 2015누51547 판결(확정)

판결요지

불이익 제공행위에 해당하는지 여부를 판단함에 있어 '거래상 지위'는 일방이 상대적으로 우월한 지위 또는 적어도 상대방과의 거래활동에 상당한 영향을 미칠 수 있는 지위를 갖고 있으면 이를 인정할 수 있고, 거래상 지위가 있는지 여부는 당사자가 처하고 있는 시장의 상황, 당사자 간의 전체적 사업능력의 격차, 거래의 대상인 상품의 특성 등을 모두 고려하여 판단하여야 한다.

VAN사들이 대형가맹점에게 영업지원금이나 수수료 명목으로 다양한 경제적 이익을 제공하는 영업방식을 채택하고 있고, 원고가 나이스 및 ITN과 VAN서비스 계약을 체결하여 VAN서비스를 제공하고 있음에도 불구하고 2010. 8.과 2010. 11.에 두 개의 다른 VAN사(한국정보통신, 스마트로)가 원고에게 나이스 및 ITN보다 유리한 조건의 거래를 제안해 온 사실 및 VAN서비스 시장은 사업자들 사이에 서비스의 차별화가 어려운 시장인 점 등에 비추어 보면, VAN사들 사이에서 대형가맹점 유치경쟁이 치열하게 이루어지고 있는 것으로 보이고, 나이스와 ITN이 대체거래선을 용이하게 확보할 수 있다는 원고 주장은 받아들이기 어렵다. 원고와 같은 가맹점의 입장에서는 다른 VAN사로 거래처를 전환한다고 하여도 이를 위하여 별다른 전환비용이 들지 않는 것으로 보이는데, 나이스와 ITN 같은 VAN사의 입장에서는, 특히 대형가맹점의 경우 일정 기간 이상

거래를 계속하는 것을 전제로 상당한 지원금이나 전산장비를 제공하였음에도 거래의 중단으로 투자비용을 회수하지 못하는 상당한 손해를 감수하여야 하는 문제가 발생하는 것으로 안다. 이러한 사정에다가 원고와 나이스 및 ITN과의 규모에 따른 사업능력의 격차, ITN의 원고에 대한 높은 매출의존도 등을 더하여 보면, 원고는 나이스 및 ITN과의 관계에서 상대적으로 우월한 지위 또는 적어도 상대방의 거래활동에 상당한 영향을 미칠 수 있는 지위를 갖고 있음을 부인하기 어렵다고 할 것이다.

【전북개발공사의 거래상지위 남용행위 건】

서울고등법원 2003. 6. 3. 선고 2002누10768 판결(확정)

판결요지

사업규모와 능력면에서 대규모인 사업발주자가 시공업체에 대하여 우월적 지위에 있다.

원고 대한주택공사와 삼호토건 사이에 사업규모와 능력면에서 상당한 차이가 있고, 삼호토건은 발주업체로부터 공사를 도급받아 시공하는 건설업체이며, 원고가 전북지역에서 택지개발 및 건설사업을 대규모로 발주하는 자로서 거래상대방인 시공업체의 입장으로서는 원고와의 지속적인 거래관계를 유지하기 위하여 거래과정에서 원고가 요구 또는 제시하는 조건 등을 사실상 거절하기 어려운 점 등에 비추어 볼 때, 원고가 시공업체인 삼호토건에 대하여 거래상 우월적 지위에 있다.

【한국전기통신공사의 한국제어계측에 대한 거래상지위 남용행위 건】

대법원 1997. 8. 26. 선고 96누20 판결

판결요지

원고 한국통신은 전기통신사업을 독점적으로 영위하는 사업자로서 전기통신설치 등에 관련된 독점적 수요자의 위치에 있으므로 전기통신관련제품의 생산·유통업자는 원고 이외의 거래처를 선택할 여지가 거의 없으므로 거래상 우월적 지위가 인정된다고 한 사례

원고가 소외 한국제어계측 주식회사(이하 '소외 회사'라 한다)와 사이에 체결한 납품계약에 따라 납품받은 심선접속용 시험세트 41대와 케이블시험기 93대의 품질이 불량하다는 이유로 납품계약을 해제하고 지체상금 등을 부과한 행위에 대하여 피고가 시정명령을 한 이 사건에서, 그 채택한 증거들에 의하여 원고가 공중전기통신사업에서의 차지하고 있는 위치, 소외 회사의 응찰경위, 납품계약의 목적물인 심선접속용시험세트와 케이블시험기의 특성 및 계약 내용, 소외 회사가 당초의 납품기한을 지키지 못하고

여러 차례 연장한 경위, 원고가 정한 물품구매계약일반조건에서의 납품기한, 검사, 계약해제 등과 관련한 규정의 내용, 소외 회사가 납품한 목적물의 하자의 내용과 정도 등에 대하여 판시와 같은 사실을 인정한 다음, 이러한 사실관계에 의하면 (1) 원고는 시장에서 독점적 지위를 차지하고 있어 거래상대방은 다른 거래처 선택의 가능성이 없고 거래조건에 관하여 자유롭게 결정할 수 없으므로, 독점규제 및 공정거래에 관한 법률 제23조 제1항 제4호의 규정에 근거한 불공정거래행위의 유형 및 기준(이하 '고시'라 한다) 제6조에서 정한 거래상 우월한 지위에 있고, (2) 원고와 소외 회사와 사이의 납품계약이 경쟁입찰 방식에 의하여 체결되었더라도 그 계약에서 정한 납품기한은 계약의 성격, 이행과정 등에 비추어 납품기한 내에 이행을 완료하는 것이 사실상 불가능할 정도로 거래상대방에게 불이익하도록 부당하게 단기간으로 설정된 것이어서, 고시 제6조 제4호에서 정한 거래상의 지위가 우월함을 이용하여 부당하게 거래상대방에게 불이익이 되도록 거래조건을 설정한 경우에 해당한다.

【부관훼리의 거래상지위 남용행위 건】

대법원 2002. 1. 25. 선고 2000두9359 판결

판결요지

거래상의 지위를 부당하게 이용하였는지 여부는 당사자가 처하고 있는 시장 및 거래의 상황, 당사자 간의 전체적 사업능력의 격차, 거래의 대상인 상품 또는 용역의 특성, 그리고 당해 행위의 의도·목적·효과·영향 및 구체적인 태양, 해당 사업자의 시장에서의 우월한 지위의 정도 및 상대방이 받게 되는 불이익의 내용과 정도 등에 비추어 볼 때 정상적인 거래관행을 벗어난 것으로서 공정한 거래를 저해할 우려가 있는지 여부를 판단하여 결정하여야 한다.

(라) 행위유형

① 구입강제행위

【부관훼리의 거래상지위 남용행위 건】

대법원 2002. 1. 25. 선고 2000두9359 판결

판결요지

'구입강제'에 있어서 '거래상대방이 구입할 의사가 없는 상품 또는 용역'이라 함은 행위자가 공급하는 상품이나 역무뿐만 아니라 행위자가 지정하는 사업자가 공급하는 상품이나 역무도 포함한다 할 것이고, '구입하도록 강제하는 행위'라 함은 상대방이 구입하지 않을 수 없는 객관적인 상황을 만들어 내는 것을 포함한다.

【티브로드홀딩스의 거래상지위 남용행위 건】

서울고등법원 2014. 8. 21. 선고 2013누32511 판결(확정)

판결요지

종합유선방송업자인 원고가 3개 홈쇼핑사업자로 하여금 이 사건 골프장 회원권을 구입하게 한 행위는 구입강제행위에 해당한다고 판단한 사례

원고는 자신과 거래관계에 있는 3개 홈쇼핑사(GS홈쇼핑, 현대홈쇼핑, 우리홈쇼핑)에게 자신의 계열회사인 동림관광개발㈜의 동림CC골프장 회원권을 구입할 것을 요청하였고, 더욱이 원고는 서로 경쟁관계에 있던 다른 홈쇼핑사업자에게도 같은 요구를 하였다고 알려줌으로써 3개 홈쇼핑사업자로 하여금 사실상 원고의 요구를 거부할 수 없는 상황을 만들었다고 볼 수 있다. 비록 원고가 3개 홈쇼핑사업자에 이 사건 골프장 회원권의 구입을 요구함에 있어 만일 이에 응하지 아니할 경우 어떠한 불이익을 주겠다고 묵시적으로 표시하거나 암시하지 아니하였다고 하더라도, 3개 홈쇼핑사업자로서는 거래상 우월적 지위에 있는 원고의 요청을 거부할 경우 입게 될지도 모르는 불이익을 고려하지 않을 수 없었다. 원고의 이 사건 골프장 회원권 구입 요청을 받아들이지 아니한 다른 2개 홈쇼핑 사업자가 있다고 하더라도, 구입강제행위 자체의 존부와 구입강제를 물리치고 그 강제된 구입을 하지 아니한 다른 경쟁사업자가 있다는 것은 직접적인 관련이 없는 문제로서 원고의 행위가 구입강제행위에 해당하지 아니한다고 할 수 없다.

【메가박스의 거래상지위 남용행위 건】

서울고등법원 2010. 12. 15. 선고 2009누39065 판결(확정)

판결요지

극장사업자가 극장광고업자에게 자기가 지정한 영화표를 구매하도록 한 행위는 구입강제행위에 해당한다고 판단한 사례

원고가 광고영화상영 재계약 이후 '웰컴 투 동막골'의 예매율을 높이기 위해 극장광고업자에게 영화표를 구매할 것을 요구하여 극장광고업자가 영화표 대금 5천만 원을 원고에게 송금하게 한 행위는 위 영화표 구입행위의 목적, 극장광고업종에서의 통상적인 모니터 티켓 거래관행, 극장광고업자로서는 5천만 원 상당의 영화표 대금을 지급하고서도 영화표는 수령조차 못하여 동액 상당의 피해가 발생한 점 등을 종합하여 보면, 원고가 거래상의 우월한 지위를 이용하여 거래상대방인 극장광고업자에게 자기가 지정한 영화표를 구매하도록 한 행위는 구입강제행위에 해당한다.

【씨엔엠의 거래상지위 남용행위 건】

대법원 2014. 2. 13. 선고 2012두10772 판결

판결요지

거래상 지위는 인정되었으나 부당한 구입강제행위로 인정되지 아니한 사례

원고는 유료방송시장에서 씨제이미디어 등 13개 방송채널사용사업자(PP사업자)에 대하여 거래활동에 상당한 영향을 미칠 수 있는 지위에 있고, PP사업자와 채널송출계약을 체결하는 원고의 채널전략팀이 나서서 2007년부터 2009년까지 PP사업자들에게 이 사건 광고방송시간을 판매한 사실 등은 인정되나, PP사업자들 중 유력한 5대 사업자는 원고와 비교하여 사업능력에 현저한 차이가 있다고 보기 어려운 점, 원고가 이 사건 광고방송시간의 구매를 요청하면서 그에 불응할 경우 채널 편성에 있어 불이익을 주겠다는 언동을 하였다거나 실제 불이익을 받은 PP사업자가 있었다는 직접적인 증거가 없는 점 등을 종합할 때 원고가 PP사업자들로 하여금 이 사건 광고방송시간을 구매하지 않을 수 없는 객관적인 상황을 만들어 내는 등으로 자신의 거래상 지위를 부당하게 이용하여 구입강제를 하였다고 인정하기에 부족하다.

② 판매목표강제행위

【씨제이헬로비전의 판매목표강제행위 건】

대법원 2011. 5. 13. 선고 2009두24108 판결

판결요지

'자기가 공급하는 상품 또는 용역과 관련하여 거래상대방의 거래에 관한 목표를 제시하고 이를 달성하도록 강제하는 행위'인 판매목표강제행위에 해당하는지 여부를 판단함에 있어 '거래상 지위'가 있는지 여부는 시장의 상황, 당사자 간의 격차, 상품의 특성 등을 모두 고려하여 판단하여야 한다.

구 공정거래법 제23조 제1항 제4호는 '자기의 거래상의 지위를 부당하게 이용하여 상대방과 거래하는 행위'를 불공정거래행위의 하나로 규정하고, 같은 조 제2항에 따른 구 공정거래법 시행령 제36조 제1항 [별표 1] 불공정거래행위의 유형 및 기준 제6호 (다)목은 구 공정거래법 제23조 제1항 제4호에 해당하는 행위유형의 하나로 '판매목표강제'를 들면서, 이를 '자기가 공급하는 상품 또는 용역과 관련하여 거래상대방의 거래에 관한 목표를 제시하고 이를 달성하도록 강제하는 행위'라고 규정하고 있는바, 판매목표강제행위에 해당하는지 여부를 판단함에 있어 '거래상 지위'는 일방이 상대적으로 우월한 지위 또는 적어도 상대방과의 거래활동에 상당한 영향을 미칠 수 있는 지위를 갖고 있으면 이를 인정하기에 족하다고 할 것이고, 거래상 지위가 있는지 여부는

당사자가 처하고 있는 시장의 상황, 당사자 간의 전체적 사업능력의 격차, 거래의 대상인 상품의 특성 등을 모두 고려하여 판단하여야 할 것이다.

【씨제이헬로비전의 판매목표강제행위 건】

대법원 2011. 5. 13. 선고 2009두24108 판결

판결요지

판매목표강제행위에 해당하는지 여부는 당해 행위의 의도와 목적, 효과와 영향 등과 같은 구체적 태양과 상품의 특성, 거래의 상황, 해당 사업자의 시장에서의 우월적 지위의 정도 및 상대방이 받게 되는 불이익의 내용과 정도 등에 비추어 판단하여야 한다.

【씨제이헬로비전의 판매목표강제행위 건】

대법원 2011. 5. 13. 선고 2009두24108 판결

판결요지

판매목표강제에 있어서 '목표를 제시하고 이를 달성하도록 강제하는 행위'에는 상대방이 목표를 달성하지 않을 수 없는 객관적인 상황을 만들어 내는 것을 포함하고, 사업자가 일방적으로 상대방에게 목표를 제시하고 이를 달성하도록 강제하는 경우뿐만 아니라 사업자와 상대방의 의사가 합치된 계약의 형식으로 목표가 설정되는 경우도 포함된다.

【씨제이헬로비전의 판매목표강제행위 건】

대법원 2011. 5. 13. 선고 2009두24108 판결

판결요지

씨제이헬로비전이 협력업체들에 대해 신규가입자 유치목표를 설정하고 이를 달성하지 못할 경우 업무위탁수수료를 감액하여 지급한 사안에서, 협력업체들에 대해 영업목표를 할당하고 미달성시 업무위탁수수료를 감액하여 지급한 행위는 판매목표강제행위에 해당한다고 본 사례

영업목표 달성에 관하여 매월 협력업체를 평가하여 신규가입자 유치 목표에 미달할 경우 정상 수수료에서 미달한 만큼 월 단위로 지급할 수수료를 페널티로 감액하거나 일정한 조건 하에서 이 사건 계약까지 해지할 수 있는 점…(중략)…신규가입자 유치업무 등 영업의 경우에는 업무의 특성상 그 유치실적에 비례하여 차등적, 누진적으로 인센티브를 제공하는 방식에 따라야 할 것인데도 영업실적이 월간목표에 미달한다는 이유로 그 미달비율에 따라 영업수수료를 감액하는 방식으로 지급해 온 점…(중략)…

판매목표 미달성을 이유로 이 사건 계약을 실제 해지한 적이 없다 하더라도, 원고는 협력업체들에 대해 케이블방송 및 인터넷의 신규가입자 유치목표를 설정하고 이를 달성하지 못할 경우 지급할 업무위탁 수수료를 감액하는 불이익을 주는 방법으로 협력업체들의 자유로운 의사결정을 저해하거나 불이익을 강요함으로써 공정한 거래를 저해할 우려가 있는 행위를 하였다고 할 것이다…(중략)…가입자유치에 대해 지급되는 영업수수료는 당초에 정해진 건당 수수료에 따라 협력업체의 유치실적에 비례하여 가중하는 방식으로 산정되어야 할 것인데, 앞서 본 바와 같이 원고는 건당 수수료에 유치실적을 곱하여 산출한 수수료 액수를 그대로 지급하지 아니한 채 당초 설정한 신규가입자 유치의 월간목표를 달성하지 못한 경우에는 30점 만점인 영업점수를 감점하고 이에 비례하여 위 수수료를 감액한 차액만을 지급해 왔으므로 이를 두고 일정 수준에 이르면 건당 수수료 금액이 높아지는 누진적인 인센티브에 해당된다고 보기 어렵다.

【쌍용자동차의 판매목표강제행위 건】

서울고등법원 2008. 7. 10. 선고 2008누596 판결(확정)

판결요지

자동차 제조판매업자가 대리점에 선출고를 요청하고 목표달성을 촉구하는 공문 등을 보낸 사안으로 선출고 요구 등 행위는 이에 관한 관행이 존재하고 목표 미달성시 불이익을 받은 사실도 없다고 본 사례

원고뿐만 아니라 다른 자동차제조판매업자도 대리점에 선출고를 요청하는 관행이 있는 사실, 대리점에서 원고 지역본부의 요청에 따라 선출고한 차량의 매출이 취소되는 경우 대리점에 지연이자를 부과하지 않은 사실, 대리점은 원고 지역본부의 선출고 요청이나 목표달성을 촉구하는 공문 또는 문자메시지의 내용에 따르지 않더라도 특별한 제재나 불이익을 받지 않았고 오히려 선출고가 판매실적에 포함되므로 대리점은 선출고를 하더라도 판매실적 증가에 따른 정례 인센티브와 임차지원금 등을 받을 수 있는 사실, 종합평가 결과 부진대리점에 해당하지 않는 이상 판매목표를 달성하지 못하더라도 특별한 제재나 불이익을 받지 않은 사실, 대부분의 대리점은 판매목표를 달성하지 못하고도 원고와 판매대리계약을 유지하고 있는 사실 등을 종합하면 원고가 대리점에 선출고를 요청하고 목표달성을 촉구하는 공문이나 문자메시지를 보낸 행위 등은 대리점의 판매목표 달성을 촉구하는 행위에 불과하고, 원고가 일부 대리점과의 계약관계를 종료한 것은 자동차 판매대리계약에 따른 적법한 행위임과 동시에 경영상의 필요에 따른 행위라고 봄이 타당하다.

③ 불이익 제공행위

【퀴아젠코리아의 거래상지위 남용행위 건】

서울고등법원 2020. 11. 12. 선고 2020누33017 판결(확정)

판결요지

원고의 행위가 거래상 지위를 부당하게 이용하여 이행과정에서 대리점에게 불이익을 주었다고 본 사례

원고는 보조참가인 웅비메디텍과 국내에 독점적으로 결핵진단기기를 공급하는 대리점 계약을 체결하였으나, 대규모의 정부입찰을 앞두고 직접 질병관리본부의 입찰에 참가하여 경제적 이익을 얻으려는 의도와 향후 결핵진단기기의 수요가 급격히 증가하리라는 예상에 따라 웅비메디텍과의 대리점 계약을 부당하게 해지하였다. 원고의 이러한 행위로 인해 웅비메디텍은 입찰에 참여하지 못하게 됨으로써 입찰과 관련한 계약금액 상당의 매출을 올릴 기회를 상실하였고, 영업이익도 35%나 급감하였으므로 그 불이익의 내용은 구체적이고 명확하다. 따라서 원고의 행위는 거래상 지위를 부당하게 이용하여 이행과정에서 웅비메디텍에게 불이익을 주었다고 인정할 수 있다.

【금보개발의 거래상지위 남용행위 건】

대법원 2015. 9. 10. 선고 2012두18325 판결

판결요지

'자기의 거래상의 지위를 부당하게 이용하여 상대방과 거래하는 행위'라고 규정하여 행위의 상대방을 사업자 또는 경쟁자로 한정하고 있지는 않지만, 그 거래상 지위의 남용행위에서는 적어도 거래질서와의 관련성은 필요하다고 보아야 한다.

불공정거래행위에 관한 법령의 규정 내용에 따르면, 그 문언에서 행위의 상대방을 사업자 또는 경쟁자로 규정하고 있거나 그 문언의 해석상 거래질서 또는 경쟁질서와의 관련성을 요구하고 있으므로, 이러한 규정의 체계를 고려할 때 구 공정거래법 제23조 제1항 제4호가 '자기의 거래상의 지위를 부당하게 이용하여 상대방과 거래하는 행위'라고 규정하여 행위의 상대방을 사업자 또는 경쟁자로 한정하고 있지는 않지만, 그 거래상 지위의 남용행위에서는 적어도 거래질서와의 관련성은 필요하다고 보아야 한다. 거래상 지위 남용행위의 상대방이 경쟁자 또는 사업자가 아니라 일반 소비자인 경우에는 단순히 거래관계에서 문제될 수 있는 행태 그 자체가 아니라, 널리 거래질서에 미칠 수 있는 파급효과라는 측면에서 거래상 지위를 가지는 사업자의 불이익 제공행위 등으로 인하여 불특정 다수의 소비자에게 피해를 입힐 우려가 있거나, 유사한 위반행위 유형이 계속

적·반복적으로 발생할 수 있는 등 거래질서와의 관련성이 인정되는 경우에 한하여 공정한 거래를 저해할 우려가 있는 것으로 해석함이 타당하다 할 것인 바, 비록 이 사건 행위의 내용이 원고의 평일회원들에게 다소 불이익하다고 볼 수는 있지만, 평일회원들은 골프장 경영 회사인 원고에 대한 관계에서 일반 소비자에 해당하므로, 먼저 거래질서와의 관련성이 인정되어야만 이 사건 행위가 공정한 거래를 저해할 우려가 있다고 볼 수 있을 것이다.

【하이트맥주의 거래상지위 남용행위 건】

대법원 2004. 7. 9. 선고 2002두11059 판결

판결요지

거래상의 지위를 부당하게 이용하여 그 거래조건을 설정 또는 변경하거나 그 이행과정에서 불이익을 준 것으로 인정되고, 그로써 공정거래를 저해할 우려가 있어야 한다.

불이익 제공행위에 해당하기 위하여는 그 행위의 내용이 상대방에게 다소 불이익하다는 점만으로는 부족하고, 구입강제, 이익제공강요, 판매목표강제 등과 동일시할 수 있을 정도로 일방 당사자가 자기의 거래상의 지위를 부당하게 이용하여 그 거래조건을 설정 또는 변경하거나 그 이행과정에서 불이익을 준 것으로 인정되고, 그로써 정상적인 거래관행에 비추어 상대방에게 부당하게 불이익을 주어 공정거래를 저해할 우려가 있어야 한다.

【이랜드리테일의 거래상지위 남용행위 건】

대법원 2007. 1. 12. 선고 2004두7146 판결

판결요지

불이익 제공의 내용이 구체적으로 명확하게 특정되어야 하고, 그러하지 아니한 상태에서 이루어진 시정명령 등 행정처분은 위법하다.

【서울도시철도공사의 거래상지위 남용행위 건】

대법원 2002. 5. 31. 선고 2000두6213 판결

판결요지

불이익이 금전상의 손해인 경우에는 그 범위(손해액)까지 명확하게 확정되어야 한다.

지하철의 광고대행계약의 체결과 그 이행과정에서 도시철도공사가 지하철의 개통지연 및 미영업역 발생 등으로 인하여 발생한 광고대행사의 경상관리비를 광고대행료에 반영하여 주지 아니하는 불이익을 제공하였다는 것을 이유로 공정거래위원회가 시정명령을 하기 위해서는, 거래상대방에게 발생한 불이익의 내용이 객관적으로 명확하게 확정되어야 하고, 여기에서의 불이익이 금전상의 손해인 경우에는 법률상 책임있는 손해의 존재는 물론 그 범위(손해액)까지 명확하게 확정되어야 한다.

【하이트맥주의 거래상지위 남용행위 건】

대법원 2004. 7. 9. 선고 2002두11059 판결

판결요지

부당성의 유무는 당해 행위가 행하여진 당시를 기준으로 당해 행위의 의도와 목적, 경위, 불이익의 내용과 정도, 경쟁제약의 정도, 관행, 관계 법령의 규정 등 여러 요소를 종합하여 전체적인 관점에서 판단하여야 한다.

상호간의 이익증진을 목적으로 한 일정한 거래관계에 따른 계약에 있어서는 그 계약에 따른 이득을 얻게 되는 대신 어느 정도의 불이익적인 제한도 따르게 되는 것이 일반적이라 할 수 있으므로 이러한 불이익이 부당한 것인지를 판단하기 위해서는 당해 행위가 행하여진 당시를 기준으로 당해 행위의 의도와 목적, 당해 행위에 이른 경위, 당해 행위에 의하여 상대방에게 생길 수 있는 불이익의 내용과 정도, 당해 행위가 당사자 사이의 거래과정에 미치는 경쟁제약의 정도, 관련업계의 거래관행, 일반경쟁질서에 미치는 영향 및 관계 법령의 규정 등 여러 요소를 종합하여 전체적인 관점에서 판단하여야 할 것이다.

【한국공항공사의 거래상지위 남용행위 건】

대법원 2005. 12. 8. 선고 2003두5327 판결

판결요지

거래상대방이 제3자에 대하여 상대적으로 불이익한 취급을 받게 되었다고 하여 불이익 제공으로 볼 수 없다.

불이익 제공이라 함은 사업자가 거래상 지위를 이용하여 거래를 함에 있어 거래상대방에 대한 거래조건의 설정 또는 변경이나 그 이행과정에서 거래상대방에게 불이익을 주는 행위를 의미하므로 그 사업자가 제3자에 대한 거래조건의 설정 또는 변경이나 이행과정에서 제3자에게 이익을 제공함으로써 거래상대방이 제3자에 비하여 상대적으로

불이익한 취급을 받게 되었다고 하여 사업자가 거래상대방에게 불이익을 제공한 것으로 볼 수는 없다.

【한국공항공사의 거래상지위 남용행위 건】

대법원 2005. 12. 8. 선고 2003두5327 판결

판결요지

'가격차별'과 '불이익 제공'은 각 그 행위의 요건이 되는 사실이 다르고, 입법취지 등이 다르므로 가격차별의 사유를 불이익 제공을 사유로 하는 시정조치의 적법성의 근거 사유로 삼을 수 없다.

불이익 제공을 불공정거래행위로 규정하고 있는 것은 거래과정에서 거래상의 지위를 이용하여 일방당사자가 그보다 열등한 지위에 있는 타방당사자의 자유의사를 구속하여 일방적으로 상대방에게만 불이익이 되도록 거래조건을 설정하거나 변경하는 등 상대방에게 일방적으로 불이익을 주게 되는 경우에는 공정한 경쟁의 기반을 침해할 우려가 있기 때문에 이를 규제하고자 함에 그 취지가 있는 반면, 가격차별을 불공정거래행위로 규정하고 있는 것은 가격차별로 인하여 차별취급을 받는 자들의 경쟁력에 영향을 미치고, 경쟁자의 고객에게 유리한 조건을 제시하여 경쟁자의 고객을 빼앗는 등 경쟁자의 사업활동을 곤란하게 하거나 거래상대방을 현저하게 불리 또는 유리하게 하는 등 경쟁질서를 저해하는 것을 방지하고자 함에 그 취지가 있어 불이익 제공과 가격차별을 불공정거래행위로 규정한 근거와 입법 취지, 요건 및 처분의 내용이 다른 점 등 여러 사정을 합목적적으로 고려하여 보면, 가격차별을 사유로 하는 시정조치와 불이익 제공을 사유로 하는 이 사건 시정조치는 별개의 처분이라 할 것이므로, 가격차별의 사유를 이 사건 처분의 적법성의 근거 사유로 삼을 수 없다.

【한국일보사의 거래상지위 남용행위 건】

대법원 1998. 3. 24. 선고 96누11280 판결

판결요지

일방적인 계약해지조항 삽입은 정상적 거래관행을 벗어난 불이익 제공행위에 해당된다고 본 사례

위 계약조건에 의하면 지국장들로서는 사소한 계약위반으로도 불시에 계약을 해지당하고 손해배상도 청구할 수 없게 되어 투하자본의 회수에 어려움을 겪게 될 수 있고, 해지사유의 존부에 관하여도 원고 한국일보로부터 자의적인 조치를 당할 우려를 배제할 수 없다고 할 것인바, 지국장이 자유로운 의사로 협의하여 약정을 체결한다면 특별한

사정이 없는 한 일방적으로 불리한 조항을 삽입하지는 아니할 것으로 보여지므로 위 계약해지 조항은 정상적인 거래관행에서 벗어나 공정한 거래를 저해할 우려가 있는 것으로서 우월적 지위를 남용하여 불이익을 제공한 행위에 해당된다.

【팬택여신투자금융의 거래상지위 남용행위 건】

서울고등법원 2003. 11. 25. 선고 2002누17196 판결(확정)

판결요지

당사자들이 약정으로 대출금리를 변경하지 않기로 하였음에도 불구하고 일방적으로 이를 변경한 것은 불이익 제공행위에 해당한다고 본 사례

원고들이 대출금거래를 함에 있어서 이 사건 약관조항에 기한 금리변경권을 배제하기로 개별약정을 하였으므로 대출금리를 인상할 수 없음에도 일방적으로 대출금리를 인상한 행위는 결국 자기의 거래상의 지위를 부당하게 이용하여 자기들이 부담하여야 할 조달금리의 상승으로 발생한 손해를 거래상대방인 매수인들에게 불이익이 되도록 거래조건을 변경하여 그들로 하여금 대신 부담하도록 하는 불이익을 준 것으로서 공정한 거래를 저해할 우려가 있는 행위이므로 구 공정거래법 제23조 제1항 제4호 소정의 불이익 제공에 의한 거래상 지위의 남용행위에 해당된다.

【대한도시가스의 거래상지위 남용행위 건】

대법원 2005. 11. 10. 선고 2005두5987 판결

판결요지

합리적 협의절차를 거치지 않은 수수료율 인하조치는 부당하다고 본 사례

동종업계 다른 회사들과 비교하여 책임수납 수수료율을 인하하여야 할 경영상 필요성이 인정된다고 하더라도, 책임수납 수수료 외의 안전검침수수료 등 다른 위탁업무에 관한 거래조건을 감안하지 않고 전체 위탁업무처리수수료 총액을 단순 비교하는 것은 타당하지 않고, 대한도시가스의 도시가스 공급비용이 동종업계 다른 회사들에 비하여 과다한 것이 책임수납 수수료율이 과도하게 높은 데 직접적으로 기인한다고 볼 명확한 근거가 없으며, 나아가 거래상 지위의 남용행위를 규제하는 법의 취지는 우월적 지위 또는 적어도 상대방의 거래활동에 상당한 영향을 미칠 수 있는 지위에 있는 사업자가 일방적으로 자신에게 유리한 결정을 하고 이를 강제함으로써 상대방에게 거래상 불이익을 주는 행위를 금지시키고자 하는 데 있으므로, 거래상의 지위를 배경으로 합리적 협의절차를 거치지 않은 이 사건 수수료율 인하조치는 그 타당성을 인정하기 곤란하다.

【서울도시철도공사의 거래상지위 남용행위 건】

대법원 2002. 5. 31. 선고 2000두6213 판결

판결요지

공식적 절차를 거치지도 않고, 광고대행료에 추가된 부분이 있음을 명시하지도 아니한 채 월광고대행료를 징수해 온 것은 정상적인 거래관행을 벗어난 불이익 제공행위에 해당한다고 본 사례

광고대행료의 증액조정은 계약내용의 중요부분에 관한 사항으로서 광고계약의 성격 및 태양 등을 종합할 때 공식적으로 각 거래당사자의 내부적 의사전달과정과 외부적 의사표명과정을 두루 거칠 것이 요망됨에도 단순히 일부 실무자와의 구두협의만 하고 더 이상의 공식적 절차를 거치거나 원래의 광고대행료에 추가된 부분이 있음을 명시하지도 아니한 채 월광고대행료를 징수해 온 것은 거래상 비교우위에 있던 원고가 정상적인 거래관행을 벗어나 거래상대방의 불이익이 되도록 거래조건을 변경함으로써 불공정 거래행위를 한 것이다.

【고려대병원의 거래상지위 남용행위 건】

대법원 2013. 6. 13. 선고 2011두18137 판결

판결요지

선택진료신청이 있었던 것으로 간주하여 임의로 선택진료를 하고 추가비용을 징수한 것은 불이익제공행위라고 본 사례

원고는 환자 등으로 하여금 선택진료신청서에 주진료과의 경우에는 선택진료를 원하는 과목 및 선택진료 의사를 직접 기재할 수 있도록 한 반면 진료지원과의 경우에는 선택진료의사의 성명을 미리 부동문자로 인쇄해 놓은 사실, 원고는 환자 등이 이러한 선택진료신청서를 통하여 단지 주진료과에 대해서만 선택진료를 신청하고 진료지원과에 대해서는 별도로 선택진료를 신청하지 않았더라도 당해 환자가 진료지원과의 진료를 받게 되면 주진료과의 선택진료 의사가 지정한 진료지원과의 선택진료의사가 선택진료를 실시하도록 하고 그에 따른 선택진료비를 환자 등으로부터 징수한 사실 등을 알 수 있다. 위와 같이 선택진료신청서에 진료지원과별로 선택진료의사들의 성명이 인쇄되어 있더라도 환자 등이 주진료과에 대한 선택진료를 신청한 것만 가지고는 진료지원과에 대하여도 선택진료를 실시함에 동의하고, 더 나아가 위와 같이 인쇄된 선택진료의사들 중 누구라도 선택진료를 실시하는 것에 동의하였다고 볼 수 없다. 진료지원과 선택진료의사들의 성명을 부동문자로 인쇄해 놓은 것은 환자 등이 선택진료의사의 이름을 직접 기재하는 대신 선택진료의사를 체크하는 방식으로 환자 등에게

도움을 주기 위한 것으로 해석하는 것이 일반적인 서식 해석방법에 비추어 자연스럽고, 부동문자로 인쇄된 선택진료의사들 중 누구라도 선택진료를 실시하더라도 상관없다고 하려면 그와 같은 취지 즉, '동 신청서로 위 명기된 진료지원과 선택진료의사들이 선택진료를 실시함에 동의합니다.'라는 문구가 추가로 기재되어 있어야 함에도 원고는 위 기간 동안 주진료과에 대해서만 선택진료를 신청하고 진료지원과에 대해서는 선택진료를 신청하지 않은 환자들에게까지 그에 관한 선택진료신청이 있었던 것으로 간주하여 마음대로 선택진료를 실시하고 그에 따른 선택진료비를 징수하였으므로, 이는 정상적인 거래 관행을 벗어난 것으로서 공정한 거래를 저해할 우려가 있는 불이익 제공행위에 해당한다고 봄이 타당하다.

【국민카드의 거래상지위 남용행위 건】

대법원 2006. 6. 29. 선고 2003두1646 판결

판결요지

국민카드가 농협 등 제휴은행들에 대하여 가맹점수수료율이나 대금지급주기 등을 일방적으로 설정한 사안에서, 신용카드회사가 가맹점수수료 등을 일방적으로 제한한 것은 제휴은행에 부당한 불이익을 제공하는 행위에 해당된다고 본 사례

원고가 거래상대방인 제휴은행들이 신용카드업을 영위하는데 있어서 핵심적인 경쟁수단인 가맹점 수수료율과 대금지급주기를 제한하는 것은 신용카드업 시장에서 제휴은행들의 경쟁력을 크게 제한한다는 점에서 이를 제휴은행들에게 불이익을 제공하는 것으로 판단하고, 가맹점 수수료율이나 대금지급주기와 같은 경쟁수단이 현저히 제한될 경우 그 거래상대방은 경쟁열위의 상태를 벗어나기 어렵다고 전제한 후, 가맹점 수수료율이나 대금지급주기를 원고와 같이 제한하지 않더라도 원고의 가맹점이 잠식될 우려는 크지 않다고 보이는 점, 원고의 이 사건 업무제휴계약의 주된 목적이 제휴은행들의 신용카드 회원들이 원고의 가맹점에서 일으킨 매출에 대한 가맹점 수수료 중 회원사 보전수수료를 공제한 나머지 30%의 수익에 있었으리라고 보이는 점, 제휴은행들의 가맹점 수수료율의 인하로 인한 회원사 보전수수료의 차이는 제휴은행들의 경쟁력을 근본적으로 제한하는 원고와 같은 방법이 아니더라도 다른 방법을 통하여 해소할 수도 있다고 보이는 점 등을 들어, 원고가 제휴은행들에게 자기의 가맹점에 적용되는 수수료율을 일괄적으로 동일하게 적용하도록 하고 이를 따르지 않을 경우 업무제휴계약을 해지할 수 있다고 통보함으로써 제휴은행들로 하여금 가맹점 수수료율을 변경하도록 한 행위는 제휴은행들의 시장에서의 경쟁력을 필요 이상으로 제한하는 것으로서 정상적인 거래관행을 벗어나 공정한 거래를 저해할 우려가 있는 부당한 행위에 해당된다.

【지엠대우의 거래상지위 남용행위 건】

서울고등법원 2008. 10. 23. 선고 2007누26324 판결(확정)

판결요지

계약기간이 만료되지 않았음에도 계약을 해지한 것은 부당한 불이익을 제공하는 행위라고 본 사례

이 사건 계약의 해지 그 자체가 5개 전문점에 대한 불이익인 점, 5개 전문점이 원고와 대등한 교섭력을 가지고 있었더라면 원고가 일방적으로 이 사건 계약의 해지통보를 한 후 2006. 12. 31.부터 범퍼 공급을 중단하기가 쉽지 않았을 것으로 보이는 점 등에 비추어 보면, 거래상지위 남용행위에 해당한다.

【손해보험사들의 거래상지위 남용행위 건】

서울고등법원 2010. 7. 7. 선고 2010누3598 판결(확정)

판결요지

손해보험사들이 피해차주들에게 대차료, 휴차료 및 시세하락손해보험금 등 간접손해보험금을 지급하지 않은 것은 상대방에게 부당한 불이익을 제공하는 행위라고 본 사례

원고들이 지급하지 아니한 보험금이 건당 수만 원에서 수십만 원에 달하는 경우가 있고, 이 사건 행위로 인한 피해차주들의 불이익 규모가 대차료의 경우 미지급률이 57.3%, 그 미지급액이 229억 원에 달하는 사실, 피해차주들은 간접손해 항목의 존재를 알지 못하여 지급받지 못한 것이고, 간접손해보험금은 자동차보험표준약관에 의하여 일률적으로 지급하여야 하고 복잡한 절차나 증빙이 없이도 산정 및 지급이 가능한 사실, 원고들은 비교적 금액이 크고 피해차주들이 분명하게 인식하고 있는 주손해항목인 차량수리비나 렌터카비용 등은 지급하면서도 비교적 소액이고 피해차주들이 명확히 인식하지 못하고 있는 간접손해보험금을 지급하지 않은 사실 등을 인정할 수 있는바, 위 인정사실에 의하면, 원고들의 위와 같은 행위는 그 금액의 비중이 크지 않고 미지급률도 일부에 해당하는 것이지만 별도의 합의 등을 하지 않고 보험처리를 통한 손해를 보전받으려던 개별 피해차주들에게 불이익을 준 것으로 불이익 제공에 해당하고, 이와 같이 다수의 피해차주들이 간접손해보험금 등을 청구하지 않도록 방치해 두는 행위 자체는 통상의 거래관행에 반할 뿐만 아니라 앞으로도 동일한 사안에서 같은 상황의 반복이 예견됨으로써 공정한 거래를 저해할 우려가 있어 부당하다 할 것이다.

【국민은행의 거래상지위 남용행위 건】

대법원 2010. 3. 11. 선고 2008두4695 판결

판결요지

조기상환수수료에 관한 구체적 약정이 없었음에도 불구하고 이를 징수한 것은 상대방에게 부당한 불이익을 제공하는 행위라고 본 사례

이 사건 새론주택자금대출상품의 대출약정서 제3조 제1항에는 '주기변동이율대출 : 대출개시일로부터 ( )개월이 이르기 전에 대출금액의 전부 또는 일부를 상환하고자 할 경우에는 당해 상환금액에 대하여 ( )%의 조기상환수수료를 지급하기로 한다'고 규정되어 있는 사실, 이 사건 대출약정서 제3조 제1항의 조기상환수수료에 관한 조항에 괄호 부분에 아무런 기재가 없거나 원고가 이를 고객들의 승낙 없이 보충한 이상, 조기상환수수료에 관한 구체적 약정은 없었다고 보아야 할 것이고 은행업을 영위하는 금융기관인 원고로서는 조기상환수수료 약정이 제대로 체결되지 못하였음을 알았다고 봄이 상당하므로, 원고의 조기상환수수료 징수행위는 거래상지위 남용행위에 해당한다고 할 것이다.

【하이트맥주의 거래상지위 남용행위 건】

대법원 2004. 7. 9. 선고 2002두11059 판결

판결요지

상대방의 자력이 악화되자 자신의 채권확보를 위해 거래조건을 변경한 것은 경영상의 정당한 이유가 있다고 본 사례

원고(하이트맥주)는 호남합동체인의 부도로 맥주공급을 중단하였다가 호남합동체인의 업무를 총괄하던 특정인이 호남합동체인의 채무를 변제하기로 하는 등의 합의 후 맥주공급을 재개하였음에도 특정인이 그 합의내용을 제대로 이행하지 아니하였고 또한, 호남합동체인이 2000. 4. 30.까지 변제할 채무는 22억 9천만 원에 이른 반면, 월 매출액은 20억 원 정도에 불과하여 기존의 미수금조차 감당하기 어려운 상태였으므로 부득이 향후 공급하는 맥주에 한하여 거래조건을 변경하게 된 것인바, 이러한 점 등을 고려할 때 본 건 거래조건 변경행위는 거래상대방의 자력악화에 따른 채권확보를 위한 경영상의 정당한 이유가 있는 행위로서 불공정한 행위로 보기 어렵다.

【팬택여신투자금융의 거래상지위 남용행위 건】

서울고등법원 2003. 11. 25. 선고 2002누17196 판결(확정)

판결요지

주택할부금융 대출이자 변경과 관련하여 별도의 약정을 하지 않음에 따라 약관에 따라 일방적으로 대출이자를 인상한 사안에서, 대출금리 변경에 대한 별도의 약정이 없어 약관의 규정에 따라 이자를 변경한 것은 불이익 제공이라고 보기 어렵다고 본 사례

이 사건 약관조항에 의한 금리변경은 금융사정의 변화 기타 상당한 사유가 있을 것을 요건으로 한다는 점에 비추어 볼 때 위 약관조항이 상당한 이유 없이 급부의 내용을 사업자가 일방적으로 결정하거나 변경할 수 있도록 권한을 부여하는 조항으로서 약관규제법 제10조 제1호에 따라 무효라고 보기도 어렵고, 원고들과 매수인들 사이에 이 사건 약관조항에 규정된 할부금융사의 금리변경권을 배제하기로 하는 개별약정을 하지 아니하였고, IMF 외환위기사태로 인하여 조달금리가 급격히 상승하였으므로 위 약관의 규정에 따라 금리를 인상할 수 있었으며, 그 대출금리의 인상시기나 인상폭 또한 조달금리의 상승시기나 상승폭, 당시의 경제사정, 자금조달상황, 향후 전망 등에 비추어 상당하지 않다고 볼 수 없으므로, 위와 같은 대출금리의 인상으로 거래상대방인 매수인들이 인상된 이자율 상당을 추가로 부담하게 되는 불이익을 입었다 하더라도 그 대출금리의 인상을 통보한 행위가 구 공정거래법 제23조 제1항 제4호 "거래상대방에게 불이익이 되도록 거래조건을 설정 또는 변경하거나 그 이행과정에서 불이익을 주는 행위"로서 공정거래를 저해할 우려가 있는 행위에 해당한다 할 수 없다.

【아산병원의 거래상지위 남용행위 건】

대법원 2013. 6. 13. 선고 2011두7861 판결

판결요지

환자가 선택한 주진료과 의사가 진료지원과의 의사를 지정할 수 있도록 하는 포괄위임문구를 인쇄하여 선택진료제도를 운용한 것은 공정한 거래를 저해할 우려기 없다고 본 사례

원고(아산병원)가 선택진료신청서를 통하여 환자 등으로 하여금 주진료과 의사에게 진료지원과 의사를 지정할 수 있게 포괄위임하도록 한 것은 진료지원과 의사를 임의로 지정하여 환자의 의사선택권을 무시하고 추가적인 선택진료비를 부담시킨 것이 아니라, 환자 등의 의사에 따라 주진료과 의사에게 진료지원과목에 대한 선택진료를 지정할 수 있도록 위임하는 방식으로 선택진료제도를 운용함으로써 환자 등의 의사선택권을 의료현실에 맞게 보장함과 아울러 보다 좋은 의료서비스를 받을 수 있는 법적 지위를

보장하려고 노력하였다고 봄이 타당하고, 이에 이 사건 선택진료 포괄위임의 의도와 목적, 효과와 영향, 의료서비스의 특성 및 거래상황, 원고 병원의 우월적 지위의 정도 및 환자 등이 받게 되는 불이익의 내용과 정도 등까지 더하여 보면 원고의 이 사건 포괄위임 행위는 정상적인 거래 관행을 벗어난 것으로서 공정한 거래를 저해할 우려가 있다고 보이지 아니한다.

【임대인의 거래상지위 남용행위 건】

서울고등법원 2003. 9. 23. 선고 2002누19079 판결(확정)

판결요지

임대인이 임차인들에 대하여 임대료를 과다하게 인상한 사안에서, 임대료 인상률 자체가 과다하다고 하더라도 인상 후 임대료가 주변 임대료 수준과 비슷하다면 부당하지 않다고 본 사례

위 각 행위시에는 아직 상가건물임대차보호법이 시행되기 이전으로 차임증액의 제한도 없었고, 만약 시세에 이르지 못하는 임대료라도 종전에 비하여 인상률이 높다는 이유만으로 불공정거래행위로 보아 시정명령을 한다면 임대인으로서는 시세보다 낮은 수준의 임대료를 형벌의 제재로서 강요당하는 결과가 되므로 오히려 심히 지나치다는 점을 고려할 때, 비록 월세의 인상률 자체가 과다하다고 하더라도 인상 후의 임대료 전체의 수준이 시세에 비추어 높은 것이 아니라면 그와 같은 인상을 부당하다고 단정할 수는 없고, 인상 후의 임대료 수준이 주변시세에 비하여 높다는 점에 관하여 달리 이를 인정할만한 아무런 증거가 없어 불공정거래행위라고 할 수 없다.

【한국공항공사의 거래상지위 남용행위 건】

대법원 2005. 12. 8. 선고 2003두5327 판결

판결요지

한국공항공사가 실시한 점포입찰에서 수의계약자에 비해서 상대적으로 높은 임대료율을 제시하여 낙찰받아 입점한 업체에 대해서 수의계약업체 정도로 임대료를 감액하지 않은 사안에서, 수의계약 업체보다 높은 입찰요율로 낙찰받은 업체에 대해 임대료를 감액해주지 않은 것이 불이익제공이라고 보기 어렵다고 본 사례

입점업자가 자유로운 의사에 따라 이 사건 매장임대에 관한 공개경쟁입찰에 참가하여 낙찰을 받게 되었고 낙찰당시 제시한 입찰요율에 따라 공항공사와 사이에 체결한 임대차계약의 거래조건이 기존 수의계약업체의 계약기간이 연장된 이후에도 그대로 유지된 이상, 수의계약기간의 연장과 함께 낮은 임대료율을 적용받은 위 수의계약

업체들에 비하여 상대적으로 불이익한 취급을 받게 되었다고 하여 이를 공항공사가 입점업체에게 불이익을 제공한 것으로 볼 수는 없다고 할 것이다.

【에쓰오일의 거래상지위 남용행위 건】

대법원 2013. 4. 25. 선고 2010두25909 판결

판결요지

제품공급시 가격을 확정하지 않고 월말에 사후 정산한 행위로 어떠한 불이익을 입었다고 보기 어렵다고 본 사례

원고의 거래 주유소들은 구매 당시 원고로부터 통보받는 가격을 기준으로 대금을 입금하고, 원고는 나중에 실제 제품을 공급할 당시 가격이 인하되거나 다른 경쟁사의 가격보다 공급가격이 높은 경우 이를 할인하여 정산하는 방식으로 거래하여 왔는데 정산가격을 할증하는 경우는 극히 예외적이었던 것으로 보이는 점, 경질유 제품을 해외 및 국내의 수급상황 등에 따라 수시로 그 가격이 변동되는 특징이 있으나 원고의 거래 주유소들은 어느 특정 시점에서 가격이 낮다고 하여 그 주문량을 늘리거나 가격이 높다고 하여 구매를 보류하는 등의 탄력적인 조치를 취할 상황에 있지 아니하였던 점, 주유소 간의 경쟁은 지역적으로 또는 주변 상권별로 진행되는 경향이 있기 때문에 원고의 입장에서는 해당 상권 내에서 최저가격을 보장하면서 자영주유소를 관리해야 할 필요에 따라 서로 다른 경쟁정유사의 가격동향을 살펴 경쟁사보다 더 높지 않은 가격으로 최종가격을 결정하였던 것이고, 결과적으로 원고 거래 주유소들로서는 통상 다른 경쟁사에 비하여 높은 가격으로 경질유제품을 구매하였을 가능성이 낮기 때문에 실제적으로 어떤 불이익을 입었다고 보기 어려운 점 등을 종합하면, 원고가 제품공급시 가격을 확정하지 아니한 행위가 불이익 제공행위에 해당한다고 보기 어렵다.

【씨제이씨지브이의 거래상지위 남용행위 건】

서울고등법원 2017. 2. 15. 선고 2015누44280 판결(확정)

판결요지

할인권 발행 행위로 인하여 매출이 증대된 것으로 볼 수 있고 이는 배급사에게도 이익이 되므로, 원고의 행위가 배급사에게 일방적으로 불이익한 것으로 볼 수 없다고 본 사례

입장료를 결정할 권한은 원고에게 있고, 영화티켓에 대한 할인권의 발행은 특별한 사정이 없는 한 원고의 입장료 결정 권한 내에 속하는 행위라고 볼 수 있다. 할인에 소요되는

비용은 원고와 배급사가 50:50으로 부담하기로 하되, 원고가 최소 관람료인 5,000원 미만으로 입장료를 발권하는 경우에는 배급사에게 그 차액을 보전하기로도 하였는바, 이에 따르면 할인 금액의 부담에 대하여도 사전 합의가 있었던 것으로 보인다. 이 사건 할인권 발행 행위로 인하여 매출이 증대된 것으로 볼 수 있고 이는 배급사에게도 이익이 되므로, 원고의 행위가 배급사에게 일방적으로 불이익한 것으로 볼 수는 없다. 수익증대를 위해 지출하는 비용은 수익이 분배되는 비율에 비례하여 분배되는 것이 타당하므로, 이 사건 할인권 발행 행위와 관련하여 원고와 배급사 간 비율에 따라 비용을 분담하는 것이 반드시 부당한 불이익 제공이라고 보기는 어렵다. 이 사건 할인권 발행 행위의 방식과 업계 관행 등에 비추어 볼 때 이 사건 할인권 발행 행위로 인하여 소비자는 저렴한 가격으로 영화를 볼 수 있게 되므로 소비자후생의 증대에 기여하는 측면이 있다.

④ 경영간섭행위

【신세계의 거래상지위 남용행위 건】

서울고등법원 2010. 4. 8. 선고 2009누548 판결(확정)

판결요지

경영간섭 중 하나로 거래내용을 '제한' 하는 것이 인정되려면 거래상대방의 판매가격이나 품목을 조정하는 등 거래상대방의 경영활동에 부당하게 관여하는 일정한 행위가 필요하다.

'간섭'의 사전적 의미가 "자신과 직접 관계가 없는 다른 사람의 일에 부당하게 참견한다"는 뜻인 점을 고려하면, 경영간섭 중 하나의 행위태양으로서 거래내용을 '제한'한다는 것은 거래상대방의 판매가격을 변경하도록 요구하거나 판매품목을 승인하고 조정하는 행위, 거래상대방의 지급대금수준과 결제조건을 계약조건에 포함시키는 행위, 거래상대방이 징수하는 수수료율을 직접 결정하거나 출하자에게 지급하는 장려금의 요율결정에 관여하는 행위 등과 같이 적어도 거래상대방의 의사에 반하여 거래내용을 결정하거나 영향력을 행사함으로써 거래상대방의 경영활동에 부당하게 관여하는 일정한 행위를 필요로 한다고 봄이 상당하다.

【롯데쇼핑의 거래상지위 남용행위 건】

대법원 2011. 10. 13. 선고 2010두8522 판결

판결요지

납품업체들로부터 경쟁백화점의 매출정보를 제공받아 매출대비율이 일정하게 유지되도록 관리한 것은 경영간섭에 해당한다고 본 사례

원고는 원고 운영의 롯데백화점 및 그와 경쟁 관계에 있는 주식회사 신세계 운영의 신세계백화점에 동시에 입점해 있는 납품업체의 신세계백화점에서의 매출현황을 파악하기 위하여 주식회사 데코 등 85개 납품업체(122개 상표, 2006. 5. 기준)들로부터 신세계백화점의 이디아이(EDI, Electronic Data Interchange, 이하 같다) 시스템에 접속할 수 있는 권한을 제공받아 평소 신세계백화점의 이디아이 시스템에 접속하여 주기적으로 매출정보를 취득한 사실, 원고가 위와 같은 방법으로 취득한 매출정보를 바탕으로 매출대비율을 작성한 후 롯데백화점 대비 신세계백화점의 매출비중이 높거나 50% 이상(롯데백화점에서의 매출액의 절반 이상에 해당되는 매출액을 신세계백화점에서 실현하고 있는 경우)인 상표의 납품업체에 대하여는 롯데백화점에서 할인행사를 진행하도록 하거나 신세계백화점에서 할인행사를 진행하지 못하도록 하여 결국 매출대비율을 일정한 수준으로 유지하는 내용의 특별관리방안을 마련하여 시행한 사실, 납품업체로서는 영업 비밀인 다른 백화점에서의 매출정보를 자발적으로 공개할 이유가 없으므로, 비록 납품업체들이 원고에게 신세계백화점의 이디아이 시스템 접속권한을 제공하였다 하더라도 이는 거래상 우월적 지위에 있는 원고의 요구를 거부할 수 없었기 때문이라고 봄이 상당한 이상, 원고는 자기의 거래상 지위를 부당하게 이용하여 납품업체들이 매출대비율을 일정하게 유지하도록 관리하고 롯데백화점 및 경쟁 백화점에서 할인행사를 진행할지 여부에 관한 자유로운 의사결정을 저해하는 등 납품업체들의 거래내용을 제한함으로써 경영활동을 간섭하였다고 할 것이다.

【신세계의 거래상지위 남용행위 건】

서울고등법원 2010. 4. 8. 선고 2009누548 판결(확정)

판결요지

납품업체들로부터 경쟁백화점의 매출정보를 제공받은 것만으로는 경영간섭에 해당하지 아니한다고 본 사례

백화점을 운영하는 대규모소매업자가 납품업체로부터 매출정보를 취득함으로써 납품업체의 의사결정과 경영판단을 침해할 가능성 내지 우려가 있다고 하더라도 이러한 매출정보를 바탕으로 매출대비율 등을 분석하고 이를 관리하기 위하여 납품업체에게 경쟁 백화점에서의 판촉행사나 할인행사에 대응하는 행사를 하도록 구체적으로 강요하거나 이를 거부하는 경우 제재를 가하는 등의 행위로까지 나아가지 않은 경우라면 납품업체의 독자적인 의사결정과 경영판단에 대한 구체적이고 직접적인 침해가 있다고 단정하기 어려운바, 구 공정거래법 제23조 제1항 및 시행령 제36조 제1항 소정의 경영간섭이 성립하려면 단순히 협력업체로부터 매출정보를 취득한 행위만으로는 부족

하고 더 나아가 매출정보를 바탕으로 매출대비율 등을 관리하기 위하여 협력업체에게 판촉행사나 할인행사를 강요하거나 이를 거부하면 제재를 가하는 등의 행위를 함으로써 그 의사결정이나 판단에 부당하게 관여하는 경우에 해당되어야 할 것이다.

7) 구속조건부 거래행위

(가) 배타조건부 거래

【S-OIL의 배타조건부 거래행위 건】

대법원 2013. 4. 25. 선고 2010두25909 판결

판결요지

시장지배적 사업자의 지위남용행위 중 배타조건부 거래행위의 '부당성'과 달리 불공정거래행위 중 배타조건부 거래행위의 '부당성'은 경쟁제한성 이외에 거래상대방의 자유로운 의사결정이 저해되었거나 저해될 우려가 있는지 등도 아울러 고려할 수 있다.

구 공정거래법 제3조의2 제1항 제5호 전단, 구 공정거래법 시행령 제5조 제5항 제2호에서 시장지배적 사업자의 지위남용행위로 규정하고 있는 배타조건부 거래행위의 '부당성'과는 달리 구 공정거래법 제23조 제1항 제5호 전단, 구 공정거래법 시행령 제36조 제1항 [별표 1] 제7호 (가)목에서 불공정거래행위로 규정하고 있는 배타조건부 거래행위의 '부당성'은 당해 배타조건부 거래행위가 물품의 구입 또는 유통경로의 차단, 경쟁수단의 제한을 통하여 자기 또는 계열회사의 경쟁사업자나 잠재적 경쟁사업자를 관련시장에서 배제하거나 배제할 우려가 있는지를 비롯한 경쟁제한성을 중심으로 그 유무를 평가하되, 거래상대방인 특정 사업자가 당해 배타조건부 거래행위로 거래처 선택의 자유 등이 제한됨으로써 자유로운 의사결정이 저해되었거나 저해될 우려가 있는지 등도 아울러 고려할 수 있다.

판결요지

시장점유율 확대 및 경쟁사업자의 시장진입을 봉쇄하기 위한 목적으로 전량공급조건 계약을 체결하여 경쟁사업자에 대한 봉쇄효과가 발생하였으므로 경쟁제한성이 인정된다.

석유제품은 그 품질이 균일하고 표준화되어 있어서 다수의 유통경로를 확보하는 것이 가장 중요한 경쟁수단인데 국내 전체 자영주유소 중 전량공급계약을 체결하고 있는 주유소의 비율은 약 86%에 이르러 수입사 등 잠재적 경쟁자들은 국내 경질유제품 공급시장에서 가장 중요한 유통수단인 주유소를 통한 진입이 거의 차단됨으로써 종전 사업자들과 경쟁할 수 있는 수단을 침해받고 있는 점, 수입사 등 잠재적 경쟁사업자들은

원고의 전량공급조건 거래로 인해 봉쇄된 자영주유소를 통한 유통경로 이외의 대체적인 유통경로를 확보하는 것이 실질적으로 곤란하고, 대체적인 유통경로를 확보하더라도 그 유통비중이 매우 낮아 국내 경질유제품 시장의 유통경로가 사실상 차단되는 점, 원고의 시장점유율은 2004년부터 2007년까지 사이에 경질유제품을 기준으로 13% 내지 15% 상당이고, 휘발유 기준으로 12% 내지 13% 상당인데, 원고는 국내 정유업계의 후발주자로서 4개 정유사업자 중 업계 4위이기는 하지만 3위 사업자인 현대오일뱅크 주식회사와 비교하여 3% 정도 밖에 차이가 나지 않을 뿐 아니라, 원고 등의 시장점유율이 상당한 기간 동안 큰 변화 없이 유지됨으로써 사실상 고착되어 유통경로에 대한 봉쇄효과가 작다고 할 수 없는 점, 원고는 경질유제품의 특성으로 인하여 가장 중요한 경쟁수단이 되는 주유소에 대한 공급량을 최대한 많이 확보함으로써 시장점유율을 확대하는 한편, 종전의 경쟁정유사들의 시장점유율 확대를 저지하고 잠재적 경쟁사업자의 시장진입을 봉쇄하기 위하여 이 사건 전량공급조건 계약을 체결하였다고 봄이 상당한 점 등을 종합하면, 원고의 전량공급조건 거래로 인하여 경질유제품 시장에서 경쟁사업자에 대한 봉쇄효과가 발생하는 점이 인정되므로 원고의 배타조건부 거래행위에는 경쟁제한성이 있다.

(나) 거래지역 또는 거래상대방 제한

【샘표식품의 구속조건부 거래행위 건】

서울고등법원 2016. 8. 26. 선고 2015누45931 판결(확정)

판결요지

독과점적 시장에서 원고의 영업구역 제한행위는 그 자체로 경쟁제한의 효과를 가진다고 할 것이므로, 그에 재판매가격유지를 위한 목적이 있었는지 여부는 부당성을 결정짓는 요인이 되지 아니한다.

간장시장은 2013년 기준으로 원고가 53%를 점유하고 있고, 상위 3개사의 점유율이 85%에 이르는 독과점적 시장구조를 이루고 있으므로 기본적으로 브랜드 간의 경쟁이 활성화되지 않은 시장에 해당한다. 따라서 원고가 대리점들의 영업구역을 제한함으로써 제3자의 무임승차 경향을 방지한다고 하더라도, 그로 인하여 기존의 대리점들이 얻는 편익이 판촉서비스 증대 등을 통한 브랜드 간의 경쟁촉진으로 이어질 것으로 보기 어렵다. 또한, 원고는 이 사건 행위로 대리점들 사이의 가격경쟁 자체를 원천적으로 차단하였던 것으로 판단된다. 따라서 그 경쟁제한의 효과를 인정하지 않을 수 없다. 원고의 이 사건 행위는 앞서 본 바와 같이 그 자체로 경쟁제한의 효과를 가진다고 할 것이므로, 그에 재판매가격유지를 위한 목적이 있었는지 여부는 행위의 부당성을 결정짓는 요인이 되지 아니한다.

【에스케이텔레콤의 구속조건부 거래행위 건】

대법원 2017. 5. 31. 선고 2014두4689 판결

판결요지

원고는 삼성전자와의 단말기 거래에 있어서, 삼성전자가 직접 공급하는 단말기의 비율을 각 개별 모델별로 총 공급대수의 20% 이내로 제한하는 조건으로 거래하였고 이는 '거래상대방 제한행위'에 해당한다.

원고는 삼성전자와 원고용 사업자모델을 구매하는 거래를 하면서 삼성전자의 원고용 유통모델 비율을 각 개별 모델별로 총 공급대수의 20% 이내로 제한하는 내용의 유통모델 운영기준을 서로 합의한 후 이를 시행하였다. 이 사건 행위 당시 이동통신사에 식별번호를 등록한 단말기만 개통이 가능한 소위 '화이트리스트 제도'로 인해 이동통신사가 단말기의 식별번호 등록을 거부할 경우 제조사는 사실상 그 단말기를 판매할 수 없었는데, 원고는 삼성전자가 이 사건 합의에 반하여 유통모델을 초과 공급할 경우 그 초과 공급된 단말기의 식별번호 등록을 보류하는 방법으로 이 사건 합의의 준수를 강제한 사실 등이 인정된다.

【금호타이어의 구속조건부 거래행위 건】

서울고등법원 2020. 8. 26. 선고 2019누53442 판결(확정)

판결요지

공급 대리점이 특정 거래상대방과 거래를 할 경우 각종 불이익을 제공하는 등 실효성 확보수단이 부수되어 있었다면, 실제 불이익 조치를 하였는지 여부는 구속조건부 거래행위의 성립에 영향을 주지 않는다.

【메드트로닉코리아의 구속조건부 거래행위 건】

서울고등법원 2021. 8. 25. 선고 2020누53264 판결(확정)

판결요지

거래 조건의 구속성을 인정하기 위해서 반드시 실제로 거래상대방을 제재한 사례가 존재해야 하는 것은 아니고, 거래상대방의 사업활동을 구속하는 것으로 인정되기만 하면 충분하다.

8) 사업활동방해행위

【울산항운노동조합의 사업활동방해행위 건】

서울고등법원 2020. 11. 5. 선고 2019누48501 판결(확정)

판결요지

'기타의 사업활동방해'는 '부당한 방법으로 다른 사업자의 사업활동을 심히 곤란하게 할 정도로 방해하는 행위'를 말하며, 그 부당성의 유무는 당해 행위의 의도와 목적, 당해 시장의 특성, 관련 법령, 통상적인 업계 관행 등을 종합적으로 고려하여 그 행위가 공정하고 자유로운 거래를 저해할 우려가 있는지 여부에 따라 판단하여야 하고, 방해행위가 다른 사업자의 사업활동을 심히 곤란하게 할 정도인지 여부는 그 행위로 인하여 단순히 매출액이 감소되었다는 사정만으로는 부족하고, 부도발생 우려, 매출액의 상당한 감소 등으로 인하여 현재 또는 미래의 사업활동이 현저히 곤란하게 되거나 될 가능성이 있는지 여부에 따라 판단하여야 한다.

【하이트진로음료의 사업활동방해행위 건】

대법원 2018. 7. 11. 선고 2014두40227 판결

판결요지

사업활동방해행위는 방해 수단을 사용한 사업자가 경쟁사업자와 기존 대리점 계약관계의 해소에 적극 관여하거나 그 해소를 유도하였는지 여부, 그로 인하여 경쟁사업자의 사업활동이 어려워지게 된 점도 역시 중요하게 고려하여야 한다.

제시된 거래조건이나 혜택 자체가 경쟁 사업자와 기존에 전속적 계약관계를 맺고 있는 대리점에 대한 것이고 그 혜택이나 함께 사용된 다른 방해 수단이 통상적인 거래 관행에 비추어 이례적이거나 선량한 풍속 기타 사회질서에 반하는 등으로 관련 법령에 부합하지 않는다면, 단순히 낮은 가격을 제시한 경우와 똑같이 취급할 수는 없다. 이 경우는 당해행위의 의도와 목적, 당해시장의 특성, 관련 법령, 통상적인 업계 관행 등을 종합적으로 살피면서, 그 방해 수단을 사용한 사업자가 단순히 경쟁사업자와 대리점의 기존 거래계약 관계를 알고 있었던 것에 불과한지, 아니면 더 나아가 경쟁사업자와 기존 대리점 계약관계의 해소에 적극 관여하거나 그 해소를 유도하였는지 여부, 그로 인하여 경쟁사업자의 사업활동이 어려워지게 된 정도 역시 중요하게 고려하여야 한다.

【국보 외 10개 사업자의 사업활동방해 건】

서울고등법원 2010. 1. 27. 선고 2008누30429 판결(확정)

판결요지

자가운송사업자로부터 운송관리비를 징수한 것은 수익자부담원칙에 부합하는 것으로 사업활동방해에 해당되지 않는다고 본 사례

원고들이 선사와 각 컨테이너전용장치(CY)운영계약을 체결함에 있어, 화주의 자가운송을 허용한다거나 화주의 자가운송시 운송관리비를 면제하여 준다는 약정을 하지 아니한 사실, CY의 설치 관리 운영에 비용을 투자한 사실, CY의 설치 관리 운영으로 인하여 선사와 화주들 모두 경제적 이익을 얻게 된 사실, 원고들이 선사들과 각 CY운영계약을 체결하고 선사들로부터 그 각 CY운영계약에 따라 지급받은 각 CY조작료가 실제 CY운영비용의 일부에 불과한 금액으로 책정된 사실, 원고들이 자가운송사업자들의 자가운송시 추가적인 업무를 부담하게 되는 사실을 비추어 보면, 원고들이 선사들로부터 지급받는 각 CY조작료와 자가운송사업자들로부터 징수하는 이 사건 각 운송관리비가 중복되는 것이라고 보기 어려우며, 원고들이 CY의 설치에 투자된 비용과 운영 관리비용을 회수하기 위하여 자가운송사업자들에 대하여 이 사건 각 운송관리비를 징수한 행위는 비용발생의 원인자가 비용을 부담하여야 한다는 시장경제의 가장 기본적인 수익자부담원칙에 부합하는 것으로서 사업활동방해에 해당하지 않는다.

【한국엠에스디의 부당고객유인행위 건】

서울고등법원 2011. 6. 2. 선고 2009누15557 판결(확정)

판결요지

다른 사업자의 매출액이 상당히 감소하는 등으로 사업활동이 심히 곤란하게 되었다고 인정할 증거가 없으므로 이를 전제로 한 시정명령은 위법하다고 본 사례

2006. 7.말 현재 원고의 탈모치료제인 프로페시아는 100억 원 이상을 판매한 반면, 알로피아는 10억 원 미만을 판매하기는 하였으나, 다른 한편, 알로피아는 2005. 12. 26.경 탈모치료제 시장에 진입하여 2006. 1.경 원고의 탈모치료제인 프로페시아 대비 5.5%의 시장점유율을 보인 이후 서서히 증가하여 같은 해 8.경에는 11.32%의 시장점유율을 보였다는 것이므로, 2006. 7.말 현재 알로피아의 매출액이 10억 원 미만이라는 사실만으로는 원고의 위와 같은 부당한 행위로 인해 알로피아의 제조, 판매사인 동아제약의 사업활동이 심히 곤란하게 되었다고 인정하기에 부족하고, 달리 그 매출액이 상당히 감소하는 등으로 동아제약의 사업활동이 심히 곤란하게 되었다고 인정할 증거가

없으므로, 원고의 위와 같은 행위가 구 공정거래법 제23조 제1항 제5호, 같은 법 시행령 제36조 제1항 [별표1] 제8항 (라)목에서 정한 '기타의 사업활동방해'에 해당한다고 할 수 없으므로, 이와 다른 전제에 선 피고의 이 부분 시정명령은 위법하여 취소되어야 할 것이다.

9) 부당지원행위

(가) 적용대상

【대우 기업집단 계열회사의 부당지원행위 건】

대법원 2004. 10. 14. 선고 2001두2881 판결

판결요지

대규모기업집단 소속 계열회사들이 기업집단 전체의 이익을 위해 계속적으로 서로 지원을 주고받으면서 계열의 유지·확장을 위한 수단으로 부당지원행위를 이용함으로써 중·장기적으로 볼 때 부당지원행위는 지원주체에게도 상당한 부당이득을 발생시키게 된다.

판결요지

지원객체로서 '다른 회사'는 반드시 대규모기업집단 계열회사에 한정되는 것은 아니다.

구 공정거래법 제23조 제1항 제7호 및 법 시행령 제36조 제1항 별표 제10호는 부당지원행위의 지원객체의 하나로 '다른 회사'라고만 규정하고 있을 뿐 다른 제한을 두지 않고 있는 점 및 부당지원행위 금지제도의 입법취지 등에 비추어 보면, 부당지원행위의 객체인 '다른 회사'는 반드시 대규모기업집단의 계열회사에 한정되는 것은 아니다. 원심이 스피디코리아는 원고 대우의 사실상 계열회사라고 판단하고 있으나 이것은 스피디코리아가 지원객체인 다른 회사로서의 계열회사라는 의미가 아니라 지원객체로서의 '다른 회사'에 해당함을 전제로 법령 소정의 대규모기업집단의 계열회사에 편입된 것은 아니라 하더라도 스피디코리아의 설립목적과 주식의 소유관계 등 경제적인 관점에서 볼 때 사실상 원고 대우와 계열회사의 관계가 있는 점을 이 사건 사업운영자금대여행위의 부당성 및 공정거래저해성을 인정하기 위한 간접사실의 하나로 삼은 데 불과한 것이다.

【현대자동차 등 부당지원행위 건】

서울고등법원 2009. 8. 19. 선고 2007누30903 판결(확정)

판결요지

구 공정거래법 제23조 제1항이 '사업자는 다음 각 호의 1에 해당하는 행위로서 공정한 거래를 저해할 우려가 있는 행위를 하거나, 계열회사 또는 다른 사업자로 하여금 이를 행하도록 하여서는 아니된다'라고 규정하고 있으므로, 공정거래법 소정의 '지원행위'가 성립하기 위하여 반드시 '지원주체'가 지원객체에게 경제상 이익을 제공할 필요는 없다.

【엘지반도체 외 18개사의 부당지원행위 건】

대법원 2004. 11. 12. 선고 2001두2034 판결

판결요지

자회사를 지원객체에서 배제하는 규정이 없으므로, 모회사가 주식의 100%를 소유하고 있는 자회사도 법률적으로는 별개의 독립한 거래주체이므로 '다른 회사'에 해당한다.

원고 엘지칼텍스가스가 원전에너지에 대한 주식의 100%를 소유하고 있는 자회사(완전자회사)라 하더라도 양자는 법률적으로 별개의 독립한 거래주체라 할 것이고, 부당지원행위의 객체를 정하고 있는 구 공정거래법 제23조 제1항 제7호의 '다른 회사'의 개념에서 완전자회사를 배제하는 명문의 규정이 없으므로 모회사와 완전자회사 사이의 지원행위도 구 공정거래법 제23조 제1항 제7호의 규율대상이 된다고 할 것이다.

【한국산업은행 부당지원행위 건】

대법원 2011. 9. 8. 선고 2009두11911 판결

판결요지

모회사와 모회사가 주식 대부분을 소유하고 있는 자회사 사이의 지원행위도 부당지원행위 규율대상이다.

모회사가 주식의 대부분을 소유하고 있는 자회사라 하더라도 양자는 법률적으로는 별개의 독립된 거래주체라 할 것이고, 부당지원행위의 객체를 정하고 있는 구 공정거래법 제23조 제1항 제7호의 '특수관계인 또는 다른 회사'의 개념에서 자회사를 지원객체에서 배제하는 명문의 규정이 없으므로, 모회사와 자회사 사이의 지원행위도 구 공정거래법 제23조 제1항 제7호의 규율대상이 된다고 할 것이다.

【현대자동차 등 부당지원행위 건】

대법원 2012. 10. 25. 선고 2009두15494 판결

판결요지

'정상가격'이란 지원주체와 지원객체 간에 이루어진 경제적 급부와 동일한 경제적 급부가 시기, 종류, 규모, 기간, 신용상태 등이 유사한 상황에서 특수관계가 없는 독립된 자 간에 이루어졌을 경우 형성되었을 거래가격 등을 말한다.

부당한 자산·상품 등 지원행위에 있어서 급부와 반대급부가 현저히 유리한지 여부를 판단하는 기준이 되는 정상가격이란 지원주체와 지원객체 간에 이루어진 경제적 급부와 동일한 경제적 급부가 시기, 종류, 규모, 기간, 신용상태 등이 유사한 상황에서 특수관계가 없는 독립된 자 간에 이루어졌을 경우 형성되었을 거래가격 등을 말한다.

(나) 지원행위의 구체적 기준

① 가지급금 또는 대여금 등 자금을 거래한 경우

【현대 기업집단 계열회사의 부당지원행위 건】

대법원 2004. 4. 9. 선고 2001두6197 판결

판결요지

사업자가 부당하게 자금을 현저히 낮거나 높은 대가로 제공 또는 거래하거나 현저한 규모로 제공 또는 거래하여 과다한 경제상 이익을 제공함으로써 특수관계인 또는 다른 회사를 지원하는 행위를 말한다.

부당한 자금지원행위라 함은 '사업자가 부당하게 특수관계인 또는 다른 회사에 대하여 가지급금·대여금 등 자금을 현저히 낮거나 높은 대가로 제공 또는 거래하거나 현저한 규모로 제공 또는 거래하여 과다한 경제상 이익을 제공함으로써 특수관계인 또는 다른 회사를 지원하는 행위로서 공정한 거래를 저해할 우려가 있는 행위'를 말한다.

【현대 기업집단 계열회사의 부당지원행위 건】

대법원 2004. 4. 9. 선고 2001두6197 판결

판결요지

자금지원행위는 자금지원의 의도로 자금을 제공 또는 거래하는 행위가 있으면 그 즉시 성립한다.

부당한 자금지원행위의 규제대상은 지원의도에 기한 자금의 제공 또는 거래행위나 자금을 회수하지 아니하는 행위 그 자체이므로 자금지원의 의도로 자금을 제공 또는

거래하거나 자금을 회수하지 아니하는 행위가 있으면 그 즉시 자금지원행위가 성립하고 그로 인하여 지원객체가 얻게 되는 이익은 이러한 행위로 인한 경제상 효과에 불과한 것이다.

【대우건설의 태천개발 부당지원행위 건】

대법원 2005. 5. 27. 선고 2004두6099 판결

판결요지

지원행위의 의도는 지원행위의 동기와 목적, 거래의 관행, 당시 지원객체의 상황 등을 종합적으로 고려하여 객관적으로 추단할 수 있다.

'부당한 자금지원행위'의 요건으로서의 지원의도는 지원행위를 하게 된 동기와 목적, 거래의 관행, 당시 지원객체의 상황, 지원행위의 경제상 효과와 귀속 등을 종합적으로 고려하여 지원주체의 주된 의도가 지원객체가 속한 관련시장에서의 공정한 거래를 저해할 우려가 있는 것이라고 판단되는 경우 인정되는 것이고, 이러한 지원의도는 앞서 본 바와 같은 여러 상황을 종합하여 객관적으로 추단할 수 있다.

【대우 기업집단 계열회사의 부당지원행위 건】

대법원 2004. 10. 14. 선고 2001두2881 판결

판결요지

자금지원이 이루어지는 방법은 제한이 없으며 제3자를 통한 지원행위 인정된다.

자금지원과 관련하여 자금의 제공 또는 거래방법이 직접적이든 간접적이든 묻지 아니하므로, 지원주체가 지원객체를 지원하기 위한 목적으로서 지원행위를 하되 지원주체와 지원객체와 사이의 직접적이고 현실적인 상품거래나 자금거래행위라는 형식을 회피하기 위한 방편으로 제3자를 매개하여 상품거래나 자금거래행위가 이루어지고 그로 인하여 지원객체에게 실질적으로 경제상 이익이 귀속되는 경우에는 자금지원행위에 해당한다.

【에스케이엠의 동산씨앤지 부당지원행위 건】

대법원 2006. 10. 27. 선고 2004두3274 판결

판결요지

담보제공행위도 낮은 이자율로 금원을 대출받는 경제상 이익을 제공한 것이므로 부당지원행위의 규제대상이 된다고 본 사례

이 사건 담보제공행위는 지원주체인 원고회사(에스케이엠)가 지원객체인 동산씨앤지에게 직접 자금을 대여하는 것과 같은 효과를 거두기 위하여 3개 은행에게 정기예금을 예치한 다음 이를 다시 동산씨앤지에 대한 대출금의 담보로 제공함으로써 동산씨앤지로 하여금 3개 은행으로부터 낮은 이자율로 금원을 대출받는 경제상 이익을 제공한 것이므로, 이로 인한 3개 은행의 대출이 부당지원행위의 다른 요건을 충족하는 경우에는 부당지원행위의 규제대상이 될 수 있다고 할 것이다. 또한, 공정한 거래질서의 확립 등을 위하여 부당지원행위를 규제하는 구 공정거래법 제23조 제1항 제7호의 규정은 과도한 경제력의 집중을 방지하기 위하여 일정한 규모 이상의 기업집단에 속하는 회사에 대하여 계열회사에 대한 채무보증을 금지하는 구 공정거래법 제10조의2의 규정과는 그 입법 취지 및 구성요건 등을 달리하고 있으므로, 원고회사가 구 공정거래법 제10조의2에서 말하는 일정한 규모 이상의 기업집단에 속하는 회사가 아니라고 하여 위와 같은 담보제공행위가 구 공정거래법 제23조 제1항 제7호의 부당지원행위의 규제대상이 되지 않는다고 할 수도 없다.

【2차 대우 기업집단 계열회사의 부당지원행위 건】

대법원 2004. 10. 14. 선고 2001두2935 판결

판결요지

정상금리란 동일 또는 유사한 상황에서 그 지원객체와 그와 특수관계에 없는 독립된 금융기관 사이에 자금거래가 이루어졌다면 적용될 금리를 의미한다.

급부와 반대급부가 현저히 유리한지 여부를 판단하는 기준이 되는 정상금리라 함은 지원주체와 지원객체 사이의 자금거래와 시기, 종류, 규모, 기간, 신용상태 등의 면에서 동일 또는 유사한 상황에서 그 지원객체와 그와 특수관계에 없는 독립된 금융기관 사이에 자금거래가 이루어졌다면 적용될 금리, 또는 지원주체와 지원객체 사이의 자금거래와 시기, 종류, 규모, 기간, 신용상태 등의 면에서 동일 또는 유사한 상황에서 특수관계 없는 독립된 자 사이에 자금거래가 이루어졌다면 적용될 금리(이하 '개별정상금리'라 한다)를 의미한다고 할 것이고, 한편 위와 같은 개별정상금리가 수시로

금리가 변동하는 금융시장에 있어 당해 자금거래시점에서의 경쟁조건을 반영하는 것인 이상 당해 자금거래시점과 관계없는 일정기간의 평균금리를 특정시점에서 이루어진 자금거래의 정상금리로 볼 수는 없다.

【웅진씽크빅 등 6개사의 부당지원행위 건】

대법원 2014. 6. 12. 선고 2013두4255 판결

판결요지

개별정상금리를 산정하기 어려웠다거나 개별정상금리가 일반정상금리를 하회하지 않을 것으로 인정되는 특별한 사정이 있었다고 보기 어려움에도 일반정상금리와 비교하여 지원금액을 산정해 과징금을 부과한 처분은 위법하다고 판단한 사례

웅진폴리실리콘이 우리은행으로부터 621억 원을 차입하는 데에 원고 웅진홀딩스가 아무런 대가를 받지 아니한 채 자신의 예금 600억 원과 주식 100만 주를 담보로 제공함으로써 웅진폴리실리콘이 우리은행으로부터 무담보 대출금리보다 낮은 대출금리인 5.50~5.87%로 대출받을 수 있도록 한 자금지원에 대하여, 피고가 그 지원금액을 산정하면서 개별정상금리를 산정하기 어려웠다거나 개별정상금리가 일반정상금리를 하회하지 않을 것으로 인정되는 특별한 사정이 있었다고 보기 어려움에도 불구하고, 단지 우리은행이 웅진폴리실리콘 또는 웅진폴리실리콘과 신용등급이 비슷한 회사와 무담보 대출 거래를 한 실제 사례가 없었다는 점을 이유로 위 실제 적용된 금리와 일반정상금리인 6.83~7.07%를 비교하여 지원금액을 산정하고 이를 기초로 과징금을 산정한 것은 위법하다.

【씨티은행의 부당지원행위 건】

대법원 2009. 5. 28. 선고 2008두7885 판결

판결요지

계열회사로서 특수관계에 있는 씨티파이낸셜에게 금원을 대여하면서 적용하였던 금리는 특수관계가 없는 독립된 자 사이의 자금거래에 적용되는 금리로 볼 수 없다고 본 사례

원심이 개별정상금리로 본 금융2채 BBB 시장수익률을 적용한 금리는 기존에 원고가 계열회사로서 특수관계에 있는 씨티파이낸셜에게 금원을 대여하면서 적용하였던 금리로서 특수관계가 없는 독립된 자 사이의 자금거래에 적용되는 금리로 볼 수 없을 뿐만 아니라, 당해 대여행위에 대한 개별정상금리의 범위 내에 있다고 볼 아무런 자료가 없으므로 이를 이 사건 각 대여행위에 대한 개별정상금리로 보기는 어렵고, 나아가

당시 씨티파이낸셜의 신용도가 장기자금을 차용할 수 없고 당좌대출과 같은 고율의 단기대출에 의하지 아니하고는 자금을 조달할 수 없을 정도에 이르렀다고 볼 자료도 없으므로, 이 사건 각 대여행위의 실제적용금리가 금융2채 BBB 시장수익률을 적용한 위 금리보다 소폭으로 하향 조정되었다고 하여 그러한 사정만으로 개별정상금리보다 현저히 낮아진 것으로 단정하기는 어렵다. 그렇다면 원심으로서는 씨티파이낸셜과 동일 또는 유사한 신용등급을 가진 회사가 이 사건 각 대여행위와 시기, 규모, 만기 등의 면에서 동일 또는 유사한 대출을 받은 적이 있는지 여부 등에 관하여 심리한 다음, 그 대출행위의 금리를 정상금리로 보고 이 사건 각 대여행위의 실제적용금리가 현저히 낮은 것인지 여부를 판단하였어야 한다.

【현대 기업집단 계열회사의 부당지원행위 건】

대법원 2004. 4. 9. 선고 2001두6197 판결

판결요지

특정한 자금 또는 자산거래에 있어서 정상할인율과 실제할인율을 비교하는 것은 당해 거래행위가 지원객체에게 '현저히 유리한 조건'의 거래인지 여부와 그로 인하여 지원객체가 속한 관련시장에서 경쟁을 저해하거나 경제력 집중을 야기하는 등으로 공정한 거래를 저해할 우려가 있는지 여부를 판단하기 위한 것이다.

【엘지반도체 외 18개사의 부당지원행위 건】

대법원 2004. 11. 12. 선고 2001두2034 판결

판결요지

개별정상금리가 일반정상금리를 하회하지 않을 것으로 인정되는 특별한 사정이 있는 경우에 한하여 일반정상금리를 정상금리로 적용할 수 있다.

한국은행이 발표하는 시중은행의 매월 말 평균 당좌대출금리(이는 해당 월말 현재 시중은행의 당좌대출계약에 의하여 실행한 대출액 잔액 전부를 가중평균하여 산출한다. 이하 '일반정상금리'라 한다)는 당좌대출계약을 기초로 한 일시적 단기성 대출금리로서 정상적인 기업어음 대출금리 등 일반대출금리보다 일반적으로 높기 때문에 개별정상금리가 일반정상금리를 하회하지 않을 것으로 인정되는 특별한 사정이 있는 경우에 한하여 일반정상금리를 정상금리로 적용할 수 있다. 그럼에도 불구하고, 원심은 실제적용금리가 일반정상금리보다 낮다는 것을 '현저히 유리한 조건'의 거래인지의 여부를 판단하는 요소의 하나로 삼았으니, 거기에는 부당지원행위의 성립요건에 관한

법리를 오해하였거나 개별정상금리가 일반정상금리를 하회하지 않을 것으로 인정되는 특별한 사정이 있는지 여부에 관한 필요한 심리를 다하지 아니한 위법이 있다고 할 것이다.

판결요지

부당지원행위 규정의 시행 전 제공한 자금을 규정시행 이후 단순히 회수하지 아니하는 행위만으로는 자금지원행위에 해당한다고 할 수 없다고 본 사례

부당지원행위에 관한 규정이 시행된 이후에 지원주체가 지원객체에 대한 자금지원의 의도로 변제기를 연장하는 것 등과 같이 자금을 회수하지 않는 부작위가 새로운 자금지원행위와 동일시 할 수 있을 정도라고 볼 만한 특별한 사정이 없는 이상 위 규정이 시행되기 이전에 지원주체가 지원객체에 대하여 제공한 자금을 위 규정시행 이후에 단순히 회수하지 아니하는 행위만으로는 자금지원행위에 해당한다고 할 수 없다.

【대한주택공사의 부당지원행위 건】

대법원 2008. 2. 14. 선고 2007두1446 판결

판결요지

통상의 거래당사자가 당해 거래 당시의 일반적인 경제 및 경영상황과 장래 예측의 불확실성까지도 모두 고려하여 보편적으로 선택하였으리라고 보이는 현실적인 가격이 정상가격으로 추단된다.

정상가격이 시정명령이나 과징금부과 등 제재적 행정처분의 근거가 된다는 점이나 공정거래법이 부당지원을 금지하는 취지 등을 고려할 때, 당해 거래 당시의 실제 사례를 찾을 수 없어 부득이 여러 가지 간접적인 자료에 의해 정상가격을 추단할 수밖에 없는 경우에는 통상의 거래당사자가 당해 거래 당시의 일반적인 경제 및 경영상황과 장래 예측의 불확실성까지도 모두 고려하여 보편적으로 선택하였으리라고 보이는 현실적인 가격을 규명하여야 할 것이고, 단순히 제반 상황을 사후적, 회고적인 시각으로 판단하여 거래 당시에 기대할 수 있었던 최선의 가격 또는 당해 거래가격보다 더 나은 가격으로 거래할 수도 있었을 것이라 하여 가벼이 이를 기준으로 정상가격을 추단하여서는 아니 될 것이며, 정상가격에 대한 입증책임은 어디까지나 공정위에게 있다 할 것이다.

【서울신문사의 부당지원행위 건】

서울고등법원 2004. 7. 15. 선고 2002누1092 판결(확정)

판결요지

지원금액에는 지원객체가 부담할 부가가치세액이 포함된다고 본 사례

원고는 부당지원행위 규제에서 '지원금액'이란 지원주체가 지원객체에게 제공한 이익의 금액을 말하는 것인데 부가가치세는 지원객체에게 귀속되는 이익이 아니라 국가의 조세수입으로서 국고에 귀속되는 부분이므로 이를 포함하여 지원금액을 산정할 수는 없다고 주장하나, 부당지원행위 규제에서 '지원금액'이란 지원객체가 유사한 상황에서 특수관계가 없는 독립사업자와 정상적인 방법으로 거래를 하였다면 부담하였을 가격이 기준이 되는 것이므로 피고가 지원금액을 산정함에 있어 지원객체인 스포츠서울21이 부담할 부가가치세액을 포함하여 이를 계산한 것은 적법하다.

【현대중공업의 부당지원행위 건】

대법원 2006. 4. 14. 선고 2004두3298 판결

판결요지

현대건설과의 내부관계에서는 명의대여자에 불과함에도 현대건설과 체결한 하도급계약을 빌미로 현대건설에게 선급금 명목으로 339억 2,900만 원을 지급한 행위는 부당한 지원행위에 해당한다고 본 사례

원고가 방글라데시 세법상의 혜택과 관련하여 AES Meghanaghat사(이하 'AES사'라 한다)가 발주한 이 사건 발전소 설비공급계약의 주계약자가 되었을 뿐 현대건설과의 내부관계에서는 명의대여자에 불과함에도 AES사로부터 최종 작업지시서를 교부받거나 설비대금을 지급받지 아니한 상태에서 현대건설과 체결한 하도급계약을 빌미로 현대건설에게 선급금 명목으로 339억 2,900만 원을 지급한 행위는 당시 유동성의 위기를 겪고 있던 현대건설에게 많은 자금을 제공하여 줌으로써 현대건설이 퇴출의 위기를 모면하고 다른 경쟁업체보다 유리한 지위에 설 수 있게 만들어 준 행위로서 자금지원의도 없이 상거래 관행에 따라서 계약상의 의무를 이행한 행위가 아니라 구 공정거래법 제23조 제1항 제7호가 금지하고 있는 부당한 자금지원행위에 해당한다.

판결요지

지원객체가 실제로 부담하여야 할 비용은 지원금액에 포함되지 않는다고 본 사례

현대건설이 이 사건 발전소 설비공사에 필요한 가스터빈을 매수하면서 지출한 비용은

위 공사의 실질적 주체인 현대건설이 부담하여야 할 비용이므로 원고가 현대건설에 지급한 선급금에서 위 비용을 공제하고 지원금액을 산정할 것이 아니다.

판결요지

물품대금 지연이자를 미수령한 부당지원행위는 지연이자의 약정이 없다면 상사이율을 기준으로 지원금액을 산정한다고 본 사례

원고가 현대석유화학에 지원한 금액은 그 부당지원행위의 내용이 기발생 지연이자의 미수령이라면, 지연이자의 약정이 없는 이상, 상사이율인 연 6%를 기준으로, 그 부당지원행위의 내용이 그 공급대금을 지연 수령하여 그 기간 동안 그 대금 상당의 자금을 이용할 수 있게 하여 준 것이라면, 그 대금 상당의 자금을 이용하는데 필요한 비용인 대출금리를 기준으로 산정하여야 하고, 이를 현대석유화학의 연체대출금리를 기준으로 산정할 것이 아니므로, 현대석유화학의 연체대출금리를 기준으로 산정한 지원금액을 전제로 과징금을 산정하여 원고에게 부과한 피고의 조치는 위법하다.

【대우 기업집단 계열회사의 부당지원행위 건】

대법원 2004. 10. 14. 선고 2001두2881 판결

판결요지

현저히 유리한 조건으로 대여한 것은 그 대여금에 대한 적정 이자액 상당의 과다한 경제적 이익을 제공하여 부당한 지원행위라고 본 사례

이 사건 처분이 있기 전까지는 스피디코리아가 원고 대우에게 한번도 이자를 지급하지 아니하였고 위 원고도 원리금의 지급을 독촉하였다고 볼 만한 아무런 자료가 없는 점, 위 원고가 계열사가 아닌 다른 중소기업에 대하여도 스피디코리아와 같은 조건으로 금원을 대여하였다고 볼 만한 자료를 제출하고 있지 않는 점 등 여러 사정을 고려하여 볼 때, 위 원고가 스피디코리아에 대하여 현저히 유리한 조건으로 24억 2,900만 원을 대여한 것은 그 대여금에 대한 적정 이자액 상당의 과다한 경제적 이익을 제공한 것이고, 이는 부당한 자금지원행위에 해당한다.

【3차 대우 기업집단 계열회사 등의 부당지원행위 건】

대법원 2004. 10. 14. 선고 2001두6012 판결

판결요지

현물환거래 시 시장환율보다 11.12 ~ 25.90원 낮은 환율로 거래하였다면 부당지원행위에 해당한다고 본 사례

이 사건 현물환거래는 수출대전과 직접적으로 연결이 되지 않는 일반외환거래이므로 당연히 시장환율(매매기준율)로 거래하였어야 함에도 불구하고 거래 당시의 매매기준이 되는 시장환율보다 무려 달러당 11.12~25.90원 낮은 환율로 거래함으로써 지원객체인 대우중공업에게 자본금의 25%, 순이익의 2.8배에 달하는 규모의 자금을 제공하여 대우중공업에게 68억 7,300만 원의 경제상 이익을 준 것은 부당지원행위에 해당한다.

【에스케이건설 외 11개사의 부당지원행위 건】

대법원 2007. 1. 25. 선고 2004두1490 판결

판결요지

주식거래 의사 없이 4,065억 원을 계열회사에 예치하였고 당시 증권예탁금의 이율이 연 5%에 불과한 반면 당시 에스케이증권의 단기차입금에 대한 실제금리가 연 28.65% 내지 22.13%에 이르렀던 점 등에 비추어 위 예치행위는 현저한 지원행위라고 본 사례

원고 에스케이건설 등이 주식거래를 할 의사 없이 증권예탁금 합계 4,065억 원을 에스케이증권 주식회사(이하 '에스케이증권'이라 한다)에 개설한 자기의 거래계좌에 예치함으로써 에스케이증권으로 하여금 위 예탁금 중 95%를 사실상 차입금과 같이 사용할 수 있도록 한 사실 등이 인정되는바, 위 증권예탁금의 이율이 연 5%에 불과한 반면 당시 에스케이증권의 단기차입금에 대한 실제금리가 연 28.65% 내지 22.13%에 이르렀던 점 등에 비추어 원고 에스케이건설 등의 위 증권예탁금 예치행위는 현저한 지원행위에 해당하며, 당시 에스케이증권의 재무상태가 매우 부실하였던 점 등에 비추어 이러한 지원행위로 에스케이증권이 시장에서 퇴출되는 것을 방지하고 효율과는 무관하게 경쟁에서 우위를 확보할 수 있게 해 준 것은 공정하고 자유로운 경쟁을 저해할 우려가 있는 부당한 행위이다.

【태광산업 외 8개사의 부당지원행위 건】

서울고등법원 2012. 12. 12. 선고 2011누36106 판결(확정)

판결요지

예치기간에 대한 이자액 상당 이상의 경제적 이익을 지원하고자 하는 의도 하에 회원권 분양대금을 무이자로 사전예치한 행위는 부당한 지원행위라고 본 사례

이 사건 행위는 동림관광개발에 예치기간에 대한 이자액 상당 이상의 경제적 이익을 지원하고자 하는 의도 하에 회원권 분양대금을 무이자로 사전예치한 후, 분양 가능시점에 이르러 비로소 그 대금으로 회원권 전환절차를 거침으로써 결과적으로 동림관광개발에 이자액 상당 이상의 과다한 경제상 이익을 제공한 것이어서 구 공정거래법 제23조 제1항 제7호에서 정하는 지원행위에 해당한다.

【에스케이네트웍스 외 2개사의 부당지원행위 건】

대법원 2007. 7. 27. 선고 2005두10866 판결

판결요지

옵션계약 체결을 통해 주가의 등락에 따른 위험제거가치 상당의 경제적 급부를 에스케이증권에 제공한 행위는 부당한 지원행위라고 본 사례

이 사건 옵션계약 체결행위는 기업집단 에스케이 소속의 계열회사인 원고 해외법인들이 같은 기업집단 소속의 계열회사인 에스케이증권을 지원하기 위하여 주가의 등락에 따른 위험제거가치 상당의 경제적 급부를 에스케이증권에 제공한 것과 같은 효과를 발생시켜 에스케이증권에 경제상 이익을 제공한 것이고, 이는 퇴출 위기에 처한 에스케이증권의 재무구조를 개선시키는 등 경영여건을 개선시켜서 경쟁조건을 경쟁사업자에 비하여 유리하게 하고 증권업시장에서 공정한 거래를 저해하거나 저해할 우려가 있는 부당한 지원행위이다.

【한국도로공사의 부당지원행위 건】

대법원 2007. 3. 29. 선고 2005두3561 판결

판결요지

정부의 공기업 민영화 정책에 따른 고속도로관리공단의 민영화 과정에서 일시적인 자금조달의 어려움을 완화하기 위한 최소한의 조치로 임대차보증금 대여행위가 이루어졌고 그 금리도 원고의 조달금리를 적용하였다면 부당한 지원행위가 아니라고 본 사례

정부의 공기업 민영화 정책에 따른 고속도로관리공단의 민영화 과정에서 고속도로관리공단의 인수자인 계룡건설은 매수자금 906억 원 외에 약 260억 원 상당의 임대차보증금을 조달하여야 하는 어려움에 봉착하게 되었고, 이에 원고는 인수자인 계룡건설의 일시적인 자금조달의 어려움을 완화하기 위한 최소한의 조치로서, 고속도로관리공단의 민영화 과정에서 고속도로관리공단의 최대 주주가 된 계룡건설과 제2 대주주로 된 원고의 각자의 보유지분비율에 따라 임대차보증금을 부담한다는 차원에서 이 사건 임대차보증금 대여행위가 이루어졌고, 그 이율도 납부유예된 임대보증금의 실질적 부담자인 원고가 자금을 조달할 경우의 금리를 적용한 것으로 보이는 점 등의 사정을 알 수 있는바, 이와 같은 사정 하에서는 이 사건 임대차보증금 대여행위가 고속도로관리공단에 현저히 유리한 조건의 거래에 해당한다고 보기는 어렵다.

② 유가증권 · 부동산 · 무체재산권 등 자산을 거래한 경우

【대우 기업집단 계열회사의 부당지원행위 건】

대법원 2004. 10. 14. 선고 2001두2881 판결

판결요지

구 공정거래법 제23조 제1항 제7호 소정의 현저히 유리한 조건의 거래를 판단함에 있어서는 급부와 반대급부 사이의 차이는 물론 지원성 거래규모와 지원행위로 인한 경제상 이익, 지원기간, 지원횟수, 지원시기, 지원행위 당시 지원객체가 처한 경제적 상황 등을 종합적으로 고려하여 구체적 · 개별적으로 판단하여야 한다.

【4차 SK 기업집단 계열회사의 부당지원행위 건】

대법원 2005. 4. 29. 선고 2004두3281 판결

판결요지

부당지원행위의 입법취지가 공정한 거래질서의 확립과 아울러 경제력 집중의 방지에 있는 점에 비추어 볼 때, 정상적인 가격보다 현저히 높은 가격으로 신주를 인수함으로써 발행회사에게 경제상 이익을 제공하는 행위가 출자행위로서의 성질을 가진다고 하여 부당지원행위의 규제대상이 되지 않는다고 할 수 없다.

【현대자동차 외 6개사의 부당지원행위 건】

대법원 2007. 12. 13. 선고 2005두5963 판결

판결요지

현대자동차가 업무와 밀접한 관련이 있는 씨앤씨캐피탈 등으로부터 이 사건 주식을 경영권 프리미엄을 주고 장외매입한 후 기아자동차에 경영권 프리미엄 없이 시가로 장내 매각한 행위는 결과적으로 기아자동차로 하여금 현대자동차로부터 자금을 지원받은 것과 같은 효과를 발생시켜 기아자동차에 과다한 경제상 이익을 제공한 지원행위라고 본 사례

현대자동차가 계열회사 5개사로부터 현대제철의 발행 총 주식의 6.82%에 해당하는 830만 주를 경영권을 취득하는 대가로 전일 증권거래소 종가인 1주당 4,800원보다 6.25% 높은 1주당 5,100원에 장외에서 매입하고, 여기에 자신이 이미 보유하고 있던 현대제철 발행 총 주식수의 4.70%에 해당하는 5,709,517주와 합쳐 11.52%의 지분을 확보함으로써 제1대 주주가 된 사실, 현대자동차는 이 사건 주식을 매입한지 11일 후인 2001. 3. 6. 자신이 보유하던 현대제철의 주식 전부를 시간외 종가매매를 통하여 1주당 4,830원에 기아자동차에 매각한 사실 등이 인정되는바, 현대자동차가 업무와 밀접한 관련이 있는 씨앤씨캐피탈 등으로부터 이 사건 주식을 경영권 프리미엄을 주고 장외매입한 후 기아자동차에 경영권 프리미엄 없이 시가로 장내 매각한 행위는 결과적으로 기아자동차로 하여금 현대자동차로부터 자금을 지원받은 것과 같은 효과를 발생시켜 기아자동차에 과다한 경제상 이익을 제공한 지원행위이다.

【현대중공업 외 17개사의 부당지원행위 건】

대법원 2007. 1. 25. 선고 2004두7610 판결

판결요지

이미 인수한 전환사채의 전환행위도 부당한 지원행위에 해당한다고 본 사례

이미 인수한 전환사채의 경우 그 전환권행사 여부가 전환사채권자의 일방적 의사에 의하여 이루어지는 것이라 하더라도 이는 실질적으로 전환사채와 주식을 교환하는 일종의 거래행위로서 전환권행사를 이용하여 지원객체에게 경제활동의 정상성에 반하는 부당한 경제상의 이익을 제공하는 것이라면 부당한 지원행위에 해당한다.

판결요지

개별정상금리는 지원주체와 지원객체 사이의 자금거래와 정상할인율로 삼고자 하는 자금거래의 시기, 종류, 규모, 기간, 신용상태 등을 종합적으로 고려하여 판단하여야 할 것이지, 단순히 거래규모가 적다는 사정만으로 그 자금거래의 할인율을 개별정상금리로 삼을 수 없는 것은 아니다.

대한알루미늄공업과 울산종합금융과의 거래실적이 같은 기간 동안 대한알루미늄공업의 총 거래실적의 2.41%에 불과하다고 하여 울산종합금융의 할인율을 정상할인율로 못 볼 바는 아니라 할 것이고, 해당 원고들이 내세우는 한미은행 등 금융기관의 인수할인율은 계열회사의 보증이 있는 어음에 대한 것이어서, 이 사건 무보증어음과 조건에 있어 유사한 경우에 해당하지 아니하여 이를 이 사건 기업어음 인수에 적용할 정상할인율로 볼 수 없다.

판결요지

전환사채의 인수행위에 대한 제재처분이 있다 하여 전환사채의 전환행위에 대한 제재처분을 이중의 제재로 볼 수는 없다고 판단한 사례

전환사채의 저가전환으로 인하여 지원객체에게 귀속된 경제상의 이익은 그 시기 및 경쟁제한의 효과에 있어 이에 앞선 전환사채의 인수자체를 통한 지원행위에 있어서의 그것과 전혀 별개의 것으로서 전환사채의 전환권행사가 전환사채의 인수행위와 연속된 것이라 하여 이를 통한 별개의 위반행위까지 1개의 행위로 간주할 수는 없는 것이므로, 전환사채의 인수행위에 대한 제재처분이 있다 하여 전환사채의 전환행위에 대한 제재처분을 2중의 제재로 볼 수는 없으며, 전환사채의 전환행위에 대한 과징금 산정시 반드시 이를 참작하여야 하는 것도 아니다.

판결요지

대환의 형식으로 인수한 기업어음도 지원성 거래규모에 산정된다고 판단한 사례

만기연장을 위한 대환 형식으로 기업어음이 발행된 경우 이는 구채무의 소멸과 동액의 신채무의 부담이라는 별개의 거래행위라고도 볼 수 있으므로, 대환의 형식으로 기업어음의 인수가 이루어진 경우 그 금액을 합산하여 지원성 거래규모를 산정하였다 하여 거기에 무슨 잘못이 있다고는 할 수 없다.

판결요지

원고 현대전자산업이 금강 발행 기업어음을 정상할인율보다 6.45~24.89% 정도 낮은 금리로 인수하여 지원객체에게 현저한 경제상의 이익을 제공하였다고 본 사례

지원객체의 자금력을 제고시키고, 경쟁사업자에 비하여 경쟁조건을 상당히 유리하게 하거나, 관련시장인 건자재 및 판유리 시장에서 유력한 사업자의 지위를 유지・강화하여 공정한 경쟁을 저해하거나 저해할 우려가 있는 부당지원행위를 하였다고 할 것이다.

【삼성물산 외 1개사의 부당지원행위 건】

대법원 2006. 7. 27. 선고 2004두1186 판결

판결요지

기업어음 매입에 의한 지원 시 정상할인율은 특수관계 없는 독립된 자가 지원객체 발행의 기업어음을 매입한 사례가 있는 경우 그 거래에 적용된 할인율로, 동일한 시점의 거래가 없으면 당해 기업어음 매입행위와 가장 근접한 시점의 거래에 적용된 할인율로 본다.

지원주체가 지원객체 발행의 기업어음을 매입함에 있어서 그와 동일한 방법으로 동일 또는 근접한 시점에 특수관계 없는 독립된 자가 지원객체 발행의 기업어음을 매입한 사례가 있는 경우 그 기업어음의 정상할인율은 동일한 시점의 거래가 있으면 그 거래에 적용된 할인율로, 동일한 시점의 거래가 없으면 당해 기업어음 매입행위와 가장 근접한 시점의 거래에 적용된 할인율로 봄이 상당하고, 동일한 시점 또는 가장 근접한 시점의 거래가 다수 있으면 그 가중평균한 할인율로 봄이 상당하다.

【삼성생명의 중앙일보 부당지원행위 건】

대법원 2006. 11. 9. 선고 2004두12049 판결

판결요지

정상금리와의 차이는 물론 지원객체가 지출한 비용 등도 종합적으로 고려하여 그 기업어음의 거래가 지원객체에게 '현저히 유리한 조건'으로 이루어졌는지를 판단하여야 한다.

지원주체인 보험회사가 영업 차원에서 지원객체로부터 단체보험을 유치하고 보험료를 납입받으면서 그 대가로 특정금전신탁의 방법을 통하여 지원객체가 발행한 기업어음을 매입하였다면, 지원주체가 그 기업어음을 매입할 당시에 적용한 할인율과 위에서 본 바와 같은 정상금리(정상할인율)와의 차이는 물론 그 보험계약과 관련하여 지원주체가 얻은 수익과 지원객체가 지출한 비용 등도 종합적으로 고려하여 그 기업어음의 거래가

지원객체에게 '현저히 유리한 조건'으로 이루어졌는지의 여부를 판단하여야 할 것이다.

【삼성생명보험 외 3개사의 부당지원행위 건】

서울고등법원 2005. 1. 27. 선고 2000누4783 판결(확정)

판결요지

지원과정에서 부수적으로 제3자에게 지출한 비용은 지원금액에 포함되지 않는다고 판단한 사례

'지원금액'은 지원행위와 관련하여 지원주체가 지출한 금액 중 지원객체가 속한 시장에서 경쟁을 제한하거나 경제력 집중을 야기하는 등으로 공정한 거래를 저해할 우려가 있는 '지원객체가 받았거나 받은 것과 동일시할 수 있는 경제적 이익'만을 의미하는 것이다. 지원과정에서 부수적으로 제3자에게 지출한 비용은 포함되지 않는다고 할 것이므로 1997. 12. 8.부터 1998. 3. 30.까지 원고 삼성전자의 새한에 대한 지원행위에 있어서 우회지원과정에서의 비용, 즉 원고 삼성전자가 경수종금 발행의 기업어음을 매입한 금리와 경수종금이 새한 발행의 기업어음을 매입한 금리의 차이로 인하여 경수종금에 귀속된 이익에 해당하는 부분은 지원금액에 포함되지 않는다 할 것이다.

【현대 기업집단 계열회사의 부당지원행위 건】

대법원 2004. 4. 9. 선고 2001두6197 판결

판결요지

원고 현대자동차 외 18개사가 이 사건 무보증전환사채를 인수한 것은 경영난에 처한 지원객체들의 자금난을 호전시키기 위한 것으로 그로 인하여 지원객체들에게 각각 인수금액에 대한 정상할인율과 실제할인율의 차액에 해당하는 33억 1,400만 원, 2억 3,000만 원 상당의 과다한 경제적 이익을 제공한 것이라고 본 사례

원고 현대자동차 외 18개사와 지원객체들은 대규모기업집단 '현대' 소속의 계열회사 관계에 있는 점, 이 사건 무보증전환사채 발행 당시 IMF 사태로 금융시장이 사실상 마비되어 자금조달이 지극히 어려웠을 뿐 아니라 특히 지원객체들은 수년간에 걸친 적자로 인하여 완전자본잠식상태로서 만기 1일 내지 7일 정도의 최단기 기업어음을 발행하여 부도를 막기에 급급한 상태에 있었던 점, 원고 현대자동차 외 18개사가 이 사건 무보증전환사채를 인수한 것은 경영난에 처한 지원객체들의 자금난을 호전시키기 위한 것으로 그로 인하여 지원객체들에게 각각 인수금액에 대한 정상할인율과 실제할인율의 차액에 해당하는 33억 1,400만 원, 2억 3,000만 원 상당의 과다한 경제적 이익을 제공한 점, 특히 현대리바트의 경우 현대중공업이 현대리바트의 자금난 해소를 위하여

이 사건 무보증전환사채 인수직전인 1998. 1. 12. 현대리바트가 발행한 200억 원의 기업어음을 인수하는 등 대규모기업집단 '현대'의 계열회사들이 조직적으로 지원객체들을 지원한 것으로 보이는 점, 이 사건 전환사채 인수 당시 실질적으로 경쟁업체가 존재하지 않는다고 하더라도 지원객체들에 대한 지원으로 인하여 신규업체의 시장진입을 억제할 수 있으므로 관련시장에서의 경쟁을 저해한 것이 아니라고 할 수 없는 점 등 여러 사정을 고려하여 볼 때, 원고 현대자동차 외 18개사의 이 사건 무보증전환사채 인수행위로 인하여 지원객체들로 하여금 당해 업계에서 종전의 지위를 계속 유지할 수 있게 함으로써 관련시장에서의 공정하고 자유로운 경쟁을 저해할 우려가 있다.

【대림 기업집단 계열회사의 부당지원행위 건】

대법원 2005. 6. 9. 선고 2004두7153 판결

판결요지

급속히 발전할 것으로 전망되는 정보통신 관련 사업을 영위하면서 장래에도 계속 성장할 것으로 예상되는 기업의 주식가격은 기준시점 당시 가치를 기준으로 하여 산정하는 방법보다는 당해 기업의 미래의 추정이익을 기준으로 하여 산정하는 방법이 그 주식의 객관적인 가치를 반영할 수 있는 보다 적절한 방법이다.

【두산건설의 부당지원행위 건】

대법원 2009. 9. 24. 선고 2008두9485 판결

판결요지

자금사정이 좋지 않았음에도 불구하고, 원고의 사업목적과 무관하게 계열회사의 지원을 위해 대출을 받은 점 등에 비춰 부당한 지원행위에 해당한다고 본 사례

이 사건 어음할인에 있어서 지원객체인 네오플럭스는 설립 당시부터 두산 기업집단에 편입된 원고의 계열회사인 점, 원고는 2003년 당시 차입금 규모가 약 126억 원에 달하고 약 177억 원의 적자를 시현하여 자금사정이 좋지 않았음에도 불구하고, 원고의 사업목적과 무관하게 계열회사인 네오플럭스를 지원하기 위하여 60억 원을 추가로 대출받은 점, 네오플럭스가 이 사건 어음할인을 통하여 대출받은 60억 원은 2003년말 차입금 총액 159억 원의 약 37%, 매출액 58억 7,500만 원의 약 102%에 달하는 금액인 점 등 제반 사정을 종합하여 보면, 이 사건 어음할인은 네오플럭스의 경영상황을 부당하게 개선시키고 경쟁조건을 유리하게 하는 행위로서 지원행위의 부당성이 인정된다.

【삼성에스디아이 외 6개사의 부당지원행위 건】

대법원 2006. 12. 22. 선고 2004두1483 판결

판결요지

계열회사 외 사업자에게도 같은 방식으로 특정금전신탁을 통한 대출을 받도록 영업을 하였고 기업어음 매입시의 할인율도 계열회사와 유사한 수준이라면 부당한 지원행위로 볼 수 없다고 판단한 사례

원고가 상업은행으로 하여금 한솔제지 발행의 기업어음을 매입하도록 한 것은 한솔제지가 위 원고에게 직장인저축보험계약을 맺고 보험료를 납부한 것과 대가관계에 있는 사실, 위 원고는 한솔제지 외에도 위 원고에게 단체보험을 가입한 현대강관, 대우중공업, 동아건설, 현대석유화학 등에 대하여도 같은 방식으로 특정금전신탁을 통한 대출을 받도록 하는 이른바 '법인영업'을 하였는데, 현대강관 등 발행의 기업어음 매입시의 할인율도 한솔제지의 경우와 유사한 수준인 사실 등이 인정되는 바, 위 원고가 한솔제지 발행의 기업어음을 매입한 부분은 관련시장에서 한솔제지를 유리하게 하는 부당지원행위라고 할 수 없다.

【SK의 부당지원행위 건】

대법원 2005. 4. 29. 선고 2004두3281 판결

판결요지

정상가격이 액면가보다 훨씬 낮다고 볼 수밖에 없는 계열회사의 신주를 액면가로 인수함으로써 그 차액 상당의 경제상 이익을 제공한 행위는 현저히 유리한 조건의 거래로서 부당한 지원행위에 해당한다.

【현대중공업 외 17개사의 부당지원행위 건】

대법원 2007. 1. 25. 선고 2004두7610 판결

판결요지

제3자 배정방식에 의한 유상증자 주식을 현저히 높은 대가인 액면가로 인수함으로써 과다한 경제상의 이익을 제공하는 행위는 부당한 지원행위에 해당한다.

【에스케이건설 외 11개사의 부당지원행위 건】

대법원 2007. 1. 25. 선고 2004두1490 판결

판결요지

증자회사가 자본잠식 상태이더라도 투자가치가 있다고 볼 수 있다면, 기준주가에서 할인한 금액으로 증자주식을 인수한 것은 부당지원행위에 해당한다고 볼 수 없다.

원고 에스케이건설 등이 1998. 3. 20. 에스케이증권이 제3자 배정방식으로 발행한 주식 2,996억 원 상당을 주당 3,200원에 매입한 사실, 1998. 3. 5.을 기준으로 한 1월 평균주가 3,549원, 1주 평균주가 3,269원, 기준일 종가 3,150원 중 가장 높은 3,549원을 위 증자주식의 기준주가로 하고 위 기준주가에서 10% 할인한 3,200원으로 매입가액이 정하여졌던 점, 비록 자본잠식상태에 있는 회사라 하더라도 향후 주가전망이 밝다면 투자가치가 있다고 볼 수도 있는 점, 증자 당시 에스케이증권의 재무 및 사업현황이 좋지 않았다고 하여 증자주식의 1주당 가격을 3,200원으로 정한 것이 정상가격보다 현저히 낮은 가격이라고 단정할 수 없는 점 등을 고려하면, 원고 에스케이건설 등의 위 증자주식 인수행위가 현저히 유리한 조건으로 자산을 거래한 경우에 해당한다고 볼 수 없다.

【푸르덴셜자산운용의 부당지원행위 건】

대법원 2006. 12. 7. 선고 2004두11268 판결

판결요지

계열회사가 보유 중인 부도발생 회사들의 채권 등을 장부가격으로 매입한 행위는 부당지원행위에 해당한다고 본 사례

원고가 현투증권으로부터 이 사건 채권 등을 매입할 당시 시행되던 증권투자신탁업감독규정 부칙 제7조는, 원고와 같은 투자신탁운용회사가 현투증권과 같은 증권회사로부터 채권 등을 매입하는 경우에 있어 그 당해 채권 등의 정상가격의 평가에 관한 규정이 아니고, 한편 이 사건 채권 등은 이미 부도가 발생한 회사들의 채권 및 기업어음으로 원리금 회수가능성이 불투명하여 그 잔존가치가 장부가격보다 현저히 낮으므로 이를 고려하면 그 정상가격 역시 장부가격보다 현저히 낮을 것임을 쉽게 추단할 수 있으므로, 이 사건 채권 등을 장부가격으로 매입한 원고의 행위는 유가증권 등의 자산을 현저히 높은 대가로 거래하여 현투증권에게 경제상의 이익을 제공한 것으로서 지원행위가 성립한다.

【현대중공업의 부당지원행위 건】

대법원 2006. 4. 14. 선고 2004두3298 판결

판결요지

현저히 낮은 수익률로 발행된 후순위사채를 대규모로 매입하여 준 행위는 부당지원행위에 해당한다고 본 사례

원고가 만기 5년의 금융채의 수익률, 원고 스스로 발행한 만기 3년의 회사채의 수익률, 한국은행이 발표하는 시중은행의 매월 말 평균 당좌대출금리(일반정상금리)보다 현저히 낮은 수익률로 발행된 현대울산종금의 후순위사채 250억 원 상당을 매입하여 준 행위는 당시 재무구조가 극히 나빴던 특수관계인인 현대울산종금에 현저히 낮은 대가로 많은 자금을 제공하여 줌으로써 현대울산종금이 BIS 비율이 높아지는 등 다른 경쟁업체보다 유리한 지위에 설 수 있게 만들어 준 행위로서 법 제23조 제1항 제7호가 금지하고 있는 부당한 자금지원행위에 해당한다.

【대우 기업집단 계열회사의 부당지원행위 건】

대법원 2004. 10. 14. 선고 2001두2881 판결

판결요지

후순위사채를 양도성예금증서의 이율보다 저리로 인수한 것은 부당지원행위에 해당한다고 본 사례

후순위사채는 채권의 만기 이전에 채권발행회사의 파산 등으로 잔여재산을 청산할 경우 일반차입금이 모두 상환된 후에야 변제청구권을 갖도록 약정되고 또한 채권발행회사의 자금상황이 아무리 악화되더라도 만기 이전에 변제를 청구할 수 없는 것이므로 일반차입금이나 회사채에 비해 인수자가 부담하는 위험성이 높고 거래 시장조차 형성되지 않아 유통성이 떨어지는 채권이어서, 그보다 위험성은 적은 반면 유통성이 높은 양도성예금증서의 이자율보다 높아야 함에도 원고 대우, 원고 대우중공업, 원고 주식회사 대우전자 등은 오히려 양도성예금증서의 최종호가수익률에 1%를 차감한 변동이율을 적용한 점, 그 인수 규모 또한 합계 2,000억 원이나 되어 그 규모의 현저성이 인정되고, 그와 같은 저리 발행으로 인하여 주식회사 대우증권(이하 '대우증권'이라 한다)의 자금조달비용을 절감시켰으리라 보여지는 점, 대우증권이 후순위사채를 발행할 당시는 외환 및 국내 금융시장 위기에 따른 국내증시의 급락으로 유가증권의 운용 및 평가에서 막대한 손실이 발생하고 급격한 금리 상승으로 차입금리의 부담이 가중되는 등으로 인하여 376억 원 상당의 적자를 시현하는 등 자금운용상 어려움에 처하였고, 영업용순자본비율이 지속적으로 낮아지는 상황에서, 위 원고들이 후순위사채를 인수한

것은 위 원고들의 독자적인 투자 판단에 따라 이루어졌다기보다는 대우증권의 경영상 어려움을 방지하고자 영업용순자본비율을 높여 줄 목적으로 계열회사들이 함께 인수한 것으로 보이는 점, 대우증권이 발행한 후순위사채는 계열회사인 위 원고들만이 인수가 가능했던 것으로 보이는 점 등 여러 사정을 고려하여 볼 때, 위 원고들이 대우증권의 이 사건 후순위사채를 인수한 것은 현저히 유리한 조건의 거래에 해당한다.

③ 부동산을 임대차한 경우

㉠ 판단기준

【현대자동차 외 6개사의 부당지원행위 건】

대법원 2007. 12. 13. 선고 2005두5963 판결

판결요지

지원주체가 지원객체에게 부동산을 임대하면서 수수한 임대차보증금이 정상가격보다 낮아 지원행위가 성립한다고 보기 위하여는 우선 지원객체가 임대차보증금 수수행위를 통하여 받았거나 받은 것과 동일시할 수 있는 경제상 이익이 확정될 수 있어야 하고, 그와 같은 경제상 이익의 확정은 지원주체가 특수관계 없는 독립된 자에게 당해 부동산을 임대할 경우에 일반적인 거래관념상 형성되는 거래조건을 기준으로 하여야 한다.

【삼성에스디아이 외 6의 부당지원행위 건】

대법원 2006. 12. 22. 선고 2004두1483 판결

판결요지

부당지원행위에 관한 규정이 시행되기 이전에 체결한 임대차계약을 단순히 유지하는 행위는 위 규정이 적용되는 지원행위에 해당한다고 할 수 없다고 본 사례

부당지원행위의 규제대상은 지원의도에 기한 자금의 제공 또는 거래행위 그 자체이므로 자금지원의 의도로 자금의 제공 또는 거래행위가 있으면 그 즉시 자금지원행위가 성립하는 것이고 그로 인하여 지원객체가 얻게 되는 이익은 이러한 행위로 인한 경제상 효과에 불과한 것이므로, 부당지원행위에 관한 규정이 시행된 1997. 4. 1. 이전에 지원주체가 지원객체와 체결한 임대차계약을 위 규정 시행 이후에 임대차기간을 연장하는 것 등과 같이 새로운 지원행위와 동일시할 수 있는 정도의 특별한 사정 없이 단순히 원래의 계약 내용대로 유지하는 행위만으로는 위 규정이 적용되는 지원행위에 해당한다고 할 수 없다.

㉡ 사례

【서울신문사의 부당지원행위 건】

서울고등법원 2004. 7. 15. 선고 2002누1092 판결(확정)

판결요지

정상 임대수익률에 비해 낮은 이율로 사무실을 임대해 준 것은 부당지원행위에 해당한다고 한 사례

부가가치세법 시행령 제49조의2 제1항은 사업자가 부동산임대용역을 공급하고 전세금 또는 임대보증금을 받는 경우에는 부가가치세법 제13조 제1항 제2호에 규정하는 금전 이외의 대가를 받는 것으로 보아 당해 기간의 전세금 또는 임대보증금에 과세대상기간의 일수와 계약기간 1년의 정기예금 이자율을 1일로 환산한 이자율을 곱하여 산정한 금액을 과세표준으로 하도록 규정하고 있으나, 이는 부가가치세를 부과하기 위한 과세표준을 정한 것에 불과하고, 사업자가 보증금을 월세로 전환할 경우의 전환율을 제한하거나 강제하는 규정이 아니어서 사업자는 얼마든지 높은 전환율을 적용할 수 있다.

【LS 및 LS산전의 부당지원행위 건】

서울고등법원 2018. 4. 12. 선고 2017누55673 판결(확정)

판결요지

보험료 공제를 통한 임대료 감액이 현저히 유리한 조건으로 거래하여 지원하는 행위에 해당하지 아니한다고 본 사례

임대인과 임차인은 모두 임대목적물에 대한 화재보험에 가입할 유인이 있으므로 보험료를 누가 부담할 것인지는 당사자간 계약을 통하여 자율적으로 정할 문제이고, 실제로 임대목적물에 대한 직접적 유지·관리 책임이 없는 임대인이나 리스회사도 화재보험에 가입하는 경우도 있어 임대인이 보험료를 부담하는 것이 일반적인 거래 관행에 반하는 것이라 볼 수도 없으므로, 이 사건 보험료 공제를 통한 임대료 감액이 현저히 유리한 조건으로 거래하여 지원하는 행위에 해당하지 아니한다.

④ 상품 · 용역을 거래한 경우

㉠ 판단기준

【대우의 부당지원행위 건】

대법원 2004. 10. 14. 선고 2001두2935 판결

판결요지

공정거래법은 부당지원행위의 규제대상을 포괄적으로 규정하고 있으므로, 상품 · 용역의 제공 또는 거래도 부당지원행위의 규제대상에 포함된다.

부당지원행위를 불공정거래행위의 한 유형으로 규정하여 이를 금지하는 입법취지가 공정한 거래질서의 확립과 아울러 경제력 집중의 방지에 있는 점, 구 공정거래법 제23조 제1항 제7호가 부당지원행위의 규제대상을 포괄적으로 규정하면서 '가지급금 · 대여금 · 인력 · 부동산 · 유가증권 · 무체재산권'을 구체적으로 예시하고 있을 뿐 상품 · 용역이라는 개념을 별도로 상정하여 상품 · 용역거래와 자금 · 자산 · 인력거래를 상호구별하여 대응시키거나 상품 · 용역거래를 부당지원행위의 규제대상에서 제외하고 있지 아니한 점, 구 공정거래법 제23조 제2항에 따라 불공정거래행위의 유형 및 기준을 정한 구 공정거래법 시행령 제36조 제1항 [별표] 제10호도 부당지원행위의 유형 및 기준을 지원내용과 효과에 초점을 두어 자금지원행위, 자산지원행위, 인력지원행위로 나누어 규정한 것이고 지원행위를 거래형식별로 상정하여 그것만을 규제의 대상으로 삼은 것이라거나 상품 · 용역이라는 개념을 별도로 상정하여 그것을 부당지원행위의 규제대상에서 제외하고 있지 아니한 점, 부당지원행위와 구 공정거래법 제23조 제1항 제1호, 구 공정거래법 시행령 제36조 제1항 [별표] 제2호 (다)목 소정의 계열회사를 위한 차별이나 구 공정거래법 제23조 제1항 제2호, 구 공정거래법 시행령 제36조 제1항 [별표] 제3호 소정의 경쟁사업자 배제와는 입법 취지, 요건 및 효과가 서로 다른 별개의 제도인 점 등을 종합하면, 상품 · 용역의 제공 또는 거래라는 이유만으로 부당지원행위의 규제대상에서 제외되는 것은 아니고 그것이 앞에서 본 바와 같은 부당지원행위의 요건을 충족하는 경우에는 부당지원행위의 규제대상이 될 수 있다.

【에스케이건설 외 11개사의 부당지원행위 건】

대법원 2007. 1. 25. 선고 2004두1490 판결

판결요지

상품 · 용역의 제공 또는 거래라도 그것이 구 공정거래법 제23조 제1항 제7호의 부당지원행위의 요건을 충족하는 경우에는 부당지원행위의 규제대상이 될 수 있다.

원심으로서는 위 원고들의 하인수 수수료 지급행위가 용역에 대한 대가라는 이유만으로 부당지원행위에 해당되지 않는다고 할 것이 아니라, 그 정상적인 거래조건과 실제 거래조건 사이의 차이, 거래규모 및 그로 인한 경제적 이익, 거래기간 및 거래시기, 거래행위 당시 지원객체가 처한 경제적 상황, 거래로 인한 지원객체가 속한 시장에서의 경쟁제한이나 경제력 집중의 효과 등을 종합적으로 고려하여 위와 같은 용역에 대한 대가의 지급이 '현저히 유리한 조건의 거래'인지, '공정한 거래를 저해할 우려가 있는 행위'인지 등을 살펴 '부당한 자금지원' 등에 해당하는지 여부에 관하여 나아가 판단하였어야 한다.

【웅진씽크빅 등 6개사의 부당지원행위 건】

대법원 2014. 6. 12. 선고 2013두4255 판결

판결요지

부당한 자산·상품 등 지원행위라 함은 사업자가 부당하게 특수관계인 또는 다른 회사에 대하여 자산을 현저히 낮거나 높은 대가로 제공 또는 거래하거나, 현저한 규모로 제공 또는 거래하여 공정한 거래를 저해할 우려가 있는 행위를 말한다.

구 공정거래법 제23조 제1항 제7호, 제2항, 법 시행령 제36조 제1항 [별표 1의2] 제10호 (나)목 등의 각 규정을 종합하면, 부당한 자산·상품 등 지원행위라 함은 사업자가 부당하게 특수관계인 또는 다른 회사에 대하여 부동산·유가증권·상품·용역·무체재산권 등 자산을 현저히 낮거나 높은 대가로 제공 또는 거래하거나 현저한 규모로 제공 또는 거래하여 과다한 경제상 이익을 제공함으로써 특수관계인 또는 다른 회사를 지원하는 행위로서 공정한 거래를 저해할 우려가 있는 행위를 말하는데, 여기서 '현저히 낮거나 높은 대가로 제공 또는 거래하거나 현저한 규모로 제공 또는 거래하여 과다한 경제상 이익을 제공'한 것인지 여부는 급부와 반대급부 사이의 차이는 물론 지원성 거래규모와 지원행위로 인한 경제상 이익, 지원기간, 지원횟수, 지원시기, 지원행위 당시 지원객체가 처한 경제적 상황 등을 종합적으로 고려하여 구체적·개별적으로 판단하여야 한다.

【웅진씽크빅 등 6개사의 부당지원행위 건】

대법원 2014. 6. 12. 선고 2013두4255 판결

판결요지

부당한 자산·상품 등 지원행위에 있어서 급부와 반대급부가 현저히 유리한지 여부를 판단하는 기준이 되는 정상가격이란 지원주체와 지원객체 간에 이루어진 경제적 급부와 동일한 경제적 급부가 시기, 종류, 규모, 기간, 신용상태 등이 유사한 상황에서 특수관계가 없는 독립된 자 간에 이루어졌을 경우 형성되었을 거래가격 등을 말한다.

【현대중공업 외 17개사의 부당지원행위 건】

대법원 2007. 1. 25. 선고 2004두7610 판결

판결요지

'현저한 규모로 거래하여 과다한 경제상 이익을 제공한 것인지 여부'는 지원성 거래규모 및 급부와 반대급부의 차이, 지원행위로 인한 경제상 이익, 지원기간, 지원횟수, 지원시기, 지원행위 당시 지원객체가 처한 경제적 상황 등을 종합적으로 고려하여 구체적·개별적으로 판단하여야 한다.

구 공정거래법 제23조 제1항 제7호는 '현저히 유리한 조건으로 거래'하여 특수관계인 또는 다른 회사를 지원하는 행위를 지원행위로 규정하고 있고, 같은 조 제2항의 위임에 기한 시행령 제36조 제1항 [별표] 제10호는 현저히 낮거나 높은 대가로 제공 또는 거래하거나 현저한 규모로 제공 또는 거래하여 과다한 경제상 이익을 제공함으로써 특수관계인 또는 다른 회사를 지원하는 행위를 지원행위로 규정하고 있는바, 거래의 조건에는 거래되는 상품 또는 역무의 품질, 내용, 규격, 거래수량, 거래횟수, 거래시기, 운송조건, 인도조건, 결제조건, 지불조건, 보증조건 등이 포함되고 그것이 자금, 자산, 인력 거래라고 하여 달리 볼 것은 아니며, 거래규모는 거래수량에 관한 사항으로서 거래조건에 포함된다고 할 수 있고 현실적인 관점에서 경우에 따라서는 유동성의 확보 자체가 긴요한 경우가 적지 않음에 비추어 현저한 규모로 유동성을 확보할 수 있다는 것 자체가 현저히 유리한 조건의 거래가 될 수 있으므로, '현저한 규모로 제공 또는 거래하여 과다한 경제상 이익을 제공'하는 것도 구 공정거래법 제23조 제1항 제7호 소정의 '현저히 유리한 조건의 거래'의 하나라고 볼 수 있을 것이지만, 현저한 규모의 거래라 하여 바로 과다한 경제상 이익을 준 것이라고 할 수 없고 현저한 규모의 거래로 인하여 과다한 경제상 이익을 제공한 것인지 여부는 지원성 거래규모 및 급부와 반대급부의 차이, 지원행위로 인한 경제상 이익, 지원기간, 지원횟수, 지원시기, 지원행위 당시 지원객체가 처한 경제적 상황 등을 종합적으로 고려하여 구체적·개별적으로 판단하여야 한다.

㉡ 사례

【서울신문사의 부당지원행위 건】

서울고등법원 2004. 7. 15. 선고 2002누1092 판결(확정)

판결요지

용역비 무상지원행위는 부당지원행위(자금지원행위)에 해당한다고 본 사례

업무전산관리비가 서울신문이 자신의 설비와 인력을 이용하여 스포츠서울21을 위하여 업무전산관리용역을 제공해 주고 그에 대한 대가로 수령하는 것이어서 상품 또는 용역의 거래에 해당하고, 상품 또는 용역의 거래가 법 제23조가 규제대상으로 하는 자금, 자산, 인력의 거래에 직접 해당하지 아니한다고 하여도 용역거래시 그 대금을 저가 또는 고가로 책정함으로써 간접적으로 자금지원의 효과를 발생시키는 것이 아니라 이 사건과 같이 이미 발생하였거나 장래 발생할 용역거래로 인한 비용을 무상지원하는 경우에는 특별한 사정이 없는 한 직접적인 자금지원행위에 해당한다.

【조선일보사 외 2개사의 부당지원행위 건】

대법원 2005. 9. 15. 선고 2003두12059 판결

판결요지

계열회사의 광고를 하고 해당 계열회사로부터 그 광고대가를 지급받지 않은 것은 부당지원행위에 해당한다고 본 사례

이 사건 광고는 그 광고형태로 볼 때 원고 조선일보의 소유인 조선닷컴을 알리고 그 인터넷 접속을 유도하려는 데 그 중점이 있는 것이지 디지틀조선을 알리고 그 포털사이트의 접속을 유도하려는 데 그 중점이 있다고 볼 수는 없으나, 이러한 광고로 인하여 디지틀조선으로서는 그 인지도의 향상 및 포털사이트에 대한 접속의 증가 등 경영여건이 개선되는 효과를 거둘 수 있는 반면, 원고 디지틀조선에 대한 위와 같은 광고가 원고 조선일보의 영업상 필요에 의한 것이라고 보기는 어려우므로, 원고 조선일보가 이 사건 광고를 하면서 조선닷컴에 대한 광고 등 자신의 광고에 활용할 광고면을 원고 디지틀조선을 위한 광고에 할애하고도 원고 디지틀조선으로부터 그 대가를 지급받지 않은 것은 계열회사인 디지틀조선을 지원할 의도에 기한 것이라고 할 것이고, 이 사건 광고가 원고 조선일보와 원고 디지틀조선 사이의 직접적인 거래관계에 따른 것이 아니라 조선일보와 광고대행사 사이의 광고대행계약에 따른 것이라고 하여 디지틀조선에 대한 지원행위가 성립하지 않는다고 할 수 없다.

【조선일보사 외 2개사의 부당지원행위 건】

대법원 2005. 9. 15. 선고 2003두12059 판결

판결요지

지원주체와 지원객체의 직접적인 거래관계가 아니라고 하더라도 부당지원행위에 해당한다고 본 사례

조선일보가 이 사건 광고를 하면서 조선닷컴에 대한 광고 등 자신의 광고에 활용할 광고면을 디지틀조선을 위한 광고에 할애하고도 디지틀조선으로부터 그 대가를 지급받지 않은 것은 계열회사인 디지틀조선을 지원할 의도에 기한 것이라고 할 것이고, 이 사건 광고가 조선일보와 디지틀조선 사이의 직접적인 거래관계에 따른 것이 아니라 조선일보와 광고대행사 사이의 광고대행계약에 따른 것이라고 하여 디지틀조선에 대한 지원행위가 성립하지 않는다고 할 수 없다.

【현대증권의 부당지원행위 건】

서울고등법원 2004. 2. 3. 선고 2001누2562 판결(확정)

판결요지

계열회사와의 부동산 거래에서 통상적인 부동산 거래조건에 비하여 유리한 조건으로 매매대금 지급조건을 정한 것은 부당지원행위에 해당한다고 본 사례

계약당일 및 그 2일 후에 매매대금의 90%를 현대건설에 지급하였는데, 이는 계약당일에는 10%의 대금만이 수수되고 나머지는 중도금과 잔금으로 나뉘어 상당기간이 경과한 후에 각 수수되는 통상적인 부동산 거래조건에 비하여 매수인인 현대건설에 현저하게 유리한 지급조건이라고 할 것이고, 이로써 현대건설은 유동성을 확보하여 관련시장에서 보다 유리한 지위를 유지 또는 강화할 우려가 있다고 인정되므로 '연수원 매수'는 구 공정거래법 제23조 제1항 제7호의 부당지원행위에 해당된다.

【현대중공업의 부당지원행위 건】

대법원 2006. 4. 14. 선고 2004두3298 판결

판결요지

특수관계인으로부터 물품대금에 대한 지연이자를 받지 않은 것은 부당지원행위에 해당한다고 본 사례

원고가 현대석유화학으로부터 전력 및 스팀 공급대금을 지연 수령하고 그 과정에서

지연이자를 받지 아니한 행위는 당시 계속되는 적자에 시달리고 있던 특수관계인인 현대석유화학을 지원하려는 의도 아래 이루어진 행위로서 구 공정거래법 제23조 제1항 제7호가 금지하고 있는 부당한 자금지원행위에 해당한다.

【대한주택공사의 부당지원행위 건】

대법원 2003. 9. 5. 선고 2001두7411 판결

판결요지

공익적 목적과 불가피한 필요를 인정하여 부당지원행위에 해당하지 않는다고 본 사례

원고의 선급금 지급행위는 부실기업인 한양 등의 경영정상화를 촉진시키기 위하여 원고에게 부여한 수의계약집행권한과 전대·지급보증 등 금융지원권한의 범위 내에 속하는 행위로서, 한양 등이 다시 도산하는 경우 야기될 사회적·경제적 불안을 해소하기 위한 공익적 목적이 있을 뿐만 아니라 총 1조 원이 넘는 전대 및 지급보증을 한 원고로서는 자신의 동반 도산을 막기 위한 불가피한 필요도 있었다고 할 것이므로, 이를 들어 구 공정거래법 제23조 제1항 제7호 소정의 부당한 지원행위에 해당한다고 볼 수는 없다.

⑤ 거래단계를 추가하거나 거쳐서 거래한 경우

【롯데피에스넷의 부당지원행위 건】

대법원 2014. 2. 13. 선고 2013두17466 판결

판결요지

다른 사업자와 직접 거래하면 상당히 유리함에도 불구하고 거래상 실질적인 역할이 없는 특수관계인이나 다른 회사를 매개로 거래하는 행위, 이른바 '통행세 거래'는 부당지원행위에 해당한다고 본 사례

원고가 2009. 9.부터 2012. 5.까지 기업집단 롯데가 보유한 편의점 등 점포에 비치하기 위하여 이 사건 현금자동입출금기를 구매하는 과정에서, 제조사인 네오아이씨피로부터 직접 구매하지 않고 같은 계열사인 롯데알미늄을 거쳐 구매함으로써 롯데알미늄으로 하여금 판시 매출이익을 실현하게 한 것은 구 공정거래법 제23조 제1항 제7호의 부당지원행위에 해당하고, 따라서 이에 대한 피고의 이 사건 시정명령 및 과징금 납부명령은 적법하다.

(다) 부당성 판단 기준

【동화청 및 팜한농의 부당지원행위 건】

서울고등법원 2020. 1. 15. 선고 2019누38788 판결(확정)

판결요지

지원행위의 부당성 판단에 있어 지원객체의 시장점유율 추이는 중요한 판단요소 중의 하나이기는 하나 유일하거나 결정적인 판단요소는 될 수 없다.

【삼성SDS의 부당지원행위 건】

대법원 2004. 9. 24. 선고 2001두6364 판결

판결요지

'부당하게'는 지원객체가 직접 또는 간접적으로 속한 시장에서 경쟁이 저해되거나 경제력이 집중되는 등으로 공정한 거래를 저해할 우려가 있다는 의미로 해석하여야 한다.

구 공정거래법 제23조 제1항 제7호는, 불공정거래행위의 한 유형으로서, 사업자가 부당하게 특수관계인 또는 다른 회사에 대하여 유가증권 등을 제공하거나 현저히 유리한 조건으로 거래하여 특수관계인 또는 다른 회사를 지원하는 행위, 즉 부당지원행위를 금지하고 있는바, 여기에서 말하는 '부당하게'는, 사업자의 시장지배적 지위의 남용과 과도한 경제력의 집중을 방지하고, 부당한 공동행위 및 불공정거래행위를 규제하여 공정하고 자유로운 경쟁을 촉진함으로써 창의적인 기업활동을 조장하고 소비자를 보호함과 아울러 국민경제의 균형 있는 발전을 도모한다는 법의 목적(제1조)과 경제력 집중을 억제하고 공정한 거래질서를 확립하고자 하는 부당지원행위 금지규정의 입법 취지 등을 고려하면, 지원객체가 직접 또는 간접적으로 속한 시장에서 경쟁이 저해되거나 경제력이 집중되는 등으로 공정한 거래를 저해할 우려가 있다는 의미로 해석하여야 할 것이며, 이렇게 해석할 경우 지원객체가 일정한 거래분야에서 시장에 직접 참여하고 있는 사업자일 것을 요건으로 하는 것은 아니다.

【SKC&C의 부당지원행위 건】

대법원 2004. 3. 12. 선고 2001두7220 판결

판결요지

부당성 유무는 지원주체와 객체와의 관계, 지원행위의 목적과 의도, 시장의 구조와 특성, 지원성 거래규모와 기간, 경쟁여건이나 시장점유율 등을 종합적으로 고려하여 공정한 거래가 저해될 우려가 있는지에 따라 판단하여야 한다.

구 공정거래법 제23조 제1항 제7호 소정의 부당지원행위가 성립하기 위하여는 지원주체의 지원객체에 대한 지원행위가 부당하게 이루어져야 하는바, 지원주체의 지원객체에 대한 지원행위가 부당성을 갖는지 유무를 판단함에 있어서는 지원주체와 지원객체와의 관계, 지원행위의 목적과 의도, 지원객체가 속한 시장의 구조와 특성, 지원성 거래규모와 지원행위로 인한 경제상 이익 및 지원기간, 지원행위로 인하여 지원객체가 속한 시장에서의 경쟁제한이나 경제력 집중의 효과 등은 물론 중소기업 및 여타 경쟁사업자의 경쟁능력과 경쟁여건의 변화 정도, 지원행위 전후의 지원객체의 시장점유율의 추이, 시장개방의 정도 등을 종합적으로 고려하여 당해 지원행위로 인하여 지원객체의 관련시장에서 경쟁이 저해되거나 경제력 집중이 야기되는 등으로 공정한 거래가 저해될 우려가 있는지 여부에 따라 판단하여야 한다.

【대우 기업집단 계열회사의 부당지원행위 건】

대법원 2004. 10. 14. 선고 2001두2881 판결

판결요지

자금지원행위가 부당성을 갖는지 유무는 오로지 공정한 거래질서라는 관점에서 평가되어야 하는 것이고, 공익적 목적, 소비자 이익, 사업경영상 또는 거래상의 필요성 내지 합리성 등도 공정한 거래질서와는 관계없는 것이 아닌 이상 부당성을 갖는지 유무를 판단함에 있어 고려되어야 하는 요인의 하나라고 할 것이나, 단순한 사업경영상의 필요 또는 거래상의 합리성 내지 필요성만으로는 부당지원행위의 성립요건으로서의 부당성 및 공정거래저해성이 부정된다고 할 수는 없다.

【삼성SDS의 부당지원행위 건】

대법원 2004. 9. 24. 선고 2001두6364 판결

판결요지

부당지원행위의 부당성을 판단함에 있어서는 지원주체와 지원객체와의 관계, 지원객체 및 지원객체가 속한 관련시장의 현황과 특성, 지원금액의 규모와 지원된 자금 자산 등의 성격, 지원금액의 용도, 거래행위의 동기와 목적, 정당한 사유의 존부 등을 종합적으로 고려하여 판단하여야 하며, 위와 같은 요소들을 종합적으로 고려할 때 당해 지원행위가 공정한 거래를 저해할 우려가 있는 행위라는 점은 공정거래위원회가 이를 입증하여야 한다.

원고의 이 사건 행위로 인하여 부(富)의 세대간 이전이 가능해지고 특수관계인들을 중심으로 경제력이 집중될 기반이나 여건이 조성될 여지가 있다는 것만으로는 공정한 거래를 저해할 우려가 있다고 단정하기 어렵고, 위 특수관계인들이 지원받은 자산을 계열회사에 투자하는 등으로 관련시장에서의 공정한 거래를 저해할 우려가 있다는

점이 공지의 사실로서 입증을 필요로 하지 않는 사항이라고도 할 수 없으므로, 기록에 나타난 피고의 주장·입증만으로는 이 사건 행위가 공정한 거래를 저해할 우려가 있다고 할 수 없다.

【삼성SDS의 부당지원행위 건】

대법원 2004. 9. 24. 선고 2001두6364 판결

판결요지

부당한 지원행위의 심사지침이 '관계 법령을 면탈 또는 회피하여 지원하는 등 지원행위의 방법 또는 절차가 불공정한 경우'를 부당성 판단 기준의 하나로서 규정하고 있기는 하나, 위 심사지침은 법령의 위임에 따른 것이 아니라 법령상 부당지원행위 금지규정의 운영과 관련하여 심사기준을 마련하기 위하여 만든 피고 내부의 사무처리지침에 불과하므로, 지원행위를 둘러싼 일련의 과정 중 관계 법령이 정한 방법이나 절차의 위배가 있다고 하여 바로 부당지원행위에 해당한다고는 할 수 없고, 이러한 관계 법령의 면탈 또는 회피가 지원행위의 부당성에 직접 관련된 것으로서 지원객체가 직접 또는 간접적으로 속한 시장에서 경쟁을 저해하거나 경제력 집중을 야기하는 등으로 공정한 거래를 저해할 우려가 있는 경우에 비로소 부당지원행위에 해당한다.

【삼성SDS의 부당지원행위 건】

대법원 2004. 9. 24. 선고 2001두6364 판결

판결요지

신주인수권부사채를 특수관계인에게 저가로 매각하였다는 사정만으로는 부당성이 입증되지 않는다고 본 사례

경제력 집중의 억제가 부당지원행위 규제의 입법 목적에 포함되어 있다고 하더라도, 법상 경제력 집중의 억제와 관련하여서는 제3장에서 지주회사의 제한적 허용, 계열회사간 상호출자금지 및 대규모기업집단에 속하는 중소기업창업투자회사의 계열회사의 주식취득금지, 금융회사 또는 보험회사의 의결권제한 등에 관하여 규정을 베풀어 대규모기업집단의 일반집중을 규제하면서도 부당지원행위는 제5장의 불공정거래행위의 금지의 한 유형으로서 따로 다루고 있으며, 변칙적인 부의 세대간 이전 등을 통한 소유집중의 직접적인 규제는 법의 목적이 아니고 시장집중과 관련하여 볼 때 기업집단 내에서의 특수관계인 또는 계열회사 간 지원행위를 통하여 발생하는 경제력 집중의 폐해는 지원행위로 인하여 직접적으로 발생하는 것이 아니라 지원을 받은 특수관계인이나 다른 회사가 자신이 속한 관련시장에서의 경쟁을 저해하게 되는 결과 발생할 수 있는 폐해라고 할 것인 점 등에 비추어 보면, 부당지원행위의 부당성을 판단함에

있어서는 지원주체와 지원객체와의 관계, 지원객체 및 지원객체가 속한 관련시장의 현황과 특성, 지원금액의 규모와 지원된 자금 자산 등의 성격, 지원금액의 용도, 거래행위의 동기와 목적, 정당한 사유의 존부 등을 종합적으로 고려하여 판단하여야 하며, 위와 같은 요소들을 종합적으로 고려할 때 당해 지원행위가 공정한 거래를 저해할 우려가 있는 행위라는 점은 피고가 이를 입증하여야 할 것이다. 관계 법령과 위 법리에 비추어 기록을 살펴보건대, 원고의 이 사건 행위로 인하여 부(富)의 세대간 이전이 가능해지고 특수관계인들을 중심으로 경제력이 집중될 기반이나 여건이 조성될 여지가 있다는 것만으로는 공정한 거래를 저해할 우려가 있다고 단정하기 어렵고, 위 특수관계인들이 지원받은 자산을 계열회사에 투자하는 등으로 관련시장에서의 공정한 거래를 저해할 우려가 있다는 점이 공지의 사실로서 입증을 필요로 하지 않는 사항이라고도 할 수 없으므로, 기록에 나타난 피고의 주장·입증만으로는 이 사건 행위가 공정한 거래를 저해할 우려가 있다고 할 수 없다.

10) 기타 불공정거래행위

【텐커뮤니티의 불공정거래행위 건】

대법원 2008. 2. 14. 선고 2005두1879 판결

판결요지

구 공정거래법 시행령에 제8호와 관련된 불공정거래행위의 유형 또는 기준이 정하여져 있지 아니한 이상, 제8호 '기타의 불공정거래행위'로 의율하여 제재를 가할 수는 없다.

구 공정거래법 시행령에 구 공정거래법 제23조 제1항 제8호와 관련된 불공정거래행위의 유형 또는 기준이 정하여져 있지 아니한 이상, 문제된 행위가 공정한 거래를 저해할 우려가 있는 행위라고 하여 이를 구 공정거래법 제23조 제1항 제8호의 불공정거래행위로 의율하여 제재를 가할 수는 없다고 할 것이다.

판결요지

회원들만의 정보공유를 통해 비회원들과의 부동산거래를 차단하도록 하게 한 행위가 공정한 거래를 저해할 우려가 있는 행위라고 하여 이를 제8호의 '기타의 불공정거래행위'로 의율할 수는 없다.

공정거래위원회는 원고 1 주식회사가 성남시 분당지역에서 운영하는 부동산거래정보망은 부동산중개업자들에게 있어 중개업의 영위와 관련하여 필수적인 서비스로서 부동산중개업자들이 누구나 부동산거래정보망에 가입하여 정보를 공유할 수 있어야 함에도 불구하고, 원고 1 주식회사 부동산거래정보망을 이용하는 부동산친목회 회원들이

이를 악용하여 친목회 비회원들에게 정보를 차단하는 등 불공정거래행위를 하고 있고, 원고 1 주식회사도 이를 알고 있으면서도 고객을 확보할 목적으로 부동산정보차단장치를 설치하여 공정거래법을 회피할 수 있다고 홍보하여 공정한 거래를 저해할 우려가 있는 행위를 하였다며 구 공정거래법 제23조 제1항 제8호에 위반된다고 인정하여 원고 1 주식회사에 대하여 같은 시정명령 기재 처분을 의결하였으나, 구 공정거래법 시행령에 구 공정거래법 제23조 제1항 제8호와 관련된 불공정거래행위의 유형 또는 기준이 정하여져 있지 아니한 이상, 문제된 행위가 공정한 거래를 저해할 우려가 있는 행위라고 하여 이를 구 공정거래법 제23조 제1항 제8호의 불공정거래행위로 의율하여 제재를 가할 수는 없다고 할 것이다.

제 46 조 재판매가격유지행위의 금지

가. 법조문

법률	시행령
제46조(재판매가격유지행위의 금지) 사업자는 재판매가격유지행위를 하여서는 아니 된다. 다만, 다음 각 호의 어느 하나에 해당하는 경우에는 그러하지 아니하다. 1. 효율성 증대로 인한 소비자후생증대 효과가 경쟁제한으로 인한 폐해보다 큰 경우 등 재판매가격유지행위에 정당한 이유가 있는 경우 2. 「저작권법」 제2조 제1호에 따른 저작물 중 관계 중앙행정기관의 장과의 협의를 거쳐 공정거래위원회가 고시하는 출판된 저작물(전자출판물을 포함한다)인 경우	

나. 판례

1) 의미

【매일유업의 재판매가격유지행위 건】

서울고등법원 2000. 1. 28. 선고 98누14947 판결(확정)

판결요지

판매가격유지행위라 함은 사업자가 상품을 판매함에 있어서 재판매 사업자에게 거래단계별 가격을 미리 정하여 그 가격대로 판매할 것을 강제하거나 이를 위해 규약 기타 구속조건을 붙여 거래하는 행위를 말한다.

【대한출판문화협회의 재판매가격유지행위 건】

대법원 1997. 6. 13. 선고 96누5843 판결

판결요지

사업자단체 금지행위 중 재판매가격유지행위를 하지 못하도록 한 취지는 사업자의 재판매가격유지행위를 규제하는 재판매가격유지행위와는 전혀 별개로, 개개 사업자 사이에 저작물에 관한 재판매가격유지행위를 할 수 있다고 하더라도 사업자단체가 자유경쟁가격제도를 택하려는 사업자에게 재판매가격유지행위를 하게 하는 행위는 재판매가격유지행위에 해당한다.

출판사들의 사업자단체인 원고가 도서정가제를 준수하지 아니하고 할인판매를 한 출판사들에 대하여 도서정가제가 더욱 공고히 확립될 수 있도록 최대한 협조하여 줄 것을 요청하는 공문을 발송한 이 사건에서, 구 공정거래법 제29조 제2항에 의하여 저작물에 대한 재판매가격유지행위가 허용되는 사업자는 반드시 재판매가격유지행위를 하여야만 하는 것은 아니고 자유경쟁가격제도를 택할 수도 있는 것이며, 한편 법은 사업자의 부당한 공동행위 및 불공정행위 등에 대하여 규제하면서 이와는 별도로 사업자단체에 대하여 제6장(현재는 제7장)에서 설립신고, 금지행위, 시정조치 등에 관한 규정을 따로 두어 사업자와 사업자단체를 명확히 구분하고 있는 점에 비추어, 구 공정거래법 제26조 제1항 제4호에서 사업자단체가 사업자에게 구 공정거래법 제29조에 의한 재판매가격유지행위를 하게 하는 행위를 금지하는 취지는 사업자의 재판매가격유지행위를 규제하는 구 공정거래법 제29조의 그것과는 전혀 별개의 것이므로, 개개의 사업자 사이에 저작물에 관한 재판매가격유지행위를 할 수 있다고 하더라도 사업자단체가 자유경쟁가격제도를 택하려는 사업자에게 재판매가격유지행위를 하게 하는 행위는 구 공정거래법 제26조 제1항 제4호에 위반되는 것이고, 따라서 출판물의 재판매가격유지계약 체결권한을 위임하지 아니한 출판사들에 대한 원고의

위 공문발송행위는 위법한 것이어서 피고가 원고에 대하여 판시와 같은 내용의 시정명령 등을 한 조치는 적법하다.

2) 성립요건

【매일유업의 재판매가격유지행위 건】

서울고등법원 2000. 1. 28. 선고 98누14947 판결(확정)

판결요지

사업자가 거래중단을 시사하였거나 사업자의 행위가 가격유지의 권장 또는 협조요청의 형식을 취하였다고 하더라도 재판매가격의 유지가 실효성이 확보된 수단을 통해 이루어지는 경우에는 가격을 통제하는 행위로서 재판매사업자 사이의 자유로운 가격경쟁을 저해하는 재판매가격유지행위에 해당한다.

재판매가격유지행위에 사업자가 상품을 판매함에 있어 미리 정한 가격대로 판매하지 않는 경우 거래를 중단하거나 또는 공급량을 줄이거나 공급조건을 불리하게 하는 등의 물리적 강요행위가 포함됨은 물론, 단지 사업자가 거래중단을 시사하였거나 혹은 사업자의 행위가 가격유지의 권장 또는 협조요청의 형식을 취하였다고 하더라도 재판매가격의 유지가 실효성이 확보된 수단을 통하여 이루어지는 경우에는 이는 가격을 통제하는 행위로서 재판매사업자 사이의 자유로운 가격경쟁을 저해하는 재판매가격유지행위에 해당한다.

【매일유업의 재판매가격유지행위 건】

서울고등법원 2000. 1. 28. 선고 98누14947 판결(확정)

판결요지

재판매가격유지행위에 해당하려면 사업자가 미리 정한 가격대로 판매하지 않는 경우 재판매 사업자와의 거래를 중단하거나 공급량을 줄이거나 공급조건을 불리하게 하는 등의 불이익을 주는 방법으로 가격을 통제하는 행위로서 재판매사업자 사이의 자유로운 가격경쟁을 저해하는 것이어야 한다.

【한국암웨이의 재판매가격유지행위 건】

서울고등법원 2016. 10. 19. 선고 2014누65471 판결(확정)

판결요지

원고가 소속 다단계판매원에게 판매금지 기준가격으로 지정한 원고로부터의 구입가격은 재판매가격유지행위의 적용대상인 거래가격에 해당하며, 원고가 윤리강령 및 행동지침을 통하여 다단계판매원에게 위 구입가격 이하로 판매하지 말 것을 강제한 사실이 인정되므로 재판매가격유지 행위에 해당한다고 본 사례

원고가 소속 다단계판매원에게 판매금지 기준가격으로 지정한 원고로부터의 구입가격은 구 공정거래법 제29조 제1항의 적용대상인 거래가격에 해당하며, 원고가 윤리강령 및 행동지침을 통하여 다단계판매원에게 위 구입가격 이하로 판매하지 말 것을 강제한 사실이 인정된다. 나아가 원고와 소속 다단계판매원의 관계를 위탁관계에 준하는 관계로 볼 수는 없음. 이에 의하면 원고가 내세우는 사유들을 감안하더라도 이 사건 행위는 구 공정거래법 제2조 제6호, 제29조 제1항에 정해진 재판매가격유지행위의 1차적 요건을 갖추었다고 할 것이다. 가) 거래가격을 정하였는지-관련 법규의 입법목적과 내용, 재판매가격유지행위를 금지하는 취지 등에 비추어 볼 때, 사업자가 일정한 가격 또는 일정한 기준에 의한 가격을 지정함으로써 가격경쟁을 제한하여 소비자 후생을 저해할 우려를 야기한 경우에는 공정거래법 제29조 제1항이 정하고 있는 '거래가격을 정한 행위'에 해당한다고 보아야 한다. 원고가 내세우는 바와 같이 지정된 가격이 권장 소비자가격이 아니라거나 거래상대방의 수익을 보장하는 것은 아니라는 등의 사정은 판단에 영향을 미치지 않는다. 나) 강제성 여부-원고는 윤리강령 및 행동지침에 근거하여 재판매가격유지 조치에 반하는 행위를 하였다는 이유를 들어 소속 다단계판매원에게 자격해지 및 자격정지, 자격제한의 조치를 통하여 일정 기간 후원수당을 받을 수 있는 자격을 박탈하는 등의 불이익을 가할 수 있고, 앞서 살핀 바와 같이 제재를 가한 사례가 실제로 존재한다. 이에 의하면 원고의 행위는 강제성이 수반되는 재판매가격유지행위에 해당하고, 원고가 들고 있는 사유만으로 강제성에 관한 피고의 판단에 어떠한 잘못이 있다고 볼 수 없다. 다) 위탁관계에 준하는 관계인지-이른바 피라미드 판매조직(Pyramid Sales Company)은 판매조직에 가입하기 위하여 일정한 금품을 납입하거나 고가의 상품을 인수하여야 하고, 그 납입한 금전이나 인수한 상품의 반환을 제한하며, 판매원의 수입은 주로 하위 판매원을 모집하는 것 자체에서 발생하므로 다른 판매원을 모집하기만 하면 자신의 판매활동과 무관하게 하위 판매원의 활동에 의하여 막대한 이익을 얻을 수 있다고 권유하여 조직을 확산시켜 가는 형태로서 일단 조직에 가입한 자는 상품의 판매보다는 조직원의 모집에만 주력하게 되어 결국은 조직 자체가 와해되어 최종 가입자인 소비자의 피해를 유발하게 된다. 따라서 원고의 주장과 같이 방문판매법상 다단계판매원의 활동에 대하여 다단계판매업자가 일정한 경우 관리·감독 의무가 있거나 배상책임을 지는 경우가 있고, 다단계판매원에게 3개월 내 청약철회를 인정하고 있는 등의 사정이 있다고 하더라도 이는 다단계판매의 건전성을 확보하기 위한 입법적 조치의 결과일 뿐 이를 들어 곧바로

다단계판매업자와 다단계판매원의 관계를 위탁관계 또는 그에 준하는 관계로 볼 수는 없다.

【매일유업의 재판매가격유지행위 건】

대법원 2002. 5. 31. 선고 2000두1829 판결

판결요지

매일유업이 조제분유제품을 공급하면서 유통업자들에게 자신이 제시하는 가격으로 판매하도록 통제한 사안에서, 원고 회사(매일유업)가 공급중단이나 물량조절 혹은 그 예정통지 및 직원들의 감시·감독활동 등의 수단을 통하여 조제분유제품의 소비자가격을 일정한 수준으로 유지하여 온 것으로 인정한 사례

조제분유 등을 생산·판매하는 구 공정거래법 제2조 제1호 소정의 사업자에 해당하는 원고 회사가, 그 판시와 같이 조제분유 제품가격을 인상할 때마다 출고가격 외에 별도로 소비자가격을 정하여 각 지점에 통보하고, 이에 따라 각 지점은 관내 대형할인점에 대하여는 직접, 관내 일반소매점에 대하여는 특약점(또는 대리점)을 통하여 그 가격을 각 통보하여 온 사실, 그런데 원고 회사 각 지점은 사원교육, 사원간의 분임토의 등을 통하여 소속 영업사원 등으로 하여금 거래처의 소비자가격 준수 여부를 점검·관리하도록 하고 있고, 이에 따라 각 지점 소속 영업사원 등은 거래처 방문과 매장관리 등의 방법으로 소비자가격 준수 여부를 수시로 확인하고 있으며, 각 지점에서는 직원들의 사내교육, 분임토의 결과, 거래처 방문결과 등을 정기적으로 본사에 보고하여 오고 있는 사실, 그리하여 ① 원고 회사 대구지점(원심판결의 김천지점은 오기임)은, 관내 대형할인점인 E마트 김천점이 개점하면서 그와 경쟁관계에 있는 김천농협과 서로 조제분유 판매가격 인하경쟁을 하자 위 양 매장에 대하여 판매가격 인상을 종용하였고, 그 결과 E마트 김천점은 이에 응한 반면에 김천농협은 이에 불응하자 1998. 1. 8. 원고 회사 본사에 김천농협에 대한 공급을 중지할 것을 요청하였으며, ② 원고 회사 부산지점은 E마트 부산점에 대하여 판매 및 공급을 담당하고 있는데, E마트 부산점이 원고 회사 제품을 공급가격 이하로 판매하자 1997. 10. 15. E마트 부산점에 대하여 제품별로 구체적인 가격을 지정하여 주면서 그 가격대로 인상하지 아니하면 공급을 중단할 예정이라고 통보하여, 이에 E마트 부산점은 지정된 가격보다 단지 10원 낮은 가격으로 판매가격을 인상하기에 이르렀으며, ③ 원고 회사 대구지점은, 1997. 12. 3. 동아유통 포항점에 대하여 원고 회사의 조제분유제품인 'D&A 800g 1, 2, 3 단계'의 포항지역 소비자가격이 개당 금 9,500원으로 정하여져 있는데도 위 점포에서 개당 금 8,400원으로 판매하여 유통질서를 어지럽히고 있다면서 위 금 9,500원의 가격을 준수하기를 바란다는

내용의 공문을 보낸 바 있고, ④ 원고 회사 대전지점은, 서산특약점 관내의 소매점들이 1998. 2. 7.자로 인상된 소비자가격을 준수하지 아니하자, 소속 직원을 직접 보내어 가격을 인상하도록 독려하였으며, ⑤ 원고 회사 광주지점 직원들은 1998. 2. 16. 분임토의에서 거래처가 소비자가격을 준수하지 아니할 경우 해당 특약점에 대하여 제품출고를 정지할 계획임을 토의한 바 있다는 사실을 인정한 다음, 위 인정 사실을 종합하여 볼 때, 원고 회사는 공급중단이나 물량조절 혹은 그 예정통지 및 직원들의 감시·감독활동 등의 수단을 통하여 조제분유제품의 소비자가격을 일정한 수준으로 유지하여 온 것으로 인정된다.

【롯데칠성음료의 재판매가격유지행위 건】

서울고등법원 2010. 12. 2. 선고 2010누5419 판결(확정)

판결요지

롯데칠성음료가 음료제품을 공급하면서 거래처로 하여금 자신이 지정한 소비자가격대로 판매하도록 통제한 사안에서, 원고(롯데칠성음료)의 거래처에 대한 소비자가격 통보는 단지 참고가격 내지희망가격을 통보하는 데 그치는 것이 아니라 거래처로 하여금 원고가 지정한 가격대로 판매하도록 사실상 강제력을 행사함으로 실효성을 확보할 수 있는 수단이 부수되어 있어 재판매가격유지행위에 해당한다고 본 사례

㉮ 원고가 납품가격이 안정화되도록 유통가격을 점검·관리한다는 사업계획을 수립한 후 가격 안정화를 위해 시장조사 및 조정작업을 시행하였고, 이에 따라 자신의 음료제품에 대한 할인점 소비자가격을 책정하여 이를 거래처에 공급가와 함께 할인점 소비자가격을 고지하면서 위 소비자가격 이상으로 판매해 줄 것을 요청하고, 할인점이 위 소비자가격 이하로 판매하는 것을 정상가격 이하로 판매하는 것이라고 보아 해당 할인점에게 원고가 책정한 소비자가격으로 인상하여 판매할 것을 요구하거나 가격조정협의를 통해 정상가격으로 인상시켜 온 점, ㉯ 원고는 자사 제품의 소비자가격의 안정을 위하여 정기적으로 시장가격 모니터링을 실시하고 소비자가격 이하로 판매하는 할인점에게는 상력히 항의하고 불이익을 시사하면서 정상적으로 판매하고 있는 다른 매장의 영수증을 제시하면서 판매가격을 인상해 줄 것을 요구하였고, 원고와 계속적 거래관계를 유지할 수밖에 없는 할인점들로서는 원고의 요구를 대부분 받아들일 수밖에 없었던 점, ㉰ 원고는 실제로 대형할인점인 홈플러스의 기획특가 행사에서 당초 협의내용보다 큰 폭으로 할인판매하였다는 이유로 공급중단, 매대 철수 및 전량 공급 등을 검토하였고 원고 직원들로 하여금 매대에 진열된 기획특가 제품 합계 500만 원 정도를 직접 구매하였고, 농협마트 등에서 캔커피가 원고가 책정한 소비자가격보다 낮게 판매된다는 이유로 해당 점포로

하여금 곧바로 가격을 인상하도록 하였는바, 위 거래처 행사제품의 직접 구매행위는 거래상대방에 대하여 공급중단 못지않은 사실상의 강제력을 가지고, 위 캔커피 가격을 인상하게 된 것도 해당 점포의 자발적인 협조나 결정이라기보다는 원고의 불이익 시사에 따라 어쩔 수 없이 이루어진 결정으로 보이는 점, ㉣ 할인점 등 신유통채널은 전국적으로 상당한 수의 점포를 운영하는 판매망을 가지고 있고 원고 회사의 매출에서 차지하는 비중도 적지 않으나, 이러한 사정만으로 원고 회사에 대하여 거래상 우월적 지위를 가진다고 단정할 수 없고, 이에 대하여 원고는 2008년도 기준으로 전체 음료시장에서 시장점유율이 36.7%를 차지하는 1위 사업자이고, 그 점유율이 과실음료 시장에서는 45.1%, 탄산음료 시장에서는 45.7%에 이르는 등 음료시장에서 막강한 영향력을 행사할 수 있는 지위를 가지는 점 등에 비추어 볼 때, 원고의 거래처에 대한 소비자가격의 통보는 단지 참고가격 내지 희망가격을 통보하는 데에 그치는 것이 아니라 거래처로 하여금 원고가 지정한 소비자가격대로 판매하도록 조직적인 감시·감독활동, 불이익의 시사 내지 행사제품의 직접 구매 등과 같이 사실상의 강제력을 행사함으로써 그 실효성을 확보할 수 있는 수단이 부수되어 있었다고 볼 것이므로, 이는 구 공정거래법 제2조 제6호 소정의 재판매가격유지행위에 해당한다.

【한국오츠카제약의 재판매가격유지행위 건】

서울고등법원 2011. 4. 14. 선고 2009누15236 판결(확정)

판결요지

도매상들에게 '약가인하 방지에 관한 협조의뢰'라는 문건을 송부하고, 도매상의 불이행으로 인한 약가인하 발생시 거래중단과 금전적 배상책임을 묻겠다는 거래약정을 체결한 사안에서, 원고(한국오츠카제약)는 도매상에게 자신의 의약품을 의료기관에 기준약가로 재판매할 것을 통지하면서 위반시 거래중단과 금전적 배상책임을 묻겠다는 내용의 이행확보수단까지 강구하였고, 그 뒤 그와 같은 내용의 계약까지 체결하였으므로 이는 재판매가격유지행위에 해당한다고 본 사례

원고는 도매상에게 자신의 의약품을 의료기관에 기준약가로 재판매할 것을 통지하면서 위반시 거래중단과 금전적 배상책임을 묻겠다는 내용의 이행확보수단까지 강구하였고, 그 뒤 그와 같은 내용의 계약까지 체결하였으므로 이는 재판매가격유지행위에 해당한다. 원고로부터 공급받는 의약품 가격에 일정한 이윤을 더하여 의료기관에 재판매하면서 다른 도매상들과 가격경쟁을 해야 할 상황에 있는 도매상들이 자신뿐 아니라 원고와 거래하는 다른 도매상들도 기준약가를 준수하라는 내용으로 원고와 거래약정을 체결한 사실을 알고 있었을 것으로 보이므로 그와 같은 가격경쟁의 압박에서 벗어나 안정적인 이윤을 얻을 수 있는 상황에 있었던 이상 원고가 약정 위반시 실질적 제재행위를

하였는지와 관계없이 사실상 원고와의 약정에 구속되었을 것으로 보인다.

【녹십자의 재판매가격유지행위 건】

서울고등법원 2009. 1. 22. 선고 2008누2875 판결(확정)

판결요지

의약품제조업체가 의약품 도매업체와 상품공급계약을 체결하면서 소비자가격을 준수하지 않을 경우 임의로 계약을 해지할 수 있다는 조항을 둔 사안에서, 원고(녹십자)와 의약품도매업체 사이의 공급계약에 재판매가격을 지정하는 조항이 포함되어 있었으므로 재판매가격유지행위에 해당되고, 이를 준수하지 아니하는 경우 원고가 통고 없이 임의로 약정을 해약할 수 있는 등 조항을 두었던 이상 실효성을 확보할 수 있는 수단이 부수되어 있었다고 본 사례

원고의 주장대로 인터넷쇼핑업체와 의약품도매업체가 판매가격을 협상한 결과 권장소비자가격이 결정되었고, 이후 의약품도매업체가 원고와 공급계약을 체결하면서 계약서에 위와 같이 결정된 가격이 반영된 것이라 하더라도, 원고와 의약품도매업체 사이의 공급계약에 재판매가격을 지정하는 조항이 포함되어 있었던 이상 재판매가격유지행위에 해당됨에는 의문이 있을 수 없고, 원고와 의약품도매업체 사이의 공급계약상 의약품도매업체가 소비자가격을 준수하지 아니하는 경우 원고가 통고 없이 임의로 약정을 해약할 수 있고 설정된 근저당권이나 보증보험 또는 보증어음에 대한 채권자로서의 권리를 실행할 수 있다는 취지의 조항을 두었던 이상, 현실적으로 그 실효성을 확보할 수 있는 수단이 부수되어 있었다고 봄이 타당하다.

【테일러메이드코리아의 재판매가격유지행위 건】

서울고등법원 2012. 4. 19. 선고 2011누24141 판결(확정)

판결요지

상품거래계약서에 최저판매가격을 명시하지 않았지만 가격교란 시 계약해지 조항을 포함하였고, 별도의 최저판매가격 통지 후 이행 여부를 감시하고 제재한 사안에서, 원고(테일러메이드코리아)가 대리점들과 체결한 상품거래계약서 자체에는 최저판매가격을 명시하여 정하지 않았지만, 원고는 위 계약서에 가격교란 시 계약해지 조항을 포함하였고, 이를 지키지 않는 대리점들에 대하여는 출고정지 등 강제적 방법을 취함으로써 재판매가격유지행위를 하였다고 본 사례

【글락소스미스클라인의 재판매가격유지행위 건】

대법원 2011. 5. 13. 선고 2010두28120 판결

판결요지

거래계약서에 과도하고 비정상적인 할인판매로 영업손실이 초래될 경우 손해배상책임이 있다고만 규정하였을 뿐 기준약가나 할인비율 위반시 손해배상의무나 거래계약 해지 등을 규정하지 아니한 사안에서 원고가 재판매가격유지행위를 하였다고 보지 아니한 사례

원고(글락소스미스클라인)와 도매업체들 간의 거래계약서에서 도매업체들이 과도하고 비정상적인 수준으로 할인하여 판매함으로써 원고에게 직접적 또는 간접적으로 영업상 손실을 초래한 경우에 손해배상책임이 있다고만 규정하고 있을 뿐이고, 나아가 도매업체들이 기준약가대로 판매하지 아니하거나 일정 비율 내의 할인폭 내에서 판매하지 아니한 경우에 손해배상의무가 있다거나 거래계약을 해지하기로 하는 등의 약정을 체결한 적은 없으며, 실제로 거래계약기간 동안 또는 협조공문을 발송한 이후에도 도매업체들이 기준약가 이하로 어느 정도 할인판매를 계속하여 왔음에도 원고가 이를 문제 삼아 손해배상청구나 계약해지에 이르거나 그 예정통지를 한 적이 없고, 나아가 그와 같은 할인판매행위에 대하여 공급중단이나 물량조절 또는 그 예정 통지, 계약갱신 거부 및 직원들의 감시·감독활동의 수단을 통하여 의약품의 판매가격을 일정한 수준으로 유지하려고 하였다고 볼 만한 사정도 없는 점 등을 종합하면, 원고가 도매업체들에 의약품 판매가격을 지정하였다고 보기 어렵고, 설령 판매가격 지정행위가 있었다고 하더라도 이는 단지 참고가격 또는 희망가격을 통보하는 것에 그치는 것에 불과할 뿐 나아가 거래처로 하여금 원고가 지정한 판매가격대로 판매하게끔 하는 것에 대하여 그와 같이 제시한 참고가격 또는 희망가격의 실효성을 확보할 수 있는 수단이 부수되어 있었다고 할 수 없으므로 원고가 재판매가격유지행위를 하였다고 할 수 없다.

【금호타이어의 재판매가격유지행위 건】

서울고등법원 2020. 8. 26. 선고 2019누53442 판결(확정)

판결요지

온라인 판매 대리점에 대하여 온라인 최저판매가격 기준 미준수 시 불이익을 부과하는 방안을 통지하고 모니터링 실시, 가격인상 요청, 불이익 부과 고지 및 실행 등 수단을 통하여 온라인 최저판매가격을 준수하도록 강제하는 행위는 재판매가격유지행위에 해당한다고 볼 수 있다.

3) 정당한 이유

【한미약품의 재판매가격유지행위 건】

대법원 2010. 11. 25. 선고 2009두9543 판결

판결요지

최저재판매가격유지행위가 관련 상품시장에서의 상표 간 경쟁을 촉진하여 결과적으로 소비자후생을 증대하는 등 정당한 이유가 있는 경우에는 예외적으로 허용하여야 할 필요가 있는바 이는 관련시장에서 상표 간 경쟁이 활성화되어 있는지 여부, 그 행위로 인하여 유통업자들의 소비자에 대한 가격 이외의 서비스 경쟁이 촉진되는지 여부 등을 종합적으로 고려하여야 하며, 증명책임은 사업자에게 있다.

공정거래법의 목적은 경쟁을 촉진하여 소비자후생을 증대하기 위한 것 등에 있고, 구 공정거래법 제29조 제1항이 재판매가격유지행위를 금지하는 취지도 사업자가 상품 또는 용역에 관한 거래가격을 미리 정하여 거래함으로써 유통단계에서의 가격경쟁을 제한하여 소비자후생을 저해함을 방지하기 위한 것 등에 있다. 이러한 공정거래법의 입법목적과 재판매가격유지행위를 금지하는 취지에 비추어 볼 때, 최저재판매가격유지행위가 당해 상표 내의 경쟁을 제한하는 것으로 보이는 경우라 할지라도, 시장의 구체적 상황에 따라 그 행위가 관련 상품시장에서의 상표 간 경쟁을 촉진하여 결과적으로 소비자후생을 증대하는 등 정당한 이유가 있는 경우에는 이를 예외적으로 허용하여야 할 필요가 있다. 그리고 그와 같은 정당한 이유가 있는지 여부는 관련시장에서 상표 간 경쟁이 활성화되어 있는지 여부, 그 행위로 인하여 유통업자들의 소비자에 대한 가격 이외의 서비스 경쟁이 촉진되는지 여부, 소비자의 상품 선택이 다양화되는지 여부, 신규사업자로 하여금 유통망을 원활히 확보함으로써 관련 상품시장에 쉽게 진입할 수 있도록 하는지 여부 등을 종합적으로 고려하여야 할 것이며, 이에 관한 증명책임은 관련 규정의 취지상 사업자에게 있다고 보아야 한다.

【한국존슨앤드존슨의 재판매가격유지행위 건】

대법원 2015. 11. 12. 선고 2015두44066 판결

판결요지

원고가 안경원에게 공급하는 소프트렌즈의 최저 소비자 판매가격을 사전에 정해주고, 이를 위반하는 안경원에 대하여는 공급을 중단하는 방식으로 재판매가격유지행위를 한 것에 정당한 이유가 없다고 본 사례

원고가 2007. 1. 16.부터 2010. 4. 2.까지 판시 소프트렌즈 제품에 관하여 원고가 정한

최저 소비자 판매가격을 원고의 거래 안경원에게 알려주고 원고의 직원 등으로 하여금 거래 안경원의 실제 판매가격을 조사하여 거래안경원이 위 가격을 준수하는지 점검한 후 위 가격보다 할인된 가격에 판매하는 거래 안경원에 대하여 제품의 공급을 중단하는 조치를 하였다고 인정하고, 원고의 행위는 구 공정거래법 제29조 제1항에 의하여 금지되는 '재판매가격유지행위'에 해당한다. 원고의 재판매가격유지행위가 원고의 거래 안경원 사이에 해당 제품에 관한 경쟁을 제한하는 효과를 발생시켰다고 인정하는 한편, 원고의 재판매가격유지행위로 인한 경쟁촉진적 효과가 크다거나 그 효과가 경쟁제한 효과를 상회한다고 볼 수 없으므로, 원고의 재판매가격유지행위에 정당한 이유가 있다고 보기 어렵다.

【한미약품의 재판매가격유지행위 건】

대법원 2010. 11. 25. 선고 2009두9543 판결

판결요지

원고가 도매상들로 하여금 보험약가 수준으로 재판매가격을 유지하도록 한 사안에서 원고는 도매상들에게 보험약가 수준으로 재판매가격을 유지하도록 한바 보험약가 범위 안에서 요양기관이 실제 구입한 가격으로 약제비를 상환하는 실거래가상환제도가 적용된다 하더라도 그러한 사정만으로 원고의 재판매가격유지행위를 허용할 정당한 이유가 없다고 본 사례

【테일러메이드코리아의 재판매가격유지행위 건】

서울고등법원 2012. 4. 19. 선고 2011누24141 판결(확정)

판결요지

테일러메이드코리아가 대리점들에게 골프채 및 골프화 등의 최저판매가격을 통보하고 이를 감시하고 제재한 사안에서 정당한 이유가 없다고 본 사례

원고가 제출한 골프소비자 설문조사결과 등의 증거에 의하면 이 사건 골프채 시장은 상표간 경쟁이 활성화되어 있는 시장임이 인정되나, 나머지 증거만으로는 원고의 이 사건 재판매가격유지행위가 원고 대리점의 판매전 서비스를 활성화하는 등 가격 이외의 서비스 경쟁을 촉진하였고, 소비자의 다양한 상품 선택을 촉진하였으며, 신규 상표의 시장진입을 쉽게 하여, 결과적으로 상표간 경쟁을 촉진함으로써 소비자 후생을 증대시켰다고 인정하기 부족하고, 설령 이러한 긍정적 효과를 발생시킨 측면이 있다고 하더라도, 이러한 경쟁촉진 효과 및 소비자 후생증대 효과가 이 사건 재판매가격 유지행위가 가져오는 대리점 사이의 가격인하 제한 효과나 대리점의 자율성을 침해하는 효과를 상회한다고 인정하기 부족한바 이 사건 재판매가격유지행위에는 정당한 이유가 없다.

제 47 조 특수관계인에 대한 부당한 이익제공 등 금지

가. 법조문

법률	시행령
제47조(특수관계인에 대한 부당한 이익제공 등 금지) ① 공시대상기업집단(동일인이 자연인인 기업집단으로 한정한다)에 속하는 국내 회사는 특수관계인(동일인 및 그 친족으로 한정한다. 이하 이 조에서 같다), 동일인이 단독으로 또는 다른 특수관계인과 합하여 발행주식총수의 100분의 20 이상의 주식을 소유한 국내 계열회사 또는 그 계열회사가 단독으로 발행주식총수의 100분의 50을 초과하는 주식을 소유한 국내 계열회사와 다음 각 호의 어느 하나에 해당하는 행위를 통하여 특수관계인에게 부당한 이익을 귀속시키는 행위를 하여서는 아니 된다. 이 경우 다음 각 호에 해당하는 행위의 유형 및 기준은 대통령령으로 정한다. 1. 정상적인 거래에서 적용되거나 적용될 것으로 판단되는 조건보다 상당히 유리한 조건으로 거래하는 행위 2. 회사가 직접 또는 자신이 지배하고 있는 회사를 통하여 수행할 경우 회사에 상당한 이익이 될 사업기회를 제공하는 행위 3. 특수관계인과 현금이나 그 밖의 금융상품을 상당히 유리한 조건으로 거래하는 행위 4. 사업능력, 재무상태, 신용도, 기술력, 품질, 가격 또는 거래조건 등에 대한 합리적인 고려나 다른 사업자와의 비교 없이 상당한 규모로 거래하는 행위	제54조(특수관계인에 대한 부당한 이익제공 등 금지) ① 법 제47조 제1항 각 호에 따른 행위의 유형 또는 기준은 별표 3과 같다.
② 기업의 효율성 증대, 보안성, 긴급성 등 거래의 목적을 달성하기 위하여 불가피한	② 법 제47조 제2항에서 “대통령령으로 정하는 거래”란 별표 4에 따른 거래를 말한다.

법률	시행령
경우로서 대통령령으로 정하는 거래에는 제1항 제4호를 적용하지 아니한다. ③ 제1항에 따른 거래 또는 사업기회 제공의 상대방은 제1항 각 호의 어느 하나에 해당할 우려가 있음에도 불구하고 해당 거래를 하거나 사업기회를 제공받는 행위를 하여서는 아니 된다. ④ 특수관계인은 누구에게든지 제1항 또는 제3항에 해당하는 행위를 하도록 지시하거나 해당 행위에 관여해서는 아니 된다.	제54조(특수관계인에 대한 부당한 이익제공 등 금지) ① 법 제47조 제1항 각 호에 따른 행위의 유형 또는 기준은 별표 3과 같다. ② 법 제47조 제2항에서 "대통령령으로 정하는 거래"란 별표 4에 따른 거래를 말한다.

나. 판례

【한진그룹의 부당지원행위 건】

서울고등법원 2017. 9. 1. 선고 2017누36153 판결(미확정, 대법원 계류 중)

판결요지

구 공정거래법 제23조의2 제1항 제1호의 부당한 이익제공 행위가 성립하려면 당해 거래와 동일한 실제 사례를 찾거나 또는 당해 거래와 비교하기에 적합한 유사한 사례를 선정한 후 그 사례와 당해 거래 사이에 가격에 영향을 미칠 수 있는 거래조건 등의 차이가 존재하는지를 살펴 이를 합리적으로 조정하는 과정을 거쳐 정상가격을 추단하여야 하고, 거래의 동기, 거래의 방식, 거래의 규모, 귀속되는 이익의 규모, 거래의 경제적 효과 등을 고려하여 그러한 행위로 인하여 사익편취를 통한 경제력 집중이 발생할 우려가 있는지를 기초로 부당성 여부를 판단하여야 하며, 이에 관한 증명책임은 어디까지나 시정명령 등 처분의 적법성을 주장하는 공정거래위원회에 있다.

구 공정거래법 제23조의2 제1항은 "공시대상기업집단에 속하는 회사는 특수관계인이나 특수관계인이 대통령령으로 정하는 비율 이상의 주식을 보유한 계열회사와 다음 각 호의 어느 하나에 해당하는 행위를 통하여 특수관계인에게 부당한 이익을 귀속시키는 행위를 하여서는 아니 된다."라고 규정하고 있고, 구 공정거래법 제23조의2 제1항 제1호는 "정상적인 거래에서 적용되거나 적용될 것으로 판단되는 조건보다 상당히 유리한 조건으로 거래하는 행위"를 금지되는 행위 중 하나로 규정하고 있으며, 구 공정거래법 제23조의2 제3항은 "제1항에 따른 거래 또는 사업기회 제공의 상대방은 제1항 각 호의 어느 하나에 해당할 우려가 있음에도 불구하고 해당 거래를 하거나 사업기회를 제공받는 행위를 하여서는 아니 된다."라고 규정하고 있다. 위 조항은 2013. 8. 13. 법률 제12095호로 공정거래법이 개정되면서 신설된 조항으로 종전 구 공정거래법 제23조 제1항 제7호의 부당지원행위에 해당하기 위해서는 공정거래저해성이 인정되어야 하는데, 지원객체가 자연인인 특수관계인인 경우에는 공정거래저해성을 증명하기 곤란함에 따라 총수 있는 대기업집단이 특수관계인에게 편법을 통해 과다한 경제성 이익을 제공하거나 그러한 행위를 통해 경영권을 편법승계할 경우 이를 제재할 수 없는 문제점이 있었다. 이에 따라 총수 있는 대기업집단의 사익 편취를 통한 경제력 집중을 억제하기 위하여 공정거래저해성이 인정되지 않더라도 특수관계인에게 부당한 이익을 귀속시켰을 경우 그 위법성을 인정하기 위해 구 공정거래법 제23조의2가 신설되었다. 위 조항이 신설될 당시의 개정 이유는 "현행법상 규제의 대상이 되는 부당지원행위는 현저히 유리한 조건의 거래를 통해 특수관계인 또는 다른 회사를 지원하고 이로써 공정한 거래를 저해할 우려가 있는 경우로 한정되어 있어, 그 지원행위가 현저히 유리한 정도에 미치지 못하거나 사업자가 아닌 특수관계인 개인을 지원하는 경우에는 사실상 공정거래 저해성을 입증하는 것이 곤란하여 규제가 어려운 실정이며, 이러한 부당지원을 통해 실질적으로 이득을 얻는 수혜자에 대해서는 별도의 제재수단이 없어 부당지원행위를 억제하는데 한계가 있는바, 부당지원행위의 성립요건을 완화하고, 부당지원을 통해 실제 이득을 얻은 수혜자에 대해서도 과징금을 부과하는 한편, 공정한 거래를 저해하는지 여부가 아닌 특수관계인에게 부당한 이익을 제공하였는지 여부를 기준으로 위법성을 판단하는 특수관계인에 대한 부당이익제공 금지규정을 신설하려는 것임."이라고 되어 있다. 당초 위 개정법률안이 발의되었을 때에는 위 조항에 규정된 "부당한 이익"이라는 표현이 없고, "정당한 이유 없이 특수관계인에게 직접 또는 간접적으로 경제상 이익을 귀속시키는 행위"라는 문언만 있었으나, 위 조항이 내부거래 자체를 금지하는 것이 아니라는 점과 총수일가에게 귀속되는 모든 이익을 규제하려는 것이 아니라 부당하게 귀속된 이익만을 규제하려 한다는 점, 그러한 사항에 대한 증명책임이 공정거래위원회에 있다는 점 등을 나타내기 위해 국회 법안 심의과정에서 "부당한 이익"이라는 표현으로 최종 수정되게 되었다. 따라서 이러한 입법과정, 최종적인 법률의 문언내용, 앞서 본 입법취지 및 입법목적 등에 비추어 보면, 구 공정거래법 제23조의2 제1항을 해석함에 있어서도 각 호에서 정한 행위의 충족 여부와는 별도로 그러한 행위가 특수관계인에게 "부당한 이익"을 귀속시키는 것인지 여부에 대한 규범적 평가가 아울러 이루어져야 한다고 할 것이다. 그리고 구 공정거래법 제23조의2 제1항의 "특수관계인에게 부당한 이익을 귀속시키는 행위"인지 여부를 판단하기 위해서는 행위의 목적, 행위 당시 행위주체·객체들이 처한 경제적 상황, 귀속되는 이익의 규모 등을 종합적으로 고려하여 사익 편취를 통한 경제력 집중이 발생할 우려가 있는지를 구체적·개별적으로 판단하여야 할 것이고, 특히 구 공정거래법 제23조의2 제1항 제1호의 "정상적인 거래에서 적용되거나 적용될 것으로 판단되는 조건보다 상당히 유리한 조건으로 거래하는 행위"에 해당하는지 여부를 판단하는 데에는 "정상가격"이 위 요건의 충족 여부를 결정하는 잣대가 되므로, 앞서 본 구 공정거래법 제23조 제1항 제7호의 정상가격에 관한 해석론을 참작하되 공정거래저해성이 아니라 경제력 집중의 맥락에서 이를 조명하여야 할 것이다. 피고는 구 공정거래법 제23조의2 제1항의 성립요건은 ① 행위주체(총수 있는 상호출자제한기업집단에 속하는 회사), ② 행위객체(특수관계인 또는 특수관계인이 일정 비율 이상의 주식을 보유한 계열회사), ③ 각 호의 행위, ④ 비정상거래를 할 만한 특별한 사정 또는 합리적 이유의 부존재라고 주장하는데, ④의 요건은 "부당한 이익"을 규범적으로 판단하는 중요한 하나의 사정에 불과할 뿐, 그것만으로 "부당한 이익"의 요건을 모두 충족한다고 보기 어렵다. 즉 피고가 언급하는 위 4가지 요건이 모두 충족된다고 하더라도 거래의 규모나 귀속되는 이익의 규모 등에 비추어 경제력 집중이 발생할 여지가 없거나 극히 미미한 경우 또는 이를 규제하는 것이 사적 자치의 본질을 해하는 경우라면 그러한 경우에까지 "부당한 이익"이라고 평가할 수는 없을 것이다. 따라서 피고의 위 주장은 이를 받아들이지 아니한다. 따라서 구 공정거래법 제23조의2 제1항 제1호의 부당한 이익제공 행위가 성립하려면 당해 거래와 동일한 실제 사례를 찾거나 또는 당해 거래와 비교하기에 적합한 유사한 사례를 선정한 후 그 사례와 당해 거래 사이에 가격에 영향을 미칠 수 있는 거래조건 등의 차이가 존재하는지를 살펴 이를 합리적으로 조정하는 과정을 거쳐 정상가격을 추단하여야 하고, 거래의 동기, 거래의 방식, 거래의 규모, 귀속되는 이익의 규모, 거래의 경제적 효과 등을 고려하여 그러한 행위로 인하여 사익 편취를 통한 경제력 집중이 발생할 우려가 있는지를 기초로 부당성 여부를 판단하여야 하며, 이에 관한 증명책임은 어디까지나 시정명령 등 처분의 적법성을 주장하는 공정거래위원회에 있다고 할 것이다.

제 48 조 보복조치의 금지

가. 법조문

법률	시행령
제48조(보복조치의 금지) 사업자는 제45조 제1항의 불공정거래행위 및 제46조의 재판매가격유지행위와 관련하여 다음 각 호의 어느 하나에 해당하는 행위를 한 사업자에게 그 행위를 한 것을 이유로 거래의 정지 또는 물량의 축소, 그 밖에 불이익을 주는 행위를 하거나 계열회사 또는 다른 사업자로 하여금 이를 하도록 하여서는 아니 된다. 1. 제76조 제1항에 따른 분쟁조정 신청 2. 제80조 제2항에 따른 신고 3. 제81조에 따른 공정거래위원회의 조사에 대한 협조	

나. 내용

- 불공정거래행위 및 재판매가격유지행위와 관련하여, 분쟁조정신청, 공정거래위원회 신고, 공정거래위원회 조사 협조 등을 이유로 거래의 정지 또는 물량의 축소 등 불이익을 주는 행위를 하여서는 아니 되며, 이를 위한 경우 3년 이하의 징역 또는 2억 원 이하의 벌금에 처해질 수 있습니다.

제 49 조 시정조치

가. 법조문

법률	시행령
제49조(시정조치) ① 공정거래위원회는 제45조 제1항 · 제2항, 제46조, 제47조 또는 제48조를 위반하는 행위가 있을 때에는 해당 사업자(제45조 제2항 및 제47조의 경우에는 해당 특수관계인 또는 회사를 말한다)에게 해당 불공정거래행위, 재판매가격유지행위 또는 특수관계인에 대한 부당한 이익제공행위의 중지 및 재발방지를 위한 조치, 해당 보복조치의 금지, 계약조항의 삭제, 시정명령을 받은 사실의 공표, 그 밖에 필요한 시정조치를 명할 수 있다. ② 합병, 분할, 분할합병 또는 새로운 회사의 설립 등에 따른 제1항의 시정조치에 관하여는 제7조 제2항부터 제4항까지의 규정을 준용한다. 이 경우 "시장지배적사업자"는 "사업자"로 본다.	제55조(시정명령을 받은 사실의 공표) 법 제49조 제1항에 따른 공표 명령에 관하여는 제12조를 준용한다.

나. 판례

【현대의 부당지원행위 건】

대법원 2004. 4. 9. 선고 2001두6203 판결

판결요지

구 공정거래법 제23조 제1항 제7호 소정의 부당지원행위를 이유로 한 법 제24조의2 소정의 시정명령의 내용이 지나치게 구체적인 경우 매일 매일 다소간의 변형을 거치면서 행해지는 수많은 거래에서 정합성이 떨어져 결국 무의미한 시정명령이 되므로 그 본질적인 속성상 다소간의 포괄성 · 추상성을 띨 수밖에 없고, 시정명령제도를 둔 취지에 비추어 시정명령의 내용은 과거의 위반행위에 대한 중지는 물론 가까운 장래에 반복될 우려가 있는 동일한 유형의 행위의 반복금지까지 명할 수는 있는 것으로 해석함이 상당하다.

이 사건 각 처분 중 각 시정명령의 내용은 원고들이 행한 부당지원행위를 확인하고

장래 동일한 유형의 행위의 반복금지를 명한 것으로, 그 각 시정명령에서 지원주체와 지원상대방을 명시하여 앞으로 "기업어음을 발행사에게 현저히 유리한 조건으로 인수하여", "선급금 명목으로 자금을 무상으로 제공하여", "후순위사채 인수를 통하여 과다한 경제상의 이익을 제공함으로써" 지원행위를 하여서는 안 된다고 하여 처분상대방인 지원주체와 지원객체, 지원행위의 종류와 유형을 구체적으로 명시하였을 뿐만 아니라, 반복금지를 명한 지원행위의 내용 또한 위 각 시정명령의 근거로 명시된 법령의 규정과 이유 등에 비추어 구체적이고 명확하여 기업어음인수행위나 선급금 미회수행위 및 후순위사채 인수행위를 일반적으로 금지하는 것으로 해석되지 아니하므로 결국 위 각 시정명령은 지원주체와 지원객체, 반복금지를 명한 지원행위의 종류와 유형 및 그 내용 등에 있어서 관계인들이 인식할 수 있는 정도로 구체적이고 명확하다고 할 것이다.

【유한양행의 부당한 고객유인행위 건】

대법원 2010. 11. 25. 선고 2008두23177 판결

판결요지

당해 사건에서 공정거래법 위반행위로 인정된 행위와 동일한 유형의 행위로서 가까운 장래에 반복될 우려가 있다면 그러한 유형의 행위의 반복금지까지 시정명령의 내용으로 할 수 있다.

구 공정거래법에서 시정명령 제도를 둔 취지에 비추어 시정명령의 내용은 가까운 장래에 반복될 우려가 있는 동일한 유형의 행위의 반복금지까지 명할 수 있는 것으로 해석함이 상당하다(대법원 2003. 2. 20. 선고 2001두5347 전원합의체 판결, 대법원 2009. 5. 28. 선고 2007두24616 판결 참조). 피고는 2007. 12. 20. 원고에 대하여 '원고는 자기가 생산 또는 공급하는 의약품의 판매와 관련하여 의료법 제3조의 의료기관과 그들의 임원, 의료담당자, 기타 종업원 등에게 현금・상품권 및 회식비 등의 지원, 골프・식사비 지원, 학회나 세미나 참가자에 대한 지원, 시판 후 조사를 통한 자금지원, 원고가 주최하는 제품설명회 등에서의 비용지원 등에 있어서 정상적인 거래 관행에 비추어 부당하거나 과대한 이익을 제공하여 경쟁사업자의 고객을 자기와 거래하도록 유인하는 행위를 다시 하여서는 아니 된다'는 시정명령을 하였는데, 피고는 위 시정명령 중 원고가 주최하는 제품설명회 등에서의 비용지원과 관련하여서는 구체적인 공정거래법 위반행위를 지적하지 아니한 채 그러한 비용지원에 있어서 부당하게 고객을 유인하는 행위를 다시 하여서는 아니 된다는 시정명령을 한다. 그러나 제품설명회 등에서의 비용지원행위는 원고와 같은 제약회사가 의약품의 판매를 위하여 거래처 병・의원을 상대로 구 공정거래법 제23조 제1항 제3호에 정한 부당한 고객유인행위를 하는 대표적 수단의 하나이므로 원고가 주최하는 제품설명회 등에서의 비용지원은 비용지원을 통한 이익제공으로서의 고객유인행위로서,

원고의 공정거래법 위반행위로 인정된 회식비 등의 지원, 골프·식사비 지원, 학회나 세미나 참가자에 대한 지원 등과 동일한 유형의 행위이며 가까운 장래에 반복될 우려가 있다고 할 것이어서, 피고는 시정명령으로 이러한 유형의 행위의 반복금지까지 명할 수 있다고 봄이 상당하다.

제 50 조 과징금

가. 법조문

법률	시행령
제50조(과징금) ① 공정거래위원회는 제45조 제1항(제9호는 제외한다), 제46조 또는 제48조를 위반하는 행위가 있을 때에는 해당 사업자에게 대통령령으로 정하는 매출액에 100분의 4를 곱한 금액을 초과하지 아니하는 범위에서 과징금을 부과할 수 있다. 다만, 매출액이 없는 경우등에는 10억원을 초과하지 아니하는 범위에서 과징금을 부과할 수 있다.	제56조(과징금) ① 법 제50조 제1항 본문에 따른 매출액의 산정에 관하여는 제13조 제1항을 준용한다.
② 공정거래위원회는 제45조 제1항 제9호 또는 같은 조 제2항, 제47조 제1항 또는 제3항을 위반하는 행위가 있을 때에는 해당 특수관계인 또는 회사에 대통령령으로 정하는 매출액에 100분의 10을 곱한 금액을 초과하지 아니하는 범위에서 과징금을 부과할 수 있다. 다만, 매출액이 없는 경우등에는 40억원을 초과하지 아니하는 범위에서 과징금을 부과할 수 있다.	② 법 제50조 제2항 본문에서 "대통령령으로 정하는 매출액"이란 해당 사업자의 직전 3개 사업연도의 평균 매출액(이하 "평균매출액"이라 한다)을 말한다. 다만, 해당 사업연도 초일 현재 사업을 개시한 지 3년이 되지 않는 경우에는 그 사업개시 후 직전 사업연도 말일까지의 매출액을 연평균 매출액으로 환산한 금액을, 해당 사업연도에 사업을 개시한 경우에는 사업개시일부터 위반행위일까지의 매출액을 연매출액으로 환산한 금액을 말한다. ③ 제2항에서 규정한 사항 외에 평균매출액의 산정에 필요한 사항은 공정거래위원회가 정하여 고시한다.

나. 판례

1) 과징금의 성격

【대우 기업집단 계열회사의 부당지원행위 건】

대법원 2004. 10. 14. 선고 2001두2881 판결

판결요지

부당지원행위에 대한 과징금은 부당이득환수적 요소도 부가되어 있으므로 공정위는 재량을 가지고 그 구체적인 액수를 결정할 수 있다.

부당지원행위에 대한 과징금은 행정상 제재금으로서의 기본적 성격에 부당이득환수적 요소도 부가되어 있는 것이므로 그 구체적인 액수는 구 공정거래법 제24조의2에서 규정하는 과징금 상한액을 초과하지 아니하는 범위 내에서 과징금 부과에 의하여 달성하고자 하는 목적과 구 공정거래법 제55조의3 제1항 소정의 사유 즉, 위반행위의 내용 및 정도, 위반행위의 기간 및 횟수, 위반행위로 인해 취득한 이익의 규모 등을 감안하여 피고가 재량을 가지고 결정할 수 있다 할 것이고, 수개의 위반행위에 대하여 하나의 과징금 납부명령을 하였으나 수개의 위반행위 중 일부의 위반행위만이 위법하지만, 소송상 그 일부의 위반행위를 기초로 한 과징금액을 산정할 수 있는 자료가 없는 경우에는 하나의 과징금 납부명령 전부를 취소할 수밖에 없다.

2) 산정근거

【현대 기업집단 계열회사의 부당지원행위 건】

대법원 2004. 4. 9. 선고 2001두6197 판결

판결요지

구체적인 사안에서 공정거래위원회가 제정한 내부 사무처리준칙을 적용하여 과징금을 부과한 결과가 비례의 원칙이나 형평의 원칙에 반하지 아니하는 이상 과징금 부과기준을 무효라고 할 수 없다.

【현대 계열분리 관련 부당지원행위 건】

대법원 2004. 4. 23. 선고 2001두6517 판결

판결요지

공정거래위원회가 제정한 내부 심사지침은 대외적으로 법원이나 일반 국민을 기속하는 법규명령으로서의 성질을 가지는 것은 아니다.

피고의 '부당한지원행위의심사지침'은 상위법령의 위임이 없을 뿐 아니라 그 내용이나

성질 등에 비추어 보더라도 피고 내부의 사무처리준칙에 불과하고 대외적으로 법원이나 일반 국민을 기속하는 법규명령으로서의 성질을 가지는 것이라고는 볼 수 없다. 그러나 원고가 그와 계열회사 관계에 있는 지원객체들 발행의 기업어음들을 매입한 행위가 위 법령이 정한 '현저히 유리한 조건'의 거래로서 부당지원행위에 해당하는지 여부를 판단함에 있어 이 사건 심사지침이 자금지원행위의 기준으로 정한 바와 같은 실제적용금리와 정상금리를 비교한 것은 그 방식의 합리성에 비추어 수긍할 수 있고, 개별 정상금리를 정의함에 있어서 이 사건 심사지침의 문언을 원용하고 있다는 이유만으로 위 심사지침이 법규성을 가지는 것을 전제로 하는 것은 아니다.

【SK의 부당지원행위 건】

대법원 2005. 4. 29. 선고 2004두3281 판결

판결요지

과징금 부과기준을 정하고 있는 구 공정거래법 시행령이 시행되기 전에 공정위 내부 사무처리준칙을 적용하여 이루어진 과징금부과는 적법하다.

피고는 이 사건 신주인수 당시에는 아직 시행되지 아니하던 구 공정거래법 시행령 제61조 제1항 [별표2] 제8호에 기하여 과징금 액수를 정한 것이 아니라, 그 시행 이전의 피고 내부의 사무처리준칙인 위 '과징금산정방법 및 부과지침' 중 '과징금 부과기준'에 기하여 그 신주인수대금의 10/100을 지원금액으로 보고, 지원행위의 내용 및 정도, 기간 및 횟수, 지원의 효과 등 여러 사정을 참작하여 과징금 액수를 정한 것이므로, 위와 같은 방법으로 정한 과징금 액수가 비례의 원칙이나 형평의 원칙에 반하지 아니하는 이상 행위 당시 시행되지 아니하던 법령을 적용하여 과징금을 산정한 위법이 있다고 할 수 없다.

3) 구체적 사례

【남양유업의 거래상지위 남용행위 건】

서울고등법원 2015. 1. 30. 선고 2014누1910 판결(확정)

판결요지

유통기한 임박제품이나 회전율이 낮은 제품 등 일부 물량에 대해서만 구입강제가 인정되므로, 구입강제가 이루어진 4년 여 기간 동안 26개 품목 전체 물량을 기준으로 관련매출액을 산정한 것은 위법하다고 본 사례

일부 대리점, 일부 물량에 대한 구입강제가 전체 대리점 또는 전체 물량에 영향을 미쳤는지

여부에 대한 증거가 부족하고 구입강제 물량도 특정되지 않았고, 대리점 운영자들도 의사에 반하여 공급받은 물량이 전체 물량 중 10~30%라고 진술하고 있으므로, 회전율이 높고 유통기한이 충분히 남아 있는 제품 등 대리점이 자발적으로 주문한 물량은 관련 매출액에서 공제되어야 한다.

【제너시스비비큐의 거래상지위 남용행위 건】

서울고등법원 2012. 4. 25. 선고 2011누26727 판결(확정)

판결요지

관련매출액 산정은 거래상대방의 의사표시에 따라 좌우될 수 없으므로 거래상대방 중 일부가 이 사건 불공정거래행위로 불이익을 입은 바가 없다고 진술하여도 그 부분이 관련매출액에서 제외될 수 없다고 본 사례

원고는 '바른터'의 대표이사가 이 사건 불공정행위로 말미암아 불이익을 입은 바가 없었다고 진술하고 있으므로 원고의 매출액 중에서 '바른터'에 관한 부분은 관련매출액에서 제외되어야 한다고 주장하나, 공정거래법상의 불공정거래행위에 대한 과징금을 산정하는 데 기준이 되는 관련매출액은 불공정거래행위 기간의 매출액으로서 사업자의 회계자료 등을 참고하여 정하는 것을 원칙으로 한다고 규정하고 있고, 이러한 과징금은 법 위반행위에 대한 행정제재금의 기본적 성질에 사업자가 법 위반행위로 얻은 부당이득을 환수한다는 성질을 겸하고 있다. 그러므로 관련매출액은 이 사건 불공정행위에 의한 수수료 감액이 있었던 기간의 물품대금 액수로 보아야 하고, 거래상대방의 의사표시에 따라 좌우될 수는 없다. 원고가 주장하는 위와 같은 사정은 피고 공정위가 부과 과징금을 결정하는 단계에서 재량으로 고려할 수 있는 사항에 불과하다.

【녹십자의 부당한 고객유인행위 건 】

대법원 2010. 12. 9. 선고 2009두3507 판결

판결요지

지속적·반복적으로 행해진 부당한 고객유인행위가 본사 차원에서 수립된 거래처 일반에 대한 판촉계획의 실행행위로 볼 수 있으면 해당 의약품에 대한 거래처 전체의 매출액을 관련매출액으로 보아야 한다고 본 사례

의약품을 제조·판매하는 사업자가 의약품을 처방하는 의사 및 그 소속 의료기관 등에게 부당한 고객유인행위를 한 경우에 있어서는, 판촉계획 및 실제 이루어진 이익제공 행위의 대상·내용·액수·기간·지속성 및 관련성 등에 비추어 본사 차원에서 의약품별 판촉

계획을 수립하여 전국적으로 시행한 것으로 볼 수 있는지 여부, 이익제공 행위의 구체적인 태양이 다르더라도 의약품 판매 증진을 위한 경제적 이익의 제공이라는 점에서 판촉계획 실해행위의 일부로 볼 수 있는지 여부, 이익제공을 위한 비용이 상품가격에 전가될 우려 및 정도, 판촉계획 및 이익제공 행위 적발의 난이도, 위반행위 당시의 거래관행 등의 여러 사정을 종합하여, 구체적으로 확인된 이익제공 행위가 본사 차원에서 수립된 거래처 일반에 대한 판촉계획의 실행행위로서 이루어진 것으로 평가할 수 있으면, 의약품을 제조·판매하는 사업자의 해당 의약품에 대한 거래처 전체의 매출액을 위반행위로 인하여 영향을 받는 관련상품의 매출액 즉, 관련매출액으로 보아야 할 것이다. 그러나 이와 달리 의약품을 제조·판매하는 사업자의 이익제공 행위를 본사 차원에서 수립된 거래처 일반에 대한 판촉계획의 실행행위로서 이루어진 것으로 평가할 수 없다면, 그 이익제공 행위로 인한 효과 역시 해당 의약품을 거래하는 거래처 전체에 미친다고 볼 수는 없으므로, 개별적인 부당한 고객유인행위와 관련된 매출액만을 관련매출액으로 보아야 할 것이다.

【한국철도시설공단의 거래상지위 남용행위 건】

서울고등법원 2017. 1. 18. 선고 2016누37241 판결(확정)

판결요지

각 공사대금 감액 행위에 대하여 과징금 납부명령을 하는 경우 이 사건 각 공사대금 감액 행위에 의하여 영향을 받은 추가·변경된 공사의 계약금액만을 과징금 산정의 기초가 되는 관련매출액으로 봄이 상당하다고 본 사례

이 사건 각 공사대금 감액 행위의 내용은 원고(한국철도시설공단)가 이 사건 각 공사의 수행 과정에서 각 시공사에 추가 공사를 요청하면서, 관계 법령에서 공사대금 변경 시 신규비목의 단가는 설계변경 당시를 기준으로 산정한 단가를 적용하도록 되어 있음에도 불구하고 설계변경 당시를 기준으로 산정한 단가보다 감액된 금액으로 신규비목 단가를 책정하여 공사비를 산정하였다는 것이다. 즉 이 사건 각 공사대금 감액 행위로 인하여 감액된 단가가 적용된 부분은 당초 원고가 각 시공사와 체결한 전체 계약금액이 아니라 원고의 요청에 따른 추가 공사 부분에 한정되고, 기존 체결된 공사대금은 이 사건 각 공사대금 감액 행위에 의하여 영향을 받은 바 없다. 이 사건 각 공사에서 추가·변경에 따른 공사비증감비교표에 의하더라도 기존 체결된 공사비와 추가·변경공사에 따른 공사비는 명확하게 구분된다. 피고는 추가·변경된 공사에 대한 계약이 별도로 성립하는 것이 아니라 추가·변경된 공사 내용이 당초 체결된 계약에 더해지면서 금액만 증액되는 것이므로 기존 공사를 포함한 전체 공사대금을 관련

매출액으로 보는 것이 타당하다는 취지로 주장하나, 설사 별도의 계약이 체결된 것이 아니라고 하더라도 하나의 계약에서 위반행위의 영향을 받지 않은 부분이 명확하게 구분된다면 위반행위에 대한 과징금납부명령 산정의 기초가 되는 관련매출액은 위반행위로 인하여 영향을 받은 부분에 한정된다고 봄이 타당하다.

【파스퇴르유업의 불공정거래행위 건】

대법원 1999. 5. 28. 선고 99두1571 판결

판결요지

과징금을 부과하면서 추후 새로운 자료가 나올 경우 과징금액을 변경할 수 있다고 유보하거나 실제로 새로운 자료가 나왔다는 이유로 새로운 부과처분을 할 수 없다고 본 사례

구 공정거래법 제23조 제1항의 규정에 위반하여 불공정거래행위를 한 사업자에 대하여 같은 법 제24조의2 제1항의 규정에 의하여 부과되는 과징금은 행정법상의 의무를 위반한 자에 대하여 당해 위반행위로 얻게 된 경제적 이익을 박탈하기 위한 목적으로 부과하는 금전적인 제재로서, 같은 법이 규정한 범위 내에서 그 부과처분 당시까지 부과관청이 확인한 사실을 기초로 일의적으로 확정되어야 할 것이고, 그렇지 아니하고 부과관청이 과징금을 부과하면서 추후에 부과금 산정 기준이 되는 새로운 자료가 나올 경우에는 과징금액이 변경될 수도 있다고 유보한다든지, 실제로 추후에 새로운 자료가 나왔다고 하여 새로운 부과처분을 할 수는 없다 할 것이다. 왜냐하면 과징금의 부과와 같이 재산권의 직접적인 침해를 가져오는 처분을 변경하려면 법령에 그 요건 및 절차가 명백히 규정되어 있어야 할 것인데, 위와 같은 변경처분에 대한 법령상의 근거규정이 없고, 이를 인정하여야 할 합리적인 이유 또한 찾아 볼 수 없기 때문이다. 피고가 원고의 동일한 법령 위반행위에 대하여 새로운 부과기준자료를 발견하였다 하여 이를 기준으로 산정한 과징금액과 당초의 과징금액의 차액을 또 다시 부과한 이 사건 처분은 위법하다.

【농업협동조합중앙회의 거래상지위 남용행위 건】

서울고등법원 2011. 8. 18. 선고 2010누34707 판결(확정)

판결요지

위반행위와 실질적인 관련성이 없는 과거 법 위반행위를 과징금 가중사유로 삼을 수 있다고 본 사례

원고는 피고가 과징금을 산정하면서 이 사건 위반행위와 실질적인 관련성이 없는 과거 법위반행위를 근거로 의무적 조정과징금을 가중한 것은 위법하다고 주장하나, 공정

거래법의 과징금은 기본적으로 법위반행위에 대하여 제재를 가하는 행정상의 제재적 성격을 가지고 있는 점에 비추어 피고로서는 과거 3년간 6회나 공정거래법위반으로 조치를 받았는데도 또다시 이 사건 공정거래법위반행위를 하였다는 이유로 이를 임의적 가중사유로 삼을 수 있는 점, 과징금고시 중 의무적 조정과징금의 산정에 관한 부분은 공정거래법 제24조의2에 규정된 금액의 범위 내에서 과징금 산정기준을 정한 피고 내부의 사무처리준칙이라고 할 것인바, 구체적인 사안에서 위 기준을 적용한 결과가 비례 평등의 원칙 등에 반하지 아니하는 이상 위 기준에 따라 과징금을 산정하였다는 사유만으로 과징금 부과처분이 그 자체로 위법하다고 할 수 없는 점 등을 종합하여 보면 원고에 대한 과징금 산정에 부과의 기초가 되는 사실을 오인하였거나 비례·평등의 원칙에 위배하였다는 점이 없다.

제 7 장

사업자단체

제 51 조 사업자단체의 금지행위과징금

가. 법조문

법률	시행령
제51조(사업자단체의 금지행위) ① 사업자단체는 다음 각 호의 어느 하나에 해당하는 행위를 하여서는 아니 된다. 1. 제40조 제1항 각 호의 행위로 부당하게 경쟁을 제한하는 행위 2. 일정한 거래분야에서 현재 또는 장래의 사업자 수를 제한하는 행위 3. 구성사업자(사업자단체의 구성원인 사업자를 말한다. 이하 같다)의 사업내용 또는 활동을 부당하게 제한하는 행위 4. 사업자에게 제45조 제1항에 따른 불공정거래행위 또는 제46조에 따른 재판매가격유지행위를 하게 하거나 이를 방조하는 행위 ② 제1항 제1호에 따른 행위의 인가에 관하여는 제40조 제2항 및 제3항을 준용한다. 이 경우 "사업자"는 "사업자단체"로 본다. ③ 공정거래위원회는 제1항을 위반하는 행위를 예방하기 위하여 필요한 경우 사업자단체가 준수하여야 할 지침을 제정·고시할 수 있다. ④ 공정거래위원회는 제3항의 지침을 제정하려는 경우에는 관계 행정기관의 장의 의견을 들어야 한다.	

나. 판례

1) 사업자단체의 판단

【텐커뮤니티의 사업자단체 금지행위 건】

대법원 2008. 2. 14. 선고 2005두1879 판결

판결요지

구 공정거래법은 그 제2조 제4호에서 사업자단체를 그 형태 여하를 불문하고 2 이상의 사업자가 공동의 이익을 증진할 목적으로 조직한 결합체 또는 그 연합체를 말한다.

판결요지

사업자단체에서 말하는 공동의 이익이라 함은 구성사업자의 경제활동상의 이익을 말하고 그 이익이 구성원 전원에 대하여 공동일 필요는 없고, 일부에 대하여만 이익이 되는 것으로 족하고, 단지 친목, 종교, 학술, 조사, 연구 사회활동만을 목적으로 하는 단체는 이에 해당하지 아니한다.

판결요지

사업자단체에 참가하는 개별 구성사업자는 독립된 사업자이어야 하므로 개별 사업자가 그 단체에 흡수되어 독자적인 활동을 하지 않는 경우에 사업자단체라고 할 수 없으며, 사업자단체로 되기 위해서는 개별 구성사업자와는 구별되는 단체성, 조직성은 갖추어야 하므로 독자적인 명칭, 내부규약, 대표자 등을 가져야 한다.

【관수레미콘 구매입찰 관련 부당한 공동행위 건】

서울고등법원 2010. 10. 27. 선고 2009누33920 판결(확정)

판결요지

사업자단체의 경쟁제한행위에 구성사업자들의 적극적인 행위가 개입되는 경우 사업자단체에 대하여는 사업자단체 금지행위의 책임을, 구성사업자들에 대하여는 부당공동행위의 책임을 각각 물을 수 있다.

원고 레미콘협회는 이 사건 입찰의 당사자가 아니고 원고 사업자들이 실제 당사자인 점, 원고 레미콘협회가 소외 조합과 수도권지역 관수레미콘 물량배분에 관하여 협의를 하는 과정에서도 원고 레미콘협회가 일방적으로 한 것이 아니라 소속회원사인 원고 사업자들을 참여시켜 회의를 개최하여 합의한 후 그 결과를 소외 조합에 통보한 점, 그 후 원고 레미콘협회는 원고 사업자들과 합의를 통하여 각 사별 투찰물량 및 투찰가격을

정한 점 등에 비추어보면, 원고 사업자들은 이 사건 위반행위에 적극적으로 개입하여 부당공동행위를 한 것으로 보이고, 원고 레미콘협회의 일방적 물량배정 및 투찰가격에 관한 통보를 단지 수용하였을 뿐이라고 할 수는 없다. 따라서 원고 레미콘협회에게 공정거래법상 사업자단체 금지행위의 책임을 물은 것과 별도로 원고 사업자들에게 공정거래법상 부당공동행위의 책임을 물은 이 사건 처분에 어떠한 위법이 있다고 볼 수 없다.

2) 부당한 공동행위로 부당하게 경쟁을 제한하는 행위

【전국학생복발전협의회 외 20개사의 사업자단체 금지행위 건】

대법원 2006. 11. 24. 선고 2004두10319 판결

판결요지

구 공정거래법 제26조 제1항 제1호 소정의 '사업자단체의 금지행위'는 사업자단체가 부당하게 경쟁을 제한하는 구 공정거래법 제19조 제1항 각 호에 규정된 행위를 할 것을 결정하고 사업자단체의 구성원 간에 그 사업자단체의 의사결정을 준수하여야 한다는 공동인식이 형성됨으로써 성립한다고 할 것이고, 사업자단체의 구성원이 사업자단체의 의사결정에 따른 행위를 현실적으로 하였을 것을 요하는 것은 아니다.

【제주도관광협회의 사업자단체 금지행위 건】

대법원 2005. 9. 9. 선고 2003두11841 판결

판결요지

사업자단체에 의한 가격결정행위가 일정한 거래분야의 경쟁을 실질적으로 제한하는 행위에 해당하더라도 경쟁의 제한 정도에 비해 구 공정거래법 제19조 제2항 각 호에 정해진 목적 등에 이바지하는 효과가 상당히 커서 소비자를 보호함과 아울러 국민경제의 균형있는 발전을 도모한다는 법의 궁극적인 목적에 실질적으로 반하지 아니하는 예외적인 경우에 해당한다면, 부당한 가격제한 행위라고 할 수 없다.

구 공정거래법 제19조 제1항은 일정한 거래분야에서 경쟁을 실질적으로 제한하는 '가격을 결정·유지 또는 변경하는 행위' 등을 부당한 공동행위로서 금지하고, 제2항은 제1항의 부당한 공동행위에 해당하더라도 일정한 목적을 위하여 행하여지는 경우로서 공정거래위원회의 인가를 받은 경우에는 제1항의 적용을 배제하고 있는 점, 구 공정거래법 제19조 제1항에서 부당한 공동행위를 금지하는 입법취지는 직접적으로는 공정하고 자유로운 경쟁을 촉진하고, 궁극적으로는 소비자를 보호함과 아울러 국민경제의 균형있는 발전을 도모하고자 함에 있는 점 등에 비추어 보면, 사업자단체에 의한 가격결정행위가 일정한

거래분야의 경쟁이 감소하여 사업자단체의 의사에 따라 어느 정도 자유로이 가격의 결정에 영향을 미치거나 미칠 우려가 있는 상태를 초래하는 행위, 즉 구 공정거래법 제26조 제1항 제1호, 제19조 제1항 제1호의 '사업자단체의 가격을 결정·유지 또는 변경하는 행위에 의하여 일정한 거래분야의 경쟁을 실질적으로 제한하는 행위에 해당하더라도, 이로 인하여 경쟁이 제한되는 정도에 비하여 구 공정거래법 제19조 제2항 각 호에 정해진 목적 등에 이바지하는 효과가 상당히 커서 소비자를 보호함과 아울러 국민경제의 균형있는 발전을 도모한다는 법의 궁극적인 목적에 실질적으로 반하지 아니하는 예외적인 경우에 해당한다면, 부당한 가격제한행위라고 할 수 없다.

【서울특별시 전세버스운송사업조합 외 9개 조합의 사업자단체 금지행위 건】

서울고등법원 2000. 10. 10. 선고 2000누1180 판결(확정)

판결요지

공정거래법상 가격결정행위라 함은 최종가격을 결정하는데 필요한 요소를 결정하는 행위를 포괄하는 것이며, 최종 결정 가격이 사업자단체에서 결정한 가격과 동일할 필요는 없고, 사업자단체의 가격결정이 요청·권고 등의 형태에 그치는 경우는 물론 구성사업자가 그 이익을 위하여 자발적으로 참여한 경우도 포함된다.

구 공정거래법 제26조 제1항 제1호 소정의 가격결정행위라 함은 최종거래 가격을 결정하는 행위는 물론 최종가격을 결정하는데 필요한 요소를 결정하는 행위를 포괄하는 것으로서 최종가격은 물론 평균가격, 표준가격, 기준가격, 최고·최저가격 등 명칭 여하를 불문하고 구성사업자가 최종가격을 결정하는 기준을 제시하는 행위, 가격의 인상 인하율(폭)을 결정하는 행위, 할인율, 이윤율 등 가격의 구성요소에 대해 그 수준이나 한도를 정하거나 일률적인 원가계산방법을 따르도록 함으로써 구성사업자로 하여금 실질적으로 가격을 동일하게 결정케 하는 행위도 모두 포함된다. 또한, 구성사업자가 사업자단체에서 결정한 가격의 영향 아래 가격을 결정한 것인 이상 반드시 거래의 단계에서 최종적으로 결정한 가격이 사업자단체에서 결정한 가격과 동일할 필요는 없다고 할 것이며, 그러한 사업자단체의 가격결정이 구성사업자를 직접적으로 구속할 정도에 이르는 경우뿐만 아니라 그에 이르지 아니하고 요청·권고 등의 형태에 그치는 경우는 물론 구성사업자가 그 이익을 위하여 자발적으로 참여한 경우도 포함된다. 요컨대, 첫째, 사업자단체의 가격결정행위가 있어야 하고 둘째, 그와 같은 사업자단체의 가격결정행위를 통하여 구성사업자의 가격 및 거래조건의 형성에 경쟁제한적인 영향을 미쳐야 하며 셋째, 그 결과 일정한 거래분야에서의 구성사업자 또는 그 사업자단체가 그 의사로 어느 정도 자유로이 가격 기타 거래의 조건을 좌우할 수 있는 시장지배력을 형성함으로써 경쟁을 실질적으로 제한할 수 있어야 한다.

【부산광역시치과의사회의 사업자단체 금지행위 건】

대법원 2005. 8. 19. 선고 2003두9251 판결

판결요지

구 공정거래법 제19조 제1항 제1호의 '가격을 결정·유지 또는 변경하는 행위'는 사업자가 소비자나 다른 사업자에게 공급하는 상품·용역의 대가에 관하여 성립할 수 있음은 물론 사업자가 다른 사업자로부터 공급받는 상품·용역의 대가에 관하여도 성립할 수 있다.

3) 구성사업자의 사업내용 또는 활동을 부당하게 제한하는 행위

【한국관세사회의 사업자단체 금지행위 건】

대법원 2001. 6. 15. 선고 2001두175 판결

판결요지

구성사업자의 사업내용 또는 활동을 부당하게 제한하는 동 조항의 취지는 원래 사업자단체는 구성사업자의 공동의 이익을 증진하는 것을 목적으로 하는 단체이므로 그 목적 달성을 위하여 단체의 의사결정에 의하여 구성사업자의 사업활동에 대하여 일정한 범위의 제한을 하는 것이 어느 정도 예정되어 있다고 하더라도 그 결의의 내용이 구성사업자의 사업내용이나 활동을 과도하게 제한하여 구성사업자 사이의 공정하고 자유로운 경쟁을 저해할 정도에 이른 경우에는 이를 허용하지 않겠다는 데에 있다.

【대한의사협회의 사업자단체 금지행위 건】

대법원 2003. 2. 20. 선고 2001두5347 전원합의체 판결

판결요지

원래 사업자단체는 구성사업자의 공동의 이익을 증진하는 것을 목적으로 하는 단체로서, 그 목적 달성을 위하여 단체의 의사결정에 의하여 구성사업자의 사업활동에 대하여 일정한 범위의 제한을 하는 것은 예정되어 있다고 할 것이나, 그 결의가 구성사업자의 사업활동에 있어서 공정하고 자유로운 경쟁을 저해하는 경우에는 구 공정거래법 제26조 제1항 제3호에 규정된 "구성사업자의 사업내용 또는 활동을 부당하게 제한하는 행위"에 해당한다.

【경기도자동차매매사업조합의 사업자단체 금지행위 건】

서울고등법원 2013. 5. 31. 선고 2012누30884 판결(확정)

판결요지

사업자단체가 구성사업자의 직원채용을 제한한 행위가 사업자단체 금지행위에 해당한다고 본 사례

직원채용은 사업자들의 경쟁에 영향을 미치는 중요한 요소이므로 구성사업자가 경영 사정 및 시장상황 등을 감안하여 자유롭게 직원을 채용할 수 있어야 함에도 원고가 공문으로 직원의 해고를 요구하고 이에 따르지 않을 경우 벌금을 부과하는 방식으로 직원의 채용을 실질적으로 제한한 점 등 제반 사정을 종합하면, 원고의 직원채용 제한행위는 부당하게 경쟁을 제한하는 행위에 해당한다.

【부산주류도매업협의회 외 1개사의 사업자단체 금지행위 건】

대법원 2006. 6. 29. 선고 2006두3414 판결

판결요지

사업자단체가 자신들의 구성사업자들의 기존 도매가격보다 낮게 판매하는 업체의 주류공급요청을 거절하여 줄 것을 요구하고, 이에 불응할 경우 불매운동을 하겠다고 통보한 행위를 사업자단체 금지행위에 해당한다고 본 사례

원고 부산주류도매업협의회가 주류제조사인 원고 대선주조 등에 대하여 자신들의 구성사업자들의 기존 도매가격보다 낮게 판매하는 청해의 주류공급요청을 거절하여 줄 것을 요구하고, 이에 불응할 경우 불매운동을 하겠다고 통보한 행위는, 주류제조사들로 하여금 원고 협의회의 공급중단요구에 따르게 함으로써 주류제조사들의 거래처 선택의 자유를 제한하고 청해의 주류도매업 시장에서의 사업활동을 방해한 것으로서, 주류제조사들로 하여금 구 공정거래법 제23조 제1항 제1호 소정의 불공정거래행위(거래거절)를 하게 한 행위에 해당된다.

【충청북도 건축공사감리업무 운영위원회의 사업자단체 금지행위 건】

서울고등법원 2016. 6. 16. 선고 2016누31250 판결(확정)

판결요지

설계와 감리가 분리되지 않을 경우 건축 과정의 위법과 부실에 대한 감리가 사실상 방치되고 부실시공이 은폐될 수 있는데, 이 사건 설계·감리의 분리로 인해 이러한 문제가 완화될 가능성이 있는 점 등을 위 법리에 비추어 보면, 원고의 이 사건 설계·감리 분리는 구성사업자의 사업내용이나 활동을 과도하게 제한하여 구성사업자 사이의 공정하고 자유로운 경쟁을 저해할 정도에 이

르렀다고 볼 수 없다고 본 사례

개정 건축법 제25조 제2항은 '건설산업기본법 제41조 제1항 각 호에 해당하지 아니하는 소규모 건축물로서 건축주가 직접 시공하는 건축물 및 분양을 목적으로 하는 건축물 중 대통령령으로 정하는 건축물의 경우에는 대통령령으로 정하는 바에 따라 허가권자가 해당 건축물의 설계에 참여하지 아니한 자 중에서 공사감리자를 지정'하도록 규정하고 있는데, 이는 위와 같은 소규모 건축물에 관하여 설계와 감리를 동시에 계약하는 경우에는 감리비 없이 계약하거나 실 계약대가의 50% 정도로 감리대가를 책정하는 불공정계약이 관행화되어 있어 부실감리 및 위법·부실시공의 우려가 있으므로 이를 방지하기 위하여는 위와 같은 규정이 필요하다는 의견이 국회에서 받아들여져 입법화된 것으로 보이는바, 비록 개정 건축법의 시행일이 이 사건 처분 이후이기는 하지만 위와 같은 개정 건축법 제25조의 입법취지는 이 사건에서도 고려함이 상당한 점, 이에 비추어 볼 때 이 사건 설계·감리 분리 역시 개정 건축법 제25조의 입법취지에 부합하는 내용인 것으로 보이는 점, 또한 동일한 건축사에 의해 건축물이 설계되고 감리가 이루어질 경우 건축주의 무리한 요구를 거절하지 못하여 실질적인 감리가 이뤄지지 못하는 문제가 발생할 수 있는 점, 설계와 감리가 분리되지 않을 경우 건축 과정의 위법과 부실에 대한 감리가 사실상 방치되고 부실시공이 은폐될 수 있는데, 이 사건 설계·감리의 분리로 인해 이러한 문제가 완화될 가능성이 있는 점 등을 위 법리에 비추어 보면, 원고의 이 사건 설계·감리 분리는 구성사업자의 사업내용이나 활동을 과도하게 제한하여 구성사업자 사이의 공정하고 자유로운 경쟁을 저해할 정도에 이르렀다고 볼 수 없어 구 공정거래법 제26조 제1항 제3호의 구성사업자의 사업내용 또는 활동을 부당하게 제한하는 행위에 해당하지 않는다.

【대한건설기계협회의 구성사업자 사업활동방해행위 건】

서울고등법원 2004. 7. 14. 선고 2003누7806 판결(확정)

판결요지

원고가 정관 제7조 제1호에 '정회원은 건설교통부령이 정한 바에 따라 건설기계대여업 신고를 필한 자로 한다' 라고 규정하고 원고 산하 각 시 · 도지회의 직원 1명이 대한건설기계안전관리원(16개 시·도, 17개 검사소)의 각 검사소에 상주하면서 비회원들로부터 회비를 징수한 사안에서 대한건설기계협회가 정관에 건설기계대여업신고자 모두를 정회원으로 가입하게 하는 강제가입에 관한 조항을 두고 비회원들로부터 회비를 강제로 징수한 행위를 구성사업자의 사업활동 또는 사업내용방해에 해당되지 아니한다고 본 사례 원고 정관 제8조 제1항에 따라 건설기계대여업 신고를 마치고 회원등록 신청 후 30일 이내에 입회비를 납부하여야만 원고의 회원이 되는 것이므로, 정관 제7조 제1호는 건설교통부령이 정한 바에 따라 건설기계대여업 신고를 필한 자만이 원고의 정회원이 될 수 있다는 회원의 자격에 관한 규정일 뿐, 이를 정회원의 가입을 강제하는 조항으로 볼 수는 없다 할 것이다. 다만 원고가 비회원들로부터 회비를 강제로 징수하여 정회원이 되게 한 사실이 인정된다면 정관 제7조 제1호가 강제징수의 근거조항으로 볼 여지는 있으나 이를 인정할 증거는 없다. 한편, 원고가 전국 16개 시・도, 17개 검사소에 회비 징수직원을 파견하여 비회원 수검자들로부터 회비를 징수하였다 하더라도, 이는 검사장비의 경우 검사를 받으러 갔다가 회비를 쉽게 납부할 기회가 있었기 때문에 검사장비의 징수율이 높은 것으로 보아야지, 원고가 수검자들에게 검사를 받을 때 회비를 납부하도록 강요한 것에 기인한 것으로 보기는 어렵고, 원고가 회비를 강제로 징수한 것이 아니라 하더라도, 회원 또는 비회원들로부터의 회비납부와 관련된 민원은 제기될 수 있으며, 원고가 공정위 지적에 따라 회비 징수직원을 철수하였다 하여 그 동안 회비를 강제로 징수하였다고 볼 수는 없는 점 등을 종합하면, 원고가 비회원들에게 장비검사시 회비를 납부하지 아니하면 검사와 관련하여 불이익을 가하는 등의 영향력을 행사하였다고 보기는 어렵고, 달리 원고가 비회원들로부터 회비를 사실상 강제로 징수하였다는 점을 인정할 증거가 없는 바 결국, 원고의 위 행위는 비회원 건설기계대여사업자의 사업활동 또는 사업내용을 방해하거나 제한하였다고 보기 어렵다.

【경기도자동차사업조합 등 4개 사업자단체의 구성사업자 사업활동방해행위 건】

서울고등법원 2001. 8. 21. 선고 2000누8617 판결(확정)

판결요지

원고가 회비미납의 조합원에 대하여 전산을 통한 신고수리를 제한 또는 중단하기로 결의하였다고 하더라도 수작업에 의한 신고수리의 여지를 남겨둠으로써 법령의 위임에 의한 신고수리업무 자체를 거부한 것이라고 볼 수 없는 이상, 그 결의내용은 관련 구성사업자의 사업내용이나 활동에 간접적으로 불편을 초래하는 정도에 불과하고 구성사업자의 사업내용이나 활동을 부당하게 제한한 것을 볼 수 없다고 본 사례

원고는 위 결의당시 수작업에 의한 신고수리 즉, 사업자의 방문신고를 통한 신고수리까지 제한하거나 중단하기로 한 것은 아니었던 사실을 인정할 수 있는 바, 원래 사업자단체는 구성사업자의 공동의 이익 증진을 목적으로 하는 단체이므로 구성사업자의 사업내용이나 활동을 과도하게 제한하는 것이 아닌 한, 그 목적 달성을 위하여 단체의 자율적인 의사결정에 의하여 구성사업자의 사업활동에 대하여 일정한 범위의 제한을 하는 것도

어느 정도 허용된다고 할 것인데, 이 사건의 경우 원고가 회비미납의 조합원에 대하여 전산을 통한 신고수리를 제한 또는 중단하기로 결의하였다고 하더라도 수작업에 의한 신고수리의 여지를 남겨둠으로써 법령의 위임에 의한 신고수리업무자체를 거부한 것이라고 볼 수 없는 이상, 그 결의내용은 관련 구성사업자의 사업내용이나 활동에 간접적으로 불편을 초래하는 정도에 불과하고 구 공정거래법 제26조 제1항 제3호 상의 구성사업자의 사업내용이나 활동을 부당하게 제한한 것은 아니다.

【한국관세사회의 사업활동방해행위 건】

대법원 2001. 6. 15. 선고 2001누175 판결

판결요지

관세사회가 관세사 및 직무보조자직무규정을 제정하면서 해당 규정 제11조 제3항에서 직무보조자가 다른 관세사무소로 이동할 경우 그 이전사무소로 통관업무를 유치하는 것을 금지하도록 한 사안에서 관세사회가 관세보조자의 업무를 제한한 것은 건전한 통관질서를 확립하고 직무보조자의 부조리를 방지하기 위하여 행한 정당한 행위라고 한 사례

관세사와 관세사 직무보조자의 직무내용, 관세사 업무의 특성, 관세사 업계의 현실, 위 복무규정의 제정경위 및 위 복무규정은 다른 관세사 사무소로 소속을 옮긴 직무보조자의 활동 중 일부를 제한하는 것일 뿐 그를 고용한 관세사의 활동에 의한 사건유치까지 금지하는 것은 아니어서 관세사의 사업활동에 대한 직접적인 제한이 아닌 점, 기존의 거래업소에 대하여 이러한 방식에 의하여 사건을 유인·유치하는 행위가 금지되면 소속을 옮긴 직무보조자의 능력이나 활동에 의하여서가 아니라 그를 고용한 관세사 자신의 능력이나 활동에 의하여 통관사건을 수임할 수 있게 되므로 오히려 관세사들 사이의 공정하고 자유로운 경쟁을 촉진하는 면이 있는 점 등을 고려하여 보면, 위 복무규정은 건전한 통관질서를 확립하고 직무보조자의 부조리를 방지하여 불공정한 거래행위를 예방하고자 하는 것으로 이는 관세사의 사업내용 또는 활동을 과도하게 제한하여 관세사들 사이의 공정하고 자유로운 경쟁을 저해하는 것이라고는 할 수 없어 구 공정거래법 제26조 제1항 제3호를 위반하였다고 볼 수 없다.

【경기도자동차사업조합 등 4개 사업자단체의 구성사업자 사업활동방해행위 건】

서울고등법원 2001. 8. 21. 선고 2000누8617 판결(확정)

판결요지

경기도자동차사업조합 등 4개 단체가 회비를 미납한 조합원에 대하여 차량양도증명서 배부를 받지 못하도록 한 사안에서 경기도자동차사업조합 등이 회비미납 조합원에 대하여 차량 양도증명서 배부를 받지 못하도록 한 것은 단순한 편의제공 거부에 불과하여 사업활동방해로 볼 수 없다고 한 사례

원고가 양도증명서의 소요량을 파악하여 연합회에 통보하면 연합회가 각 지역협의회에 양도증명서를 배부하는 체계가 형성되어 있고, 연합회는 원고와 같은 지역조합 이외에는 양도증명서를 배부하지 아니한 관행이 있었고 이를 연합회 결의로서 확인까지 하였다고 하더라도 개별사업자들이 연합회에 양도증명서의 배부를 요청하는 경우 연합회가 이를 거부할 수는 없다고 할 것이어서 개별사업자들이 반드시 원고를 통하여 양도증명서를 구해야 하는 것도 아니고 원고가 양도증명서의 소요량을 파악하여 이를 지역협의회에 배부토록 하는 배부체계를 유지하고 있더라도 양도증명서의 교부가 법령의 위임에 따른 원고의 사무도 아니고 단지 조합원들에 대한 편의제공 차원의 행위에 불과한 이상 회비를 납부하지 아니한 조합원에게 단체유지의 목적으로 자율적인 의사결정에 따라 그와 같은 편의제공을 거부한 것이 구 공정거래법 제26조 제1항 제3호 소정의 구성사업자의 사업내용 또는 활동을 과도하게 제한한 행위에 해당된다고 보기 어렵다.

5) 사업자에게 불공정거래행위 또는 재판매가격유지행위를 하게 하거나 이를 방조하는 행위

【약사의 미래를 준비하는 모임의 사업자단체 금지행위 건】

서울고등법원 2017. 7. 6. 선고 2017누31516 판결(확정)

판결요지

"사업자에게 불공정거래행위를 하게 하는 행위"의 의미는 단순히 물리적으로 이를 강요하는 것만을 의미하는 것이 아니라 그러한 지위를 이용하여 불공정거래행위를 권장하거나 협조를 요청하는 등 어떠한 방법으로든 이를 사실상 강요하는 결과를 가져오는 모든 행위를 말하는 것이다.

구 공정거래법 제26조 제1항 제4호는 사업자단체가 사업자에게 구 공정거래법 제23조 제1항 각 호의 1의 규정에 의한 불공정거래행위를 하게 하는 행위를 금하고 있는데, 이것은 사업자단체가 개별사업자에게 상당한 영향력을 행사할 수 있는 지위에 있음을 고려하여 사업자단체가 개별사업자에게 부당한 공동행위 또는 경쟁제한행위를 하게 하는 것을 막고자 하는 것이다. 이러한 입법 취지에 비추어 볼 때 위 규정상의 "사업자에게

불공정거래행위를 하게 하는 행위"의 의미는 단순히 물리적으로 이를 강요하는 것만을 의미하는 것이 아니라 그러한 지위를 이용하여 불공정거래행위를 권장하거나 협조를 요청하는 등 어떠한 방법으로든 이를 사실상 강요하는 결과를 가져오는 모든 행위를 말하는 것이다. 원고는 제약회사에 대하여 부당하게 한약사 개설 약국에 대한 일반의약품 공급 거래를 중단하게 하는 불공정거래행위를 강요하여, 다수 제약회사의 거래처 및 거래상대방을 선택할 수 있는 자유를 제한하고 침해하였다.

【한국출판인회의 등의 사업자단체 금지행위 건】

서울고등법원 2002. 9. 3. 선고 2001누14046 판결(확정)

판결요지

한국출판인회의가 도서정가제를 지키지 않고 도서를 할인판매하는 온라인서점 및 할인매장에 도서공급을 중단키로 결정하고 이에 따라 회원사들에게 협조요청 공문을 발송하고 이를 이행한 사안에서 한국출판인회의가 회원사들로 하여금 도서정가제를 지키지 않은 할인매장 등에 도서공급을 중단하는데 협조하라는 취지의 공문을 발송한 것은 실질적으로 불공정거래행위 또는 재판매가격유지행위를 하게 한 행위에 해당된다고 본 사례

원고법인이 임시총회를 개최하여 할인서점에 대하여 도서공급을 중단하기로 결의하고 이를 회원사 및 도매서점에 통보함으로써 할인서점에 대한 도서공급이 중단된 사실, 그 후 도서정가제 준수의사를 밝힌 3개 온라인 서점에 대한 도서공급이 재개된 사실, 서울지역의 주요 도서유통업체에 대하여 감찰위원 파견 및 위반시 제재한다는 확인서를 받은 사실, 원고법인의 회원사들과 합의각서에 서명한 4개 온라인 서점 간에 사후적으로 재판매가격유지계약을 맺도록 주선한 사실, 합의에 참여하지 않은 온라인 서점에 대해 도서공급을 중단하도록 도매상에 대해 압력을 행사한 사실, 원고 상조회가 할인서점에 도서를 공급하는 문학수첩 등 2개 출판사와의 거래를 중단하라고 합의하고 일제히 이를 실행한 사실 등에 비추어 볼 때, 원고들은 단체의 힘을 빌려 개별사업자에게 상당한 영향력을 행사하고 있음이 인정되고 만일 원고들이 요구에 불응할 경우 도서공급중단이나 판매망의 봉쇄 등으로 영업상 막대한 타격을 입게 되어 업계에서 도태되는 등의 불이익을 감수하여야 함에 따라 그 요구에 따를 수밖에 없는 상황이라 할 것이므로 원고들의 각 행위는 비록 합의 또는 협조를 구하는 형식을 취하였지만 그 실질은 구 공정거래법 제26조 제1항 제4호에서 말하는 불공정거래행위 또는 재판매가격유지행위를 하게 하는 행위로 인정된다고 할 것이다.

【서울동북지역정보운영위원회의 사업자단체 금지행위 건】

대법원 2007. 3. 30. 선고 2004누8514 판결

판결요지

서울동북지역정보운영위원회가 한국부동산정보통신을 통하여 부동산중개업자들의 부동산거래정보망에 접근하지 못하게 한 사안에서 서울동북지역정보운영위원회가 부동산중개업자들의 부동산거래정보망 접근을 차단한 것은 부당하게 이루어진 거래거절강요행위로 보기 어렵다고 한 사례

서울 노원지역 부동산중개업자들이 원고 한국부동산정보통신의 부동산거래정보망에 가입하지 않더라도 다른 사업자의 부동산거래정보망에 가입하여 부동산중개업을 수행할 수 있다 할 것이므로, 원고 부동산정보통신의 부동산거래정보망은 이 사건 거래거절을 당한 자들이 부동산중개업을 영위하기 위하여 반드시 이용하여야 하는 필수설비라고는 할 수 없는 점, 원고 서울동북지역정보운영위원회는 사단법인 전국부동산중개업협회 노원지회 15개 분회의 대표자 등이 주축이 되어 설립된 사업자단체인데, 원고 서울동북지역정보운영위원회는 종전 위 노원지회의 지회장이 사단법인 대한공인중개사협회를 설립하는 등으로 사단법인 전국부동산중개업협회 회원들의 이익을 침해하는 행위를 하였고, 위 지회장의 사단법인 전국부동산중개업협회에 대한 계속적인 이익침해 행위와 위 사단법인 대한공인중개사협회의 성장으로 사단법인 전국부동산중개업협회 회원들의 이익을 침해할 우려가 있다고 인정하여 그 소속 회원들의 원고 부동산정보통신의 부동산거래정보망 가입신청을 거절하기에 이른 점, 원고들로부터 거래거절을 당한 자들이 다른 부동산거래정보망에 가입하여 정상적인 영업을 영위하고 있는 점, 회원 간의 거래질서 확립의 요청에 의한 회원 규제의 필요성이 있는 점 등을 종합적으로 고려할 때, 원고들의 이 사건 거래거절강요 내지는 거래거절행위가 다른 부동산중개업자들의 거래기회를 배제하여 그 사업활동을 곤란하게 할 우려가 있거나 법이 금지하고 있는 거래강제 등의 목적 달성을 위하여 그 실효성을 확보하기 위한 수단으로 부당하게 행하여진 경우로서 공정한 거래를 저해할 우려가 있는 거래거절행위에 해당한다고 단정하기 어려우므로, 결국 원고 서울동북지역정보운영위원회의 이 사건 거래거절강요 행위는 구 공정거래법 제26조 제1항 제4호에 정해진 사업자단체가 사업자에게 불공정거래행위를 하게 하는 행위에 해당되지 않는다.

제 52 조 시정조치

가. 법조문

법률	시행령
제52조(시정조치) ① 공정거래위원회는 제51조를 위반하는 행위가 있을 때에는 그 사업자단체(필요한 경우 관련 구성사업자를 포함한다)에 해당 행위의 중지, 시정명령을 받은 사실의 공표, 그 밖에 필요한 시정조치를 명할 수 있다. ② 합병, 분할, 분할합병 또는 새로운 회사의 설립 등에 따른 제1항의 시정조치에 관하여는 제7조 제2항부터 제4항까지의 규정을 준용한다. 이 경우 "시장지배적사업자"는 "사업자단체"로 본다.	제57조(시정명령을 받은 사실의 공표) 법 제52조 제1항에 따른 공표 명령에 관하여는 제12조를 준용한다.

나. 판례

【서울특별시 전세버스운송사업조합 외 9개 조합의 사업자단체 금지행위 건】

서울고등법원 2000. 10. 10. 선고 2000누1180 판결(확정)

판결요지

원고 조합들로 하여금 다른 원고 조합들과 연명으로 중앙일간지에 공표할 것도 명하고 있는바, 원고 대구조합과 원고 경북조합을 제외하고는 원고들 조합이 모두 독자적으로 전세버스요금을 결정한 것이므로 위 공표는 원고들이 상호 의사연락 아래 공동으로 위와 같은 불공정거래행위를 한 것으로 오인될 우려가 있어 비례의 원칙에 벗어나 위법하다고 본 사례

피고는 원고 조합들로 하여금 해당 조합이 소재하는 지역의 일간지에 공표함은 물론 이어서 더 나아가 다른 원고 조합들과 연명으로 중앙일간지에 공표할 것도 명하고 있는바, 앞서 본 바와 같이 원고 대구조합과 원고 경북조합을 제외하고는 원고들 조합이 전세버스요금을 결정하는 과정에서 상호 의사의 연락을 하거나 협의한 바 없고 모두 독자적으로 전세버스요금을 결정한 것인데 만일 원고들이 피고가 명한 것처럼 연명으로 중앙일간지에 불공정거래행위를 한 것으로 게재하여 공표하면 원고들이 상호 의사연락 아래 공동으로 위와 같은 불공정거래행위를 한 것으로 오인될 우려가 있고, 이는 원고들로

하여금 자신들이 행한 위반행위 이상의 신용 및 명예상의 불이익을 주는 것으로서 비례의 원칙에 벗어나 위법하다 할 것이므로 피고가 명한 공표명령 중 원고조합들이 연명으로 공표하도록 한 부분은 위법하다.

제53조 과징금

가. 법조문

법률	시행령
제53조(과징금) ① 공정거래위원회는 제51조 제1항을 위반하는 행위가 있을 때에는 해당 사업자단체에 10억원의 범위에서 과징금을 부과할 수 있다.	
② 공정거래위원회는 제51조 제1항 제1호를 위반하는 행위에 참가한 사업자에게 대통령령으로 정하는 매출액에 100분의 20을 곱한 금액을 초과하지 아니하는 범위에서 과징금을 부과할 수 있다. 다만, 매출액이 없는 경우등에는 40억원을 초과하지 아니하는 범위에서 과징금을 부과할 수 있다. ③ 공정거래위원회는 제51조 제1항 제2호부터 제4호까지의 규정을 위반하는 행위에 참가한 사업자에게 대통령령으로 정하는 매출액에 100분의 10을 곱한 금액을 초과하지 아니하는 범위에서 과징금을 부과할 수 있다. 다만, 매출액이 없는 경우등에는 20억원을 초과하지 아니하는 범위에서 과징금을 부과할 수 있다.	제58조(과징금) 법 제53조 제2항 본문 및 같은 조 제3항 본문에 따른 매출액의 산정에 관하여는 제13조 제1항을 준용한다. 이 경우 위반행위가 입찰담합 및 이와 유사한 행위인 경우에는 계약금액을 매출액으로 본다.

나. 판례

【대한펌프카협회의 사업자단체 금지행위 건】

서울고등법원 2016. 11. 9. 선고 2016누40414 판결(확정)

판결요지

위반행위의 형태가 원고 내부의 구성사업자에게 알리는 행위와 외부 관련 사업자에게 문서로 알리는 행위로 구별되고, 또한 사업활동이 제한되거나 방해되는 대상이 원고 구성사업자와 비구성사업자로 서로 다른 별개의 독립적인 위반행위라면 원고의 위반행위로 인한 경쟁제한 효과가 미치는 거래분야가 모두 펌프카 임대 시장으로서 같다고 하더라도 이를 포괄하여 하나의 위반행위로 볼 수는 없다고 본 사례

구 공정거래법 제26조 제1항 제4호에서 사업자단체가 사업자에게 구 공정거래법 제23조 제1항에 의한 불공정거래행위를 하게 하는 행위를 금지하는 취지는 사업자의 불공정거래행위 규제하는 구 공정거래법 제23조 제1항과 별도이고, 피고가 과징금부과명령의 대상으로 삼은 위반행위는 그 행위의 형태가 원고 내부의 구성사업자에게 알리는 행위와 외부 관련 사업자에게 문서로 알리는 행위로 구별되고, 또한 사업활동이 제한되거나 방해되는 대상이 원고 구성사업자와 비구성사업자로 서로 다른 별개의 독립적인 위반행위이다. 또한 과징금고시 IV.4.다.는 '하나의 사업자가 행한 여러 개의 위반행위'에 관하여 규정하면서 '각각의 위반행위로 인한 효과가 동일한 거래분야에 미치는 경우'도 이에 포함되는 것으로 규정하고 있음. 그러므로 원고의 위반행위로 인한 경쟁제한 효과가 미치는 거래분야가 모두 펌프카 임대 시장으로서 같다고 하더라도 이를 포괄하여 하나의 위반행위로 볼 수는 없다.

【평촌신도시부동산중개업친목회의 사업자단체 금지행위 건】

서울고등법원 2012. 2. 9. 선고 2011누28990 판결(확정)

판결요지

의결서에 과징금 부과기준율과 관련하여 '이 사건 위반행위가 그 내용 및 정도를 고려할 때 중대한 위반행위에 해당한다'라고만 기재한 사안에서 과징금부과 여부를 결정하면서 여러 사정을 고려한바 부과기준율을 결정하면서 단순히 '이 사건 위반행위가 그 내용 및 정도를 고려할 때 '중대한 위반행위'에 해당한다'라고만 의결서에 기재하였다고 할지라도 그것이 처분이유의 기재가 없는 경우라고 보기 어렵다고 본 사례

이 사건 위반행위의 위법성과 책임성을 판단하고 과징금부과 여부를 결정하면서 원고의 회원이 평촌신도시 지역에서 영업 중인 약 300개의 부동산중개업소 중 217개 업소가

가입되어 있어 원고의 영향력이 상당한 점, 일반적으로 고객이 매물 인근에 위치한 부동산중개업자의 서비스를 이용하는 점, 따라서 원고가 이러한 영향력을 이용하여 한 이 사건 위반행위는 자유롭고 공정한 경쟁을 저해하는 효과가 큰 점 등의 사정을 고려하였으므로, 부과기준율을 결정하면서 단순히 '이 사건 위반행위가 그 내용 및 정도를 고려할 때 '중대한 위반행위'에 해당한다'라고만 의결서에 기재하였다고 할지라도 그것이 처분이유의 기재가 없는 경우라고 보기 어렵다.

【12개 시도건축사회 및 건축사복지회의 사업자단체 금지행위 건】

대법원 2002. 9. 24. 선고 2000두1713 판결(확정)

판결요지

이 사건 행위의 경쟁제한성이 지침상의 부과기준액의 2배에 해당하는 과징금을 일률적으로 부과하는 것을 용인할 수 있을 정도로 크다고는 할 수 없는 것으로 보이므로 과징금 납부명령은 재량권을 일탈·남용하였다고 본 사례

과징금부과지침상의 과징금 부과기준은 하나의 기준에 불과하므로 사안에 따라서 의무적 참작사유 등을 고려하여 경쟁제한성이 크다고 인정되는 경우 위 기준에 엄격히 기속되지 아니하고 과징금을 부과할 수 있도록 지침 자체에서 규정하고 있고, 건축사회 등이 소속 건축사들로 하여금 의무적으로 공동감리사무소 등에 참여하도록 강제한 것은 아니어서 공동감리사무소 등에 대한 실제 참여율이 높지 않은 지역도 있고, 공동감리사무소 등에 참여한 건축사보다는 참여하지 아니한 건축사의 수주비율이 높은 지역이 있는 등 경쟁제한성을 완화시키는 사정이 있음을 알 수 있어 그 경쟁제한성이 위 지침상의 부과기준액의 2배에 해당하는 과징금을 일률적으로 부과하는 것을 용인할 수 있을 정도로 크다고는 할 수 없는 것으로 보이므로 이러한 사정과 관련법령의 규정 및 위 법리에 비추어 보면 이 사건 과징금 납부명령을 재량권의 일탈·남용으로 본 결론은 정당하다고 볼 수 있다.

【케이블 구매 입찰 관련 부당한 공동행위 건】

서울고등법원 2021. 5. 26. 선고 2020누49746 판결(확정)

판결요지

이 사건 공동행위는 입찰에 참여할 경쟁사업자들이 사전에 낙찰예정사, 투찰가격, 수주물량 배분 등에 대하여 합의한 입찰담합행위로 경쟁제한 효과 이외에 효율성증대 효과는 거의 존재하지 않는 이른바 '경성 공동행위'에 해당하여 위법의 정도가 중하다고 본 사례

이 사건 공동행위는 원고 등 사업자들이 낙찰예정사, 들러리 참여사, 투찰가격 등을 사전에 합의하고 낙찰 받은 물량을 OEM방식으로 배분하기로 한 입찰담합 행위로, 실질적으로는 1개의 사업자가 입찰에 참여하는 것과 같은 효과를 발생시켰다. 이 사건 공동행위가 없었더라면 사업자들이 입찰가격을 개별적 · 합리적으로 판단하여 이보다 낮은 가격으로 투찰하였을 것으로 예상되므로, 이 사건 공동행위로 인한 사업자들의 부당이득이나 발주처인 케이티의 피해 규모가 경미하다고 볼 수 없다. 또한 입찰담합에 의한 부당한 공동행위에 대하여 공정거래법에 따라 부과되는 과징금은 피해자에 대한 손해 전보를 목적으로 하는 불법행위로 인한 손해배상책임과는 성격이 다르므로, 관련 손해배상청구의 소송 결과에 따라 케이티가 원고의 부당이득을 환수할 예정에 있다는 사정만으로 감액 후 과징금 납부명령이 비례의 원칙에 반하여 위법하게 된다고 보기도 어렵다.

【공정거래법 위반을 이유로 한 과태료 부과결정에 대한 재항고 건】

대법원 2020. 6. 25. 선고 2019두61601 판결

판결요지

공정거래법 및 시행령 규정의 내용 및 체재, 문언 등에 비추어 보면, 사업자단체에 대한 과징금 산정의 기준이 되는 '연간예산액'은 해당 사업자단체의 연간예산액 중 위반행위가 발생한 상품이나 용역을 다루는 구성사업자들과 관련된 예산액으로 국한되는 것이 아니라, 위반행위의 종료일이 속한 연도의 해당 사업자단체의 연간예산액 전액을 의미한다고 봄이 타당하다.

① 공정거래법 시행령은 별표로 과징금 부과기준을 규정하기 시작한 1999. 4. 1.부터 현재에 이르기까지 사업자에게는 '매출액'을, 사업자단체에는 '예산액'을 각 과징금 산정기준으로 명확히 구분하고 있다. 따라서 사업자단체에 대한 과징금 산정기준인 '연간예산액'을 해당 사업자단체가 위반기간에 관련 거래분야에서 판매 등의 공동 사업을 한 상품이나 용역의 매출액에 한정하는 것은 옳지 않다. ② 구 공정거래법 제22조는 부당한 공동행위를 한 사업자에 대하여 원칙적으로 '매출액'을 기준으로 하여 과징금을 부과하도록 규정하고, 그 시행령에서 '관련매출액'이라는 용어를 산정기준으로 삼고 있는 것과는 달리, 구 공정거래법 제28조에서는 사업자단체에 대하여 '5억 원의 범위 안'에서 과징금을 부과하도록 규정하고, 시행령에서 '연간예산액'이라는 용어를 산정기준으로 삼고 있다. ③ 또한 구 공정거래법 시행령 [별표 2] 제2호 (가)목 3)의 나)항의 문언에 의하더라도, 사업자단체에 대한 과징금 산정기준은 '위반행위의 종료일이 속한 연도'의 연간예산액으로 규정되어 있는데, 원심의 판단처럼 사업자단체에 대한 과징금 산정기준 요소에 사업자에 대한 것과 동일할 정도로 위반행위와의 관련성이 고려되어야

한다면, 그 과징금 산정기준이 '위반행위의 종료일이 속한 연도'의 연간예산액이 아니라 '위반행위가 일어난 연도의 연간예산액 총액'으로 규정되었을 것이다. ④ 한편 이 사건 행위로 인한 과징금 납부대상자는 이 사건 행위책임자인 사업자단체인 원고이므로, 공정거래법령에 따라 해당 사업자단체인 원고의 연간예산액 전체를 기준으로 과징금을 산정한다고 하여 자기책임의 원칙에 위반된다고 보기 어렵다.

제 8 장

전담기구

제 54 조 공정거래위원회의 설치

가. 법조문

법률	시행령
제54조(공정거래위원회의 설치) ① 이 법에 따른 사무를 독립적으로 수행하기 위하여 국무총리 소속으로 공정거래위원회를 둔다. ② 공정거래위원회는 「정부조직법」 제2조 제2항에 따른 중앙행정기관으로서 소관 사무를 수행한다.	

나. 내용

- 공정거래위원회는 국무총리 산하의 중앙행정기관으로, 경쟁정책 및 소비자정책을 수립 운영하며 관련 사건을 심결 처리하는 역할을 담당하는 합의제 행정기관입니다. 1981. 4. 3. 경제기획원장관 소속으로 설립되었습니다.

제 55 조 공정거래위원회의 소관 사무

가. 법조문

법률	시행령
제55조(공정거래위원회의 소관 사무) 공정거래위원회의 소관 사무는 다음 각 호와 같다. 1. 시장지배적지위의 남용행위 규제에 관한 사항 2. 기업결합의 제한 및 경제력 집중의 억제에 관한 사항 3. 부당한 공동행위 및 사업자단체의 경쟁제한행위 규제에 관한 사항 4. 불공정거래행위, 재판매가격유지행위 및 특수관계인에 대한 부당한 이익제공의 금지행위 규제에 관한 사항 5. 경쟁제한적인 법령 및 행정처분의 협의·조정 등 경쟁촉진정책에 관한 사항 6. 다른 법령에서 공정거래위원회의 소관으로 규정한 사항	

나. 내용

- 공정거래위원회는 시장지배적지위 남용행위, 기업결합의 제한, 경제력 집중억제, 부당한 공동행위, 사업자단체 금지행위, 불공정거래행위, 재판매가격유지행위, 특수관계인에 대한 부당한 이익제공 금지행위, 경쟁촉진정책 등을 소관 사무로 하고 있습니다.

제 56 조 공정거래위원회의 국제협력

가. 법조문

법률	시행령
제56조(공정거래위원회의 국제협력) ① 정부는 대한민국의 법률 및 이익에 반하지 아니하는 범위에서 외국정부와 이 법의 집행을 위한 협정을 체결할 수 있다. ② 공정거래위원회는 제1항의 협정에 따라 외국정부의 법집행을 지원할 수 있다. ③ 공정거래위원회는 제1항의 협정이 체결되어 있지 아니한 경우에도 외국정부의 법집행 요청 시 동일하거나 유사한 사항에 관하여 대한민국의 지원요청에 따른다는 요청국의 보증이 있는 경우에는 지원할 수 있다.	

나. 내용

- 외국정부와의 협정 체결, 외국정부의 법집행 지원 등에 대해 규정하고 있습니다. 여러 기업에서 영향력을 미치는 기업들의 증가에 따라, 다수의 경쟁당국이 동일한 사건을 다루는 경우도 증가하고 있어 국제적 차원에서 경쟁정책을 논의할 필요성이 매우 높아지고 있습니다.

제 57 조 공정거래위원회의 구성 등

가. 법조문

법률	시행령
제57조(공정거래위원회의 구성 등) ① 공정거래위원회는 위원장 1명, 부위원장 1명을 포	

법률	시행령
함하여 9명의 위원으로 구성하며, 그 중 4명은 비상임위원으로 한다. ② 공정거래위원회의 위원은 독점규제 및 공정거래 또는 소비자분야에 경험이나 전문지식이 있는 사람으로서 다음 각 호의 어느 하나에 해당하는 사람 중에서 위원장과 부위원장은 국무총리의 제청으로 대통령이 임명하고, 그 밖의 위원은 위원장의 제청으로 대통령이 임명하거나 위촉한다. 이 경우 위원장은 국회의 인사청문을 거쳐야 한다. 1. 2급 이상 공무원(고위공무원단에 속하는 일반직공무원을 포함한다)의 직에 있었던 사람 2. 판사・검사 또는 변호사의 직에 15년 이상 있었던 사람 3. 법률・경제・경영 또는 소비자 관련 분야 학문을 전공하고 대학이나 공인된 연구기관에서 15년 이상 근무한 자로서 부교수 이상 또는 이에 상당하는 직에 있었던 사람 4. 기업경영 및 소비자보호활동에 15년 이상 종사한 경력이 있는 사람 ③ 위원장과 부위원장은 정무직으로 하고, 그 밖의 상임위원은 고위공무원단에 속하는 일반직공무원으로서 「국가공무원법」 제26조의5에 따른 임기제공무원으로 보(補)한다. ④ 위원장・부위원장 및 제70조에 따른 사무처의 장은 「정부조직법」 제10조에도 불구하고 정부위원이 된다.	

나. 판례

【구 공정거래법 제37조의3 등 위헌소원】

헌법재판소 2014. 1. 8.자 2013헌바418 결정

판결요지

청구인은 당해사건에서 공정거래위원회가 청구인에 대하여 한 이의신청 이행거부처분의 부작위가 위법하다는 확인을 구하고 있다. 그런데 구 공정거래법 제37조는 공정거래위원회 전원회의 및 소회의의 관장사항을 규정한 조항이고, 구 공정거래법 제55조는 공정거래위원회의 처분에 대하여 불복의 소를 제기하고자 할 때 관할법원이 어디인지 규정하는 조항에 불과하여 모두 당해사건에 적용되는 법률조항이 아니다. 따라서 이 부분 심판대상조항의 위헌 여부에 따라 당해 사건 법원이 다른 내용의 재판을 하게 된다고 볼 수 없어 재판의 전제성이 인정되지 아니한다.

제58조 회의의 구분

가. 법조문

법률	시행령
제58조(회의의 구분) 공정거래위원회의 회의는 위원 전원으로 구성하는 회의(이하 "전원회의"라 한다)와 상임위원 1명을 포함하여 위원 3명으로 구성하는 회의(이하 "소회의"라 한다)로 구분한다.	제59조(소회의의 구성) ① 법 제58조에 따라 공정거래위원회에 5개 이내의 소회의를 둔다. ② 공정거래위원회의 위원장(이하 "위원장"이라 한다)은 각 소회의의 구성위원을 지정하고 필요한 경우 구성위원을 변경할 수 있다. ③ 위원장은 각 소회의의 구성위원에게 특정사건에 대해 법 제67조에 따른 제척·기피·회피에 해당되는 사유가 있는 경우 해당 사건을 다른 소회의에서 심의하도록 하거나 해당 사건에 한정하여 다른 소회의의 위원을 그 소회의의 위원으로 지정할 수 있다. 제60조(소회의의 업무분장) 위원장은 각 소회의의 분장업무를 지정하고 필요한 경우 분장업무를 변경할 수 있다.

나. 내용

- 공정거래위원회의 심의는 효율적인 회의 진행 등을 위하여 전원회의와 소회의로 나누어 진행되고 있습니다. 일반적으로 전원회의는 매주 수요일 세종청사 심판정에서, 소회의는 매주 금요일 세종청사 또는 과천청사 심판정에서 진행됩니다.

제 59 조 전원회의 및 소회의 관장사항

가. 법조문

법률	시행령
제59조(전원회의 및 소회의 관장사항) ① 전원회의는 다음 각 호의 사항을 심의·의결한다. 1. 공정거래위원회 소관의 법령이나 규칙·고시 등의 해석 적용에 관한 사항 2. 제96조에 따른 이의신청 3. 소회의에서 의결되지 아니하거나 소회의가 전원회의에서 처리하도록 결정한 사항 4. 규칙 또는 고시의 제정 또는 변경 5. 경제적 파급효과가 중대한 사항 6. 그 밖에 전원회의에서 스스로 처리하는 것이 필요하다고 인정하는 사항 ② 소회의는 제1항 각 호의 사항 외의 사항을 심의·의결한다.	

나. 내용

- 종전에는 구 공정거래법 제37조의3에 위치하던 조문으로, 법 개정 과정에서 제1항 제6호 내용이 신설되었습니다. 전원회의 및 소회의 절차와 관련해서는 「공정거래위원회 회의 운영 및 사건절차 등에 관한 규칙」 제2장에서 각 회의별 심의 사항에 대해 구체적으로 다루고 있습니다.

제 60 조 위원장

가. 법조문

법률	시행령
제60조(위원장) ① 위원장은 공정거래위원회를 대표한다. ② 위원장은 국무회의에 출석하여 발언할 수 있다. ③ 위원장이 부득이한 사유로 직무를 수행할 수 없을 때에는 부위원장이 그 직무를 대행하며, 위원장과 부위원장이 모두 부득이한 사유로 직무를 수행할 수 없을 때에는 선임상임위원 순으로 그 직무를 대행한다.	

나. 내용

- 공정거래위원장의 공정거래위원회 대표성, 국무총리 출석 및 발언, 직무 대행 순서 등에 대해 규정하고 있습니다.

제 61 조 위원의 임기

가. 법조문

법률	시행령
제61조(위원의 임기) 공정거래위원회의 위원장, 부위원장 및 다른 위원의 임기는 3년으로 하고, 한 차례만 연임할 수 있다.	

나. 내용

- 공정거래위원장, 부위원장, 상임위원 및 비상임위원의 임기는 3년으로 하고 1회에 한하여 연임이 가능함을 규정하고 있습니다. 다만, 실제로 연임하는 경우는 많지 않습니다.

제 62 조 위원의 신분보장

가. 법조문

법률	시행령
제62조(위원의 신분보장) 위원은 다음 각 호의 어느 하나에 해당하는 경우를 제외하고는 그 의사에 반하여 면직되거나 해촉(解囑) 되지 아니한다. 1. 금고 이상의 형의 선고를 받은 경우 2. 장기간의 심신쇠약으로 직무를 수행할 수 없게 된 경우	

나. 내용

- 위원의 신분 보장을 위하여 금고 이상의 형을 선고받은 경우나, 장기간의 심신쇠약으로 직무를 수행할 수 없는 경우 외에는 의사에 반하여 면직되거나 해촉되지 않도록 규정하였습니다.

제63조 위원의 정치운동 금지

가. 법조문

법률	시행령
제63조(위원의 정치운동 금지) 위원은 정당에 가입하거나 정치운동에 관여할 수 없다.	

나. 내용

- 공정거래위원회 심의 기능의 독립성을 보장하기 위하여 그 심의를 담당하는 공정거래위원회 위원에 대해서는 정당 가입 및 정치운동 관여를 금지하도록 규정하였습니다.

제64조 회의 의사정족수 및 의결정족수

가. 법조문

법률	시행령
제64조(회의 의사정족수 및 의결정족수) ① 전원회의는 위원장이 주재하며, 재적위원 과반수의 찬성으로 의결한다. ② 소회의는 상임위원이 주재하며, 구성위원 전원의 출석과 출석위원 전원의 찬성으로 의결한다.	

나. 내용

- 전원회의는 재적위원 과반의 찬성, 소회의는 출석위원 전원 찬성으로 의결합니다. 이에 대해서는 「공정거래위원회 회의 운영 및 사건절차 등에 관한 규칙」 제6조에서 상세히 규정하고 있습니다.

제 65 조 심리 · 의결의 공개 및 합의의 비공개

가. 법조문

법률	시행령
제65조(심리 · 의결의 공개 및 합의의 비공개) ① 공정거래위원회의 심리(審理)와 의결은 공개한다. 다만, 사업자 또는 사업자단체의 사업상의 비밀을 보호할 필요가 있다고 인정할 때에는 그러하지 아니하다. ② 공정거래위원회의 심리는 구술심리를 원칙으로 하되, 필요한 경우 서면심리로 할 수 있다. ③ 공정거래위원회의 사건에 관한 의결의 합의는 공개하지 아니한다.	

나. 판례

【구 공정거래법 제43조 제1항 단서 위헌확인 등】

헌법재판소 2012. 5. 31.자 2011헌마76 결정

판결요지

이 사건 법률조항은 사업자 또는 사업자단체의 사업상의 비밀을 보호할 필요가 있는 때에는 공정거래위원회의 심리와 의결을 공개하지 아니 할 수 있도록 규정한 것인바, 설령 청구인이 주장하는 바와 같은 퇴정강제행위가 있었다 하더라도 그러한 행위의 주체와 경위 및 내용에 비추어 볼 때, 그러한 퇴정강제행위는 이 사건 법률조항을 근거로 심리를 비공개하는 것과 관련된 것이 아니라, 오히려 공정거래위원회의 심리와 의결을 공개하는 경우 방청석의 좌석 수 등 물리적 사정과 현실적 여건을 고려하여 참관인 수를 제한하는 등 필요한 조치를 취하는 것과 관련된 것임을 충분히 알 수 있다.

제 66 조 심판정의 질서유지

가. 법조문

법률	시행령
제66조(심판정의 질서유지) 전원회의 및 소회의의 의장은 심판정에 출석하는 당사자·이해관계인·참고인 및 참관인 등에게 심판정의 질서유지를 위하여 필요한 조치를 명할 수 있다.	

나. 내용

- 의장(전원회의는 위원장, 소회의는 상임위원 중 지정된 1인)은 심판정의 질서유지를 위하여 출석 당사자나 이해관계인, 참고인 및 참관인 등에게 질서유지를 위한 조치를 명할 수 있도록 규정하고 있습니다.

제 67 조 위원의 제척·회피·기피

가. 법조문

법률	시행령
제67조(위원의 제척·기피·회피) ① 위원은 다음 각 호의 어느 하나에 해당하는 사건에 대한 심의·의결에서 제척(除斥)된다. 1. 자기나 배우자 또는 배우자였던 사람이 당사자이거나 공동권리자 또는 공동의무자인 사건 2. 자기가 당사자와 친족이거나 친족이었던 사건 3. 자기 또는 자기가 속한 법인이 당사자의 법률·경영 등에 대한 자문·고문 등으	

법률	시행령
로 있는 사건 4. 자기 또는 자기가 속한 법인이 증언이나 감정(鑑定)을 한 사건 5. 자기 또는 자기가 속한 법인이 당사자의 대리인으로서 관여하거나 관여하였던 사건 6. 자기 또는 자기가 속한 법인이 사건의 대상이 된 처분 또는 부작위(不作爲)에 관여한 사건 7. 자기가 공정거래위원회 소속 공무원으로서 해당 사건의 조사 또는 심사를 한 사건	
② 당사자는 위원에게 심의·의결의 공정을 기대하기 어려운 사정이 있는 경우에는 기피신청을 할 수 있다. 이 경우 위원장은 이 기피신청에 대하여 위원회의 의결을 거치지 아니하고 기피 여부를 결정한다.	제61조(위원의 기피·회피) ① 법 제67조 제2항에 따라 기피를 신청하려는 자는 위원장에게 그 원인을 명시하여 신청해야 한다. ② 기피사유는 기피를 신청한 날부터 3일 이내에 서면으로 소명해야 한다. ③ 법 제67조 제2항 전단에 따른 기피신청을 받은 위원은 지체 없이 기피신청에 대한 의견서를 위원장에게 제출해야 한다.
③ 위원 본인이 제1항 각 호의 어느 하나 또는 제2항의 사유에 해당하는 경우에는 스스로 그 사건의 심의·의결을 회피할 수 있다.	④ 위원이 법 제67조 제3항에 따라 회피를 하려는 경우에는 위원장의 허가를 받아야 한다.
	제62조(위원의 수당 등) 공정거래위원회의 비상임위원에 대해서는 예산의 범위에서 수당이나 그 밖에 필요한 경비를 지급할 수 있다.

나. 내용

- 종전에는 구 공정거래법 제44조에 위치하던 조문으로, 구 공정거래법 제44조 제1항 제2호의 규정이 법 개정 과정에서 제2호 및 제3호로 분리하여 신설규정되었습니다. 실무상 사건국 국장으로서 심사관이었던 공무원이 위원으로 임명된 경우, 과거 심사관으로 상정한 사건에 대해서는 제척되는 경우(제7호)가 종종 발생하고 있습니다.

제 68 조 의결서 작성 및 경정

가. 법조문

법률	시행령
제68조(의결서 작성 및 경정) ① 공정거래위원회가 이 법 위반 여부에 관한 사항을 심의·의결하는 경우에는 의결 내용 및 그 이유를 명시한 의결서로 하여야 하고, 의결에 참여한 위원이 그 의결서에 서명날인하여야 한다. ② 공정거래위원회는 의결서 등에 오기(誤記), 계산착오 또는 그 밖에 이와 유사한 오류가 있는 것이 명백한 경우에는 신청이나 직권으로 경정할 수 있다.	

나. 내용

- 의결서 작성 등과 관련해서는 「공정거래위원회 회의 운영 및 사건절차 등에 관한 규칙」 제62조 내지 제64조에서 상세히 규정하고 있습니다. 실무상 심의 이후 약 1개월~2개월 정도 소요되는 것으로 알려져 있습니다.

제 69 조 법 위반행위의 판단시점

가. 법조문

법률	시행령
제69조(법 위반행위의 판단시점) 공정거래위원회가 이 법에 위반되는 사항에 대하여 의결하는 경우에는 그 사항에 관한 심리를 종결하는 날까지 발생한 사실을 기초로 판단한다.	

나. 내용

- 사업자의 행위가 공정거래법에 위반되는지 여부에 대한 판단은 공정거래위원회의 심리가 종결하는 날까지 발생된 사실이 기준이 되도록 규정하고 있습니다. 종전에는 구 공정거래법 제46조에 위치하던 조문으로 2012. 3. 21. 신설되었습니다.

제70조 사무처의 설치

가. 법조문

법률	시행령
제70조(사무처의 설치) 공정거래위원회의 사무를 처리하기 위하여 공정거래위원회에 사무처를 둔다.	

나. 내용

- 공정거래위원회의 조사업무를 수행하는 조직을 포함한 대부분의 조직이 사무처에 소속되어 있습니다. 사건조사국에서 조사 후 심의안건에 대해 사무처장 명의로 상정하면, 사건 규모 등에 따라 전원회의 및 소회의에서 심리가 진행됩니다.

제 71 조 조직에 관한 규정

가. 법조문

법률	시행령
제71조(조직에 관한 규정) ① 이 법에서 규정한 것 외에 공정거래위원회의 조직에 관하여 필요한 사항은 대통령령으로 정한다. ② 이 법에서 규정한 것 외에 공정거래위원회의 운영 등에 필요한 사항은 공정거래위원회의 규칙으로 정한다.	

나. 내용

- 공정거래위원회의 조직에 관하여 필요한 사항은 「공정거래위원회와 그 소속기관 직제」에서 정하고 있으며, 그 외 공정거래위원회 회의 운영에 관한 사항은 「공정거래위원회 회의 운영 및 사건절차 등에 관한 규칙」에서 정하고 있습니다.

제 9 장

한국공정거래조정원의 설립 및 분쟁조정

제 72 조 한국공정거래조정원의 설립 등

가. 법조문

법률	시행령
제72조(한국공정거래조정원의 설립 등) ① 다음 각 호의 업무를 수행하기 위하여 한국공정거래조정원(이하 "조정원"이라 한다)을 설립한다. 1. 제45조 제1항을 위반한 혐의가 있는 행위와 관련된 분쟁의 조정 2. 다른 법률에서 조정원으로 하여금 담당하게 하는 분쟁의 조정 3. 시장 또는 산업의 동향과 공정경쟁에 관한 조사 및 분석 4. 사업자의 거래 관행과 행태의 조사 및 분석 5. 제90조 제7항에 따라 공정거래위원회로부터 위탁받은 제89조 제3항에 따른 동의의결의 이행관리 6. 공정거래와 관련된 제도와 정책의 연구 및 건의 7. 그 밖에 공정거래위원회로부터 위탁받은 사업 ② 조정원은 법인으로 한다. ③ 조정원의 장은 제57조 제2항 각 호의 어느 하나에 해당하는 자 중에서 공정거래위원회 위원장이 임명한다.	

법률	시행령
④ 정부는 조정원의 설립과 운영에 필요한 경비를 예산의 범위에서 출연하거나 보조할 수 있다. ⑤ 조정원에 관하여 이 법에서 규정한 것 외에는 「민법」 중 재단법인에 관한 규정을 준용한다.	

나. 내용

- 불공정거래행위와 관련된 분쟁의 조정, 다른 법률(하도급법, 대규모유통업법 등)에서 조정원으로 하여금 담당하게 하는 분쟁의 조정, 시장 또는 산업의 동향과 공정경쟁에 관한 조사 및 분석, 사업자의 거래 관행과 행태의 조사 및 분석, 공정거래위원회로부터 위탁받은 동의의결의 이행관리, 공정거래와 관련된 제도와 정책의 연구 및 건의, 그 밖에 공정거래위원회로부터 위탁받은 사업 등의 업무를 수행하기 위하여 한국공정거래조정원이 설립되었습니다.

제 73 조 공정거래분쟁조정협의회의 설치 및 구성

가. 법조문

법률	시행령
제73조(공정거래분쟁조정협의회의 설치 및 구성) ① 제45조 제1항을 위반한 혐의가 있는 행위와 관련된 분쟁을 조정하기 위하여 조정원에 공정거래분쟁조정협의회(이하 "협의회"라 한다)를 둔다. ② 협의회는 협의회 위원장 1명을 포함하여 7명 이내의 협의회 위원으로 구성한다. ③ 협의회 위원장은 조정원의 장이 겸임한다.	

법률	시행령
④ 협의회 위원은 독점규제 및 공정거래 또는 소비자분야에 경험 또는 전문지식이 있는 사람으로서 다음 각 호의 어느 하나에 해당하는 사람 중에서 조정원의 장의 제청으로 공정거래위원회 위원장이 임명하거나 위촉한다. 이 경우 다음 각 호의 어느 하나에 해당하는 사람이 1명 이상 포함되어야 한다.	
1. 대통령령으로 정하는 요건을 갖춘 공무원의 직에 있었던 사람 2. 판사·검사 또는 변호사의 직에 대통령령으로 정하는 기간 이상 있었던 사람 3. 법률·경제·경영 또는 소비자 관련 분야 학문을 전공하고 대학이나 공인된 연구기관에서 대통령령으로 정하는 기간 이상 근무한 사람으로서 부교수 이상 또는 이에 상당하는 직에 있었던 사람 4. 기업경영 및 소비자보호활동에 대통령령으로 정하는 기간 이상 종사한 경력이 있는 사람	제63조(공정거래분쟁조정협의회 위원의 자격) ① 법 제73조 제4항 제1호에서 "대통령령으로 정하는 요건을 갖춘 공무원"이란 4급 이상의 공무원(「국가공무원법」에 따른 고위공무원단에 속하는 공무원을 포함한다)을 말한다. ② 법 제73조 제4항 제2호부터 제4호까지의 규정에서 "대통령령으로 정하는 기간"이란 각각 7년을 말한다.
⑤ 협의회 위원의 임기는 3년으로 한다. ⑥ 협의회 위원 중 결원이 생긴 때에는 제4항에 따라 보궐위원을 위촉하여야 하며, 그 보궐위원의 임기는 전임자의 남은 임기로 한다. ⑦ 공정거래위원회 위원장은 협의회 위원이 직무와 관련된 비위사실이 있거나 직무태만, 품위손상 또는 그 밖의 사유로 위원으로 적합하지 아니하다고 인정되는 경우 그 직에서 해임 또는 해촉할 수 있다.	제64조(공정거래분쟁조정협의회의 회의) ① 법 제73조 제1항에 따른 공정거래분쟁조정협의회(이하 "협의회"라 한다)의 위원장이 협의회의 회의를 소집하려면 협의회의 위원들에게 회의 개최 7일 전까지 회의의 일시·장소 및 안건을 서면으로 알려야 한다. 다만, 긴급하거나 부득이한 사정이 있는 경우에는 회의 개최 전까지 알릴 수 있다. ② 협의회의 회의는 공개하지 않는다. 다만, 협의회의 위원장이 필요하다고 인정하는 경우에는 조정의 대상이 된 분쟁의 당사자인 사업자(이하 "분쟁당사자"라 한다), 그 밖의 이해관계인에게는 공개할 수 있다.

나. 내용

- 불공정거래행위에 해당하는 혐의가 있는 행위와 관련된 분쟁을 조정하기 위한 공정거래분쟁조정협의회의 구성 및 협의회의 회의에 대해서 규정하고 있습니다.

제 74 조 협의회의 회의

가. 법조문

법률	시행령
제74조(협의회의 회의) ① 협의회 위원장은 협의회의 회의를 소집하고 그 의장이 된다. ② 협의회는 재적위원 과반수의 출석으로 개의(開議)하고, 출석위원 과반수의 찬성으로 의결한다. ③ 협의회 위원장이 부득이한 사유로 직무를 수행할 수 없을 때에는 공정거래위원회 위원장이 지명하는 협의회 위원이 그 직무를 대행한다. ④ 조정의 대상이 된 분쟁의 당사자인 사업자(이하 "분쟁당사자"라 한다)는 협의회에 출석하여 의견을 진술할 수 있다.	

나. 내용

- 공정거래분쟁조정협의회 회의의 의결방법 등을 규정하고 있습니다.

제 75 조 협의회 위원의 제척 · 기피 · 회피

가. 법조문

법률	시행령
제75조(협의회 위원의 제척 · 기피 · 회피) ① 협의회 위원은 다음 각 호의 어느 하나에 해당하는 경우에는 해당 분쟁조정사항의 조정에서 제척된다. 1. 자기나 배우자 또는 배우자였던 사람이	

법률	시행령
분쟁조정사항의 분쟁당사자이거나 공동권리자 또는 공동의무자인 경우 2. 자기가 분쟁조정사항의 분쟁당사자와 친족이거나 친족이었던 경우 3. 자기 또는 자기가 속한 법인이 분쟁조정사항의 분쟁당사자의 법률·경영 등에 대한 자문·고문 등으로 있는 경우 4. 자기 또는 자기가 속한 법인이 증언이나 감정을 한 경우 5. 자기 또는 자기가 속한 법인이 분쟁조정사항의 분쟁당사자의 대리인으로서 관여하거나 관여하였던 경우 ② 분쟁당사자는 협의회 위원에게 협의회의 조정에 공정을 기하기 어려운 사정이 있을 때에는 협의회에 해당 위원에 대한 기피신청을 할 수 있다. ③ 협의회 위원 본인이 제1항 각 호의 어느 하나 또는 제2항의 사유에 해당하는 경우에는 스스로 해당 분쟁조정사항의 조정에서 회피할 수 있다.	

나. 내용

- 공정거래분쟁조정협의회 위원의 제척, 기피, 회피 요건에 대해 규정하고 있습니다.

제 76 조 조정의 신청 등

가. 법조문

법률	시행령
제76조(조정의 신청 등) ① 제45조 제1항을 위반한 혐의가 있는 행위로 피해를 입은 사업자는 대통령령으로 정하는 사항을 기재한 서면(이하 "분쟁조정신청서"라 한다)을 협의회에 제출함으로써 분쟁조정을 신청할 수 있다.	제65조(조정의 신청 등) ① 법 제76조 제1항에 따라 분쟁조정을 신청하려는 자는 다음 각 호의 사항이 포함된 서면(이하 "분쟁조정신청서"라 한다)을 협의회에 제출해야 한다. 1. 분쟁당사자의 성명과 주소(분쟁당사자가 법인인 경우에는 법인의 명칭, 주된 사무소의 소재지, 그 대표자의 성명과 주소를 말한다) 2. 분쟁조정 신청의 취지와 그 이유 3. 대리인의 성명과 주소(대리인이 있는 경우로 한정한다) ② 분쟁조정신청서에는 다음 각 호의 서류를 첨부해야 한다. 1. 분쟁조정 신청의 원인과 사실을 증명하는 서류 2. 분쟁조정 신청인의 위임장(대리인이 있는 경우로 한정한다) 3. 그 밖에 분쟁조정에 필요한 증거서류나 자료 ③ 협의회는 법 제76조 제1항에 따라 분쟁조정의 신청을 받은 경우 신청인인 분쟁당사자에게 접수증을 내어주고, 공정거래위원회와 다른 분쟁당사자에게 분쟁조정 신청 관련 서류의 사본을 송부해야 한다.
② 공정거래위원회는 제80조 제2항에 따른 신고가 접수된 경우 협의회에 그 행위 또는 사건에 대한 분쟁조정을 의뢰할 수 있다.	④ 협의회가 법 제76조 제2항에 따라 공정거래위원회로부터 분쟁조정 의뢰를 받은 경우 그 사실을 분쟁당사자에게 알려야 한다.
③ 협의회는 제1항에 따라 분쟁조정 신청을 받거나 제2항에 따른 분쟁조정 의뢰를 받았을 때에는 즉시 그 접수사실 등을 대통	⑤ 협의회는 법 제76조 제1항에 따른 분쟁조정의 신청 또는 같은 조 제2항에 따른 분쟁조정 의뢰에 대해 보완이 필요하다고 인

법률	시행령
령령으로 정하는 바에 따라 공정거래위원회 및 분쟁당사자에게 통지하여야 한다. ④ 제1항에 따른 분쟁조정의 신청은 시효중단의 효력이 있다. 다만, 신청이 취하되거나 각하(却下)된 경우에는 그러하지 아니하다. ⑤ 제4항 단서의 경우에 6개월 내에 재판상의 청구, 파산절차 참가, 압류 또는 가압류, 가처분을 하였을 때에는 시효는 최초의 분쟁조정의 신청으로 중단된 것으로 본다. ⑥ 제4항 본문에 따라 중단된 시효는 다음 각 호의 어느 하나에 해당하는 때부터 새로이 진행한다. 1. 분쟁조정이 이루어져 조정조서를 작성한 때 2. 분쟁조정이 이루어지지 아니하고 조정절차가 종료된 때	정하는 경우 상당한 기간을 정하여 보완을 요구할 수 있다. 이 경우 그 보완에 드는 기간은 법 제77조 제4항 제2호에 따른 기간에 산입하지 않는다. 제66조(대표자의 선정) ① 다수 사업자가 동일한 사안에 대해 공동으로 분쟁조정을 신청하는 경우에는 신청인 중 3명 이내의 대표자를 선정할 수 있다. ② 협의회의 위원장은 신청인이 제1항에 따라 대표자를 선정하지 않는 경우 신청인에게 대표자를 선정할 것을 권고할 수 있다. ③ 신청인이 대표자를 선정하거나 변경하는 경우에는 그 사실을 지체 없이 협의회의 위원장에게 알려야 한다.

나. 내용

- 공정거래분쟁조정협의회의 조정대상에 해당하는 분쟁조정 신청 및 공정거래위원회의 조정 의뢰 및 그 절차와 분쟁조정 신청의 시효중단 효력에 대해 규정하고 있습니다.

제 77 조 조정 등

가. 법조문

법률	시행령
제77조(조정 등) ① 협의회는 분쟁당사자에게 분쟁조정사항에 대하여 스스로 합의하도록 권고하거나 조정안을 작성하여 제시할 수 있다.	

법률	시행령
② 협의회는 해당 분쟁조정사항에 관한 사실을 확인하기 위하여 필요한 경우 조사를 하거나 분쟁당사자에게 관련 자료의 제출이나 출석을 요구할 수 있다.	**제67조(분쟁당사자의 사실확인 등)** ① 협의회는 법 제77조 제2항에 따라 분쟁당사자에게 출석을 요구하려는 경우 시기 및 장소를 정해 출석요구일 7일 전까지 분쟁당사자에게 알려야 한다. 다만, 분쟁당사자가 미리 동의하거나 그 밖에 긴급한 사정이 있는 경우에는 출석요구일 전까지 알릴 수 있다.
③ 협의회는 다음 각 호의 어느 하나에 해당하는 행위 또는 사건에 대해서는 조정신청을 각하하여야 한다. 이 경우 협의회는 분쟁조정이 신청된 행위 또는 사건이 제4호에 해당하는지에 대하여 공정거래위원회의 확인을 받아야 한다. 1. 조정신청의 내용과 직접적인 이해관계가 없는 자가 조정신청을 한 경우 2. 이 법의 적용대상이 아닌 사안에 관하여 조정신청을 한 경우 3. 위반혐의가 있는 행위의 내용·성격 및 정도 등을 고려하여 공정거래위원회가 직접 처리하는 것이 적합한 경우로서 대통령령으로 정하는 기준에 해당하는 행위 4. 조정신청이 있기 전에 공정거래위원회가 제80조에 따라 조사를 개시한 사건에 대하여 조정신청을 한 경우. 다만, 공정거래위원회로부터 시정조치 등의 처분을 받은 후 분쟁조정을 신청한 경우에는 그러하지 아니하다.	② 제1항의 통지를 받은 분쟁당사자는 협의회에 출석할 수 없는 부득이한 사유가 있는 경우에는 미리 서면으로 의견을 제출할 수 있다. **제68조(소제기의 통지)** 분쟁당사자는 분쟁조정 신청 후 해당 사건에 대해 소를 제기한 경우에는 지체 없이 그 사실을 협의회에 알려야 한다. **제69조(분쟁조정 신청의 각하 등)** ① 법 제77조 제3항 제3호에서 "대통령령으로 정하는 기준에 해당하는 행위"란 법 제45조 제1항 제9호를 위반한 혐의가 있는 행위를 말한다. ② 협의회는 법 제77조 제3항에 따라 조정신청을 각하하거나 같은 조 제4항 제2호 또는 제3호에 따라 조정절차를 종료한 경우 다음 각 호의 사항이 포함된 분쟁조정종료서를 작성한 후 그 사본과 관련 서류를 첨부하여 공정거래위원회에 보고해야 한다. 1. 분쟁당사자의 일반 현황 2. 분쟁의 경위 3. 조정의 쟁점 4. 조정신청의 각하 또는 조정절차의 종료 사유
④ 협의회는 다음 각 호의 어느 하나에 해당되는 경우에는 조정절차를 종료하여야 한다. 1. 분쟁당사자가 협의회의 권고 또는 조정안을 수락하거나 스스로 조정하는 등 조정이 성립된 경우 2. 제76조 제1항에 따라 분쟁조정의 신청을 받은 날 또는 같은 조 제2항에 따라 공정거래위원회로부터 분쟁조정의 의뢰를 받	③ 협의회는 법 제78조 제1항 또는 제2항에 따라 조정이 성립된 경우 다음 각 호의 사항이 포함된 조정조서를 작성한 후 그 사본

법률	시행령
은 날부터 60일(분쟁당사자 양쪽이 기간 연장에 동의한 경우에는 90일로 한다)이 지나도 조정이 성립하지 아니한 경우 3. 분쟁당사자의 어느 한쪽이 조정을 거부하거나 해당 분쟁조정사항에 대하여 법원에 소를 제기하는 등 조정절차를 진행할 실익이 없는 경우 ⑤ 협의회는 조정신청을 각하하거나 조정절차를 종료한 경우에는 대통령령으로 정하는 바에 따라 공정거래위원회에 조정의 경위, 조정신청 각하 또는 조정절차 종료의 사유 등을 관계 서류와 함께 지체 없이 서면으로 보고하여야 하고, 분쟁당사자에게 그 사실을 통보하여야 한다. ⑥ 공정거래위원회는 조정절차 개시 전에 시정조치 등의 처분을 하지 아니한 분쟁조정사항에 관하여 조정절차가 종료될 때까지 해당 분쟁당사자에게 제49조 제1항에 따른 시정조치 및 제88조 제1항에 따른 시정권고를 하여서는 아니 된다.	과 관련 서류를 첨부한 조정결과를 공정거래위원회에 보고해야 한다. 1. 제2항 제1호부터 제3호까지의 사항 2. 조정의 결과

나. 내용

- 공정거래분쟁조정협의회의 조정안 제시, 조정신청 각하의 요건, 조정절차 종료의 요건 등에 대해 규정하고 있습니다.

제 78 조 조정조서의 작성과 그 효력

가. 법조문

법률	시행령
제78조(조정조서의 작성과 그 효력) ① 협의회는 분쟁조정사항에 대하여 조정이 성립된 경우 조정에 참가한 위원과 분쟁당사자가 기명날인하거나 서명한 조정조서를 작성한다. ② 협의회는 분쟁당사자가 조정절차를 개시하기 전에 분쟁조정사항을 스스로 조정하고 조정조서의 작성을 요청하는 경우에는 그 조정조서를 작성하여야 한다. ③ 분쟁당사자는 조정에서 합의된 사항의 이행결과를 공정거래위원회에 제출하여야 한다. ④ 공정거래위원회는 조정절차 개시 전에 시정조치 등의 처분을 하지 아니한 분쟁조정사항에 대하여 제1항에 따라 합의가 이루어지고, 그 합의된 사항을 이행한 경우에는 제49조 제1항에 따른 시정조치 및 제88조 제1항에 따른 시정권고를 하지 아니한다. ⑤ 제1항 또는 제2항에 따라 조정조서를 작성한 경우 조정조서는 재판상 화해와 동일한 효력을 갖는다.	

나. 내용

- 공정거래분쟁조정협의회에서 조정이 성립된 경우 또는 당사자가 스스로 요청하는 경우에 작성되는 재판상화해의 효력이 있는 조정조서에 대한 사항과 조정조서가 작성되고 합의된 사항이 이행된 경우에 공정거래위원회의 시정조치 및 시정권고를 하지 않는다는 내용이 규정되어 있습니다.

제 79 조 협의회의 조직 · 운영 등

가. 법조문

법률	시행령
第79조(협의회의 조직 · 운영 등) 제73조부터 제78조까지에서 규정한 사항 외에 협의회의 조직 · 운영 · 조정절차 등에 관하여 필요한 사항은 대통령령으로 정한다.	제70조(협의회의 운영세칙) 이 영에서 규정한 사항 외에 협의회의 운영 및 조직에 필요한 사항은 협의회의 의결을 거쳐 협의회의 위원장이 정한다.

나. 내용

- 공정거래분쟁조정협의회의 조직, 운영, 조정절차 등에 관한 협의회 운영세칙을 정하도록 규정하고 있습니다.

제 10 장

조사 등의 절차

제 80 조 위반행위의 인지 · 신고 등

가. 법조문

법률	시행령
제80조(위반행위의 인지 · 신고 등) ① 공정거래위원회는 이 법을 위반한 혐의가 있다고 인정할 때에는 직권으로 필요한 조사를 할 수 있다.	
② 누구든지 이 법에 위반되는 사실을 공정거래위원회에 신고할 수 있다. ③ 공정거래위원회는 직권으로 또는 제2항에 따른 신고로 조사한 결과 이 법에 따른 처분을 하거나 처분을 하지 아니하는 경우에는 그 근거, 내용 및 사유 등을 기재한 서면을 해당 사건의 당사자에게 통지하여야 한다. 다만, 제68조에 따라 의결서를 작성하는 경우에는 해당 의결서 정본을 송부한다. ④ 공정거래위원회는 이 법 위반행위에 대하여 해당 위반행위의 종료일부터 7년이 지난 경우에는 이 법에 따른 시정조치를 명하거나 과징금을 부과할 수 없다. ⑤ 공정거래위원회는 제4항에도 불구하고 부당한 공동행위에 대하여 다음 각 호의 기간이 지난 경우에는 이 법에 따른 시정조치를 명하거나 과징금을 부과할 수 없다.	제71조(위반행위의 신고방법) 법 제80조 제2항에 따라 위반행위의 신고를 하려는 자는 다음 각 호의 사항이 포함된 서면을 공정거래위원회에 제출해야 한다. 다만, 긴급하거나 부득이한 사정이 있는 경우에는 전화 또는 구두로 신고할 수 있다. 1. 신고인의 성명 및 주소 2. 피신고인의 주소, 대표자 성명 및 사업내용 3. 피신고인의 위반행위 내용 4. 그 밖에 위반행위의 내용을 명백히 할 수 있는 것으로서 공정거래위원회가 필요하다고 인정하는 사항
1. 공정거래위원회가 해당 위반행위에 대하여 조사를 개시한 경우 대통령령으로 정	제72조(부당한 공동행위의 조사 개시일) ① 법 제80조 제5항 제1호에서 "대통령령으로 정

법률	시행령
하는 조사 개시일부터 5년 2. 공정거래위원회가 해당 위반행위에 대하여 조사를 개시하지 아니한 경우 해당 위반행위의 종료일부터 7년 ⑥ 제4항 및 제5항은 법원의 판결에 따라 시정조치 또는 과징금 부과처분이 취소된 경우로서 그 판결이유에 따라 새로운 처분을 하는 경우에는 적용하지 아니한다. ⑦ 제4항 및 제5항의 기간은 공정거래위원회가 제95조에 따른 자료의 열람 또는 복사 요구에 따르지 아니하여 당사자가 소를 제기한 경우 그 당사자 및 동일한 사건으로 심의를 받는 다른 당사자에 대하여 진행이 정지되고 그 재판이 확정된 때부터 진행한다.	하는 조사 개시일"이란 다음 각 호의 구분에 따른 날을 말한다. 1. 공정거래위원회가 법 제80조 제1항에 따라 직권으로 조사를 개시한 경우(제2호에 따른 신고 없이 또는 그 신고 이전에 조사를 개시한 경우만 해당한다): 법 제81조 제1항 및 제2항에 따른 처분 또는 조사를 한 날 중 가장 빠른 날 2. 공정거래위원회가 법 제80조 제2항에 따른 신고(법 제44조 제1항 제1호에 따른 자진신고를 포함한다)로 조사를 개시한 경우: 신고를 접수한 날 ② 제1항에도 불구하고 같은 항 각 호의 구분에 따른 날에 법 위반행위가 계속되고 있는 경우에는 해당 법 위반행위가 종료된 날을 조사 개시일로 본다.

나. 판례

【대기오염측정장비 구매 입찰 관련 부당한 공동행위 건】

서울고등법원 2020. 9. 10. 선고 2020누40354 판결(확정)

판결요지

'최초로 조사'가 이루어진 시점은 '조사가 개시되었음을 객관적으로 확정할 수 있는 때'를 의미한다고 해석할 수 있고, 개개의 사안에서 조사가 개시되었음을 객관적으로 확정할 수 있는 때'가 언제인지는 법관의 보충적인 가치판단을 통해서 구체화할 수 있다.

이 사건 통보에 의해서 이 사건공동행위의 위반행위자나 위반행위의 내용이 대체로 확정되었고 이후 피고가 이 사건 통보 내용을 정확하게 분석하여 세부적인 조사활동을 통해 이 사건 처분에까지 이르게 된 이상 이 사건 통보일을 이 사건 공동행위의 조사 개시일로 볼 수 있다. 가사 이 사건 통보일을 조사개시일로 볼 수 없다고 하더라도 피고가 감사원 앞으로 '통보된 입찰 및 업체에 대한 자료 분석 및 현장조사 여부 검토 중이다. 사건처리가 완료되는 즉시 결과를 통보하겠음'이라는 내용의 이 사건 회신을 발송한 이상, 이 사건 회신을 발송한 2011. 5. 24.에는 이 사건 공동행위에 대한 조사가 개시되었음을 객관적으로 확정할 수 있어 적어도 그 무렵에는 조사가 개시된 것으로 봄이 상당하다.

【수입현미 운송 용역 입찰 관련 부당한 공동행위 건】

서울고등법원 2021. 1. 14. 선고 2019누66523 판결(확정)

판결요지

일부 공동행위자에 대하여 조사개시가 되었다고 해서 그 조사개시일을 다른 공동행위자에 대한 조사개시일로 해석할 수 없다고 판단한 사례

피고는 소외 D 등에 대한 최초 현장조사일을 이 사건 공동행위의 조사개시일이라고 주장하나, 설령 피고가 어떠한 조사를 하였다 하더라도 그 조사내용이나 조사대상 등에 관하여 아무런 객관적인 증거가 없으므로 이때를 이 사건 공동행위에 대한 조사가 개시되었음을 객관적으로 확정할 수 있는 때라고 볼 수 없으며, 만약 일부 공동행위자에 대하여 조사개시가 되었다고 해서 그 조사개시일을 그 자체로 다른 공동행위자에 대한 조사개시일로 해석한다면, 피고가 일부 공동행위자에 대하여 처분시한 내에 조사를 개시하기만 하면 다른 공동행위자에 대하여는 처분시한 내에 조사를 개시하지 않고서도 처분시한이 도과하지 않은 것과 같이 처분을 할 수 있게 되어 개정규정을 그 다른 공동행위자에게 불리한 방향으로 유추 또는 확대 해석하게 되는 결과가 된다.

【수입농산물 운송 용역 입찰 관련 부당한 공동행위 건】

서울고등법원 2021. 7. 1. 선고 2021누32325 판결(확정)

판결요지

구 공정거래법 제49조, 제50조의 문언과 규정 내용 등을 고려하면, 구 공정거래법 제49조 제4항 중 제1호의 '조사개시일' 및 이 사건 부칙조항의 '최초로 조사'가 이루어진 시점은 '조사가 개시되었음을 객관적으로 확정할 수 있는 때'를 의미한다고 해석할 수 있다.

원고가 2006년부터 2010년까지 이 사건 공동행위에 참여한 사실이 위 이 사건 자진신고서 및 이 사건 보완신고서의 각 내용에 포함되어 있다고 볼 수 없고, 피고 역시 위 각 신고 당시뿐만 아니라 그 이후로도 상당한 기간 동안 원고를 2006. 3.부터 2010. 12.까지의 이 사건 공동행위 참여자로 인식하지 못하였던 것으로 보인다. 피고가 원고의 이 사건 공동행위에 대하여 원고의 행위종료일인 2010. 12. 31.로부터 7년이 경과하기 전에 조사를 개시하였다고 볼 수 없으므로, 이 사건 처분은 구 공정거래법 제49조 제4항 제2호에 의하여 처분시한이 경과되었다.

【콘덴서 제조 · 판매업체의 부당한 공동행위 건】

대법원 2021. 1. 14. 선고 2019두59639 판결

판결요지

공정위가 해당 위반행위에 대하여 조사를 개시하여 구 공정거래법 제49조 제4항 제1호가 적용되는 경우 공정위가 조사를 개시한 시점 전후에 걸쳐 계속된 부당한 공동행위가 조사개시 시점 이후에 종료된 경우에는 '부당한 공동행위의 종료일'을 처분시효의 기산점인 '조사 개시일'로 보아야 한다.

구 공정거래법 제49조 제4항에서 정한 처분시효는 특별한 사정이 없는 한 원칙적으로 공정거래법 위반행위가 종료되어야 비로소 진행하기 시작하고, 이는 공정거래위원회가 조사를 개시한 경우의 처분시효를 정한 구 공정거래법 제49조 제4항 제1호가 적용되는 경우에도 마찬가지이다. 공정위가 부당한 공동행위에 대해서 조사를 개시하였더라도 조사 개시일을 기준으로 종료되지 아니하고 그 후에도 계속된 위반행위에 대해서는, 조사개시 시점을 기준으로 보면 조사개시 시점 이후에 행해진 법 위반행위 부분은 아직 현실적으로 존재하지 않았으므로 조사의 대상에 포함되었다고 볼 수 없다. 따라서 공정위가 조사를 개시한 시점에 조사개시 시점 이후 종료된 부당한 공동행위 전체에 대해서 시정조치나 과징금 부과 등 제재처분의 권한을 행사할 것을 기대하기도 어려울 뿐만 아니라 처분시효의 취지 및 성질에 비추어 보아도 공정위가 조사를 개시한 시점을 처분시효의 기산점으로 보는 것은 타당하지 않다.

【콘덴서 제조 · 판매업체의 부당한 공동행위 건】

서울고등법원 2019. 12. 11. 선고 2021누79133 판결(확정)

판결요지

처분시한은 공정거래법 위반행위가 종료한 때에 비로소 진행하기 시작하고, 이는 위반행위 종료 전에 피고의 조사개시가 있었던 경우에도 마찬가지라고 봄이 타당하다.

1994. 12. 22. 법률 제4790호 독점규제 및 공정거래에 관한 법률 중 개정법률이 처분시한을 처음으로 도입할 당시 처분시한을 "위반행위 종료일부터 5년"으로 규정했다. 그 규정은 2012. 3. 21. 법률 제11406호 독점규제 및 공정거래에 관한 법률 중 개정법률에 의하여 "조사를 개시한 경우에는 조사개시일부터 5년, 조사를 개시하지 아니한 경우에는 위반행위종료일부터 7년"으로 개정되었다. 국회의안정보[제305회국회(임시회) 정무위원회회의록(법률안심사소위원회) 제1호 29면 이하]에 따르면, 공정거래법 위반행위가 날이 갈수록 점점 더 치밀하고 은밀하게 이루어져 공정거래위원회가 위반행위를 인지

하기까지에는 시간이 많이 걸리고, 게다가 위반행위의 입증마저 어려워 처분가능 시한인 5년을 넘겨, 공정거래위원회가 사건을 종결짓는 경우가 발생하자, 법 집행을 엄정하게 하기 위하여 조사개시 시 행정처분의 시한이 없도록 함이 타당하지만, 조사 개시하기만 하면 처분시한이 없어져 사업자의 불안정한 지위가 계속되는 문제점을 보완하기 위하여 위와 같은 내용으로 개정했다. 공정거래법 위반행위가 종료하기 전이라도 피고가 그 위반행위에 대한 조사개시를 할 수 있음은 당연하다. 이는 부당한 공동행위자 중 1인의 자진신고가 있는 경우에 특히 그러하다. 그리고 공정거래법 위반행위가 종료하지도 않았는데도 처분시한이 진행하여 경과한다는 것은 처분시한 제도의 본질에 반한다. 이는 위반행위가 계속되는 도중에 피고의 조사개시가 이루어졌더라도 매한가지다.

제 81 조 위반행위의 조사 등

가. 법조문

법률	시행령
제81조(위반행위의 조사 등) ① 공정거래위원회는 이 법의 시행을 위하여 필요하다고 인정할 때에는 대통령령으로 정하는 바에 따라 다음 각 호의 처분을 할 수 있다.	
1. 당사자, 이해관계인 또는 참고인의 출석 및 의견의 청취	제73조(공정거래위원회의 조사 등) ① 공정거래위원회는 법 제81조 제1항 제1호에 따라 당사자, 이해관계인 또는 참고인을 출석하게 하여 의견을 들으려는 경우에는 다음 각 호의 사항이 포함된 출석요구서를 발부해야 한다. 1. 사건명 2. 출석하는 자의 성명 3. 출석일시 및 장소
2. 감정인의 지정 및 감정의 위촉	② 공정거래위원회는 법 제81조 제1항 제2호에 따라 감정인을 지정하는 경우에는 다음 각 호의 사항이 포함된 서면으로 해야 한다.

법률	시행령
	1. 사건명 2. 감정인의 성명 3. 감정의 목적 및 내용 4. 감정기간
3. 사업자, 사업자단체 또는 이들의 임직원에게 원가 및 경영상황에 관한 보고, 그 밖에 필요한 자료나 물건의 제출 명령 또는 제출된 자료나 물건의 일시 보관 ② 공정거래위원회는 이 법의 시행을 위하여 필요하다고 인정할 때에는 소속 공무원(제122조에 따른 위임을 받은 기관의 소속 공무원을 포함한다)으로 하여금 사업자 또는 사업자단체의 사무소 또는 사업장에 출입하여 업무 및 경영상황, 장부·서류, 전산자료·음성녹음자료·화상자료, 그 밖에 대통령령으로 정하는 자료나 물건을 조사하게 할 수 있다.	③ 공정거래위원회는 법 제81조 제1항 제3호에 따른 원가 및 경영상황에 관한 보고를 하게 하거나 그 밖에 필요한 자료나 물건의 제출 명령을 하려는 경우에는 다음 각 호의 사항이 포함된 서면으로 해야 한다. 다만, 공정거래위원회의 회의에 출석한 사업자, 사업자단체 또는 이들의 임직원에게는 구두로 할 수 있다. 1. 사건명 2. 보고 또는 제출 일시 3. 보고 또는 제출할 사항 **제74조(경비의 지급)** 공정거래위원회가 법 제81조 제1항 제1호에 따라 이해관계인 또는 참고인을 출석하게 하거나 같은 항 제2호에 따라 감정인을 위촉한 경우에는 예산의 범위에서 필요한 경비를 지급할 수 있다.
③ 제2항에 따른 조사를 하는 공무원은 대통령령으로 정하는 바에 따라 지정된 장소에서 당사자, 이해관계인 또는 참고인의 진술을 들을 수 있다. ④ 조사공무원은 제59조 제1항 또는 제2항에 따른 심의·의결 절차가 진행 중인 경우에는 제2항에 따른 조사를 하거나 제3항에 따른 당사자의 진술을 들어서는 아니 된다. 다만, 조사공무원 또는 당사자의 신청에 대하여 전원회의 또는 소회의가 필요하다고 인정하는 경우에는 그러하지 아니하다.	**제75조(소속 공무원의 조사)** ① 공정거래위원회 소속 공무원이 법 제81조 제3항에 따라 진술을 들으려는 경우에는 사업자 또는 사업자단체의 사무소·사업장에서 들어야 한다.
⑤ 제1항 제1호 및 제3항에 따라 당사자의 진술을 들었을 때에는 대통령령으로 정하	② 법 제81조 제5항에 따른 진술조서에는 다음 각 호의 사항이 포함되어야 한다.

법률	시행령
는 바에 따라 진술조서를 작성하여야 한다.	1. 진술자의 성명 및 주소 2. 진술일시 및 장소 3. 진술내용
⑥ 제2항에 따른 조사를 하는 공무원은 대통령령으로 정하는 바에 따라 사업자, 사업자단체 또는 이들의 임직원에게 조사에 필요한 자료나 물건의 제출을 명하거나 제출된 자료나 물건을 일시 보관할 수 있다.	③ 법 제81조 제6항에 따른 자료나 물건의 제출명령 또는 제출된 자료나 물건의 일시 보관은 증거인멸의 우려가 있는 경우로 한정한다.
⑦ 제1항 제3호 및 제6항에 따라 사업자, 사업자단체 또는 이들의 임직원의 자료나 물건을 일시 보관할 때에는 대통령령으로 정하는 바에 따라 보관조서를 작성·발급하여야 한다. ⑧ 제1항 제3호 및 제6항에 따라 보관한 자료나 물건이 다음 각 호의 어느 하나에 해당하는 경우에는 즉시 반환하여야 한다. 1. 보관한 자료나 물건을 검토한 결과 해당 조사와 관련이 없다고 인정되는 경우 2. 해당 조사 목적의 달성 등으로 자료나 물건을 보관할 필요가 없어진 경우	④ 법 제81조 제7항에 따른 보관조서에는 다음 각 호의 사항이 포함되어야 한다. 1. 사건명 2. 자료나 물건의 명칭 및 수량 3. 소유자·제출자의 성명 및 주소 4. 자료나 물건의 제출일
⑨ 제2항에 따른 조사를 하는 공무원은 그 권한을 표시하는 증표를 관계인에게 제시하고, 조사목적·조사기간 및 조사방법 등 대통령령으로 정하는 사항이 기재된 문서를 발급하여야 한다.	⑤ 법 제81조 제9항에서 "조사목적·조사기간 및 조사방법 등 대통령령으로 정하는 사항"이란 다음 각 호의 사항을 말한다. 1. 조사목적 2. 조사기간 3. 조사대상 4. 조사방법 5. 조사의 거부·방해·기피 시 그 제재에 관한 사항
⑩ 제1항에 따른 처분 또는 제2항에 따른 조사와 관련된 당사자, 이해관계인 또는 참고인은 의견을 제출하거나 진술할 수 있다.	6. 법 제81조 제10항에 따른 의견제출 또는 진술에 관한 사항

나. 내용

- 종전에는 구 공정거래법 제50조에 위치하던 조문으로, 내용 중 상당수가 개정이 이루어졌습니다. 피조사업체에 대해 진술 조사를 실시하는 경우 진술 조서를 작성토록 의무화하는 등 피조사업체의 방어권을 강화하는 것이 주된 개정 내용입니다. 이에 대해서는 「공정거래위원회 조사절차에 관한 규칙」에서 상세히 규정하고 있습니다.

제 82 조 조사시간 및 조사기간

가. 법조문

법률	시행령
제82조(조사시간 및 조사기간) ① 조사공무원은 제80조 및 제81조에 따른 조사를 하는 경우에는 조사를 받는 사업자 또는 사업자단체의 정규 근무시간 내에 조사를 진행하여야 한다. 다만, 증거인멸의 우려 등으로 정규 근무시간 내의 조사로는 조사의 목적을 달성하는 것이 불가능한 경우에는 피조사업체와 협의하여 정규 근무시간 외의 시간에도 조사를 진행할 수 있다. ② 조사공무원은 제81조 제9항의 문서에 기재된 조사기간 내에 조사를 종료하여야 한다. 다만, 조사기간 내에 조사목적 달성을 위한 충분한 조사가 이루어지지 못한 경우에는 조사를 받는 사업자 또는 사업자단체의 업무 부담을 최소화할 수 있는 범위에서 조사기간을 연장할 수 있다. ③ 제2항 단서에 따라 조사기간을 연장하는 경우에는 해당 사업자 또는 사업자단체에 연장된 조사기간이 명시된 공문서를 발급하여야 한다.	

나. 내용

- 조사공무원의 조사는 원칙적으로 사업자의 근무시간 내에 진행되어야 하고, 공문에 기재된 기간 내에 조사를 마쳐야 하며, 연장 시 이를 명시한 공문서를 발급하여야 합니다. 이에 대해서는 「공정거래위원회 조사절차에 관한 규칙」에서 상세히 규정하고 있습니다.

제 83 조 위반행위 조사 및 심의 시 조력을 받을 권리

가. 법조문

법률	시행령
제83조(위반행위 조사 및 심의 시 조력을 받을 권리) 공정거래위원회로부터 조사 및 심의를 받는 사업자, 사업자단체 또는 이들의 임직원은 변호사 등 변호인으로 하여금 조사 및 심의에 참여하게 하거나 의견을 진술하게 할 수 있다.	

나. 내용

- 종전 구 공정거래법에는 없었는데 개정 공정거래법에서 신설된 규정으로, 공정위 조사·심의를 받는 사업자, 사업자단체 등에 대한 변호인 조력권을 명문화하여 피조사 업체의 방어권을 강화하는 내용을 포함하였습니다. 개정 전에는 「공정거래위원회 조사절차에 관한 규칙」에서만 규정되었던 것으로, 개정 이후에도 상세한 내용은 위 규정에서 다루고 있습니다.

제 84 조 조사권의 남용금지

가. 법조문

법률	시행령
제84조(조사권의 남용금지) 조사공무원은 이 법의 시행을 위하여 필요한 최소한의 범위에서 조사를 하여야 하며, 다른 목적 등을 위하여 조사권을 남용해서는 아니 된다.	

나. 내용

- 임의조사의 특성 등에 비춰 조사 시 필요한 최소한의 범위에서 조사하고, 다른 목적을 위해 조사를 남용해서는 안 된다는 내용을 규정하였습니다.

제 85 조 조사 등의 연기신청

가. 법조문

법률	시행령
제85조(조사 등의 연기신청) ① 제81조 제1항부터 제3항까지의 규정에 따라 공정거래위원회로부터 처분 또는 조사를 받게 된 사업자 또는 사업자단체가 천재지변이나 그 밖에 대통령령으로 정하는 사유로 처분을 이행하거나 조사를 받기가 곤란한 경우에는 대통령령으로 정하는 바에 따라 공정거래위원회에 처분 또는 조사를 연기하여 줄 것을 신청할 수 있다. ② 공정거래위원회는 제1항에 따라 처분 또는 조사의 연기신청을 받았을 때에는 그	제76조(조사 등의 연기신청) ① 법 제85조 제1항에서 "대통령령으로 정하는 사유"란 다음 각 호에 해당하는 사유를 말한다. 1. 합병 · 인수, 회생절차개시, 파산 또는 그 밖에 이에 준하는 절차의 진행 2. 권한 있는 기관에 의한 장부 · 증거서류의 압수 또는 일시 보관 3. 화재 또는 재난 등으로 인한 사업자 및 사업자단체 사업수행의 중대한 장애 발생 ② 법 제85조 제1항에 따라 공정거래위원회의 처분 또는 조사의 연기를 신청하려는

법률	시행령
사유를 검토하여 타당하다고 인정되는 경우에는 처분 또는 조사를 연기할 수 있다.	자는 다음 각 호의 사항이 포함된 문서를 공정거래위원회에 제출해야 한다. 1. 사업자 또는 사업자단체의 명칭 및 대표자 성명・주소 2. 처분 또는 조사의 연기 기간 3. 처분 또는 조사의 연기 사유

나. 내용

- 천재지변이나 합병 절차 진행, 화재 등으로 사업수행의 중대한 장애 발생 등 일정한 사유가 있는 경우에는 공정거래위원회에 처분이나 조사의 연기를 신청할 수 있음을 규정하고 있습니다.

제 86 조 이행강제금 등

가. 법조문

법률	시행령
제86조(이행강제금 등) ① 공정거래위원회는 사업자 또는 사업자단체가 제81조 제1항 제3호 또는 같은 조 제6항에 따른 보고 또는 자료나 물건의 제출 명령을 이행하지 아니한 경우에 그 보고 또는 자료나 물건이 이 법 위반 여부를 확인하는 데 필요하다고 인정할 때에는 소회의의 결정으로 이행기한을 정하여 그 보고 또는 자료나 물건의 제출을 다시 명령할 수 있으며, 이를 이행하지 아니한 자에게는 이행기한이 지난 날부터 1일당 대통령령으로 정하는 1일 평균매출액의 1천분의 3의 범위에서 이행강제금을 부과할 수 있다. 다만, 매출액이 없거	제77조(이행강제금의 부과・징수 등) ① 법 제86조 제1항 본문에서 "대통령령으로 정하는 1일 평균매출액"이란 공정거래위원회가 같은 항 본문에 따른 소회의의 결정에서 정한 이행기간의 종료일이 속하는 사업연도를 기준으로 다음 각 호의 구분에 따른 금액을 해당 호에서 정한 기간의 일수[비영업일(非營業日)을 포함한다]로 나눈 금액을 말한다. 1. 직전 사업연도 말일 현재 총 사업기간이 3년 이상인 경우: 직전 3개 사업연도의 매출액을 합한 금액 2. 직전 사업연도 말일 현재 총 사업기간이

법률	시행령
나 매출액의 산정이 곤란한 경우에는 이행기한이 지난 날부터 1일당 200만원의 범위에서 이행강제금을 부과할 수 있다.	3년 미만인 경우: 사업개시 후 직전 사업연도 말일까지의 매출액을 합한 금액 ② 공정거래위원회가 법 제86조 제1항 본문에 따른 소회의의 결정으로 보고 또는 제출 명령을 하는 경우에는 해당 명령을 이행하지 않는 경우 이행강제금이 부과·징수될 수 있다는 사실을 서면으로 알려야 한다. ③ 법 제86조 제1항에 따른 이행강제금의 부과기준은 별표 5와 같다.
② 이행강제금의 부과·납부·징수 및 환급 등에 관하여는 제16조 제2항 및 제3항을 준용한다.	④ 법 제86조 제2항에서 준용되는 법 제16조 제2항에 따라 이행강제금을 징수하는 경우 소회의의 제출 명령에서 정한 기간의 종료일부터 30일이 경과한 후에도 그 제출 명령의 이행이 이루어지지 않는 때에는 그 종료일부터 기산하여 매 30일이 경과하는 날을 기준으로 하여 이행강제금을 징수할 수 있다.

나. 내용

- 공정거래위원회의 조사활동의 실효성 등을 위하여 자료제출명령을 이행하지 않는 등의 경우에는 1일당 평균매출액의 1천분의 3 범위 내에서 이행강제금을 부과할 수 있음을 규정하고 있습니다.

제 87 조 서면실태조사

가. 법조문

법률	시행령
제87조(서면실태조사) ① 공정거래위원회는 일정한 거래분야의 공정한 거래질서 확립을 위하여 해당 거래분야에 관한 서면실태조사를 실시하여 그 조사결과를 공표할 수 있다. ② 공정거래위원회가 제1항에 따라 서면실태조사를 실시하려는 경우에는 조사대상자의 범위, 조사기간, 조사내용, 조사방법, 조사절차 및 조사결과 공표범위 등에 관한 계획을 수립하여야 하고, 조사대상자에게 거래실태 등 조사에 필요한 자료의 제출을 요구할 수 있다. ③ 공정거래위원회가 제2항에 따라 자료의 제출을 요구하는 경우에는 조사대상자에게 자료의 범위와 내용, 요구사유, 제출기한 등을 분명하게 밝혀 서면으로 알려야 한다.	

나. 내용

- 종전 구 공정거래법에는 없었는데 개정 공정거래법에서 신설된 조문으로, 일정 거래분야의 서면실태조사를 위한 근거규정을 마련한 데 의의가 있습니다. 참고로 「하도급거래 공정화에 관한 법률」은 2010. 1. 25.부터 서면실태조사를 규정하고 있습니다.

제 88 조 위반행위의 시정권고

가. 법조문

법률	시행령
제88조(위반행위의 시정권고) ① 공정거래위원회는 이 법을 위반하는 행위가 있는 경우에 해당 사업자 또는 사업자단체에 시정방안을 정하여 이에 따를 것을 권고할 수 있다. ② 제1항에 따라 권고를 받은 자는 시정권고를 통지받은 날부터 10일 이내에 해당 권고를 수락하는지에 관하여 공정거래위원회에 통지하여야 한다. ③ 제1항에 따라 시정권고를 받은 자가 해당 권고를 수락한 때에는 이 법에 따른 시정조치가 명하여진 것으로 본다.	제78조(시정권고절차) 공정거래위원회가 법 제88조 제1항에 따른 시정권고를 하는 경우에는 다음 각 호의 사항이 포함된 서면으로 해야 한다. 1. 법위반 내용 2. 권고사항 3. 시정기한 4. 수락여부 통지기한 5. 수락거부시의 조치

나. 내용

- 공정거래위원회가 법위반 사업자 또는 사업자단체에 대하여 시정방안을 정하여 이에 따를 것을 권고할 수 있도록 하는 제도입니다. 시정조치의 한 유형에 해당하며, 공정거래법 외 「표시·광고의 공정화에 관한 법률」, 「하도급거래 공정화에 관한 법률」에서도 규정되어 있습니다.

제 89 조 동의의결

가. 법조문

법률	시행령
제89조(동의의결) ① 공정거래위원회의 조사나 심의를 받고 있는 사업자 또는 사업자단	

법률	시행령
체(이하 이 조부터 제91조까지의 규정에서 "신청인"이라 한다)는 해당 조사나 심의의 대상이 되는 행위(이하 이 조부터 제91조까지의 규정에서 "해당 행위"라 한다)로 인한 경쟁제한상태 등의 자발적 해소, 소비자 피해구제, 거래질서의 개선 등을 위하여 제3항에 따른 동의의결을 하여 줄 것을 공정거래위원회에 신청할 수 있다. 다만, 해당 행위가 다음 각 호의 어느 하나에 해당하는 경우 공정거래위원회는 동의의결을 하지 아니하고 이 법에 따른 심의 절차를 진행하여야 한다. 1. 해당 행위가 제40조 제1항에 따른 위반행위인 경우 2. 제129조 제2항에 따른 고발요건에 해당하는 경우 3. 동의의결이 있기 전에 신청인이 신청을 취소하는 경우 ② 신청인이 제1항에 따른 신청을 하는 경우 다음 각 호의 사항을 기재한 서면으로 하여야 한다. 1. 해당 행위를 특정할 수 있는 사실관계 2. 해당 행위의 중지, 원상회복 등 경쟁질서의 회복이나 거래질서의 적극적 개선을 위하여 필요한 시정방안 3. 소비자, 다른 사업자 등의 피해를 구제하거나 예방하기 위하여 필요한 시정방안	
③ 공정거래위원회는 해당 행위의 사실관계에 대한 조사를 마친 후 제2항 제2호 및 제3호에 따른 시정방안(이하 "시정방안"이라 한다)이 다음 각 호의 요건을 모두 갖추었다고 판단되는 경우에는 해당 행위 관련 심의 절차를 중단하고 시정방안과 같은 취지의 의결(이하 "동의의결"이라 한다)을 할 수 있다. 이 경우 신청인과의 협의를 거	**제79조(동의의결의 절차)** 공정거래위원회가 법 제89조 제3항에 따라 동의의결을 하는 경우에는 동의의결된 시정방안을 이행하지 않으면 법 제92조에 따라 이행강제금이 부과·징수될 수 있다는 사실을 서면으로 알려야 한다.

법률	시행령
쳐 시정방안을 수정할 수 있다. 1. 해당 행위가 이 법을 위반한 것으로 판단될 경우에 예상되는 시정조치 및 그 밖의 제재와 균형을 이룰 것 2. 공정하고 자유로운 경쟁질서나 거래질서를 회복시키거나 소비자, 다른 사업자 등을 보호하기에 적절하다고 인정될 것 ④ 공정거래위원회의 동의의결은 해당 행위가 이 법에 위반된다고 인정한 것을 의미하지 아니하며, 누구든지 신청인이 동의의결을 받은 사실을 들어 해당 행위가 이 법에 위반된다고 주장할 수 없다.	

나. 내용

- 법 위반여부를 확정하지 않고 해결하기 위해 2011년 도입된 분쟁해결제도입니다. 사업자가 스스로 원상회복, 소비자피해구제 등 타당한 시정방안을 제안하고, 공정거래위원회가 의견수렴을 거쳐 타당성을 인정하는 경우 사건을 신속하게 종결할 수 있습니다. 다만 사업자의 위법행위가 부당한 공동행위이거나 고발요건에 해당할 정도로 중대·명백한 경우에는 동의의결에 의해 해결될 수 없습니다.

제 90 조 동의의결의 절차

가. 법조문

법률	시행령
제90조(동의의결의 절차) ① 공정거래위원회는 신속한 조치의 필요성, 소비자 피해의 직접 보상 필요성 등을 종합적으로 고려하여 동의의결 절차의 개시 여부를 결정하여야 한다.	

법률	시행령
② 공정거래위원회는 동의의결을 하기 전에 30일 이상의 기간을 정하여 다음 각 호의 사항을 신고인 등 이해관계인에게 통지하거나, 관보 또는 공정거래위원회의 인터넷 홈페이지에 공고하는 등의 방법으로 의견을 제출할 기회를 주어야 한다. 1. 해당 행위의 개요 2. 관련 법령 조항 3. 시정방안(제89조 제3항 각 호 외의 부분 후단에 따라 시정방안이 수정된 경우에는 그 수정된 시정방안을 말한다) 4. 해당 행위와 관련하여 신고인 등 이해관계인의 이해를 돕는 그 밖의 정보. 다만, 사업상 또는 사생활의 비밀 보호나 그 밖에 공익상 공개하기에 적절하지 아니한 것은 제외한다. ③ 공정거래위원회는 제2항 각 호의 사항을 관계 행정기관의 장에게 통보하고 그 의견을 들어야 한다. 다만, 제124조부터 제127조까지의 규정이 적용되는 행위에 대해서는 검찰총장과 협의하여야 한다. ④ 공정거래위원회는 동의의결을 하거나 이를 취소하는 경우에는 제59조의 구분에 따른 회의의 심의·의결을 거쳐야 한다. ⑤ 동의의결을 받은 신청인은 제4항의 의결에 따라 동의의결의 이행계획과 이행결과를 공정거래위원회에 제출하여야 한다. ⑥ 공정거래위원회는 제5항에 따라 제출된 이행계획의 이행 여부를 점검할 수 있고, 동의의결을 받은 신청인에게 그 이행에 관련된 자료의 제출을 요청할 수 있다.	
⑦ 공정거래위원회는 제6항에 따른 이행계획의 이행 여부 점검 등 동의의결의 이행관리에 관한 업무를 대통령령으로 정하는 바에 따라 조정원 또는 「소비자기본법」 제33	제80조(동의의결 이행관리 업무의 위탁) 공정거래위원회는 법 제90조 제7항에 따라 같은 조 제6항에 따른 동의의결 이행계획의 이행 여부 점검 및 그 이행에 관련된 자료의

법률	시행령
조에 따른 한국소비자원(이하 "소비자원"이라 한다)에 위탁할 수 있다. ⑧ 제7항에 따른 위탁을 받은 기관의 장은 제5항에 따라 신청인이 제출한 동의의결의 이행계획과 이행결과에 대한 이행관리 현황을 분기별로 공정거래위원회에 보고하여야 한다. 다만, 공정거래위원회의 현황 보고 요구가 있는 경우 즉시 이에 따라야 한다. ⑨ 제7항에 따른 위탁을 받은 기관의 장은 동의의결을 받은 신청인이 그 이행을 게을리하거나 이행하지 아니하는 경우에는 지체 없이 그 사실을 공정거래위원회에 통보하여야 한다. ⑩ 제89조 제2항에 따른 신청방법, 의견조회 방법, 심의·의결절차, 조정원 또는 소비자원에 대한 이행관리 업무의 위탁 절차 등 그 밖의 세부 사항은 공정거래위원회가 정하여 고시할 수 있다.	제출요청 업무를 법 제72조 제1항에 따른 한국공정거래조정원에 위탁한다.

나. 내용

- 사업자의 동의의결 신청(심의일 전까지) → 동의의결 개시여부 결정(14일 이내) → 잠정안 마련(1개월) → 이해관계자 의견수렴(1~2개월) → 최종 동의의결안 확정 순서로 절차가 진행됩니다. 「동의의결제도 운영 및 절차 등에 관한 규칙」에서 관련 내용을 상세히 규정하고 있습니다. 이행관리에 대해서는 한국공정거래조정원 또는 한국소비자원에 위탁할 수 있다록 규정되어 있습니다.

제 91 조 동의의결의 취소

가. 법조문

법률	시행령
제91조(동의의결의 취소) ① 공정거래위원회는 다음 각 호의 어느 하나에 해당하는 경우에는 동의의결을 취소할 수 있다. 1. 동의의결의 기초가 된 시장상황 등 사실관계의 현저한 변경 등으로 시정방안이 적정하지 아니하게 된 경우 2. 신청인이 제공한 불완전하거나 부정확한 정보로 동의의결을 하게 되었거나, 신청인이 거짓 또는 그 밖의 부정한 방법으로 동의의결을 받은 경우 3. 신청인이 정당한 이유 없이 동의의결을 이행하지 아니하는 경우 ② 제1항 제1호에 따라 동의의결을 취소한 경우 신청인이 제89조 제1항에 따라 동의의결을 하여줄 것을 신청하면 공정거래위원회는 다시 동의의결을 할 수 있다. 이 경우 제89조부터 제92조까지의 규정을 적용한다. ③ 제1항 제2호 또는 제3호에 따라 동의의결을 취소한 경우 공정거래위원회는 제89조 제3항에 따라 중단된 해당 행위 관련 심의절차를 계속하여 진행할 수 있다.	

나. 내용

- 동의의결 후 일정한 사유가 있는 경우 취소하는 규정을 두고 있는데, 이 경우 위법행위에 대한 심의절차가 재개될 수 있습니다. 「동의의결제도 운영 및 절차 등에 관한 규칙」에서 관련 내용을 상세히 규정하고 있습니다.

제 92 조 이행강제금 등

가. 법조문

법률	시행령
제92조(이행강제금 등) ① 공정거래위원회는 정당한 이유 없이 동의의결 시 정한 이행기한까지 동의의결을 이행하지 아니한 자에게 동의의결이 이행되거나 취소되기 전까지 이행기한이 지난 날부터 1일당 200만원 이하의 이행강제금을 부과할 수 있다. ② 이행강제금의 부과·납부·징수 및 환급 등에 관하여는 제16조 제2항 및 제3항을 준용한다.	

나. 내용

- 동의의결 제도의 실효적인 집행을 위하여 2011. 12. 2. 이행강제금을 부과할 수 있는 규정이 도입되었습니다. 이에 따라 정당한 이유 없이 동의의결의 내용을 이행하지 않으면 1일당 200만 원 이하의 이행강제금이 부과될 수 있습니다.

제 93 조 의견진술기회의 부여

가. 법조문

법률	시행령
제93조(의견진술기회의 부여) ① 공정거래위원회는 이 법에 위반되는 사항에 대하여 시정조치를 명하거나 과징금을 부과하기 전에 당사자 또는 이해관계인에게 의견을 진술할 기회를 주어야 한다. ② 당사자 또는 이해관계인은 공정거래위	

법률	시행령
원회의 회의에 출석하여 그 의견을 진술하거나 필요한 자료를 제출할 수 있다.	

나. 판례

【시정명령 등 취소청구】

대법원 2001. 5. 8. 선고 2000두10212 판결

판결요지

행정절차법 제3조 제2항, 같은 법 시행령 제2조 제6호에 의하면 공정거래위원회의 의결·결정을 거쳐 행하는 사항에는 행정절차법의 적용이 제외되게 되어 있으므로, 설사 공정거래위원회의 시정조치 및 과징금 납부명령에 행정절차법 소정의 의견청취절차 생략사유가 존재한다고 하더라도, 공정거래위원회는 행정절차법을 적용하여 의견청취절차를 생략할 수는 없다.

제 94 조 심의절차에서의 증거조사

가. 법조문

법률	시행령
제94조(심의절차에서의 증거조사) ① 공정거래위원회는 사건을 심의하기 위하여 필요하면 당사자의 신청이나 직권으로 증거조사를 할 수 있다. ② 전원회의 또는 소회의 의장은 당사자의 증거조사 신청을 채택하지 아니하는 경우 그 이유를 당사자에게 고지하여야 한다.	

나. 내용

- 당사자의 신청이나 직권으로 증거조사를 할 수 있도록 규정하고 있습니다. 「공정거래위원회 회의 운영 및 사건절차 등에 관한 규칙」 제48조 및 제49조에서 관련된 내용을 규정하고 있습니다.

제 95 조 자료열람요구 등

가. 법조문

법률	시행령
第95조(자료열람요구 등) 당사자 또는 신고인 등 대통령령으로 정하는 자는 공정거래위원회에 이 법에 따른 처분과 관련된 자료의 열람 또는 복사를 요구할 수 있다. 이 경우 공정거래위원회는 다음 각 호의 어느 하나에 해당하는 자료를 제외하고는 이에 따라야 한다. 1. 영업비밀(「부정경쟁방지 및 영업비밀보호에 관한 법률」 제2조 제2호에 따른 영업비밀을 말한다. 이하 같다) 자료 2. 제44조 제4항에 따른 자진신고 등과 관련된 자료 3. 다른 법률에 따른 비공개 자료	第81조(자료의 열람・복사 요구권자의 범위) 법 제95조 각 호 외의 부분 전단에서 “당사자 또는 신고인 등 대통령령으로 정하는 자”란 다음 각 호의 자를 말한다. 1. 사건의 당사자 2. 사건의 신고인 3. 법 제109조에 따라 손해배상청구의 소를 제기한 자(해당 소송이 계속 중인 경우로 한정한다)

나. 판례

【열람・복사 거부처분 취소소송】

대법원 2018. 12. 27. 선고 2015두44028 판결

판결요지

구 공정거래법 소정의 자료열람・복사요구권은 공정거래위원회의 시정조치 또는 과징금 납부명령으로 말미암아 불측의 피해를 받을 수 있는 ‘당사자’로 하여금 공정거래위원회의 심의에 출석하여 심사관의 심사결과에 대하여 효과적으로 방어권을 행사하도록 보장함으로써 심사절차의 적정을 기함과 아울러 공정거래위원회로 하여금 적법한 심사절차를 거쳐 사실관계를 보다 구체적으로 파악하게 하여 신중하게 처분을 하게 하는 데 있으므로, 그 자료열람・복사요구를 거부할 때에는 열람・복사를 거부함으로써 보호되는 이익과 그로 인하여 침해되는 피심인의 방어권의 내용과 정도를 비교・형량하여 신중하게 판단하여야 한다.

구 공정거래법 제55조의2에 근거한 공정거래위원회 회의운영 및 사건절차 등에 관한 규칙(2012. 11. 28. 공정거래위원회 고시 제2012-71호, 이하 ‘절차규칙’이라 한다) 제29조 제1항, 제10항, 제12항, 제29조의2 제1항, 제2항의 문언과 내용에 따르면, 심사보고서

첨부자료의 송부 및 자료 열람 등을 규정하고 있는 취지는, 공정거래위원회의 시정조치 또는 과징금 납부명령으로 말미암아 불측의 피해를 받을 수 있는 '당사자'로 하여금 공정거래위원회의 심의에 출석하여 심사관의 심사결과에 대하여 효과적으로 방어권을 행사하도록 보장함으로써 심사절차의 적정을 기함과 아울러 공정거래위원회로 하여금 적법한 심사절차를 거쳐 사실관계를 보다 구체적으로 파악하게 하여 신중하게 처분을 하게 하는 데 있다. 나아가 이러한 절차규칙 규정들을 공정거래법상 당사자에게 부여된 열람·복사 요구권의 내용과 한계에 비추어 살펴보면, 요구된 대상이 영업비밀, 사생활의 비밀 등 기타 법령 규정이 정한 비공개 자료에 해당하거나 자진신고와 관련된 자료로서 자진신고자 등의 신상 등 사적인 정보가 드러나는 부분 등에 관하여는, 첨부자료의 열람·복사 요구를 거부할 수도 있다. 다만 이 경우에도 일률적으로 거부할 수는 없고 첨부자료의 열람·복사를 거부함으로써 보호되는 이익과 그로 인하여 침해되는 피심인의 방어권의 내용과 정도를 비교·형량하여 신중하게 판단하여야 한다.

【팜스코 외 10명의 열람·복사 거부처분 취소소송】

서울고등법원 2021. 1. 13. 선고 2020누31035 판결(확정)

판결요지

이미 공개한 부분의 내용을 기초로 일정한 계산 과정을 거치면 도출해낼 수 있는 '가격차이', '가격차이 비율', '거래금액', '거래금액 차이'와 같은 것은 각 기재부분을 비공개함으로써 보호할 수 있는 이익은 크지 않으므로 원고들의 방어권 행사와 심사절차의 적정을 위해 열람·복사를 허용할 필요성이 있고, 자료 열람·복사로 얻게 되는 이익이 열람·복사를 거부함으로써 보호되는 이익보다 크다고 판단한 사례

위 자료들은 이 사건 심사보고서에 인용된 자료 중 소갑 제1-58호증(이하 이 사건 심사보고서에서 인용된 자료를 '소갑 제○호증'으로 표시한다), 소갑 제1-59호증, 소갑 제1-60호증, 소갑 제1-61호증이다. 이 사건 동물약품 고가매입행위에 관하여, 소갑 제1-58호증과 소갑 제1-59호증은 원고 E 등 또는 원고 I의 동물약품 구매가격과 비교대상 사업자2〉의 동물약품 구매가격을 비교한 것이고, 소갑 제1-60호증과 소갑 제1-61호증은 원고 E 등 또는 원고 I의 동물약품 구매가격과 원고 주식회사 M과 거래하는 대리점의 판매가격을 비교한 것이다. 피고는 이 사건 거부처분 이전에 원고들에게 위 소갑 제1-58호증, 소갑 제1-59호증, 소갑 제1-60호증 및 소갑 제1-61호증의 각 내용 중 '제품명, 제조사, 규격, 공급가격, 공급금액, 공급수량, 비교가격'란 각 기재 부분을 이미 공개하였다. 그럼에도 여전히 공개되지 않은 부분은 위 각 자료 중 '가격차이', '가격차이 비율', 거래금액 1, '거래금액 차이1란 각 기재 부분과, 소갑 제1-58호증과

소갑 제1-59호증 중 각 비교대상 사업자의 개별 가격자료 부분, 그리고 소갑 제1-60호증과 소갑 제1-61호증 중각 대리점의 상호 및 개별 가격자료 부분이다. 그런데 위 '가격차이', '가격차이 비율', '거래금액', '거래금액 차이'란 각 기재 부분의 내용은 원고들에게 이미 공개한 부분의 내용을 기초로 일정한 계산 과정을 거치면 도출해낼 수 있는 것들이다. 구체적으로 '가격차이'란 기재 부분은 원고들에게 이미 공개한 '공급가격'란 기재 금액에서 이미 공개한 '비교가격'란 기재 금액을 뺀 값이고, '가격차이 비율'란 기재 부분은 위 '가격차이'란 기재 값을 원고들에게 이미 공개한 '비교가격'란 기재 금액으로 나눈 것이며, '거래금액'란 기재 부분은 원고들에게 이미 공개한 '비교가격'란 기재 금액에 이미 공개한 '공급수량'란 기재 수량을 곱한 값이고, '거래금액 차이'란 기재 부분은 원고들에게 이미 공개된 '공급금액'란 기재 금액에서 위와 같이 계산한 거래금액' 값을 뺀 것이다. 그렇다면 피고가 원고들에게 이미 위 자료들 중 '제품명, 제조사, 규격, 공급가격, 공급금액, 공급수량, 비교가격'란 각 기재 부분을 공개한 이상, 피고가 위 '가격차이', '가격차이 비율', '거래금액', '거래금액 차이'란 각 기재 부분을 비공개함으로써 보호할 수 있는 이익은 그리 크다고 볼 수 없다.

【열람 · 복사 거부처분 취소소송】

대법원 2020. 8. 19. 선고 2020누34010 판결

판결요지

구 공정거래법 제52조의2가 규정한 거부 사유인 '공익상 필요'가 있는 경우란 원고들의 방어권 행사와 심사절차의 적정을 위해 열람 · 복사를 허용할 필요성이 있고, '영업비밀 보호, 사생활의 비밀 보호, 자진신고와 관련된 자료, 기타 법령의 규정에 의한 비공개 자료'에 해당하지 않으며 자료의 열람 · 복사로 얻게 되는 이익이 열람 · 복사를 거부함으로써 보호되는 이익보다 큰 경우를 말한다고 봄이 상당하다.

제 96 조 이의신청

가. 법조문

법률	시행령
제96조(이의신청) ① 이 법에 따른 처분에 대하여 불복하는 자는 그 처분의 통지를 받은 날부터 30일 이내에 그 사유를 갖추어 공정거래위원회에 이의신청을 할 수 있다.	제82조(이의신청의 절차 및 처리기간 등) ① 법 제96조 제1항에 따라 이의신청을 하려는 자는 다음 각 호의 사항이 포함된 신청서에 이의신청의 사유와 내용을 증명하는 서류를 첨부하여 공정거래위원회에 제출해야 한다. 1. 이의신청의 대상 2. 이의신청의 내용 3. 이의신청의 사유 ② 공정거래위원회는 제1항에 따라 제출된 서류가 미비한 경우 일정한 기간을 정하여 해당 서류의 보완을 명할 수 있다. 이 경우 보완에 소요되는 기간(보완명령서를 발송하는 날과 보완된 서류가 공정거래위원회에 도달하는 날을 포함한다)은 법 제96조 제2항에 따른 기간에 산입하지 않는다.
② 공정거래위원회는 제1항의 이의신청에 대하여 60일 이내에 재결(裁決)을 하여야 한다. 다만, 부득이한 사정으로 그 기간 내에 재결을 할 수 없을 경우에는 30일의 범위에서 결정으로 그 기간을 연장할 수 있다.	③ 공정거래위원회가 법 제96조 제2항 단서에 따라 재결기간을 연장할 수 있는 부득이한 사정은 다음 각 호와 같다. 1. 처분의 위법 또는 부당 여부를 판단하기 위해 시장의 범위·구조·점유율·수출입 동향 등에 관한 조사·검토 등 별도의 경제적 분석이 필요한 경우 2. 처분의 위법 또는 부당 여부를 판단하기 위해 고도의 법리적 분석·검토가 필요한 경우 3. 이의신청의 심리과정에서 새로운 주장 또는 자료가 제출되어 관련 조사에 장기간이 소요되는 경우 4. 당사자 또는 이해관계인 등이 진술을 거부하거나 자료를 제때에 제출하지 않는 등 조사에 협조하지 않는 경우

나. 내용

- 공정거래위원회 처분에 대한 불복절차 중 하나로, 처분기관인 공정거래위원회에 불복을 신청하는 방법입니다. 처분을 통지받은 날부터 30일 이내에 신청해야 하며, 행정청 내부의사결정에 불과하여 처분에 해당하지 않는 무혐의 결정 등은 이의신청의 대상이 아닙니다. 2021년 공정거래백서에 따르면 최근 5년(2016~2020년)간 총 160건의 이의신청이 제기되었는데 그 중 123건 기각(76%), 21건 인용·일부인용(13%), 12건 각하(7%)로 확인됩니다.

제 97 조 시정조치의 집행정지

가. 법조문

법률	시행령
제97조(시정조치의 집행정지) ① 공정거래위원회는 이 법에 따른 시정조치를 부과받은 자가 제96조 제1항에 따른 이의신청을 제기한 경우로서 그 시정조치의 이행 또는 절차의 속행으로 발생할 수 있는 회복하기 어려운 손해를 예방하기 위하여 필요하다고 인정할 때에는 당사자의 신청이나 직권으로 그 시정조치의 이행 또는 절차의 속행에 대한 정지(이하 "집행정지"라 한다)를 결정할 수 있다. ② 공정거래위원회는 집행정지의 결정을 한 후에 집행정지의 사유가 없어진 경우에는 당사자의 신청이나 직권으로 집행정지의 결정을 취소할 수 있다.	제83조(시정조치의 집행정지) 법 제97조에 따라 시정조치의 집행정지 또는 집행정지결정의 취소를 신청하려는 자는 신청의 취지와 원인을 적은 신청서에 신청의 사유나 내용을 증명하는 서류를 첨부하여 공정거래위원회에 제출해야 한다.

나. 내용

- 일반적인 행정절차와 마찬가지로 이의신청이 있더라도 집행부정지 원칙이 적용되나, 일정한 요건을 충족하면 공정거래위원회에 해당 처분의 집행정지를 신청할 수 있습니다.

제 98 조 문서의 송달

가. 법조문

법률	시행령
제98조(문서의 송달) ① 문서의 송달에 관하여는 「행정절차법」 제14조부터 제16조까지의 규정을 준용한다. ② 제1항에도 불구하고 국외에 주소·영업소 또는 사무소를 두고 있는 사업자 또는 사업자단체에 대해서는 국내에 대리인을 지정하도록 하여 그 대리인에게 송달한다. ③ 제2항에 따라 국내에 대리인을 지정하여야 하는 사업자 또는 사업자단체가 국내에 대리인을 지정하지 아니한 경우에는 제1항에 따른다.	

나. 내용

- 행정절차법의 준용에 따라 송달은 원칙적으로 도달에 의해 효력이 발생합니다. 다만, 국외 사업자는 대리인에게 송달할 수 있도록 예외 규정을 두고 있습니다.

제 99 조 소의 제기

가. 법조문

법률	시행령
제99조(소의 제기) ① 이 법에 따른 처분에 대하여 불복의 소를 제기하려는 자는 처분의 통지를 받은 날 또는 이의신청에 대한 재결서의 정본을 송달받은 날부터 30일 이내에 이를 제기하여야 한다. ② 제1항의 기간은 불변기간으로 한다.	

나. 판례

【질병관리본부 발주 백신 입찰 관련 부당한 공동행위 건】

대법원 2016. 6. 10. 선고 2013두7674 판결

판결요지

'합의가 있었다'는 진술은 합의에 대한 법률적 견해의 표명으로서 이른바 '권리자백'에 해당하여 민사소송법 제288조의 자백에 해당하지 않는다.

원고 소송대리인은 '2005년, 2006년 및 2007년에 각각 정부조달 독감백신의 물량배정이나 가격에 대한 합의로서 별개의 공동행위가 있었다'는 취지의 내용이 기재된 소장을 제1회 변론기일에 진술하였으나, 그 후 원고가 질병관리본부가 발주하는 독감백신의 납품물량과 납품가격을 사전에 합의하고 실행하는 부당한 공동행위가 없었다면서 위 주장을 변경하였다. 원고의 위 진술은 2005년 내지 2007년에 있었던 원고를 포함한 독감백신 제조사들이 행한 일련의 행위들이 독점규제 및 공정거래에 관한 법률 제19조 제1항에서 금지하고 있는 부당하게 경쟁을 제한하는 행위에 대한 '합의'에 해당하는지에 관한 법률적 견해의 표명으로서 이른바 권리자백에 해당하는 것으로, 민사소송법 제288조가 규정하고 있는 사실에 대한 자백이라고 볼 수 없다.

【대기오염측정장비 구매 입찰 관련 부당한 공동행위 건】

서울고등법원 2020. 9. 10. 선고 2019누40354 판결(확정)

판결요지

공정거래법과 사건절차규칙은 의결서에 의결내용과 그러한 의결에 이르게 된 이유를 명시하도록 하고 있을 뿐 당사자의 주장이나 그 밖의 공격·방어방법에 관한 판단을 표시하도록 정하고 있지 아니하므로, 공정거래위원회의 의결 당시 원고가 제기한 주장에 대한 판단을 명시하지 아니하였다고 하여 의결서상 처분에 어떠한 하자가 있다고 볼 수 없다.

판결요지

하나의 공동행위 여부에 대한 판단은 객관적 사실관계에 대하여 법적 평가를 달리하는 것일 뿐 법적 평가의 기초가 되는 사회적 사실관계를 달리하는 것은 아니므로, 처분의 동일성이 유지되는 범위 내에서 이루어진 처분사유의 추가·변경에 해당하여 허용된다.

피고가 이 사건 소송계속 중 위 13건의 입찰담합이 개별 입찰담합이 하나의 공동행위라고 주장하는 것이 처분사유의 변경으로서 허용되는 것인지에 관하여 살펴보면, 위 13건의 입찰담합이 개별 입찰담합인지, 아니면 하나의 부당한 공동행위에 해당하는지는 원고와

C 사이 또는 원고, C 및 D 사이의 총 13건의 입찰담합이 있었다는 객관적 사실관계에 대하여 법적 평가를 달리하는 것일 뿐 법적 평가의 기초가 되는 사회적 사실관계를 달리하는 것은 아니므로, 피고가 위와 같이 주장하는 것은 처분의 동일성이 유지되는 범위 내에서 이루어진 처분사유의 추가・변경에 해당하여 허용된다.

【구의 및 자양취수장 이전 건설공사 관련 부당한 공동행위 건】

대법원 2013. 6. 13. 선고 2012두26449 판결

판결요지

원고에 대한 1순위 조사협조자 지위 불인정 통지에 불가쟁력이 생겼다고 하더라도 원고는 후행처분인 이 사건 처분에 대한 취소소송에서 선행처분인 위 조사협조자지위 불인정 통지의 위법을 들어 이 사건 처분의 취소를 구할 수 있다.

부당한 공동행위를 한 사업자의 자진신고자 등 감면신청에 대하여 그 자진신고자 등의 지위를 인정할 것인지 여부는 자진신고 등에 따른 시정조치 및 과징금에 대한 감면 여부를 결정하기 위한 전제로서 행하여지는 것이므로, 감면불인정 통지와 시정조치 및 과징금 납부명령은 동일한 행정목적을 달성하거나 서로 결합하여 한 개의 법률효과를 발생시키기 위하여 단계적인 일련의 절차로 연속하여 행하여지는 경우에 해당하고, 따라서 원고에 대한 1순위 조사협조자 지위 불인정 통지에 불가쟁력이 생겼다고 하더라도 원고는 후행 처분인 이 사건 처분에 대한 취소소송에서 선행처분인 위 조사협조자지위 불인정 통지의 위법을 들어 이 사건 처분의 취소를 구할 수 있다.

【영월 강변저류지 조성공사 입찰 관련 부당한 공동행위 건】

서울고등법원 2016. 1. 13. 선고 2015누433 판결(확정)

판결요지

감면 불인정 의결은 원고의 감면신청에 대하여 피고의 사무처장이 이미 한 감면 불인정 통지를 재확인하는 피고의 내부 의결에 불과하다 할 것이고, 이로 말미암아 원고나 다른 사람의 법률상 지위나 구체적인 권리・의무에 직접적인 변동을 초래한다고 볼 수 없으므로 항고소송의 대상이 되는 행정처분에 해당하지 않는다.

【고양삼송 수질복원센터 시설공사 입찰 관련 부당한 공동행위 건】

대법원 2017. 1. 12. 선고 2016두35199 판결

판결요지

과징금 등 처분과 별도의 처분서로 감면기각처분을 하였다면, 원칙적으로 2개의 처분이 각각 성립한 것으로 보아야 하고, 처분의 상대방으로서는 각각의 처분에 대하여 함께 또는 별도로 불복할 수 있다.

과징금 등 처분과 감면기각처분은 위와 같이 그 근거규정, 요건과 절차가 구별되는 독립적인 별개의 처분으로서 위 두 처분에 고유한 위법사유가 구별되고 법적 성격도 다르므로, 사업자로서는 위 두 처분의 취소를 모두 구할 실익이 인정된다. 따라서 공정거래위원회가 시정명령 및 과징금 부과와 감면 여부를 분리 심리하여 별개로 의결한 다음 과징금 등 처분과 별도의 처분서로 감면기각처분을 하였다면, 원칙적으로 2개의 처분, 즉 과징금 등 처분과 감면기각처분이 각각 성립한 것으로 보아야 하고, 처분의 상대방으로서는 각각의 처분에 대하여 함께 또는 별도로 불복할 수 있다.

【민방위 및 재난재해 경보시스템 구매 · 설치 입찰 관련 부당한 공동행위 건】

서울고등법원 2017. 8. 17. 선고 2017누32236 판결(확정)

판결요지

감면처분의 존재를 후행 처분의 전제가 되기 때문에 감면처분의 취소소송을 통하여 그러한 불이익을 제거할 권리보호의 필요성이 인정된다.

관련 법령에서 선행 시정명령을 전제로 한 감면처분의 존재를 후행 처분의 전제 또는 가중사유로 정하고 있고 행정청은 그 법령에 정해진 바에 따라 행정작용을 할 것이 당연히 예견되므로, 이 사건 선행 처분을 전제로 한 이 사건 감면처분의 존재로 인하여 원고가 장래에 받을 불이익이 현실적으로 존재한다. 따라서 원고는 이 사건 감면처분의 취소소송을 통하여 그러한 불이익을 제거할 권리보호의 필요성이 충분히 인정되므로, 이 사건 감면처분의 취소를 구할 법률상 이익이 있다.

【호남고속철도 제2-1공구 등 최저가낙찰제 입찰 관련 부당한 공동행위 건】

서울고등법원 2016. 6. 30. 선고 2015누35088 판결(확정)

판결요지

선행 처분의 취소를 구하는 소를 제기하였다가 후행 처분의 취소를 구하는 청구취지를 추가하는 경우에 예외적으로 선행 처분과 후행 처분이 밀접한 관계가 있다면 후행 처분의 제소기간은 최초의 소가 제기된 때를 기준으로 정할 수 있다고 본 사례

민사소송법 제265조에 따라 변경 후 새로운 청구에 관한 법률상 기간 준수의 효력은 원칙적으로 청구 변경 시, 즉 청구변경 서면을 법원에 제출한 때에 생긴다. 그런데 이에 대한 예외로서 선행 처분의 취소를 구하는 소를 제기하였다가 후행 처분의 취소를 구하는 청구취지를 추가하는 경우, 선행 처분과 후행 처분이 일련의 절차로 이루어진 것으로서 서로 밀접한 관계가 있고, 선행 처분의 취소를 구하는 소에 후행 처분의 취소를 구하는 취지가 포함되어 있다고 볼 수 있다면 후행 처분의 취소를 구하는 소의 제소기간은 최초의 소가 제기된 때를 기준으로 정할 수 있다.

【냉난방기 입찰 관련 부당한 공동행위 건】

서울고등법원 2006. 1. 11. 선고 2005누6289 판결(확정)

판결요지

부정당업자 제재처분 이후 부당한 공동행위에 대한 공정거래위원회 제재처분은 이중위험금지원칙이나 신뢰보호원칙에 위반되지 않는다.

조달청장이 원고에게 이 사건 시정명령에 앞서 적격심사서류 제출의무의 불이행을 사유로 부정당업자 제재처분을 하였지만 이 사건 시정명령은 입법취지와 규제영역, 규제방식이 상이한 근거법령에 기초한 것으로서 위와 같은 조달청장의 제재처분과의 관계에서 신뢰보호의 원칙이나 이중위험금지의 원칙에 위반되는 처분이라고 보기 어렵다.

【9개 자동차 해상운송사업자의 부당한 공동행위 건】

서울고등법원 2018. 6. 27. 선고 2017누74018 판결(확정)

판결요지

국외에서 제재를 받은 이후 국내에서 제재를 받는다 해도 이중제재에 해당하지는 않는다.

국외에서 이루어진 행위가 국내시장에 영향을 미치는 경우 공정거래법에 따라 법 위반

행위자에게 행정상 제재를 하는 것은 헌법과 공정거래법에 따른 것으로서 정당하고, 그 행위와 관련하여 법 위반행위자가 이미 타국에서 행정상 제재를 받았다는 사정은 공정거래법에 따른 제재의 여부 및 그 정도를 정할 때 고려하는 것으로 충분하며, 이를 두고 이중제재로서 위헌·위법이라고 볼 수는 없다.

【5개 음료 제조·판매사업자의 부당한 공동행위 건】

서울고등법원 2016. 11. 23. 선고 2013누8037 판결(확정)

판결요지

관련상품시장을 음료시장 전체에서 과실음료, 탄산음료, 기타음료시장으로 변경한 것은 기본적 사실관계의 동일성이 인정된다고 본 사례

피고는 이 사건 선행 처분에서 이 사건 공동행위의 관련상품시장이 음료시장 전체라고 하였다가, 당심에서 이 사건 공동행위의 관련상품시장이 과실음료, 탄산음료, 기타음료 시장이라고 주장하여 처분사유로 추가 내지 변경하였다. 기본적 사실관계의 동일성 유무는 처분사유를 법률적으로 평가하기 이전의 구체적인 사실을 바탕으로 판단하여야 하는데, 관련상품시장을 어떻게 획정할 것인지의 문제는 이 사건 공동행위의 존부를 판단하기 위한 전제로서 평가의 문제에 해당하고 구체적인 사실에 있어서는 기존의 처분사유와 추가·변경된 처분사유 사이에 어떠한 차이가 있다고 볼 수 없다.

【16개 생명보험사의 부당한 공동행위 건】

대법원 2014. 7. 24. 선고 2013두16951 판결

판결요지

부당공동행위의 시기, 종기, 합의의 내용과 방식, 참가자의 수 등 다수의 관련 사실이 변경되는 경우에는 법원이 직권으로 당초의 처분사유에서 상당 부분 변경된 다른 사실을 처분사유로 인정할 수는 없다.

양자 사이의 기본적 사실관계가 동일하다고 하더라도, 부당공동행위의 시기, 종기, 합의의 내용과 방식, 참가자의 수 등 다수의 관련 사실이 변경되는 경우에는, 단순한 처분사유의 정정에 그치는 것이라고 보기 어렵고, 당사자의 방어권 행사에 실질적인 불이익이 초래될 우려도 있으므로, 이러한 경우에는 처분사유의 추가·변경 없이, 법원이 직권으로 당초의 처분사유에서 상당 부분 변경된 다른 사실을 처분사유로 인정할 수는 없다.

【간장 제조사업자의 거래거절 건】

서울고등법원 2020. 10. 21. 선고 2020누46334 판결(확정)

판결요지

공정거래위원회가 원고의 공정거래법 위반 신고에 대해 무혐의로 처리하였다 해도 이는 원고의 권리·의무에 아무런 영향을 미치지 아니하므로 처분성이 인정되지 아니하고, 공정거래위원회의 위 처분에 대하여 사실적·경제적 이해관계를 가지는 데 불과하여 법률상 이익이므로 소의 이익도 인정되지 않는다.

제100조 불복의 소의 전속관할

가. 법조문

법률	시행령
第100조(불복의 소의 전속관할) 제99조에 따른 불복의 소는 서울고등법원을 전속관할로 한다.	

나. 판례

【6개 비타민사의 부당한 공동행위 건】

서울고등법원 2004. 11. 24. 선고 2003누9000 판결(확정)

판결요지

공정거래법이 공정거래위원회의 독립성을 보장하기 위하여 그 소속, 구성 및 위원의 신분보장 등의 규정을 두고 있는 점이나, 그 처분에 대한 불복을 1심인 행정법원이 아니라 항소심인 서울고등법원에 하도록 하고 있는 점에 비추어, 공정거래위원회는 준사법기관으로서의 기능을 하고 있으며, 그 의결도 준사법적 판단의 성격을 띠고 있다고 할 것이다.

제101조 사건처리절차 등

가. 법조문

법률	시행령
제101조(사건처리절차 등) 이 법에 위반하는 사건의 처리절차 등에 관하여 필요한 사항은 공정거래위원회가 정하여 고시한다.	

나. 내용

- 본 조문에 따라 공정거래위원회는 「공정거래위원회 회의 운영 및 사건절차 등에 관한 규칙」을 고시로 형식으로 제정하여 시행하고 있습니다. 위 규칙의 제3장에 사건처리 절차가 규정되어 있다.

제 11 장

과징금 부과 및 징수 등

제102조 과징금 부과

가. 법조문

법률	시행령
제102조(과징금 부과) ① 공정거래위원회는 제8조, 제38조, 제43조, 제50조 및 제53조에 따라 과징금을 부과하는 경우 다음 각 호의 사항을 고려하여야 한다. 1. 위반행위의 내용 및 정도 2. 위반행위의 기간 및 횟수 3. 위반행위로 취득한 이익의 규모 등 ② 공정거래위원회는 이 법을 위반한 회사인 사업자가 합병으로 소멸한 경우에는 해당 회사가 한 위반행위를 합병 후 존속하거나 합병에 따라 설립된 회사가 한 행위로 보아 과징금을 부과·징수할 수 있다. ③ 공정거래위원회는 이 법을 위반한 회사인 사업자가 분할되거나 분할합병된 경우에는 분할되는 사업사의 분할일 또는 분할합병일 이전의 위반행위를 다음 각 호의 어느 하나에 해당하는 회사의 행위로 보고 과징금을 부과·징수할 수 있다. 1. 분할되는 회사 2. 분할 또는 분할합병으로 설립되는 새로운 회사 3. 분할되는 회사의 일부가 다른 회사에 합병된 후 그 다른 회사가 존속하는 경우	제84조(과징금의 부과기준) 법 제102조 제1항에 따른 법 제8조·제38조·제43조·제50조 및 제53조의 과징금의 부과기준은 별표 6과 같다. 제85조(과징금의 징수 및 가산금) ① 공정거래위원회는 법 제102조 제1항에 따라 과징금을 부과하려는 경우 그 위반행위의 종별과 해당 과징금의 금액 등을 명시하여 이를 납부할 것을 서면으로 알려야 한다. ② 제1항에 따라 통지를 받은 자는 통지가 있은 날부터 60일 이내에 공정거래위원회가 정하는 수납기관에 과징금을 납부해야 한다. 다만, 천재·지변이나 그 밖의 부득이한 사유로 그 기간 내에 납부할 수 없는 경우에는 그 사유가 없어진 날부터 30일 이내에 납부해야 한다.

법률	시행령
그 다른 회사 ④ 공정거래위원회는 이 법을 위반한 회사인 사업자가 「채무자 회생 및 파산에 관한 법률」 제215조에 따라 새로운 회사를 설립하는 경우에는 기존 회사 또는 새로운 회사 중 어느 하나의 행위로 보고 과징금을 부과·징수할 수 있다. ⑤ 제1항에 따른 과징금의 부과기준은 대통령령으로 정한다.	

나. 판례

【3개 크롤러 제조·판매사업자의 부당한 공동행위 건】

서울고등법원 2017. 1. 11. 선고 2015누64703 판결(확정)

판결요지

피고는 분할 전의 위반행위에 대하여 존속회사, 새로 설립된 회사 중 어느 회사를 대상으로 과징금을 부과할 것인지 제반 사정을 고려하여 선택할 재량이 있다.

구 공정거래법은 공정거래법을 위반한 회사인 사업자가 해당 위반행위로 인한 과징금 부과처분을 받기 전 회사를 분할하거나 분할합병하는 경우에 그 책임의 귀속주체에 관하여 명시적 규정을 두고 있지 않았는데, 이러한 구 공정거래법 하에서 대법원은, 특별한 규정이 없는 한 신설회사에 대하여 분할하는 회사의 분할 전 법 위반행위를 이유로 과징금을 부과하는 것은 허용되지 않는다(대법원 2007. 11. 29. 선고 2006두18928 판결 참조)는 입장을 취해왔다. 이에 구 공정거래법은 제55조의3의 제3항을 신설하면서 "공정거래위원회는 이 법을 위반한 회사인 사업자가 분할되거나 분할합병되는 경우 분할되는 사업자의 분할일 또는 분할합병일 이전의 위반행위를 다음 각 호의 어느 하나에 해당하는 회사의 행위로 보고 과징금을 부과·징수할 수 있다."라고 규정하면서 각 호로 분할되는 회사(제1호), 분할 또는 분할합병으로 설립되는 새로운 회사(제2호), 분할되는 회사의 일부가 다른 회사에 합병된 후 그 다른 회사가 존속하는 경우 그 다른 회사(제3호)를 규정함으로써 피고가 분할 전 위반행위에 대하여 분할되는 회사 또는 분할로 신설되는 회사 어느 한 회사에 대하여 과징금 납부명령을 할 수 있는 법적 근거를 명확히 하였다.

제103조 과징금 납부기한의 연기 및 분할납부

가. 법조문

법률	시행령
제103조(과징금 납부기한의 연기 및 분할납부) ① 공정거래위원회는 과징금의 금액이 대통령령으로 정하는 기준을 초과하는 경우로서 다음 각 호의 어느 하나에 해당하는 사유로 과징금을 부과받은 자(이하 "과징금납부의무자"라 한다)가 과징금의 전액을 일시에 납부하기가 어렵다고 인정될 때에는 그 납부기한을 연기하거나 분할납부하게 할 수 있다. 이 경우 필요하다고 인정할 때에는 담보를 제공하게 할 수 있다. 1. 재해 또는 도난 등으로 재산에 현저한 손실이 생긴 경우 2. 사업여건의 악화로 사업이 중대한 위기에 처한 경우 3. 과징금의 일시납부에 따라 자금사정에 현저한 어려움이 예상되는 경우 4. 그 밖에 제1호부터 제3호까지에 준하는 사유가 있는 경우 ② 과징금납부의무자가 제1항에 따른 과징금 납부기한의 연기 또는 분할납부를 신청하려는 경우에는 과징금 납부를 통지받은 날부터 30일 이내에 공정거래위원회에 신청하여야 한다. ③ 공정거래위원회는 제1항에 따라 납부기한이 연기되거나 분할납부가 허용된 과징금납부의무자가 다음 각 호의 어느 하나에 해당하게 된 경우에는 그 납부기한의 연기 또는 분할납부 결정을 취소하고 일시에 징수할 수 있다. 1. 분할납부 결정된 과징금을 그 납부기한	제86조(과징금 납부기한의 연기 및 분할납부의 기준) ① 법 제103조 제1항에서 "대통령령으로 정하는 기준"이란 다음 각 호에서 규정된 매출액에 100분의 1을 곱한 금액 또는 10억원을 말한다. 1. 법 제8조 본문 2. 법 제43조 본문 3. 법 제50조 제1항 본문 4. 법 제50조 제2항 5. 법 제53조 제2항 본문 및 제3항 본문 ② 법 제103조 제1항에 따른 납부기한의 연기는 그 납부기한의 다음 날부터 2년을 초과할 수 없다. ③ 법 제103조 제1항에 따른 분할납부의 경우 각 분할된 납부기한 간의 간격은 6개월을 초과할 수 없으며, 분할 횟수는 6회를 초과할 수 없다. ④ 공정거래위원회는 법 제103조 제1항 제3호에 따라 과징금의 납부기간을 연기하거나 분할납부하게 하는 경우 다음 각 호의 사항을 고려해야 한다. 1. 납부기한 연기 또는 분할납부 신청 당시 과징금을 부과받은 자에게 직전 3개 사업연도 동안 연속하여 당기 순손실이 발생하였는지 여부 2. 납부기한 연기 또는 분할납부 신청 당시 과징금을 부과받은 자가 자본총액의 2배를 초과하는 부채를 보유하고 있는지 여부 3. 그 밖에 제1호 또는 제2호의 경우와 유사한 사유로서 공정거래위원회가 정하여 고

법률	시행령
까지 납부하지 아니한 경우 2. 담보의 변경 또는 그 밖에 담보보전에 필요한 공정거래위원회의 명령을 이행하지 아니한 경우 3. 강제집행, 경매의 개시, 파산선고, 법인의 해산, 국세 또는 지방세의 체납처분 등으로 과징금의 전부 또는 잔여분을 징수할 수 없다고 인정되는 경우 4. 제1항에 따른 사유가 해소되어 과징금을 일시에 납부할 수 있다고 인정되는 경우 ④ 제1항부터 제3항까지의 규정에 따른 과징금 납부기한의 연기 또는 분할납부 등에 필요한 사항은 대통령령으로 정한다.	시하는 사항 ⑤ 법 제103조 제2항에 따른 납부기한의 연기나 분할납부의 신청은 공정거래위원회가 정하여 고시하는 서식에 따른다.

나. 내용

- 과징금 납부의무자는 원칙적으로 납부통지서를 받은 날로부터 60일 이내에 납부하여야 하나, 천재지변 기타 부득이한 사유로 인하여 기간 내에 과징금을 납부할 수 없을 때에는 그 사유가 없어진 날로부터 30일 이내에 납부하여야 합니다. 다만, 과징금 납부의무자가 현실적인 변제능력으로 인하여 과징금 전액을 일시에 납부하기 어렵다고 인정되는 때에는 신청에 의하여 납부기한을 연장하거나 분할하여 납부할 수 있습니다. 납부기한의 연장 또는 분할납부 신청은 과징금 납부를 통지 받은 날로부터 30일 이내에 하여야 합니다. 한편, 납부기한 연장 또는 분할납부의 사유 해소 등의 경우에는 납부기한 연장 또는 분할납부 결정을 취소할 수 있습니다. 참고로, 절차적 요건은 ① 그 신청이 과징금 납부를 통지받은 날부터 30일 이내에 공정거래위원회(해당 사건 심사관)에 신청되어야 하며, ② 과징금액이 관련매출액에 100분의 1을 곱한 금액 또는 10억 원을 초과하여야 합니다. 또한 실체적 요건은 과징금 납부기한 연장 및 분할납부의 신청은 실질적으로 과징금을 부과 받은 자가 과징금의 전액을 일시에 납부하기가 어렵다고 인정되는 경우여야 하는바, 그러한 경우로 ① 재해 또는 도난 등으로 재산에 현저한 손실을 받는 경우, ② 사업여건의 악화로 사업이 중대한 위기에 처한 경우, ③ 과징금의 일시납부에 따라 자금사정에 현저한 어려움이 예상되는 경우 등이 있습니다.

제104조 과징금의 연대납부의무

가. 법조문

법률	시행령
제104조(과징금의 연대납부의무) ① 과징금을 부과받은 회사인 사업자가 분할 또는 분할합병되는 경우(부과일에 분할 또는 분할합병되는 경우를 포함한다) 그 과징금은 다음 각 호의 회사가 연대하여 납부할 책임을 진다. 1. 분할되는 회사 2. 분할 또는 분할합병으로 설립되는 회사 3. 분할되는 회사의 일부가 다른 회사에 합병된 후 그 다른 회사가 존속하는 경우 그 다른 회사 ② 과징금을 부과받은 회사인 사업자가 분할 또는 분할합병으로 해산되는 경우(부과일에 해산되는 경우를 포함한다) 그 과징금은 다음 각 호의 회사가 연대하여 납부할 책임을 진다. 1. 분할 또는 분할합병으로 설립되는 회사 2. 분할되는 회사의 일부가 다른 회사에 합병된 후 그 다른 회사가 존속하는 경우 그 다른 회사	

나. 내용

- 합병 전에 과징금을 부과 받은 경우에는 합병에 따른 존속회사 또는 신설회사가 피합병회사의 법률상 권리와 의무를 승계하는 것이 당연하므로 피합병회사의 과징금도 당연히 승계됩니다. 마찬가지로 분할 전에 부과 받은 사업자의 과징금은 분할되는 회사, 분할 또는 분할합병으로 설립되는 회사, 분할되는 회사의 일부가 다른 회사와 합병하여 존속하는 경우에는 연대하여 납부할 책임이 있습니다. 또한 과징금 부과 이후에 분할이나 합병이 있는 경우에는 합병의 경우에는 해석상 당연히 납부책임이 있고, 분할되는 회사,

분할 또는 분할합병으로 설립되는 새로운 회사 및 분할되는 회사의 일부가 다른 회사에 합병된 후 그 다른 회사가 존속하는 경우 그 다른 회사가 연대하여 납부할 책임이 있습니다.

제105조 과징금 징수 및 체납처분

가. 법조문

법률	시행령
제105조(과징금 징수 및 체납처분) ① 공정거래위원회는 과징금납부의무자가 납부기한까지 과징금을 납부하지 아니한 경우에는 납부기한의 다음 날부터 납부한 날까지의 기간에 대하여 연 100분의 40의 범위에서 「은행법」에 따른 은행의 연체이자율을 고려하여 대통령령으로 정하는 바에 따라 가산금을 징수한다. 이 경우 가산금을 징수하는 기간은 60개월을 초과할 수 없다.	제87조(과징금 징수 및 체납처분) ① 법 제105조 제1항에 따른 과징금의 가산금은 체납된 과징금에 연 1천분의 75를 곱하여 계산한 금액으로 한다.
② 공정거래위원회는 과징금납부의무자가 납부기한까지 과징금을 납부하지 아니하였을 때에는 기간을 정하여 독촉을 하고, 그 기간 내에 과징금 및 제1항에 따른 가산금을 납부하지 아니하였을 때에는 국세체납처분의 예에 따라 이를 징수할 수 있다.	② 법 제105조 제2항에 따른 독촉에 관하여는 제24조를 준용한다.
③ 공정거래위원회는 제1항 및 제2항에 따른 과징금 및 가산금의 징수 또는 체납처분에 관한 업무를 대통령령으로 정하는 바에 따라 국세청장에게 위탁할 수 있다.	③ 법 제105조 제3항에 따른 체납처분의 위탁에 관하여는 제25조를 준용한다.
④ 공정거래위원회는 체납된 과징금의 징수를 위하여 필요하다고 인정되는 경우에는 국세청장에게 과징금을 체납한 자에 대한 국세과세에 관한 정보의 제공을 요청할 수 있다. ⑤ 과징금 업무를 담당하는 공무원이 과징금의 징수를 위하여 필요할 때에는 등기소	제85조(과징금의 징수 및 가산금) ① 공정거래위원회는 법 제102조 제1항에 따라 과징금을 부과하려는 경우 그 위반행위의 종별과 해당 과징금의 금액 등을 명시하여 이를 납부할 것을 서면으로 알려야 한다. ② 제1항에 따라 통지를 받은 자는 통지가 있은 날부터 60일 이내에 공정거래위원회가 정하는 수납기관에 과징금을 납부해야

법률	시행령
또는 다른 관계 행정기관의 장에게 무료로 필요한 서류의 열람이나 복사 또는 그 등본이나 초본의 발급을 청구할 수 있다. ⑥ 제1항부터 제5항까지에서 규정한 사항 외에 과징금의 징수에 관하여 필요한 사항은 대통령령으로 정한다.	한다. 다만, 천재·지변이나 그 밖의 부득이한 사유로 그 기간 내에 납부할 수 없는 경우에는 그 사유가 없어진 날부터 30일 이내에 납부해야 한다.

나. 내용

- 과징금 납부기한이 경과하면 납부독촉 후 국세체납처분의 예에 따라 강제징수를 하게 되고, 납부기한 다음 날부터 실제 납부일까지의 기간에 대하여 연 7.5%의 가산금이 부과됩니다. 참고로 가산금 계산방법은 '(과징금) × 0.075/365 × 체납기간(실제납부일 – 납부기한)'입니다.

제106조 과징금 환급가산금

가. 법조문

법률	시행령
제106조(과징금 환급가산금) 공정거래위원회가 이의신청의 재결 또는 법원의 판결 등의 사유로 과징금을 환급하는 경우에는 과징금을 납부한 날부터 환급한 날까지의 기간에 대하여 대통령령으로 정하는 바에 따라 환급가산금을 지급하여야 한다. 다만, 법원의 판결에 따라 과징금 부과처분이 취소되어 그 판결이유에 따라 새로운 과징금을 부과하는 경우에는 당초 납부한 과징금에서 새로 부과하기로 결정한 과징금을 공제한 나머지 금액에 대해서만 환급가산금을 계산하여 지급한다.	**제89조(환급가산금 요율)** 법 제106조에 따른 환급가산금은 환급될 과징금에 대해 「국세기본법 시행령」 제43조의3 제2항 본문에 따른 기본이자율을 곱하여 계산한 금액으로 한다.

나. 내용

- 이의신청의 재결 또는 법원의 판결 등의 사유로 과징금을 환급하는 경우에는 과징금을 납부한 날로부터 환급한 날까지의 기간에 대하여 환급가산금을 지급하도록 하고 있습니다. 환급가산금은 환급될 과징금에 대하여 국세기본법 시행령 제43조의3 제2항에 따른 기본이자율을 곱하여 계산한 금액으로 하도록 하고 있습니다. 또한 법원의 판결에 의하여 과징금 부과처분이 취소되어 그 판결 이유에 따라 새로운 과징금을 부과하는 경우에는 당초 납부한 과징금에서 새로 부과하기로 하는 결정한 과징금을 공제한 나머지 금액에 대해서만 환급가산금을 계산하여 지급하도록 하였습니다.

제107조 결손처분

가. 법조문

법률	시행령
제107조(결손처분) ① 공정거래위원회는 과징금·과태료, 그 밖에 이 법에 따른 징수금(이하 "징수금등"이라 한다)의 납부의무자에게 다음 각 호의 어느 하나에 해당하는 사유가 있는 경우에는 결손처분을 할 수 있다. 1. 체납처분이 끝나고 체납액에 충당된 배분금액이 체납액에 미치지 못하는 경우 2. 징수금등의 징수권에 대한 소멸시효가 완성된 경우 3. 체납자의 행방이 분명하지 아니하거나 재산이 없다는 것이 판명된 경우 4. 체납처분의 목적물인 총재산의 추산가액이 체납처분비에 충당하고 남을 여지가 없음이 확인된 경우 5. 체납처분의 목적물인 총재산이 징수금등보다 우선하는 국세, 지방세, 전세권·질권 또는 저당권으로 담보된 채권 등의 변	

법률	시행령
제에 충당하고 남을 여지가 없음이 확인된 경우 6. 징수할 가능성이 없는 경우로서 대통령령으로 정하는 사유에 해당되는 경우 ② 제1항에 따라 결손처분을 할 때에는 지방행정기관 등 관계 기관에 체납자의 행방 또는 재산의 유무를 조사하고 확인하여야 한다. ③ 제1항 제4호 또는 제5호에 해당되어 결손처분을 할 때에는 체납처분을 중지하고 그 재산의 압류를 해제하여야 한다. ④ 공정거래위원회는 제1항에 따라 결손처분을 한 후 압류할 수 있는 다른 재산을 발견하였을 때에는 지체 없이 결손처분을 취소하고 체납처분을 하여야 한다. 다만, 제1항 제2호에 해당하는 경우에는 그러하지 아니하다.	 **제90조(결손처분)** 법 제107조 제1항 제6호에서 "대통령령으로 정하는 사유"란 다음 각 호의 사유를 말한다. 1. 「채무자 회생 및 파산에 관한 법률」 제251조에 따라 면책된 경우 2. 불가피한 사유로 환수가 불가능하다고 인정되는 경우로서 공정거래위원회가 정하여 고시한 경우

나. 내용

- 「채무자 회생 및 파산에 관한 법률」 제251조에 따라 면책된 경우, 불가피한 사유로 환수가 불가능하다고 인정되는 경우로서 공정거래위원회가 정하여 고시한 경우에는 결손처분할 수 있도록 하였습니다.

제 12 장

금지청구 및 손해배상

제108조 금지청구 등

가. 법조문

법률	시행령
제108조(금지청구 등) ① 제45조 제1항(제9호는 제외한다) 및 제51조 제1항 제4호[제45조 제1항(제9호는 제외한다)에 따른 불공정거래행위에 관한 부분으로 한정한다]를 위반한 행위로 피해를 입거나 피해를 입을 우려가 있는 자는 그 위반행위를 하거나 할 우려가 있는 사업자 또는 사업자단체에 자신에 대한 침해행위의 금지 또는 예방을 청구할 수 있다. ② 제1항에 따른 금지청구의 소를 제기하는 경우에는 「민사소송법」에 따라 관할권을 갖는 지방법원 외에 해당 지방법원 소재지를 관할하는 고등법원이 있는 곳의 지방법원에도 제기할 수 있다. ③ 법원은 제1항에 따른 금지청구의 소가 제기된 경우에 그로 인한 피고의 이익을 보호하기 위하여 필요하다고 인정하면 피고의 신청이나 직권으로 원고에게 상당한 담보의 제공을 명할 수 있다.	

나. 내용

- 구 공정거래법에서는 피해자가 법원에 이 법 위반행위에 대하여 금지청구를 하는 것은

원칙적으로 허용되지 아니하여 사건처리기간이 장기화되거나, 공정거래위원회가 무혐의 결정을 하는 경우에 피해자 입장에서는 신속한 피해구제를 위한 별다른 대안이 없는 상황이었습니다. 이에 전면 개정된 공정거래법에서는 피해자의 신속한 권리구제를 위하여 피해자가 법원에 부당지원행위를 제외한 불공정거래행위에 대한 금지 및 예방의 청구를 직접 할 수 있도록 본 조항을 신설하였습니다.

제109조 손해배상책임

가. 법조문

법률	시행령
제109조(손해배상책임) ① 사업자 또는 사업자단체는 이 법을 위반함으로써 피해를 입은 자가 있는 경우에는 해당 피해자에 대하여 손해배상의 책임을 진다. 다만, 사업자 또는 사업자단체가 고의 또는 과실이 없음을 입증한 경우에는 그러하지 아니하다. ② 제1항에도 불구하고 사업자 또는 사업자단체는 제40조, 제48조 또는 제51조 제1항 제1호를 위반함으로써 손해를 입은 자가 있는 경우에는 그 자에게 발생한 손해의 3배를 넘지 아니하는 범위에서 손해배상의 책임을 진다. 다만, 사업자 또는 사업자단체가 고의 또는 과실이 없음을 입증한 경우에는 손해배상의 책임을 지지 아니하고, 사업자가 제44조 제1항 각 호의 어느 하나에 해당하는 경우 그 배상액은 해당 사업자가 제40조를 위반하여 손해를 입은 자에게 발생한 손해를 초과해서는 아니 된다. ③ 법원은 제2항의 배상액을 정할 때에는 다음 각 호의 사항을 고려하여야 한다. 1. 고의 또는 손해 발생의 우려를 인식한 정도 2. 위반행위로 인한 피해 규모	

법률	시행령
3. 위반행위로 사업자 또는 사업자단체가 취득한 경제적 이익 4. 위반행위에 따른 벌금 및 과징금 5. 위반행위의 기간·횟수 등 6. 사업자의 재산상태 7. 사업자 또는 사업자단체의 피해구제 노력의 정도 ④ 제44조 제1항 각 호의 어느 하나에 해당하는 사업자가 제2항에 따른 배상책임을 지는 경우에는 다른 사업자와 공동으로 제40조를 위반하여 손해를 입은 자에게 발생한 손해를 초과하지 아니하는 범위에서 「민법」 제760조에 따른 공동불법행위자의 책임을 진다.	

나. 판례

【군납유류 입찰 담합으로 인한 손해배상청구 건】

대법원 2011. 7. 28. 선고 2010다18850 판결

판결요지

위법한 입찰 담합행위로 인한 손해는 담합행위로 인하여 형성된 낙찰가격과 담합행위가 없었을 경우에 형성되었을 가격(이하 '가상 경쟁가격'이라 한다)의 차액을 말한다.

여기서 가상 경쟁가격은 담합행위가 발생한 당해 시장의 다른 가격형성 요인을 그대로 유지한 상태에서 담합행위로 인한 가격상승분만을 제외하는 방식으로 산정하여야 한다. 위법한 입찰 담합행위 전후에 특정 상품의 가격형성에 영향을 미치는 경제조건, 시장구조, 거래조건 및 그 밖의 경제적 요인의 변동이 없다면 담합행위가 종료된 후의 거래가격을 기준으로 가상 경쟁가격을 산정하는 것이 합리적이라고 할 수 있지만, 담합행위 종료 후 가격형성에 영향을 미치는 요인들이 현저하게 변동한 때에는 그와 같이 볼 수 없다. 이러한 경우에는 상품의 가격형성상의 특성, 경제조건, 시장구조, 거래조건 및 그 밖의 경제적 요인의 변동 내용 및 정도 등을 분석하여 그러한 변동 요인이 담합행위 후의 가격형성에 미친 영향을 제외하여 가상 경쟁가격을 산정함으로써 담합행위와 무관한 가격형성 요인으로 인한 가격변동분이 손해의 범위에 포함되지 않도록 하여야 한다.

판결요지

불법행위를 원인으로 한 손해배상청구소송에서 손해의 범위에 관한 증명책임이 피해자에게 있는 점에 비추어, 담합행위 전후에 특정 상품의 가격형성에 영향을 미치는 요인들이 변동 없이 유지되고 있는지가 다투어지는 경우 그에 대한 증명책임은 담합행위 종료 후의 가격을 기준으로 담합행위 당시의 가상 경쟁가격을 산정하여야 한다고 주장하는 피해자가 부담한다.

판결요지

국가가 입찰 담합에 의한 불법행위의 피해자인 경우, 가해자에게 부과하여 납부받은 과징금이 손익상계 대상이 되지 아니한다.

입찰 담합에 의한 부당한 공동행위에 대하여 독점규제 및 공정거래에 관한 법률에 따라 부과되는 과징금은 담합행위의 억지라는 행정목적을 실현하기 위한 제재적 성격과 불법적인 경제적 이익을 박탈하기 위한 성격을 함께 갖는 것으로서 피해자에 대한 손해 전보를 목적으로 하는 불법행위로 인한 손해배상책임과는 성격이 전혀 다르므로, 국가가 입찰 담합에 의한 불법행위 피해자인 경우 가해자에게 입찰 담합에 의한 부당한 공동행위에 과징금을 부과하여 이를 가해자에게서 납부받은 사정이 있다 하더라도 이를 가리켜 손익상계 대상이 되는 이익을 취득하였다고 할 수 없다.

【전력선 구매 입찰 담합으로 인한 손해배상청구 건】

대법원 2018. 10. 12. 선고 2016다243115 판결

판결요지

가상 경쟁가격은 실제로 존재하는 가격이 아닌 가상적인 가격이므로, 담합 전후의 가격(전후비교법의 경우) 또는 표준시장(표준시장비교법의 경우)을 비교하는 방법이나 계량경제학적 방법 등 다양한 경제학적 분석방법 중 해당 사건에서 담합행위의 유형, 시장의 상황, 수집 가능한 자료의 범위 등에 비추어 가장 객관적이고 합리적인 방법을 채택하여 추정할 수밖에 없다.

판결요지

동일한 사항에 관하여 상이한 여러 개의 감정 결과가 있을 때 그 감정방법 등이 논리와 경험칙에 반하거나 합리성이 없다는 등의 잘못이 없는 한, 그중 어느 감정 결과를 채택할 것인지는 원칙적으로 사실심 법원의 전권에 속한다.

제110조 기록의 송부 등

가. 법조문

법률	시행령
제110조(기록의 송부 등) 법원은 제109조에 따른 손해배상청구의 소가 제기되었을 때 필요한 경우 공정거래위원회에 대하여 해당 사건의 기록(사건관계인, 참고인 또는 감정인에 대한 심문조서, 속기록 및 그 밖에 재판상 증거가 되는 모든 것을 포함한다)의 송부를 요구할 수 있다.	

나. 내용

- 공정거래법 위반을 이유로 한 손해배상청구의 소가 제기되었을 경우 법원에게 사건 관련 일체의 기록의 송부를 요구할 권한을 부여하고 있습니다.

제111조 자료의 제출

가. 법조문

법률	시행령
제111조(자료의 제출) ① 법원은 제40조 제1항, 제45조 제1항(제9호는 제외한다) 또는 제51조 제1항 제1호를 위반한 행위로 인한 손해배상청구소송에서 당사자의 신청에 따라 상대방 당사자에게 해당 손해의 증명 또는 손해액의 산정에 필요한 자료(제44조 제4항에 따른 자진신고 등과 관련된 자료는 제외한다)의 제출을 명할 수 있다. 다만, 그	

법률	시행령
자료의 소지자가 자료의 제출을 거절할 정당한 이유가 있으면 그러하지 아니하다. ② 법원은 자료의 소지자가 제1항에 따른 제출을 거부할 정당한 이유가 있다고 주장하는 경우에는 그 주장의 당부(當否)를 판단하기 위하여 자료의 제시를 명할 수 있다. 이 경우 법원은 그 자료를 다른 사람이 보게 하여서는 아니 된다. ③ 제1항에 따라 제출되어야 할 자료가 영업비밀에 해당하나 손해의 증명 또는 손해액의 산정에 반드시 필요한 경우에는 제1항 단서에 따른 정당한 이유로 보지 아니한다. 이 경우 법원은 제출명령의 목적 내에서 열람할 수 있는 범위 또는 열람할 수 있는 사람을 지정하여야 한다. ④ 법원은 당사자가 정당한 이유 없이 자료제출명령에 따르지 아니한 경우에는 자료의 기재에 대한 상대방의 주장을 진실한 것으로 인정할 수 있다. ⑤ 법원은 제4항에 해당하는 경우 자료의 제출을 신청한 당사자가 자료의 기재에 관하여 구체적으로 주장하기에 현저히 곤란한 사정이 있고 자료로 증명할 사실을 다른 증거로 증명하는 것을 기대하기도 어려운 경우에는 그 당사자가 자료의 기재로 증명하려는 사실에 관한 주장을 진실한 것으로 인정할 수 있다.	

나. 내용

- 현행 「민사소송법」에 따른 문서제출명령은 해당 기업이 영업비밀을 이유로 거부할 수 있고, 전자문서·동영상 등 서류 외의 자료는 제출대상에서 제외되며, 제출명령에 불응해도 이에 대한 제재가 미약하여 피해자가 손해 및 손해액 입증에 필요한 증거를 확보하는데 어려움이 존재하였습니다. 이러한 문제를 해소하고자 전면 개정된 공정거래

법은 손해배상청구소송이 활성화될 수 있도록 부당한 공동행위 및 부당지원행위를 제외한 불공정거래행위에 대하여 법원이 해당 기업에 자료제출명령을 할 수 있도록 하고, 영업비밀이라 하더라도 손해의 증명 또는 손해액 산정에 반드시 필요한 경우에는 자료제출을 거부할 수 없도록 하며, 제출명령 불응 시 자료의 기재로 증명하고자 하는 사실을 진실한 것으로 인정할 수 있게 하였습니다.

제112조 비밀유지명령

가. 법조문

법률	시행령
제112조(비밀유지명령) ① 법원은 제109조에 따라 제기된 손해배상청구소송에서 그 당사자가 보유한 영업비밀에 대하여 다음 각 호의 사유를 모두 소명한 경우에는 그 당사자의 신청에 따라 결정으로 다른 당사자(법인인 경우에는 그 대표자를 말한다), 당사자를 위하여 소송을 대리하는 자, 그 밖에 그 소송으로 영업비밀을 알게 된 자에게 그 영업비밀을 그 소송의 계속적인 수행 외의 목적으로 사용하거나 그 영업비밀에 관계된 이 항에 따른 명령을 받은 자 외의 자에게 공개하지 아니할 것을 명할 수 있다. 다만, 그 신청 시점까지 다른 당사자(법인인 경우에는 그 대표자를 말한다), 당사자를 위하여 소송을 대리하는 자, 그 밖에 그 소송으로 영업비밀을 알게 된 자가 제1호에 따른 준비서면의 열람이나 증거조사 외의 방법으로 그 영업비밀을 이미 취득하고 있는 경우에는 그러하지 아니하다. 1. 이미 제출하였거나 제출하여야 할 준비서면, 이미 조사하였거나 조사하여야 할 증거 또는 제111조 제1항에 따라 제출하	

법률	시행령
였거나 제출하여야 할 자료에 영업비밀이 포함되어 있다는 것 2. 제1호의 영업비밀이 해당 소송 수행 외의 목적으로 사용되거나 공개되면 당사자의 영업에 지장을 줄 우려가 있어 이를 방지하기 위하여 영업비밀의 사용 또는 공개를 제한할 필요가 있다는 것 ② 당사자는 제1항에 따른 명령(이하 "비밀유지명령"이라 한다)을 신청하려면 다음 각 호의 사항을 적은 서면으로 하여야 한다. 1. 비밀유지명령을 받을 자 2. 비밀유지명령의 대상이 될 영업비밀을 특정하기에 충분한 사실 3. 제1항 각 호의 사유에 해당하는 사실 ③ 법원은 비밀유지명령이 결정된 경우에는 그 결정서를 비밀유지명령을 받을 자에게 송달하여야 한다. ④ 비밀유지명령은 제3항의 결정서가 비밀유지명령을 받을 자에게 송달된 때부터 효력이 발생한다. ⑤ 비밀유지명령의 신청을 기각하거나 각하한 재판에 대해서는 즉시항고를 할 수 있다.	

나. 내용

- 자료제출명령 제도의 신설로 인하여 사업자의 영업비밀의 공개가능성이 높아진 것을 보완하고자 비밀유지명령 제도를 신설하였습니다. 신설된 비밀유지명령 제도는 부정경쟁방지법, 저작권법, 특허법 등의 비밀유지명령과 유사한 제도로 보이며, 비밀유지의 대상이 되는 영업비밀을 공정거래법 위반을 이유로 한 손해배상청구 소송의 계속적인 수행 외의 목적으로 사용하거나 그 영업비밀에 관계되어 비밀유지명령을 받은 자 외의 자에게 공개하지 아니할 것을 그 내용으로 합니다.

제113조 비밀유지명령의 취소

가. 법조문

법률	시행령
제113조(비밀유지명령의 취소) ① 비밀유지명령을 신청한 자 또는 비밀유지명령을 받은 자는 제112조 제1항에 따른 요건을 갖추지 못하였거나 갖추지 못하게 된 경우 소송기록을 보관하고 있는 법원(소송기록을 보관하고 있는 법원이 없는 경우에는 비밀유지명령을 내린 법원을 말한다)에 비밀유지명령의 취소를 신청할 수 있다. ② 법원은 비밀유지명령의 취소신청에 대한 재판이 있는 경우에는 그 결정서를 그 신청을 한 자 및 상대방에게 송달하여야 한다. ③ 비밀유지명령의 취소신청에 대한 재판에 대해서는 즉시항고를 할 수 있다. ④ 비밀유지명령을 취소하는 재판은 확정되어야 효력이 발생한다. ⑤ 비밀유지명령을 취소하는 재판을 한 법원은 비밀유지명령의 취소신청을 한 자 또는 상대방 외에 해당 영업비밀에 관한 비밀유지명령을 받은 자가 있는 경우에는 그 자에게 즉시 비밀유지명령의 취소 재판을 한 사실을 알려야 한다.	

나. 내용

- 비밀유지명령이 그 요건을 갖추지 못하였거나 갖추지 못하게 된 경우 그 비밀유지명령을 신청한 자 또는 받은 자에게 취소를 신청할 수 있도록 하였습니다.

제114조 소송기록 열람 등의 청구 통지 등

가. 법조문

법률	시행령
제114조(소송기록 열람 등의 청구 통지 등) ① 비밀유지명령이 내려진 소송(모든 비밀유지명령이 취소된 소송은 제외한다)에 관한 소송기록에 대하여 「민사소송법」 제163조 제1항의 결정이 있었던 경우에, 당사자가 같은 항에서 규정하는 비밀 기재부분의 열람 등의 청구를 하였으나 그 청구 절차를 해당 소송에서 비밀유지명령을 받지 아니한 자가 밟은 경우에는 법원서기관, 법원사무관, 법원주사 또는 법원주사보(이하 이 조에서 "법원사무관등"이라 한다)는 같은 항의 신청을 한 당사자(그 열람 등의 청구를 한 자는 제외한다. 이하 제3항에서 같다)에게 그 청구 직후에 그 열람 등의 청구가 있었다는 사실을 알려야 한다. ② 법원사무관등은 제1항의 청구가 있었던 날부터 2주일이 지날 때까지(그 청구 절차를 밟은 자에 대한 비밀유지명령 신청이 그 기간 내에 이루어진 경우에는 그 신청에 대한 재판이 확정되는 시점까지를 말한다) 그 청구 절차를 밟은 자에게 제1항의 비밀 기재부분의 열람 등을 하게 하여서는 아니 된다. ③ 제2항은 제1항의 열람 등의 청구를 한 자에게 제1항의 비밀 기재부분의 열람 등을 하게 하는 것에 대하여 「민사소송법」 제163조 제1항의 신청을 한 당사자 모두가 동의하는 경우에는 적용되지 아니한다.	

나. 내용

- 민사소송법 제163조에서는 비밀보호를 위해 당사자에게 소송기록 중 비밀 기재부분의 열람을 당사자로 제한하는 결정을 신청할 수 있는 제도를 두고 있습니다. 유효한 비밀유지명령이 내려진 모든 소송에 관하여 민사소송법 제163조 제1항의 결정이 있었다면, 비밀유지명령의 상대방이 아닌 자가 비밀 기재부분의 열람을 청구할 경우 그 직후 법원 사무관 등으로 하여금 민사소송법 제163조 제1항의 신청을 한 당사자에게 비밀 기재부분의 열람청구가 있었다는 사실을 알리도록 하여, 민사소송법 제163조 제1항의 신청을 한 당사자에게 그 열람청구한 자에 대한 비밀유지명령을 신청할 기회를 부여하였습니다.

제115조 손해액의 인정

가. 법조문

법률	시행령
제115조(손해액의 인정) 법원은 이 법을 위반한 행위로 손해가 발생한 것은 인정되나 그 손해액을 입증하기 위하여 필요한 사실을 입증하는 것이 해당 사실의 성질상 매우 곤란한 경우에 변론 전체의 취지와 증거조사의 결과에 기초하여 상당한 손해액을 인정할 수 있다.	

나. 판례

【정유사의 부당한 공동행위로 인한 손해배상청구 건】

대법원 2016. 11. 24. 선고 2014누81511 판결

판결요지

구 공정거래법의 규정을 위반한 행위로 인한 손해배상소송에서 손해가 발생한 것은 인정되나 손해액을 증명하기 위하여 필요한 사실을 증명하는 것이 해당 사실의 성질상 극히 곤란한 경우에는, 법원은 구 공정거래법 제57조에 의하여 변론 전체의 취지와 증거조사의 결과에 기초하여 상당한 손해액을 인정할 수 있다.

이는 손해가 발생한 것은 인정되나 손해액을 증명하기 위하여 필요한 사실을 증명하는 것이 해당 사실의 성질상 극히 곤란한 경우에는 증명도 · 심증도를 경감함으로써 손해의 공평 · 타당한 분담을 지도원리로 하는 손해배상제도의 이상과 기능을 실현하려는 취지이다. 따라서 법원이 위 규정을 적용하여 손해액을 인정할 때에도 손해액 산정의 근거가 되는 간접사실들의 탐색에 최선의 노력을 다해야 하고 탐색해 낸 간접사실들을 합리적으로 평가하여 객관적으로 수긍할 수 있는 손해액을 산정하여야 한다.

판결요지

공정거래법 위반행위를 포함한 불법행위로 인하여 손해가 발생한 사실이 인정되는 경우 법원은 손해액에 관한 당사자의 주장과 증명이 미흡하더라도 적극적으로 석명권을 행사하여 증명을 촉구하여야 하고, 경우에 따라서는 직권으로라도 손해액을 심리 · 판단하여야 한다.

제 13 장

적용예외

제116조 법령에 따른 정당한 행위

가. 법조문

법률	시행령
제116조(법령에 따른 정당한 행위) 이 법은 사업자 또는 사업자단체가 다른 법령에 따라 하는 정당한 행위에 대해서는 적용하지 아니한다.	

나. 판례

【4개 종계 판매 사업자의 부당한 공동행위 건】

서울고등법원 2021. 1. 28. 선고 2020누34003 판결(확정)

판결요지

원고의 이 사건 종계 생산량 제한 합의는 구 농안법상의 유통조절명령 또는 구 축산화계열화법상의 생산조정 내지 출하조정에 의하여 이루어진 것이 아닐 뿐 아니라 농림수산식품부의 행정지도에 의한 것이라는 사정만으로 이 사건 종계 생산량 제한 합의가 공정거래법 제58조의 '법령에 따른 정당한 행위'에 해당한다고도 볼 수 없다는 사례

구 농안법상 유통조절명령의 대상은 농수산물로서 축산물인 원종계나 종계는 위 법령에서 정하는 유통조절명령의 대상품목에 포함되지 아니함이 문언상 명백하다. 따라서 농림수산식품부의 2013. 1. 21.자 공문 및 2013. 2. 25.자 공문의 내용은 그 형식이나 내용 등에 비추어 볼 때, 구 농안법 제10조 제2항에 근거한 유통조절명령에 해당하지 아니할 뿐 아니라 구 농안법 및 그 하위 법령인 구 농안법 시행규칙에 근거한 행정지도라고

보기도 어렵다. 구 축산계열화법 및 구 축산계열화법 시행규칙에 의한 가축 또는 축산물의 생산조정 또는 출하조절을 하기 위해서는 농림수산식품부장관은 피고와 사전 협의를 거쳐 생산조정 등의 기준을 정하여 농림수산식품부 인터넷 홈페이지에 공시하는 등의 절차를 거치도록 되어 있다. 농림수산식품부의 2013. 1. 21.자 공문 및 2013. 2. 25.자 공문은 그 형식이나 내용, 구 축산계열화법의 시행시기 등에 비추어 볼 때, 구 축산계열화법 제5조 제1항 및 그 하위 법령에 근거한 생산조정 내지 출하조절에 해당하지 아니할 뿐 아니라 위 각 법령에 근거한 행정지도라고 보기도 어렵다. 아울러 농림수산식품부 장관은 이 사건 종계 생산량 조절과 관련하여 피고와 협의를 거쳤다거나 생산조정기준을 정하여 농림수산식품부 인터넷 홈페이지에 공시하는 등 구 축산계열화법 제5조 제1항 및 구 축산계열화법 시행규칙 제3조에서 정하는 바와 같은 절차를 거치지도 아니하였다. 원고 등 4개사는 2013. 1. 21.자 농림수산식품부의 행정지도가 있기 전인 훨씬 전부터 이미 종계판매시장의 공급과잉에 관한 대책을 논의해 왔고, 공정거래법 위반의 소지가 있음을 인지하고 있었던 것으로 보이는 점, 원고 등 4개사가 2013. 1. 8. 농림수산식품부에 '계육산업 불황에 따른 사육농가 및 계열업체 경영안전 지원 건의'를 통해 경영안정자금 지원, 종계 생산조정 또는 유통조절명령의 시행을 건의하였고, 농림수산식품부로부터 2013. 1. 21.자 공문 및 2013. 2. 25.자 공문을 받게 되자 원종계 감축물량 및 도태 실행시기 등에 관하여 구체적으로 합의한 후 곧바로 실행에 착수한 점 등에 비추어 보면, 원고 등 4개사는 사전에 원종계 감축에 관한 합의를 마친 후 그 합의내용이 농림수산식품부의 행정지도에 따라 이루어진 것과 같은 외관을 갖추기 위해 농림수산식품부로부터 위와 같은 공문을 받게 된 것으로 보인다. 원고는 이 법원의 농림축산식품부에 대한 사실조회 회신을 근거로 농림수산식품부의 행정지도가 구 정부조직법(2013. 3. 23. 법률 제11690호로 개정되기 전의 것, 이하 '구 정부조직법'이라고 한다) 제31조 제1항 및 농림수산식품부와 그 소속기관 직제 제15조 제3항 제42호에 근거하여 이루어진 것인데, 이러한 조직법적 근거에 의하여 이루어진 원고 등 4개사의 행위도 공정거래법 제58조의 '법률 또는 그 법률에 의한 명령에 따라 행하는 정당한 행위'에 해당할 수 있다고 주장한다. 그러나 원고가 거시하고 있는 구 정부조직법 제31조 제1항이 당해 사업의 특수성으로 경쟁제한이 합리적이라고 인정되는 사업 또는 인가제 등에 의하여 사업자의 독점적 지위가 보장되는 반면 공공성의 관점에서 고도의 공적규제가 필요한 사업 등에 있어 자유경쟁의 예외를 구체적으로 인정하고 있는 법률에 해당한다고 보기는 어렵다. 따라서 원고 등 4개사가 농림수산식품부의 행정지도에 따른 것이라고 하더라도 그러한 사정만으로 원고 등 4개사의 이 사건 종계 생산량 제한 합의가 구 공정거래법 제58조에서 정하는 법률 또는 그 법률에 의한 명령에 따른 정당한 행위에 해당한다고 할 수 없다.

【6개 농산물사업자의 부당한 공동행위 건】

서울고등법원 2004. 5. 12. 선고 2003누5817 판결(확정)

판결요지

농수산물공사가 실제로 원고들에게 위탁수수료 내지 장려금에 대한 가격이나 거래조건을 직접 결정하거나 공동으로 결정하도록 지시하였다고 하더라도, 이는 구 공정거래법 제58조 소정의 법률에 의한 명령으로 볼 수 없다고 본 사례

① 농안법 제42조 제1항 제3호, 제2항 및 같은 법 시행규칙 제39조 제3항 제2호 및 그 위임에 따른 서울특별시가락동농수산물종합도매시장업무규정 제50조에 의하면, 청과부류 위탁수수료에 대하여는 그 최고한도만 거래금액의 1,000분의 60으로 규정하고 있어, 도매시장법인이 그 범위 내에서 자율적으로 위탁수수료를 결정할 수 있는 것으로 보이고, 장려금에 대하여도 서울특별시농수산물시장조례 제3조의2 제1항에서 도매시장법인은 출하자 및 중도매인에게 각각 위탁수수료 수입의 1,000분의 150 범위 안에서 장려금을 지급할 수 있는 것으로 규정하여, 도매시장법인의 판단에 따라 임의적으로 장려금 지급이 가능하도록 정하고 있으며, ② 농안법 제21조 제2항, 제81조 제1항, 제2항, 제85조 제2항 등에 의하면 시장관리자에게 대통령령이 정하는 바에 따라 "산지유통인의 등록·도매시장에의 출입금지 및 제한 기타 필요한 조치, 도매시장법인 등의 업무집행 상황 보고 명령"에 관한 권한을 위탁할 수 있도록 규정함에 따라, 도매시장의 개설자는 도매시장법인에 대하여 "업무처리의 개선 및 시장질서의 유지"를 위하여만 필요한 조치를 명할 수 있고, 시장관리자는 "시설물관리·거래질서유지·유통종사자의 지도 및 감독 등에 관한 업무"만을 행하거나 도매시장의 개설자로부터 권한을 위탁받은 업무만을 행할 수 있을 뿐이지, 도매시장관리자인 농수산물공사가 도매시장법인의 권한에 속하는 사항인 위탁수수료 내지 장려금의 요율을 직접 결정하거나 그에 대하여 지시할 수는 없다 할 것이다.

【5개 은행의 수출환어음 매입수수료 관련 부당한 공동행위 건】

대법원 2011. 4. 28. 선고 2009두4661 판결

판결요지

금융감독원이 구체적으로 매입수수료의 신설 등을 지시한 증거가 없다면 행정지도에 따른 행위로 보기 어렵다고 본 사례

금융감독원은 수출환어음 매입이자 기간계산방식을 '양편 넣기'에서 '한편 넣기'로 개선할 것을 요청하였을 뿐이므로, 이 사건 공동행위가 금융감독원의 행정제도에 따른

행위라거나 또는 그 위법성이 조각된다는 원고의 주장을 배척한 원심 판단은 정당하다.

【서울신문사의 스포츠서울21 부당지원행위 건】

서울고등법원 2004. 7. 15. 선고 2002누1092 판결(확정)

판결요지

부가가치세법상 과세표준은 법령에 따른 행위의 근거가 될 수 없다고 본 사례

부가가치세법 시행령 제49조의2 제1항은 부가가치세를 부과하기 위한 과세표준을 정한 것에 불과하고, 사업자가 보증금을 월세로 전환할 경우의 전환율을 제한하거나 강제하는 규정이 아니어서 원고가 정상 임대수익률이 훨씬 높음에도 불구하고 스포츠서울21에 대하여 위 규정에 따라 보증금의 월세환산 임대수익률을 정하였다는 사정만으로는 법령에 따른 정당한 행위라고 할 수 없다.

【한국건설감리협회의 일방적인 건설감리대가 기준설정행위 건】

서울고등법원 2002. 11. 19. 선고 2002누1313 판결(확정)

판결요지

대한건설감리협회의 정관이 감독관청인 건설교통부 장관의 인가를 받은 것이라고 하더라도 그러한 사정만으로 정관의 규정내용이나 정관의 규정에 따른 행위가 정당하게 되는 것은 아니라고 본 사례

건설교통부는 제정·고시하여 운용해 오던 건설공사감리대가기준을 1994년부터 폐지하였는바, 대한건설감리협회가 폐지된 건설교통부 고시를 내용으로 하여 위 협회의 감리대가기준을 정하였다고 하더라도 위 건설교통부 고시는 이미 폐지된 것이므로 협회의 감리대가기준 제정에 대하여 별도로 건설교통부와의 협의나 승인을 거치지 아니한 이상 협회 임의로 이를 정한 것이라고 할 것이다. 따라서 이를 두고 수요자측의 대표자인 건설교통부와의 사실상의 협의를 거쳐 정한 것이라고 할 수는 없으며, 협회의 정관 제5조 제10호에 협회의 사업활동의 하나로 대가기준의 제정이 정해져 있고 협회가 위 정관규정에서 정해진 바에 따라 감리대가기준을 정한 것이며 위 정관은 감독관청인 건설교통부 장관의 인가를 받은 것이라고 하더라도 정관이 감독관청의 인가를 받은 사정만으로 정관의 규정내용이나 정관의 규정에 따른 행위가 정당하게 되는 것은 아니다.

제117조 무체재산권의 행사행위

가. 법조문

법률	시행령
제117조(무체재산권의 행사행위) 이 법은 「저작권법」, 「특허법」, 「실용신안법」, 「디자인보호법」 또는 「상표법」에 따른 권리의 정당한 행사라고 인정되는 행위에 대해서는 적용하지 아니한다.	

나. 판례

【한성자동차의 오토월드에 대한 병행수입저지행위 건】

서울고등법원 2000. 4. 6. 선고 99누389 판결(확정)

판결요지

구 공정거래법 제59조는 상표법에 의한 권리의 행사라고 인정되는 행위에 대하여 이 법을 적용하지 아니한다고 규정하고 있으므로 다른 사업자가 상품을 병행수입한 행위가 상표권자의 상표권을 침해한 것이라면 권리자로서는 상표권의 행사로서 병행수입행위를 저지할 수 있고 이러한 병행수입저지행위는 불공정거래행위가 되지 않는다.

제118조 일정한 조합의 행위

가. 법조문

법률	시행령
제118조(일정한 조합의 행위) 이 법은 다음 각 호의 요건을 갖추어 설립된 조합(조합의 연합체를 포함한다)의 행위에 대해서는 적용하지 아니한다. 다만, 불공정거래행위 또는 부당하게 경쟁을 제한하여 가격을 인상	

법률	시행령
하게 되는 경우에는 그러하지 아니하다. 1. 소규모의 사업자 또는 소비자의 상호부조(相互扶助)를 목적으로 할 것 2. 임의로 설립되고, 조합원이 임의로 가입하거나 탈퇴할 수 있을 것 3. 각 조합원이 평등한 의결권을 가질 것 4. 조합원에게 이익배분을 하는 경우에는 그 한도가 정관에 정하여져 있을 것	

나. 판례

【한국재생유지공업협동조합의 사업자단체 금지행위 건】

대법원 2002. 9. 24. 선고 2002두5672 판결

판결요지

사업자조합이 구 공정거래법 제60조 소정의 법 적용제외조합에 해당하기 위하여는 소규모의 사업자들만으로 구성되어야 하며, 소규모 사업자는 대기업과 대등하게 교섭할 수 있도록 상호 단결할 필요성이 있는 규모의 사업자여야 할 것이다.

제 14 장

보칙

제119조 비밀엄수의 의무

가. 법조문

법률	시행령
제119조(비밀엄수의 의무) 이 법에 따른 직무에 종사하거나 종사하였던 위원, 공무원 또는 협의회에서 분쟁조정업무를 담당하거나 담당하였던 사람 또는 동의의결 이행관리 업무를 담당하거나 담당하였던 사람은 그 직무상 알게 된 사업자 또는 사업자단체의 비밀을 누설하거나 이 법의 시행을 위한 목적 외에 이를 이용해서는 아니 된다.	

나. 내용

- 공정거래법에 따른 직무에 종사한 공무원 등은 직무상 알게 된 비밀을 누설하거나 이용해서는 안 되며, 위반할 경우 공정거래법 제127조 제3항에 따라 2년 이하의 징역 또는 200만원 이하의 벌금에 처할 수 있습니다.

제120조 경쟁제한적인 법령 제정의 협의 등

가. 법조문

법률	시행령
제120조(경쟁제한적인 법령 제정의 협의 등) ① 관계 행정기관의 장은 사업자의 가격·거래조건의 결정, 시장진입 또는 사업활동의 제한, 부당한 공동행위 또는 사업자단체의 금지행위 등 경쟁제한사항을 내용으로 하는 법령을 제정 또는 개정하거나, 사업자 또는 사업자단체에 경쟁제한사항을 내용으로 하는 승인 또는 그 밖의 처분을 하려는 경우에는 미리 공정거래위원회와 협의하여야 한다. ② 관계 행정기관의 장은 경쟁제한사항을 내용으로 하는 예규·고시 등을 제정하거나 개정하려는 경우에는 미리 공정거래위원회에 통보하여야 한다. ③ 관계 행정기관의 장은 제1항에 따른 경쟁제한사항을 내용으로 하는 승인 또는 그 밖의 처분을 한 경우에는 해당 승인 또는 그 밖의 처분의 내용을 공정거래위원회에 통보하여야 한다. ④ 공정거래위원회는 제2항에 따라 통보를 받은 경우에 해당 제정 또는 개정하려는 예규·고시 등에 경쟁제한사항이 포함되어 있다고 인정되는 경우에는 관계 행정기관의 장에게 해당 경쟁제한사항의 시정에 관한 의견을 제시할 수 있다. ⑤ 공정거래위원회는 제1항에 따른 협의 없이 제정 또는 개정된 법령과 통보 없이 제정 또는 개정된 예규·고시 등이나 통보 없이 한 승인 또는 그 밖의 처분에 경쟁제한사항이 포함되어 있다고 인정되는 경우에는 관	

법률	시행령
계 행정기관의 장에게 해당 경쟁제한사항의 시정에 관한 의견을 제시할 수 있다.	

나. 내용

- 중앙행정기관은 경쟁제한적인 내용으로 법령을 개정하는 등의 경우에 사전에 공정거래위원회와 협의를 거쳐야 합니다. 관련 내용은 「법령 등의 경쟁제한사항 심사지침」에서 상세히 규정하고 있습니다. 의원입법의 경우 정부입법과 달리 명시적으로 적용되지는 않으나 실질적으로는 동일한 방식으로 의견을 제시하고 있습니다.

제121조 관계 기관 등의 장의 협조

가. 법조문

법률	시행령
제121조(관계 기관 등의 장의 협조) ① 공정거래위원회는 이 법의 시행을 위하여 필요하다고 인정할 때에는 관계 행정기관의 장이나 그 밖의 기관 또는 단체의 장의 의견을 들을 수 있다. ② 공정거래위원회는 이 법의 시행을 위하여 필요하다고 인정할 때에는 관계 행정기관의 장이나 그 밖의 기관 또는 단체의 장에게 필요한 조사를 의뢰하거나 필요한 자료를 요청할 수 있다. ③ 공정거래위원회는 이 법에 따른 시정조치의 이행을 확보하기 위하여 필요하다고 인정하는 경우에는 관계 행정기관의 장이나 그 밖의 기관 또는 단체의 장에게 필요한 협조를 의뢰할 수 있다.	

나. 내용

- 공정거래법 집행과 관련하여 관계 기관 등의 장에게 의견을 듣거나, 자료를 요청하거나, 그 밖에 협조할 사항을 의뢰할 수 있도록 규정하고 있습니다.

제122조 권한의 위임 · 위탁

가. 법조문

법률	시행령
제122조(권한의 위임 · 위탁) 공정거래위원회는 이 법에 따른 권한의 일부를 대통령령으로 정하는 바에 따라 소속 기관의 장이나 특별시장 · 광역시장 · 특별자치시장 · 도지사 또는 특별자치도지사에게 위임하거나, 다른 행정기관의 장에게 위탁할 수 있다.	

나. 내용

- 공정거래위원회는 권한의 일부를 다른 행정기관에 위임 · 위탁할 수 있도록 규정하면서 이와 관련된 사항은 대통령령으로 위임했으나 이에 대한 규정은 제정되지 않았습니다.

제123조 벌칙 적용 시의 공무원 의제

가. 법조문

법률	시행령
제123조(벌칙 적용 시의 공무원 의제) ① 공정거래위원회의 위원 중 공무원이 아닌 위원은 「형법」이나 그 밖의 법률에 따른 벌칙을 적용할 때에는 공무원으로 본다. ② 제73조부터 제79조까지의 규정에 따른 분쟁의 조정업무를 담당하거나 담당하였던 사람 또는 제90조에 따른 이행관리 업무를 담당하거나 담당하였던 사람은 「형법」 제129조부터 제132조까지의 규정에 따른 벌칙을 적용할 때에는 공무원으로 본다.	

나. 내용

- 본 조문에 따라 공무원 아닌 위원, 한국공정거래조정원의 분쟁조정업무, 동의의결절차의 이행관리를 담당했던 자도 공무원으로 의제되어, 신분상 공무원일 것을 요구하는 범죄의 성립이 가능합니다.

제 15 장

벌칙

제124조 벌칙

가. 법조문

법률	시행령
제124조(벌칙) ① 다음 각 호의 어느 하나에 해당하는 자는 3년 이하의 징역 또는 2억원 이하의 벌금에 처한다. 1. 제5조를 위반하여 남용행위를 한 자 2. 제13조 또는 제36조를 위반하여 탈법행위를 한 자 3. 제15조, 제23조, 제25조 또는 제39조를 위반하여 의결권을 행사한 자 4. 제18조 제2항부터 제5항까지의 규정을 위반한 자 5. 제19조를 위반하여 지주회사를 설립하거나 지주회사로 전환한 자 6. 제20조 제2항 또는 제3항을 위반한 자 7. 제21조 또는 제22조를 위반하여 주식을 취득하거나 소유하고 있는 자 8. 제24조를 위반하여 채무보증을 하고 있는 자 9. 제40조 제1항을 위반하여 부당한 공동행위를 한 자 또는 이를 하도록 한 자 10. 제45조 제1항 제9호, 제47조 제1항 또는 제4항을 위반한 자 11. 제48조를 위반한 자 12. 제51조 제1항 제1호를 위반하여 사업자	

법률	시행령
단체의 금지행위를 한 자 13. 제81조 제2항에 따른 조사 시 폭언·폭행, 고의적인 현장진입 저지·지연 등을 통하여 조사를 거부·방해 또는 기피한 자 ② 제1항의 징역형과 벌금형은 병과(倂科)할 수 있다.	

나. 내용

- 시장지배적지위 남용행위, 부당한 공동행위, 불공정거래행위 등의 공정거래법상 주요 위법행위에 대해 3년 이하의 징역 또는 2억 원 이하의 벌금에 처할 수 있습니다. 이 경우 형사소송법 제249조에 따라 5년의 공소시효가 적용되며, 전속고발권(공정거래법 제129조)가 적용되는 위법행위에도 해당합니다.

제125조 벌칙

가. 법조문

법률	시행령
제125조(벌칙) 다음 각 호의 어느 하나에 해당하는 자는 2년 이하의 징역 또는 1억 5천만 원 이하의 벌금에 처한다. 1. 제7조 제1항, 제14조 제1항, 제37조 제1항, 제42조 제1항, 제49조 제1항 및 제52조 제1항에 따른 시정조치에 따르지 아니한 자 2. 제31조 제4항에 따른 자료제출 요청에 대하여 정당한 이유 없이 자료제출을 거부하거나 거짓의 자료를 제출한 자 3. 제31조 제5항을 위반하여 공인회계사의 회계감사를 받지 아니한 자	

법률	시행령
4. 제45조 제1항(제1호 · 제2호 · 제3호 · 제7호 및 제9호는 제외한다)을 위반하여 불공정거래행위를 한 자 5. 제51조 제1항 제3호를 위반하여 사업자단체의 금지행위를 한 자 6. 제81조 제1항 제3호 또는 같은 조 제6항에 따른 보고 또는 필요한 자료나 물건을 제출하지 아니하거나 거짓의 보고 또는 자료나 물건을 제출한 자 7. 제81조 제2항에 따른 조사 시 자료의 은닉 · 폐기, 접근 거부 또는 위조 · 변조 등을 통하여 조사를 거부 · 방해 또는 기피한 자	

나. 판례

【불공정거래행위를 이유로 한 공정거래법 위반 건】

대법원 2020. 2. 27. 선고 2016도9287 판결

판결요지

공정거래법상 사업자가 거래상대방에게 '직접 거래상지위 남용행위를 한 경우'가 아닌 '계열회사 또는 다른 사업자로 하여금 이를 하도록 한 경우'(직접 불공정거래행위 금지에 관한 규정을 위반하지 않은 경우)는 구 공정거래법 제67조 제2호에 따른 형사처벌의 대상이 되지 아니한다.

구 공정거래법 제23조 제1항, 제67조 제2호와 관련 법률조항 문언의 해석, 입법 취지와 개정 경위, 형벌법규는 문언에 따라 엄격하게 해석 · 적용하는 것이 원칙인 점, 구 공정거래법 제23조 제1항 위반에 대한 벌칙규정인 제67조 제2호는 사업자를 위해 그 위반행위를 한 자연인만이 처벌대상이 되고 법인인 사업자는 양벌규정인 제70조에 따른 별도의 요건을 갖춘 때에만 처벌대상이 되는 등 과징금 부과에 관한 규정과는 규율의 대상자나 적용요건에서 구별되어 위 규정들의 해석이나 적용이 반드시 일치할 필요가 없다는 점 등을 종합하면, 사업자가 거래상대방에게 '직접 거래상지위 남용행위를 한 경우'가 아닌 '계열회사 또는 다른 사업자로 하여금 이를 하도록 한 경우'는 공정거래법 제23조 제1항 제4호의 금지규정을 위반한 것으로서 과징금 부과 등 공정거래법이 정한 별도의 제재대상이 될 수 있음은 별론으로 하고, 이를 이유로 같은 법 제67조 제2호에 따른 형사처벌의 대상이 되지는 않는다고 보아야 한다.

제126조 벌칙

가. 법조문

법률	시행령
제126조(벌칙) 다음 각 호의 어느 하나에 해당하는 자는 1억원 이하의 벌금에 처한다. 1. 제17조를 위반하여 지주회사의 설립 또는 전환의 신고를 하지 아니하거나 거짓으로 신고한 자 2. 제18조 제7항을 위반하여 해당 지주회사등의 사업내용에 관한 보고서를 제출하지 아니하거나 거짓으로 보고서를 제출한 자 3. 제30조 제1항 및 제2항을 위반하여 주식소유 현황 또는 채무보증 현황의 신고를 하지 아니하거나 거짓으로 신고한 자 4. 거짓으로 감정을 한 제81조 제1항 제2호에 따른 감정인	

나. 내용

- 지주회사의 설립 또는 전환의 신고를 하지 않거나 거짓으로 신고하는 등의 경우에는 1억 원 이하의 벌금에 처하며, 형사소송법 제249조에 따라 5년의 공소시효가 적용됩니다.

제127조 벌칙

가. 법조문

법률	시행령
제127조(벌칙) ① 국내외에서 정당한 이유 없이 제112조 제1항에 따른 비밀유지명령을 위반한 자는 2년 이하의 징역 또는 2천만원 이하의 벌금에 처한다. ② 제1항의 죄는 비밀유지명령을 신청한 자의 고소가 없으면 공소를 제기할 수 없다. ③ 제119조를 위반한 자는 2년 이하의 징역 또는 200만원 이하의 벌금에 처한다.	

나. 내용

- 공정거래법 위반에 따른 손해배상소송에서 비밀유지명령이 부과되었는데 이를 위반한 경우에는 2년 이하의 징역에 처하며, 공정거래법에 따른 직무 수행 상 지득한 비밀을 누설한 경우에는 2년 이하의 징역 또는 200만 원 이하의 벌금에 처하도록 규정하고 있습니다.

제128조 양벌규정

가. 법조문

법률	시행령
제128조(양벌규정) 법인(법인격이 없는 단체를 포함한다. 이하 이 조에서 같다)의 대표자나 법인 또는 개인의 대리인, 사용인, 그 밖의 종업원이 그 법인 또는 개인의 업무에 관하여 제124조부터 제126조까지의 어느	

법률	시행령
하나에 해당하는 위반행위를 하면 그 행위자를 벌하는 외에 그 법인 또는 개인에게도 해당 조문의 벌금형을 과(科)한다. 다만, 법인 또는 개인이 그 위반행위를 방지하기 위하여 해당 업무에 관하여 상당한 주의와 감독을 게을리하지 아니한 경우에는 그러하지 아니하다.	

나. 내용

- 공정거래법은 자연인이 범죄 주체인 형사법의 원칙상 형벌규정에 대해서는 양벌규정을 통해 법인을 처벌할 수 있는 구조로 규정되어 있습니다.

제129조 고발

가. 법조문

법률	시행령
제129조(고발) ① 제124조 및 제125조의 죄는 공정거래위원회의 고발이 있어야 공소를 제기할 수 있다. ② 공정거래위원회는 제124조 및 제125조의 죄 중 그 위반의 정도가 객관적으로 명백하고 중대하여 경쟁질서를 현저히 해친다고 인정하는 경우에는 검찰총장에게 고발하여야 한다. ③ 검찰총장은 제2항에 따른 고발요건에 해당하는 사실이 있음을 공정거래위원회에 통보하여 고발을 요청할 수 있다. ④ 공정거래위원회가 제2항에 따른 고발요건에 해당하지 아니한다고 결정하더라도 감	

법률	시행령
사원장, 중소벤처기업부장관, 조달청장은 사회적 파급효과, 국가재정에 끼친 영향, 중소기업에 미친 피해 정도 등 다른 사정을 이유로 공정거래위원회에 고발을 요청할 수 있다. ⑤ 공정거래위원회는 제3항 또는 제4항에 따른 고발요청이 있을 때에는 검찰총장에게 고발하여야 한다. ⑥ 공정거래위원회는 공소가 제기된 후에는 고발을 취소할 수 없다.	

나. 판례

【공정거래법 위반】

대법원 2015. 9. 10. 선고 2015도3926 판결

판결요지

공정거래위원회가 사업자에게 공정거래법의 규정을 위반한 혐의가 있다고 인정하여 구 공정거래법 제71조에 따라 사업자를 고발하였다면 이로써 소추의 요건은 충족되며 공소가 제기된 후에는 고발을 취소하지 못함에 비추어 보면, 법원이 본안에 대하여 심판한 결과 공정거래법의 규정에 위반되는 혐의 사실이 인정되지 아니하거나 그 위반 혐의에 관한 공정거래위원회의 처분이 위법하여 행정소송에서 취소된다 하더라도 이러한 사정만으로는 그 고발을 기초로 이루어진 공소제기 등 형사절차의 효력에 영향을 미치지 아니한다.

【시정명령등 취소】

대법원 1995. 5. 12. 선고 94누13794 판결

판결요지

이른바 고발은 수사의 단서에 불과할 뿐 그 자체 국민의 권리의무에 어떤 영향을 미치는 것이 아니고, 특히 구 공정거래법 제71조는 공정거래위원회의 고발을 위 법률위반죄의 소추요건으로 규정하고 있어 공정거래위원회의 고발조치는 사직 당국에 대하여 형벌권 행사를 요구하는 행정기관 상호간의 행위에 불과하여 항고소송의 대상이 되는 행정처분이라 할 수 없으며, 더욱이 공정거래위원회의 고발 의결은 행정청 내부의 의사결정에 불과할 뿐 최종적인 처분은 아닌 것이므로 이 역시 항고소송의 대상이 되는 행정처분이 되지 못한다.

제130조 과태료

가. 법조문

법률	시행령
제130조(과태료) ① 사업자, 사업자단체, 공시대상기업집단에 속하는 회사를 지배하는 동일인 또는 그 동일인의 특수관계인인 공익법인이 다음 각 호의 어느 하나에 해당하는 경우에는 1억원 이하, 회사·사업자단체·공익법인의 임원 또는 종업원, 그 밖의 이해관계인이 다음 각 호의 어느 하나에 해당하는 경우에는 1천만원 이하의 과태료를 부과한다.	제94조(과태료의 부과기준) 법 제130조에 따른 과태료의 부과기준은 다음 각 호의 구분에 따른다.
1. 제11조 제1항, 제2항 또는 제6항에 따른 기업결합의 신고를 하지 아니하거나 거짓의 신고를 한 자 또는 같은 조 제8항을 위반한 자	1. 법 제130조 제1항 제1호의 과태료: 별표 7
2. 제20조 제3항 제2호·제3호를 위반하여 금융업 또는 보험업을 영위한 자 3. 제20조 제4항·제5항에 따른 보고를 하지 아니한 자 또는 주요내용을 누락하거나 거짓으로 보고를 한 자	2. 법 제130조 제1항 제2호 및 제3호의 과태료: 별표 8
4. 제26조부터 제29조까지의 규정에 따른 공시를 하는 경우에 이사회의 의결을 거치지 아니하거나 공시를 하지 아니한 자 또는 주요 내용을 누락하거나 거짓으로 공시한 자	3. 법 제130조 제1항 제4호의 과태료: 별표 9
5. 제32조 제3항에 따른 자료제출 요청에 대하여 정당한 이유 없이 자료를 제출하지 아니하거나 거짓의 자료를 제출한 자 6. 제81조 제1항 제1호를 위반하여 정당한 이유 없이 출석을 하지 아니한 자 7. 제87조 제2항에 따른 자료제출 요구에 대하여 정당한 이유 없이 자료를 제출하	4. 법 제130조 제1항 제5호부터 제7호까지 및 같은 조 제2항의 과태료: 별표 10

법률	시행령
지 아니하거나 거짓의 자료를 제출한 자 ② 제66조를 위반하여 질서유지의 명령을 따르지 아니한 사람에게는 100만원 이하의 과태료를 부과한다. ③ 제1항 또는 제2항에 따른 과태료는 대통령령으로 정하는 바에 따라 공정거래위원회가 부과 · 징수한다. ④ 제1항 또는 제2항에 따른 과태료의 부과 · 징수에 관하여는 제102조 제2항부터 제4항까지의 규정을 준용한다. 이 경우 "과징금"은 "과태료"로 본다.	

나. 내용

- 공정거래법은 일정한 위반행위에 대해서는 과태료를 통해 제재를 부과하고 있으며, 「공시대상기업집단 소속회사 등의 중요사항 공시의무 위반사건에 관한 과태료 부과기준」, 「대규모내부거래 등에 대한 이사회 의결 및 공시의무 위반사건에 관한 과태료 부과기준」, 「기업결합 신고규정 위반사건에 대한 과태료 부과기준」에서 구체적인 내용을 규정하고 있습니다.

Part 3

참고자료

Ⅰ 실무로 본 공정거래 사건 주요 진행절차

① 사건인지 단계

□ 공정위는 직권인지 또는 신고에 의해서 사건을 인지합니다. 신고는 이해당사자에 국한하지 않고 누구든지 가능합니다.[1)]

□ 공정위가 직권으로 인지한 사건은 통상적으로 세종시에 있는 공정위 본부에서, 신고사건은 지방사무소[2)](서울, 부산, 광주, 대전, 대구)에서 각각 담당합니다. 따라서 신고사건의 경우 처음부터 피신고인 주소지를 정확히 파악[3)]하여 사건을 담당하게 될 지방사무소[4)]로 신고서를 제출해야 담당부서 이관으로 인한 시간을 절약할 수 있습니다.[5)]

□ 공정위에 신고서를 제출하는 경우, 신고서에 신고내용 및 사실관계를 명확하게 작성하고 그 신고내용을 증명할 수 있는 증빙자료를 전부 포함하여 신고서를 제출하는 것이 좋습니다. 신고내용이 명확하지 않거나 증빙자료가 부실할 경우 보완요청을 받게 되며, 이로 인해 추가로 시간이 소요되기 때문입니다(통상적으로 2주 내지 1개월).

□ 또한 피해구제적 성격의 사건[6)]의 경우, 공정위에서 한국공정거래조정원 등으로 조정신청할 것을 권유하거나 직권으로 조정의뢰를 할 수도 있기 때문에 신고서 제출단계에서 조정절차를 거칠 것인지에 대한 판단을 미리 명확히 한 후 신청서에 그 취지(예를 들어 조정절차를 원한다든지 아니면 조정절차를 원하지 않는다든지)를 기재하는 것이 좋습니다. 애초에 사건의 성격상 조정이 힘든 경우, 불필요하게 조정절차를 거치면서 2~4개월의 시간이 추가로 소요될 수도 있기 때문입니다.

---

1) 단, 약관규제법상 약관심사는 ① 약관의 조항과 관련하여 법률상의 이익이 있는 자, ②「소비자기본법」 제29조에 따라 등록된 소비자단체, ③「소비자기본법」 제33조에 따라 설립된 한국소비자원, ④ 사업자단체만이 청구인 적격이 있습니다.
2) 피신고인의 주소지를 기준으로 해당 주소지를 관할하는 지방사무소에서 신고사건을 담당합니다.
3) 본점과 지점이 있는 경우 본점 소재지 주소.
4) 서울사무소(수도권과 강원도), 부산사무소(부산과 경상남도), 대구사무소(대구와 경상북도), 대전사무소(대전과 충청도), 광주사무소(광주와 전라남북도)
5) 공정위의 평균적인 신고사건 처리 기간은 약 7개월입니다(자료 보완기간 제외). 다만, 피심인 방어권 보장과 정확한 사실관계 확인 및 분석을 위해서 통상적으로 이보다는 많은 시간이 소요되고 있습니다.
6) 흔히 돈을 받으면 사건이 잘 마무리 될 수 있는 사건을 말합니다.

□ 각 지방사무소는 신고 접수시 예비조사 실시 후 사건화 여부를 결정합니다. 즉, 예비심사를 통해서 공정거래법 등 공정위 소관 법의 적용 대상이 아니거나, 민사적인 법률관계에 해당하는 경우는 심사불개시 또는 민원에 대한 회신 등으로 사건화가 되지 않고 종료됩니다. 또한 신고서에 대한 보완이 이루어지지 않는 경우[7]도 민원에 대한 회신으로 종료될 수 있습니다.

② 조사 단계

□ 공정위의 해당 사건 담당 부서는 사건 심사 착수 보고 후[8] 조사권을 발동하여 본 조사를 실시합니다.

□ 공정위의 조사는 피조사인 등에 대해 출석요구를 하여 의견청취를 하거나, 조사를 위한 자료 제출 명령을 하기도 하고[9], 피조사인의 사업장 등으로 직접 공정위 직원들이 출입하여 조사를 하는 현장조사[10]가 이루어지기도 합니다.

참고 현장조사 단계별 대응 방법

□ 공정위 현장조사가 이루어지는 경우 피조사인 사업자는 아래와 같이 단계별로 적절하게 대응하는 것이 필요합니다.

1. 조사관 도착단계
   - 현장조사를 하기 위해 공정위 직원들(이하 '조사관들')이 도착하면 우선 조사관들의 신분증, 명함을 통해 조사관들의 신원을 확인한 후 조사공문을 제출받아 조사관들의 성함·직위, 조사관들의 수, 방문목적, 조사범위, 도착시간 등을 파악합니다.

---

7) 실무상 공정위 담당부서에서 신고인에게 여러 차례 보완요청을 하였으나 보완이 이루어지지 않을 경우, 사실관계 확인이 어려워 법위반 여부에 대한 판단이 불가능하다는 사유로 심사절차종료될 수 있습니다.

8) 신고가 접수되면 '접수번호'가 부여되나, '사건번호'는 착수 보고가 이루어진 후에 부여됩니다.

9) 제81조(위반행위의 조사 등) ① 공정거래위원회는 이 법의 시행을 위하여 필요하다고 인정할 때에는 대통령령으로 정하는 바에 따라 다음 각 호의 처분을 할 수 있다.
1. 당사자, 이해관계인 또는 참고인의 출석 및 의견의 청취
2. 감정인의 지정 및 감정의 위촉
3. 사업자, 사업자단체 또는 이들의 임직원에게 원가 및 경영상황에 관한 보고, 그 밖에 필요한 자료나 물건의 제출 명령 또는 제출된 자료나 물건의 일시 보관

10) 제81조(위반행위의 조사 등) ② 공정거래위원회는 이 법의 시행을 위하여 필요하다고 인정할 때에는 소속 공무원(제122조에 따른 위임을 받은 기관의 소속 공무원을 포함한다)으로 하여금 사업자 또는 사업자단체의 사무소 또는 사업장에 출입하여 업무 및 경영상황, 장부·서류, 전산자료·음성녹음자료·화상자료, 그 밖에 대통령령으로 정하는 자료나 물건을 조사하게 할 수 있다.

- 경영진 및 사내 · 외부 변호사에게 즉시 연락을 합니다.
- 조사관들이 사용할 회의실 등 공간, 복사기, 프린터, PC 등을 제공합니다.
- 조사를 방해하거나 회피하는 듯한 언행을 최대한 자제하고, 협조적이고 정중한 태도를 유지합니다.

2. 현장조사 진행단계

- 조사관들이 열람한 자료 및 그 자료에 대한 질의와 답변내용, 제출한 자료 등 조사과정에서 이루어진 모든 조치, 상황, 대화 내용에 대해 기록하는 것이 바람직합니다.
- 문서, 전자데이터 등 자료는 '조사 목적범위 내의 자료'에만 접근하도록 협의하는 것이 필요합니다. 이때 가급적 사본을 제공하며, 부득이하게 원본을 제공할 경우 사본을 만들어 두어야 합니다.
- 조사관들의 질문에 대해서는 사실관계 위주로 간결하게 답변합니다. 즉, 개인적인 의견이나 추측에 기한 답변을 자제하고, 불확실한 경우 사실관계를 정확하게 확인한 후 답변하는 것이 바람직합니다. 가능하면 조사관들과의 질의 응답과정에 사내 · 외부 변호사의 입회를 요청하는 것이 좋습니다.
- 조사과정에서 조사관들은 필요한 경우 피조사인 직원들에게 확인서를 작성해 줄 것을 요청합니다. 이때 작성된 확인서는 심사보고서에 포함되어 공정위 처분을 위한 법 위반의 증거로 사용될 수 있으며, 이후 법원에서도 증거로 인정될 수 있습니다. 따라서 작성된 확인서를 주의 깊게 검토하고, 부정확한 부분이 있는 경우 해당 부분을 삭제해 줄 것을 요청하는 것이 바람직합니다.

3. 현장조사 종결단계

- 조사관들이 영치한 자료(문서, 전자데이터) 전부의 사본을 확보합니다.
- 조사관들은 영치하기 위한 자료에 회사의 직인을 날인받습니다. 이때 직인을 날인하기 전에 회사의 자료가 맞는지, 어느 부서의 자료인지, 검토 도중에 폐기된 초안 또는 구상단계의 자료가 아닌지를 확인해야 합니다
- 조사종결 후 빠른 시일 내에 사내 · 외부 변호사, 홍보팀 등과 대응방안을 협의해야 합니다.

- 이때 공정위의 조사는 행정작용을 위해 필요한 자료를 얻을 목적으로 행하는 행정조사이며, 압수 · 수색권 등 강제적인 조사수단은 없습니다. 단, 피조사인 등의 조사 거부 · 방해행위가 인정될 경우 과태료가 부과될 수 있습니다(법인 2억 원, 개인 5천만 원 이하).

• 공정위의 조사수단은 장부 · 서류 · 컴퓨터[11] 등에 대한 조사, 제출요구, 영치, 진술요구가 있으며, 부당지원행위나 상호출자 탈법행위조사의 경우에 한해서 엄격한 요건하에 금융거래정보요구도 가능합니다.

□ 조사결과 혐의가 없을 경우는 무혐의, 공정위의 조사를 통해서 사실관계를 확인하기 어려울 경우 및 사업자가 도산 · 폐업한 경우 등에는 심사(의)절차 종료로 사건처리가 종결됩니다.

□ 조사결과 조사내용이 공정위 소관 법에 위반된다고 판단되는 경우, 공정위의 해당사건 담당부서(사건국)는 심사보고서[12]를 작성하여 위원회에 상정합니다.

• 단, 법 위반이지만 위원회의 심결을 거쳐 위반행위를 시정하기에는 시간적 여유가 없거나, 사업자가 자진시정의사를 표시한 경우 등에는 시정권고가 가능합니다.

3 안건상정

□ 사건국에서 심사보고서를 작성하여 결재(사무처장)를 득한 후 회의안건으로 심판관리관실에 제출하며, 이때 안건의 중요도에 따라 전원회의 또는 소회의로 구분하여 상정됩니다.

전원회의	소회의
법규 등의 제 · 개정 및 해석 · 적용, 이의신청의 재결, 소회의에서 의결되지 아니한 사항, 기타 경제적 파급 효과가 중대한 사항	전원회의 소관이 아닌 일반 안건

• 소회의 사건은 과징금, 전속고발 사건을 제외하고는 심사관이 안건상정 전에 피심인에게 심사보고서에 기재된 심사관의 조치의견을 수락하는지 여부를 물으며 이를 수락한 경우 서면심의로 종결됩니다(약식절차).

4 심의단계

□ 위원회는 피심인[13]과 심사관을 심판정에 출석하도록 하여 대심 구조하에 사실관계

11) 현장조사에 공정위 직원 중 포렌식 전문가가 대동하여 디지털 포렌식(Digital Forensics)을 통한 조사가 이루어지기도 합니다.
12) 검사의 공소장과 유사한 개념입니다.

등을 확인합니다. 그 절차는 다음과 같습니다.

① 의장은 개회 선언 후 피심인 등에 대하여 본인임을 확인합니다.

② 심사관의 심사보고 후 피심인 또는 대리인이 그에 대한 의견을 진술하며, 이때 프레젠테이션이 이루어지기도 합니다.

- 심사관은 행위사실, 위법성 판단 및 법령의 적용 등을 요약 보고하고, 피심인 또는 대리인은 심사관이 한 심사보고 내용에 대하여 의견을 진술합니다.

③ 심사관의 의견진술 : 피심인의 진술에 대한 반박기회를 부여합니다.

④ 주심위원부터 차례대로 사실관계 및 위법성 판단에 필요한 내용을 심사관과 피심인에게 질문합니다.

⑤ 위원들의 질문이 종료된 후 심사관은 시정명령, 과징금 납부명령 등 심사관 조치의견을 발표합니다.

⑥ 피심인의 최후진술 : 심사관 조치의견에 대한 피심인의 입장을 진술합니다.

◆ 심의절차 진행 순서
- 피심인 출석확인
- 심사보고서 요지 진술
- 피심인 의견 발표(PPT)
- 심사관 반박 의견 발표(PPT)
- 위원별 질의 응답
  - 심사관에게 질문
  - 피심인 또는 대리인에게 질문
- 심사관 조치의견 요지 진술
- 피심인 최후 진술

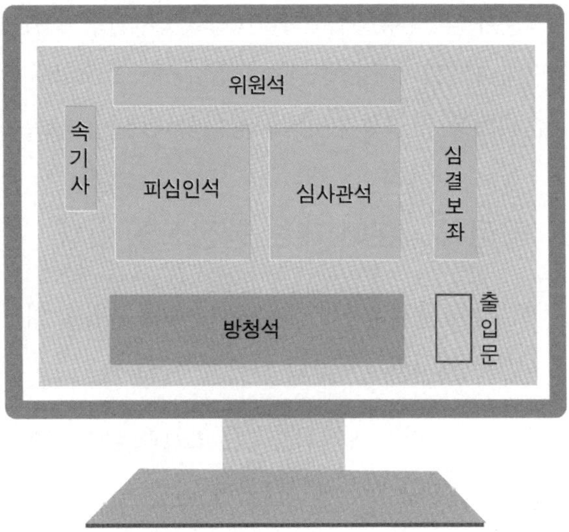

13) 통상적으로 피심인인 당사자가 직접 출석하기 보다는 피심인의 대리인이 출석해 혐의 여부와 제재수준 등에 대한 의견을 소명합니다. 물론 피심인인 당사자가 직접 나와 자신의 혐의 인정여부 또는 제재수준에 대한 의견을 제시하는 경우도 있지만, 피심인 대표 등이 직접 출석하는 경우는 매우 드물고 이례적입니다. 이와 달리, 담합에 가담한 임직원에게는 공정위 심의 때 공정위 심판정에 출석할 의무가 있습니다. 공정위의 '부당한 공동행위 자진신고자 등에 대한 시정조치 등 감면제도 운영고시'에서는 담합을 해 감면신청한 사업자에게 소속 임직원의 심판정 출석 규정을 명시하고 있습니다. 즉 감면신청 사업자에게 소속 임직원의 심판정 출석 등 심의 과정에서의 협조 의무를 명시해 위원회 위원들이 감면신청 및 담합 사실을 직접 확인이 가능하도록 하고 있습니다. 공정위는 임직원의 심판정 출석 등 여러 가지 성실 협조 의무를 종합적으로 판단해 감면 혜택 부여 여부를 결정하는데, 공정위 심판정에 출석하지 않는 경우에는 성실 협조의무를 다하지 못했다고 보고 자진신고 감면 혜택을 부여하지 않을 수도 있으므로 사실상 심판정 출석의무가 강제되는 셈입니다.

5 의결단계

□ 심의가 종료된 후 위원들이 위법 여부, 조치내용 등에 대해 논의·합의하는데, 이때 전원회의는 출석위원 과반수 찬성으로, 소회의는 전원 찬성으로 의결합니다.

□ 의결이 종료된 후 피심인에게 일정한 처분이 이루어질 경우, 공정위는 통상적으로 의결서 송부 전 언론에 해당 사항에 대한 보도자료를 배포합니다.

□ 이후 위원들의 의결서 서명·날인(전자결재시스템 활용) 완료 한 후 심판관리관실에서 의결서 정본을 피심인에게 송달[14]합니다.

6 후속절차

□ 공정위 처분 후 공정거래 사건의 후속으로 통상적으로 이루어지는 절차로는 ① 공정위 처분에 대한 행정소송 절차(집행정지신청 포함), ② 발주처의 입찰참가자격제한(부정당업자제재) 처분에 대한 취소소송(집행정지신청 포함) 절차, ③ 발주처의 민사상 손해배상 청구절차, ④ 공정위의 검찰 고발로 인한 형사절차가 있습니다.

가. 공정위 처분에 대한 행정소송 절차

□ 의결서 송달일로부터 30일 이내에 공정위에 이의신청을 하거나, 서울고등법원에 행정소송을 제기할 수 있습니다(선택적)[15].

□ 공정거래사건은 공정위가 1심 법원과 같은 역할을 하기 때문에 그 처분에 대한 불복은 서울고등법원[16]에 제기합니다.

□ 시정명령 및 과징금 납부명령을 받은 경우, 공정위 처분에 대한 취소소송을 제기하면서 시정명령[17] 및 과징금 납부명령에 대한 집행정지를 신청[18]할 수 있습니다.

14) 통상적으로 60일 내외로 송달합니다. 그리고 의결서 송달과 함께 과징금이 부과된 경우 과징금납입고지서도 함께 송달됩니다. 통상적으로 60일 이내에 과징금을 납부해야 하며, 일정한 요건을 갖춘 경우에는 공정위에 의결서를 송달받은 날로부터 30일 이내에 과징금납부분할 및 연장신청을 할 수도 있습니다.

15) 즉 공정위에 이의신청을 한 후 기각되면 다시 서울고등법원에 행정소송을 제기할 수 있으며, 곧바로 서울고등법원에 행정소송을 제기할 수도 있습니다.

16) 현재 공정위에 처분에 대한 불복소송은 서울고등법원 행정 제3부, 제6부(부장판사 셋인 대등재판부) 및 제7부 중 한 재판부에서 법원의 사건배당시스템에 따라 배당되어 진행됩니다.

□ 또한 과징금 납부를 통지받은 날부터 30일 이내에 공정위에 납부 기한을 연기하거나 분할납부 신청을 할 수도 있습니다.

참고 **공정위로부터 부과 받은 과징금, 분할로 낼 수 있을까**[19)]

공정거래법상 공정위로부터 부과 받은 과징금은 납입고지서를 받은 날로부터 60일 이내에 과징금 전액을 일시에 납부해야 합니다. 만약 납부기한까지 과징금을 납부하지 않으면 납부기한 다음날부터 실제 납부일까지의 기간에 대하여 연 7.5%의 가산금이 부과되며, 납부독촉 후 국세체납처분의 예에 따라 강제징수하게 됩니다.

또한 과징금 납부는 이의신청이나 행정소송제기와는 관계없이 납부하여야 하며, 이 기간 중에도 가산금은 적용됩니다. 다만, 이의신청 또는 행정소송결과 감액 또는 부과처분취소 결정이 있을 때에는 납부 과징금에 환급가산금을 합산하여 환급받게 됩니다.

하지만, 공정위는 과징금을 부과 받은 자가 △ 직전 3개 사업연도 동안 연속하여 당기순손실이 발생한 경우, △ 자본총액 대비 2배를 초과하는 부채를 보유하고 있는 경우, △ 과징금 대비 현금 보유액(납기일로부터 2개월 이내 상환이 도래하는 차입금을 공제한 금액) 비율이 50% 미만인 경우에는 최대 6회, 최장 2년에 걸쳐 과징금을 분할납부할 수 있도록 허용하고 있습니다.

이러한 과징금 분할납부신청을 하기 위해서는 △ 과징금액이 매출액의 100분의 1을 곱한 금액 또는 10억 원을 초과하는 경우로서(실체적 요건), △ 과징금납부를 통지받은 날로부터 30일 이내(절차적 요건)에 공정위에 신청해야 합니다.

한편, 과징금을 분할납부조차 하기 어려운 경우에는 서울고등법원에 행정소송을 제기하면서 과징금 납부명령에 대한 집행정지신청을 할 수 있습니다. 과징금 납부명령에 대한 집행정지결정이 있으면 과징금 납부명령의 효력은 그대로 존속한 채 집행력만 박탈될 뿐이므로 가산금의 발생에는 영향을 주지 아니하고 단지 후속 강제징수절차의 개시 내지 진행만이 금지됩니다. 따라서 행정소송결과가 나올 때까지 과징금을 전혀 납부하지 않아도 되지만, 만약 행정소송에서 패소한 경우 과징금은 물론 그 기간까지의 가산금도 납부하여야 합니다.

이러한 과징금 납부명령에 대한 집행정지는 과징금 납부명령이 당해 사업자의 경영 전반

17) 통상적으로 작위명령에 대해 집행정지신청을 합니다.
18) **행정소송법 제23조(집행정지)** ② 취소소송이 제기된 경우에 처분 등이나 그 집행 또는 절차의 속행으로 인하여 생길 회복하기 어려운 손해를 예방하기 위하여 긴급한 필요가 있다고 인정할 때에는 본안이 계속되고 있는 법원은 당사자의 신청 또는 직권에 의하여 처분등의 효력이나 그 집행 또는 절차의 속행의 전부 또는 일부의 정지를 결정할 수 있다. (이하 생략)
19) 출처 '영화관 팝콘 비싸도 되는 이유'

이나 자금 사정에 미칠 부정적인 효과가 어느 정도인지를 개별적 · 구체적으로 살펴, 예외적으로 그 파급효과가 중대한 것으로 인정될 경우에 한하여, 당해 사업자에게 사후의 금전배상만으로 수인하기 곤란한 '회복하기 어려운 손해'가 있는 것으로 인정되는 경우에 받아들여질 수 있습니다.

다만, 과징금 납부명령으로 인한 손해는 통상의 경우에 사후적인 금전배상으로 그 전보가 가능한 경우가 많으므로, 그것이 '회복하기 어려운 손해'에 해당하기 위해서는 신청인측에서 이를 구체적으로 입증 · 소명할 것이 필요하며, 실무상 집행정지신청이 받아들여지는 경우는 많지 않은 편입니다.

결국 공정거래 관련 법령을 위반하지 않아 공정위로터 과징금을 부과 받지 않는 것이 최선이겠지만, 만약 과징금을 부과 받고 이를 일시에 납부하기 어려운 상황에 처한다면, 공정위에 분할 또는 연장납부신청을 하거나 법원에 과징금 납부명령 집행정지신청을 할 수 있다는 사실을 기억하고 이를 잘 활용할 필요가 있습니다.

나. 발주처의 입찰 참가자격제한 처분에 대한 취소소송(집행정지신청 포함) 절차

□ 공정위는 입찰 담합행위가 인정될 경우, 국가기관 · 지방자치단체 · 공기업 등에게 부정당업자의 입찰 참가자격제한 조치를 요청하거나, 해당 의결내용을 통보합니다.

□ 이에 따라 발주처가 입찰 참가자격제한 처분을 한 경우[20]에는 취소소송을 제기하여 불복할 수 있는데, 입찰 참가자격제한을 받는 사업자는 통상적으로 취소소송의 결과가 나올 때까지 공공입찰에 참가하지 못할 경우 회복하기 어려운 손해를 입을 수 있기 때문에 입찰 참가자격제한 처분에 대한 집행정지를 신청합니다.

□ 한편, 실무상 집행정지를 신청하고 법원에서 그 인용 여부를 판단하기까지 소요되는 시간이 있기 때문에 그 사이 공공입찰이 이루어진다면 해당 업체는 집행정지로도 구제를 받지 못할 수 있습니다. 이러한 경우 집행정지에 대하여 민사집행법상 잠정처분을 신청하여 입찰 참가자격제한 처분의 효력을 정지시킬 수 있습니다. 즉 집행정지결정이 나올 때까지 집행을 정지해 달라는 처분을 요청할 수 있습니다.

□ 또한 리니언시(Leniency) 제도를 통해 1순위 자진신고자로 인정된 사업자도 입찰 참가자격제한 처분을 피하기 어려운데, 이러한 경우 국민권익위원회에 「공익신고자 보호법」상

20) 사전에 의견제출 절차나 청문절차를 거친 후 입찰 참가자격제한 조치를 하게 됩니다.

공익신고자로서 불이익한 조치를 당했다고 신고하면 그 의결에 따라 입찰 참가자격제한 기간을 단축하는데 도움이 될 수 있습니다.

참고 담합 후 부정당업자 제재처분 받은 경우, 구제방안[21)]

□ A는 B공사가 발주한 용역입찰 담합사건에 대하여 공정거래위원회가 현장조사를 개시하자 담합사실에 대하여 공정거래위원회에 1순위로 감면신청을 하였고, 공정거래위원회는 A가 조사에 협조한 공로를 인정하여 A에 대하여 시정명령과 과징금 등 제재조치 전부를 면제하였습니다. 하지만 B공사는 A가 '담합에 가담한 자'라는 이유로 A에 대하여 부정당업자 입찰 참가자격제한처분(6개월)을 하였습니다.

A는 사업을 원활히 지속하기 위해서는 공공기관 발주 입찰에 참여할 수 있어야 하는데 B공사의 처분으로 인하여 6개월 동안 공공기관 발주 입찰에 참여할 수 없는 경우, A가 해당 처분을 면제받거나 감경받을 수 있는 방법은 없을까요?

결론부터 말하면, A는 공익신고자보호법상 공익신고자로서 국민권익위원회에 B공사의 제재처분에 대해 책임감면을 신청하여 제재기간을 절반(3개월)으로 줄일 수 있습니다. 만약 A가 공정거래위원회가 현장조사를 나오기 전에 1순위로 감면신청을 하였다면 면제까지도 가능할 수도 있습니다.

구체적으로 살펴보면, A가 공정거래위원회에 1순위 감면신청을 하면서 증거자료와 입증에 필요한 자료 등을 제출하였고, 조사에 협조한 사실이 있으므로 A는 공익신고자보호법 제2조 제3호에서 정하고 있는 공익신고자등에 해당한다고 할 것이고, 공익신고자등은 같은 법 제14조의 책임감면을 요구할 수 있습니다.

B공사가 A에 대하여 한 제재처분으로 인하여 A는 6개월 간 입찰참가가 불가능해진 점 등을 감안할 때 B공사의 제재처분은 A에게 불리한 행정처분에 해당하고, B공사는 '담합에 가담한 자'에 해당한다는 이유로 A에게 제재처분을 하게 된 것이므로 해당 제재처분은 공익신고자등과 관련하여 발견된 위법행위 등을 이유로 한 것이라고 할 수 있습니다.

따라서 A가 비록 최초 신고자에 해당하지는 아니하나 조사에 자발적이고 적극적으로 협력하여 은밀한 내부거래로 이루어지는 담합행위를 밝히는데 중요한 역할을 하였으므로 공익신고자보호법에서 정하고 있는 공익신고자등에 해당하여 보호가치가 높다고 보이고, 자진신고 여부에 관계없이 불이익한 제재조치를 부과할 경우 부당한 공동행위의 은폐 및 증거인멸 등을 조장하게 될 우려가 있을 뿐만 아니라, A에 대한 책임감면으

21) 출처 '영화관 팝콘 비싸도 되는 이유'

로 인해 부정당업자의 입찰 참가자격 제도의 유지 및 수행에 영향이 있다고 보기 어려우며 오히려 신고자에 대한 책임감면을 통해 공익신고를 활성화함으로써 부당한 공동행위 관련 입찰담합 근절 및 예방 효과를 제고할 수 있습니다. 국민권익위원회 역시 이러한 점을 감안하여 B공사에게 A에 대한 책임감면을 요구할 필요성이 상당하다고 보았습니다.

다만, 국민권익위원회는 A가 공정거래위원회 조사가 개시된 이후 신고에 협조하였다는 점, 입찰 참가행위를 저지른 당사자라는 점 등도 간과되어서는 아니 되는 만큼 6개월의 제재기간을 위반행위의 동기나 내용 및 횟수 등을 고려하여 3개월로 감경하는 것이 적정하다고 보았습니다.

공정거래법상 자신신고자 감면제도는 내부자의 신고를 유도하여 갈수록 은밀해지는 담합의 적발력을 제고하고, 담합의 근간을 이루는 참여자들 간 신뢰를 무너뜨려 담합 자체를 붕괴하고 장래의 담합 형성을 예방하기 위한 제도로서 오늘날 가장 중요하고 효과적인 담합 적발수단으로 자리잡았습니다.

그러나 담합을 한 사업자로서는 공정거래위원회에 자진신고를 하여 시정명령, 과징금 및 형사고발을 감면받더라도, 발주자로부터 부정당업자 입찰참가자격 제한처분 등 제재조치를 받을 우려 때문에 자진신고 등을 망설이게 됩니다.

위 사안에서 B공사는 실제로 해당 입찰담합 사건은 자신의 담합 의심신고로 공정거래위원회 조사가 개시되었고, A는 공정거래위원회 현장조사 개시 후에 1순위로 감면신청을 하였으므로 제재처분을 감면할 사유가 있다고 보기 어려우므로, 공정거래위원회 조사에 협조하였다는 이유만으로 공정거래위원회 제재조치 외에 부정당업자 제재처분까지 감면할 수는 없다는 의견을 국민권익위원회에 제시했습니다.

하지만, 국민권익위원회는 A와 같은 1순위 감면신청의 경우도 공익신고자보호법상 공익신고의 요건을 충족하고, B공사의 제재처분이 공익신고등과 관련하여 발견된 위법행위 등을 이유로 한 것으로서, 자진신고자 감면제도의 취지에 비추어 A에 대한 제재처분의 책임감면 필요성이 절실하다고 판단하여 B공사에 대하여 제재처분 감경을 요구하였고, 결국 B공사는 이를 받아들였습니다.

향후 공정거래위원회에 자진신고 등을 하여 조사에 적극 협조함으로써 담합 적발에 기여한 사업자가 그 과정에서 적발된 담합 사실을 이유로 발주자로부터 별도의 부정당업자 제재처분을 받게 된다면, 위와 같은 국민권익위원회의 결정을 적극 활용하여 적정한 권리구제를 받을 수 있기를 바랍니다.

다. 발주처의 민사상 손해배상 청구절차

□ 공정위에서 피심인의 법 위반이 인정되는 경우, 이를 근거로 하여 손해를 입은 신고인 또는 이해관계자(통상적으로 입찰 담합의 경우 발주처)는 피심인을 상대로 하여 손해배상 청구 등의 민사소송을 진행할 수 있습니다.[22)]

□ 개정 공정거래법 제111조(자료의 제출)[23)]에 의하면 담합 및 불공정거래행위(부당한 지원행위 제외)로 인한 손해배상소송에서 법원은 법위반 행위자에게 손해의 증명 또는 손해액의 산정에 필요한 자료를 제출하라고 명할 수 있습니다.

- 이 때 손해의 증명 또는 손해액의 산정에 반드시 필요한 경우에는 해당 자료가 영업비밀에 해당하더라도, 소지자가 해당 자료의 제출을 거절할 수 없습니다.
- 또한 법원은 당사자가 정당한 이유 없이 자료제출명령을 따르지 아니한 경우에는 자료의 기재에 대한 상대방의 주장을 진실한 것으로 인정할 수 있고, 특히 자료의 제출을 신청한 당사자가 자료의 기재에 관하여 구체적으로 주장하기에 현저히 곤란한 사정이 있고 자료로 증명할 사실을 다른 증거로 증명하는 것을 기대하기도 어려운 경우에는 그 당사자가 자료의 기재로 증명하려는 사실에 관한 주장을 진실한 것으로 인정할 수 있습니다.

□ 실무상 담합행위로 인한 손해배상청구소송에서는 손해액 산정을 위한 감정절차가 진행되며 이러한 감정절차는 짧게는 6개월에서 1년이 넘게 소요되기도 합니다.

라. 공정위의 검찰 고발로 인한 형사절차

□ 공정위는 공정거래법[24)] 및 그 소관 법률에 근거한 전속고발권을 가지고 있어, 법 위반의

---

22) 공정위 처분이 나온 후에 민사소송을 제기하는 경우 손해배상을 받을 때까지의 기간이 너무 길어질 수 있다는 점 때문에, 실무상 신고를 통한 공정위 절차와 손해배상청구 등 민사소송 절차를 병행하여 진행하기도 합니다.

23) **제111조(자료의 제출)** ① 법원은 제40조 제1항, 제45조 제1항(제9호는 제외한다) 또는 제51조 제1항 제1호를 위반한 행위로 인한 손해배상청구소송에서 당사자의 신청에 따라 상대방 당사자에게 해당 손해의 증명 또는 손해액의 산정에 필요한 자료(제44조 제4항에 따른 자진신고 등과 관련된 자료는 제외한다)의 제출을 명할 수 있다. 다만, 그 자료의 소지자가 자료의 제출을 거절할 정당한 이유가 있으면 그러하지 아니하다.
(이하 생략)

24) **공정거래법 제129조(고발)** ① 제124조 및 제125조의 죄는 공정거래위원회의 고발이 있어야 공소를 제기할 수 있다.
② 공정거래위원회는 제124조 및 제125조의 죄 중 그 위반의 정도가 객관적으로 명백하고 중대하여 경쟁질서를 현저히 해친다고 인정하는 경우에는 검찰총장에게 고발하여야 한다.
(이하 생략)

정도가 객관적으로 명백하고 중대하여 경쟁질서를 현저히 해친다고 인정하는 경우에는 검찰총장에게 고발하여 형사절차가 개시될 수 있습니다.

□ 실무상 법 위반의 정도가 중하다고 판단될수록 순서대로 ① 시정명령만, ② 시정명령과 과징금납부명령을 병과, ③ 시정명령, 과징금납부명령에 검찰고발까지 이루어지고 있습니다.

□ 검찰고발 사건은 통상 서울중앙지검의 공정거래조사부에서 담당하나, 관할 검찰청에서 담당하기도 합니다.

□ 한편, 전속고발제도가 있다고 하더라도 공정위가 이를 자의적으로 운영할 수 없도록, 견제장치가 마련되어 있습니다. 즉 공정거래법에서는 공정거래위원회의 고발권 행사의 자의성을 예방하기 위하여 의무고발제도를 규정하고 있습니다. 의무적 고발 대상이 되기 위해서는 행위가 객관적 명백성, 객관적 중대성 및 경쟁질서 저해의 현저성 요건을 모두 충족해야 하는데, 검찰총장, 감사원장, 중소벤처기업부장관, 조달청장으로부터 고발 요청을 받은 경우 공정거래위원회는 반드시 고발해야 합니다. 공정거래법상 검찰총장의 고발 요청권과 감사원장, 중소벤처기업부장관, 조달청장의 고발 요청권의 차이는 두 가지인데, 검찰총장은 공정위 처분 전이라고 고발을 요청할 수 있는 반면, 감사원장 등은 공정위 처분 후에만 고발을 요청할 수 있습니다.
그리고 검찰총장은 법위반 정도가 객관적으로 명백하고 중대해 경쟁질서를 현저히 저해한다고 인정될 경우에만 고발을 요청할 수 있는 반면, 감사원장 등은 공정거래위원회가 법위반의 중대, 명백성 등이 인정되지 않는다고 보아 고발하지 않은 사건의 경우에도 사회적 파급효과, 국가재정에 끼친 영향, 중소기업에 미친 피해 정도 등 다른 사정을 이유로 고발 요청을 할 수 있습니다.

공정거래 사건 주요 진행절차

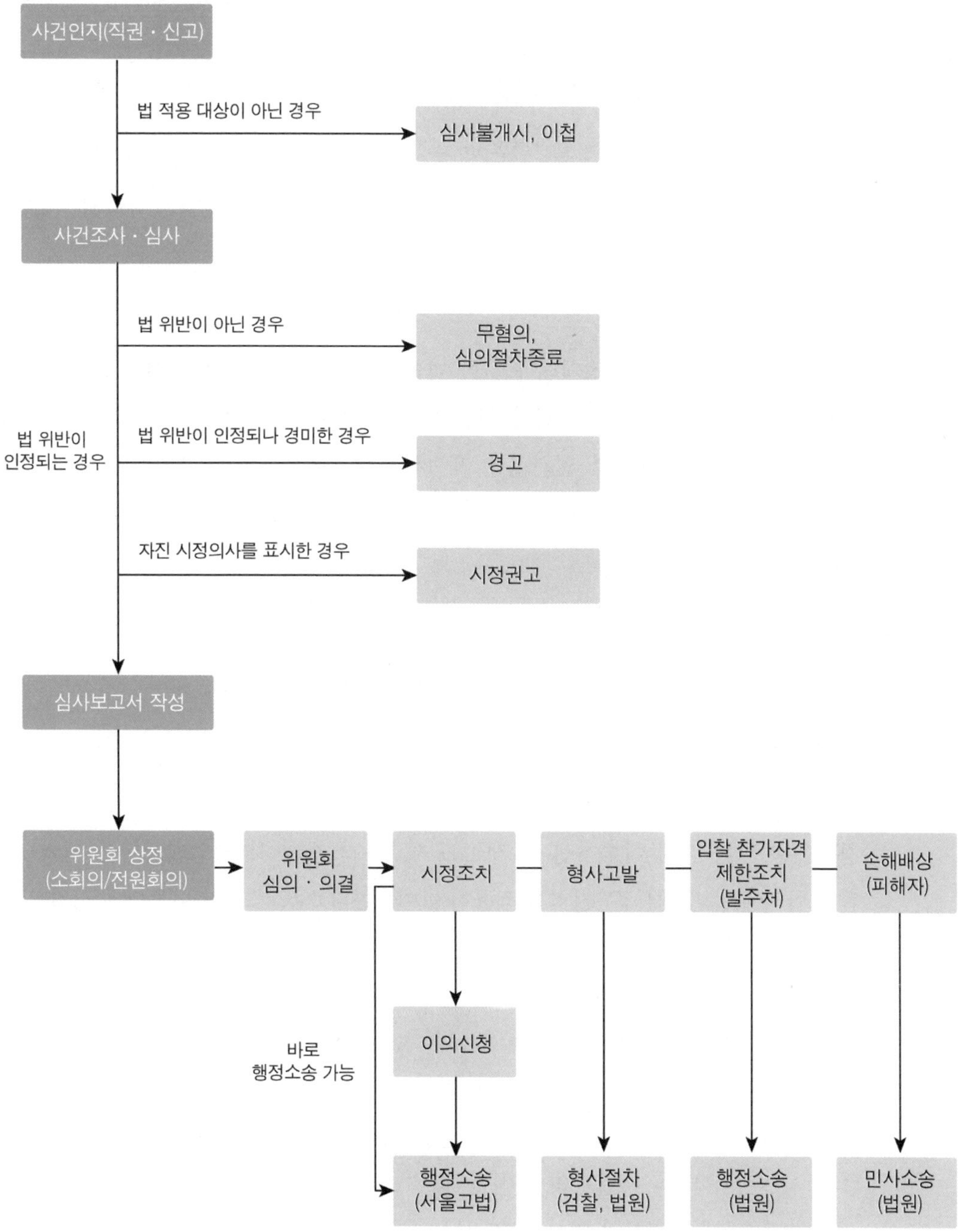

공동행위 심사기준

[시행 2021. 12. 30.] [공정거래위원회예규 제390호, 2021. 12. 28., 일부개정]

공정거래위원회(카르텔총괄과), 044 - 200 - 4534

Ⅰ. 목적

이 심사기준은 「독점규제 및 공정거래에 관한 법률」(이하 "법"이라 한다) 제40조 제6항에 의거, 제40조의 "부당한 공동행위"에 관한 일반적인 처리원칙을 규정함으로써 경쟁사업자 간 공동행위 사건처리의 효율성과 일관성을 제고하는데 그 목적이 있다.

Ⅱ. 공동행위의 성립

1. 2 이상 사업자

가. 부당한 공동행위가 성립하려면 2 이상의 사업자가 주체가 되어야 한다.

나. 사실상 하나의 사업자의 행위에 대한 예외

(1) 다수의 사업자를 실질적 · 경제적 관점에서 '사실상 하나의 사업자'로 볼 수 있는 경우에는 그들 간에 이루어진 법 제40조 제1항 각 호의 사항(입찰담합은 제외)에 관한 합의에는 법 제40조 제1항을 적용하지 아니한다. 다만, 그 합의에 다른 사업자가 참여한 경우는 그러하지 아니한다.

(2) '사실상 하나의 사업자'의 인정 기준

(가) 사업자가 다른 사업자의 주식을 모두 소유한 경우(법 제2조 제11호의 동일인 또는 시행령 제4조 제1호의 동일인 관련자가 소유한 주식을 포함한다. 이하 같다), 당해 사업자들 모두를 사실상 하나의 사업자로 본다.

(나) 사업자가 다른 사업자의 주식을 모두 소유하지 아니한 경우라도 주식 소유 비율, 당해 사업자의 인식, 임원겸임 여부, 회계의 통합 여부, 일상적 지시 여부, 판매조건 등에 대한 독자적 결정 가능성, 당해 사안의 성격 등 제반사정을 고려할 때 사업자가 다른 사업자를 실질적으로 지배함으로써 이들이 상호

독립적으로 운영된다고 볼 수 없는 경우에는 사실상 하나의 사업자로 본다. 다만, 관련시장 현황, 당해 사업자의 활동 등을 고려할 때 경쟁관계에 있다고 인정되는 경우에는 그러하지 아니하다.

2. 합의의 존재

가. 합의의 의의

(1) 부당한 공동행위가 성립하려면 계약, 협정, 결의 기타 어떠한 방법으로든지 사업자 간에 공동행위를 하기로 하는 합의가 있어야 한다. 부당한 공동행위를 인정하기 위한 합의는 계약, 협정, 협약, 결의, 양해각서, 동의서 등과 같은 명시적 합의 뿐만 아니라 사업자 간의 암묵적 양해와 같은 묵시적 합의까지 포함한다.

(2) 어느 한 쪽의 사업자가 당초부터 합의에 따를 의사도 없이 진의아닌 의사표시에 의하여 합의한 경우라고 하더라도 다른 쪽 사업자는 당해 사업자가 합의에 따를 것으로 신뢰하고 당해 사업자는 다른 사업자가 위와 같이 신뢰하고 행동할 것이라는 점을 이용한 경우에는 당해 합의가 경쟁을 제한하는 행위가 되는 것은 마찬가지이다. 따라서, 진의아닌 의사표시라 하여 부당한 공동행위의 성립에 방해가 되는 것은 아니다.

> 〈예시〉
>
> 갑, 을 및 다른 10개 건설회사 입찰 담당자들이 사전에 모여 공공건물 신축공사 입찰에서 을이 낙찰되도록 하기 위해 을은 100억 원 미만의 금액으로 입찰하고 을을 제외한 다른 회사들은 모두 100억 원 이상의 가격으로 입찰하기로 약속하였다. 갑회사 입찰 담당자는 다른 사업자들과 합의를 하는 과정에서 내심으로는 100억 원보다 낮은 80억 원으로 입찰하여 낙찰을 받을 의사를 가졌으나 겉으로는 위와 같이 합의하였다. 그후 합의와 달리 갑은 실제 80억 원으로 입찰하여 낙찰을 받았다. 이와 같이 갑이 진의 아닌 의사표시로 합의를 한 후 실제 입찰에서 이 합의를 실행하지 않았다고 해도 이러한 사정은 부당한 공동행위의 성립에 방해가 되지 아니한다.

(3) 합의는 일정한 거래분야나 특정한 입찰에 참여하는 모든 사업자들 중에서 일부의 사업자들 사이에만 이루어진 경우에도 성립될 수 있다.

(4) 공급자들이 아닌 수요자들의 합의라 하더라도 그로 인하여 부당한 공동행위가 성립될 수 있다.

나. 합의의 추정

(1) 부당한 공동행위에 대한 규제가 강화되면서 사업자 간의 합의는 명시적으로 드러나거나 증거를 남기지 않고 암묵리에 이루어지기 때문에 '합의의 존재'를 입증하기가 용이하지 않다. 이런 점을 감안하여 법 제40조 제5항에 추정제도를 두고 있다. 추정이란 사실관계가 명확하지 않거나 간접적인 사실만 있는 경우 직접적인 사실이 있는 것으로 일단 정하여 그에 따라 법률효과를 발생시키는 것이다.

(2) 2 이상의 사업자가 법 제40조 제1항 각 호의 어느 하나에 해당하는 행위를 하는 경우에 이들 사업자 간의 합의에 관한 직접적 증거가 없을 지라도 아래 (가), (나) 중 어느 하나의 요건이 충족되면 그 사업자들이 공동으로 제1항 각 호의 어느 하나에 해당하는 행위를 할 것을 합의한 것으로 추정한다.

(가) 해당 거래분야 또는 상품·용역의 특성, 해당 행위의 경제적 이유 및 파급효과, 사업자 간 접촉의 횟수, 양태 등 관련 정황에 비추어 그 행위를 그 사업자들이 공동으로 한 것으로 볼 수 있는 상당한 개연성이 있는 때. 아래에 제시하는 사항들은 상당한 개연성이 있는 정황증거가 될 수 있다.

① 직·간접적인 의사연락 등의 증거가 있는 경우

> 예1 해당 사업자 간 가격인상, 산출량 감축 등 비망록 기입내용이 일치하는 경우
> 예2 모임을 갖거나 연락 등을 하고 그 이후 행동이 통일된 경우
> 예3 (삭 제)
> 예4 (삭 제)

② 공동으로 수행되어야만 당해 사업자들의 이익에 기여할 수 있고 개별적으로 수행되었다면 당해 사업자 각각의 이익에 반하리라고 인정되는 경우

> 예1 원가상승 요인도 없고 공급과잉 또는 수요가 감소되고 있음에도 불구하고 가격을 동일하게 인상하는 경우
> 예2 재고가 누적되어 있음에도 불구하고 가격이 동시에 인상된 경우

③ 당해 사업자들의 행위의 일치를 시장상황의 결과로 설명할 수 없는 경우

> 예1 수요공급조건의 변동, 원재료 공급원의 차이, 공급자와 수요자의 지리적

위치 등의 차이에도 불구하고 가격이 동일하고 경직되어 있는 경우

예2 원재료 구입가격, 제조과정, 임금인상률, 어음할인금리 등이 달라 제조원가가 각각 다른데도 가격변동 폭이 동일한 경우

예3 시장상황에 비추어 보아 공동행위가 없이는 단기간에 높은 가격이 형성될 수 없는 경우

④ 당해 산업구조상 합의가 없이는 행위의 일치가 어려운 경우

예1 제품차별화가 상당히 이루어진 경우에도 개별 사업자들의 가격이 일치하는 경우

예2 거래의 빈도가 낮은 시장, 수요자가 전문지식을 갖춘 시장 등 공급자의 행위 일치가 어려운 여건에서 행위의 일치가 이루어진 경우

(나) 법 제40조 제1항 각 호의 행위(제9호의 행위 중 정보를 주고받음으로써 일정한 거래분야에서 경쟁을 실질적으로 제한하는 행위를 제외한다)에 필요한 정보를 주고받은 때. 필요한 정보를 주고받았는지 여부에 대한 판단기준 및 구체적 사례는 「사업자 간 정보교환이 개입된 부당한 공동행위 심사지침」 V. 3.에 의한다.

(3) (2)의 규정 중 "2 이상의 사업자가 법 제40조 제1항 각 호의 어느 하나에 해당하는 행위를 하는 경우"라 함은, 가격, 생산량, 거래조건, 지급조건, 설비의 규모, 상품 또는 용역의 규격 등 경쟁변수의 외형상 일치가 나타남을 의미한다.

(가) 외형상 일치가 있는지 여부는 다음 요소들을 종합적으로 고려하여 판단한다.

① 가격 등의 변동률, 변동시점

- 가격 등 경쟁변수의 변동률, 변동폭, 변동시점 등이 동일 또는 유사한 경우 외형상 일치가 있다고 볼 수 있다.

② 구매대체의 정도

- 가격 등 경쟁변수의 변동률, 변동폭 등에 다소 차이가 있더라도 그로 인한 소비자의 상품 또는 용역들 간 구매대체의 정도가 미미한 경우에는 외형상 일치가 있는 것으로 볼 수 있다.

③ 입증하려는 합의의 내용

- 입증하려는 합의의 내용이 다소 느슨한 형태의 합의(예 : 가격을 특정 수준으로 인상하는 합의가 아닌, 가격을 인상하자는 등의 방향만 공동으로

결정하는 합의)라면 가격 등 경쟁변수의 변동률 등에 다소 차이가 있더라도 외형상 일치가 있는 것으로 볼 수 있다.

(나) 외형상 일치가 있는 것으로 볼 수 있는 사례는 다음과 같다.

> **예1** 경쟁사별 상품 가격의 인상폭이 원단위까지 동일한 경우
>
> **예2** 품질이 대체로 동일하고 상호대체성이 큰 시멘트를 제조하는 7개 사업자들이 3주에 걸쳐서 연속적으로 가격을 인상하였는데, 가격 인상률이 대체로 14%에 근접하나 회사별로 최대 1.4%p의 차이가 있었던 경우(13.4%~14.8%)
>
> **예3** 7개 사업자만 존재하는 카드서비스 시장에서, 4개사가 2개월의 기간 동안 현금서비스 수수료율은 28.99%~30% 수준으로 최대 1.1%p 차이를 두고 인상하였고, 연체이자율은 34%~35% 수준으로 최대 1%p 차이를 두고 인상하였는데, 비록 요율이나 인상시기의 차이가 있더라도 실제 고객들의 카드사 선택에 영향을 주지 않는 수준으로 볼 수 있는 경우
>
> **예4** 10개 손해보험사들이 종래 무료로 제공하던 긴급출동 서비스 중 긴급견인, 비상급유 서비스를 4개월에 걸쳐, 배터리충전, 타이어 교체, 잠금장치 해제 서비스를 6개월에 걸쳐 순차적으로 유료화하는 방식으로 거래조건을 변경한 경우
>
> **예5** 강판 제조업자 3개사가 5년간 10여회에 걸쳐 강판 가격 변동 결정을 하였는데, 결정된 가격이 거의 유사하였고 다소 차이가 있더라도 최대 2.3% 수준에 불과하였으며, 가격 인상시점이 1개월 내로 대체로 근접한 경우
>
> **예6** 산업기계용 베어링 제조·판매업자 3개사가 4년에 걸쳐 수회에 걸쳐 가격 인상을 하였는데, 가격 인상률이 약간의(0.3%p~8%p 수준) 차이가 있었지만 대체로 유사하였고, 가격 인상시점이 1개월 내로 대체로 근접한 경우

(4) 법 제40조 제5항에 의하여 합의가 추정되는 경우, 사업자는 아래 (가), (나) 중 어느 하나를 입증함으로써 추정을 복멸할 수 있다.

(가) 합의 추정의 전제사실이 없음을 입증. 즉, 다음 ①, ② 중 어느 하나를 입증함으로써 추정을 복멸할 수 있다.

① 외형상 일치가 없었다는 점

② 합의가 있었을 상당한 개연성이 없다는 점 또는 외형상 일치를 창출하는데 필요한 정보가 교환된 적이 없었다는 점

(나) 외형상 일치가 합의에 의한 것이 아니라는 점을 입증. 이러한 경우의 예시는 다음과 같다.

> 예1 가격에 영향을 미치는 외부적 요인(금리, 환율, 원자재 가격 등)의 변동에 대해 사업자들이 내부프로세스를 거쳐 '각자' 대응하는 과정에서 우연히 외형상 일치가 나타난 경우
>
> 예2 다른 업체의 가격 인상 등을 단순 추종하는 과정(의식적 병행행위)에서 외형상 일치가 나타난 경우
>
> 예3 행정지도(구두 등 유형 불문)에 '각자' 따른 결과 외형상 일치가 나타난 경우

Ⅲ. 부당한 공동행위의 수와 기간

1. 부당한 공동행위의 수

사업자들이 일정한 기간에 걸쳐 수차례의 합의를 하는 경우 부당한 공동행위의 수는 그 개별적인 합의들의 기본원칙을 담거나 토대가 되는 기본합의가 있었는지의 여부 또는 그 개별합의 들이 사실상 동일한 목적을 위해 단절됨 없이 계속 실행되어 왔는지의 여부 등을 종합적으로 살펴서 판단하여야 한다.

> 예1 사업자들이 부당한 공동행위의 기본적 원칙에 관한 합의를 하고, 이에 따라 그 합의를 실행하는 과정에서 수차례의 합의를 계속하여 온 경우에는 그와 같은 일련의 합의는 전체적으로 하나의 부당한 공동행위로 본다. 기본원칙에 관한 합의 또는 각 합의의 구체적 내용이나 구성원 등에 일부 변동이 있었다고 하더라도 또한 같다.
>
> 예2 사업자들이 부당한 공동행위의 기본적 원칙에 관한 합의 없이 장기간에 걸쳐 여러 차례의 합의를 해 온 경우에도 그 각 합의가 단일한 의사에 기하여 동일한 목적을 수행하기 위한 것으로서 단절됨이 없이 계속 실행되어 왔다면 특별한 사정이 없는 한 그와 같은 일련의 합의는 전체적으로 하나의 부당한 공동행위로 본다. 그 각 합의의 구체적 내용이나 구성원 등에 일부 변동이 있었다고 하더라도 또한 같다.

2. 부당한 공동행위의 기간

가. 부당한 공동행위의 개시일

(1) 법 제40조 제1항을 적용하는 경우, 참가사업자 전부에 대하여 법 제40조 제1항 각 호의 어느 하나에 해당하는 행위를 할 것을 합의한 날을 위반행위의 개시일로 본다.

(2) 합의일을 특정하기 어려운 경우에는 사업자별로 실행개시일을 위반행위의 개시일로 본다.

나. 부당한 공동행위의 종료일

부당한 공동행위가 종료한 날은 원칙적으로 그 합의에 기한 실행행위가 종료한 날을 의미한다. 다음 각 호의 어느 하나에 해당하는 사유가 발생한 경우에는 합의에 기한 실행행위가 종료한 것으로 볼 수 있다.

(1) 합의에 정해진 조건이나 기한이 있는 경우로서 그 조건이 충족되거나 기한이 종료한 경우

(2) 공동행위의 구성사업자가 합의 탈퇴의사를 명시적 내지 묵시적으로 표시하고 실제 그 합의에 반하는 행위를 한 경우. 다만, 합의에 반하는 행위를 하는 것이 현저히 곤란한 객관적이고 구체적인 사유가 인정되는 경우에는 합의 탈퇴의 의사표시로 부당한 공동행위가 종료한 것으로 볼 수 있다.

> 예1 합의 탈퇴의사 표시를 하였으나, 가격인하 등 합의에 반하는 행위를 할 수 있었음에도 불구하고 하지 않은 경우에는 합의 탈퇴의사 표시만으로 공동행위가 종료한 것으로 볼 수 없다.
>
> 예2 합의에 참가한 각 사업자가 각자의 독자적인 판단에 따라 담합이 없었더라면 존재하였을 가격 수준으로 인하하는 경우 그 독자적인 가격 결정일을 합의에 기한 실행행위가 종료한 날로 본다.
>
> 예3 합의에 참가한 사업자들 사이에 반복적인 가격 경쟁이 있는 등 담합이 사실상 파기되었다고 인정할 수 있을 만한 행위가 일정 기간 계속되는 경우 그 행위가 발생한 날이 속한 달의 전월의 마지막 날에 합의에 기한 실행행위가 종료한 것으로 본다.

(3) 공동행위가 심의일까지 지속되는 경우에는 심의일에 그 공동행위가 종료된 것으로 본다.

Ⅳ. 부당한 공동행위의 세부 유형

법 제40조 제1항 각 호의 행위는 다음과 같이 예시할 수 있다. 아래에 예시된 사항은 부당한 공동행위 중에서 흔히 나타나는 법 위반 유형을 제시한 것이므로 예시되지 않은 사항도 법에 위반될 수 있다.

1. 가격을 결정 · 유지 또는 변경하는 행위(법 제40조 제1항 제1호)

가. '가격'이란 사업자가 거래의 상대방에게 상품 또는 용역을 제공하고 반대급부로 받는 일체의 경제적 대가를 의미하며, 권고가격, 기준가격, 표준가격, 수수료, 임대료, 이자 등 명칭 여하를 불문한다.

나. 가격을 '결정 · 유지 또는 변경'하는 행위에는 가격을 인상하는 행위뿐만 아니라 가격을 인하하거나 현행가격을 유지하는 행위, 최고가격이나 최저가격범위를 설정하는 행위도 포함된다.

다. 인상률, 할인율, 할증률, 이윤율 등과 같이 가격에 영향을 미치는 요소를 결정 · 유지 · 변경하는 행위, 일률적인 원가계산 방법을 따르도록 함으로써 실질적으로 가격을 결정 · 유지 · 변경하는 행위 등과 같이 가격에 영향을 미치는 행위도 포함된다.

2. 상품 또는 용역의 거래조건이나, 그 대금 또는 대가의 지급조건을 정하는 행위 (법 제40조 제1항 제2호)

가. '거래조건'이란 위탁수수료, 출하장려금, 판매장려금 등의 수준, 무료 상품 · 서비스 제공 여부, 특정 유형의 소비자에 대한 상품 · 서비스 공급방식, 운송조건 등과 같이 상품 또는 용역의 거래와 관련된 조건을 의미한다.

나. '대금 또는 대가의 지급 조건'이란 지급 수단, 지급 방법, 지급 기간 등과 같이 대금 또는 대가의 지급과 관련된 조건을 의미한다.

3. 상품의 생산 · 출고 · 수송 또는 거래의 제한이나 용역의 거래를 제한하는 행위 (법 제40조 제1항 제3호)

가. 상품 또는 용역의 거래에서 생산량, 판매량, 출고량, 거래량, 수송량 등을 일정한 수준 또는 비율로 제한하거나 사업자별로 할당하는 행위가 포함된다.

나. 가동률, 가동시간, 원료구입 여부 또는 비율 등을 제한함으로써 실질적으로 생산 · 출고 · 수송을 제한하는 행위도 포함된다.

4. 거래지역 또는 거래상대방을 제한하는 행위(법 제40조 제1항 제4호)

가. 사업자별로 거래지역을 정하는 행위, 특정 지역에서는 거래하지 않도록 하거나 특정 지역에서만 거래하도록 하는 행위 등과 같이 거래지역을 제한하는 행위가 포함된다.

나. 사업자별로 거래상대방을 정하는 행위, 특정사업자와는 거래하지 않도록 하거나 특정 사업자와만 거래하도록 하는 행위 등과 같이 거래상대방을 제한하는 행위가 포함된다.

5. 생산 또는 용역의 거래를 위한 설비의 신설 또는 증설이나 장비의 도입을 방해하거나 제한하는 행위(법 제40조 제1항 제5호)

업계 전체 또는 개별 사업자별로 설비 총량 또는 신·증설 규모를 정하는 행위, 특정한 장비 도입을 제한하거나 또는 유도하는 행위 등이 포함된다.

6. 상품 또는 용역의 생산·거래 시에 그 상품 또는 용역의 종류·규격을 제한하는 행위(법 제40조 제1항 제6호)

특정 종류 또는 규격의 상품 또는 용역을 생산 또는 거래하지 않도록 하는 행위, 사업자별로 상품 또는 용역의 종류 또는 규격을 할당하는 행위, 새로운 종류 또는 규격의 상품 또는 용역의 생산 또는 공급을 제한하는 행위가 포함된다.

7. 영업의 주요부문을 공동으로 수행·관리하거나 수행·관리하기 위한 회사 등을 설립하는 행위(법 제40조 제1항 제7호)

상품 또는 용역의 생산, 판매, 거래, 원자재의 구매, 기타 영업의 주요 부분을 공동으로 수행하거나 관리하는 행위, 이를 위해 회사 등을 설립하는 행위가 포함된다.

8. 입찰 또는 경매에 있어 낙찰자, 경락자, 투찰가격, 낙찰가격 또는 경락가격, 그 밖에 대통령령으로 정하는 사항을 결정하는 행위(법 제40조 제1항 제8호)

가. 낙찰예정자 또는 경락예정자를 사전에 결정하고 그 사업자가 낙찰 또는 경락받을 수 있도록 투찰여부나 투찰가격 등을 결정하는 행위, 낙찰가격 또는 경락가격을 높이거나 낮추기 위하여 사전에 투찰여부나 투찰가격 등을 결정하는 행위가 포함된다.

나. 다수의 입찰 또는 경매에서 사업자들이 낙찰 또는 경락받을 비율을 결정하는 행위, 입찰 또는 경매에서 사전에 설계 또는 시공의 방법을 결정하는 행위, 그 밖에 입찰 또는 경매의 경쟁요소를 결정하는 행위가 포함된다.

9. 위 1. 내지 8.에 해당하지 않는 행위로서 다른 사업자(그 행위를 한 사업자를 포함한다)의 사업활동 또는 사업내용을 방해하거나 제한함으로써 일정한 거래분야에서 경쟁을 실질적으로 제한하는 행위(법 제40조 제1항 제9호 전단)

가. 영업장소의 수 또는 위치를 제한하는 행위, 특정한 원료의 사용비율을 정하거나 직원의 채용을 제한하는 행위, 자유로운 연구·기술개발을 제한하는 행위 등과 같이 위 1. 내지 8.에 해당하지 않는 행위로서 다른 사업자의 사업활동 또는 사업내용을 방해하거나

제한하는 행위가 포함된다.

나. 공동행위 참여 사업자들이 공동행위에 참여하지 않은 다른 사업자의 사업활동 또는 사업내용을 방해하거나 제한하는 경우뿐만 아니라, 공동행위에 참여한 사업자 자신들의 사업활동 또는 사업내용을 제한하는 경우도 포함된다.

10. 가격, 생산량, 그 밖에 대통령령으로 정하는 정보를 주고받음으로써 일정한 거래분야에서 경쟁을 실질적으로 제한하는 행위(법 제40조 제1항 제9호 후단)

가. 사업자 간 정보를 '주고받는'(이하 "정보교환"이라 한다) 행위는 사업자가 다른 사업자에게 가격, 생산량, 상품 또는 용역의 원가, 출고량 · 재고량 또는 판매량, 상품 · 용역의 거래조건 또는 대금 · 대가의 지급조건 관련 정보(이하 "경쟁상 민감한 정보"라 한다)를 알리는 행위를 의미한다. 우편, 전자우편(이메일), 전화통화, 회의 등 알리는 수단은 불문한다.

나. 사업자단체(협회, 협동조합 등), 제3의 사업자 등 중간 매개자를 거쳐 간접적으로 알리는 행위도 포함된다. 간접적으로 알리는 행위가 성립하기 위해서는 특정 사업자의 정보가 중간 매개자를 거쳐 다른 경쟁사업자에게 전달되어야 한다. 사업자단체 등 중간 매개자에게 일방적으로 정보가 전달되기만 하는 경우는 정보교환이 이루어진 것으로 보지 아니한다.

다. 사업자가 불특정 다수에게 경쟁상 민감한 정보를 공개적으로 공표 또는 공개하는 행위는 포함하지 아니한다. 공개적인 공표 또는 공개여부를 판단함에 있어서는 공표 또는 공개매체의 성격 및 이용자의 범위, 접근 비용의 유무 · 수준 및 경제주체별 차등 여부, 공표 또는 공개의 양태 및 의도 등을 종합적으로 고려하여 판단한다.

라. 위 다.에 불구하고, 사업자 간 비공개적으로 정보교환 행위를 한 후 그 정보를 사후적으로 공개적으로 공표 또는 공개한 경우는 정보교환 행위로 본다.

V. 공동행위의 위법성 심사

공동행위의 위법성 심사는 공동행위의 성격에 대한 분석으로부터 출발한다. 성격상 경쟁제한 효과만 생기는 것이 명백한 경우에는(예컨대 가격 · 산출량의 결정 · 제한이나 시장 · 고객의 할당 등) 특별한 사정이 없는 한 구체적인 경쟁제한성에 대한 심사 없이 부당한 공동행위로 판단할 수 있다. 다만, 이 경우에도 당해 공동행위와 관련되는 시장의 구조, 거래형태, 경쟁상황 등 시장상황에 대한 개략적인 분석은 하여야 한다.

그러나 공동행위의 성격상 경쟁제한 효과와 효율성증대 효과를 함께 발생시킬 수 있는 경우(예컨대 공동마케팅, 공동생산, 공동구매, 공동연구·개발, 공동표준개발 등)에는 당해 공동행위의 위법성을 판단하기 위해 경쟁제한 효과와 효율성증대 효과를 종합적으로 심사함을 원칙으로 한다.

1. 제1단계 : 공동행위의 성격 및 시장 분석

공동행위의 성격은 공동행위의 대상이 되는 경제활동의 종류(생산·판매·산출량 결정 등) 및 합의의 수준 등의 요소에 의하여 결정된다.

가. 공동행위의 성격상 경쟁제한 효과만 발생시키는 것이 명백한 경우

(1) 경쟁제한 이외에 다른 목적이 없는 공동행위는 직접적으로 관련시장에서 가격을 올리거나 산출량을 감소시키며 다음과 같은 유형이 이에 해당된다.

- 경쟁관계에 있는 사업자 간에 가격을 결정 혹은 변경하는 행위
- 경쟁관계에 있는 사업자 간에 산출량을 결정 혹은 조정하는 행위
- 경쟁관계에 있는 사업자 간에 거래지역 또는 거래상대방을 제한·할당하는 행위
- 경쟁관계에 있는 사업자 간에 입찰가격 또는 낙찰예정자를 사전에 결정하는 행위

(2) 가격·산출량의 결정·조정은 직접적으로 소비자로 하여금 높은 가격을 지불하게 하며, 시장 및 고객의 제한·할당도 소비자의 선택가능성을 제한하고 사업자 간 경쟁을 감소시켜 결국 가격 상승이나 산출량 제한을 초래한다. 입찰가격 등을 사전에 결정하는 행위는 입찰참여 사업자들의 경쟁을 직접적으로 제한하여 낙찰가격을 상승시키게 된다. 이러한 행위는 성격상 경쟁을 직접 제한하는 효과를 발생시킨다.

(3) 위에 열거한 경쟁제한 효과만 생기는 공동행위는 관련 사업자들이 공동으로 행동하면 당해 상품시장이나 지역시장에서 가격·수량·품질 및 기타 조건을 좌우할 수 있는 시장지배력을 획득할 수 있는 경우에 쉽게 발생되고 유지될 수 있다. 공동행위에 참여한 사업자보다 낮은 가격으로 소비자들이 원하는 상품 수량을 충분히 공급할 수 있는 공급자가 존재하는 경우에는 대부분의 소비자들이 공동행위에 참여하지 않은 공급자들로부터 상품을 구매할 것이기 때문에 당해 공동행위가 유지되기는 어렵다.

(4) 한편, 어떤 업종의 생산구조, 시장구조, 경쟁상태 등을 분석하여 시장지배력 형성여부를 심사하는 것은 결국 해당 공동행위가 관련시장에서의 경쟁을 제한하는지 여부를 판단하기 위한 것이다. 그런데, 위에서 열거한 공동행위는 행위 자체가 직접적으로

경쟁을 제한하여 가격상승·산출량 감소를 초래하기 때문에 구체적인 경제분석이 없더라도 시장상황에 대한 개략적인 분석을 통하여 위법한 공동행위로 판단할 수 있는 것이다.

〈예시〉

가평시내 5개 주유소가 휘발유 가격을 같은 폭으로 인상하면서 앞으로 휘발유 가격인하 경쟁을 하지 않기로 합의하였다고 가정하자. 이 경우 5개 주유소의 주요 고객은 대부분 가평 시민들이고, 상기 주유소들 외에 가장 가까운 주유소는 반경 20Km 이상 떨어진 춘천 또는 대성리에 위치하고 있어, 가평 시민들은 가격이 조금 저렴하다고 해서 춘천이나 대성리까지 가지는 않는 것으로 파악 되었다. 이런 상황에서 가평시내 5개 주유소의 합의는 성격상 각 주유소들 간 가격, 서비스 등에 관한 경쟁을 직접적으로 제한하고 휘발유 가격을 상승시켜 해당 주유소에서 휘발유를 구입하는 소비자들에게 피해를 발생시키기 때문에 보다 엄밀한 구체적인 경제분석이 없더라도 일응 부당한 공동행위로 판단될 수 있다.

한편, 이번에는 46번 춘천방향 국도변의 대성리와 가평사이에 위치한 3개 주유소들이 위와 동일한 합의를 하였다고 하자. 이 때, 3개 주유소의 주된 고객은 서울에서 춘천 인근으로 여행을 가는 서울 시민일 가능성이 높다. 이들은 46번 국도를 지나며 이들 3개 주유소의 휘발유 가격이 비싸다고 생각할 경우 3개 주유소를 이용하지 않고 가평을 지나 위치하고 있는 다른 주유소에서 휘발유를 구입할 수 있는 상황이다. 이 경우에는 위의 가평시내 3개 주유소가 담합한 사례보다는 보다 더 자세한 분석이 필요할 것이다.

(5) 다만, 문제되는 공동행위가 경쟁제한 효과만 있는 공동행위로 분류되는 유형이라도 효율성을 증대시키는 경제적 통합과 합리적으로 연관되어 추진되고, 효율성증대 효과의 목적을 달성하기 위해 합리적으로 필요하다고 인정되는 경우에는 연관되는 경제적 통합의 경쟁제한 효과와 효율성증대 효과 등을 종합적으로 고려하여 위법성 여부를 판단한다. 즉, 이 심사기준의 제2단계부터 제4단계까지의 심사절차를 통해 위법성 여부를 판단한다. 여기서 "경제적 통합"이라 함은 생산, 판매, 구매 또는 연구개발 등의 통합을 의미한다. 효율성을 증대시키는 경제적 통합에 참여하는 사업자들은 중요한 자본, 기술 또는 상호보완적인 자산 등을 결합한다. 가격, 산출량, 고객 등에 대한 단순한 조정 또는 합의는 경제적 통합이 아니다.

〈예시〉

6개의 중소 구두제조 사업자들이 대형 구두제조사업자들에 대항하기 위한 생존전략의 일환으로 유통비용과 광고비용을 절감하고 제품의 상표가치를 제고하기 위해 '○○' 이라는 상표로 공동마케팅을 수행하기로 합의하였다. 이 합의에는 제품을 동일한 가격으로 판매한다는 합의도 포함되어 있다. 이 합의에 포함되어 있는 가격의 공동결정은 효율성 증대를 발생시키는 공동마케팅 수행에 합리적으로 필요한 제한으로 인정될 수 있기 때문에 경쟁제한성 여부를 최종 판단하기 위해서 제2단계부터 제4단계의 심사절차를 추가적으로 진행한다.

나. 공동행위의 성격상 효율성증대 효과와 경쟁제한 효과가 동시에 생길 수 있는 경우

(1) 효율성증대 효과와 경쟁제한 효과가 동시에 생기는 유형의 공동행위로는 공동마케팅, 공동생산, 공동구매, 공동연구 · 개발, 공동표준개발 등을 예로 들 수 있다.

(2) 이런 종류의 공동행위는 자산 · 지식 · 경험의 결합 또는 위험의 배분, 중복비용의 감소 등을 통해 효율성을 증대시키고 때로는 사업자가 개별적으로 수행하지 못했을 사업을 수행하도록 한다. 하지만 참여사업자들의 시장지배력을 유지 · 창출 · 증가시켜서 가격 상승, 품질 · 산출량 · 혁신노력의 감소를 초래하는 등 경쟁제한 효과를 발생시킬 수도 있다.

(3) 당해 공동행위의 성격 분석만으로 경쟁제한 효과가 발생하지 않는 것이 명백한 경우에는 본 단계에서 심사를 종료할 수 있다.

(4) 그러나 공동행위의 성격에 대한 분석만으로 경쟁제한 효과가 생기지 않는 것이 분명하지 않은 경우에는 당해 공동행위가 경쟁을 제한하는지 여부를 판단하는 한편, 경쟁제한 효과와 효율성증대 효과의 비교형량이 필요하므로 추가적인 심사를 진행한다.

2. 제2단계 : 경쟁제한 효과 분석

공동행위의 성격상 경쟁제한 효과와 효율성증대 효과를 함께 발생시킬 수 있는 경우 경쟁제한 효과 분석은 다음과 같이 행한다.

가. 경쟁제한 효과 분석의 일반원칙

(1) 참여사업자들이 상당한 시장지배력을 보유하고 있는 경우에는 공동행위를 통해 시장지배력을 유지 · 창출 · 증가시켜 가격 상승이나 품질 · 산출량 · 혁신노력의 감소를 초래하는 등 경쟁제한 효과를 발생시킬 수 있다.

(2) 공동행위의 경쟁제한 효과를 심사하기 위해서는 우선 관련시장을 획정하고 당해 공동행위에 참여하고 있는 사업자들의 시장점유율을 산정한다. 참여사업자들의 시장점유율의 합계가 20% 이하인 경우에는 당해 공동행위로 인해 경쟁제한 효과가 발생할 가능성이 없거나 경쟁제한 효과가 발생하더라도 그 효과가 미미한 것으로 보고 심사를 종료한다(제2-1단계~제2-3단계). 그러나 시장점유율의 합계가 20%를 초과하는 경우에는 시장지배력, 참여사업 간의 경쟁제한 수준 등을 분석하여 경쟁제한 효과의 발생여부 및 크기 등을 심사한다.

(3) 공동행위의 경쟁제한 효과를 판단하기 위한 첫째 요소는 공동행위 참여사업자가 보유하고 있는 시장지배력의 정도이다. 관련시장에서 사업자들이 보다 큰 시장지배력을 보유하고 있을수록 당해 공동행위가 관련시장에서 경쟁제한 효과를 발생시킬 가능성은 증가한다.

(4) 공동행위의 경쟁제한 효과를 판단하기 위한 둘째 요소는 공동행위에 참여하고 있는 사업자 간의 경쟁제한의 정도이다. 즉 참여사업자 간 독자적 경쟁능력・경쟁동기의 감소수준, 경쟁기회・경쟁수단・경쟁방법의 제한 등이 검토되어야 한다. 참여사업자 간 경쟁제한의 정도가 클수록 당해 공동행위가 관련시장에서 경쟁제한 효과를 발생시킬 가능성은 증가한다.

(5) 당해 공동행위가 경쟁제한 효과를 발생시키는지의 여부는 참여사업자들의 시장지배력 보유와 참여사업자 간의 경쟁제한을 종합적으로 고려하여 결정한다. 참여사업자 간 경쟁제한의 수준이 높더라도 참여사업자들이 공동행위를 통해서도 시장지배력을 보유하지 못하는 경우에는 당해 공동행위로 경쟁제한 효과가 발생할 가능성이 낮으며, 참여사업자들이 공동행위를 통해 시장지배력을 보유하게 되더라도 참여사업자들 간 경쟁이 계속되고 있다면 당해 공동행위로 경쟁제한 효과가 발생할 가능성은 감소된다.

나. 경쟁제한 효과 분석의 단계별 절차

(1) 제2-1단계 : 관련시장의 획정

시장점유율 산정 및 시장지배력 존재 등을 판단하기 위해서는 관련시장의 획정이 필요하다. 관련시장 획정에는 「기업결합심사기준」에 규정된 "V. 일정한 거래분야의 판단기준"을 참고한다.

(2) 제2-2단계 : 시장점유율 산정

"시장점유율"이라 함은 일정한 거래분야에 공급된 상품이나 서비스의 총금액 중에서 당해 사업자가 공급한 상품이나 서비스의 금액이 점하는 비율을 말한다. 시장점유율은 공동행위 수행 당시의 직전사업년도 1년 간의 판매액(직전사업년도 종료직후로서 직전사업년도의 판매액을 알기 곤란한 경우에는 직전전사업년도 1년 간의 판매액을 말한다)을 사용하여 다음과 같이 산정한다. 다만, 시장점유율을 금액기준으로 산정하기 곤란하거나 부적절한 경우에는 물량기준 또는 생산능력기준으로 산정할 수 있다.

$$시장점유율 = \frac{당해\ 회사의\ 당해\ 상품의\ 국내판매액(수입판매액\ 포함)}{당해\ 상품의\ 국내\ 총판매액(수입판매액\ 포함)}$$

(3) 제2 - 3단계 : 시장점유율이 20% 이하인 경우

공동행위에 참여한 사업자(공동행위를 수행하기 위한 회사가 설립되는 경우 이 회사의 시장점유율을 포함한다)들의 시장점유율의 합계가 20% 이하인 경우에는 특별한 사정이 없는 한 당해 공동행위가 경쟁에 미치는 영향이 미미하기 때문에 당해 공동행위는 경쟁제한 효과를 발생시키지 않는 것으로 판단한다. 즉 참여사업자들의 시장점유율의 합계가 20%를 초과하는 경우에만 다음 심사절차를 거쳐 경쟁제한 효과를 판단한다.

(4) 제2 - 4단계 : 시장지배력 심사

(가) 참여사업자들이 관련시장에서 보다 큰 시장지배력을 보유하고 있을수록 당해 공동행위로 인해 경쟁제한 효과가 발생할 가능성이 증가한다. 시장지배력 보유수준을 판단하기 위해서는 아래 (나) 내지 (라)의 요소를 분석하여 종합적으로 판단하는데 일부 요소에 대한 분석만으로도 참여사업자들의 시장지배력 보유수준을 충분히 판단할 수 있는 경우에는 다른 요소에 대한 분석을 생략할 수 있다.

(나) 시장점유율

공동행위 참여사업자들의 시장점유율의 합계가 클수록, 시장점유율이 수년간 안정적으로 유지될수록 해당 사업자들의 시장지배력 보유 가능성은 증가한다. 한편 최근 수년간 사업자의 시장점유율 하락폭이 클수록 시장지배력 보유 가능성이 감소한다.

(다) 해외경쟁 도입수준

관련제품의 수입이 용이하거나 당해 거래분야에서 수입품이 차지하는 비중이 증가하는 추세에 있는 경우에는 당해 공동행위에 의해 시장지배력이 유지 · 창출 · 증가되거나 경쟁제한성이 높은 공동행위가 수행될 가능성이 감소한다. 해외경쟁의 도입수준을 평가함에 있어서는 다음 사항을 고려한다.

- 수입침투도의 변화 추세
  * 수입침투도 : 내수(생산-수출+수입) 또는 생산에서 수입이 차지하는 비중
- 관세율 및 관세율의 인하계획
- 기타 각종 비관세장벽의 존재 여부

(라) 신규 진입의 가능성

① 당해 시장에 대한 신규 진입이 가까운 시일 내에 용이하게 이루어질 수 있는 경우에는 공동행위로 감소되는 실질적인 경쟁사업자의 수가 다시 증가할 수 있으므로 경쟁제한 효과가 발생할 가능성이 감소한다. 신규 진입의 가능성을 평가함에 있어서는 다음 사항을 고려한다.

- 최근 3년간 신규 진입 현황 및 변화추세
- 법적·제도적인 진입장벽의 유무
- 필요최소한의 자금규모
- 특허권 기타 지적재산권을 포함한 생산기술조건
- 입지조건
- 원재료조달조건
- 경쟁사업자의 유통계열화의 정도 및 판매망 구축비용

② 다음의 1에 해당하는 사업자가 있는 경우에는 신규 진입이 용이한 것으로 볼 수 있다.

- 당해 시장에 참여할 의사와 투자계획 등을 공표한 사업자
- 현재의 생산시설에 중요한 변경을 가하지 아니하더라도 당해 시장에 참여할 수 있는 등 당해 시장에서 상당기간 어느 정도 의미있는 가격인상이 이루어지면 중대한 진입비용이나 퇴출비용의 부담 없이 가까운 시일 내에 당해 시장에 참여할 것으로 판단되는 사업자

(5) 제2-5단계 : 참여사업자 간 경쟁제한 수준 심사

(가) 참여사업자 간 경쟁제한 심사의 일반원칙

① 이 단계에서는 공동행위 참여사업자 간 독자적 경쟁 능력·동기의 증감수준, 경쟁기회·경쟁수단·경쟁방법의 제한여부 등을 분석한다.

② 참여사업자 간 경쟁 능력·동기의 감소수준이 미약하고, 경쟁기회·경쟁수단·경쟁방법의 제한 정도가 낮아 관련시장에서 사업자 간 경쟁이 계속될

경우에는 참여사업자들이 공동행위를 통해 시장지배력을 유지·창출·증가시킬 가능성은 희박하며, 경쟁과 관련된 민감한 정보 교환이 없거나 적절하게 차단되어 있는 경우에는 경쟁제한 효과를 야기할 가능성이 작아진다.

③ 반면 참여사업자 간 경쟁제한 수준이 높아서 사업자 상호 간에 독자적으로 경쟁할 동기나 능력이 상당히 감소하거나, 경쟁기회·경쟁수단·경쟁방법이 제한되거나, 경쟁과 관련된 민감한 정보가 교환될 경우에는 경쟁제한 효과를 야기할 가능성이 증가한다.

④ 심사대상인 공동행위가 실제 수행중이지 않는 경우에는 참여사업자 간 경쟁제한 수준의 심사를 위한 자료 수집이 어렵거나 불가능할 수 있다. 이 경우에는 다음에 열거한 요소 중 일부만 분석하거나 제2~5단계 심사 자체를 생략할 수 있다.

(나) 참여사업자 간 경쟁제한 심사시 고려요소

① 합의이행에 대한 모니터링 시스템 및 제재수단이 있는지 여부

합의내용이 제대로 이행되는지 점검하는 모니터링 시스템이 있고, 특히 이를 통해 합의 위반행위가 적발될 경우 이에 대한 제재수단이 있는 경우에는 경쟁제한 효과 발생 가능성이 증가한다.

② 공동행위 존속기간

공동행위의 존속기간이 길수록 참여사업자 간 독자적인 경쟁 능력 및 동기를 제한하여 경쟁제한 효과가 발생할 가능성이 증가한다.

③ 자산에 대한 공동 사용·통제 수준

공동행위에 참여한 사업자들이 공동으로 사용·통제하는 자산의 비중과 중요도가 클수록 가격, 산출량 등에 관한 독자적인 의사결정의 가능성이 감소하여 경쟁제한 효과의 발생 가능성이 증가한다. 또한 공동으로 사용·통제하는 자산을 다른 자산으로 대체하기 어려울수록 독자적인 의사결정의 가능성이 감소하기 때문에 경쟁제한 효과가 발생할 가능성이 증가한다.

④ 재무적 이해관계 수준

공동행위에 참여하고 있는 사업자 간에 재무적 상호 이해관계(예컨대 채권·채무, 주식의 상호보유 등)의 결합 수준이 높을수록 사업자 간 경쟁의 동기가 감소하여 경쟁제한 효과가 발생할 가능성이 증가한다.

⑤ 참여사업자 간 경쟁 허용수준

참여사업자 간 경쟁을 허용하는 범위가 넓을수록 당해 공동행위의 경쟁제한 효과는 감소한다. 또한 공동행위에 참여하고 있지 않은 다른 사업자 혹은 다른 사업자 단체와의 거래가 자유롭게 허용된다면 이러한 공동행위가 경쟁을 제한할 가능성은 감소한다. 이를 심사하기 위해서는 시장에서의 참여사업자 간 실질적인 경쟁 상황, 가격 · 산출량 등 주요한 경쟁 변수에 대한 개별 사업자의 독자적인 의사결정 범위, 공동행위 수행 조직의 임무와 역할 등이 분석되어야 한다.

(6) 경쟁제한 효과 분석으로 심사를 종료하는 경우

효율성증대 효과를 분석하는 것은 어떤 공동행위가 경쟁제한 효과를 발생시키더라도 이를 능가하는 효율성증대 효과가 있는 경우 비교형량을 통해 당해 공동행위의 위법성 여부를 결정하기 위한 것이다. 따라서 상기 분석을 통해 당해 공동행위가 경쟁제한 효과를 발생시키지 않는 것으로 판단되는 경우에는 효율성증대 효과와의 비교형량이 불필요하기 때문에 제3단계의 효율성증대 효과 분석으로 이행하지 않고 심사를 종료한다.

3. 제3단계 : 효율성증대 효과 분석

공동행위의 성격상 경쟁제한 효과와 효율성증대 효과를 함께 발생시킬 수 있는 경우 효율성증대 효과 분석을 다음과 같이 행한다.

가. 공동행위에 의하여 발생되는 효율성증대 효과

공동행위는 규모의 경제, 범위의 경제, 위험 배분, 지식 · 경험의 공동활용에 의한 혁신 속도 증가, 중복 비용의 감소 등 경제적 효율성을 증대시킬 수 있다. 이러한 효율성증대는 사업자 간 경쟁을 촉진시켜 상품의 가격 하락, 품질 · 유통속도의 제고 등 소비자 편익의 증가로 연결될 수 있다.

나. 효율성증대 효과로 주장될 수 없는 경우

산출량 감축, 시장 분할 또는 단순한 시장지배력의 행사에 의해 발생하는 비용절감 등은 효율성증대 효과로 주장할 수 없다. 또한, 제품 · 서비스의 품질 저하 등 소비자의 이익 감소를 통해 달성되는 비용절감도 효율성증대 효과로 주장될 수 없다.

다. 효율성증대 효과 심사시 고려요소

경쟁을 촉진하는 효율성은 확실하게 실현될 수 있어야 한다. 이를 판단하기 위해서는 효율성이 어떠한 방법으로 실현되는지, 효율성이 가까운 시일 내에 발생할 것이 명백한지, 효율성의 크기는 어떠한지, 효율성증대가 소비자 편익의 증가로 연결될 수 있는지에 대한 심사가 필요하다.

라. 공동행위와 효율성증대 효과의 인과관계 심사

당해 공동행위 외의 방법으로는 효율성증대 효과를 달성하기 어렵다고 판단되는 경우에만 당해 공동행위의 효율성증대 효과를 인정한다.

마. 효율성증대 효과의 주장 방법

효율성은 검증하거나 수량화가 어렵다. 이는 효율성과 관련된 정보를 오직 공동행위의 참여사업자들만 보유하고 있기 때문이다. 따라서, 효율성증대 효과를 주장하는 사업자는 당해 공동행위로 발생하는 효율성증대 효과를 판단하기 위한 충분한 자료를 제출하여야 하며, 그렇지 않은 경우 효율성증대 효과는 인정되지 않는다.

4. 제4단계 : 경쟁제한 효과와 효율성증대 효과의 비교형량

당해 공동행위가 효율성증대 효과와 경쟁제한 효과를 동시에 발생시키는 경우 양 효과의 비교 형량을 통해 당해 공동행위의 위법성을 심사한다. 비교형량에 있어서는 효율성증대 효과가 당해 공동행위의 경쟁제한 효과를 상쇄할 수 있는지 여부를 검토한다. 당해 공동행위가 허용되기 위해서는 관련시장에서 경쟁제한에 따른 폐해가 클수록 이를 상쇄하기 위한 효율성증대 효과 또한 커야 한다.

Ⅵ. 재검토기한

공정거래위원회는 「훈령 · 예규 등의 발령 및 관리에 관한 규정」에 따라 이 예규에 대하여 2022년 1월 1일을 기준으로 매 3년이 되는 시점(매 3년째의 12월 31일까지를 말한다)마다 그 타당성을 검토하여 개선 등의 조치를 하여야 한다.

부 칙 〈제390호, 2021. 12. 28.〉

이 예규는 2021년 12월 30일부터 시행한다.

입찰에 있어서의 부당한 공동행위 심사지침

[시행 2021. 12. 30.] [공정거래위원회예규 제392호, 2021. 12. 28., 일부개정]

공정거래위원회(카르텔총괄과), 044-200-4534

1. 목 적

- 「독점규제 및 공정거래에 관한 법률」(이하 "법"이라 한다) 제40조 제6항에 의거, 입찰담합의 유형 및 내용과 구체적인 심사기준을 제시하여 입찰에 관련된 활동과 공정거래법과의 관계를 명확히 알려주고 이해시킴으로써 관련 업계에 공정경쟁에 대한 인식을 고취하고 입찰과 관련한 법위반행위를 미연에 방지함.
- 나아가 입찰과정에서의 공정성과 투명성을 확보하여 관련 업계의 자율적인 경쟁풍토 조성과 건전한 경영활동 보장을 도모하고자 함.

2. 이 지침의 성격 및 적용범위

(1) 이 지침의 성격

- 이 지침은 법 제40조(부당한 공동행위 금지)에 의한 사업자 간의 부당한 공동행위(이하 법 제51조(사업자단체의 금지행위) 제1항에 의한 "사업자단체의 금지행위"를 포함한다)로서 입찰행위에 있어서의 부당한 공동행위(이하 "담합"이라 한다)에 적용되는 것으로 입찰담합과 관련하여 일반적으로 생각할 수 있는 유형과 처리지침을 예시적으로 열거한 것임.
- 입찰담합으로 추정되는 사항으로 본 지침에 내용이 설명되어 있지 않은 활동에 대해서는 공정거래법 규정의 정신에 비추어 개별 사안별로 판단되어질 것임.

(2) 적용범위

- 이 지침은 사업자 및 사업자단체의 공공적·사적 입찰과 관련된 활동에 포괄적으로 적용됨.

3. 입찰담합의 제유형과 법위반행위

(1) 입찰가격담합

사업자가 공동(이하 "사업자단체"를 포함한다)으로 최저입찰가격(계약목적에 따라서는 최고입찰가격), 수주예정가격 또는 그와 비슷한 것으로 인정되는 것을 결정하는 것은 경쟁을 제한하는 행위로 원칙적으로 위반됨. 여기서는 결정이란 계약·협정·결의 등 명시적 결정뿐만 아니라 기타 어떠한 방법으로도 합의에 도달하게 되는 행위를 말함.

〈금지 또는 법위반 가능성이 큰 행위〉

- 사업자가 공동으로 입찰에 관련한 최저입찰가격 등을 결정하거나 관련 사업자가 이에 응하는 행위
- 사업자 간에 입찰가격을 협의하거나 그에 관한 정보의 교환·제공을 통해 입찰가격을 결정하는 행위와 사업자단체가 입찰가격결정에 관여하고 그 사실을 관련 사업자에게 제공하는 행위
- 입찰에 참가하는 사업자들이 다른 사업자의 산출내역서를 복사 또는 대신 작성하여 주는 등의 방법에 의해 입찰하는 행위
- 사업자가 공동으로 발주처의 예정가격을 인상시킬 목적으로 예정금액보다 높은 수주금액 또는 수준을 정한 후 고의적으로 유찰시키는 행위

〈허용되는 행위〉

- 사업자가 독자적으로 입찰대상공사에 관한 관련 업계의 정보를 수집하는 영업활동 행위
- 사업자가 공동으로 단순히 발주처가 공표한 설계공사금액의 계산에 대해 조사하는 행위
- 사업자가 공동으로 안전시공과 건설원가인하를 위해 신공법 또는 신기술에 관한 정보를 교환하거나 관련 사례를 수집하여 제공하는 행위
- 중소기업단체가 관련 사업자의 공사금액 계산능력을 향상시킬 목적으로 공통적인 항목에 대해 표준적인 계산방법이나 작업량 등을 알려주는 지도 행위

(2) 낙찰예정자의 사전결정

사업자가 공동으로 낙찰예정자 또는 낙찰예정자의 선정방법을 결정하는 것은 입찰제도의 취지에 반하고 상품 및 용역거래에 관한 경쟁을 본질적으로 제한하는 것으로 원칙적으로 위반됨. 여기에서 결정이란 계약·협정·결의 등 명시적 결정뿐만 아니라 기타 어떠한 방법으로도 합의에 도달하게 되는 행위를 말함.

〈금지 또는 법위반 가능성이 큰 행위〉

- 사업자가 공동으로 수주를 희망하는 자 가운데 낙찰예정자를 미리 결정하고 이에 협조하는 행위
  - 수주예정자가 낙찰받을 수 있도록 하기 위하여 다른 입찰참가자가 공동으로 수주예정자보다 높은 낙찰희망가격을 제시하는 행위
  - 개별사업자의 지명회수, 수주실적 등을 정리하여 낙찰예정자 선정의 우선순위를 정하고 입찰에 참가하려는 사업자들이 이에 협조토록 강요하는 행위
  - 수주희망업체가 협조업체에게 낙찰에 협조하는 대가로 차기 공사발주시 낙찰의 협조, 금품지급 등의 이익을 공여하거나 또는 이익공여를 약정하는 방법에 의해 낙찰자를 사전 결정하는 행위
  - 입찰에 참가하려는 사업자에 대하여 수주예정자 결정에 따르도록 강요하고 협력하지 않는 사업자에 대해 입찰참가를 방해하는 행위
- 특정입찰에 대한 연고권 주장을 통하여 특정업체에 낙찰이 이루어지도록 하거나 이에 협조하는 행위
- 특정업체들 간에 일정한 범위 내의 공사를 교대로 수주하거나 특정업체가 다른 입찰참가업체들의 산출내역서를 대신 작성하여 주면서 입찰에 참가하게 하거나 입찰내역서를 첨부하지 않는 등의 형태로 입찰에 참가하여 특정업체의 낙찰을 밀어주는 행위
- 특정업체가 산출내역서를 전문적으로 작성하는 용역업체에 다른 사업자의 산출내역서 작성을 의뢰하고 이를 참여사업자에게 배분하는 행위
- 수주예정자 선정과 관련하여 사업자가 공동으로 낙찰예정자를 결정한 후 이를 관련 사업자에게 통지하고 협조를 요구하는 행위
- 낙찰에서 배제된 사업자가 공동으로 낙찰자선정에 협조한 대가로 낙찰사업자에게 사례금 또는 특별회비, 부과금 등을 징수하는 행위

〈허용되는 행위〉

- 경쟁입찰에 지명을 받은 사업자가 다른 사업자와 협의없이 경쟁력이 우위인 사업자가 있어 자주적으로 입찰을 사퇴하는 행위
- 발주처가 제시하는 설계단가가 낮아 수익성이 없다는 등의 이유로 자주적 판단에 의해 입찰참가를 하지 않는 행위
- 관련사업 수행능력의 부족 또는 낮은 기술경쟁력 등의 요인으로 입찰에 참가하지 않는 행위 등

(3) 경쟁입찰계약을 수의계약으로 유도

사업자가 공동으로 특정사업자가 수의계약에 의해 계약할 수 있도록 결정 · 유도하

는 것은 자유로운 경쟁을 배제하는 것으로 원칙적으로 위반됨.

여기에서 결정이란 계약·협정·의결 등 명시적 결정뿐만 아니라 기타 어떠한 방법으로도 합의에 도달하게 되는 행위를 말함.

〈금지 또는 법위반 가능성이 큰 행위〉

- 사업자가 공동으로 당해 입찰을 수의계약으로 유도할 것을 합의하고 입찰참가자 모두 예정가격보다 높은 가격에 의해 계속적으로 유찰시키거나 입찰참가를 의도적으로 거부하는 행위
- 특정사업자의 수주를 목적으로 몇몇 사업자가 공모하여 들러리 등 형식적으로 입찰에 참여하였다가 도중에 입찰을 포기하여 특정사업자 이외의 다른 사업자가 입찰에 참여하는 것을 실질적으로 봉쇄하여 수의계약으로 유도하는 행위
- 사업자가 공동으로 객관적 기준없이 특정한 사업자를 입찰계약과 관련하여 부당업자 또는 불량업자로 구분하여 발주처에 통보하거나 대외공표함으로써 입찰참여를 방해한 후 수의계약을 유도하는 행위

〈허용되는 행위〉

- 급격한 가격상승등으로 입찰공고 당시 설계금액으로는 입찰참가가 불가능하여 자주적으로 입찰에 참가하지 않는 경우
- 1차 입찰에만 참여하고 같은 입찰조건 이하에서는 수주할 여건이 안되어 재입찰에는 참가하지 않는 경우

(4) 수주물량 등의 결정

사업자가 공동으로 입찰에 관련된 수주물량 결정과 이러한 수주물량을 나누어 갖기 위해 입찰참가자 간 배분 등을 결정하는 행위는 경쟁을 제한하는 것으로 원칙적으로 위반됨. 여기서 결정이란 계약·협정·결의 등 명시적 결정뿐만 아니라 기타 어떠한 방법으로도 합의에 도달하게 되는 행위를 말함.

〈금지 또는 법위반 가능성이 큰 행위〉

- 사업자가 공동으로 모임 등을 통해 수주물량을 결정하거나 입찰참가자 간 수주물량배분을 결정하는 행위
- 사업자가 공동으로 수주물량 배분등의 결정에 비협조적인 사업자에 대해 입찰참가를 방해하거나 기타 불이익 제공 등의 차별적 취급을 하는 행위
- 단독으로 사업을 수행할 수 있음에도 불구하고 낙찰희망물량을 일부러 적게

제시하여 다른 사업자와의 공동수주를 유도하는 행위

〈허용되는 행위〉

- 사업자단체 등이 발주에 관한 전반적인 동향(실적 및 전망 등)을 파악하여 개괄적으로 정리·공표하는 행위
- 관련 법령 또는 발주처의 요구에 의한 경우나 또는 기술적 필요 등에 의해 공동수주하는 경우

(5) 경영간섭 등

입찰에 참가하려는 사업자가 공동으로 당해 입찰에 관련된 사업자 활동에 대해 지도를 행함에 있어서 입찰가격이나 수주예정자 결정에 영향을 주는 행위는 경쟁제한적인 행위로 원칙적으로 위반됨.

〈금지 또는 법위반 가능성이 큰 행위〉

- 사업자단체가 원재료를 공동구매하여 판매함에 있어 입찰금액이 낮거나 임의적으로 입찰에 참여한 사업자에게는 판매물량의 제한이나 기타 불리한 조건에 의해 판매하는 등을 정하는 행위
- 사업자단체가 입찰에 참가하는 구성사업자에 대해 입찰가격에 관한 목표를 부여하거나 수주예정자 결정을 위하여 입찰참여 여부를 사전에 통지토록 요청하는 행위
- 사업자가 공동으로 사전에 입찰참여자로 하여금 수주물량의 일부를 특정사업자에게 하도급 형태로 분할하는 조건이나 특정사업자로부터의 자재구입 사용조건 등을 정하여 입찰에 참여케 하는 행위
- 낙찰예정자로 하여금 계약금액의 일정률을 기부금 형태로 납부토록 하거나 특별회비로 납부토록 하여 이익의 일부를 공동사용 또는 배분하는 행위

〈허용되는 행위〉

- 사업자단체 등이 입찰에 참가하는 구성사업자(주로 중소기업자)를 대상으로 하여 입찰제도의 운용에 관해 단순한 의견표명을 하는 행위
- 사업자가 공동으로 부실공사방지를 위한 품질보증 및 안전시공을 위해 모임 또는 기타의 의견·자료교환 방식으로 기술분야의 경쟁을 촉진·확산시키려는 행위
- 특정사업자(또는 단체)가 입찰에 참여하는 사업자에 대하여 발주자에 대한 기술관계 등 입찰에 관한 일반적인 사항을 설명하는 것을 지원해 주는 행위

4. 법위반행위에 대한 조치

(1) 시정조치

- 공정거래위원회는 입찰과 관련하여 사업자가 공동으로 또는 사업자단체가 법위반행위를 한 경우에는 당해 사업자(또는 사업자단체)에 대하여 당해 행위의 중지, 법위반사실의 공표, 기타 필요한 조치를 명할 수 있음〈법 제42조(시정조치) 및 제52조(시정조치)〉.
- 필요한 조치로는 입찰담합과 관련한 협정의 파기명령, 협정을 파기한 사실을 이해관계자 등에게 통지할 것을 명령, 향후 경쟁을 실질적으로 제한하는 행위를 하는 것의 금지, 법위반사실의 공표 등임.
- 위의 법위반행위에 대한 조치와 관련하여 입찰담합을 주도한 사업자와 입찰과정에서 최종 낙찰자에 협력한 사업자는 모두 담합참가자로 간주되며 위원회의 조치내용에 있어서 차이는 없음.

(2) 입찰참가자격제한 조치 요청

- 공정거래위원회는 법위반행위를 한 당해 사업자(또는 사업자단체)에 대한 조치 외에 필요한 경우 법위반행위의 정도, 횟수 등을 고려하여 발주기관에 입찰참가자격제한을 요청할 수 있음(국가를 당사자로 하는 계약에 관한 법률 제27조, 같은 법 시행령 제76조).
  * 다만, 과거 5년간 입찰담합으로 받은 벌점 누계가 5점을 초과한 사업자(또는 사업자단체)에 대해서는 원칙적으로 입찰참가자격제한 요청을 하여야 함.
  * 과거 5년간의 기간 산정: 당해 입찰담합에 대한 위원회 시정조치일로부터 과거 5년부터 거꾸로 계산하되 초일을 산입

시정조치 유형별 점수

유형	경고	시정권고	시정명령	과징금	고발
점수	0.5	1.0	2.0	2.5	3.0

* 1개의 사건에 대하여 서로 다른 유형의 시정조치가 동시에 이루어진 경우에는 최상위 조치유형의 점수만 반영함.

(3) 과징금

- 공정거래위원회는 입찰담합 등 부당한 공동행위가 있는 경우 당해 사업자(또는 사업자단체)에 대하여 과징금을 부과할 경우 과징금 부과한도, 과징금 산정방법, 과징금 부과기준 등은 법 제43조(과징금), 법 제53조(과징금), 시행령 제13조(과징금), 시행령 제50조(과징금), 시행령 제84조(과징금의 부과기준) 관련 별표6, 「과징금부과 세부기준 등에 관한 고시」에 따름.

(4) 고발

- 공정거래위원회는 법 위반 사안에 따라 관련 사업자(또는 사업자단체)와 관련한 직원에 대하여 형사고발을 할 수 있으며〈법 제129조(고발)〉, 고발할 경우 고발기준 등은 『독점규제 및 공정거래에 관한 법률 등의 위반행위의 고발에 관한 공정거래위원회의 지침』에 따름.

(5) 자진신고자 등에 대한 감면 등

- 입찰담합 등 부당한 공동행위를 한 사업자가 그 사실을 공정거래위원회가 조사를 시작하기 전에 자진신고하거나 조사를 시작한 후에 증거제공 등의 방법으로 조사에 협조한 자에 대하여는 시정조치와 과징금을 감경 또는 면제할 수 있으며〈법 제44조(자진신고자 등에 대한 감면 등)〉, 자진신고자 등에 대한 감경 또는 면제에 대한 기준은 시행령 제51조(자진신고자 등에 대한 감면 기준 등) 및 『부당한 공동행위 자진신고자 등에 대한 시정조치 등 감면제도 운영고시』에 따름.

5. 입찰담합 방지 위한 유의사항

- 사업자(또는 사업자단체)는 입찰과 관련하여 담합으로 판난될 우려가 있는 행위에 대하여는 세심한 주의를 기울이고 행동을 하여야 할 것임. 따라서 경쟁사업자 간에 입찰과 관련된 정보를 주고받거나 사업자단체 또는 제3의 기관에 관련정보를 제공할 필요가 있을 때에는 동 행위가 법위반이 되는지 여부를 사전에 충분히 검토한 후 법위반이 되지 않는 범위 내에서 이루어지도록 하여야 함.
- 경쟁사업자와의 모임에서 입찰담합의 내용이 결정되었을 경우 당해 사업자의 반대 또는 불참여의 의사가 의사록에 기재되는 등의 명확한 증거로 나타나지 않는 한 담

합에 참여한 것으로 간주될 우려가 큼. 따라서 내용을 공표할 수 없는 의심스러운 경쟁사업자 간의 모임에는 가급적 참여하지 않도록 하고 모임에서 가격 등에 관한 협의 등이 이루어져 위법행위가 되지 않을 수 없는 상황이 된 경우에는 퇴석하고 그 사실을 기록에 남겨두거나 위법행위에 가담하지 않았음을 입증할 수 있도록 필요한 조치를 하여야 함.

6. 유효기간

이 지침은 「훈령 · 예규 등의 발령 및 관리에 관한 규정」(대통령 훈령 제248호)에 따라 이 지침을 발령한 후의 법령이나 현실 여건의 변화 등을 검토하여야 하는 2024년 8월 20일까지 효력을 가진다.

부 칙 〈제392호, 2021. 12. 28.〉

이 지침은 2021년 12월 30일부터 시행한다.

행정지도가 개입된 부당한 공동행위에 대한 심사지침

[시행 2021. 12. 30.] [공정거래위원회예규 제391호, 2021. 12. 28., 일부개정]

공정거래위원회(카르텔총괄과), 044-200-4534

Ⅰ. 목적 및 기본원칙

1. 목적

이 지침은 독점규제 및 공정거래에 관한 법률(이하 "법"이라 함) 제40조 제6항에 의거, 법 제40조(부당한 공동행위의 금지) 제1항 위반행위(이하 "부당한 공동행위"라 한다)에 행정기관의 행정지도가 개입되어 있는 경우에 대한 법 집행의 원칙을 명확히 함으로써 법 집행의 일관성과 사업자들의 예측가능성을 제고하는 데 그 목적이 있다.

2. 기본원칙

(1) 행정지도가 부당한 공동행위의 원인이 되었다 하더라도 그 부당한 공동행위는 원칙적으로 위법하다.

(2) 다만 그 부당한 공동행위가 법 제116조(법령에 따른 정당한 행위)의 요건을 충족하는 경우에 한하여 법 적용이 제외된다.

Ⅱ. 적용범위

1. 이 지침은 부당한 공동행위에 행정지도가 개입된 경우에 적용한다. 여기에서 행정지도란 행정주체가 스스로 의도하는 바를 실현하기 위하여 상대방의 임의적 협력을 기대하여 행하는 비권력적 사실행위(실제상 지시, 권고, 요망, 주의, 경고 등이 다양한 용어로 시행되고 있다)를 말한다.
2. 따라서 이 지침은 사업자 간의 부당한 공동행위에 행정기관의 법령에 따른 행정처분이 개입된 경우에는 적용하지 아니한다. 다른 법령에서 행정기관에게 사업자들로 하여금 가격 등 경쟁요소에 관하여 행정처분을 할 수 있는 구체적 권한을 부여한 경우, 이러한 처분에 따라 사업자들이 가격 등을 합의한 때에는 공정거래법 제116조(법령에 따른 정당한 행위)에 의해 공정거래법 적용이 제외될 수 있다.

<관련 판례>

위 조항에서 말하는 법률은 당해 사업의 특수성으로 경쟁제한이 합리적이라고 인정되는 사업 또는 인가제 등에 의하여 사업자의 독점적 지위가 보장되는 반면 공공서의 관점에서 고도의 공적규제가 필요한 사업 등에 있어서 자유 경쟁의 예외를 구체적으로 인정하고 있는 법률 또는 그 법률에 의한 명령을 말함.

위 법령의 범위 내에서 행하는 필요최소한의 행위를 법령에 따른 정당한 행위라고 할 것임(대법원 1997. 5. 19. 선고 96누150 판결).

Ⅲ. 행정기관이 사업자 간 합의를 유도하는 행정지도를 한 경우에 대한 법 집행원칙

행정기관이 사업자 간 합의를 유도한 것으로 볼 수 있는 사례

- 업계의 합의를 거쳐 적정한 수준에서 가격을 인상 또는 인하하도록 행정지도한 경우
- 정부의 공무원과 사업자들이 함께 모인 자리에서 가격 인상폭 등을 합의한 경우

1. 행정기관이 법령상 구체적 근거 없이 사업자들의 합의를 유도하는 행정지도를 한 결과 부당한 공동행위가 행해졌다 하더라도 그 부당한 공동행위는 원칙적으로 위법하다.

<관련 판례>

행정지도는 비권력적 사실행위에 불과한 것이어서 그에 따름이 강제되는 것이 아니므로 사업자단체로서는 독자적으로 공정거래법 위반 여부를 판단하여 행동하였어야 할 것이고, 공정거래법의 운영은 행정부 내에 있어서 독립된 지위를 가진 공정거래위원회의 권한으로 되어 있으므로, 가사 원고와 소외 회사 간의 위 합의가 상공부의 행정지도에 의한 것이라 하더라도 그것만으로 위법성이 조각된다거나 또는 그 시정을 명함이 금반언의 원칙에 반하여 허용될 수 없다 할 수 없음(서울고법 1992. 1. 29. 선고 91구2030 판결).

농수산물공사가 도매사업자들에게 위탁수수료 내지 장려금에 대한 조건을 직접 결정하거나, 공동으로 결정하도록 지시하였다 하더라도 이는 공정거래법 제58조의 취지 및 관련 규정(농수산물 유통 및 가격안정에 관한 법률)에 따르면 도매시장관리자인 농수산물공사가 도매시장법인의 권한인 위탁수수료 내지 장려금의 요율을 직접 결정하거나 지시할 권한이 없으므로 공정거래법 제58조 소정의 법령에 의한 정당한 행위라고 볼 수 없음(서울고법 2004. 5. 15. 선고 2003누5817 판결, 원고 상고포기로 확정됨).

2. 다만, 다음 각 경우에는 법 제116조(법령에 따른 정당한 행위)에 해당하는 것으로 보아 공정거래법을 적용하지 아니한다.

(1) 다른 법령에서 사업자가 법 제40조 제1항 각 호의 1에 해당하는 행위를 하는 것을 구체적으로 허용하고 있는 경우

(2) 다른 법령에서 행정기관이 사업자로 하여금 법 제40조 제1항 각 호의 1에 해당하는 행위를 하는 것을 행정지도할 수 있도록 규정하고 있는 경우로서, 1) 그 행정지도의 목적, 수단, 내용, 방법 등이 근거법령에 부합하고, 2) 사업자들이 그 행정지도의 범위 내에서 행위를 한 경우

3. 그 외에의 경우에는 사실상 구속력이 있는 행정지도가 부당한 공동행위의 동인이 된 경우에 한하여 과징금 감경사유가 될 수 있다.

Ⅳ. 기타 행정지도가 개입된 경우에 관한 법집행 원칙

1. 행정기관이 사업자들에게 개별적으로 행정지도를 한 경우, 사업자들이 이를 기화로 제40조 제1항 각 호의 1에 해당하는 사항에 관하여 별도의 합의를 한 때에는 부당한 공동행위에 해당한다.

예1 행정기관이 가격 인상률을 5% 이하로 하도록 행정지도한데 대해 사업자들이 별도의 합의를 통해 가격 인상률을 5%로 통일한 경우 예2 행정지도 전에 사업자들이 가격인상 정도 등을 합의한 후 행정지도에 공동으로 대응한 경우 예3 사업자들이 개별적으로 행정지도를 받은 후, 별도로 모임을 가지고 행정지도의 수용 여부, 시행절차나 방법 등을 합의한 경우(이 경우에는 합의의 내용 및 성격, 중대성의 정도 등에 따라 위법성 여부가 달라질 수 있다)

<관련 판례>

원고는 금융감독원장으로부터…〈중략〉…행정지도를 받고 이를 이행하는 과정에서 실무자인 자동차업무부장들 사이에 세부적인 사항에 관한 의견을 교환한 사실을 뒷받침할 뿐 위 행정지도에 앞서 원고들 사이에 위 인상률에 대한 별도의 합의를 하였다거나 또는 위 행정지도를 기화로 위 인상률을 동일하게 하기로 하는 별도의 합의를 하였음을 입증하기에는 부족(대법원 2005. 1. 28. 선고 2002두12052 판결)

2. 행정지도에 사업자들이 개별적으로 따른 경우에는 부당한 공동행위에 해당하지 않는다.

〔예〕 행정기관이 각 사업자의 요금수준을 사실상 인가한 결과 사업자들 간에 가격 기타 거래조건이 유사하게 형성된 경우

V. 재검토기한

공정거래위원회는 「훈령 · 예규 등의 발령 및 관리에 관한 규정」에 따라 이 예규에 대하여 2022년 1월 1일을 기준으로 매 3년이 되는 시점(매 3년째의 12월 31일까지를 말한다)마다 그 타당성을 검토하여 개선 등의 조치를 하여야 한다.

부 칙 〈제391호, 2021. 12. 28.〉

이 예규는 2021년 12월 30일부터 시행한다.

사업자 간 정보교환이 개입된 부당한 공동행위 심사지침

[시행 2021. 12. 30.] [공정거래위원회고시 제2021-33호, 2021. 12. 28., 제정]

공정거래위원회(카르텔총괄과), 044-200-4534

Ⅰ. 목적

이 고시는 「독점규제 및 공정거래에 관한 법률」(이하 "법"이라 한다) 제40조 제6항에 의거, 사업자 간 정보를 주고받을 것을 합의함으로써 부당하게 경쟁을 제한하는 것을 금지하는 법 제40조 제1항 제9호의 규정 및 사업자 간 정보를 주고받았음을 근거로 부당한 공동행위의 합의를 추정할 수 있도록 하는 법 제40조 제5항 제2호의 규정을 적용함에 있어 어떠한 행위가 부당한 공동행위에 해당되는지 여부를 심사하는 그 기준과 관련 사례를 제시함으로써, 법 적용 및 집행의 일관성과 예측가능성을 담보하는 데에 그 목적이 있다.

Ⅱ. 사업자 간 정보를 주고받는 행위의 규율 필요성

사업자 간 정보를 주고받는 행위는 사업자 간 정보 비대칭을 완화시키거나 기술·제품 개발을 촉진하며 성공사례 탐색을 가능하게 하는 등 효율성을 향상시킬 수 있다. 그러나, 다른 한편으로 가격결정계획 등 경쟁상 민감한 정보를 상호 교환하는 것은 후술하듯 사실상 가격의 공동인상 등을 초래하거나, 경쟁사 간 경쟁 압력의 약화를 야기하는 등의 경쟁제한적 결과를 유발할 가능성이 있다. 따라서, 사업자 간 정보를 주고받는 행위가 위처럼 시장의 경쟁을 제한하는 경우 그러한 행위는 규율되어야 할 필요가 있다.

Ⅲ. 정보를 주고받는 행위의 의미

법 제40조 제1항 제9호는 사업자 간 정보를 '주고받는' 것을 합의하는 것이 경쟁을 제한하는 경우 그 합의를 금지하고 있으며, 법 제40조 제5항 제2호는 사업자 간 정보를 '주고받았음'을 근거로 부당한 공동행위의 합의를 추정할 수 있도록 규정하고 있다.

사업자 간 정보를 '주고받는'(이하 "정보교환"이라 한다) 행위는 사업자가 다른 사업자에게 가격, 생산량, 원가 등의 경쟁상 민감한 정보를 알리는 행위를 의미한다. 우편, 전자우편(이메일), 전화통화, 회의 등 알리는 수단은 불문한다.

뿐만 아니라, 사업자단체(협회, 협동조합 등), 제3의 사업자 등 중간 매개자를 거쳐 간접적으로 알리는 행위도 포함된다. 간접적으로 알리는 행위가 성립하기 위해서는 특정 사업자의 정보가 중간 매개자를 거쳐 다른 경쟁사업자에게 전달되어야 한다. 사업자단체 등 중간 매개자에게 일방적으로 정보가 전달되기만 하는 경우는 정보교환이 이루어진 것으로 보지 아니한다.

<중간 매개자를 거친 정보교환 관련 예시>

- 구성사업자들이 사업자단체에게 재고량, 판매량 정보를 제공하고, 사업자단체가 각 구성사업자별 재고량, 판매량을 문서로 정리하여 전체 사업자들에게 송부한 경우는 정보교환이 이루어진 것으로 볼 수 있다.
- 중소기업협동조합이 구성사업자들의 하도급대금 대리협상을 위해 사업자들의 원가정보를 취합하였으나, 그 정보에 기초해 대리협상을 하였을 뿐, 원가정보를 구성사업자들에게 공유하지는 않은 경우는 정보 교환이 이루어지지 않았다고 볼 수 있다.

한편, 사업자가 불특정 다수에게 위 정보들을 공개적으로 공표 또는 공개하는 행위는 정보교환 행위로 보지 아니한다. 공개적인 공표 또는 공개여부를 판단함에 있어서는 공표 또는 공개매체의 성격 및 이용자의 범위, 접근 비용의 유무·수준 및 경제주체별 차등 여부, 공표 또는 공개의 양태 및 의도 등을 종합적으로 고려하여 판단한다. 한편, 사업자 간 비공개적으로 정보교환 행위를 한 후 그 정보를 사후적으로 공개적으로 공표 또는 공개하였다고 하여, 선행된 비공개적인 정보교환행위까지 규율범위에서 제외되는 것은 아니다.

Ⅳ. 법 제40조 제1항 제9호(경쟁제한적 정보교환 합의 금지)의 적용

1. 규정의 성격 및 정보교환 합의의 위법성 성립요건

법 제40조 제1항 제9호는 사업자 간 정보를 '주고받는' 것을 합의(이하 "정보교환 합의"라 한다)하는 것이 경쟁을 제한하는 경우 이를 금지하는 규정이다. 정보교환 합의가 위법하기 위해서는 ① 정보교환 합의가 있어야 하고, ② 그 합의의 실행 결과 관련시장에서의 경쟁이 부당하게 제한되어야 하며, ③ 경쟁제한 효과를 상쇄할만한 효율성증대 효과가 없어야 한다.

2. 정보교환 합의의 성립

가. 정보교환 합의의 의미

정보교환 합의란 사업자 간 법 제40조 제1항 제9호 본문 및 시행령 제44조 제2항 각 호의 정보, 즉 가격, 생산량, 상품·용역의 원가, 출고량, 재고량, 판매량, 상품·용역의 거래조건 또는 대금·대가의 지급조건(거래조건 및 지급조건의 구체적 의미는 『공동행위 심사기준』 Ⅳ.2.에 준한다)을 교환하기로 하는 상호 간의 의사의 합치(meeting of mind)가 있는 것을 의미한다.

나. 정보교환 합의의 종류

(1) 명시적 합의

사업자 간 정보를 교환하기로 하는 내용의 의사연락이 있는 경우는 정보를 교환하기로 하는 명시적 합의가 성립한다.

<명시적 합의의 예시>

- 경쟁사들이 자신이 대리점들에게 공급하는 제품의 출고가, 지급하는 판매장려금 관련 정보를 교환하기로 하는 합의서를 작성한 경우
- 경쟁사들이 사업자단체를 결성하고, 이 단체를 통해 상호 간의 시장점유율, 제품별 판매량 및 판매시기 등의 정보를 교환하는 내용의 계획서를 공동 작성한 경우
- 경쟁사들이 가격, 생산량 등의 정보를 상호 교환하기로 구두로 합의한 경우

(2) 묵시적 또는 암묵적 합의

합의 성립에 반드시 명시적인 의사연락이 필요한 것은 아니다. 경쟁사 상호 간 경쟁상 민감한 정보를 교환하기로 한다는 묵시적·암묵적인 의사의 합치가 있는 경우는 묵시적 또는 암묵적 합의가 성립한다.

묵시·암묵적 합의가 있는 경우 정보교환이 해당 정보와 관련된 경영상 의사결정 권한이 있는 주체 간, 장기간에 걸쳐 빈번하게, 중요한 의사결정 전 이루어지거나, 교환된 정보를 각자 활용하는 등의 행태가 나타나는 것이 일반적이다.

다. 합의와 상반되는 행태

정보 수신 거부의사를 표명하였거나 경쟁사업자의 정보 제공행위를 공정거래위원회에 신고한 사업자는 당해 행위의 시점부터는 합의에서 탈퇴한 것으로 볼 수 있다. 단, 수신 거부의사를 표면적으로만 표명하고 여전히 계속 정보를 제공받는 등 수신 거부의사 표명과 다른 행태가 있는 경우에는 그러하지 아니하다.

한편, 정보교환이 사업자의 의사에 반해 이루어진 경우는 애초에 합의가 없었다고 볼 수 있다.

<묵시적 또는 암묵적 합의가 있었다고 볼 수 있는 예시>

- 경쟁사들이 6년간 가격, 판매량, 출고량 재고량 등을 대표자급 회의, 임원급 회의, 실무자급 회의 등 다양한 직급이 각각 참여한 회의(회의 수는 약 270회)를 통해 교환하고 이를 각자의 가격 결정에 반영해 온 경우
- 경쟁사들이 10년간 300회 가량 가격인상안 등을 교환해왔는데, 특히 가격인상 내부 품의시점 직전에 정보교환이 있었으며, 그 품의에 경쟁사들의 가격인상안이 기재되어 있는 경우
- 시장점유율 상위 기업들이 매월말 가격정보를 경쟁사들에게 통지하면, 이를 통보받은 경쟁사들이 해당 가격을 참고하여 자신들의 가격을 결정하는 시장 관행이 5년 가량 지속되어 온 경우
- 사업자단체가 구성사업자별 원가, 재고량을 정리하여 각 구성사업자에게 공유하는 관행이 개별 사업자들의 반대 없이 7년여간 지속되어온 경우

<묵시적 또는 암묵적 합의가 없는 것으로 볼 수 있는 예시>

- 경쟁사 간 정보교환이 있긴 하였으나, 단발성이고 불규칙하였고, 그러한 정보가 활용되었다고 볼 수 있는 별도의 정황증거가 없는 경우
- 교환대상 정보와 관련된 경영상의 의사결정 권한 없는 직원 간 정보교환 행위가 있었으나, 해당 정보가 활용된 것으로 볼 만한 증거가 없는 경우
- 경쟁사가 보내온 가격 정보 관련 메일을 수신하자마자 더 이상 관련 메일을 보내지 말 것을 강력히 요청하였고 실제로도 이후 그러한 메일이 오지 아니한 경우
- 사업자단체의 판매량 정보 제공 요청에 대해 타 구성사업자에게는 공유하지 않는 것을 조건으로 정보 제공에 응하였으나, 사업자단체가 해당 사업자의 의사에 반해 판매량 정보를 타 구성사업자들에게 공유하는 한편, 타 사업자들의 정보를 임의로 해당 사업자에게도 송부한 경우

3. 정보교환 합의가 부당하게 경쟁을 제한하였는지 여부의 평가

가. 정보교환이 유발하는 경쟁제한적 효과

경쟁의 본질은 사업자들이 경쟁사업자가 설정하려는 가격, 개발 중인 상품의 품질, 양산계획 등 경쟁사업자의 경쟁변수가 불확실한 상태에서 자신의 이윤을 극대화하기 위해 최선의 노력을 기울이는 것이다. 그러나 경쟁사업자 간에 정보를 교환하자는 합의가 있고, 그러한 합의가 실행되는 경우 이와 같은 불확실성이 제거되어 시장의 경쟁 압력이 감소하거나 사실상 가격의 공동인상이 나타나는 등 경쟁제한적인 결과가 초래될 수 있다.

경쟁사업자가 설정하려는 가격을 알지 못하는 상태에서 사업자로서는 가격을 가능한 낮게 설정하는 것이 경쟁에서 유리하다. 그러나 정보교환을 통해 경쟁사업자가 설정하려는 가격을 미리 알게 된다면, 가격을 더 낮게 설정할 여력이 있음에도 경쟁사업자와 유사하거나 약간만 낮은 수준으로 가격을 설정할 유인이 생기게 되는 것이다.

한편, 가격, 생산량 등 민감한 정보교환은 경쟁사들이 가격을 사실상 공동인상하게 되는 요인 중 하나로 작용할 수 있다. 경쟁사업자가 가격을 올리지 않은 상황에서는 어떤 사업자가 가격을 올릴 경우 소비자가 경쟁사업자의 상품으로 수요를 전환할 우려가 있어 가격인상을 결정하기가 용이하지 않은 측면이 있으나, 가령 A가 자신의 가격 인상계획을 경쟁사업자 B에게 알리는 경우 B는 가격 인상 시 수요가 A로 전환될 우려를 하지 않아도 되므로 자신의 가격 인상계획을 알리는 A의 행위 자체가 B로 하여금 A와 마찬가지로 가격을 인상하게 하는 요인이 될 수 있다. 이러한 경우, A와 B간에 별도의 가격담합 없이도 사실상 가격의 공동인상이 이루어질 수 있고, 교환된 정보를 독자적으로 활용하였음에도 결국 경쟁변수를 공동으로 결정한 것과 같은 경쟁제한적 결과가 초래되는 것이다.

나. 부당한 경쟁제한 효과의 평가요소

정보교환의 경쟁제한 효과는 다음의 요소들을 종합적으로 고려하여 판단한다. 단, 경쟁제한 효과 분석에 필요한 관련시장 획정은 『기업결합심사기준』에 규정된 "V. 일정한 거래분야의 판단기준"을 참고한다.

(1) 시장상황

정보교환 이후 가격 등 경쟁변수가 유사하게 움직이거나, 경쟁압력의 감소 등이 나타난 경우 경쟁제한 효과가 있었다고 볼 수 있다. 정보교환 전 가격이 하락하던 상황에서 정보교환 이후 그 하락 폭이 둔화되거나, 시장점유율의 변동폭이 크던 상황에서 정보교환 이후 그 변동폭이 작아지는 등의 경우는 경쟁압력이 감소한 것으로 볼 수 있다. 여기서 경쟁변수 변동의 유사성, 경쟁압력의 감소 등 여부를 평가할 때에는 원자재 가격, 환율, 금리 등 다른 경제변수의 변동 상황도 함께 고려하여 평가한다.

(2) 시장의 구조 및 상품의 특성

시장의 집중도, 안정성, 상품의 동질성 등을 종합적으로 고려한다.

시장의 집중도가 높을수록, 즉 독과점 정도가 높을수록 정보교환 합의에 따라 경쟁이 제한될 가능성이 높다.

시장의 안정성이 높을수록, 즉 수요 · 공급의 변동이 적거나 사업자들의 진입 · 퇴장이 어려울수록 정보교환 합의에 따라 경쟁이 제한될 가능성이 높다.

관련 상품의 동질성이 높아 경쟁에 필요한 정보의 복잡성이 낮을수록 정보교환 합의에 따라 경쟁이 제한될 가능성이 높다.

(3) 행위자들의 시장점유율

정보교환 합의에 가담한 사업자들이 시장에서 차지하는 점유율의 합계가 높을수록 경쟁이 제한될 가능성이 높다.

단, 시장점유율 합계가 20% 이하인 경우에는 특별한 사정이 없는 한 당해 정보교환 합의가 경쟁에 미치는 영향이 미미하기 때문에 당해 공동행위는 경쟁제한 효과를 발생시키지 않는 것으로 판단한다.

(4) 교환된 정보의 특성

정보의 시제, 공개성, 개별성 등을 종합적으로 고려한다. 교환되는 정보가 현재 또는 미래의 정보일 경우 경쟁이 제한될 가능성이 높은 반면, 과거의 정보 교환은 경쟁을 제한할 가능성이 크지 않다.

시장에 공개되지 아니한 비공개정보 또는 비밀정보가 교환될 경우 경쟁이 제한될 가능성이 높은 반면, 이미 시장에 공개된 정보의 교환은 경쟁을 제한할 가능성이 없다. 공개된 정보 여부를 판단함에 있어서는 정보가 공개된 매체의 성격 및 이용자의 범위, 접근 비용의 유무·수준 및 경제주체별 차등 여부, 공표 또는 공개의 양태 및 의도 등을 종합적으로 고려하여 판단한다.

상품가격, 생산계획 등 경쟁상 민감한 정보가 개별 사업자별로 교환될 경우 경쟁이 제한될 가능성이 높은 반면, 개별 정보가 집계 또는 가공되어 개별 사업자별 정보가 특정되지 아니한 형태로 교환될 경우 경쟁을 제한할 가능성이 크지 않다.

(5) 정보교환 행위의 양태

정보교환 행위의 양태는 정보교환의 기간, 교환빈도, 교환 주체, 교환 시점 등을 종합적으로 고려한다.

정보교환의 기간이 길수록 경쟁이 제한될 가능성이 높다.

교환 빈도가 높을수록 경쟁이 제한될 가능성이 높다. 빈도를 판단함에 있어서는 관련 시장에서의 거래주기, 가격 변동의 주기 등을 함께 고려한다. 계약갱신이나 가격 변동이 빈번한 시장이라면 정보교환의 절대적 횟수도 많아야 빈번한 정보교환이 이루어진 것으로 볼 수 있고, 그러한 시장이 아닌 경우에는 정보교환의 횟수가 적더라도 빈번한 정보교환이 이루어진 것으로 볼 수 있다.

정보교환의 주체가 의사결정 권한이 있는 임직원이거나, 실무자－중간관리자－고위급 등 다양한 직급에서 각각 교환이 이루어졌을수록 경쟁이 제한될 가능성이 높다.

정보교환의 시점이 가격 등의 의사결정 직전에 가까울수록 경쟁이 제한될 가능성이 높다.

(6) 정보교환의 목적

정보교환 합의가 가격 인상, 생산량 축소 등 시장의 경쟁을 제한할 목적으로 이루어지는 경우 그 합의는 부당하다고 볼 수 있다.

<부당하게 경쟁을 제한하는 것으로 볼 수 있는 예시>

- 대체로 균질한 시설과 서비스를 제공하고 있는 A도시의 모든 호텔들로 구성된 사업자단체가 회원사들의 가격 인상계획, 객실 판매량 추이 등의 정보를 취합한 후 이를 별도 가공하지 않고 회원사들에게 지속적으로 공유해 왔고, 공유시점부터 호텔 간 투숙객 점유율이 안정화되기 시작한 경우
- 시장 내 총 사업자가 10개사에 불과한 과점시장에서 9개 사업자가 공급처에 따라 품질 차이가 크지 않은 원자재를 구매하는 가격을 공동으로 하향 안정화 시킬 목적으로, 대외비로 관리하고 있는 구매가격 관련 정보들을 6년간 160회 가량 교환한 후, 이를 언론에 공표하는 방식으로 애초에 공개된 정보를 교환한 것처럼 위장하려는 행태를 보인 반면, 실제로 각 사들의 원자재 구매가격이 유사한 수준으로 하향 안정화 된 경우
- 소수 대기업 위주로 구성된 수요 비탄력적인 농기계시장에서 합계 점유율 72%에 달하는 5개 사업자가 9년간 110회 가량 담당본부장급 회의를 통해 판매량, 재고량, 출고량, 향후 생산계획을 공유해왔고, 특히 분기별 가격 결정 시점 전에는 가격 인상계획을 집중 교환해 왔는데, 그 결과 매년 농기계 가격이 2~9%씩 인상되어 온 경우

<경쟁제한 가능성이 낮은 것으로 볼 수 있는 예시>

- 정유사 직원이 B정유사 직원에게 최근 1주일 간 특정지역의 B정유사 소속 주유소의 휘발유 판매가격 평균치를 전화로 문의하고 B정유사가 이를 제공한 경우
- 일일 수급 변동, 가격변동이 매우 크고 지역간 수급여건 편차가 큰 농산물 시장에서 A사업자가 타 지역의 B사업자에게 지난 한달간 야채의 판매가격 문의하고 사업자가 이에 답한 경우
- 사업자단체가 회원사들의 과거 1년간의 가격, 판매량을 취합하고 이를 집계화하여 대국민 보고서를 발간하였고, 개별 회원사들이 이를 통해 공식적인 업계 동향을 인지하게 된

경우
- 제조위탁을 하려는 사업자가 수탁사업자 선정을 위해 복수의 사업자들로부터 연간 가능 생산량, 생산원가, 원자재 재고량 등을 제출받는 경우

4. 정보교환 합의의 효율성증대 효과

부당한 경쟁제한 효과가 있는 정보교환 합의라 하더라도, ① 기술개발 촉진 등의 효율성증대 효과가 있고, ② 그러한 효율성증대 효과 창출에 정보교환 합의가 필수적이며, ③ 효율성증대 효과가 경쟁제한 효과보다 큰 경우 해당 정보교환 합의는 위법하지 아니하다.

<효율성증대 효과가 있는 것으로 볼 수 있는 예시>

- 사업자단체가 주기적으로 회원사들의 생산량, 판매량, 출고량 정보를 취합하고 이를 집계한 보고서를 모두가 열람할 수 있도록 발간하여, 회원사뿐만 아니라 협력업체, 일반 소비자들도 업계동향을 알 수 있도록 하는 경우
- 경쟁사들이 경쟁제한 가능성이 적은 공동 제품개발, 기술개발, 제품 표준규격 개발을 하면서 그 개발에 필요한 범위 내에서 필요한 원가정보를 교환한 경우
- 사업자들이 판촉 목적으로 사은품 제공, 가격 인하 등의 공동마케팅을 하면서, 판촉 성과 분석을 위해 판매량 정보를 교환하는 경우
- 중소기업들의 원가정보 등의 교환이 품질·기술향상 등 생산성 향상이나 거래조건에 관한 교섭력 강화효과가 명백한 경우
- 관련시장에서의 소비자 보호를 위해 업계가 공동대응하는 과정에서 필요한 범위 내에서 정보가 교환되고 그 결과 소비자 후생증대효과가 발생하는 경우

V. 법 제40조 제5항 제2호(정보교환에 의한 합의추정)의 적용

1. 규정의 성격 및 합의추정의 의미 및 요건

법 제40조 제5항 제2호는 사업자 간 행위의 외형이 일치하고, 그 외형상 일치 창출에 필요한 정보가 교환된 경우, 그 정보교환을 근거로 사업자들이 공동으로 가격인상, 생산량 축소, 낙찰자 결정 등을 합의하였음을 법률상 추정할 수 있도록 하는 정보교환에 의한 합의추정 규정이다.

사업자 간에 공동 가격결정 등 경쟁을 제한하기로 하는 합의를 하거나 이를 실행하는 과정에서 정보교환이 수반되는 경우가 많다. 따라서, 사업자 간 정보교환은 가격을 공동으로 결정 또는

인상하기로 하는 등의 합의(법 제40조 제1항 제1호부터 제9호의 합의를 말하며, 제9호 중 정보교환 합의는 제외한다. 이하 '가격담합 등의 합의'라 한다)가 있었음을 추정할 수 있는 결정적인 정황증거라고 볼 수 있다.

법 제40조 제5항 제2호에 따라 정보교환을 이유로 가격담합 등의 합의가 있었음을 추정하기 위해서는 ① 2 이상의 사업자가 법 제40조 제1호부터 제9호(제9호 후단 제외)까지의 행위를 함으로써 가격 등이 유사 또는 동일해지는 '행위의 외형상 일치'가 있어야 하고, ② 외형상 일치 창출에 필요한 정보의 교환이 있어야 한다. 단, ③ 합의가 추정되더라도 사업자는 그 합의 추정의 전제사실에 반하는 정황을 입증하는 등의 방법으로 추정된 합의를 복멸할 수 있다.

2. 외형상 일치 판단기준

사업자 간 행위의 외형상 일치가 있는지 여부는 다음 요소들을 종합적으로 고려하여 판단한다.

가. 가격 등의 변동률, 변동시점

가격 등 경쟁변수의 변동률, 변동폭, 변동시점 등이 동일 또는 유사한 경우 외형상 일치가 있다고 볼 수 있다.

나. 구매대체의 정도

가격 등 경쟁변수의 변동률, 변동폭 등에 다소 차이가 있더라도 그로 인한 소비자의 상품 또는 용역들 간 구매대체의 정도가 미미한 경우에는 외형상 일치가 있는 것으로 볼 수 있다.

다. 입증하려는 합의의 내용

입증하려는 합의의 내용이 다소 느슨한 형태의 합의(예 : 가격을 특정 수준으로 인상하는 합의가 아닌, 가격을 인상하자는 등의 방향만 공동으로 결정하는 합의)라면 가격 등 경쟁변수의 변동률 등에 다소 차이가 있더라도 외형상 일치가 있는 것으로 볼 수 있다.

<외형상 일치가 있는 것으로 볼 수 있는 예시>

- 경쟁사별 상품 가격의 인상폭이 원단위까지 동일한 경우
- 품질이 대체로 동일하고 상호대체성이 큰 시멘트를 제조하는 7개 사업자들이 3주에 걸쳐서 연속적으로 가격을 인상하였는데, 가격 인상률이 대체로 14%에 근접 하나 회사별로 최대 1.4%p의 차이가 있었던 경우(13.4%~14.8%)

- 7개 사업자만 존재하는 카드서비스 시장에서 4개사가 2개월의 기간 동안 현금서비스 수수료율은 28.99%~30% 수준으로 최대 1.1%p 차이를 두고 인상하였고, 연체이자율은 34%~35% 수준으로 최대 1% 차이를 두고 인상하였는데, 비록 요율이나 인상시기의 차이가 있더라도 실제 고객들의 카드사 선택에 영향을 주지 않는 수준으로 볼 수 있는 경우
- 10개 손해보험사들이 종래 무료로 제공하던 긴급출동 서비스 중 긴급견인, 비상급유 서비스를 4개월에 걸쳐 배터리충전, 타이어 교체, 잠금장치 해제 서비스를 6개월에 걸쳐 순차적으로 유료화하는 방식으로 거래조건을 변경한 경우
- 강판 제조업자 3개사가 5년간 10여회에 걸쳐 강판 가격 변동 결정을 하였는데, 결정된 가격이 거의 유사하였고 다소 차이가 있더라도 최대 2.3% 수준에 불과하였으며, 가격 인상시점이 1개월 내로 대체로 근접한 경우
- 산업기계용 베어링 제조판매업자 3개사가 4년에 걸쳐 수회에 걸쳐 가격 인상을 하였는데, 가격 인상률이 약간의 (0.3%~8%p 수준) 차이가 있었지만 대체로 유사하였고, 가격 인상시점이 1개월 내로 대체로 근접한 경우

3. 외형상 일치 창출에 '필요한 정보'의 교환 여부 판단기준

교환된 정보가 외형상 일치 창출에 '필요한 정보'인지 여부는 다음의 요소들을 종합적으로 고려하여 판단한다.

가. 정보의 종류 및 성격

가격, 생산량 등 교환되면 경쟁을 제한할 가능성이 높은 정보가 교환된 경우 '필요한 정보'의 교환에 해당될 가능성이 큰 반면, 인사동정, 소비자 성향 분석자료 등 경쟁에 큰 경향을 미치지 않는 정보가 교환된 경우에는 '필요한 정보'의 교환에 해당되지 않을 가능성이 크다.

나. 정보가 교환된 시점

사업자의 의사결정 시점에 임박해 정보가 교환된 경우 해당 정보의 교환은 '필요한 정보'의 교환에 해당될 가능성이 크다.

다. 외형상 일치의 내용과 교환된 정보의 내용 간의 관계

교환된 정보의 내용과 동일 또는 유사한 내용으로 가격 등 경쟁변수에 외형상 일치가 나타난 경우에는 '필요한 정보'에 해당될 가능성이 크다.

<필요한 정보의 교환으로 볼 수 있는 예시>

- 가격, 생산량, 원가, 판매 · 재고 · 출고량, 거래조건, 지급조건 등 경쟁상 민감한 정보로서 미래정보, 비공개 정보, 개별 사업자별 경쟁변수가 특정되는 정보가 경쟁사업자 간에만 배타적으로 교환된 경우
- 가격인상 결정 시점에 임박하여 인상일자, 인상계획 내역 등의 교환이 이루어지는 경우
- 가격인상계획 관련 정보가 상호 교환이 되었고, 각 회사들이 제시한 가격인상안에 준하는 수준의 가격인상이 실제로 있었던 경우

<필요한 정보의 교환으로 볼 수 없는 예시>

- 경쟁변수가 아닌 일상적 정보(인사동정, 소비자 성향 분석자료, 최신 상품 트렌드 분석자료 등), 단순 경역목표치(목표 성장률, 목표 매출액 등)의 교환이 이루어진 경우
- 외형일치가 나타난 경쟁변수와 교환된 경쟁변수 정보 간 상관관계가 약한 경우(예 : 가격의 외형상 일치가 있었는데, 실제로 교환된 정보는 대금지급정보인 경우)

4. 합의추정의 복멸사유

사업자는 외형상 일치가 성립하지 않았음을 입증하거나, 설령 외형상 일치가 있었다고 하더라도 그것이 합의에 의한 것이 아니거나 그 일치와 교환된 정보 간에 아무런 관계가 없음을, 즉 '필요한 정보'의 교환이 없었음을 입증함으로써 합의의 추정을 복멸할 수 있다.

<외형상 일치가 합의에 의한 것이 아니라고 볼 수 있는 경우의 예시>

- 가격에 영향을 미치는 외부적 요인(금리, 환율, 원자재 가격 등)의 변동에 대해 사업자들이 내부프로세스를 거쳐 '각자' 대응하는 과정에서 우연히 외형상 일치가 나타난 경우
- 다른 업체의 가격 인상 등을 단순 추종하는 과정(이식적 병행행위)에서 외형상 일치가 나타난 경우
- 행정지도(구두 등 유형 불문)에 '각자' 따른 결과 외형상 일치가 나타난 경우

5. 추정된 합의의 위법성 판단기준

추정된 합의의 위법성 여부는 「공동행위 심사기준」 V. 위법성 판단기준에 따라 판단한다.

Ⅵ. 보칙

이 지침이 정하지 아니한 사항은 「공동행위 심사기준」에 따라 판단한다.

Ⅶ. 재검토기한

공정거래위원회는 「훈령 · 예규 등의 발령 및 관리에 관한 규정」에 따라 이 고시에 대하여 2022년 1월 1일을 기준으로 매 3년이 되는 시점(매 3년째의 12월 31일까지를 말한다)마다 그 타당성을 검토하여 개선 등의 조치를 하여야 한다.

부 칙 〈제2021-33호, 2021. 12. 28.〉

이 고시는 2021년 12월 30일부터 시행한다.

부당한 공동행위 자진신고자 등에 대한 시정조치 등 감면제도 운영고시

[시행 2021. 12. 30.] [공정거래위원회고시 제2021-36호, 2021. 12. 28., 일부개정]

공정거래위원회(카르텔총괄과), 044-200-4534

제1장 총칙

제1조(목적) 이 고시는 「독점규제 및 공정거래에 관한 법률」(이하 "법"이라 한다) 시행령(이하 "시행령"이라 한다) 제51조 제6항에 의거, 법 제44조(자진신고자 등에 대한 감면) 및 제102조(과징금 부과), 시행령 제13조(과징금) 제1항, 제50조(과징금), 제51조(자진신고자 등에 대한 감면 기준 등), 제84조(과징금의 부과기준) 및 별표 6의 규정에 따라 법 제40조 제1항 위반행위(이하 "공동행위"라 한다)와 관련된 자진신고자 또는 조사협조자(이하 "자진신고자 등"이라 한다)에 대한 감면 제도의 세부 처리절차 등을 규정하고, 이와 관련된 범위 내에서 시정조치 또는 과징금 감면기준을 정함을 목적으로 한다.

제2조(용어의 정의) 이 고시에서 사용하는 용어의 정의는 다음과 같다.

1. "자진신고자"라 함은 공동행위에 참여한 사업자로서 당해 공동행위에 대한 공정거래위원회(이하 "위원회"라 한다)의 조사 개시 이전에 당해 공동행위를 입증하는데 필요한 증거를 위원회에 제공하는 사업자를 말한다.
2. "조사협조자"라 함은 공동행위에 참여한 사업자로서 당해 공동행위에 대한 위원회의 조사 개시 이후에 당해 공동행위를 입증하는데 필요한 증거를 위원회에 제공하는 사업자를 말한다.
3. "당해 공동행위"라 함은 자진신고자 등 또는 조사에 협조(과징금부과 세부기준 등에 관한 고시 Ⅳ.3.다.(2)의 조사협조를 의미한다. 이하 같다)한 자가 그 자진신고 등 또는 조사에 협조를 할 당시 그 대상이 되는 공동행위를 말하며, "다른 공동행위"라 함은 그 외의 공동행위를 말한다.

제3조 〈삭　제〉

제2장 감면 요건 등의 판단기준

제4조(공동행위의 입증에 필요한 증거) ① 시행령 제51조(자진신고자 등에 대한 감면 기준 등, 이하 이 고시의 각 조항 본문에서 법령의 조문 제목은 생략한다) 제1항 각 호의 "부당

한 공동행위임을 입증하는데 필요한 증거"에 해당하는지 여부는 신청인이 제출한 증거를 전체적으로 고려하여 판단하여야 한다. 다만, 다음 각 호의 하나의 증거를 제출한 경우 이에 해당하는 것으로 볼 수 있다.

1. 당해 공동행위에 참여한 사업자들 간에 작성된 합의서, 회의록, 내부 보고자료 등 합의 내용, 성립과정 또는 실행사실을 직접적으로 입증할 수 있는 자료
2. 당해 공동행위에 참여한 사업자 또는 그 임·직원의 확인서, 진술서 등 공동행위를 할 것을 논의하거나 실행한 사실을 육하원칙에 따라 구체적으로 기술한 자료 및 관련 사실을 입증할 수 있는 구체적 자료
3. 관련 사실을 입증할 수 있는 구체적 자료가 없는 경우라도 진술서 등 신청사실을 충분히 인정할 수 있는 자료

② 제1항의 증거는 문서, 녹음테이프, 컴퓨터파일 등 그 형태나 종류에는 제한이 없다.

제4조의2(공동 감면신청) ① 시행령 제51조 제1항 제1호 가목 괄호 안 부분의 "실질적 지배관계"라 함은 다음 각 호의 어느 하나에 해당하는 사업자들의 관계를 말한다.

1. 감면신청시 사업자가 다른 사업자의 주식을 모두 소유한 경우(법 제2조 제11호의 동일인 또는 시행령 제4조 제1호의 동일인 관련자가 소유한 주식[「상법」 제369조 제2항 및 제3항(의결권 없는 주식)의 규정에 의한 의결권 없는 주식을 제외한다]을 포함한다. 이하 같다)
2. 감면신청시 사업자가 다른 사업자의 주식을 모두 소유하지 아니한 경우라도 주식소유비율, 당해 사업자의 인식, 임원겸임 여부, 회계의 통합 여부, 일상적 지시 여부, 판매조건 등에 대한 독자적 결정 가능성, 당해 사안의 성격 등 제반사정을 고려할 때, 사업자가 다른 사업자를 실질적으로 지배함으로써 이들이 상호 독립적으로 운영된다고 볼 수 없는 경우. 다만, 관련시장 현황, 경쟁사업자의 인식, 당해 사업자의 활동 등을 고려할 때 경쟁관계에 있다고 인정되는 경우는 제외한다.

② 시행령 제51조 제1항 제1호 가목 괄호 안 부분의 "공정거래위원회가 정하여 고시하는 요건"은 공동으로 증거를 제공하는 사업자가 분할 또는 영업양도의 당사회사인 경우 그들이 함께 당해 공동행위에 참여한 사실이 없어야 한다는 것을 말한다.

제5조(지속적이고 성실한 협조 여부의 판단) ① 시행령 제51조 제1항 각 호의 요건 중 "성실하게 협조"하였는지 여부는 다음 각 호의 사유를 종합적으로 고려하여 판단한다.

1. 자진신고자 등이 알고 있는 당해 공동행위와 관련된 사실을 지체없이 모두 진술하였는

지 여부

2. 당해 공동행위와 관련하여 자진신고자 등이 보유하고 있거나 수집할 수 있는 모든 자료를 신속하게 제출하였는지 여부
3. 사실 확인에 필요한 위원회의 요구에 신속하게 답변하고 협조하였는지 여부
4. 임직원(가능하다면 전직 임직원 포함)이 위원회의 조사, 심의(심판정 출석 포함) 등에서 지속적이고 진실하게 협조할 수 있도록 최선을 다하였는지 여부
5. 공동행위와 관련된 증거와 정보를 파기, 조작, 훼손, 은폐하였는지 여부

② 자진신고자 등이 위원회 심의종료 이전에 위원회의 동의 없이 감면신청 및 행위사실을 제3자에게 누설한 경우에는 성실하게 협조하지 않은 것으로 본다. 다만, 자진신고자 등이 감면신청 및 행위사실을 법령에 따라 공개해야 하거나 외국정부에 알리는 경우에는 그러하지 아니하다.

제6조(공동행위 중단 여부의 판단) ① 시행령 제51조 제1항 각 호의 요건 중 "그 부당한 공동행위를 중단"하였는지 여부는 그 합의에 기한 실행행위가 종료하였는지 여부에 따라 판단하되, 합의탈퇴의 의사표시로 부당한 공동행위를 중단한 것으로 볼 수 있다. 다만, 입찰담합의 경우 당해 입찰이 종료되면 실행행위가 종료된 것으로 볼 수 있다.

② 공동행위는 감면신청 후 즉시 중단하여야 한다. 다만, 심사관이 조사상 필요에 의하여 일정한 기간을 정하는 경우 그 기간이 종료한 후 즉시 중단하여야 한다.

제6조의2(강요 여부의 판단) 시행령 제51조 제2항 제1호에서 규정한 "다른 사업자에게 그 의사에 반하여 해당 부당한 공동행위에 참여하도록 강요하거나 이를 중단하지 못하도록 강요한 사실이 있는 경우"에 해당하는지 여부는 다음 각 호의 사유를 종합적으로 고려하여 판단한다.

1. 다른 사업자에게 그 의사에 반하여 당해 부당한 공동행위에 참여하도록 하기 위하여 또는 이를 중단하지 못하도록 하기 위하여 폭행 또는 협박 등을 가하였는지 여부
2. 다른 사업자에게 그 의사에 반하여 당해 부당한 공동행위에 참여하도록 하기 위하여 또는 이를 중단하지 못하도록 하기 위하여 당해 시장에서 정상적인 사업활동이 곤란할 정도의 압력 또는 제재 등을 가하였는지 여부

제6조의3(반복하여 위반한 경우의 판단기준) 시행령 제51조 제2항 제2호에서 규정한 일정기간 동안 반복적으로 법 제40조 제1항을 위반하여 부당한 공동행위를 한 경우라 함은 법 제40조 제1항을 위반하여 시정조치 또는 과징금 납부명령을 받은 자가 시정조치 또는 과

징금납부명령을 받은 날로부터 5년 이내에 다시 당해 시정조치에 위반되는 부당한 공동행위를 한 경우를 말한다.

제6조의4(2순위자에 대한 감면 제한 판단기준) ① 시행령 제51조 제1항 제3호 가목 괄호 안 부분의 2개 사업자가 부당한 공동행위에 참여하였는지 여부는 당해 공동행위 종료일을 기준으로 판단한다.

② 시행령 제51조 제1항 제3호 다목의 "자진신고하거나 조사 등에 협조한 날"은 위원회에 감면신청서를 접수한 시점을 기준으로 판단한다.

제3장 감면신청

제7조(감면신청) ① 법 제44조 및 시행령 제51조에 의하여 시정조치 또는 과징금의 감면조치를 받고자 하는 자는 다음 각 호의 사항이 포함된 감면신청서(별지 제1호 서식, 이하 "신청서"라 한다)를 위원회 카르텔총괄과(세종특별자치시 다솜 3로 95 정부세종청사 공정거래위원회)에 방문하거나 전자우편(leniency@korea.kr) 또는 팩스(044-200-4444)를 통하여 제출할 수 있다.

1. 자진신고자 등의 명칭, 대표자 이름, 주소, 사업자등록번호(또는 주민등록번호) 및 연락처, 신청서를 제출하는 자의 성명, 근무부서, 연락처
2. 자진신고자 등이 참여한 공동행위의 개요
3. 당해 공동행위를 입증하는데 필요한 증거 및 증거의 목록
4. 당해 공동행위에 대한 위원회의 심의가 끝날 때까지 성실하게 협조하겠다는 내용
5. 당해 공동행위의 중단 여부

② 2 이상의 사업자가 시행령 제51조 제1항 제1호 가목 괄호 안 부분에 따라 공동으로 증거를 제공(이하 "공동 감면신청"이라 한다)하고자 하는 경우에는 제1항의 신청서에 다음 각 호의 사항을 추가로 기재 또는 첨부하여야 한다.

1. 공동 감면신청인들이 시행령 제51조 제1항 제1호 가목 괄호 안 부분의 요건에 해당하는지 여부 및 그 사유
2. 제1호의 사항을 입증할 수 있는 서류
3. 공동 감면신청인들이 시행령 제51조 제1항 제1호 가목 괄호 안 부분의 요건을 충족하지 못하여 개별적으로 순위를 부여받게 될 경우 공동감면신청인들간 순위

③ 시행령 제51조 제1항 제4호의 감면을 받고자 하는 자는 제7조 제1항의 감면신청서와는 별도로 추가감면 대상이 되는 "당해 공동행위(추가감면신청서 제출 시점 기준 당해 공동

행위가 여러 개인 경우에는 당해 공동행위들 모두를 말한다. 이하 같다)"에 대한 의결서의 의결번호, 감면 사유가 되는 "다른 공동행위(추가감면신청서 제출 시점 기준 다른 공동행위가 여러 개인 경우에는 다른 공동행위들 모두를 말한다. 이하 같다)"에 대한 의결서의 의결번호를 기재한 별지 제2호 서식의 추가감면신청서를 제출하여야 한다.

제8조(감면신청의 특례) ① 제7조의 신청인은 증거자료의 수집 등에 상당한 시간을 요하거나 기타 신청서와 동시에 증거자료를 제출할 수 없는 특별한 사정이 있는 경우 제7조 제1항 각 호의 기재사항 중 일부를 생략한 신청서를 제출할 수 있다. 다만, 이 때에도 제7조 제1항 제1호 및 제2호의 사항은 이를 기재하여야 한다.

② 제1항의 경우 신청인은 그 보정에 필요한 기한을 명시하여야 한다.

③ 제2항의 보정 기한은 15일을 넘지 못한다. 다만, 심사관은 신청인이 증거수집에 장기간이 소요되는 등 정당한 사유를 소명하여 요청할 경우 60일의 범위 내에서 추가 보정기간을 부여할 수 있다.

④ 제3항의 규정에도 불구하고 심사관이 관련 증거자료의 수집 및 진술 확보를 위하여 보정기간 연장이 필요하다고 인정되는 경우에는 60일의 범위를 초과하여 자료보정기한을 부여할 수 있다.

⑤ 제2항의 보정기한 내에는 당초의 신청시 기재하였던 공동행위의 개요에 관한 사항도 이를 보완할 수 있다. 다만, 다음 각 호 중 어느 하나에 해당하는 경우에는 보완을 허용하지 아니한다.

1. 당초 신고시 고의 또는 중과실로 사실과 다르게 공동행위를 신고하며 감면신청한 경우
2. 감면신청 후, 감면신청인을 추가하는 내용의 보완을 하려는 경우. 다만, 그러한 보완이 제8조 제3항의 기간 내에 이루어진 경우는 그러하지 아니하다.
3. 당초 감면신청된 공동행위의 내용과 동일성이 없는 별개의 공동행위 내용을 추가로 제출하는 경우. 이러한 제출은 당초 감면신청의 보완이 아닌 별개의 공동행위와 관련된 새로운 감면신청으로 본다.

제8조의2(구두 감면신청) ① 신청인이 위원회에 서면으로 감면신청을 하기 곤란한 사유가 있는 경우에는 구두로 제7조 또는 제8조의 감면신청을 할 수 있다. 이 경우 전화에 의한 감면신청은 포함되지 아니한다.

② 제1항에 의해 구두 감면신청을 하는 경우 조사공무원은 제7조 제1항 각 호의 사항을 구술에 의하여 질문하고 그 답변을 녹음 또는 녹화하여 보존하여야 한다.

제9조(증거제공의 순서 및 접수의 순위) ① 시행령 제51조 제1항 각 호의 "당해 공동행위를 입증하는데 필요한 증거를 단독으로 제공한 최초의 자(또는 두 번째의 자)"인지 여부를 판단함에 있어 증거제공의 순서는 제10조에 의한 감면신청의 접수시점에 의해 판단한다.

② 자진신고자 등이 제7조 또는 제8조의 규정에 의한 감면신청을 함에 앞서 그 임·직원이 확인서 또는 진술서 등의 형태로 공동행위를 입증하는데 필요한 증거를 제공한 경우에는 제1항의 규정에도 불구하고 그 증거를 제출한 때에 감면신청을 한 것으로 본다.

③ 2 이상의 사업자가 공동으로 감면신청을 한 경우에는 그 감면신청은 받아들이지 아니한다. 다만, 시행령 제51조 제1항 제1호 가목 괄호 안 부분에 해당하는 사유를 적시하여 공동으로 감면신청하는 경우에는 그러하지 아니하다.

④ 공동 감면신청이 있는 경우 접수순위는 다음 각 호에 따라 부여한다.

1. 공동 감면신청인들에게는 동일 순위를 부여하되 제7조 제2항 제3호에 따른 잠재적 순위를 표시할 수 있다.
2. 공동 감면신청인들 이후에 감면신청한 자의 접수순위는 선순위 공동감면신청이 인정될 경우의 순위와 인정되지 않을 경우의 순위를 병기한다.

제10조(감면신청의 접수 등) ① 제7조 또는 제8조의 규정에 의하여 신청서 등을 제출받은 조사공무원 등은 즉시 신청서 부본에 접수 일시와 접수 순위를 기재하고 서명·날인한 후 신청인에게 교부하여야 한다.

② 제8조의2에 의해 구두 감면신청을 제출받은 조사공무원 등은 별도의 서면(별지 제1호 서식에 준하나, 공동행위 개요 등 일부 내용을 생략할 수 있다)에 접수된 공동행위의 개요와 접수일시, 순위를 기재한 서면을 작성하고 서명·날인하여 교부하여야 한다.

③ 제1항 또는 제2항에 따라 기재해야 하는 접수시점은 다음 각 호의 어느 하나를 말한다. 다만, 다음 각 호의 접수시점 중 두 개 이상에 해당할 경우에는 가장 빠른 접수시점을 기재한다.

1. 위원회 카르텔총괄과 방문을 통한 신청의 경우 조사공무원에게 신청서가 도달한 일·시·분
2. 전자우편(leniency@korea.kr)에 의한 신청의 경우 해당 전자우편 주소로 신청서가 도달한 일·시·분
3. 팩스(044-200-4444)에 의한 신청의 경우 해당 팩스로 신청서가 도달한 일·시·분
4. 제8조의2에 의한 구두 감면신청의 경우 구두 감면신청을 위한 구술을 시작한 일·시·분

④ 제1항 또는 제2항에 의해 감면신청을 접수한 경우 카르텔조사국장은 카르텔조사국 이외의 부서에서 처리할 사건은 즉시 해당 부서로 이관해야 한다.

제4장 감면 여부의 결정

제11조(감면 심사보고서 작성 등) 심사관 등은 감면신청 및 자진신고자 등 지위결정을 위한 심사보고서를 별도로 작성하여 위원회에 제출하여야 한다. 이 보고서는 감면신청자가 동의한 경우를 제외하고는 공개하지 아니한다.

제12조(자진신고자 지위 결정) ① 위원회는 감면에 관한 사항을 심의·의결한다.

② 위원회는 다음 각 호의 어느 하나에 해당하는 경우 자진신고자 지위를 부여하지 아니한다.

1. 부당한 공동행위와 관련된 사실을 모두 진술하지 않고, 관련 자료를 제출하지 않는 등 위원회의 심의가 끝날 때까지 성실하게 협조하지 않는 경우
2. 고의로 허위 자료를 제출한 경우
3. 감면신청 후 즉시 또는 심사관이 정한 기간 종료 후 즉시 공동행위를 중단하지 않았거나, 공동행위 중단 상태를 유지하지 않은 경우
4. 다른 사업자에게 그 의사에 반하여 당해 부당한 공동행위에 참여하도록 강요하거나 이를 중단하지 못하도록 강요한 사실이 밝혀진 경우
5. 제출된 증거자료가 공동행위 사실을 입증하는 것으로 인정되지 않은 경우

③ 위원회가 지위를 인정하지 않는 경우라도 접수된 증거서류를 반환하지 않으며, 공동행위 입증에 필요한 자료로 활용할 수 있다.

④ 2인 이상의 신청이 있는 경우 그 중 일부의 신청이 감면신청 취하, 제2항 각 호 또는 시행령 제51조 제1항 각 호 및 제2항 각 호의 요건 중 어느 하나를 충족하지 못하는 사유로 자진신고자 등의 지위가 인정되지 않는 경우에는 그 다음 신청인이 이전 신청인의 접수순서를 승계하고, 위원회는 그 접수순위를 승계하는 신청인이 승계되는 순서에 상응하는 시행령 제51조 제1항 각 호의 요건을 충족하는지 여부를 판단하여야 한다. 이 경우 시행령 제51조 제1항 제1호 가목 및 동항 제3호 가목의 증거제공 순서는 승계되는 순서를 기준으로 판단한다.

⑤ 제4항에도 불구하고, 다음 각 호의 모두에 해당하는 경우 시행령 제51조 제1항 제3호 가목(승계한 접수 순서가 시행령 제51조 제1항 제3호 가목에 해당하는 경우를 포함한다. 이하 이 항에서 같다)에 해당하는 자는 이전 신청인의 접수 순서를 승계하지 아니한다.

1. 최초에(불인정된 감면신청 포함) 이루어진 감면신청 시점 기준 위원회가 당해 공동행

위를 입증하는데 충분한 증거를 확보하지 못한 경우

2. 시행령 제51조 제1항 제3호 가목에 해당하는 자가 시행령 제51조 제1항 제1호 나목 또는 제2호 가목의 요건을 충족하지 못할 것

⑥ 〈삭　제〉

⑦ 위원회는 시행령 제51조 제1항 각 호의 자진신고자 등 지위 결정을 의결한 경우, 이에 대한 의결서를 작성하여 신청인에게 교부하여야 하며, 동 의결서에는 다음 사항이 기재되어야 한다.

1. 신청인의 명칭, 대표자 이름, 주소
2. 공동행위 사건 명칭
3. 신청인이 시행령 제51조 제1항 각 호의 자진신고자 등에 해당한다는 취지의 내용 및 감면 인정 순위(감면을 인정하지 않는 경우, 감면신청이 시행령 제51조의 요건에 해당하지 않는다는 취지의 내용 및 그 이유)

제5장 추가적 자진신고 등

제13조(다른 공동행위에 대한 자진신고 등) ① 시행령 제51조 제1항 제4호에 해당하는 경우 위원회는 당해 공동행위에 대하여도 다시 과징금을 감경 또는 면제하고, 시정조치를 감경할 수 있다. 다만, 그 감경 또는 면제는 당해 공동행위별로 1회에 한하며, 당해 공동행위에 대한 감경 또는 면제 사유가 되었던 다른 공동행위는 다시 시행령 제51조 제1항 제4호의 감경 또는 면제 사유가 될 수 없다.

② 제1항에 의하여 당해 공동행위에 대하여 감경 또는 면제할 과징금은 다음 각 호에 의한다.

1. 다른 공동행위의 규모(다른 공동행위가 여러 개인 경우에는 다른 공동행위 규모의 합을 말한다. 이하 같다)가 당해 공동행위의 규모(당해 공동행위가 여러 개인 경우에는 당해 공동행위 규모의 합을 말한다. 이하 같다)보다 작거나 같은 경우 : 20% 범위 내 감경
2. 다른 공동행위의 규모가 당해 공동행위보다 크고 2배 미만인 경우 : 30% 감경
3. 다른 공동행위의 규모가 당해 공동행위의 2배 이상 4배 미만인 경우 : 50% 감경
4. 다른 공동행위의 규모가 당해 공동행위보다 4배 이상인 경우 : 면제

③ 제2항의 공동행위의 규모는 시행령 제50조에 의해 준용되는 제13조 제1항의 관련매출액에 의해 판단한다. 다만, 법 제40조 제1항 제8호 위반행위의 경우 시행령 제50조 후단의 계약금액(과징금부과 세부기준 등에 관한 고시 Ⅳ.1.라.(1)(다)2)에 의해 조정된 들러리 사업자에 대한 관련매출액은 제외)에 의해 판단한다.

④ 제2항에 의한 감경 이전에 당해 공동행위에 대하여 시행령 제51조 제1항 제3호 또는 과징금부과 세부기준 등에 관한 고시 Ⅳ.3.다.(2)의 감경사유가 존재하는 경우에는 기존의 감경비율에 제2항 각 호의 감경비율을 합산하여 일괄 감경한다.

⑤ 제13조 제1항 및 제2항에 의해 당해 공동행위에 대한 과징금 감면 또는 면제와 시정조치 감경을 받기 위해서 사업자는 당해 공동행위 감면신청일 또는 조사개시일 중 빠른 날 이후 및 당해 공동행위에 대한 위원회 심의일(심의가 2회 이상 진행된 경우 마지막 심의일을 말한다) 이전의 기간 내에 제7조의 규정에 의하여 다른 공동행위에 대한 감면신청을 하여야 한다.

제14조(다른 공동행위에 대한 자진신고자 등 지위확인의 실효) 제12조에 의해 위원회가 다른 공동행위에 대해 지위를 부여하지 않은 사업자에 대해서는 당해 공동행위에 대해 지위를 부여하지 않을 수 있다.

제15조(재판의 범위) 법 제44조 제3항 및 시행령 제51조 제3항의 '재판'은 법 제99조의 불복의 소에 따른 재판을 말한다.

제6장 보칙

제16조(비밀 엄수의 의무 등) ① 조사공무원 등은 자진신고자 등의 신원이나 제보 내용, 증거자료 등을 당해 사건 처리를 위한 목적으로만 사용하여야 하며, 시행령 제51조 제4항 각 호의 어느 하나의 경우를 제외하고 자진신고자 등의 신원을 위원회의 당해 사건 처리와 관련된 공무원 이외의 자에게 누설하여서는 아니 된다.

② 위원회는 자진신고자 등을 심사보고서에 가명으로 기재하여야 하며, 심사보고서에 첨부되는 관련 증거자료에도 그 신원이 노출되지 않도록 관련 부분을 삭제, 음영처리 기타 필요한 조치를 하여야 한다.

③ 위원회는 심결과정에서도 피심인 별로 심사보고서와 의결서를 별도로 작성하거나 분리심리 등의 방법을 통해 자진신고자 등의 신원이 공개되지 않도록 조치할 수 있다.

④ 위원회는 언론보도를 통해 면책 수혜자의 신원이 공개되지 않도록 주의하여야 한다.

⑤ 제1항의 규정에도 불구하고 당해 사건에 대해 행정소송이 제기된 때에는 위원회는 자진신고자 등의 신원사항이 기재된 자료를 법원에 제출할 수 있다.

제17조(고발여부) 위원회는 이 고시에 의해 지위를 부여받은 사업자에 대해서는 검찰에 고발하지 아니한다. 다만, 당해 공동행위가 법 제129조(고발) 제2항에 해당하거나 제3항에

의하여 검찰총장이 위원회에 고발 요청을 한 경우에는 그러하지 아니하다.

제18조(다른 고시와의 관계) ① 법 제44조, 시행령 제51조 제1항 제1호 내지 제3호에 의하여 과징금을 감면하는 경우에는 과징금부과 세부기준 등에 관한 고시 Ⅳ. 3. 다. (2)의 규정은 적용하지 아니한다.

② 시행령 제51조 및 본 고시에 의하여 과징금을 감경하는 경우, 그 기준이 되는 과징금은 과징금부과 세부기준 등에 관한 고시에 의한 부과과징금을 말한다.

제7장 행정사항

제19조(재검토기한) 공정거래위원회는 「훈령・예규 등의 발령 및 관리에 관한 규정」에 따라 이 고시에 대하여 2022년 1월 1일을 기준으로 매 3년이 되는 시점(매 3년째의 12월 31일까지를 말한다)마다 그 타당성을 검토하여 개선 등의 조치를 하여야 한다.

부 칙 〈제2021-36호, 2021. 12. 28.〉

제1조(시행일) 이 고시는 2021년 12월 30일부터 시행한다.

제2조(적용례) 이 고시는 시행일 이후 심의되는 모든 감면신청 관련 사건에 대하여 적용한다. 다만, 제8조 제5항 제2호의 개정 규정은 이 고시 시행 후 최초로 이루어진 감면신청부터 적용한다.

불공정거래행위 심사지침

[시행 2021. 12. 30.] [공정거래위원회예규 제387호, 2021. 12. 22., 일부개정]

공정거래위원회(시장감시총괄과), 044-200-4493

I. 목적

이 지침은 「독점규제 및 공정거래에 관한 법률」(이하 "법"이라 함) 제45조(불공정거래행위의 금지) 제1항 및 동법 시행령 제52조 [별표 2]에서 규정하고 있는 「불공정거래행위의 유형 및 기준」을 보다 구체적이고 명확하게 규정함과 아울러 불공정거래행위에 해당될 수 있는 사례를 예시함으로써, 위법성을 심사하는 기준으로 삼는 한편 사업자들의 법위반행위를 예방함에 그 목적이 있다.

II. 지침의 적용범위

1. 이 지침은 사업자들의 활동 중에서 공통적이고 대표적인 사항을 중심으로 규정되었으므로 지침에 열거되지 아니한 사항에 해당된다고 해서 법 제45조 제1항에 위반되지 않는 것은 아니다. 또한, 특정 행위가 이 지침에서 제시된 「법위반에 해당될 수 있는 행위(예시)」에 해당되더라도 위법성 심사결과 공정한 거래를 저해할 우려가 없거나 경미하다고 인정될 경우에는 법 제45조 제1항에 위반되지 않을 수 있다.
2. 법 제45조 제1항 제9호의 부당한 지원행위는 부당한 지원행위의 심사지침(공정위 예규 제355호)이 적용되므로 이 지침의 규정대상에서 제외한다.
3. 사업자의 행위가 이 지침에서 정하는 불공정거래행위 심사기준에 저촉되지 않더라도 시장지배적 지위남용, 부당한 공동행위, 사업자단체 금지행위 등 다른 금지행위에는 해당될 수 있다. 이 지침에서 규정된 불공정거래행위가 법 제5조(시장지배적 지위의 남용금지) 위반에도 해당될 경우에는 법 제5조를 우선적으로 적용함을 원칙으로 한다.
4. 이 지침은 외국사업자가 국내외에서 행한 계약·결의 또는 기타 행위 등을 통해 국내시장에서 공정한 거래질서를 저해할 우려가 있는 경우에도 적용된다. 이는 외국사업자가 국내에 영업거점을 두고 있는지 또는 그의 거래상대방이 국내사업자 혹은 소비자인지 여부와 관계없이 적용될 수 있다.

Ⅲ. 위법성 심사의 일반원칙

1. 위법성 심사기준

가. 공정한 거래를 저해할 우려

(1) 법 제45조 제1항에 열거된 개별행위 유형이 법위반에 해당되는지 여부를 판단하는 기준은 당해 행위가 '공정한 거래를 저해할 우려'(이하 "공정거래저해성"이라 함)가 있는지 여부이다.

(2) 공정거래저해성의 의미

(가) 상기의 '공정거래저해성'과 법 제45조 제1항 각 호에 규정된 '부당하게'는 그 의미가 동일한 것으로 본다.

(나) 공정거래저해성이란 경쟁제한성과 불공정성(unfairness)을 포함하는 개념으로 본다.

(다) 경쟁제한성이란 당해 행위로 인해 시장 경쟁의 정도 또는 경쟁사업자(잠재적 경쟁사업자 포함)의 수가 유의미한 수준으로 줄어들거나 줄어들 우려가 있음을 의미한다.

(라) 불공정성(unfairness)이란 경쟁수단 또는 거래내용이 정당하지 않음을 의미한다. 경쟁수단의 불공정성은 상품 또는 용역의 가격과 질 이외에 바람직하지 않은 경쟁수단을 사용함으로써 정당한 경쟁을 저해하거나 저해할 우려가 있음을 의미한다. 거래내용의 불공정성이라 함은 거래상대방의 자유로운 의사결정을 저해하거나 불이익을 강요함으로써 공정거래의 기반이 침해되거나 침해될 우려가 있음을 의미한다.

(3) '부당하게'와 '정당한 이유 없이'의 구분

(가) 공정거래저해성은 그 판단방법과 관련하여 시행령 제52조 [별표 2]의 각 호에서 다시 '부당하게'와 '정당한 이유 없이'로 구체화된다.

(나) '부당하게'를 요건으로 하는 행위유형은 당해 행위의 외형이 있다고 하여도 그 사실만으로 공정거래저해성이 있다고 인정되는 것은 아니며, 원칙적으로 경쟁제한성 · 불공정성(unfairness)과 효율성증대 효과 소비자후생증대 효과 등을 비교 형량하여 경쟁제한성 · 불공정성의 효과가 보다 큰 경우에 위법한 것으로 본다. '부당하게'를 요건으로 하는 행위에 대해서는 공정거래위원회

(사무처)가 위법성을 입증할 책임을 부담하는 것으로 본다.

(다) '정당한 이유 없이'를 요건으로 하는 행위(공동의 거래거절, 계열회사를 위한 차별, 계속적 염매)에 대해서는 당해 행위의 외형이 있는 경우에는 원칙적으로 공정거래저해성이 있는 것으로 본다. 피심인은 정당한 이유가 있는지에 대해 입증할 책임이 있는 것으로 본다(대판 2000두833 판결 취지).

(4) '우려'의 의미

공정한 거래를 저해하는 효과가 실제로 구체적인 형태로 나타나는 경우뿐만 아니라 나타날 가능성이 큰 경우를 의미한다. 또한, 현재는 그 효과가 없거나 미미하더라도 미래에 발생할 가능성이 큰 경우를 포함한다.

나. 위법성의 판단

원칙적으로 공정거래저해성은 당해 행위의 효과를 기준으로 판단한다. 사업자의 의도나 거래상대방의 주관적 예측은 공정거래저해성을 입증하기 위한 정황증거로서의 의미를 갖는다.

2. 안전지대(Safety Zone)의 설정

가. 안전지대의 의미

안전지대란 사업자의 시장점유율 등에 비추어 통상적으로 공정거래저해성이 미미할 것으로 인정되는 경우 불공정거래행위의 외형에 해당되는 행위가 있다고 하더라도 공정거래저해성이 없는 것으로 보아 공정거래위원회가 원칙적으로 심사절차를 개시하지 않는 '심사면제 대상'을 의미한다.

나. 안전지대의 효력

안전지대는 법 제45조 제1항의 불공정거래행위(제9호의 부당한 지원행위는 제외)에 한정된다. 안전지대에 해당되는 사업자의 행위라도 공정거래위원회가 동법의 적용을 위한 심사를 개시할 수 없는 것은 아니다. 또한, 안전지대에 해당되지 않는 사업자의 행위라고 하여 자동적으로 위법성이 추정되는 것은 아니다.

다. 안전지대가 적용되는 행위 유형

안전지대는 경쟁제한성 위주로 심사하는 불공정거래행위 유형(이하, '경쟁제한요건 행위'라 한다)에 대해서 적용되며, 구체적 범위는 이 지침의 「Ⅵ. 개별행위 유형별 위법성 심사기준」에서 제시되는 바에 의한다. 상기 행위유형에 대해 안전지대를 적용하는 이유는 사업자의 시장점유율이나 매출액 등이 작을 경우 시장경쟁 상황에 미치는 효과가 미미하기 때문이다. 반면, 불공정성(unfairness) 위주로 심사하는 행위유형에 대해서는 안전지대가 적용되지 아니한다.

3. 경쟁제한성 판단기준

경쟁제한요건 행위의 경쟁제한성은 〈별첨〉「경쟁제한성 판단기준」에 따른다.

Ⅳ. 관련시장 범위획정

1. 법 제45조 제1항에 규정된 불공정거래행위의 경쟁제한 효과를 분석함에 있어 관련시장 범위 획정은 중요한 의미를 갖는다. 관련시장의 범위가 적정수준보다 넓게 획정될 경우 행위효과가 과소한 것으로 평가될 수 있으며, 반대로 관련시장 범위가 적정수준보다 좁게 획정될 경우에는 행위효과가 과대하게 평가될 수 있기 때문이다. 또한, 안전지대에 속하는지 여부를 판단하기 위해 시장점유율을 산정할 때도 시장범위 획정은 중요한 의미를 갖는다.
2. 관련시장 범위는 거래대상(상품 또는 용역)의 특성, 거래지역, 거래단계, 거래상대방에 따라 획정될 수 있다. 이 때, 거래대상의 특성에 의한 시장획정은 대상 상품 또는 용역의 수요대체성과 공급대체성을 종합적으로 고려하여 판단한다. 또한, 거래지역에 의한 시장 획정은 대상 상품 또는 용역에 대해 지역적으로 수요대체성(타 지역으로 수요를 전환할 수 있는지 여부)과 공급대체성(공급이 타 지역에서 당해 지역으로 전환될 수 있는지 여부)이 있는지 여부를 종합적으로 고려하여 판단한다.
3. 상기의 시장범위 획정시 구체적으로 고려하는 사항은 「기업결합 심사기준」의 '일정한 거래분야 판단기준'을 준용한다.

Ⅴ. 개별행위 유형별 위법성 심사기준

1. 거래거절

원칙적으로 사업자는 거래를 개시 또는 계속할 것인지 여부와 누구와 거래할 것인지를 자유로이 결정할 수 있다고 할 것이다. 그러나, 거래의 개시나 계속을 거절함으로써 다른 사업자의 사업활동을 현저히 곤란하게 하고 그 결과 당해 시장에서 경쟁의 정도가 감소하거나, 거래거절이 공정거래법상 금지된 행위의 실효성을 확보하기 위한 수단으로 활용될 경우 이는 관련시장에서 경쟁을 제한하고 시장의 효율성 저하를 초래하게 되므로 금지된다.

가. 공동의 거래거절

> 정당한 이유 없이 자기와 경쟁관계에 있는 다른 사업자와 공동으로 특정사업자에게 거래의 개시를 거절하거나 계속적인 거래관계에 있는 특정사업자에게 거래를 중단하거나 거래하는 상품 또는 용역의 수량이나 내용을 현저히 제한하는 행위를 말한다(시행령 별표 2).

(1) 대상행위

(가) 거래상대방에 대하여 공동으로 거래를 거절하는 행위가 대상이 된다.

(나) 거래거절에는 공급거절과 구입거절, 거래개시의 거절과 거래계속의 거절이 포함된다. 또한, 거래상대방에게 현저히 불리한 거래조건을 제시하거나 거래하는 상품·용역의 수량 또는 내용을 현저히 제한하여 사실상 거래를 거절하는 행위도 포함된다.

(다) 거래거절의 상대방은 특정사업자이다. 따라서, 자기의 생산 또는 판매정책상 합리적 기준을 설정하여 그 기준에 맞지 않는 불특정다수의 사업자와 거래를 거절하는 행위는 원칙적으로 대상이 되지 아니한다.

(라) 사업자가 아닌 거래상대방, 즉 소비자에 대한 거래거절은 대상이 되지 아니한다.

(2) 공동의 거래거절에 해당하는 행위가 법 제40조 제1항에 규정된 부당한 공동행위의 요건을 충족하는 경우에는 부당한 공동행위 관련 규정을 우선적으로 적용한다.

(3) 위법성의 판단기준

(가) 공동의 거래거절이 관련시장에서 경쟁을 제한하는지 여부를 위주로 판단한다. '관련시장'이라 함은 행위자가 속한 시장 또는 거래거절의 상대방이 속한 시장을 말한다.

(나) 공동의 거래거절을 당한 사업자는 여러 사업자와의 거래개시 또는 계속이 제한되므로 사업활동에 어려움을 겪게 되고 그 결과 정상적인 경쟁이 저해될 가능성이 높다. 따라서 공동의 거래거절은 원칙적으로 경쟁제한성이 있는 것으로 본다.

(다) 그러나, 사업자들이 「정당한 이유」를 소명하였을 경우 그 타당성을 판단하되, 다음과 같이 정당한 이유가 있다고 인정될 경우에는 공정거래저해성이 없는 것으로 볼 수 있다.

① 재고부족이나 거래상대방 사업자의 부도 등 채무불이행 가능성 등으로 인해

공동의 거래거절이 합리적이라고 인정되는 경우

② 특정사업자가 공동의 거래거절을 당하더라도 대체거래선을 용이하게 찾을 수 있는 경우

③ 사업자들이 사전에 당해 사업영위에 합리적이라고 인정되는 거래자격 기준을 정하여 그 기준에 미달되는 사업자와의 거래개시를 거절하는 경우

④ 공동의 거래거절로 인해 발생하는 효율성증대 효과나 소비자후생증대 효과가 경쟁제한 효과를 현저히 상회하는 경우

⑤ 공동의 거래거절에 기타 합리적인 사유가 있다고 인정되는 경우 등

(4) 안전지대의 설정

상기의 규정에도 불구하고, 공동의 거래거절을 한 사업자들의 시장점유율 합계가 10% 미만인 경우에는 당해 시장에서의 경쟁제한 효과가 미미하다고 보아 원칙적으로 심사면제 대상으로 한다. 다만 시장점유율 산정이 사실상 불가능하거나 현저히 곤란한 경우에는 당해 사업자들의 연간매출액 합계액이 50억 원 미만인 경우를 심사면제 대상으로 한다.

나. 기타의 거래거절

부당하게 특정사업자에게 거래의 개시를 거절하거나 계속적인 거래관계에 있는 특정사업자에게 거래를 중단하거나 거래하는 상품 또는 용역의 수량이나 내용을 현저히 제한하는 행위를 말한다(시행령 별표 2).

(1) 대상행위

(가) 사업자가 단독으로 특정사업자와의 거래를 거절하는 행위가 대상이 된다.

(나) 거래거절에는 공급거절과 구입거절, 거래개시의 거절과 거래계속의 거절이 포함된다. 또한, 거래상대방에게 현저히 불리한 거래조건을 제시하거나 거래하는 상품·용역의 수량 또는 내용을 현저히 제한하여 사실상 거래를 거절하는 행위도 포함된다.

(다) 거래거절의 상대방은 특정사업자이다. 따라서, 자기의 생산 또는 판매정책상 합리적 기준을 설정하여 그 기준에 맞지 않는 불특정다수의 사업자와의 거래를 거절하는 행위는 원칙적으로 대상이 되지 아니한다.

(라) 사업자가 아닌 거래상대방, 즉 소비자에 대한 거래거절은 대상이 되지 아니한다.

(2) 위법성의 판단기준

(가) 단독의 거래거절이 관련시장에서 경쟁을 제한하는지 여부를 위주로 판단한다. '관련시장'이라 함은 행위자가 속한 시장 또는 거래거절의 상대방이 속한 시장을 말한다.

(나) 이 때 경쟁제한성이 있는지 여부는 다음 사항을 종합적으로 고려하여 판단한다.

① 거래거절 대상이 되는 물품·용역이 거래상대방의 사업영위에 필수적인지 여부. 대상이 되는 물품·용역이 사업영위에 필수적이지 않다면 경쟁제한성이 낮다고 볼 수 있다.

② 거래거절을 당한 특정사업자가 대체거래선을 용이하게 찾을 수 있는지 여부. 대체거래선을 큰 거래비용 없이 용이하게 찾을 수 있는 경우에는 거래거절의 경쟁제한성이 낮다고 볼 수 있다.

③ 거래거절로 인해 특정사업자의 사업활동이 곤란하게 되고 그 결과 당해 시장에서 경쟁의 정도를 실질적으로 감소시키게 되는지 여부

④ 거래거절로 인해 경쟁사업자(잠재적 경쟁사업자 포함)의 시장진입이 곤란하게 되는지 여부

⑤ 거래거절이 공정거래법에 금지된 행위(재판매가격유지행위, 부당공동행위 등)를 강요하기 위한 수단으로 활용되었는지 여부 등

(다) 경쟁제한성이 있다고 판단되는 경우에도 다음과 같이 거래거절의 합리성이 있다고 인정되는 경우에는 법위반으로 보지 않을 수 있다.

① 생산 또는 재고물량 부족으로 인해 거래상대방이 필요로 하는 물량을 공급할 수 없는 경우

② 거래상대방의 부도 등 신용결함, 명백한 귀책사유, 자신의 도산위험 등 불가피한 사유가 있고 거래거절 이외에 다른 대응방법으로 대처함이 곤란한 경우

③ 당해 거래거절로 인해 발생하는 효율성증대 효과나 소비자후생증대 효과가 경쟁제한 효과를 현저히 상회하는 경우

④ 단독의 거래거절에 기타 합리적인 사유가 있다고 인정되는 경우 등

(3) 사업자가 거래상대방에 대해 거래상 지위가 있음을 이용하여 불이익의 일환으로 합리적 이유 없이 '거래거절'을 하거나 거래상대방의 사업활동을 곤란하게 할 목적으로 '거래거절'을 하는 경우에는 거래상 지위남용(불이익제공) 또는 사업활동방해(기타의 사업활동방해)에 해당될 수 있다. 이 경우에는 경쟁제한성 분석이 요구되지 않는다.

(4) 안전지대의 설정

상기의 규정에도 불구하고, 기타의 거래거절을 한 사업자의 시장점유율이 10% 미만인 경우에는 당해 시장에서의 경쟁제한 효과가 미미하다고 보아 원칙적으로 심사면제 대상으로 한다. 다만 시장점유율 산정이 사실상 불가능하거나 현저히 곤란한 경우에는 당해 사업자의 연간매출액이 50억 원 미만인 경우를 심사면제 대상으로 한다.

(5) 법위반에 해당될 수 있는 행위(예시)

(가) 합리적 이유 없이 거래거절이 행해지고 그 결과 당해 시장에서 사업자의 사업활동이 곤란하게 되고 경쟁의 정도가 실질적으로 감소되는 경우

(나) 자기 또는 자기와 밀접한 관계에 있는 사업자와 독점적으로 거래하는 사업자와는 거래하면서 경쟁사업자와도 거래하는 사업자에 대하여는 합리적 이유 없이 거래를 중단하거나 제한함으로써 관련시장에서 경쟁의 감소를 초래하는 행위

(다) 합리적 이유 없이 자기로부터 원재료를 공급받는 판매업자나 대리점에게 후방시장에서 자기와 경쟁관계에 있는 사업자에 대해 원재료공급을 거절하게 함으로써 관련시장에서 경쟁의 감소를 초래하는 행위

(라) 자신이 활동하는 시장에 새로이 진입하고자 하는 특정사업자에 대하여 합리적 이유 없이 원재료 공급을 중단하거나 중단하도록 강요함으로써 관련시장에서 경쟁의 감소를 초래하는 행위

(마) 자기가 공급하는 원재료를 사용하여 완성품을 제조하는 자기와 밀접한 관계가 있는 사업자의 경쟁자를 당해 완성품시장에서 배제하기 위해, 당해 경쟁자에 대하여 종래 공급하고 있던 원재료의 공급을 중단하는 행위

(바) 합리적 이유 없이 원재료 제조업자가 자신의 시장지위를 유지·강화하기 위하여 원재료를 직접 생산·조달하려는 완성품 제조업자에 대해 원재료 공급을 거절하는 행위

(사) 합리적 이유 없이 할인점이나 온라인 판매업자 등 특정한 유형의 판매업자에 대하여 거래를 거절함으로써 거래거절을 당한 사업자가 오프라인 판매업자 등에 비해 경쟁상 열위에 처하게 되는 경우

(아) 자기와 거래하기 위해서는 자기가 지정하는 사업자의 물품·용역을 구입할 것을 의무화하고 그에 응하지 않음을 이유로 거래개시를 거절함으로써 당해 물품·용역 시장에서의 경쟁에 영향을 미치는 행위

2. 차별적 취급

원칙적으로 사업자는 가격 등 거래조건, 거래내용을 자유로이 설정할 수 있다고 할 것이다. 그러나, 사업자가 단독으로 또는 공동으로 거래지역이나 거래상대방에 따라 가격 등 거래조건·거래내용을 차별적으로 설정함으로써 자기가 속한 시장 또는 거래상대방이 속한 시장에서의 정상적인 경쟁을 저해할 경우에는 시장의 효율성 저하를 초래할 수 있으므로 금지된다.

가. 가격차별

부당하게 거래지역 또는 거래상대방에 따라 현저하게 유리하거나 불리한 가격으로 거래하는 행위를 말한다(시행령 별표 2).

(1) 대상행위

(가) 거래지역이나 거래상대방에 따른 가격차별이 대상이 된다. 이때, 가격이란 상품 또는 용역의 제공에 대하여 상대방이 실제 지불하는 모든 대가를 말한다. 여기에는 할인율 등 가격에 직접 영향을 미치는 거래조건이 포함된다. 거래의 대상인 상품 또는 용역은 실질적으로 동일한 것이어야 한다.

(나) 가격차별의 대상이 되는 거래상대방은 사업자 또는 소비자이다.

(2) 위법성의 판단기준

(가) 가격차별이 행위자가 속한 시장 또는 거래상대방이 속한 시장에서의 경쟁을 제한하는지 여부를 위주로 판단한다.

(나) 이 때, 경쟁제한성이 있는지 여부는 다음 사항을 종합적으로 고려하여 판단한다.

〈행위자가 속한 시장에서의 경쟁제한성〉

① 행위자가 가격차별로 인해 시장에서의 지위를 유지·강화하거나 할 우려가 있는지 여부

② 가격차별이 경쟁사업자를 배제하려는 의도하에 이루어졌는지 여부. 새로운 시장에 진입하기 위하여 행해지는 가격차별은 경쟁에 대응하기 위한 수단으로서 경쟁사업자 배제효과는 크지 않은 것으로 볼 수 있다.

③ 가격차별 정도가 관련시장에서 경쟁사업자를 배제할 우려가 있거나, 가격차별에

의해 설정된 가격수준이 상품 또는 용역의 제조원가나 매입원가를 하회하는지 여부

④ 가격차별이 일회성인지 지속적인지 여부 등. 일회성의 가격차별은 경쟁제한 효과가 미미하다고 볼 수 있으며 상당기간에 걸쳐 지속적으로 이루어 질수록 경쟁제한 효과가 커질 수 있다.

〈거래상대방이 속한 시장에서의 경쟁제한성〉

① 가격차별의 대상이 되는 거래상대방이 속한 시장에서 가격차별로 인해 거래상대방 또는 거래상대방의 경쟁사업자들이 배제되거나 배제될 우려가 있는지 여부

② 가격차별에 의해 상대적으로 불리한 취급을 받게 되는 거래상대방이 거래처를 쉽게 전환할 수 있는지 여부. 가격차별 대상인 거래상대방이 거래선을 용이하게 전환할 수 있다면 경쟁제한성이 낮다고 볼 수 있다.

③ 가격차별 정도가 거래상대방의 경쟁사업자를 배제할 우려가 있거나, 가격차별에 의해 설정된 가격수준이 상품 또는 용역의 제조원가나 매입원가를 하회하는지 여부

④ 가격차별이 일회성인지 지속적인지 여부 등. 일회성의 가격차별은 경쟁제한 효과가 미미하다고 볼 수 있으며 상당기간에 걸쳐 지속적으로 이루어 질수록 경쟁제한 효과가 커질 수 있다.

(다) 경쟁제한성이 있다고 판단되는 경우에도 다음과 같이 가격차별의 합리성이 있다고 인정되는 경우에는 법위반으로 보지 않을 수 있다.

① 가격차별이 거래수량의 다과, 운송비, 거래상대방의 역할, 상품의 부패성 등 요소에 근거하여 한계비용 차이나 시장상황을 반영하는 경우

② 당해 가격차별로 인해 발생하는 효율성증대 효과(가격할인을 받는 사업자의 이익, 경제적 효율성증대 등)나 소비자후생증대 효과가 경쟁제한 효과를 현저히 상회하는 경우

③ 가격차별을 함에 있어 기타 합리적인 사유가 있다고 인정되는 경우 등

(3) 안전지대의 설정

상기의 규정에도 불구하고, 가격차별을 한 사업자의 시장점유율이 10% 미만인 경우에는 당해 시장에서의 경쟁제한 효과가 미미하다고 보아 원칙적으로 심사면제 대상으로 한다. 다만 시장점유율 산정이 사실상 불가능하거나 현저히 곤란한 경우에는 당해 사업자의 연간매출액이 50억 원 미만인 경우를 심사면제 대상으로 한다.

(4) 법위반에 해당될 수 있는 행위(예시)

(가) 사업자가 경쟁이 심한 지역에서 자신의 시장지위를 강화하기 위해 합리적 이유 없이 타 지역에 비해 현저히 낮은 가격을 설정함으로써 당해 지역에서 경쟁사업자를 배제할 우려가 있는 경우

(나) 자신의 시장지위를 강화하기 위하여 자기가 공급하는 2가지 이상의 상품・용역 중 시장점유율이 높은 상품・용역과 그렇지 않은 상품・용역을 동시에 구매하는 거래상대방(사업자 및 소비자)에 대해 가격면에서 현저히 유리한 취급을 함으로써 그렇지 않은 상품・용역시장에서의 경쟁을 저해하는 행위

(다) 유력한 사업자가 합리적인 이유 없이 특정사업자를 가격면에서 현저히 우대한 결과 특정사업자가 그의 경쟁사업자보다 경쟁상 우위에 서게 되어 정상적인 경쟁이 저해되는 경우

(라) 과점적 시장구조하에서 용역서비스를 제공하는 사업자가 거래상대방에게 수수료를 부과함에 있어서 매출액 규모, 원가요소 등을 고려하지 않은 채 특정업태에 종사한다는 이유만으로 현저하게 유리 또는 불리한 취급을 하여 경쟁업태에 종사하는 사업자에 비해 경쟁상 우위 또는 열위에 서게 하는 행위

(마) 시장점유율이 상당한 사업자가 대부분의 거래상대방에 대해서는 구입량에 따라 누진적으로 할인율을 적용하는 반면, 소수의 거래상대방에 대해서는 합리적 이유 없이 구입량과 관계없이 통상 적용하는 최대할인율보다 더 높은 할인율을 획일적으로 적용함으로써 사업자들 간의 경쟁력 차이를 초래하는 행위

나. 거래조건차별

부당하게 특정사업자에게 수량・품질 등의 거래조건이나 거래내용을 현저하게 유리하거나 불리한 취급을 하는 행위를 말한다(시행령 별표 2).

(1) 대상행위

(가) 가격 이외의 거래조건을 차별하는 행위가 대상이 된다. 이는 가격이나 가격에 직접 영향을 미치는 조건(예 : 수량할인 등)을 제외한 계약의 이행방법, 대금의 결제조건 등 거래내용면에서의 차별을 말한다.

(나) 거래조건 차별은 특정사업자를 대상으로 하므로 소비자에 대한 차별은 포함되지 않는다. 다만, 차별대상 사업자가 엄격하게 특정될 것을 요하지 않으며, 특정

기준을 충족하는 모든 사업자 또는 특정지역에 소재한 모든 사업자에 대한 차별도 특정성이 있는 것으로 본다.

(2) 위법성의 판단기준

(가) 거래조건 차별이 당해 사업자가 속한 시장 또는 거래상대방이 속한 시장에서의 경쟁을 제한하는지 여부를 위주로 판단한다.

(나) 이 때, 경쟁제한성이 있는지 여부 및 법위반으로 보지 않을 수 있는 경우는 가격차별에 준하여 판단한다.

(3) 안전지대의 설정

상기의 규정에도 불구하고, 거래조건 차별을 한 사업자의 시장점유율이 10% 미만인 경우에는 당해 시장에서의 경쟁제한 효과가 미미하다고 보아 원칙적으로 심사면제 대상으로 한다. 다만 시장점유율 산정이 사실상 불가능하거나 현저히 곤란한 경우에는 당해 사업자의 연간매출액이 50억 원 미만인 경우를 심사면제 대상으로 한다.

(4) 법위반에 해당될 수 있는 행위(예시)

(가) 사업자가 경쟁이 심한 지역에서는 합리적 이유 없이 타 지역에 비해 현저히 유리한 대금결제 조건을 설정함으로써 당해 시장에서 경쟁사업자를 배제할 우려가 있는 경우

(나) 사업자가 경쟁사업자의 상품 · 용역 또는 수입품을 병행 취급하는 대리점(판매업자)에 한하여 합리적 이유 없이 자기의 상품 · 용역의 제공시기, 배송회수, 결제방법 등을 현저하게 불리하게 취급함으로써 당해 대리점의 사업활동을 곤란하게 하거나 대리점간 경쟁을 저해하는 행위

다. 계열회사를 위한 차별

> 정당한 이유 없이 자기의 계열회사를 유리하게 하기 위해 가격 · 수량 · 품질 등의 거래조건이나 거래내용을 현저하게 유리하거나 불리하게 하는 행위를 말한다(시행령 별표 2).

(1) 대상행위

(가) 계열회사를 유리하게 하는 가격 등 거래조건 · 거래내용 등의 차별행위가 대상이 된다.

(나) 차별의 상대방에는 소비자도 포함된다.

(2) 위법성의 판단기준

(가) 경쟁제한성 또는 경제력 집중 우려를 위주로 위법성을 판단하되, 가격 등 거래조건·거래내용 등에 관하여 계열회사에 대해 현저하게 유리하거나 계열회사의 경쟁사업자에 대해 현저하게 불리하게 취급하였을 경우에는 계열회사를 유리하게 하기 위한 행위로 인정하여 원칙적으로 경쟁제한성 또는 경제력 집중 우려가 있는 것으로 본다.

(나) 그러나, 계열회사를 위한 차별취급을 한 사업자가 「정당한 이유」를 소명하였을 경우 그 타당성을 판단하되, 다음과 같이 정당한 이유가 있다고 인정될 경우에는 법위반으로 보지 않을 수 있다.

① 당해 행위로 인한 효율성증대 효과나 소비자후생증대 효과가 경쟁제한 효과를 현저히 상회하는 경우

② 차별취급을 함에 있어 기타 합리적 사유가 있다고 인정되는 경우 등

(3) 안전지대의 설정

상기의 규정에도 불구하고, 유리한 취급을 받은 계열회사의 시장점유율이 10% 미만인 경우(시장점유율 산정이 사실상 불가능하거나 현저히 곤란한 경우에는 당해 계열회사의 연간매출액이 50억 원 미만인 경우)에는 당해 시장에서의 경쟁제한 효과가 미미하다고 보아 원칙적으로 심사면제 대상으로 한다. 다만, 경제력 집중의 우려가 있는 경우에는 심사면제 대상이 되지 아니한다.

(4) 법위반에 해당될 수 있는 행위(예시)

(가) 계열회사와 비계열회사의 제품 간에 품질이나 거래조건에 있어서 차이가 없음에도 불구하고 정당한 이유 없이 계열회사의 제품을 비계열회사의 견적단가보다 현저히 비싸게 구입한 행위

(나) 사업자가 자기의 계열회사와 비계열회사를 동시에 거래하면서 정당한 이유 없이 계열회사에 비해 비계열회사에 대한 결제조건(현금비율, 어음만기일 등)을 현저히 불리하게 하는 행위

(다) 사업자가 자기의 계열회사와 비계열회사에 동시에 임가공을 의뢰하면서 정당한 이유 없이 계열회사에 지급하는 임가공단가를 비계열회사의 경우에 비해 현저히 유리하게 지급하는 행위

(라) 계열회사가 경쟁입찰에서 유리한 지위에 설 수 있도록 하기 위해 계열회사의 경쟁사업자에게는 보다 불리한 가격이나 거래조건으로 원재료를 공급하는 행위

라. 집단적 차별

집단으로 특정사업자를 부당하게 차별적으로 취급해 그 사업자의 사업활동을 현저하게 유리하거나 불리하게 하는 행위를 말한다(시행령 별표 2).

(1) 대상행위

(가) 여러 사업자가 공동으로 특정사업자에 대하여 행해지는 차별취급이 대상이 된다. 부당한 공동행위와 달리 집단적 차별취급은 합의가 없더라도 성립될 수 있으며 차별취급에 참가하는 사업자가 반드시 현실적 또는 잠재적 경쟁관계에 있을 필요는 없다. 또한 실제로 차별행위가 행해져야 한다.

(나) 차별취급에는 가격 등 거래조건, 거래내용 등의 차별이 포함된다.

(다) 차별취급의 상대방은 특정사업자이다. 따라서 불특정다수의 사업자와 소비자는 대상이 되지 아니한다.

(2) 위법성의 판단기준

집단적 차별행위의 위법성은 가격차별 및 거래조건 차별의 경우에 준하여 판단한다. 다만, 집단적 차별은 여러 사업자에 의해서 행해지므로 원칙적으로 가격차별 및 거래조건 차별의 경우에 비해 위법성이 인정될 가능성이 큰 것으로 본다.

(3) 안전지대의 설정

상기의 규정에도 불구하고, 집단적 차별을 한 사업자들의 시장점유율 합계가 10% 미만인 경우에는 당해 시장에서의 경쟁제한 효과가 미미하다고 보아 원칙적으로 심사면제 대상으로 한다. 다만 시장점유율 산정이 사실상 불가능하거나 현저히 곤란한 경우에는 당해 사업자들의 연간매출액 합계액이 50억 원 미만인 경우를 심사면제 대상으로 한다.

(4) 법위반에 해당될 수 있는 행위(예시)

(가) 복수의 사업자가 특정사업자에 대해 동시에 합리적인 이유 없이 가격차별 또는 거래조건 차별 등을 행하는 경우

(나) 합리적 이유 없이 복수의 판매업자와 제조업자가 공동으로 판매단계에서 경쟁관계에 있는 특정사업자에 대하여 차별적으로 높은 가격을 책정함으로써 그의 사업활동을 곤란하게 하고 그 결과 당해 시장에서의 경쟁에 영향을 미치는 행위

(다) 복수의 제조업자가 공동으로 덤핑판매를 하거나 온라인판매를 한다는 이유만으로 특정판매업자에 대하여 공급가격을 다른 판매업자에 비하여 비싸게 책정함으로써 사업활동을 현저히 불리하게 하고 다른 판매업자를 경쟁상 우위에 서게 하는 행위

3. 경쟁사업자 배제

사업자가 상품 또는 용역을 현저히 낮은 가격으로 공급함으로써 경쟁사업자를 시장에서 배제시킨 후 독점적 지위를 구축하여 독점가격 책정이 가능해 질 경우, 이는 경쟁을 저해하고 궁극적으로 소비자후생 수준의 저하로 귀결될 수 있으므로 금지된다. 또한, 사업자가 경쟁사업자를 당해 시장에서 배제할 목적으로 경쟁사업자가 필요로 하는 상품·원재료의 상당량을 고가로 매입할 경우 이는 시장에서의 정상적인 경쟁을 저해하게 되므로 금지된다.

가. 부당염매

자기의 상품 또는 용역을 공급하는 경우에 정당한 이유 없이 그 공급에 소요되는 비용보다 현저히 낮은 대가로 계속 공급하거나 그 밖에 부당하게 상품 또는 용역을 낮은 대가로 공급하여 자기 또는 계열회사의 경쟁사업자를 배제시킬 우려가 있는 행위를 말한다(시행령 별표 2).

(1) 대상행위

(가) 부당염매에는 계속적 염매와 일시적 염매가 있다.

(나) 계속적 염매란 상당기간에 걸쳐 반복해서 공급비용보다 현저히 낮은 수준으로 상품 또는 용역의 공급이 이루어짐을 말한다. 공급비용보다 현저히 낮은 수준인지 여부는 제조원가나 매입원가를 기준으로 한다. 제조원가는 재료비, 인건비, 기타 제조경비, 일반관리비를 포함하여 산정한다. 매입원가는 실제 구입가격을 기준으로 하되, 계열회사관계나 제휴관계와 같은 특수한 사정이 존재하는 경우에는 일반사업자 간 거래가격을 고려하여 수정된 가격을 기준으로 할 수 있다.

(다) 일시적 염매란 일회 또는 단기간(1주일 이내)에 걸쳐 현저히 낮은 대가로 상품 또는 용역의 공급이 이루어짐을 의미한다. 현저히 낮은 대가에 해당되는지 여부는 계속적 염매의 경우와 마찬가지로 제조원가나 매입원가를 기준으로 한다.

(라) 염매의 상대방에는 사업자뿐만 아니라 소비자도 포함된다.

(마) 부당염매는 유인염매 또는 할인특매와는 구별된다. 유인염매란 사업자가 자신이

취급하는 상품 또는 용역 중 소비자에게 잘 알려진 일부 품목에 대해서만 덤핑 판매를 하고 나머지 품목에 대해서는 마진율을 종전과 같이 하거나 상향조정하여 판매하는 것을 말한다. 이는 판촉전략의 하나로 경쟁사업자 배제행위와는 구별된다. 한편, 할인특매는 다음과 같은 점에서 부당염매와 구별된다. 첫째, 할인특매는 공시의 방법으로 실시기간이 확정되는 등 기간이 확정적인 점. 둘째, 할인특매는 경쟁사업자 배제의도보다는 계절상품의 처리, 불경기 등 시장상황 변화에 대응하기 위한 경우가 많은 점 등이다.

(2) 위법성의 판단기준

(가) 염매행위가 당해 상품 또는 용역이 거래되는 시장에서 자기 또는 계열회사의 경쟁사업자를 배제시킬 우려(경쟁제한성)가 있는지 여부를 위주로 판단한다. 「경쟁사업자를 배제시킬 우려」란 당해 염매행위로 인해 경쟁사업자가 시장에서 배제될 가능성이 있으면 족하고 실제 경쟁사업자가 시장에서 배제될 것을 요구하지 않는다.

(나) 계속적 염매의 경우, 원칙적으로 경쟁사업자를 배제시킬 우려가 있는 것으로 본다. 그러나, 계속적 염매를 한 사업자들이 「정당한 이유」를 소명하였을 경우 그 타당성을 판단하되, 다음과 같이 정당한 이유가 있다고 인정될 경우에는 법위반으로 보지 않는다.

① 당해 시장에 진입장벽(예 : 규모의 경제, 사업영위 인허가, 거래비용 등)이 없어 계속적 염매로 인해 현재의 경쟁사업자들이 배제되더라도 신규 진입자가 잠재적 경쟁사업자로 대두될 수 있는 경우

② 하자가 있는 상품, 유통기한이 임박한 물건, 계절상품 및 재고의 처리를 위하여 제한된 물량의 범위 내에서 염매를 하는 경우

③ 수요보다 공급이 현저히 많아 이를 반영하여 염매로 판매하는 경우

④ 신규 개점 또는 신규 시장진입에 즈음하여 홍보목적으로 한정된 기간에 걸쳐 염매를 하는 경우

⑤ 파산이나 지급불능사태를 막기 위해 염매를 하거나 파산 또는 지급불능 상태에 있는 사업자가 염매를 하는 경우

⑥ 계속적 염매로 인한 효율성증대 효과나 소비자후생증대 효과가 경쟁제한 효과를 현저히 상회하는 경우

⑦ 계속적 염매를 함에 있어 기타 합리적인 사유가 있다고 인정되는 경우 등

(다) 일시적 염매의 경우, 당해 상품 또는 용역이 거래되는 시장에서 경쟁사업자를 배제시킬 우려가 있는지 여부를 위주로 판단한다. 이 때, 경쟁사업자 배제 우려가 있는지 여부는 다음 사항을 종합적으로 고려하여 판단한다.

① 염매행위를 하는 동기가 경쟁사업자를 배제하고 시장에서 독과점적 지위를 구축하는데 있는지 여부

② 당해 염매행위로 인해 경쟁사업자가 사업활동을 유지하기에 현저히 어려움이 있거나 부도 등의 위기에 처할 우려가 있는지 여부

③ 당해 시장의 경쟁구조. 당해 시장에서의 사업자 수가 적고, 집중도가 높을 경우에는 경쟁사업자 배제 우려가 클 수 있다.

④ 진입장벽 유무 등. 규모의 경제 · 사업영위 인허가 등 요소가 없어 당해 시장에 진입하는 데 실질적인 어려움이 없다면 현재의 경쟁사업자가 배제되더라도 신규 진입자가 잠재적 경쟁사업자로 대두되므로 경쟁사업자 배제 우려가 없거나 미미하게 된다.

(라) 일시적 염매의 경쟁사업자 배제 우려가 있다고 판단되는 경우에도 다음과 같이 합리성이 있다고 인정되는 경우에는 법위반으로 보지 않을 수 있다.

① 하자가 있는 상품, 유통기한이 임박한 물건, 계절상품 및 재고의 처리를 위하여 제한된 물량의 범위 내에서 염매를 하는 경우

② 수요보다 공급이 현저히 많아 이를 반영하여 판매하는 경우

③ 신규 개점 또는 신규 시장진입에 즈음하여 홍보목적으로 한정된 기간에 걸쳐 염매를 하는 경우

④ 파산이나 지급불능사태를 막기 위해 염매를 하거나 파산 또는 지급불능 상태에 있는 사업자가 염매를 하는 경우

⑤ 일시적 염매로 인한 효율성증대 효과나 소비자후생증대 효과가 경쟁제한 효과를 현저히 상회하는 경우

⑥ 일시적 염매를 함에 있어 기타 합리적인 사유가 있다고 인정되는 경우 등

(3) 안전지대의 설정

상기의 규정에도 불구하고, 부당염매를 한 사업자의 시장점유율이 10% 미만인 경우에는 당해 시장에서의 경쟁제한 효과가 미미하다고 보아 원칙적으로 심사면제 대상으로 한다. 다만 시장점유율 산정이 사실상 불가능하거나 현저히 곤란한 경우에는 당해 사업자의 연간매출액이 50억 원 미만인 경우를 심사면제 대상으로 한다.

(4) 법위반에 해당될 수 있는 행위(예시)

(가) 규모의 경제 등 이유로 당해 시장에의 신규 진입이 단기간 내 용이하지 않은 상황하에서 경쟁사업자를 퇴출시키기 위한 목적으로 제조원가에 못 미치는 가격으로 계속하여 상품 또는 용역을 공급하는 행위

(나) 시장에서 유력한 사업자가 신규 진입을 시도하는 사업자를 저지하기 위해 제조원가를 하회하는 가격으로 상품 또는 용역을 일정기간 계속적으로 판매하는 행위

(다) 합리적 이유 없이 공공기관 물품구매입찰에서 사업자가 자신이 타 사업자로부터 공급받는 가격보다 낮은 가격으로 응찰하여 낙찰됨으로써 다년간 공급계약을 체결하고 동 물품을 공급하는 행위

나. 부당고가매입

> 부당하게 상품 또는 용역을 통상거래가격에 비해 높은 대가로 구입하여 자기 또는 계열회사의 경쟁사업자를 배제시킬 우려가 있는 행위를 말한다(시행령 별표 2).

(1) 대상행위

(가) 통상 거래가격에 비하여 높은 가격으로 상품 또는 용역을 구입하는 행위가 대상이 된다. 통상 거래가격이라 함은 당시의 시장에서 사업자 간에 정상적으로 이루어지는 거래에서 적용되는 가격수준을 말한다. 인위적으로 제품이나 원재료의 품귀를 발생시켜 경쟁사업자를 배제할 수 있기 위해서는 매점되는 상품 또는 용역의 물량이 전체 공급량에서 차지하는 비중이 중요하므로, 고가매입이 계속해서 이루어질 필요는 없다.

(나) 고가매입의 상대방은 사업자에 한하며 소비자는 포함되지 않는다.

(2) 위법성의 판단기준

(가) 고가매입이 당해 상품 또는 용역의 품귀를 가져옴으로써 자기 또는 계열회사의 경쟁사업자를 배제시킬 우려(경쟁제한성)가 있는지 여부를 위주로 판단한다.

(나) 이 때, 경쟁사업자 배제 우려(경쟁제한성)가 있는지 여부는 다음 사항을 종합적으로 고려하여 판단한다.

① 고가매입의 대상이 되는 상품 또는 용역이 경쟁사업자(잠재적 경쟁사업자 포함)의 사업영위에 필수적인지 여부

② 당해 상품 또는 용역의 수급이 원활한지 여부와 다른 대체재를 용이하게 조달할 수 있는지 여부. 대체재가 존재하더라도 추가비용이 많이 소요되는 경우에는 경쟁사업자 배제 우려가 있을 수 있다.

③ 고가매입으로 인해 경쟁사업자들의 사업활동이 곤란하게 되거나 곤란해질 가능성이 있는지 여부 등

(다) 고가매입의 경쟁사업자 배제 우려(경쟁제한성)가 있다고 판단되는 경우에도 다음과 같이 합리성이 있다고 인정되는 경우에는 법위반으로 보지 않을 수 있다.

① 사업자가 원재료 등의 품귀가능성에 대비하거나 제품의 안정적 생산확보 등을 위해 불가피한 경우

② 고가매입으로 인한 효율성증대 효과나 소비자후생증대 효과가 경쟁제한 효과를 현저히 상회하는 경우

③ 고가매입을 함에 있어 기타 합리적인 사유가 있다고 인정되는 경우 등

(3) 안전지대의 설정

상기의 규정에도 불구하고, 부당고가매입을 한 사업자의 시장점유율이 10% 미만인 경우에는 당해 시장에서의 경쟁제한 효과가 미미하다고 보아 원칙적으로 심사면제 대상으로 한다. 다만 시장점유율 산정이 사실상 불가능하거나 현저히 곤란한 경우에는 당해 사업자의 연간매출액이 50억 원 미만인 경우를 심사면제 대상으로 한다.

(4) 법위반에 해당될 수 있는 행위(예시)

(가) 합리적 이유 없이 제품의 생산 · 판매에 필수적인 요소를 통상거래가격에 비하여 높은 대가로 매점하여 자기 또는 계열회사의 경쟁사업자가 시장에서 배제될 수 있을 정도로 사업활동을 곤란하게 하는 행위

(나) 신규로 시장에 진입하려는 사업자를 저지하기 위한 목적으로 그 사업자가 필요로 하는 상품 또는 용역을 통상 거래가격보다 높은 가격으로 매점함으로써 사실상 진입을 곤란하게 하는 행위

4. 부당한 고객유인

소비자가 만족도를 극대화할 수 있기 위해서는 정확한 정보를 바탕으로 저렴하고 품질 좋은 상품 또는 용역을 구입할 수 있어야 할 것이다. 이를 위해 사업자는 자기가 제공하는

상품 또는 용역의 가격과 품질을 경쟁수단으로 삼아야 할 것이다. 사업자가 부당한 이익 제공이나 위계, 거래방해 등의 방법으로 경쟁사업자의 고객을 유인하는 것은 그 경쟁수단이 불공정한 것으로서 시장에서의 바람직한 경쟁질서를 저해하고 소비자가 품질 좋고 저렴한 상품 또는 용역을 선택하는 것을 방해하므로 금지된다.

가. 부당한 이익에 의한 고객유인

> 정상적인 거래관행에 비추어 부당하거나 과대한 이익을 제공 또는 제공할 제의를 하여 경쟁사업자의 고객을 자기와 거래하도록 유인하는 행위를 말한다(시행령 별표 2).

(1) 대상행위

(가) 자기와 거래하도록 하기 위해 경쟁사업자의 고객에게 이익을 제공하거나 제공할 제의를 하는 행위가 대상이 된다. 이때, 경쟁사업자의 고객에는 경쟁사업자와 거래를 한 사실이 있거나 현재 거래관계를 유지하고 있는 고객뿐만 아니라 잠재적으로 경쟁사업자와 거래관계를 형성할 가능성이 있는 고객이 포함된다.

(나) 이익제공 또는 제의의 방법에는 제한이 없으며, 표시・광고를 포함한다. 제공되는 이익에는 리베이트의 제공이나 가격할인 등 고객에게 유리하도록 거래조건의 설정・변경, 판촉지원금 내지 판촉물의 지급, 경쟁사업자의 제품을 자사제품으로 교환하면서 덤으로 자사제품의 과다한 제공 등 적극적 이익제공과 원래 부과되어야 할 요금・비용의 감면, 납부기한 연장, 담보제공 의무나 설정료의 면제 등 소극적 이익제공 등 모든 경제적 이익이 포함된다.

(다) 이익제공(제의)의 상대방에는 소비자뿐만 아니라 사업자도 포함된다.

(2) 위법성의 판단기준

(가) 이익제공 또는 제공제의가 가격과 품질 등에 의한 바람직한 경쟁질서를 저해하는 불공정한 경쟁수단에 해당되는지 여부를 위주로 판단한다.

(나) 이 때, 불공정한 경쟁수단에 해당되는지 여부는 다음 사항을 종합적으로 고려하여 판단한다.

① 정상적인 거래관행에 비추어 부당하거나 과대한 이익제공(제의)에 해당되는지 여부. 정상적인 거래관행이란 원칙적으로 해당업계의 통상적인 거래관행을 기준으로 판단하되 구체적 사안에 따라 바람직한 경쟁질서에 부합되는 관행을 의미하며 현실의 거래관행과 항상 일치하는 것은 아니다. 부당한

이익에 해당되는지는 관련 법령에 의해 금지되거나 정상적인 거래관행에 비추어 바람직하지 않은 이익인지 여부로 판단한다. 또한, 과대한 이익에 해당되는지는 정상적인 거래관행에 비추어 통상적인 수준을 넘어서는지 여부로 판단한다.

② 경쟁사업자(잠재적 경쟁사업자 포함)의 고객을 자기와 거래하도록 유인할 가능성이 있는지 여부 등. 이익제공(제의) 사업자가 경쟁사업자의 고객과 실제로 거래하고 있을 필요는 없으며, 객관적으로 고객의 의사결정에 상당한 영향을 미칠 수 있는 가능성이 있으면 유인가능성을 인정할 수 있다.

(다) 이익제공(제의)이 불공정한 경쟁수단에 해당된다고 판단되는 경우에도 다음과 같이 합리성이 있다고 인정되는 경우에는 법위반으로 보지 않을 수 있다.

① 이익제공(제의)으로 인한 효율성증대 효과나 소비자후생증대 효과가 경쟁수단의 불공정성으로 인한 공정거래저해 효과를 현저히 상회하는 경우

② 부당한 이익제공(제의)을 함에 기타 합리적인 사유가 있다고 인정되는 경우 등

(3) 법위반에 해당될 수 있는 행위(예시)

(가) 자기와 거래하도록 하기 위해 자신의 상품 또는 용역을 구입하는 고객에게 음성적인 리베이트를 지급하거나 지급할 제의를 하는 행위

(나) 경쟁사업자의 고객을 자기와 거래하도록 소개·의뢰·추천하는 자에게 리베이트 등의 이익을 제공하거나 제공하겠다는 제의를 함으로써 고객을 유인하는 행위

〈구체적 예시〉

① CT 등 특수촬영기기를 갖춘 병원이 기기사용 환자를 의뢰하는 일반 병·의원에게 리베이트를 제공하는 행위

② 출판사가 자사의 서적을 교재로 소개 또는 추천하는 교사에게 리베이트를 제공하는 행위

③ 제약회사가 자사의 약품채택이나 처방증대를 위하여 병원이나 의사에게 리베이트 제공, 과다접대 등을 하는 행위

(다) 사업자가 다른 특정사업자로부터 수주하거나 거래를 개시하기 위해 금품 등 음성적인 경제적 이익을 제공하는 행위

나. 위계에 의한 고객유인

> 「표시 · 광고의 공정화에 관한 법률」 제3조에 따른 부당한 표시 · 광고 외의 방법으로 자기가 공급하는 상품 또는 용역의 내용이나 거래조건 및 그 밖에 거래에 관한 사항을 실제보다 또는 경쟁사업자의 것보다 현저히 우량 또는 유리한 것으로 고객을 오인시키거나 경쟁사업자의 것이 실제보다 또는 자기의 것보다 현저히 불량 또는 불리한 것으로 고객을 오인시켜 경쟁사업자의 고객을 자기와 거래하도록 유인하는 행위를 말한다(시행령 별표 2).

(1) 대상행위

(가) 자기와 거래하도록 하기 위해 경쟁사업자의 고객을 기만 또는 위계의 방법으로 유인하는 행위가 대상이 된다. 이때, 경쟁사업자의 고객에는 경쟁사업자와 거래를 한 사실이 있거나 현재 거래관계를 유지하고 있는 고객뿐만 아니라 잠재적으로 경쟁사업자와 거래관계를 형성할 가능성이 있는 고객이 포함된다. 또한, 기만 또는 위계는 표시나 광고(표시 · 광고의 공정화에 관한 법률 적용) 이외의 방법으로 고객을 오인시키거나 오인시킬 우려가 있는 행위를 말한다.

(나) 상품 또는 용역의 내용이나 거래조건 기타 거래에 관한 사항에 대해 기만 또는 위계의 방법을 사용한 행위가 대상이 된다. 상품 또는 용역의 내용에는 품질, 규격, 제조일자, 원산지, 제조방법, 유효기간 등이 포함된다. 거래조건에는 가격, 수량, 지급조건 등이 포함된다. 기타 거래에 관한 사항에는 국산품 혹은 수입품인지 여부, 신용조건, 업계에서의 지위, 거래은행, 명칭 등이 포함된다.

(다) 기만 또는 위계의 상대방은 소비자뿐만 아니라 사업자도 포함된다.

(2) 위법성의 판단기준

(가) 기만 또는 위계가 가격과 품질 등에 의한 바람직한 경쟁질서를 저해하는 불공정한 경쟁수단에 해당되는지 여부를 위주로 판단한다.

(나) 이 때, 불공정한 경쟁수단에 해당되는지 여부는 다음 사항을 종합적으로 고려하여 판단한다.

① 기만 또는 위계가 경쟁사업자(잠재적 경쟁사업자 포함)의 고객을 오인시키거나 오인시킬 우려가 있는지 여부. 오인 또는 오인의 우려는 불특정 다수인을 대상으로 하는 표시나 광고의 경우와 달리 거래관계에 놓이게 될 고객의 관점에서 판단하되, 실제로 당해 고객에게 오인의 결과를 발생시켜야 하는 것은 아니며 객관적으로 그의 구매의사결정에 영향을 미칠

가능성이 있으면 충분하다.

② 기만 또는 위계가 고객유인을 위한 수단인지 여부 등. 위계로 인하여 경쟁사업자의 고객이 오인할 우려가 있더라도 그 결과 거래처를 전환하여 자기와 거래할 가능성이 없는 경우에는 단순한 비방에 불과할 뿐 부당한 고객유인에는 해당되지 않는다.

(다) 위계에 의한 고객유인은 그 속성상 합리성 등에 의한 예외를 인정하지 않음을 원칙으로 한다.

(3) 법위반에 해당될 수 있는 행위(예시)

(가) 사업자가 타 사업자 또는 소비자와 거래함에 있어 표시광고 이외의 방법으로 사실과 달리 자기가 공급하는 상품 또는 용역의 가격이나 품질, 성능, AS 조건 등이 경쟁사업자의 것보다 현저히 우수한 것으로 거래상대방을 오인시켜 자기와 거래하도록 하는 행위

(나) 할인판매를 한다고 선전하면서 예상 수요를 충족시키기에 현저히 부족한 수량만을 할인판매 대상으로 하여 고객을 유인하는 행위(미끼 상품)

(다) 사업자가 자신과 경쟁사업자의 영업현황, 제품기능, 기술력 등에 대해 사실과 다른 허위의 비교분석 자료를 작성하여 발주자에게 제출함으로써 당해 사업을 수주하는 행위

(라) 경쟁사업자의 부도 임박·정부지원 대상에서 제외 등의 근거 없는 사실을 유포하여 고객을 자기와 거래하도록 유인하는 행위

(마) 영업사원들이 경쟁사업자의 제품을 근거 없이 비방하면서 고객을 유인하는 행위

다. 기타의 부당한 고객유인

경쟁사업자와 그 고객의 거래를 계약성립의 저지, 계약불이행의 유인 등의 방법으로 거래를 부당하게 방해하여 경쟁사업자의 고객을 자기와 거래하도록 유인하는 행위를 말한다(시행령 별표 2).

(1) 대상행위

(가) 경쟁사업자와 고객의 거래를 방해함으로써 자기와 거래하도록 유인하는 행위가 대상이 된다. 거래방해의 수단에는 제한이 없으며, 부당한 이익제공이나 위계를 제외한 모든 수단이 포함된다. 거래방해에는 거래성립의 방해와 거래계속의 방해가 있다.

(나) 거래방해의 상대방은 경쟁사업자 또는 경쟁사업자의 고객이며, 고객에는 사업자와 소비자가 포함된다. 이때, 경쟁사업자의 고객에는 경쟁사업자와 거래를 한 사실이 있거나 현재 거래관계를 유지하고 있는 고객뿐만 아니라 잠재적으로 경쟁사업자와 거래관계를 형성할 가능성이 있는 고객이 포함된다.

(2) 위법성의 판단기준

(가) 거래방해가 바람직한 경쟁질서를 저해하는 불공정한 경쟁수단에 해당되는지 여부를 위주로 판단한다.

(나) 이 때, 불공정한 경쟁수단에 해당되는지 여부는 다음 사항을 종합적으로 고려하여 판단한다.

① 거래방해가 고객유인을 위한 수단인지의 여부. 이를 판단하기 위해서는 방해의 동기나 의도, 방해 이후 고객의 거래처 내지 거래량의 변화추이, 경쟁사업자의 시장지위와 경쟁의 정도 등을 고려한다. 거래방해 그 자체가 거래조건의 이점 등 자기의 효율성에 기초할 경우 고객유인의 효과가 있더라도 법위반으로 보지 않는다. 거래방해는 거래를 곤란하게 하는 것으로 족하며, 실제로 경쟁사업자와 고객 간의 거래가 불발로 끝나거나 기존의 거래관계가 종료되었을 것을 요하지 않는다.

② 거래방해에 의해 경쟁사업자와 거래를 중단시킴으로써 자기와 거래할 가능성이 있는지 여부

(다) 기타의 부당한 고객유인이 불공정한 경쟁수단에 해당된다고 판단되는 경우에도 다음과 같이 합리성이 있다고 인정되는 경우에는 법위반으로 보지 않을 수 있다.

① 기타의 부당한 고객유인으로 인한 효율성증대 효과나 소비자후생증대 효과가 경쟁수단의 불공정성으로 인한 공정거래저해 효과를 현저히 상회하는 경우

② 기타의 부당한 고객유인에 합리적인 사유가 있다고 인정되는 경우 등

(3) 법위반에 해당될 수 있는 행위(예시)

(가) 경쟁사업자와 고객 간의 거래를 방해하기 위한 목적으로 경쟁사업자와 고객 간 계약의 성립을 저지하거나 계약해지를 유도하는 행위

(나) 합리적 이유 없이 자신의 시장지위를 이용하여 판매업자에 대해 경쟁사업자의 제품을 매장 내의 외진 곳에 진열하도록 강요하는 행위

5. 거래강제

사업자가 거래상대방 또는 자사 직원 등으로 하여금 본인의 의사에 반하여 자기 또는 자기가 지정하는 자의 상품 또는 용역을 구입(판매)하도록 강제하는 행위는 시장에서의 지위를 이용하여 고객을 확보하는 행위로서, 불합리한 수단으로 시장지배력의 확장을 도모하며 소비자의 자율적 선택권을 제약하므로 금지된다.

가. 끼워팔기

거래상대방에게 자기의 상품 또는 용역을 공급하면서 정상적인 거래관행에 비추어 부당하게 다른 상품 또는 용역을 자기 또는 자기가 지정하는 사업자로부터 구입하도록 하는 행위를 말한다(시행령 별표 2).

(1) 대상행위

(가) 서로 다른 별개의 상품 또는 용역을 자기 또는 자기가 지정하는 사업자로부터 구입하도록 하는 행위가 대상이 된다. 이때 끼워팔기의 대상이 '서로 다른 별개의 상품 또는 용역'에 해당되는지 여부는 이들이 시장에서 통상 별도로 거래되는지 여부와 더불어 그 상업적 용도나 기능적 특성, 소비자 인식태도, 경우에 따라서는 제품통합과 기술혁신의 추세 등을 종합적으로 고려하여 판단한다.

(나) 끼워팔기를 행하는 주체는 주된 상품(또는 용역)과 종된 상품(또는 용역)을 동시에 공급할 수도 있고, 자기가 지정하는 제3자로 하여금 종된 상품(또는 용역)을 공급하게 할 수 있다.

(다) 끼워팔기에는 상품 또는 용역을 판매하는 경우 외에 임대하는 경우도 포함된다.

(라) 거래상대방에는 사업자뿐만 아니라 소비자가 포함된다.

(2) 위법성의 판단기준

(가) 끼워팔기가 경쟁을 제한하는지 여부를 위주로 판단한다.

(나) 이 때, 경쟁제한성 여부는 다음 사항을 종합적으로 고려하여 판단한다.

① 주된 상품(또는 용역)과 종된 상품(또는 용역)이 별개의 상품(또는 용역)인지 여부. 이를 판단하기 위해서는 주된 상품(또는 용역)과 종된 상품(또는 용역)이 밀접불가분한 구성요소인지 여부, 통상적으로 주된 상품(또는 용역)과 짝지워 하나의 단위로 판매 또는 사용되는지 여부, 주된 상품(또는 용역)과 종된 상품(또는 용역)을 별도로 구매하고자 하는 충분한 수요가

있는 지 여부 등을 고려한다.

② 끼워팔기 하는 사업자가 주된 상품(또는 용역)시장에서 시장력(market power)이 있는지 여부. 시장력(market power)의 개념 및 이에 대한 판단은 이 지침 'Ⅲ. 3. 경쟁제한성 판단 기준'에 따른다.

③ 주된 상품(또는 용역)과 종된 상품(또는 용역)을 같이 구입하도록 강제하는지 여부 등. 강제성이 있는지 여부는 거래상대방의 입장에서 서로 다른 두 상품(또는 용역)을 따로 구입하는 것이 자유로운지를 기준으로 판단한다. 이때, '강제성'은 주된 상품(또는 용역)에 대한 구매자의 거래처 전환가능성이 적을수록 큰 것으로 보며, 다른 거래처에서 구입할 경우 주된 상품(또는 용역)의 거래거절이나 공급량감소 등 각종 불이익이 예상됨으로 인하여 사실상 거래처를 전환할 수 없는 경우 등에는 강제성이 인정될 수 있다. 이때 거래상대방이 자기 또는 자기가 지정하는 사업자로부터 실제로 구입하였을 것을 필요로 하지 않는다.

④ 끼워팔기가 정상적인 거래관행에 비추어 부당한지 여부. 정상적인 거래관행에 해당되는지 여부는 당해 시장에서의 통상적인 거래관행을 기준으로 하되, 통상적인 거래관행에 해당된다고 할지라도 끼워팔기에 의해 경쟁제한 효과가 발생하는 경우에는 부당한 것으로 본다.

(ⅰ) 끼워팔기가 당해 시장에서의 통상적인 거래관행인 경우에는 특별히 장래의 경쟁을 제한하지 않는 한 원칙적으로 정상적인 거래관행에 부합하는 것으로 본다. 반면, 끼워팔기가 당해 시장에서의 통상적인 거래관행이 아닌 경우에는 장래의 경쟁을 촉진하거나 소비자후생을 증대시키지 않는 한 원칙적으로 정상적인 거래관행에 비추어 부당한 것으로 본다.

〈정상적인 거래관행에 부합되는 경우 예시〉

- 주된 상품(또는 용역)의 기능에 반드시 필요한 상품을 끼워파는 행위 (프린터와 잉크, 자동차와 타이어 등)
- 두 상품(또는 용역)을 따로이 공급하는 것이 기술적으로 매우 곤란하거나 상당한 비용을 요하는 두 상품을 끼워파는 행위

(ⅱ) 끼워팔기가 발생한 거래에서 통상적인 거래관행이 존재하지 않을 경우에는 경쟁제한 효과 여부로 판단한다.

⑤ 끼워팔기로 인하여 종된 상품(또는 용역)시장의 경쟁사업자가 배제되거나 배제될 우려가 있는지 여부

(다) 끼워팔기가 경쟁제한성이 있다고 판단되는 경우에도 다음과 같이 합리성이 있다고 인정되는 경우에는 법위반으로 보지 않을 수 있다.

① 끼워팔기로 인한 효율성증대 효과나 소비자후생증대 효과가 경쟁제한 효과를 현저히 상회하는 경우

② 끼워팔기를 함에 있어 기타 합리적인 사유가 있다고 인정되는 경우 등

(3) 법위반에 해당될 수 있는 행위(예시)

(가) 인기 있는 상품 또는 용역을 판매하면서 인기 없는 것을 함께 구입하도록 하거나, 신제품을 판매하면서 구제품이나 재고품을 함께 구입하도록 강제함으로써 관련시장에서 경쟁의 감소를 초래하는 행위

(나) 고가의 기계나 장비를 판매하면서 합리적 이유 없이 인과관계가 떨어지는 유지·보수 서비스(유료)를 자기로부터 제공받도록 강제함으로써 관련시장에서 경쟁의 감소를 초래하는 행위

(다) 특허권 등 지식재산권자가 라이센스 계약을 체결하면서 다른 상품이나 용역의 구입을 강제함으로써 관련시장에서 경쟁의 감소를 초래하는 행위

나. 사원판매

> 부당하게 자기 또는 계열회사의 임직원에게 자기 또는 계열회사의 상품이나 용역을 구입 또는 판매하도록 강제하는 행위를 말한다(시행령 별표 2).

(1) 대상행위

(가) 자기 또는 계열회사의 임직원에게 자기 또는 계열회사의 상품이나 용역을 구입 또는 판매하도록 강제하는 행위가 대상이 된다. 임원이란 이사·대표이사·업무집행사원·감사나 이에 준하는 자 또는 지배인 등 본점이나 지점의 영업전반을 총괄적으로 처리하는 상업사용인을 말한다. 직원이란 계속하여 회사의 업무에 종사하는 자로서 임원 외의 자를 말한다. 임직원에는 정규직, 계약직, 임시직 등 고용의 형태를 묻지 않는다.

(나) 판매영업을 담당하는 임직원에게 판매를 강요하는 행위는 원칙적으로 적용대상이 되지 않는다. 어떤 임직원이 판매영업을 담당하는 자인지 여부는 당해

상품 또는 용역에 관하여 실질적으로 영업 및 그와 밀접하게 관련된 업무를 수행하는지를 기준으로 판단한다. 예컨대, 매장 기타 영업소에서 판매를 담당하는 자, 영업소 외의 장소에서 전기통신의 방법으로 판매를 권유하는 자는 원칙적으로 판매영업을 담당하는 자에 해당되는 것으로 본다.

(2) 위법성의 판단기준

(가) 사원판매가 바람직한 경쟁질서를 저해하는 불공정한 경쟁수단에 해당되는지 여부를 위주로 판단한다.

(나) 이 때, 불공정한 경쟁수단에 해당되는지 여부는 다음 사항을 종합적으로 고려하여 판단한다.

① 사업자가 임직원에 대해 자기 또는 계열회사의 상품이나 용역의 구입 또는 판매를 강제하는지 여부. 임직원에게 구입이나 판매를 강제하는 수단에는 제한이 없으며, 사업자측의 구입·판매목표량의 설정과 할당, 목표미달시 제재의 유무와 정도 등을 종합적으로 고려하여 강제성의 유무를 판단한다.

(ⅰ) 목표량 미달시 인사고과에서 불이익을 가하거나, 판매목표 미달분을 억지로 구입하도록 하거나, 목표달성 여부를 고용관계의 존속이나 비정규직에서 정규직으로의 전환과 결부시키는 경우에는 원칙적으로 강제성이 인정된다.

(ⅱ) 임직원에게 판매목표를 개인별로 설정한 후 이를 달성시키기 위한 방안으로 판매실적을 체계적으로 관리하고 임원이나 최고경영층에 주기적으로 보고하는 경우에는 원칙적으로 강제성이 인정된다.

(ⅲ) 그러나, 목표량 달성시 상여금 등 인센티브를 제공하는 경우로서 임직원의 판단에 따라 목표량미달과 각종 이익 중에서 선택가능성이 있는 때에는 원칙적으로 강제성이 인정되지 않는다.

(ⅳ) 임직원에게 불이익(사실상 불이익 포함)을 가하지 않고 단순히 자기회사 상품(또는 용역)의 목표를 할당하고 이를 달성할 것을 단순촉구한 행위만으로는 원칙적으로 강제성이 인정되지 않는다.

② 임직원에 대한 구입(또는 판매)강제가 경쟁사업자의 고객(잠재적 고객 포함)을 자기 또는 계열회사와 거래하도록 하기 위한 수단으로 사용되는지 여부 등. 구입(또는 판매)강제로 인하여 임직원이 실제로 상품 또는 용역을 구입하였을 것을 요하지는 않는다.

③ 그밖에 사원판매의 기간이나 목표량의 크기는 위법성 유무에 영향을 미치지 않는다.

(다) 사원판매가 불공정한 경쟁수단에 해당된다고 판단되는 경우에도 다음과 같이 합리성이 있다고 인정되는 경우에는 법위반으로 보지 않을 수 있다. 그러나, 사원판매의 속성상 제한적으로 해석함을 원칙으로 한다.

① 사원판매로 인한 효율성증대 효과나 소비자후생증대 효과가 경쟁수단의 불공정성으로 인한 공정거래저해 효과를 현저히 상회하는 경우

② 부도발생 등 사원판매를 함에 있어 불가피한 사유가 있다고 인정되는 경우 등

(3) 법위반에 해당될 수 있는 행위(예시)

(가) 자기 또는 계열회사의 상품 또는 용역을 임직원에게 일정 수량씩 할당하면서 판매실적을 체계적으로 관리하거나 대금을 임금에서 공제하는 행위

(나) 비영업직 임직원에게 자기 또는 계열회사의 상품 또는 용역의 판매에 관한 판매목표를 설정하고, 미달성시 인사상의 불이익을 가하는 행위

(다) 비영업직 임직원에게 자기 또는 계열회사의 상품 또는 용역의 판매에 관한 판매목표를 설정하고 최고경영자 또는 영업담당 이사에게 주기적으로 그 실적을 보고하고 공식적 계통을 통해 판매독려를 하는 경우

(라) 자신의 계열회사에게 자신이 생산하는 상품 또는 용역의 일정량을 판매하도록 할당하고 당해 계열회사는 임직원에게 협력업체에 대해 판매할 것을 강요하는 행위

다. 기타의 거래강제

> 정상적인 거래관행에 비추어 부당한 조건 등 불이익을 거래상대방에게 제시해 자기 또는 자기가 지정하는 사업자와 거래하도록 강제하는 행위를 말한다(시행령 별표 2)

(1) 대상행위

(가) 자기 또는 자기가 지정하는 사업자와 거래하도록 강요하는 행위가 대상이 된다. 이에는 명시적인 강요와 묵시적인 강요, 직접적 강요와 간접적 강요를 포함한다.

(나) 기타의 거래강제는 행위자와 상대방 간 거래관계 없이도 성립할 수 있으나, 거래상 지위남용(구입강제)의 경우 행위자와 상대방 간 거래관계가 있어야 성립할 수 있다는 점에서 구별된다.

(다) 거래상대방에는 사업자뿐만 아니라 소비자도 포함된다.

(2) 위법성의 판단기준

(가) 거래강제 행위가 바람직한 경쟁질서를 저해하는 불공정한 경쟁수단에 해당되는지 여부를 위주로 판단한다.

(나) 이 때, 불공정한 경쟁수단에 해당되는지 여부는 다음 사항을 종합적으로 고려하여 판단한다.

① 사업자가 거래상대방에 대해 불이익을 줄 수 있는 지위에 있는지 여부

② 당해 불이익이 정상적인 거래관행에 비추어 부당한지 여부. 정상적인 거래관행 해당여부는 당해 업계의 통상적인 거래관행을 기준으로 한다. 정상적인 거래관행에 비추어 부당한 불이익으로는 특별한 사유 없이 주된 거래관계에서 공급량이나 구입량의 축소, 대금지급의 지연, 거래의 중단 또는 미개시, 판매장려금 축소 등이 있다.

③ 거래상대방에 대해 자기 또는 자기가 지정하는 사업자와 거래하도록 강제하는 효과가 있는지 여부 등. 상대방이 행위자의 요구사항을 자유로이 거부할 수 있는지 여부를 기준으로 강제성 여부를 판단한다. 상대방이 주된 거래관계를 다른 거래처로 전환하기가 용이한 경우에는 강제성이 인정되지 않는다. 반면, 자기 또는 자기가 지정하는 사업자와 거래할 경우 일정한 인센티브를 제공하는 것은 강제성이 없는 것으로 본다.

(다) 기타의 거래강제가 불공정한 경쟁수단에 해당된다고 판단되는 경우에도 다음과 같이 합리성이 있다고 인정되는 경우에는 법위반으로 보지 않을 수 있다. 그러나 기타의 거래강제 속성상 제한적으로 해석함을 원칙으로 한다.

① 기타의 거래강제로 인한 효율성증대 효과나 소비자후생증대 효과가 경쟁수단의 불공정성으로 인한 공정거래저해 효과를 현저히 상회하는 경우

② 기타의 거래강제를 함에 있어 기타 합리적인 사유가 있다고 인정되는 경우 등

(3) 법위반에 해당될 수 있는 행위(예시)

(가) 사업자가 자신의 계열회사의 협력업체에 대해 자기가 공급하는 상품 또는 용역의 판매목표량을 제시하고 이를 달성하지 않을 경우 계열회사와의 거래물량 축소 등 불이익을 가하겠다고 하여 판매목표량 달성을 강제하는 행위

(나) 사업자가 자신의 협력업체에 대해 자신의 상품판매 실적이 부진할 경우 협력업체에서 탈락시킬 것임을 고지하여 사실상 상품판매를 강요하는 행위

6. 거래상 지위의 남용

(1) 금지 이유

사업자가 거래상 우월적 지위가 있음을 이용하여 열등한 지위에 있는 거래상대방에 대해 일방적으로 물품 구입강제 등 각종 불이익을 부과하거나 경영에 간섭하는 것은 경제적 약자를 착취하는 행위로서 거래상대방의 자생적 발전기반을 저해하고 공정한 거래기반을 침해하므로 금지된다. 다만, 거래상 지위 남용행위는 거래상 지위가 있는 예외적인 경우에 한하여 민법의 불공정성 판단기준을 사업자 간 거래관계에서 완화한 것이므로 거래상 지위는 민법이 예상하고 있는 통상적인 협상력의 차이와 비교할 때 훨씬 엄격한 기준으로 판단되어야 한다.

(2) 민사행위 등과의 구별

(가) 거래개시 단계에서 거래상대방이 자신이 거래할 사업자를 선택할 수 있었는지와 계약내용을 인지한 상태에서 자신의 판단하에 거래를 선택하였는지 여부를 기준으로 한다. 만약 거래상대방이 자신이 거래할 사업자를 여러 사업자 중 선택할 수 있었고 계약내용을 충분히 인지한 상태에서 자신의 판단에 따라 거래를 개시하였고 계약내용대로 거래가 이루어지고 있다면 이는 공정거래법 적용대상(거래상 지위남용)에 해당되지 않는다. 그렇지 아니하고 계속적 거래를 개시하기 위해 특정사업자와 거래할 수밖에 없는 경우에는 공정거래법 적용대상(거래상 지위남용)에 해당될 수 있다.

(나) 거래계속 단계에서는 사업자가 거래상대방에 대해 거래상 지위를 가지고 있는지 여부를 기준으로 한다. 사업자가 거래상 지위가 있고 이를 이용하여 각종 불이익을 가한다면 공정거래법 적용대상이 될 수 있다. 그러나, 사업자가 거래상대방에 대해 거래상 지위를 가지지 않는다면 각종 불이익을 가하더라도 이는 공정거래법 적용대상에 해당되지 아니한다.

(다) 또한, 사업자가 거래상대방에 대해 거래상 지위를 갖는다고 하더라도 양 당사자 간 권리의무 귀속관계, 채권채무관계(예: 채무불이행, 손해배상청구, 담보권 설정 · 해지, 지체상금 등) 등과 관련하여 계약서 및 관련 법령 내용 등의 해석에 대해 다툼이 있는 경우에는 공정거래법 적용대상이 되지 아니한다.

(3) 거래상 지위 여부

(가) 거래상 지위가 인정되기 위해서는 우선, 계속적인 거래관계가 존재하여야 한다.

① 계속적 거래를 하는 경우에는 통상 특화된 자본설비, 인적자원, 기술 등에 대한 투자가 이루어지게 된다. 이렇게 고착화(lock-in) 현상이 발생하면 상대방은 우월적 지위에 있게 되어 이를 이용하여 불이익한 거래조건을 제시하는 것이 가능해지고 그 상대방은 이미 투입한 투자 등을 고려하여 불이익한 거래조건 등을 수용할 수밖에 없는 상황이 된다.

② 계속적 거래관계 여부는 거래관계 유지를 위해 특화된 자본설비, 인적자원, 기술 등에 대한 투자가 존재하는지 여부를 중점적으로 검토한다. 예를 들어 거래상대방이 거래를 위한 전속적인 설비 등을 가지고 있는 경우에는 거래상 지위가 있는 것으로 볼 수 있다.

(나) 거래상 지위가 인정되기 위해서는 또한, 일방의 타방에 대한 거래의존도가 상당하여야 한다.

① 거래의존도가 상당하지 않은 경우에는 계속적 거래관계라 하더라도 거래처 등을 변경하여 불이익한 거래조건을 회피할 수 있으므로 거래상 지위가 인정되기 어렵다.

② 통상 거래의존도는 일방 사업자의 전체 매출액에서 타방 사업자에 대한 매출이 차지하는 비중을 중심으로 검토한다.

(다) 계속적 거래관계 및 거래의존도를 판단함에 있어 그 구체적인 수준이나 정도는 시장상황, 관련 상품 또는 서비스의 특성 등을 종합적으로 고려하여 판단한다.

(라) 거래상 지위가 인정될 가능성이 있는 거래관계(예시)

- 본사와 협력업체 또는 대리점, 대형소매점과 입점업체, 도시가스사와 지역관리소, 제조업체와 부품납품업체, 지역독점적 공공시설 관리업자와 시설임차사업자, 독점적 공공사업자와 계약업체, 방송사와 방송프로그램 공급사업자 등간 거래관계
- 거래상대방인 판매업자가 특정 사업자가 공급하는 유명상표품을 갖추는 것이 사업운영에 극히 중요한 경우 특정사업자와 판매업자 간 거래관계
- 제조업자 또는 판매업자가 사업활동에 필요한 원재료나 부품을 특정 사업자로부터 공급받아야 하는 경우 특정사업자와 제조 또는 판매업자 간 거래관계
- 특정사업자와의 거래가 장기간 계속되고, 거래관계 유지에 대규모투자가

소요됨으로써 거래상대방이 거래처를 전환할 경우 설비전환이 곤란하게 되는 등 막대한 피해가 우려되는 경우 등

(4) 위법성 판단 일반기준

(가) 거래상 지위 남용행위는 사업자가 거래상대방에 대해 거래상 지위를 가지고 있는 지 여부, 거래내용의 공정성을 침해하는지 여부, 합리성이 있는 행위인지 여부를 종합적으로 고려하여 판단한다.

(나) 거래상 지위 여부는 이 지침의 「V. 6. (3) 거래상 지위 여부」에서 제시되는 바에 따라 판단한다.

(다) 거래내용의 공정성 여부는 당해 행위를 한 목적, 거래상대방의 예측가능성, 당해 업종에서의 통상적인 거래관행, 관련 법령 등을 종합적으로 고려하여 판단한다.

(라) 합리성이 있는 행위인지 여부는 당해 행위로 인한 효율성증대 효과나 소비자후생 증대 효과가 거래내용의 불공정성으로 인한 공정거래저해 효과를 현저히 상회하는지 여부, 기타 합리적인 사유가 있는 여부 등을 종합적으로 고려하여 판단한다. 다만, 거래상 지위 남용행위의 속성상 제한적으로 해석함을 원칙으로 한다.

가. 구입강제

거래상대방이 구입할 의사가 없는 상품 또는 용역을 구입하도록 강제하는 행위를 말한다(시행령 별표 2).

(1) 대상행위

(가) 사업자가 거래상대방에게 구입의사가 없는 상품 또는 용역을 구입하도록 강제하는 행위가 대상이 된다. 구입요청을 거부하여 불이익을 당하였거나 주위의 사정으로 보아 객관적으로 구입하지 않을 수 없는 사정이 인정되는 경우에는 구입강제가 있는 것으로 본다.

(나) 구입강제의 상대방은 원칙적으로 사업자에 한정되며, 소비자는 포함되지 않는다. 다만, 불특정 다수의 소비자에게 피해를 입힐 우려가 있거나 유사한 위반행위 유형이 계속적·반복적으로 발생하는 등 거래질서와의 관련성이 인정되는 경우에는 그러하지 아니하다. 구입이 강제되는 상품 또는 용역은 사업자 자신의 것일 수도 있고, 다른 사업자의 것일 수도 있다.

(2) 위법성의 판단기준

(가) 구입강제의 위법성은 이 지침의 「V. 6. (4) 위법성 판단 일반기준」에서 제시되는 바에 따라 판단한다.

(3) 법위반이 주로 문제되는 행위(예시)

(가) 합리적 이유 없이 신제품을 출시하면서 대리점에게 재고품 구입을 강요하는 행위

(나) 합리적 이유 없이 계속적 거래관계에 있는 판매업자에게 주문하지도 않은 상품을 임의로 공급하고 반품을 허용하지 않는 행위

(다) 합리적 이유 없이 자신과 지속적 거래관계에 있는 사업자에 대해 자기가 지정하는 사업자의 물품·용역을 구입할 것을 강요하는 행위

(라) 합리적 이유 없이 도·소매업자(또는 대리점)에게 과다한 물량을 할당하고, 이를 거부하거나 소화하지 못하는 경우 할당량을 도·소매업자(또는 대리점)가 구입한 것으로 회계 처리하는 행위

나. 이익제공강요

거래상대방에게 자기를 위해 금전·물품·용역 및 그 밖의 경제상 이익을 제공하도록 강요하는 행위를 말한다(시행령 별표 2).

(1) 대상행위

(가) 거래상대방에게 금전·물품 등의 경제상 이익을 제공하도록 강요하는 행위가 대상이 된다. 경제상 이익에는 금전, 유가증권, 물품, 용역을 비롯하여 경제적 가치가 있는 모든 것이 포함된다. 계열회사의 거래상 지위를 이용하여 이익제공을 강요하는 행위도 포함된다. 이익제공강요에는 거래상대방에게 경제상 이익을 제공하도록 적극적으로 요구하는 행위뿐만 아니라 자신이 부담하여야 할 비용을 거래상대방에게 전가하여 소극적으로 경제적 이익을 누리는 행위도 포함된다.

(나) 이익제공강요의 상대방은 원칙적으로 사업자에 한정되며, 소비자는 포함되지 않는다. 다만, 불특정 다수의 소비자에게 피해를 입힐 우려가 있거나 유사한 위반행위 유형이 계속적·반복적으로 발생하는 등 거래질서와의 관련성이 인정되는 경우에는 그러하지 아니하다.

(2) 위법성의 판단기준

(가) 이익제공강요의 위법성은 이 지침의 「V. 6. (4) 위법성 판단 일반기준」에서 제시되는 바에 따라 판단한다.

(3) 법위반에 해당될 수 있는 행위(예시)

(가) 합리적 이유 없이 수요측면에서 지배력을 갖는 사업자가 자신이 구입하는 물량의 일정 비율만큼을 무상으로 제공하도록 요구하는 행위

(나) 합리적 이유 없이 사업자가 상품(원재료 포함) 또는 용역 공급업체에 대해 거래와 무관한 기부금 또는 협찬금이나 기타 금품・향응 등을 요구하는 행위

(다) 합리적 이유 없이 회원권 시설운영업자가 회원권의 양도・양수와 관련하여 실비보다 과다한 명의 개서료를 징수하는 행위

(라) 합리적 이유 없이 대형소매점사업자가 수수료 매장의 입점업자에 대해 계약서에 규정되지 아니한 입점비, POS 사용료 등 비용을 부담시키는 행위

다. 판매목표강제

> 자기가 공급하는 상품 또는 용역과 관련하여 거래상대방의 거래에 관한 목표를 제시하고 이를 달성하도록 강제하는 행위를 말한다(시행령 별표 2).

(1) 대상행위

(가) 사업자가 거래상대방에게 판매목표를 정해주고 이를 달성하도록 강제하는 행위가 대상이 된다. 대상상품 또는 용역은 사업자가 직접 공급하는 것이어야 한다. 대체로 상품의 경우 판매량의 할당이, 용역의 경우 일정수의 가입자나 회원확보가 문제된다. 또한 판매목표 강제는 대리점계약서에 명시적으로 규정된 경우뿐만 아니라 계약체결 후 구두로 이루어지는 경우도 포함된다.

(나) 판매목표강제의 상대방은 사업자에 한정되며, 소비자는 포함되지 않는다.

(2) 위법성의 판단기준

(가) 판매목표 강제의 위법성은 이 지침의 「V. 6. (4) 위법성 판단 일반기준」에서 제시되는 바에 따라 판단한다.

(나) 거래내용의 공정성 판단시 판매목표 달성에 강제성이 있는지 여부를 중점적으로 판단한다. 판매목표의 달성을 '강제'하기 위한 수단에는 제한이 없으며, 목표가

과다한 수준인지, 실제 거래상대방이 목표를 달성하였는지 여부는 강제성 인정에 영향을 미치지 않는다. 목표불이행시 실제로 제재수단이 사용되었을 필요는 없다.

① 목표를 달성하지 못했을 경우 대리점계약의 해지나 판매수수료의 미지급 등 불이익이 부과되는 경우에는 강제성이 인정되나, 거래상대방에게 장려금을 지급하는 등 자발적인 협력을 위한 수단으로 판매목표가 사용되는 경우에는 원칙적으로 강제성이 인정되지 않는다. 다만, 판매장려금이 정상적인 유통 마진을 대체하는 효과가 있어 사실상 판매목표를 강제하는 효과를 갖는 경우에는 그러하지 아니하다.

(3) 법위반에 해당될 수 있는 행위(예시)

(가) 자기가 공급하는 상품을 판매하는 사업자 및 대리점에 대하여 판매목표를 설정하고 미달성시 공급을 중단하는 등의 제재를 가하는 행위

(나) 자기가 공급하는 용역을 제공하는 사업자 및 대리점에 대하여 회원이나 가입자의 수를 할당하고 이를 달성하지 못할 경우 대리점계약의 해지나 수수료 지급의 중단 등의 제재를 가하는 행위

(다) 대리점이 판매목표량을 달성하지 못하였을 경우 반품조건부 거래임에도 불구하고 반품하지 못하게 하고 대리점이 제품을 인수한 것으로 회계처리하여 추후 대금지급시 공제하는 행위

(라) 대리점이 판매목표량을 달성하지 못하였을 경우 본사에서 대리점을 대신하여 강제로 미판매 물량을 덤핑 판매한 후 발생손실을 대리점의 부담으로 하는 행위

(마) 거래상대방과 상품 또는 용역의 거래단가를 사전에 약정하지 않은 상태에서, 거래상대방의 판매량이 목표에 미달되는 경우에는 목표를 달성하는 경우에 비해 낮은 단가를 적용함으로써 불이익을 주는 행위

라. 불이익제공

가목부터 다목까지의 규정에 해당하는 행위 외의 방법으로 거래상대방에게 불이익이 되도록 거래조건을 설정 또는 변경하거나 그 이행과정에서 불이익을 주는 행위를 말한다(시행령 별표 2).

(1) 대상행위

(가) 거래상대방에게 불이익이 되도록 거래조건을 설정 또는 변경하는 행위

거래상대방에게 일방적으로 불리한 거래조건을 당초부터 설정하였거나 기존의 거래조건을 불리하게 변경하는 것을 말한다. 거래조건에는 각종의 구속사항, 저가매입 또는 고가판매, 가격(수수료 등 포함) 조건, 대금지급방법 및 시기, 반품, 제품검사방법, 계약해지조건 등 모든 조건이 포함된다.

(나) 거래상대방에게 거래과정에서 불이익을 주는 행위

거래조건을 불이행함은 물론 거래관계에 있어 사실행위를 강요하여 거래상대방에게 불이익이 되도록 하는 행위를 말한다. 불이익제공은 적극적으로 거래상대방에게 불이익이 되는 행위를 하는 작위 뿐만 아니라 소극적으로 자기가 부담해야 할 비용이나 책임 등을 이행하지 않는 부작위에 의해서도 성립할 수 있다. 다만, 불이익이 금전상의 손해인 경우에는 법률상 책임 있는 손해의 존재는 물론 그 범위(손해액)까지 명확하게 확정될 수 있어야 하며 그렇지 않을 경우에는 민사절차에 의해 이 문제가 우선적으로 해결되어야 거래상 지위남용 규정을 적용할 수 있다.

(다) 거래상대방은 원칙적으로 사업자에 한정되며, 소비자는 포함되지 않는다. 다만, 불특정 다수의 소비자에게 피해를 입힐 우려가 있거나 유사한 위반행위 유형이 계속적·반복적으로 발생하는 등 거래질서와의 관련성이 인정되는 경우에는 그러하지 아니하다.

(2) 위법성의 판단기준

(가) 불이익제공의 위법성은 이 지침의 「V. 6. (4) 위법성 판단 일반기준」에서 제시되는 바에 따라 판단한다.

(3) 법위반에 해당될 수 있는 행위(예시)

〈거래조건의 설정·변경〉

(가) 계약시 내용에 관한 해석이 일치하지 않을 경우 '갑'의 일방적인 해석에 따라야 한다는 조건을 설정하고 거래하는 경우

(나) 원가계산상의 착오로 인한 경우 '갑'이 해당 계약금액을 무조건 환수 또는 감액할 수 있다는 조건을 설정하고 거래하는 경우

(다) 계약 유효기간 중에 정상적인 거래관행에 비추어 부당한 거래조건을 추가한 새로운 대리점계약을 일방적으로 체결한 행위

(라) 계약서상에 외부기관으로부터 계약단가가 고가라는 지적이 있을 경우 거래상대방이 무조건 책임을 지도록 한다는 조건을 설정하고 거래하는 경우

(마) 계약서에 규정되어 있는 수수료율, 지급대가 수준 등을 일방적으로 거래상대방에게 불리하게 변경하는 행위

(바) 계약기간 중에 자기의 점포 장기임차인에게 광고선전비의 부과기준을 일방적으로 상향조정한 행위

〈불이익 제공〉

(아) 설계용역비를 늦게 지급하고 이에 대한 지연이자를 장기간 지급하지 않아 거래상대방이 사실상 수령을 포기한 경우

(자) 하자보수보증금률을 계약금액의 2%로 약정하였으나, 준공검사시 일방적으로 20%로 상향조정하여 징구한 행위

(차) 반품조건부로 공급한 상품의 반품을 받아주지 아니하여 거래상대방이 사실상 반품을 포기한 경우

(카) 사업자가 자기의 귀책사유로 이행지체가 발생한 경우에도 상당기간 지연이자를 지급하지 않아 거래상대방이 사실상 수령을 포기한 경우

(타) 합리적 이유 없이 사업자가 물가변동으로 인한 공사비인상 요인을 불인정하거나 자신의 책임으로 인해 추가로 발생한 비용을 불지급하는 행위

(파) 자신의 거래상 지위가 있음을 이용하여 거래상대방에 대해 합리적 이유 없이 거래거절을 하여 불이익을 주는 행위(거래상 지위남용성 거래거절)

마. 경영간섭

> 거래상대방의 임직원을 선임 · 해임하는 경우에 자기의 지시 또는 승인을 얻게 하거나 거래상대방의 생산품목 · 시설규모 · 생산량 · 거래내용을 제한하여 경영활동을 간섭하는 행위를 말한다(시행령 별표 2).

(1) 대상행위

임직원을 선임 · 해임함에 있어서 자기의 지시 또는 승인을 얻게 하거나 거래상대방의 생산품목 · 시설규모 · 생산량 · 거래내용을 제한함으로써 경영활동에 간섭하는 행위가 대상이 된다. 거래상대방에는 소비자가 포함되지 않는다.

(2) 위법성의 판단기준

(가) 경영간섭의 위법성은 이 지침의 「V. 6. (4) 위법성 판단 일반기준」에서 제시되는 바에 따라 판단한다.

(나) 의결권의 행사나 채권회수를 위한 간섭으로서 법적 근거가 있거나 합리적인 사유가 있는 경우로서 투자자 또는 채권자로서의 권리를 보호하기 위해 필요하다고 인정되는 경우에는 법위반으로 보지 않을 수 있으며, 당해 수단의 합목적성 및 대체수단의 유무 등을 함께 고려하여야 한다.

① 대리점 등 판매업자에게 상품 또는 용역을 공급하면서 현찰판매 또는 직접판매 의무를 부과하거나 사용방법 등에 관한 설명 및 상담의무를 부과하는 행위는 경영효율성의 제고 또는 상품의 안전성확보 등 정당한 사유가 있는 경우 법위반으로 보지 않는다.

(3) 법위반에 해당될 수 있는 행위(예시)

(가) 합리적 이유 없이 대리점의 거래처 또는 판매내역 등을 조사하거나 제품광고시 자기와 사전합의하도록 요구하는 행위

(나) 금융기관이 채권회수에 아무런 곤란이 없음에도 불구하고 자금을 대출해준 회사의 임원선임 및 기타 경영활동에 대하여 간섭하거나 특정 임원의 선임이나 해임을 대출조건으로 요구하는 행위

(다) 상가를 임대하거나 대리점계약을 체결하면서 당초 계약내용과 달리 취급품목이나 가격, 요금 등에 관하여 지도를 하거나 자신의 허가나 승인을 받도록 하는 행위

(라) 합리적 이유 없이 대리점 또는 협력업체의 업무용 차량 증가를 요구하는 행위

7. 구속조건부거래

사업자가 거래상대방에 대해 자기 또는 계열회사의 경쟁사업자와 거래하지 못하도록 함으로써 거래처선택의 자유를 제한함과 동시에 구매・유통경로의 독점을 통해 경쟁사업자의 시장진입을 곤란하게 한다면 시장에서의 경쟁을 저해하고 궁극적으로 소비자후생의 저하를 초래하게 되므로 금지된다. 또한, 거래상대방에게 거래지역이나 거래처를 제한함으로써 당해 지역 또는 거래처에 대한 독점력을 부여하여 경쟁을 저해하게 된다면 소비자후생의 저하를 초래할 수 있게 되므로 금지된다.

가. 배타조건부거래

> 부당하게 거래상대방이 자기 또는 계열회사의 경쟁사업자와 거래하지 아니하는 조건으로 그 거래상대방과 거래하는 행위를 말한다(시행령 별표 2).

(1) 대상행위

(가) 거래상대방이 자기 또는 계열회사의 경쟁사업자와 거래하지 않는 조건으로 그 거래상대방과 거래하는 행위가 대상이 된다.

① 자기 또는 계열회사의 경쟁사업자라 함은 현재 경쟁관계에 있는 사업자뿐만 아니라 잠재적 경쟁사업자를 포함한다.

② 배타조건의 내용에는 거래상대방에 대해 직접적으로 경쟁사업자와의 거래를 금지하거나 제한하는 것뿐만 아니라 자신이 공급하는 품목에 대한 경쟁품목을 취급하는 것을 금지 또는 제한하는 것을 포함한다. 따라서 판매업자의 소요물량 전부를 자기로부터 구입하도록 하는 독점공급계약과 세조업지의 판매물량을 전부 자기에게만 판매하도록 하는 독점판매계약도 배타조건부거래의 내용에 포함된다. 또한 경쟁사업자와의 기존거래를 중단하는 경우뿐만 아니라 신규거래 개시를 하지 않을 것을 조건으로 하는 경우도 포함된다.

③ 배타조건의 형식에는 경쟁사업자와 거래하지 않을 것이 계약서에 명시된 경우뿐만 아니라 계약서에 명시되지 않더라도 경쟁사업자와 거래시에는 불이익이 수반됨으로써 사실상 구속성이 인정되는 경우가 포함된다. 위반시 거래중단이나 공급량 감소, 채권회수, 판매장려금 지급중지 등 불이익이 가해지는 경우에는 당해 배타조건이 사실상 구속적이라고 인정될 수 있다.

(나) 거래상대방에는 소비자가 포함되지 않으며, 배타조건을 정하는 명칭여하를 불문한다.

(2) 위법성의 판단기준

(가) 배타조건부거래가 관련시장에서의 경쟁을 제한하는지 여부를 위주로 판단한다.

(나) 이 때, 경쟁제한성이 있는지 여부는 다음 사항을 종합적으로 고려하여 배타조건부거래가 물품구입처 또는 유통경로 차단, 경쟁수단의 제한을 통해 자기 또는 계열회사의 경쟁사업자(잠재적 경쟁사업자 포함)를 시장에서 배제하거나 배제할 우려가 있는지 여부를 위주로 판단한다.

① 경쟁사업자가 대체적 물품구입처 또는 유통경로를 확보하는 것이 가능한지 여부. 사업자의 배타조건부거래에도 불구하고 경쟁사업자(신규 진입자 등 잠재적 경쟁사업자 포함)가 대체적 물품구입처 및 유통경로를 확보하는 것이 용이한 경우에는 경쟁사업자의 시장배제효과가 낮게 된다.

② 당해 행위로 인해 경쟁사업자가 경쟁할 수 있는 수단을 침해받는지 여부

③ 행위자의 시장점유율 및 업계순위. 행위자가 선도기업이거나 시장점유율이 높을수록 경쟁사업자의 물품구입처 및 유통경로 차단효과가 커질 수 있다.

④ 배타조건부거래 대상이 되는 상대방의 수 및 시장점유율. 배타조건부거래 상대사업자의 숫자가 많고 그 시장점유율이 높을 경우에는 경쟁사업자의 물품구입처 및 유통경로 차단효과가 커질 수 있다.

⑤ 배타조건부거래 실시기간. 실시기간이 단기인 경우에는 경쟁에 미치는 영향이 미미할 것이나 장기인 경우에는 경쟁에 영향을 미칠 수 있게 된다.

⑥ 배타조건부거래의 의도 및 목적. 배타조건부거래가 사업초기에 시장에의 신규 진입목적으로 이루어진 경우에는 경쟁사업자의 물품구입처 및 유통경로 차단효과가 낮을 수 있다.

⑦ 배타조건부거래가 거래지역 제한 또는 재판매가격유지행위 등 타 경쟁제한행위와 동시에 이루어졌는지 여부 등. 동시에 이루어졌을 경우에는 행위자의 시장지위 강화효과가 커질 수 있다.

(다) 배타조건부거래의 경쟁제한성이 있다고 판단되는 경우에도 다음과 같이 합리성이 있다고 인정되는 경우에는 법위반으로 보지 않을 수 있다.

① 당해 상품 또는 용역의 기술성·전문성 등으로 인해 A/S활동 등에 있어 배타조건부거래가 필수 불가피하다고 인정되는 경우

② 배타조건부거래로 인해 타 브랜드와의 서비스 경쟁촉진 등 소비자후생증대 효과가 경쟁제한 효과를 현저히 상회하는 경우

③ 배타조건부거래로 인해 유통업체의 무임승차(특정 유통업자가 판매촉진 노력을 투입하여 창출한 수요에 대하여 다른 유통업자가 그에 편승하여 별도의 판매촉진 노력을 기울이지 않고 판로를 확보하는 행위) 방지, 판매 및 조달비용의 절감 등 효율성증대 효과가 경쟁제한 효과를 현저히 상회하는 경우 등

(3) 안전지대의 설정

상기의 규정에도 불구하고, 배타조건부거래를 한 사업자의 시장점유율이 10% 미만인 경우에는 당해 시장에서의 경쟁제한 효과가 미미하다고 보아 원칙적으로 심사면제 대상으로 한다. 다만 시장점유율 산정이 사실상 불가능하거나 현저히 곤란한 경우에는 당해 사업자의 연간매출액이 50억 원 미만인 경우를 심사면제 대상으로 한다.

(4) 법위반에 해당될 수 있는 행위(예시)

(가) 경쟁사업자가 유통망을 확보하기 곤란한 상태에서, 시장점유율이 상당한 사업자가 자신의 대리점에 대해 경쟁사업자의 제품을 취급하지 못하도록 함으로써 관련에서의 경쟁을 저해하는 행위

(나) 경쟁사업자가 대체거래선을 찾기 곤란한 상태에서, 대량구매 등 수요측면에서 영향력을 가진 사업자가 거래상대방에 대해 자기 또는 계열회사의 경쟁사업자에게는 공급하지 않는 조건으로 상품이나 용역을 구입함으로써 경쟁의 감소를 초래하는 행위

(다) 시장점유율이 상당한 사업자가 다수의 거래상대방과 업무제휴를 하면서 자기 또는 계열회사의 경쟁사업자와 중복제휴를 하지 않는 조건을 부과함으로써 경쟁의 감소를 초래하는 행위(경쟁사업자가 타 업무제휴 상대방을 찾는 것이 용이하지 않은 경우)

(라) 구입선이 독자적으로 개발한 상품 또는 원재료에 대하여 경쟁사업자에게 판매하지 않는다는 조건으로 구입선과 거래함으로써 경쟁사업자의 생산(또는 판매)활동을 곤란하게 하고 시장에서 경쟁의 감소를 초래하는 행위

(마) 시장점유율이 상당한 사업자가 거래처인 방문판매업자들에 대해 경쟁사업자 제품의 취급증가를 저지하기 위해 자신의 상품판매를 전업으로 하여 줄 것과 경쟁사업자 제품을 취급시에는 자신의 승인을 받도록 의무화하고 이를 어길시에 계약해지를 할 수 있도록 하는 경우

(바) 시장점유율이 상당한 사업자가 자신이 공급하는 상품의 병행수입에 대처하기 위해 자신의 총판에게 병행수입업자와 병행수입품을 취급하고 있는 판매(도매 및 소매)업자에 대해서는 자신이 공급하는 상품을 공급하지 말 것을 지시하는 행위

(사) 석유정제업자가 주유소 등 석유판매업자의 의사에 반하여 석유제품전량구매를 강제하는 등 석유판매업자가 경쟁사업자와 거래하는 행위를 사실상 금지하는 계약을 체결하는 행위

나. 거래지역 또는 거래상대방의 제한

> 상품 또는 용역을 거래하는 경우에 그 거래상대방의 거래지역 또는 거래상대방을 부당하게 구속하는 조건으로 거래하는 행위를 말한다(시행령 별표 2).

(1) 대상행위

(가) 거래상대방의 판매지역을 구속하는 행위가 대상이 된다. 판매지역 구속에는 그 구속의 정도에 따라 거래상대방의 판매책임지역을 설정할 뿐 그 지역외 판매를 허용하는 책임지역제(또는 판매거점제), 판매지역을 한정하지만 복수 판매자를 허용하는 개방 지역제한제(open territory), 거래상대방의 판매지역을 할당하고 이를 어길 경우에 제재함으로써 이를 강제하는 엄격한 지역제한제(closed territory)로 구분할 수 있다.

(나) 거래상대방의 거래상대방을 제한하는 행위도 대상이 된다. 거래상대방의 영업대상 또는 거래처를 제한하는 행위이다. 예를 들면 제조업자나 수입업자가 대리점(또는 판매업자)을 가정용 대리점과 업소용 대리점으로 구분하여 서로 상대의 영역을 넘지 못하도록 하거나 대리점이 거래할 도매업자 또는 소매업자를 지정하는 행위 등이 해당된다.

(다) 상기의 구속조건은 사업자가 거래상대방이나 거래지역을 일방적으로 강요할 것을 요하지 않으며, 거래상대방의 요구나 당사자의 자발적인 합의에 의한 것을 포함한다. 조건은 그 형태나 명칭을 묻지 않으며, 거래상대방이 사실상 구속을 받는 것으로 충분하다.

(라) 구속의 대상이 되는 거래상대방에는 소비자가 포함되지 아니한다. 거래지역 제한 또는 거래상대방 제한은 수직적 거래관계에 있는 거래상대방에게 가격 이외의 조건을 구속한다는 점에서 재판매가격유지행위와 구별된다.

(마) 사업자가 자신의 계산과 위험부담하에 위탁매매인에게 판매대상 등을 지정하는 상법상 위탁매매관계는 거래상대방의 판매지역 또는 거래상대방 제한에 해당되지 않는다.

(2) 위법성의 판단기준

(가) 거래지역 또는 거래상대방 제한이 관련시장에서의 경쟁을 제한하는지 여부를 위주로 판단한다.

(나) 이 때, 경쟁제한성이 있는지 여부는 다음 사항을 감안하여 브랜드내 경쟁제한 효과와 브랜드 간 경쟁촉진 효과를 비교형량한 후 판단한다.

① 거래지역 또는 거래상대방 제한의 정도. 책임지역제 또는 개방 지역제한제와 지역제한을 위반하여도 제재가 없는 등 구속성이 엄격하지 않은 지역제한의 경우 원칙적으로 허용된다. 지역제한을 위반하였을 때 제재가 가해지는 등 구속성이 엄격한 지역제한제는 브랜드 내 경쟁을 제한하므로 위법성이 문제될 수 있다. 또한 거래상대방 제한의 경우도 거래지역제한의 경우에 준하여 판단한다.

② 당해 상품 또는 용역시장에서 브랜드 간 경쟁이 활성화되어 있는지 여부. 타 사업자가 생산하는 상품 또는 용역 간 브랜드 경쟁이 활성화되어 있다면 지역제한 및 거래상대방 제한은 유통업자들의 판촉활동에 대한 무임승차 경향 방지와 판촉서비스 증대 등을 통해 브랜드 간 경쟁촉진효과를 촉진시킬 수 있다.

③ 행위자의 시장점유율 및 경쟁사업자의 숫자와 시장점유율. 행위자의 시장점유율이 높고 경쟁사업자의 수 및 시장점유율이 낮을수록 브랜드 내 경쟁제한 효과가 유발되는 정도가 커질 수 있다.

④ 지역제한이 재판매가격유지행위 등 타 불공정행위와 병행하여 행해지거나 재판매가격유지의 수단으로 사용되는지 여부. 병행하여 사용될 경우 경쟁제한 효과가 클 수 있다.

⑤ 당해 행위로 인해 소비자의 선택권을 침해하거나 서비스 질 제고 및 가격인하 유인이 축소되는지 여부 등

(다) 경쟁제한성이 있다고 판단되는 경우에도 다음과 같이 거래지역 및 거래상대방 제한의 합리성이 있다고 인정되는 경우에는 법위반으로 보지 않을 수 있다.

① 상기 요인 이외에 거래지역 및 거래상대방 제한의 효율성증대 효과나 소비자후생증대 효과가 경쟁제한 효과를 현저히 상회하는 경우

② 거래지역 및 거래상대방 제한에 기타 합리적인 사유가 있다고 인정되는 경우 등

(3) 안전지대의 설정

상기의 규정에도 불구하고, 행위 사업자의 시장점유율이 10% 미만인 경우에는 당해 시장에서의 경쟁제한 효과가 미미하다고 보아 원칙적으로 심사면제 대상으로 한다.

다만 시장점유율 산정이 사실상 불가능하거나 현저히 곤란한 경우에는 당해 사업자의 연간매출액이 50억 원 미만인 경우를 심사면제 대상으로 한다.

(4) 법위반에 해당될 수 있는 행위(예시)

(가) 독과점적 시장구조하에서 시장점유율이 상당한 제조업자가 대리점마다 영업구역을 지정 또는 할당하고, 그 구역 밖에서의 판촉 내지 판매활동을 금지하면서 이를 위반할 경우 계약해지를 할 수 있도록 하는 경우

(나) 독과점적 시장구조하에서 시장점유율이 상당한 제조업자가 대리점을 가정용과 업소용으로 엄격히 구분하고 이를 어길 경우에 대리점 계약을 해지할 수 있도록 하는 행위

(다) 제조업자가 재판매가격유지의 실효성 제고를 위해 도매업자에 대해 그 판매선인 소매업자를 한정하여 지정하고 소매업자에 대해서는 특정 도매업자에게서만 매입하도록 하는 행위

8. 사업활동방해

사업자가 다른 사업자의 기술을 부당하게 이용하거나 인력을 부당하게 유인·채용하거나 거래처의 이전을 부당하게 방해하는 등의 방법으로 다른 사업자의 사업활동을 심히 곤란하게 할 정도로 방해할 경우 가격과 질, 서비스에 의한 경쟁을 저해하는 경쟁수단이 불공정한 행위에 해당되므로 금지된다.

가. 기술의 부당이용

> 다른 사업자의 기술을 부당하게 이용하여 다른 사업자의 사업활동을 상당히 곤란하게 할 정도로 방해하는 행위를 말한다(시행령 별표 2).

(1) 대상행위

다른 사업자의 기술을 이용하는 행위가 대상이 된다. 이 때 다른 사업자는 경쟁사업자에 한정되지 않는다. 또한, 다른 사업자의 '기술'이란 특허법 등 관련 법령에 의해 보호되거나 비밀로 관리된 생산방법·판매방법·영업에 관한 사항 등을 의미한다.

(2) 위법성의 판단기준

(가) 기술의 부당이용이 바람직한 경쟁질서를 저해하는 불공정한 경쟁수단에 해당되는지 여부를 위주로 판단한다.

(나) 이 때, 불공정한 경쟁수단에 해당되는지 여부는 다음 사항을 종합적으로 고려하여 판단한다.

① 기술이용의 부당성 여부. 이를 판단하기 위해 기술이용의 목적 및 의도, 당해 기술의 특수성, 특허법 등 관련 법령 위반 여부, 통상적인 업계 관행 등이 고려된다.

② 사업활동이 심히 곤란하게 되는지 여부. 단순히 매출액이 감소되었다는 사실만으로는 부족하며, 매출액의 상당한 감소, 거래상대방의 감소 등으로 인해 현재 또는 미래의 사업활동이 상당히 곤란하게 되거나 될 가능성이 있는 경우를 말한다.

(다) 기술의 부당이용이 불공정한 경쟁수단에 해당된다고 판단되더라도 이를 함에 있어 합리적인 사유가 있거나 효율성증대 및 소비자후생증대 효과가 현저하다고 인정되는 경우에는 법위반으로 보지 않을 수 있다.

(3) 법위반에 해당될 수 있는 행위(예시)

(가) 다른 사업자의 기술을 무단으로 이용하여 다른 사업자의 생산이나 판매활동에 심각한 곤란을 야기시키는 행위

나. 인력의 부당유인 · 채용

다른 사업자의 인력을 부당하게 유인 · 채용해 다른 사업자의 사업활동을 심히 곤란하게 할 정도로 방해하는 행위를 말한다(시행령 별표 2).

(1) 대상행위

다른 사업자의 인력을 유인 · 채용하는 행위가 대상이 된다. 이 때 다른 사업자는 경쟁사업자에 한정되지 않는다.

(2) 위법성의 판단기준

(가) 인력의 부당유인 · 채용이 바람직한 경쟁질서를 저해하는 불공정한 경쟁수단에 해당되는지 여부를 위주로 판단한다.

(나) 이 때, 불공정한 경쟁수단에 해당되는지 여부는 다음 사항을 종합적으로 고려하여 판단한다.

① 인력 유인 · 채용의 부당성 여부. 이를 판단하기 위해 인력유인 채용의 목적 및 의도, 해당 인력이 사업활동에서 차지하는 비중, 인력유인 · 채용에 사용된

수단, 통상적인 업계의 관행, 관련 법령 등이 고려된다.

② 사업활동이 심히 곤란하게 되는지 여부. 단순히 매출액이 감소되었다는 사실만으로는 부족하며, 매출액의 상당한 감소, 거래상대방의 감소 등으로 인해 현재 또는 미래의 사업활동이 상당히 곤란하게 되거나 될 가능성이 있는 경우를 말한다.

(다) 인력의 부당유인·채용이 불공정한 경쟁수단에 해당된다고 판단되더라도 이를 함에 있어 합리적인 사유가 있거나 효율성증대 및 소비자후생증대 효과가 현저하다고 인정되는 경우에는 법위반으로 보지 않을 수 있다.

(3) 법위반에 해당될 수 있는 행위(예시)

(가) 다른 사업자의 핵심인력 상당수를 과다한 이익을 제공하거나 제공할 제의를 하여 스카우트함으로써 당해 사업자의 사업활동이 현저히 곤란하게 되는 경우

(나) 경쟁관계에 있는 다른 사업자의 사업활동 방해 목적으로 핵심인력을 자기의 사업활동에는 필요하지도 않는 핵심인력을 대거 스카우트하여 당해 사업자의 사업활동을 현저히 곤란하게 하는 행위

다. 거래처 이전방해

다른 사업자의 거래처 이전을 부당하게 방해하여 다른 사업자의 사업활동을 심히 곤란하게 할 정도로 방해하는 행위를 말한다(시행령 별표 2).

(1) 대상행위

거래상대방의 거래처 이전을 방해하는 행위가 대상이 된다. 이때 다른 사업자는 경쟁사업자에 한정되지 않는다.

(2) 위법성의 판단기준

(가) 거래처 이전방해가 바람직한 경쟁질서를 저해하는 불공정한 경쟁수단에 해당되는지 여부를 위주로 판단한다.

(나) 이 때, 불공정한 경쟁수단에 해당되는지 여부는 다음 사항을 종합적으로 고려하여 판단한다.

① 거래처 이전방해의 부당성 여부. 이를 판단하기 위해 거래처 이전방해의 목적 및 의도, 거래처 이전방해에 사용된 수단, 당해 업계에서의 통상적인

거래관행, 이전될 거래처가 사업영위에서 차지하는 중요성, 관련 법령 등이 고려된다.

② 사업활동이 심히 곤란하게 되는지 여부. 단순히 매출액이 감소되었다는 사실만으로는 부족하며 부도발생 우려, 매출액의 상당한 감소, 거래상대방의 감소 등으로 인해 현재 또는 미래의 사업활동이 현저히 곤란하게 되거나 될 가능성이 있는 경우를 말한다.

(다) 거래처 이전방해가 불공정한 경쟁수단에 해당된다고 판단되더라도 이를 함에 있어 합리적인 사유가 있거나 효율성증대 및 소비자후생증대 효과가 현저하다고 인정되는 경우에는 법위반으로 보지 않을 수 있다.

(3) 법위반에 해당될 수 있는 행위(예시)

(가) 거래처 이전 의사를 밝힌 사업자에 대하여 기존에 구입한 물량을 일방적으로 반품처리하거나 담보해제를 해주지 않는 행위

라. 기타의 사업활동방해

가목부터 다목까지의 규정 외의 부당한 방법으로 다른 사업자의 사업활동을 심히 곤란하게 할 정도로 방해하는 행위를 말한다(시행령 별표 2).

(1) 대상행위

기타의 방법으로 다른 사업자의 사업활동을 현저히 방해하는 모든 행위가 대상이 된다. 방해의 수단을 묻지 않으며, 자기의 능률이나 효율성과 무관하게 다른 사업자의 사업활동을 방해하는 모든 행위를 포함한다. 이 때 다른 사업자는 경쟁사업자에 한정되지 않는다.

(2) 위법성의 판단기준

(가) 사업활동방해가 바람직한 경쟁질서를 저해하는 불공정한 경쟁수단에 해당되는지 여부를 위주로 판단한다.

(나) 이 때, 불공정한 경쟁수단에 해당되는지 여부는 다음 사항을 종합적으로 고려하여 판단한다.

① 사업활동방해의 부당성 여부. 이를 판단하기 위해 사업활동방해의 수단, 당해 수단을 사용한 목적 및 의도, 당해 업계에서의 통상적인 거래관행, 관련 법령 등이 고려된다.

② 사업활동이 심히 곤란하게 되는지 여부. 단순히 매출액이 감소되었다는 사실만으로는 부족하며 부도발생 우려, 매출액의 상당한 감소, 거래상대방의 감소 등으로 인해 현재 또는 미래의 사업활동이 현저히 곤란하게 되거나 될 가능성이 있는 경우를 말한다.

(다) 사업활동방해가 불공정한 경쟁수단에 해당된다고 판단되더라도 이를 함에 있어 합리적인 사유가 있거나 효율성증대 및 소비자후생증대 효과가 현저하다고 인정되는 경우에는 법위반으로 보지 않을 수 있다.

(3) 법위반에 해당될 수 있는 행위(예시)

(가) 사업영위에 필요한 특정시설을 타 사업자가 이용할 수 없도록 의도적으로 방해함으로써 당해 사업자의 사업활동을 곤란하게 하는 행위

(나) 경쟁사업자의 대리점 또는 소비자에게 경쟁사업자의 도산이 우려된다던지 정부지원대상에서 제외된다는 등의 근거 없는 허위사실을 유포하여 경쟁사업자에게 대리점계약의 해지 및 판매량감소 등을 야기하는 행위

(다) 타 사업자에 대한 근거 없는 비방전단을 살포하여 사업활동을 곤란하게 하는 행위

Ⅵ. 재검토기한

공정거래위원회는 「훈령 · 예규 등의 발령 및 관리에 관한 규정」에 따라 이 고시에 대하여 2022년 1월 1일을 기준으로 매 3년이 되는 시점(매 3년째의 12월 31일까지를 말한다)마다 그 타당성을 검토하여 개선 등의 조치를 하여야 한다.

부 칙 〈제387호, 2021. 12. 22.〉

이 예규는 2021년 12월 30일부터 시행한다.

과징금부과 세부기준 등에 관한 고시

[시행 2021. 12. 30.] [공정거래위원회고시 제2021-50호, 2021. 12. 29., 일부개정]

공정거래위원회(심판총괄담당관), 044-200-4171

I. 목적

이 고시는 「독점규제 및 공정거래에 관한 법률」(이하 "법"이라 한다) 제102조, 같은 법 시행령(이하 "영"이라 한다) 제13조 제1항, 제84조 및 별표 6에 따른 과징금 부과의 세부기준 및 기타 과징금을 부과함에 있어서 필요한 사항을 정하는데 그 목적이 있다.

II. 정의

1. 위반행위 유형에 따른 기본 산정기준

"위반행위 유형에 따른 기본 산정기준(이하 "산정기준"이라 한다)"은 과징금 산정의 기초로서 법 제102조 제1항에 따른 고려사항 중 위반행위의 내용 및 정도에 따라 위반행위를 "중대성이 약한 위반행위", "중대한 위반행위", "매우 중대한 위반행위"로 구분하고, 각 위반행위의 유형에 따라 위반행위의 중대성의 정도별로 정하는 기준에 따라 산정한다.

2. 위반행위의 기간 및 횟수 등에 따른 조정

"위반행위의 기간 및 횟수 등에 따른 조정(이하 "1차 조정"이라 한다)"은 법 제102조 제1항에 따른 고려사항 중 위반행위의 기간 및 횟수를 고려하여 산정기준을 조정하는 것을 말한다.

3. 위반사업자의 고의 · 과실 등에 따른 조정

"위반사업자의 고의 · 과실 등에 따른 조정(이하 "2차 조정"이라 한다)"은 법 제102조 제1항에 따른 각 고려사항에 영향을 미치는 위반사업자(위반사업자단체를 포함한다. 이하 같다)의 고의 · 과실, 위반행위의 성격과 사정 등의 사유를 고려하여 1차 조정된 산정기준을 가중 또는 감경하는 것을 말한다.

4. 부과과징금

"부과과징금"은 2차 조정된 산정기준이 위반사업자의 현실적 부담능력, 해당 위반행위가 시장에 미치는 효과, 그 밖에 시장 또는 경제여건 등을 충분히 반영하지 못하여 과중하다고 판단되는 경우에 이를 감액(면제를 포함한다)하여 부과하는 금액을 말한다.

5. 관련매출액

가. "관련매출액"은 영 제13조 제1항 전단에 따른 관련매출액 및 같은 항 후단에 따른 관련상품(상품에는 용역을 포함한다, 이하 같다)의 매입액 또는 입찰담합 및 이와 유사한 행위인 경우에는 계약금액을 말한다.

나. 관련상품의 범위

1) 관련상품은 위반행위로 인하여 직접 또는 간접적으로 영향을 받는 상품의 종류와 성질, 거래지역, 거래상대방, 거래단계 등을 고려하여 행위유형별로 개별적·구체적으로 판단한다. 관련상품에는 해당 위반행위로 인하여 거래가 실제로 이루어지거나 이루어지지 아니한 상품이 포함된다.

2) 위 (1)에 의하여 관련상품의 범위를 정하기 곤란한 경우에는 해당 위반행위로 인하여 직접 발생하였거나 발생할 우려가 현저하게 된 다른 사업자(사업자단체를 포함한다. 이하 같다)의 피해와 연관된 상품을, 다른 사업자의 직접적 피해가 없는 경우에는 소비자의 직접적 피해와 연관된 상품을 관련상품으로 볼 수 있다.

3) 관련상품의 범위를 결정할 때에는 통계청장이 고시하는 「한국표준산업분류」상 5단위 분류 또는 광업제조업조사보고서상의 8단위 분류 또는 해당 사업자의 품목별 또는 업종별 매출액 등의 최소 회계단위 등을 참고할 수 있다.

다. 매출액의 산정

1) 매출액은 총매출액에서 부가가치세, 매출에누리(불량품, 수량 부족, 견본품과의 차이 등으로 매출액에서 공제되는 금액), 매출환입(매출한 상품이 구매자의 요구와 맞지 않아 되돌아오는 일), 매출할인 등을 제외한 순매출액으로 산정한다.

2) 위반사업자가 매출액 산정자료를 가지고 있지 아니하거나, 제출하지 아니하는 등의 경우에는 위반행위 전후의 실적, 해당 기간의 총매출액 및 관련상품의 매출비율, 관련 사업자의 계획, 시장상황 등을 종합적으로 고려하여 객관적이고 합리적인 범위에서 해당 부분의 매출액을 산정할 수 있다. 이와 같이 매출액을 산정할 수 있는 경우에는

영 제13조 제3항 각 호의 어느 하나에 해당하지 않는 것으로 본다.

3) 위반행위가 상품의 구매와 관련하여 이루어진 경우에는 매입액을 기준으로 하고, 입찰 또는 특정 계약에 직접 관련되거나 한정된 경우에는 계약금액을 기준으로 한다.

4) 영 제13조 제2항에 따라 상품 또는 용역의 대가의 합계액을 재무제표 등에서 영업수익 등으로 기재하는 사업자의 경우 매출액은 영업수익을 말한다.

6. 위반기간

가. "위반기간"은 위반행위의 개시일부터 종료일까지의 기간을 말한다. 개시일 또는 종료일이 불분명한 경우에는 사업자의 영업 · 재무관련 자료, 임직원 · 거래관계인 등의 진술, 동종 또는 유사업종을 영위하는 다른 사업자들의 영업 및 거래실태 · 관행, 시장상황 등을 고려하여 이를 산정할 수 있다.

나. 다음의 경우에는 특정일을 위반행위의 종료일로 본다.

1) 위반행위가 과징금 부과처분을 명하는 공정거래위원회의 심의일까지 종료되지 아니한 경우에는, 해당 사건에 대한 공정거래위원회의 심의일을 위반행위의 종료일로 본다.

2) 위반행위가 2일 이상 행하여지되 불연속적으로 이루어진 경우에는, 해당 위반행위의 유형 · 성격 · 목적 · 동기, 연속되지 아니한 기간의 정도와 이유, 위반행위의 효과, 시장상황 등 제반사정을 고려하여 경제적 · 사회적 사실관계가 동일하다고 인정되는 범위 내에서 이를 하나의 위반행위로 보아 마지막 위반행위의 종료일을 해당 위반행위의 종료일로 본다.

3) 위반행위의 실행은 종료되었으나 사업자가 그 실행의 결과를 유지하면서 그로 인하여 지속적으로 이익을 취득하거나 손해를 발생시키고 있는 경우에는 이익의 취득 혹은 손해의 발생이 종료된 날을 위반행위의 종료일로 본다.

7. 평균매출액(영 제56조 관련)

가. 직전 사업연도 또는 해당 사업연도의 기준

영 제56조 제2항에서 정한 직전 3개 사업연도 또는 해당 사업연도는 위반행위의 종료일을 기준으로 판정한다.

나. 매출액 산정자료

위반사업자가 회계실무관행상 위반행위 종료일까지의 매출액 산정자료를 가지고 있지 아니한 경우에는, 해당 사업자가 보유하고 있는 가장 최근까지의 매출액 산정자료를 기초로 영 제56조 제2항 단서에서 정한 방법을 준용하여 평균매출액을 산정한다.

8. 위반액

가. "위반액"은 법 제18조(지주회사 등의 행위제한 등) 제2항부터 제5항까지 또는 법 제20조(일반지주회사의 금융회사 주식 소유 제한에 관한 특례) 제2항 또는 제3항의 규정을 위반하여 법 제38조(과징금) 제3항 각 호의 규정에 해당하는 금액, 법 제21조(상호출자의 금지 등)의 규정에 위반한 행위로 취득 또는 소유한 주식의 취득가액, 법 제22조(순환출자의 금지)의 규정에 위반한 행위로 취득 또는 소유한 주식의 취득가액, 법 제24조(계열회사에 대한 채무보증의 금지)의 규정에 위반하여 행한 채무보증액, 법 제45조(불공정거래행위의 금지) 제1항 제9호 또는 제2항의 규정에 위반하여 지원하거나 지원받은 지원금액 및 법 제47조(특수관계인에 대한 부당한 이익제공 등 금지) 제1항 또는 제3항의 규정에 위반하여 거래 또는 제공한 위반금액을 각각 말한다.

나. 법 제45조(불공정거래행위의 금지) 제1항 제9호 또는 제2항의 규정에 위반하여 지원하거나 지원받은 지원금액은 부당하게 다음 중 어느 하나에 해당하는 행위를 통해 특수관계인 또는 다른 회사를 지원한 금액을 말한다. 이 때 지원금액의 산출이 가능한 경우에는 해당 지원금액을, 지원금액의 산출이 어렵거나 불가능한 경우에는 해당 지원성 거래규모의 100분의 10에 해당하는 금액을 말한다.

1) 특수관계인 또는 다른 회사에 대하여 가지급금 · 대여금 · 인력 · 부동산 · 유가증권 · 상품 · 용역 · 무체재산권(無體財產權: 특허권, 저작권 등 정신적 · 지능적창조물을 독점적으로 이용할 수 있는 권리) 등을 제공하거나 상당히 유리한 조건으로 거래하는 행위

2) 다른 사업자와 직접 상품 · 용역을 거래하면 상당히 유리함에도 불구하고 거래상 실질적인 역할이 없는 특수관계인이나 다른 회사를 매개로 거래하는 행위

다. 법 제47조(특수관계인에 대한 부당한 이익제공 등 금지) 제1항 또는 제3항의 규정에 위반하여 거래 또는 제공한 위반금액은 다음 중 어느 하나에 해당하는 행위를 통해 특수관계인 또는 계열회사에 제공한 금액(정상적인 거래에서 기대되는 급부와의 차액)을 말한다. 이 때 위반금액의 산출이 가능한 경우에는 위반금액을, 위반금액의 산출이 어렵거나 불가능한 경우에는 그 거래 또는 제공 규모(법 제47조 제1항 제2호의 경우에는 사업기회를

제공받은 특수관계인 또는 계열회사의 관련 매출액)의 100분의 10에 해당하는 금액을 말한다.

1) 정상적인 거래에서 적용되거나 적용될 것으로 판단되는 조건보다 상당히 유리한 조건으로 거래하는 행위
2) 회사가 직접 또는 자신이 지배하고 있는 회사를 통해 수행할 경우 회사에 상당한 이익이 될 사업기회를 제공하는 행위
3) 특수관계인과 현금이나 그 밖의 금융상품을 상당히 유리한 조건으로 거래하는 행위
4) 사업능력, 재무상태, 신용도, 기술력, 품질, 가격 또는 거래조건 등에 대한 합리적인 고려나 다른 사업자와의 비교 없이 상당한 규모로 거래하는 행위

9. 사업자단체 연간예산액

"사업자단체 연간예산액"은 위반행위의 종료일이 속한 연도의 해당 사업자단체의 연간 예산액을 말한다. 이 때 위반행위 종료일이 속한 연도의 예산액이 편성되지 아니한 경우에는 최근 3년간 매 사업연도의 예산액 중 최근의 것을 말한다.

10. 부당이득

"부당이득"은 법 제102조 제1항에 따른 고려사항 중 위반행위로 인해 취득한 이익으로서, 위반사업자가 위반행위로 인하여 직접 또는 간접적으로 얻은 경제적 이익을 말한다.

11. 위반행위의 유형

위반행위의 유형은 ① 시장지배적 지위의 남용행위(법 제5조 제1항), ② 경제력집중 억제규정 위반행위(법 제18조 제2항부터 제5항까지, 제20조 제2항 및 제3항, 제21조, 제22조, 제24조), ③ 부당한 공동행위(법 제40조)·사업자단체 금지행위(법 제51조 제1항) 및 사업자단체 금지행위 참가행위(법 제53조 제2항, 제3항), ④ 불공정거래행위(부당한 지원행위 제외)(법 제45조 제1항 제1호부터 제8호까지 및 제10호) 및 재판매가격 유지행위(법 제46조), ⑤ 부당한 지원행위(법 제45조 제1항 제9호 및 제2항), ⑥ 특수관계인에 대한 부당한 이익제공행위(법 제47조 제1항 및 제3항), ⑦ 보복조치(법 제48조) 등 7종으로 나눈다.

12. 심의일

"심의일"은 공정거래위원회의 전원회의 또는 소회의의 의장이 「공정거래위원회 회의 운영

및 사건절차 등에 관한 규칙」(공정거래위원회 고시, 이하 "사건절차규칙"이라 한다) 제3장에 정한 절차에 따라 심의에 부의한 사건에 대하여 각 회의가 의결을 위하여 심의를 진행한 날을 말한다. 만일 심의가 2회 이상 진행되었다면 마지막 심의일을 말한다.

13. 위반횟수 및 위반횟수에 따른 가중치

가. 위반횟수란 위반사업자가 과거 5년간(신고사건 또는 자진신고 사건의 경우 신고접수일을, 직권인지 사건의 경우 자료제출 요청일, 이해관계자 등 출석요청일, 현장조사일 중 가장 빠른 날을 기준으로 한다. 이하 같다) 법 위반으로 조치(경고 이상을 포함하되 시정조치의 대상이 아닌 위반행위에 대하여 경고한 경우는 제외한다)를 받은 횟수를 말한다.

나. 위반횟수에 따른 가중치(이하 "위반횟수 가중치"라 한다)란 과징금 부과여부 및 과징금 가중기준 등의 기초자료로 활용하기 위하여 법을 위반한 사업자에 대하여 공정거래위원회가 조치한 다음과 같은 유형별 위반횟수 가중치의 부과기준에 따라 부과한 점수를 말한다.

시정조치 유형별 위반횟수 가중치

유형	경고	시정권고	시정명령	과징금	고발
가중치	0.5	1.0	2.0	2.5	3.0

1) 위 표의 경고는 사건절차규칙 제57조에 의한 경고를 말하며, 시정조치의 대상이 아닌 위반행위에 대하여 경고한 경우는 제외한다.
2) 위 표의 고발은 법 제129조의 고발요청에 따른 고발을 포함한다.

다. 1개 사건에서 2개 이상의 조치를 받은 경우에는 가장 중한 조치수준을 기준으로 위반횟수 및 위반횟수 가중치를 산정한다. 다만, 과태료 부과, 기업결합 관련 시정조치는 위반횟수 및 위반횟수 가중치 산정 시 고려하지 아니한다.

라. 위반횟수 및 위반횟수 가중치를 산정할 때에는 직권취소, 이의신청 재결, 법원의 판결 등에 따라 무효 또는 취소가 확정된 시정조치 건(의결 당시 무효 또는 취소가 예정된 경우를 포함한다) 및 법원의 무죄, 면소, 공소기각 판결이 확정되었거나 검찰이 불기소처분(혐의없음, 죄가 안됨, 공소권없음)한 고발 건은 제외한다. 이 경우 위반사업자는 재결서 · 판결서 · 불기소처분 고지서 등 과거 시정조치 또는 고발이 위반횟수 및 위반횟수 가중치 산정 시 제외되어야 한다는 사실을 증명할 수 있는 객관적인 자료를 공정거래위원회에 제출하여야 한다.

마. 법 제40조에 위반되는 행위로서 법 제44조에 따라 시정조치 등이 면제된 경우 면제된 시정명령, 과징금 및 고발 등은 위반횟수 가중치 산정 시에는 제외한다.

Ⅲ. 과징금 부과 여부의 결정

1. 일반원칙

가. 과징금 부과 여부는 위반행위의 내용 및 정도를 우선적으로 고려하고 그 밖에 위반행위의 동기, 효과 및 시장상황 등 구체적인 사정을 종합적으로 참작하여 결정하되, 다음 각 호의 어느 하나에 해당하는 경우에는 과징금을 부과하는 것을 원칙으로 한다.

1) 위반행위로 인한 자유롭고 공정한 경쟁질서의 저해효과가 중대하다고 인정되는 경우
2) 다수의 사업자 또는 소비자 등에게 미치는 영향이 큰 것으로 인정되는 경우
3) 가격 또는 물량을 직접적으로 결정·유지·변경 또는 제한하거나 가격 또는 물량의 결정·유지·변경 또는 제한을 목적으로 하는 위반행위의 경우
4) 위반행위로 인하여 위반사업자가 현저한 규모의 부당이득을 얻었거나 다른 사업자로 하여금 얻게 한 경우
5) 위반사업자가 과거 5년간 1회 이상 법 위반으로 조치(경고 이상을 포함하되 시정조치의 대상이 아닌 위반행위에 대하여 경고한 경우는 제외한다)를 받고 위반횟수 가중치의 합산이 2점 이상인 경우

나. 아래 2.에서 정한 행위유형별 기준은 위 가.에 우선하여 적용한다. 다만, 아래 2.에서 과징금 부과대상으로 정해지지 아니한 행위로서 부과대상에서 제외함이 명시되지 아니하고 일반원칙상 부과대상인 경우에는 과징금을 부과하는 것을 원칙으로 한다.

다. 공정거래위원회는 과징금 부과여부를 결정할 때에 [별표] 세부평가 기준표에서 고려되지 아니하거나 [별표] 세부평가 기준표와 다르게 고려할 사유가 있는 경우에는 [별표] 세부평가 기준표와 달리 결정할 수 있다. 다만, 이 경우 그 사유를 의결서에 명시하여야 한다.

2. 행위유형별 기준

가. 시장지배적 지위 남용행위

법 제5조 제1항에 위반되는 행위에 대하여는 원칙적으로 과징금을 부과한다. 다만, 위반행위의 동기 및 효과, 시장상황 등 구체적인 사정을 고려할 때 과징금을 부과하지 아니하는 것이

타당하다고 인정되는 경우에는 과징금을 부과하지 아니할 수 있다.

나. 경제력집중 억제규정 위반행위

경제력집중 억제규정 위반행위에 대하여는 원칙적으로 과징금을 부과한다. 다만, 위반의 정도나 위반행위의 동기 및 효과, 시장상황 등 구체적인 사정을 고려할 때 과징금을 부과하지 아니하는 것이 타당하다고 인정되는 경우에는 과징금을 부과하지 아니할 수 있다.

다. 부당한 공동행위 및 사업자단체 금지행위

1) 부당한 공동행위에 대하여는 원칙적으로 과징금을 부과한다. 다만, 참가사업자들이 행위의 위법성을 인식하지 못하고 경쟁제한 효과와 그 파급효과가 크지 아니하다고 인정되는 경우에는 과징금을 부과하지 아니할 수 있다.
2) 사업자단체의 금지행위 및 그 참가행위에 대하여는 일반원칙 및 위반한 각 금지행위의 행위유형별 기준에 의하여 과징금 부과 여부를 결정한다.
3) 사건절차규칙 제57조 제2항 관련 별표 경고의 기준 중 1. 부당한 공동행위 및 2. 사업자단체 금지행위 부문의 각 호의 어느 하나에 해당하는 경우에는 과징금을 부과하지 아니할 수 있다.

라. 불공정거래행위(부당한 지원행위 제외) 및 재판매가격 유지행위

1) 공동의 거래거절, 계열회사를 위한 차별, 집단적 차별 등의 행위에 대하여는 원칙적으로 과징금을 부과한다. 그 외의 유형에 해당하는 불공정거래행위(영 별표 2에 규정된 세부행위유형을 말한다) 및 재판매가격 유지행위에 대하여는 ① 다수의 경쟁사업자, 거래상대방 또는 소비자에게 상당한 손해가 실제로 발생하였거나 발생할 우려가 현저한 경우, ② 위반사업자가 위반행위로 인하여 부당이득을 얻은 경우, 또는 ③ 위반행위가 악의적으로 행해진 경우에 원칙적으로 과징금을 부과한다.
2) 사건절차규칙 제57조 제2항 관련 별표 경고의 기준 중 2. 불공정거래행위 및 재판매가격 유지행위 부문의 각 호의 어느 하나에 해당하는 경우에는 과징금을 부과하지 아니할 수 있다.

마. 부당한 지원행위

1) 상호출자제한기업집단에 속하는 사업자가 행한 부당한 지원행위에 대하여는 원칙적으로 과징금을 부과한다. 다만, 해당 업계의 특수성이나 거래관행 등을 참작할 때 위반의 정도나 지원효과가 미미한 경우 등에는 과징금을 부과하지 아니할 수 있다.

2) 상호출자제한기업집단에 속하지 아니한 사업자가 행한 부당한 지원행위에 대하여는, 지원객체가 참여하는 관련시장에서 위반행위로 인하여 나타난 경쟁질서 저해효과가 중대하거나 악의적으로 행해진 경우에 원칙적으로 과징금을 부과한다.

바. 특수관계인에 대한 부당한 이익제공행위

특수관계인에게 부당한 이익을 제공하는 행위에 대하여는 원칙적으로 과징금을 부과한다. 다만, 위반의 정도나 위반의 효과가 미미한 경우 등에는 과징금을 부과하지 아니할 수 있다.

사. 보복조치

법 제48조에 위반되는 행위에 대하여는 원칙적으로 과징금을 부과한다. 다만, 위반의 정도나 위반의 효과가 미미한 경우 등에는 과징금을 부과하지 아니할 수 있다.

Ⅳ. 과징금의 산정기준

1. 위반행위 유형별 산정기준

가. 기본원칙

1) 산정기준은 위반행위를 그 내용 및 정도에 따라 "중대성이 약한 위반행위", "중대한 위반행위", "매우 중대한 위반행위"로 구분한 후, 위반행위 유형별로 아래에 정한 중대성의 정도별 부과기준율 또는 부과기준금액을 적용하여 정한다. 이 경우 위반행위 중대성의 정도는 위반행위 유형별로 마련된 [별표] 세부평가 기준표에 따라 산정된 점수를 기준으로 정한다.

2) 위 1)에도 불구하고 위반행위의 의도·목적·동기, 위반행위에 이른 경위, 관련 업계의 거래관행, 계약 또는 입찰의 방식, 위반행위로 인한 이익의 귀속 여부 등 [별표] 세부평가 기준표에서 고려되지 않은 사유를 고려할 때 [별표] 세부평가 기준표에 따른 위반행위 중대성을 그대로 적용하는 것이 비례의 원칙 및 형평의 원칙 등에 위배되는 특별한 사정이 있는 경우에는 중대성 정도를 다르게 결정할 수 있다. 이 경우 그 특별한 사정을 의결서에 기재하여야 한다. 다만, 아래 나. 라. 마. 또는 아.에서 부과기준금액을 기준으로 산정기준을 정하는 경우에는 사업자 또는 관련시장의 규모와 특성 등을 추가로 고려할 수 있다.

3) 아래 나. 라. 마. 또는 아.에서 부과기준금액을 기준으로 산정기준을 정하는 경우에는

위반사업자의 위반행위 기간 동안의 총 매출액에 해당 행위유형별 위반행위 중대성 정도에 따른 가장 높은 부과기준율을 곱한 금액의 범위 내에서 결정한다.

나. 시장지배적 지위 남용행위

1) 관련매출액에 위반행위 중대성의 정도별 부과기준율을 곱하여 산정기준을 정한다.

중대성의 정도	기준표에 따른 산정점수	부과기준금액
매우 중대한 위반행위	2.2 이상	3.5% 이상 6.0% 이하
중대한 위반행위	1.4 이상 2.2 미만	1.5% 이상 3.5% 미만
중대성이 약한 위반행위	1.4 미만	0.3% 이상 1.5% 미만

2) 영 제13조 제3항 각 호의 어느 하나에 해당하는 경우에는 위반행위 중대성의 정도별 부과기준금액의 범위 내에서 산정기준을 정한다(법 제8조 단서).

중대성의 정도	기준표에 따른 산정점수	부과기준금액
매우 중대한 위반행위	2.2 이상	12억 원 이상 20억 원 이하
중대한 위반행위	1.4 이상 2.2 미만	4억 원 이상 12억 원 미만
중대성이 약한 위반행위	1.4 미만	5천만 원 이상 4억 원 미만

다. 경제력집중 억제규정 위반행위

위반액에 위반행위 중대성의 정도별 부과기준율을 곱하여 산정기준을 정한다.

중대성의 정도	기준표에 따른 산정점수	부과기준금액
매우 중대한 위반행위	2.2 이상	15% 이상 20% 이하
중대한 위반행위	1.4 이상 2.2 미만	8% 이상 12% 미만
중대성이 약한 위반행위	1.4 미만	5%

라. 부당한 공동행위 · 사업자단체 금지행위 및 사업자단체 금지행위 참가행위

1) 부당한 공동행위

가) 관련매출액에 위반행위 중대성의 정도별 부과기준율을 곱하여 산정기준을 정한다.

중대성의 정도	기준표에 따른 산정점수	부과기준금액
매우 중대한 위반행위	2.6 이상	15.0% 이상 20.0% 이하
	2.2 이상 2.6 미만	10.5% 이상 15.0% 미만
중대한 위반행위	1.8 이상 2.2 미만	6.5% 이상 10.5% 미만
	1.4 이상 1.8 미만	3.0% 이상 6.5% 미만
중대성이 약한 위반행위	1.4 미만	0.5% 이상 3.0% 미만

나) 관련상품의 범위는 참가사업자들이 맺은 합의를 기준으로 판단하되, II.5.나.의 원칙에 따른다. 다만, 합의에 포함되지 아니한 경우에도 실질적 거래관계와 시장상황 등에 비추어 보아 일정한 거래분야에서 경쟁제한 효과가 미친 상품이 있을 경우에는 이를 포함할 수 있다.

다) 입찰담합(법 제40조 제1항 제8호 위반행위를 말한다. 이하 같다)에 대하여는 다음과 같이 처리한다.

(1) 낙찰(경락을 포함한다. 이하 같다)이 되어 계약이 체결된 경우에는 계약금액을, 낙찰은 되었으나 계약이 체결되지 아니한 경우에는 낙찰금액을, 낙찰이 되지 아니한 경우에는 예정가격(예정가격이 없는 경우에는 낙찰예정자의 응찰금액)을, 예상물량만 규정된 납품단가 입찰에 대해서는 낙찰이 되어 계약이 체결된 경우에는 심의일 현재 발생한 매출액을, 낙찰은 되었으나 계약이 체결되지 아니한 경우에는 낙찰단가에 예상물량을 곱한 금액을, 낙찰이 되지 아니한 경우에는 예정단가(예정단가가 없는 경우에는 낙찰예정자의 응찰단가)에 예상물량을 곱한 금액을 해당 입찰담합에 참여한 각 사업자의 관련매출액으로 본다. 다만, 공동수급체(컨소시엄, 이하 같다)의 구성원에 대해서는 2분의 1 범위 내(지분율 70% 이상인 사업자에 대해서는 10분의 1 이내, 지분율 30% 이상 70% 미만인 사업자에 대해서는 10분의 3 이내, 지분율 30% 미만인 사업자에 대해서는 2분의 1 이내)에서 산정기준을 감액할 수 있다.

(2) 탈락하였거나 응찰하지 아니한 자(들러리 사업자)에 대하여는 들러리 사업자의 수가 4 이하인 경우에는 2분의 1 범위 내에서, 들러리 사업자의 수가 5 이상인 경우에는 N분의 (N－2)(N은 들러리 사업자의 수를 말하며, 공동수급체로 참여한 경우에는 공동수급체의 수를 말한다) 범위 내에서 산정기준을 감액할 수 있다.

라) 영 제13조 제3항 각 호의 어느 하나에 해당하는 경우에는 위반행위 중대성의

정도별 부과기준금액의 범위 내에서 산정기준을 정한다(법 제43조 단서).

중대성의 정도	기준표에 따른 산정점수	부과기준금액
매우 중대한 위반행위	2.6 이상	30억 원 이상 40억 원 이하
	2.2 이상 2.6 미만	22억 원 이상 30억 원 미만
중대한 위반행위	1.8 이상 2.2 미만	15억 원 이상 22억 원 미만
	1.4 이상 1.8 미만	8억 원 이상 15억 원 미만
중대성이 약한 위반행위	1.4 미만	1천만 원 이상 8억 원 미만

2) 사업자단체 금지행위

가) 사업자단체 연간예산액에 위반행위 중대성의 정도별 부과기준율을 곱하여 산정기준을 정한다.

중대성의 정도	기준표에 따른 산정점수	부과기준금액
매우 중대한 위반행위	2.2 이상	105% 이상 140% 이하
중대한 위반행위	1.4 이상 2.2 미만	40% 이상 60% 이하
중대성이 약한 위반행위	1.4 미만	10%

나) 사업자단체 연간예산액을 산정하기 곤란한 경우에는 위반행위 중대성의 정도별 부과기준금액의 범위 내에서 산정기준을 정한다.

중대성의 정도	기준표에 따른 산정점수	부과기준금액
매우 중대한 위반행위	2.2 이상	4억 5천만 원 이상 10억 원 이하
중대한 위반행위	1.4 이상 2.2 미만	1억 5천만 원 이상 4억 5천만 원 미만
중대성이 약한 위반행위	1.4 미만	5백만 원 이상 1억 5천만 원 미만

3) 사업자단체 금지행위 참가행위

가) 관련매출액에 위반행위 중대성의 정도별 부과기준율을 곱하여 산정기준을 정한다.

(법 제53조 제2항)

중대성의 정도	기준표에 따른 산정점수	부과기준금액
매우 중대한 위반행위	2.6 이상	15.0% 이상 20.0% 이하
	2.2 이상 2.6 미만	10.5% 이상 15.0% 미만

중대성의 정도	기준표에 따른 산정점수	부과기준금액
중대한 위반행위	1.8 이상 2.2 미만	6.5% 이상 10.5% 미만
	1.4 이상 1.8 미만	3.0% 이상 6.5% 미만
중대성이 약한 위반행위	1.4 미만	0.1% 이상 3.0% 미만

(법 제53조 제3항)

중대성의 정도	기준표에 따른 산정점수	부과기준금액
매우 중대한 위반행위	2.2 이상	4.5% 이상 10.0% 이하
중대한 위반행위	1.4 이상 2.2 미만	1.5% 이상 4.5% 미만
중대성이 약한 위반행위	1.4 미만	0.1% 이상 1.5% 미만

나) 영 제13조 제3항 각 호의 어느 하나에 해당하는 경우에는 위반행위 중대성의 정도별 부과기준금액의 범위 내에서 산정기준을 정한다.

(법 제53조 제2항 단서)

중대성의 정도	기준표에 따른 산정점수	부과기준금액
매우 중대한 위반행위	2.6 이상	30억 원 이상 40억 원 이하
	2.2 이상 2.6 미만	22억 원 이상 30억 원 미만
중대한 위반행위	1.8 이상 2.2 미만	15억 원 이상 22억 원 미만
	1.4 이상 1.8 미만	8억 원 이상 15억 원 미만
중대성이 약한 위반행위	1.4 미만	1천만 원 이상 8억 원 미만

(법 제53조 제3항 단서)

중대성의 정도	기준표에 따른 산정점수	부과기준금액
매우 중대한 위반행위	2.2 이상	12억 원 이상 20억 원 이하
중대한 위반행위	1.4 이상 2.2 미만	4억 원 이상 12억 원 미만
중대성이 약한 위반행위	1.4 미만	5백만 원 이상 4억 원 미만

마. 불공정거래행위(부당한 지원행위 제외) 및 재판매가격 유지행위

1) 관련매출액에 위반행위 중대성의 정도별 부과기준율을 곱하여 산정기준을 정한다.

중대성의 정도	기준표에 따른 산정점수	부과기준금액
매우 중대한 위반행위	2.2 이상	2.4% 이상 4.0% 이하
중대한 위반행위	1.4 이상 2.2 미만	0.8% 이상 2.4% 미만
중대성이 약한 위반행위	1.4 미만	0.1% 이상 0.8% 미만

2) 영 제13조 제3항 각 호의 어느 하나에 해당하는 경우에는 위반행위 중대성의 정도별 부과기준금액의 범위 내에서 산정기준을 정한다(법 제50조 제1항 단서).

중대성의 정도	기준표에 따른 산정점수	부과기준금액
매우 중대한 위반행위	2.2 이상	6억 원 이상 10억 원 이하
중대한 위반행위	1.4 이상 2.2 미만	2억 원 이상 6억 원 미만
중대성이 약한 위반행위	1.4 미만	5백만 원 이상 2억 원 미만

바. 부당한 지원행위

위반액에 위반행위 중대성의 정도별 부과기준율을 곱하여 산정기준을 정한다.

중대성의 정도	기준표에 따른 산정점수	부과기준금액
매우 중대한 위반행위	2.2 이상	120% 이상 160% 이하
중대한 위반행위	1.4 이상 2.2 미만	50% 이상 75% 이하
중대성이 약한 위반행위	1.4 미만	20%

사. 특수관계인에 대한 부당한 이익제공행위

위반액에 위반행위 중대성의 정도별 부과기준율을 곱하여 산정기준을 정한다.

중대성의 정도	기준표에 따른 산정점수	부과기준금액
매우 중대한 위반행위	2.2 이상	120% 이상 160% 이하
중대한 위반행위	1.4 이상 2.2 미만	50% 이상 75% 이하
중대성이 약한 위반행위	1.4 미만	20%

아. 보복조치

1) 관련매출액에 위반행위 중대성의 정도별 부과기준율을 곱하여 산정기준을 정한다(법 제50조 제1항).

중대성의 정도	기준표에 따른 산정점수	부과기준금액
매우 중대한 위반행위	2.2 이상	2.4% 이상 4.0% 이하
중대한 위반행위	1.4 이상 2.2 미만	0.8% 이상 2.4% 미만
중대성이 약한 위반행위	1.4 미만	0.1% 이상 0.8% 미만

2) 영 제13조 제3항 각 호의 어느 하나에 해당하는 경우에는 위반행위 중대성의 정도별 부과기준금액의 범위 내에서 산정기준을 정한다(법 제50조 제1항 단서).

중대성의 정도	기준표에 따른 산정점수	부과기준금액
매우 중대한 위반행위	2.2 이상	6억 원 이상 10억 원 이하
중대한 위반행위	1.4 이상 2.2 미만	2억 원 이상 6억 원 미만
중대성이 약한 위반행위	1.4 미만	5백만 원 이상 2억 원 미만

2. 1차 조정

다음 가. 및 나.에서 정한 가중사유가 인정되는 경우에 각각의 가중비율의 합을 산정기준에 곱하여 산정된 금액을 산정기준에 더하는 방법으로 한다. 다만, 가중되는 금액은 산정기준의 100분의 100 범위 내이어야 한다.

가. 위반행위의 기간에 의한 조정

산정기준을 정하는 과정에서 위반기간이 고려되지 않은 경우에는 다음과 같이 위반기간에 따라 산정기준을 조정한다.

1) 단기 위반행위: 위반기간이 1년 이내인 경우는 산정기준을 유지한다.

2) 중기 위반행위: 위반기간이 1년 초과 2년 이내인 경우에는 산정기준의 100분의 10 이상 100분의 20 미만에 해당하는 금액을, 2년 초과 3년 이내인 경우에는 산정기준의 100분의 20 이상 100분의 50 미만에 해당하는 금액을 가산한다.

3) 장기 위반행위: 위반기간이 3년을 초과하는 경우에는 산정기준의 100분의 50 이상 100분의 80 이하에 해당하는 금액을 가산한다.

나. 위반행위의 횟수에 의한 조정

과거 5년간 1회 이상 법 위반으로 조치(경고 이상을 포함하되 시정조치의 대상이 아닌 위반행위에 대하여 경고한 경우는 제외한다)를 받고 위반횟수 가중치의 합산이 2점 이상인 경우에는 2회 조치부터 다음과 같이 산정기준을 가중할 수 있다.

1) 과거 5년간 1회 이상 법위반으로 조치(경고 이상)를 받고 위반횟수 가중치의 합산이 2점 이상인 경우 : 100분의 10 이상 100분의 20 미만
2) 과거 5년간 2회 이상 법위반으로 조치(경고 이상)를 받고 위반횟수 가중치의 합산이 3점 이상인 경우 : 100분의 20 이상 100분의 40 미만
3) 과거 5년간 3회 이상 법위반으로 조치(경고 이상)를 받고 위반횟수 가중치의 합산이 5점 이상인 경우 : 100분의 40 이상 100분의 60 미만
4) 과거 5년간 4회 이상 법위반으로 조치(경고 이상)를 받고 위반횟수 가중치의 합산이 7점 이상인 경우 : 100분의 60 이상 100분의 80 이하

〈삭 제〉

3. 2차 조정

가. 일반원칙

위반사업자에게 다음 나. 및 다.에서 정한 가중 또는 감경사유가 인정되는 경우에 각각의 가중비율의 합에서 각각의 감경비율의 합을 공제하여 산정된 비율을 1차 조정된 산정기준에 곱하여 산정된 금액을 1차 조정된 산정기준에 더하거나 빼는 방법으로 한다. 다만, 가중·감경의 결과 가감되는 금액은 1차 조정된 산정기준의 100분의 50 범위 내이어야 한다.

나. 가중사유 및 비율

위반사업자가 위반행위에 응하지 아니하는 다른 사업자에 대하여 보복조치를 하거나 하게 한 경우 : 100분의 10 이상 100분의 30 이내

다. 감경 사유 및 비율

1) 사업자들 간에 공동행위의 합의를 하고 실행을 하지 아니한 경우 및 사업자단체가 법 제51조 제1항 제1호에 위반하는 합의를 하고 실행을 하지 아니한 경우 : 100분의 50 이내
2) 조사·심의협조 등

   가) 위원회의 조사 단계에서 위법성 판단에 도움이 되는 자료를 제출하는 등 적극 협조한

경우 : 100분의 10 이내

나) 위원회의 심의의 신속하고 효율적인 운영에 적극협조하고 심리 종결시까지 행위 사실을 인정하는 경우 : 100분의 10 이내

다) 위 가) 내지 나)에도 불구하고, 법 제40조를 위반한 자로서 법 제44조 및 영 제51조 제1항 제1호 내지 제3호에 따라 과징금을 감면 받는 자에 대해서는 위 가) 내지 나)에 따른 감경을 하지 아니한다.

3) 사건절차규칙 제69조 제1항에 따라 소회의의 약식심의 결과를 수락한 경우 : 100분의 10 이내, 다만 이 경우 위 2) 나)의 감경사유에도 해당하는 것으로 보아 100분의 10 이내에서 추가 감경할 수 있다.

4) 위반행위를 자진 시정한 경우. 이 때 자진 시정이라 함은 해당 위반행위 중지를 넘어서 위반행위로 발생한 효과를 적극적으로 제거하는 행위를 말하며, 이에 해당하는지 여부는 위반행위의 내용 및 성격, 경쟁질서의 회복 또는 피해의 구제, 관련 영업정책이나 관행의 개선, 기타 재발 방지를 위한 노력 등을 종합적으로 감안하여 판단한다. 다만, 법 제40조를 위반한 자로서 법 제44조 및 영 제51조 제1항 제1호 내지 제3호에 따라 과징금을 감면받는 자에 대해서는 자진 시정에 따른 감경을 하지 아니한다.

가) 위반행위로 인한 가격상승폭만큼의 가격을 인하하거나 피해의 원상회복 등 위반행위의 효과를 실질적으로 제거한 경우 : 100분의 20 이상 100분의 30 이내

나) 위반행위로 인한 가격상승폭의 50% 이상 인하하거나 위반행위의 효과를 상당부분 제거한 경우 : 100분의 10 이상 100분의 20 이내

다) 위 가) 및 나)에 해당하지 아니하나, 위반행위 효과를 제거하기 위해 적극적으로 노력하였고 자신의 귀책사유 없이 위반행위 효과가 제거되지 않은 경우 : 100분의 10 이내

라) 위 가) 내지 다)의 자진시정이 조사가 개시된 이후 또는 심사보고서의 송부 이후에 이루어진 경우에는 각각 감경률을 축소할 수 있다.

5) 위반행위가 통상의 업무 수행 중 발생할 수 있는 가벼운 과실에 의한 것임이 명백한 경우 : 100분의 10 이내

4. 부과과징금의 결정

가. 2차 조정된 산정기준이 위반사업자의 현실적 부담능력, 시장 또는 경제여건, 위반행위가 시상에 미치는 효과 및 위반행위로 인해 취득한 이익의 규모 등을 충분히 반영하지 못하여

과중하다고 인정되는 경우에는 공정거래위원회는 그 이유를 의결서에 명시하고 2차 조정된 산정기준을 다음과 같이 조정하여 부과과징금을 결정할 수 있다. 다만, 위반사업자의 현실적 부담능력과 관련한 감경의 경우, 공정거래위원회로부터 부과받을 과징금 납부로 인해 단순히 자금사정에 어려움이 예상되는 경우(법 제103조에 따른 과징금 납부기한 연기 및 분할납부로 자금사정의 어려움을 피할 수 있는 경우를 포함한다)에는 인정되지 않는다.

1) 위반사업자의 현실적 부담능력에 따른 조정

가) 이하 (1) 또는 (2)의 경우 2차 조정된 산정기준에서 100분의 30 이내에서 감액할 수 있다.

(1) 의결일 직전 사업연도 사업보고서상 (i) 부채비율이 300%를 초과 또는 200%를 초과하면서 같은 업종(「통계법」에 따라 통계청장이 고시하는 한국표준산업분류의 대분류 기준에 따른 업종(제조업의 경우 중분류 기준에 따른 업종)을 말한다, 이하 같다) 평균의 1.5배를 초과하고 (ii) 당기순이익이 적자이면서 (iii) 2차 조정된 산정기준이 잉여금 대비 상당한 규모인 경우 : 100분의 30 이내

(2) 의결일 직전 사업연도 사업보고서상 자본잠식(적자로 인해 자본 총계가 납입자본금보다 적어지는 현상) 상태에 있는 경우 : 100분의 30 이내

나) 위 가)의 (1)과 (2)를 동시에 충족하는 경우 2차 조정된 산정기준에서 100분의 50 이내에서 감액할 수 있다.

다) 이하 (1)~(2) 중 어느 하나에 해당하여 위반사업자의 과징금 납부능력이 현저히 부족하다고 인정되는 경우 100분의 50을 초과하여 감액할 수 있다. 다만, 두 경우 모두 100분의 50을 초과하여 감액하지 않고서는 위반사업자가 사업을 더 이상 지속하기 어려운지 여부를 고려하여야 한다.

(1) 의결일 직전 사업연도 사업보고서상 위반사업자의 자본잠식률이 50% 이상인 경우

(2) (i) 의결일 직전 사업연도 사업보고서상 부채비율이 400%를 초과하거나, 200%를 초과하면서 같은 업종 평균의 2배를 초과하고, (ii) 의결일 기준 최근 2개 사업연도 사업보고서상 당기순이익이 적자이면서, (iii) 의결일 직전 사업연도 사업보고서상 자본잠식이라는 세 가지 요건을 동시에 충족하는 경우

라) 공정거래위원회는 위반사업자가 「채무자 회생 및 파산에 관한 법률」에 따른

회생절차 중에 있는 등 객관적으로 과징금을 납부할 능력이 없다고 인정되는 경우에는 과징금을 면제할 수 있다.

2) 위반행위가 시장에 미치는 효과, 시장·산업 여건의 악화, 부당이익 규모 등에 따른 조정

가) 이하 (1)~(2)의 사유를 종합적으로 고려하여 처분의 개별적·구체적 타당성을 기하기 위하여 필요한 경우 100분의 30 이내에서 감액할 수 있다.

(1) 경기변동(경기종합지수 등), 수요·공급의 변동(해당 업종 산업동향 지표 등), 환율변동 등 금융위기, 석유·철강 등 원자재 가격동향, 천재지변 등 심각한 기후적 요인, 전쟁 등 심각한 정치적 요인 등을 종합적으로 고려할 때 시장 또는 경제여건이 상당히 악화되었는지 여부

(2) 가격인상 요인 및 인상정도, 위반행위의 전후 사정, 해당 산업의 구조적 특징 등 위반행위가 시장에 미치는 효과 및 위반사업자의 규모(「중소기업기본법」 제2조에 따른 중소기업자 해당 여부 등), 시장점유율, 실제로 취득한 부당이득의 정도 등

나) 이하 (1)~(2)의 사유를 종합적으로 고려하여 100분의 30 이상 감경하지 않으면 비례·평등원칙에 위배되어 불가피한 경우에는 100분의 50 이내에서 감액할 수 있다.

(1) 경기변동(경기종합지수 등), 수요·공급의 변동(해당 업종 산업동향 지표 등), 환율변동 등 금융위기, 석유·철강 등 원자재 가격동향, 천재지변 등 심각한 기후적 요인, 전쟁 등 심각한 정치적 요인 등을 종합적으로 고려할 때 시장 또는 경제여건이 현저히 악화되었는지 여부

(2) 위 가) (2)에 더하여 위반사업자의 사업규모(「중소기업기본법」 제2조에 따른 중소기업자 해당 여부 등) 또는 매출규모 대비 2차 조정된 산정기준 규모의 비율에 관하여 다른 위반사업자와 비교형량한 결과 100분의 30 이상 감경 없이는 비례·평등원칙에 현저히 위배되는지 여부

(3) 위반사업자는 '현실적 부담능력' 및 '시장 또는 경제여건'과 관련하여 2차 조정된 산정기준을 조정할 필요가 있다는 사실을 증명하기 위해서는 공정거래위원회에 객관적인 자료를 제출하여야 한다. 위반사업자는 현실적 부담능력 입증과 관련하여, 개별(또는 별도) 재무제표가 포함된 사업보고서를 제출하여야 하며, 예상 과징금액이 충당부채, 영업외비용 등에 선반영되어 있는 경우 이를 제외

하여 재작성한 재무제표도 추가로 제출하여야 한다.

(4) 공정거래위원회는 위 (3)과 관련하여 위반사업자의 경영 및 자산상태에 관한 객관적인 평가를 위하여 필요하다고 인정할 경우 기업회계, 재무관리, 신용평가 분야 등의 외부 전문가로부터 의견을 청취할 수 있다.

나. 하나의 사업자가 행한 여러 개의 위반행위(각 위반행위가 동일한 법조에 해당하는 경우를 포함한다. 이하 같다)에 대하여 과징금을 부과하는 경우에는 다음 기준에 의한다.

1) 여러 개의 위반행위를 함께 심리하여 1건으로 의결할 때에는 각 위반행위별로 이 고시에서 정한 방식에 의하여 부과과징금을 산정한 후 이를 모두 합산한 금액을 과징금으로 부과하되, 부과과징금의 한도는 각 위반행위별로 정해진 법상 한도를 합산하여 적용한다. 다만, 각각의 위반행위로 인한 효과가 동일한 거래분야에 미치면서 과징금 합산금액이 과다하다고 인정되는 경우에는 위 가.의 기준에 따라 이를 조정할 수 있다.

2) 여러 개의 위반행위를 여러 건으로 나누어 의결하는 경우에는 이를 1건으로 의결하는 경우와의 형평을 고려하여 후속 의결에서 위 가.의 기준에 따라 부과과징금을 조정할 수 있다.

다. 하나의 행위가 여러 개의 법령규정에 위반될 경우 이 고시에서 정한 방식에 의하여 각 위반행위 별로 산정된 임의적 조정과징금 중 가장 큰 금액을 기준으로 부과과징금을 결정한다.

라. 2차 조정된 산정기준이 1백만 원 이하인 경우는 과징금을 면제할 수 있다.

마. 부과과징금이 법정 한도액을 넘는 경우에는 법정 한도액을 부과과징금으로 한다.

바. 부과과징금을 결정함에 있어서 1백만 원 단위 미만의 금액은 버리는 것을 원칙으로 한다. 다만, 공정거래위원회는 부과과징금의 규모를 고려하여 적당하다고 생각되는 금액단위 미만의 금액을 버리고 부과과징금을 결정할 수 있다.

사. 과징금 부과의 기준이 되는 매출액 등이 외국환을 기준으로 산정되는 경우에는 그 외국환을 기준으로 과징금을 산정하되, 공정거래위원회의 합의일에 KEB하나은행이 최초로 고시하는 매매기준율을 적용하여 원화로 환산하여 부과과징금을 결정한다. 다만, KEB하나은행이 고시하지 않는 외국환의 경우에는 미국 달러화로 환산한 후 이를 원화로 다시 환산한다.

5. 부당한 공동행위 자진신고자 감면제도의 적용

법 제40조에 위반하는 행위로서 법 제44조(자진신고자 등에 대한 감면 등)의 적용대상이 되는 경우에는 그 기준에 따라 위 4.의 기준에 따라 결정된 부과과징금(부과과징금이 법정 한도액인 경우에는 그 금액)을 감경 또는 면제할 수 있다.

V. 재검토기한

공정거래위원회는 「훈령 · 예규 등의 발령 및 관리에 관한 규정」에 따라 이 고시에 대하여 2022년 1월 1일을 기준으로 매 3년이 되는 시점(매 3년째의 12월 31일까지를 말한다)마다 그 타당성을 검토하여 개선 등의 조치를 하여야 한다.

부 칙 〈제2021-50호, 2021. 12. 29.〉

제1조(시행일) 이 고시는 2021년 12월 30일부터 시행한다.

제2조(경과조치) 이 고시 시행 전에 종료된 위반행위에 대한 과징금의 부과에 관하여는 종전의 규정에 따른다. 다만, IV. 3. 다. 3)의 개정규정은 이 고시 시행 전에 종료된 위반행위에 대하여도 적용한다.

| 저 | 자 | 소 | 개 |

백광현(변호사)

- 법무법인(유한) 바른 공정거래그룹 파트너변호사
- 고려대학교 법과대학 법학과 졸업
- 사법연수원 수료(제36기)
- Steptoe & Johnson LLP(International Legal Trainee)
- 서울대학교 전문분야 법학연구과정 수료(공정거래와 한국의 미래)
- 공정경쟁연합회 공정거래법 전문연구과정 수료(제6기)
- 공정거래위원회 정보공개심의회 위원
- 고려대학교 법학전문대학원 겸임교수(공정거래법 실무)
- 한국경제, 서울경제, 삼일인포마인, 머니투데이, 이투데이 등 칼럼위원(공정거래)
- '영화관 팝콘 비싸도 되는 이유', '같이 살자 가맹사업' 저자

소재현(변호사)

- 법무법인(유한) 바른 공정거래그룹 소속변호사
- 성균관대학교 경제학과 졸업
- 성균관대학교 법학전문대학원 졸업
- 제5회 변호사시험 합격
- 한국공정거래조정원 근무
- 공정거래위원회 근무

김지수(변호사)

- 법무법인(유한) 바른 공정거래그룹 소속변호사
- 고려대학교 불어불문학과, 경영학과 졸업
- 고려대학교 법학전문대학원 졸업
- 제10회 변호사시험 합격
- 제50회 한국공인회계사시험 합격
- 한영회계법인 근무

최신판 **전면개정된 공정거래법 조문별 판례와 내용**

2022년 6월 17일 초판 인쇄
2022년 6월 28일 초판 발행

저 자 백 광 현
소 재 현
김 지 수
발 행 인 이 희 태
발 행 처 **삼일인포마인**

저자협의 인지생략

서울특별시 용산구 한강대로 273 용산빌딩 4층
등록번호 : 1995. 6. 26 제3-633호
전 화 : (02) 3489-3100
F A X : (02) 3489-3141
I S B N : 979-11-6784-089-9 93360

♣ 파본은 교환하여 드립니다. **정가 70,000원**